Karl Christoph Vogt

Entlang der norwegischen Küste

Karl Christoph Vogt

Entlang der norwegischen Küste

ISBN/EAN: 9783741130137

Hergestellt in Europa, USA, Kanada, Australien, Japan

Cover: Foto ©Andreas Hilbeck / pixelio.de

Manufactured and distributed by brebook publishing software (www.brebook.com)

Karl Christoph Vogt

Entlang der norwegischen Küste

Nord-Fahrt,

entlang der Norwegischen Küste,

nach dem

Nordkap, den Inseln Jan Mayen und Island,

auf dem Schooner Joachim Hinrich

unternommen

während der Monate Mai bis October 1861

von

Dr Georg Berna,

in Begleitung von

C. Vogt, H. Hasselhorst, A. Greßly und A. Herzen.

Erzählt

von

Carl Vogt.

Mit einem wissenschaftlichen Anhange, drei Karten
und fünfzig theils in Farben gedruckten, theils in Holz geschnittenen Illustrationen
nach Originalzeichnungen von H. Hasselhorst.

Frankfurt am Main.
In Commission bei Carl Jügel.
1863.

Einleitung.

Rasch schwinden die der Jugend vergönnten Jahre dahin und schnellen Schrittes rückt der Lebensabschnitt näher, wo das unstete Treiben in den engen Rahmen eines bestimmten Berufs eingezwängt und eine Bahn betreten werden soll, in welcher feste Normen die Richtschnur bilden, und nicht mehr vorübergehende Laune oder einzig momentanes Interesse an Diesem oder Jenem die Triebfeder sein darf.

Je mehr die wundervollen Tage der Jugend mir gezählt erschienen, desto reger ward in mir der Wunsch, noch einmal recht weit von jenem gewiesenen Wege abzuschweifen, noch einmal aus den gegebenen Verhältnissen herauszutreten und die Welt von einer ganz anderen Seite anzusehen, als von der, die mir mein Schicksal bestimmt.

So entschloß ich mich, von Allem, was mir auf Erden lieb und theuer, mich zu trennen und in die weite Welt zu reisen. Der Entschluß stand fest; wie denselben aber ausführen, so daß er mir einen bleibenden Schatz gewähre, an dem ich zehren könnte, so lange ich lebe?

Hatte ich auch Freude an Allem, was von Interessantem und Schönem dem Geiste geboten ist, so glaubte ich mich doch nicht hinreichend vorbereitet, die Reise ausschließlich fremder Kunst, den Sitten und Gebräuchen fremder Völker und deren politischen Institutionen zuliebe zu machen. Es zog mich weit mehr an, bei meinem Vorhaben auf die Natur mein Augenmerk zu richten, und besonders großartige Eindrücke der Schöpfung mir zu verschaffen.

Ich entschied mich daher zu Letzterem, als für das, was mir von jeher am meisten zusagte und wofür ich mich am empfänglichsten fühlte.

Zur Leitung und Anregung auf diesem Felde wandte ich mich Anfangs März 1861 an Herrn Professor Carl Vogt, dessen Anschauungs-Weise der Natur in seinen Schriften mich mannigfach erfreut hatte.

Wir kamen überein, unsern Himmelsstrich gänzlich zu verlassen und uns dem hohen Norden zuzuwenden, dessen wenig besuchte Gegenden längst meine Neugierde erregten und dessen Klima auch meiner Konstitution am zuträglichsten erschien.

Zu seiner Unterstützung bei etwaigen Forschungen veranlaßte Professor Vogt die Herren A. Greßly und Dr. med. Herzen uns zu begleiten; ich ersuchte Herrn Maler Hasselhorst mitzukommen, uns mit seiner Kunst bleibende Andenken zu verschaffen.

Auf den 15. Mai 1861 wurde die Abfahrt von Hamburg festgesetzt, somit waren die Monate März und April wohl ausgefüllt, alle nöthigen Vorbereitungen zu treffen. Professor Vogt übernahm, was seine Wissenschaft erheischte; Hasselhorst, was die Ausübung seiner Kunst verlangte, und ich, was zum Fortkommen unumgänglich nothwendig war, die eigentlichen Reise-Präparative zu besorgen.

Zur Lösung meiner übernommenen Aufgabe stand mir Baron Ernst Merk in Hamburg wahrhaft als Freund zur Seite. Ihm habe ich's zu verdanken, und thue dies hiermit von ganzem Herzen, daß die Reise in jenen unwirthsamen Gegenden so genußreich und verhältnißmäßig in so angenehmer Weise von Statten gehen konnte.

Gut bemannt und wohl ausgerüstet mit Allem, dessen wir nur bedürftig werden konnten, lag der blaue Schooner Joachim Hinrich von Blankenese, Kapitän Hans Stehr, im Hafen von Hamburg.

Am 29. Mai gingen wir an Bord und wurden am selbigen Tage von einem kleinen Schraubendampfer bis Curhafen gebracht, um von da am frühen Morgen des folgenden Tages in See zu gehen.

Und nun wir das Festland verlassen, nun wir effectiv auf der Reise, übergebe ich auch die Schilderung derselben einer würdigeren Feder, und zwar der jenes Mannes, der zum Gelingen der Reise so viel beigetragen, der einerseits uns durch seine Kenntnisse gar manches Wunderbare der Schöpfung erklärt und uns aufmerksam gemacht auf Natur-Gebilde, die dem Auge des Laien gewöhnlich verborgen bleiben; der andererseits mit unverwüstlicher Laune manche düstere Stunde bei stürmischer See und im nordischen Nebel erheiterte.

Nur Eines noch bleibt mir, das ich hier nicht unerwähnt lassen kann, und dies ist die nordische Gastfreundschaft, die Aufnahme, die wir in allen Städten gefunden, wo wir angelegt. Mit einer Zuvorkommenheit und Freundlichkeit ist man uns überall entgegen gekommen, als sei dem Herzen des Menschen dort doppelt die Wärme gegeben, die dem Klima und der Natur versagt worden.

Ich kann nur den Wunsch aussprechen für mich und meine Begleitung, je in den Fall zu kommen, unseren liebenswürdigen Wirthen das zu entgelten, was sie für uns gethan.

Möge jedem Reiselustigen sein Unternehmen so gelingen, wie es mir gelungen; sei es einem Jeden vom lieben Gotte beschieden, befriedigt von dem Erlebten, in der Heimath wohl und gesund das wiederzufinden, was er mit schwerem Herzen verlassen.

Hofgut Büdesheim, im Herbst 1862.

Georg Berna.

Vorwort.

Ich habe den einleitenden Worten meines Freundes Berna nur Weniges beizufügen.

Tiefer eingehende wissenschaftliche Untersuchungen wird man von einer Reise nicht verlangen, die während der kurzen Zeit eines nordischen Sommers fast nur im Fluge eine Menge von Küstenplätzen berührte und über mehr als tausend Stunden Weges sich ausdehnte. Möge man uns als Touristen betrachten, die vorzugsweise der Natur des Landes und des Meeres ihre Aufmerksamkeit zuwandten und so vielleicht Beobachtungen und Eindrücke sammelten, an denen andere Reisende mit andern Zwecken achtlos vorüber gegangen wären. Vielleicht ist es uns später gegönnt, einige der gesammelten Materialien einläßlicher zu bearbeiten und die Früchte dieser Bearbeitung einem anderen, kleineren Publikum zu bieten.

Was ich hier zu geben beabsichtigte, ist eine treue ungeschminkte Schilderung des Gesehenen und Erlebten. Unsere Reise ist vielleicht in Deutschland das einzige Beispiel eines Unternehmens, das hoffentlich Nachahmer finden wird. Mit unumschränkter Liberalität bot uns Andern ein Privatmann die Gelegenheit und die Mittel, frei von jeder Unterstützung und Beaufsichtigung von Regierungen und Korporationen, in seiner Gesellschaft auf eigenem Schiffe Küsten und Länder zu besuchen, die unser Interesse im höchsten Grade in Anspruch nehmen mußten.

Unser Freund spricht von der nordischen Gastfreundschaft. Wir, die Genossen der Reise, können nur behaupten, daß kein Nordländer ihn selbst in dieser Beziehung übertreffen könnte. Sein wandelndes Haus war das unsere; jedem nur leise ausgesprochenen Wunsche wurde willfahrt, und wo es galt, Unangenehmes zu besorgen oder selbst sich Gefahren auszusetzen, war es Freund Berna, der den ersten Platz und den größten Theil beanspruchte. Seiner steten Fürsorge danken wir es, wenn die Reise der Annehmlichkeiten so viele bot, als nur irgend möglich.

Meine Reisegefährten würden mir mit vollem Rechte grollen, hätte ich hier nicht ausgesprochen, was Jedem im Herzen lebt.

Genf, im Herbst 1862.

Carl Vogt.

Inhalt.

Erstes Buch. · Norwegen.

Zweites Buch. Jan Mayen.

Drittes Buch. · Island.

Wissenschaftlicher Anhang.

I. Geologisches aus Norwegen.

II. Die vulkanischen Formationen.

—◦◇◦—

Illustrationen.

Karten

Insassen des Joachim Hinrich.

Reisende und Diener.

Georg Berna.
Carl Vogt, der Professor.
Heinrich Hasselhorst, der Maler.
Amand Greßly, der Geologe.
Alexander Herzen, der Doktor.

Hubert, der Jäger, aus Böhmen.
Der Koch, aus Berlin.
Der Steward, aus Hamburg.
Der Bäcker, aus Mecklenburg.

Schiffsmannschaft.

Hans Stehr, Kapitän, aus Blankenese.
Johann Heinz, Steuermann, Holsteiner.
Friedrich, erster Matrose, aus Norwegen.
Jan, zweiter Matrose, Däne.
Johann, dritter Matrose, Norweger.
Paul, Jungmatrose, Holsteiner.
Hans, Koch, Holsteiner.
Eduard, Küchenjunge, Landratte aus Sachsen-Altenburg.

Erstes Buch.

N o r w e g e n.

Melodie: Es waren einmal drei Reuter

Nach Norwegen laß uns ziehen,
Wo der Fels zum Himmel schreit!
Wo der Ocean sich brandet,
Wo der Lootse fröhlich strandet,
Und von fern der Hekla speit!

(Fliegende Blätter.)

Erstes Kapitel.

Von Hamburg
über
Stavanger nach Bergen.

Am 20. Mai 1861 lichtete der Schooner Joachim Hinrich, von 67 dänischen Commerzlasten, unter dem Befehle des Kapitäns Hans Stehr, im inneren Hafen von Hamburg die Anker, um uns der norwegischen Küste entgegenzutragen. Zwar war es von Holz zu Mann ein deutsches Schiff; denn in Blankenese war der schmucke Schooner gebaut, dessen Eigenthümer sämmtlich aus jenem wunderbaren Seefahrers-Dorfe stammten, und von Hamburg aus war er befrachtet. Nichts desto weniger flatterte über dem Hinterdeck eine gewaltige Flagge mit dem dänischen Kreuze, und an den Hauptbalken war das dänische Königszeichen mit der Krone darüber tief eingebrannt, so daß kaum der dicke Oelfarbenüberzug es verdecken konnte. Vor etwa zwölf Jahren, sagte uns der Kapitän, sei er auch wohl unter einer anderen Flagge gefahren, unter der schwarzrothgoldenen mit dem Nesselblatte, und in Italien sei alle Welt zusammengelaufen, um die herrliche Flagge zu bewundern, die man auch schön in die Ferne sehen könne. Das sei aber bald darauf abgestellt worden und jetzt müsse er wieder unter derselben Flagge segeln, vor welcher er damals sich in die Watten habe flüchten müssen, um nicht gekapert zu werden. Uebrigens sei die dänische Flagge auch eine sehr gute Flagge, wohl angesehen in allen Meeren, und überall fände man Konsuln, die sich lebhaft ihrer Schiffe annähmen, während im Jahre 1848 sich Niemand habe finden wollen, der in fremden Häfen die Berechtigung der schwarzrothgoldenen Flagge vertheidigt hätte. Gleichsam zur Neutralisirung des uns gerade nicht angenehmen Zeichens und zur Augenweide unserer patriotischen Herzen hatten wir dann auch auf dem Hauptmaste die Flagge der freien Reichsstadt Frankfurt und auf dem Vordermaste diejenige der schweizerischen Eidgenossenschaft aufgezogen, welche beide wohl zum ersten Male in den nordischen Meeren sich zeigten. Ein vollständiges Recht zu dem Mitgebrauche dieser Flaggen konnte man uns um so weniger abstreiten, als sämmtliche Mitglieder der Expedition, die Einen durch Geburt, die Andern durch Einbürgerung, den beiden kontinentalen Republiken angehörten, die sich wohl schwerlich über den Besitz der einzigen herrenlosen Insel streiten werden, welche das Schiff auf seiner Fahrt berührte.

Die Freunde hatten sich zahlreich eingefunden, um uns das letzte Geleit bis Blankenese oder Glückstadt zu geben. Ein Schleppdampfer hatte sich vorgespannt, ein anderer an der Seite befestigt, und so glitten wir pfeilschnell an dem prächtigen Ufer der Elbe vorüber, von welchem aus die herrlichen Landhäuser und Parke der reichen Kaufleute uns ihre Abschiedsgrüße durch Flaggen oder Böllerschüsse zusandten. Man hatte uns in Hamburg so bereitwillig von allen Seiten her unterstützt, indem man unsere Expedition gewissermaßen als eine Ehrensache für ganz Deutschland und Hamburg insbesondere ansah, daß wir nicht umhin konnten, mit einiger Wehmuth an den Augenblick zu denken, wo das Gebiet der freien und mächtigen Hansestadt unseren Blicken hinter den Wellen der Nordsee verschwinden würde.

Doch nur einen Augenblick hatten wir Zeit, uns diesen Gefühlen hinzugeben, sobald an dem einen oder anderen Landungsorte einer unserer Freunde uns verließ; denn es gab alle Hände voll zu thun, um uns einzurichten und nach Seemannsbrauch Alles festzumachen. Zimmermann und Schreiner arbeitern noch auf dem Decke, beschäftigt die letzte Hand an unsere Cambüse und ein anderes unnennbares Gemach zu legen, statt dessen die Matrosen den luftigen Sitz auf den Tauen des Bugspriets benützen. Mit Farbentopf und Pinsel rannten die Anstreicher umher und überall waren Seile gespannt, welche die auf dem Decke Befindlichen vor Befleckung wahren sollten. Die Bemalung unseres Schiffes war ebenso der Stolz und die Freude des Kapitäns und der Mannschaft, wie die Verzweiflung der Maler: der Rumpf himmelblau mit weißen Streifen, die das Deck überragenden Theile hellgrün und weiß, die Masten hochgelb — man konnte wahrlich keine Zusammenstellung wählen, die schreiender den Gesetzen der Farbenharmonie in's Antlitz geschlagen hätte. Hasselhorst stieß einen Schrei des Entsetzens aus, als er den Schooner zum ersten Male erblickte und der bekannte Seemaler Melbye meinte, man könne die Farben zwar abstimmen in einem Bilde, allein eine schwierige Aufgabe sei es immerhin.

Dafür kannte aber auch Jedermann im Hamburger Hafen den blauen Schooner, auf welchem die „dütschen Herren" seit vierzehn Tagen gleich Ameisen eine Unmasse von Zeug zusammengeschleppt hatten, über welches die alten Seewölfe und Jollenführer bedenklich die Köpfe schüttelten. Die großen Glaskübel, die Gestelle mit Flaschen, Töpfen und Gläsern, die tausend gebrechlichen Dinge, die mit großer Vorsicht, eines nach dem andern, in das Boot und aus dem Boote in das Schiff gebracht wurden, schienen ihnen sämmtlich Ueberflüssigkeiten, die schon beim ersten Schaukeln in den Wellen zu Grunde gehen müßten, und die großen Schleppnetze mit den schweren eisernen Rahmen wurden von ihnen als verunglückte Versuche des wissenschaftlichen Hochmuthes betrachtet, der auf die Erfahrung nicht hören wolle. Wie man hoffen könne, mit solch' unbehilflichen Dingen flüchtige Fische zu fangen, schien ihnen vollkommen unbegreiflich und etwas anderes Nutzbares als Fische enthält ja der Ocean überhaupt nicht für den Seemann.

Bei Glückstadt verließ uns der Dampfer mit den letzten Fremden und nur die Verwandten des Kapitäns gaben diesem das Geleite bis nach Kuxhafen. Jeder von uns richtete seine Cabine je nach seiner individuellen Anschauungsweise von Bequemlichkeit und Eleganz ein. Es hämmerte und bohrte an allen Wänden und nur zuweilen tauchte der Eine oder Andere schweißtriefend und in Hemdsärmeln aus der Luke hervor, um einen flüchtigen Blick über das platte Land zu werfen, an welchem das Schiff unter vollen Segeln in fast unmerklicher Bewegung vorüberglitt. Doch es wird nöthig sein, den Lesern ein Bild von der inneren Einrichtung unseres Schiffes zu geben, das uns mehrere Monate lang gastlich beherbergte, bis wir uns von ihm, als einem altgewohnten Freunde, trennten.

Unser Schooner ist ein gewöhnliches, zweimastiges Kauffahrteischiff von 95 Fuß Länge und 30 Fuß Breite, das beladen bis 10 Fuß unter Wasser geht und dessen ganzer innerer Raum ursprünglich zur Aufnahme von Waaren bestimmt ist. Es ist eines jener schnellsegelnden Schiffe, welche vorzüglich dazu benutzt werden, im Winter Orangen aus Messina zu holen, im Sommer dagegen auf allen Meeren zwischen der alten und neuen Welt umherzubummeln, je nachdem Gelegenheit und Fracht sich bietet. In dem spitzen Schnabel unmittelbar hinter dem Bugspriete befindet sich ein kleiner Raum zur Aufnahme der Ankerketten und des in Reserve gehaltenen Takelwerkes; — an dem anderen Ende unmittelbar über dem Steuerruder die Cabine des Kapitäns, die nur einen geringen Raum für etwaige Gäste bietet. Die Schlafkojen des Steuermanns und der Matrosen, sowie die Küche für die Schiffsmannschaft sind in einem niederen Gelasse auf dem hinteren Theile des Decks angebracht, in dem sogenannten Roof, über welchem sich der große Baum des hinteren Segels hin und her bewegen kann. Der ganze innere Raum des Schiffes zwischen der Cabine des Kapitäns einerseits und der Vorderkammer für das Takelwerk andererseits, der sonst für Waaren bestimmt ist, kann demnach von uns um so ausgiebiger benutzt werden, als der verladene Ballast, aus schwerer Kupferschlacke bestehend, nur wenig Raum über dem Kiele einnimmt.

Unser Raum ist in drei Theile getheilt worden. Hinten zwischen der Kapitänskajüte und dem großen Maste befindet sich der Raum für die Vorräthe, der Eis- und Weinkeller, die Kammer für die Sammlungen, welche wir anzulegen beabsichtigen. Zwischen den beiden Masten, also in der Mitte des Schiffes, sind unsere Räumlichkeiten eingerichtet; weiter nach vorn, zwischen Vordermast und Bugspriet, haust unsere Dienerschaft. Jede dieser Abtheilungen hat ihren besonderen Eingang vom Deck aus: die Proviantkammer durch die Kajüte des Kapitäns, unsere Zimmer durch die große Luke, der Bedientenraum durch die kleine Vorderluke, durch welche man in den Raum hinabsteigt. Die große Luke, durch welche sonst die Waaren hinabgelassen werden, ist getheilt und größtentheils mit einem Glashause überdeckt worden, das Licht und Luft in unseren Salon hinabläßt; neben diesem Glashause führt die Treppe, breit und geräumig für eine Schiffstreppe, eng und steil für verwöhnte Landratten in unsere Gemächer hinab; sie kann, wie auf Schiffen gebräuchlich, mit einem oberen Schieber und einer seitlichen Klappthüre, gänzlich geschlossen und gegen Regen und Sturm dichtgemacht werden.

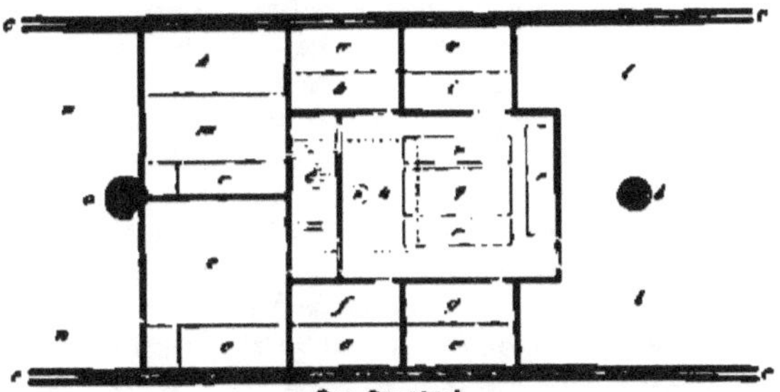

Der Grundriß.

a. Hauptmast. b. Vordermast. c. Schiffswand. d. Treppe. e. Kajüte des Commodore. f. des Professors. g. Greßly's. h. Hasselhorst. i. des Doctors. k. Salon. l. Raum der Dienerschaft. m. Huber's Raum. n. Proviantkammer und Waschkabinet. o. o. Betten. p. Ofen. q. Tisch. r. Bänke und Sopha. s. Instrumententisch

Steigt man die Treppe (d) hinab, so öffnet sich rechts gegen das Hintertheil des Schiffes hin, die Thüre in die Kajüte (e) des Commodore Berna, links die Thüre in den großen gemeinschaftlichen Salon (k), der im Ganzen 24 Fuß lang und 16 Fuß breit ist. In der Mitte steht ein massiver Tisch (g), festgeschraubt mit den dicken Füßen an den mit einfachem Teppich gedeckten Boden, zu beiden Seiten zwei mit rothem Sammt gepolsterte Bänke (r), deren Lehne, je nach Bedürfniß, wie bei den Bänken der Eisenbahnwaggons nach nordamerikanischem Systeme, nach links oder rechts übergeklappt werden kann. Auch diese Bänke sind festgeschraubt, um bei hohem Seegang Stand zu halten. Im Fond des Salons eine Thüre, die nach dem Raume führt, den die Dienerschaft einnimmt, daneben ein Sopha (r), über dem ein Spiegel befestigt ist. Hier präsidirt der Commodore, der das Amt des Familienvaters bei Tische versieht — hier kann auch noch ein Ehrengast Platz nehmen. Auf der Bank zur Linken des Präsidenten haben Vogt und Greßly — zur rechten Herzen und Hasselhorst ihre festen Plätze; — der Kapitän, wenn es uns das Vergnügen macht, Sonntags oder nach gemeinschaftlichen Jagdexkursionen an unserer Tafel zu speisen, nimmt an der schmalen Seite des Tisches den

Commodore gegenüber seinen Sitz. Die große Tafel vereinigt uns bei den gemeinschaftlichen Mahlzeiten, bei Schach- und Whistspiel, bei Vorlesungen oder sonstigen ernsteren Beschäftigungen, die besonders bei schlechtem Wetter gepflogen werden; denn bei schönem Wetter sind wir meistens auf Deck, wo die Einrichtungen zu Arbeit und Studium ebenfalls nicht fehlen.

Auf den Langseiten des Salons öffnen sich die Cabinen, fünf Fuß breit, sieben Fuß lang, hoch genug, daß man aufrecht darin stehen kann. Das Bett nimmt die nach außen gewendete Längsseite der Koje ein; die Schiffswand ist gepolstert um die unmittelbare Berührung mit dem kalten Holze zu vermeiden; unter dem freilich schmalen und harten Bette bleibt Platz für Koffer und Kisten; darüber ist zwischen den Tragbalken des Deckes ein Netz angebracht, das vielfachen Raum zur Bergung kleinerer Gegenstände bietet. Am Kopfende des Bettes ein Waschtisch nebst übrigen Nothwendigkeiten und ein in's Blei gehängter Leuchter mit matter Glocke für das Nachtlicht, dessen wir freilich in Norwegen nicht benöthigt sind. Jeder hat sich in seiner Koje nach Gutdünken und Belieben eingerichtet. Der benutzt den Raum zwischen Thüre und Wand zum Kleiderschrank, Jener hat Kautschukbänder und Cigarrenbrettchen in kunstvoller Weise zu Haltern und Schiebern umzuschaffen verstanden. Die Kojen sind von oben durch dicke Glasprismen erhellt, welche in das Dach des Deckes selbst eingelassen sind und, fast unglaublicher Weise, Licht genug zum Lesen gestatten.

Die Cabine des Commodore (e), welche dem Salon gegenüber auf der anderen Seite der Treppe sich befindet, ist weit geräumiger als die übrigen, und hat Raum genug für ein Sopha, ein Schreibtischchen und einen Bibliothekschrank, der namentlich mit Büchern über Norwegen auf das Reichste ausgestattet ist. Hier pflegt man häufige Besprechungen, besonders veranlaßt durch die fortdauernde Seekrankheit unseres Befehlshabers, die ihn zum Einhalten der horizontalen Lage zwingt. In diesen freundlichen Raum zieht sich auch wohl der Eine oder Andere zurück, wenn er ungestört von Besuchern schreiben oder lesen will. Sonst aber herrscht Jeder unumschränkt in seiner Cabine, die augenblicklich einen Einblick in das Wesen des Bewohners erkennen läßt. Der Maler gibt seine Vorliebe für Mechanik durch seltsam ersonnene Konstruktionen kund, mittelst welcher Deckel von Cigarrenkistchen, Brettstückchen und Kautschukbänder zu Klappen, Lichtschirmen und Repositorien verwendet sind. Die Cabine des Professors zeichnet sich aus durch verschwenderischen Reichthum an Rauchwerk zur Unterhaltung der thierischen Wärme und gewöhnlich schauen aus der

Inneres der grossen Kajüte

Thüre zwei gewaltige Pelzstiefel grimmigen Antlitzes in den Salon hinein. Greßly hat seine Vorliebe für die Berge sogar bis in die Einrichtung seiner Cabine bethätigt, in welche er nur mit sichtlicher Lebensgefahr über Kisten und Kasten hinankletternd bis zu seinem Bette gelangen kann und worin er, einer Wühlmaus gleich, suchend verschwindet, sobald er den geringsten Gegenstand nöthig hat. Ich erinnere mich noch lebhaft aus meiner Kinderzeit eines Schränkchens in dem Hause eines meiner Oheime, in welchem Alles geborgen wurde, was man sonst nicht unterzubringen wußte. Suchte Jemand etwas, so hieß es jedes Mal: sieh einmal in dem Schränkchen nach! und man konnte zehn gegen eins wetten, daß man trotz fleißigen Umrührens des Inhaltes das Gesuchte nicht finden würde. Greßly's Cabine hat mich oft an das Schränkchen erinnert. Wenn auch die außerordentliche Geschicklichkeit, mit welcher er unter dem Bette oder hinter dem gigantischen Koffer untertauchte, einigen Ersatz für die Unannehmlichkeit bot, welche das stete Suchen veranlaßte, so konnte man doch nicht umhin anzuerkennen, daß seine Kajüte das vollständige Bild einer gründlichen geologischen Umwälzung vor den Augen entrollte. Die Cabine des Doktors bot den vollständigsten Gegensatz: eine gewisse Magerkeit war in derselben nicht zu verkennen und nur die große Jagdtasche, die in weitgreifenden Pendelschwingungen an der Wand sich erging, ließ auf einen ausgesprochenen Geschmack des Besitzers schließen.

Salon und Cabinen waren mit Kattun tapeziert, mit Teppichen belegt, hoch, geräumig und hell und in solchem Grade comfortabel, daß Maler Melchr, welcher von Professionswegen die Schiffe aller Nationen im Detail studiert hat, sowie alle Seemänner, welche unsere Räumlichkeiten sahen, des Lobes voll waren über unsere Einrichtung, die in einem Linienschiffe nicht schöner und comfortabler sein könnte. Uns freilich schien es im Anfang klein, eng und niedrig; denn wenn wir uns streckten, konnten wir mit der Hand gerade die Decke erreichen; — allein bald waren wir gewöhnt und als wir später im Hafen von Greenock die Cabinen des gewaltigen Paketdampfers „Hansa" sahen, der an Größe und Schönheit der inneren Einrichtung alle übrigen nach Nordamerika laufenden Dampfer übertrifft, mußten wir uns sagen, daß unsere schiffskundigen Freunde ihr Lob nicht in allzu schmeichlerischer Weise angebracht hatten. Wie konnte es aber auch anders sein, da unser Freund, der österreichische Generalkonsul, Freiherr von Merk in Hamburg, die Ausrüstung unseres Schiffes übernommen hatte!

Zwischen dem Salon und der Proviantkammer (n), von seinem Herrn nur durch eine dünne Bretterwand getrennt, hat unser Jäger Hubert sein Bett in einem Raume (m), der außerdem noch zur Bergung des wissenschaftlichen Apparates bestimmt ist. Dort stehen auf einem breiten Tische die Kasten und Kästchen mit den Mikroskopen, den anatomischen und physikalischen Instrumenten, die Körbe mit den Gläsern, während unter dem Tische die schweren Schleppnetze, die Brecheisen und Pickel ihren Platz gefunden haben. Dort entfalteten diejenigen, welche nicht an der Seekrankheit litten, ganz besonders ihre segensreiche Thätigkeit, sobald das Schiff zu schwanken und zu rollen begann, um alle jene gebrechlichen Gegenstände vor der Zerstörung zu schützen.

In dem Raume um den Vordermast (l) haust unsere übrige Dienerschaft: der behende und überaus anstellige Koch, über dessen Nationalität Anfangs zwar einige Zweifel walten konnten, der aber sofort am zweiten Tage durch die energische, dem Küchenjungen zugeherrschte Phrase: „Ich werde dich jleich mal hinter die Löffel kommen,“ seine pommer'sche Herkunft zur Genüge zu erkennen gibt; der besonnene und stets dienstwillige Aufwärter, der als Steward eines Postdampfers eine gewisse Virtuosität in Bedienung von Seekranken erlangt hat, und der von Gesundheit strotzende Bäcker, dem sein engeres Vaterland Mecklenburg, das nach des Kochs Versicherung „jar nicht auf die Landkarte zu finden ist“, viel Herzeleid und Kummer verursacht, was ihn indeß ebensowenig, wie das Teigkneten, verhindert, an körperlicher Fülle zuzunehmen.

Aber nicht blos auf den inneren Raum hat sich unsere organisatorische Thätigkeit erstreckt. Oben auf Deck befindet sich in fast unmittelbarer Nähe des großen Mastes die Winde, mittels deren man die Waarenballen auf- und abläßt. An dem starken Gerüste derselben ist ein großer Klapptisch angebracht, vor welchem eine Bank steht, die für drei Personen nöthigen Falls Platz bietet. Dort ist bei schönem Wetter das wissenschaftliche Observatorium. Unter dem Tische stehen die großen, runden Körbe mit den breiten Glaskübeln, in welchen die gefangenen niedern Seethiere aufbewahrt und zuweilen durch Greßly's Sorgfalt wochenlang am Leben erhalten werden. An der linken Seite des Tisches pflanzt der Professor sein Mikroskop und sein anatomisches Besteck auf, sobald es nur irgend das Wetter erlaubt, indem er sich durch übergespannte Segeltücher vor dem Einflusse der Sonnenstrahlen zu schützen sucht; auf der rechten Seite nehmen bald die Einen bald die Andern Platz, je nachdem ihre Beschäftigung sie auf Deck ruft. Greßly zeigt eine besondere Vorliebe für vorüber-

Studium auf Deck.

gehende Etablissements, die er an allen geeigneten und ungeeigneten Orten anbringt. Seine Cigarrenkistchen, mit Erde gefüllt und mit lebenden Pflanzen von den verschiedenen besuchten Orten her besetzt, breiten sich wie die hängenden Gärten der Semiramis über alle Flächen aus, werden aber leider später bei einem Sturme sämmtlich in das Meer gespült, nachdem sie vorher der Bär in jugendlichem Muthwillen zu verschiedenen Malen arg mitgenommen hat.

Nach mühevollem Tagwerk gingen wir Abends in Kuxhafen vor Anker, um mit der am Morgen beginnenden Ebbe bei ziemlich günstigem Winde in See zu stechen. Die niedrige Küste entschwand bald unseren Blicken; die Thürme von Neuwerk, das Feuerschiff der Elbmündung, tauchten unter die Wellen und erst am Abend leuchtete Helgoland aus weiter Ferne zu uns herüber. Noch am Morgen war uns die flache Insel mit ihren steil abfallenden Wänden in Sicht, und da die See außerordentlich ruhig und der Wind nur schwach war, so beschlossen wir, hier vom Schiffe aus unsere Schleppnetze und unsere Geschicklichkeit zu versuchen. Zwar lag Helgoland weit von uns im Westen, so weit, daß wir selbst die auf unserer Seite liegende Düne nur mit bewaffnetem Auge unterscheiden konnten; allein nichts desto weniger fanden wir Grund in geringer Tiefe und konnten uns durch den Anblick des heraufgebrachten Sandes überzeugen, daß selbst in meilenweiter Entfernung noch der Seegrund dem Zerstreuungskreise jener Materialien angehört, welche beständig von der Insel abgespült werden. Die stete Verminderung des letzten deutschen Fleckchens Erde, auf welchem freilich das englische Banner weht, ist eine festgestellte Thatsache und fast könnte man die Zeit berechnen, in welcher Helgoland von den immer wogenden Wellen verschlungen und der daraus gebildete Sand über das weite Becken der Nordsee zerstreut sein wird. Besteht ja doch die ganze Insel aus leicht zerreiblichen Schichten von Grünsand und ähnlichen zur Kreide-Periode gehörigen Gesteinen, welche unten von dem Wellenschlage unterwühlt werden, bis endlich die überhängende Klippe, ihrer Stütze beraubt, abstürzt, zerbröckelt und weggeschwemmt wird. Leider vermißt man in dem Helgolander Gesteine jene festen Feuersteinknollen der weißen Kreide, welche beim Abspülen des Gesteines losgelöst werden, an dem Fuße der Klippen sich anhäufen und so endlich einen schützenden Damm bilden, der vor weiterer Zerstörung wahrt, indem er die Stoßkraft der Wellen bricht und fernere Wegführung verhindert, wie man dies leicht an der normännischen und englischen Küste, sowie an der Insel Rügen beobachten kann. Im Helgolander Grünsande finden sich aber keine festeren Theile, es können keine Geschiebe abgespült und als Schutzwall am Fuße der Klippen abgelagert werden und keine menschliche Kunst kann der Zerstörung Einhalt thun, welche hier waltet.

Unser Schleppnetz brachte in drei wiederholten Zügen eine ganze Sandbevölkerung an Deck: Zahlreiche Schlangensterne (Ophiuren) wanden ihre dünnen Arme Würmern gleich umher und suchten mit den scharfen Spitzen einen Stützpunkt in dem Sande zu gewinnen, der überall vor ihnen wich und sie bald wieder den Augen entzog. Dazwischen krochen größere Seesterne, einige Seeigel und mancherlei Gewürm, wenn auch meistens zerbrochen, suchte sich in den Sand hineinzuringeln, den wir auswuschen. Vor allem aber zogen uns kleine köcherartige Gestalten an, welche auf die netteste Weise aus kleinen Sandkörnchen zusammengeklebt die Gestalt eines oben und unten offenen, kaum gekrümmten Füllhornes darboten, aus dessen oberer, weiterer Mündung einige goldglänzende Borsten hervorstanden. Es war, wie wir leicht sehen konnten, die goldhaarige Amphitrite (Amphitrite auricoma), ein kleiner Röhrenwurm, dessen Hülle man auch unter dem Namen des Sandköchers an der Nordsee kennt, wo der Wurm häufig als Köder für kleine Fische benutzt wird. Uns, die wir bisher nur an dem Mittelmeere und dem Ocean gefischt, war der Sandköcher bisher noch fremd geblieben und so freuten wir uns denn an dem Anblicke des Thierchens, das vorsichtig tastend erst die beiden goldgefärbten starren Borstenkämme wie ein Fallgatter aus der Röhre hervorschob und dann hinter dem Schutze derselben die langen Fühlfäden spielen ließ, welche einen dicken Busch an dem breiten Kopfe bilden. Erst wenn der Wurm sich von der Abwesenheit einer jeden Gefahr überzeugt hatte, schob er auch noch die vorderen Halsringe mit den baumartigen Kiemen hervor, in deren buschartigen Aesten man deutlich die Strömungen des rothen Blutes gewahrte. Bei der geringsten Erschütterung aber wurden alle diese Theile blitzschnell zurückgezogen und lange dauerte es, bis das Vertrauen wieder soweit hergestellt war, daß das Thier es wagte, aufs neue mit dem Vordertheile aus der Hülle hervorzutreten.

Die See war so ruhig, der Wind so schwach, daß wir bei langsamer Fahrt wie über einen Binnensee dahinglitten, nicht das mindeste Unwohlsein verspürten und ganz bequem auf dem Decke mit dem Mikroskope arbeiten konnten. Mancherlei Zeugs schwamm in dem Meere und unsere feinen Netze, die an langen Stangen befestigt uns erlaubten, vom Deck herunter an der Oberfläche zu fischen, brachten viele Quallen an Bord, welche bald in den aufgestellten

Glasgefäßen ihre Schirme ausbreiteten und nach allen Richtungen umherschwammen. Es war indeß hauptsächlich nur die sogenannte Kornblumenqualle (Cyanea capillata), welche hie und da aus der Tiefe emportauchte. Sie war uns von der Ostsee und dem Ocean her ein alter Bekannter, wo sie, wie in der Bucht von Kiel die Schwärme der Ohrenquallen (Medusa aurita) zu verfolgen und sich sogar von ihnen zu nähren scheint. Dieselbe Qualle begleitete uns, wie wir später fanden, durch die ganze Nordsee hindurch bis zum äußersten Breitengrade den wir erreichten, zum Theil in riesenhaften Exemplaren, deren Scheibe bis zu 2 Fuß im Durchmesser hatte, und in solchen Mengen, daß das Meer davon förmlich gefärbt erschien. Die Cyaneen der Ostsee, sowie diejenigen in der Nähe von Helgoland zeigten meistens die wunderbare blaue Farbe, welche ihnen den Namen gab; bald aber mischten sich gelbliche Individuen darunter und in den höheren Breiten waren blaue Exemplare eine Seltenheit, während eine rothgelb gesättigte Farbe die Regel war. Unter den übrigen Quallen gleicht diese am besten einem wohlgerüsteten Kriegsschiffe, das stolz mit kräftigen Bewegungen in Mitten einer Kauffahrteiflotte verschiedenen Kalibers einhersegelt. Unter dem breiten, tiefeingeschnittenen Schirme, der sich bald zur Kugel zusammenwölbt, bald so verflacht, daß seine Oberfläche vertieft erscheint, hängen die vielgelappten, einem Kohlblatte gleich gekräuselten Fangarme, umgeben von einer großen Anzahl langer, wechselnder Fühlfäden, von denen einige, durch Dicke ausgezeichnet, eine tiefe gesättigte braunrothe Farbe besitzen. Die Länge, bis zu welcher diese Fühlfäden sich ausdehnen können, ist unglaublich: wir haben Quallen gesehen, welche einen wahren Kometenschweif von 20 Fuß Länge nach sich zogen und mit diesem Gewirre von Fäden und Fangarmen das sackartige Netz bis zum Rande füllten. Wunderbar ist auch das Spiel dieser Fäden: bald stehen sie nach allen Seiten hinaus wie ein Strahlenkranz, dann wieder bilden sie einen spitzen Schweif oder zwei seitliche Büschel, in deren Mitte der Körper wie ein Kern schwebt. Seltsam dünkte es uns schon damals, daß gewöhnlich ein kleines Fischchen, scheinbar unbekümmert um die Gefahr, eine jede dieser Quallen begleitete, unter den Fangfäden sich herumtrieb, zwischen ihnen hindurchschwamm und häufig an dem Schirm der Qualle anstieß, als wolle es dieselbe nach einem gewissen Orte hinlenken. Nahte man mit dem Netze, so schoß das Fischlein pfeilschnell davon und erst später gelang es uns, mehrfache Exemplare zu haschen und uns zu überzeugen, daß alle junge Fischlein aus der Stockfischfamilie in gleicher Weise mit den

Quallen ihr Wesen treiben und wie es scheint, von denselben durchaus nicht belästigt werden. In den meisten Bilderwerken zum Gebrauche der Jugend sehen wir eine Qualle abgebildet, welche ein halbverschlucktes Fischchen in dem röhrenförmigen Munde hat. Wir müssen gestehen, daß wir noch niemals, so viele Quallen wir auch untersuchten, irgend einen Ueberrest von Fischchen in ihrem Magen fanden und daß uns in Folge dieser Beobachtungen die behauptete Nahrung derselben einigermaßen zweifelhaft erscheint.

Während wir so auf unsere Weise dem Meere einige Beute abgewannen, war auch die Schiffsmannschaft nicht müssig und warf nach allen Seiten Angeln

Der Knurrhahn.

aus, die unsern Begriffen nach ziemlich plump gearbeitet waren. Ein Stückchen Blei, in der rohesten Form eines Fisches gegossen und etwas glänzend geschabt, an einer dreiarmigen Angel befestigt, wurde rasch durch das Wasser gezogen, und es dauerte nicht lange, so lag ein stattlicher Knurrhahn auf dem Decke, der sein weites Maul mit so charakteristischem Ausdrucke aufsperrte, daß Hasselhorst nicht umhin konnte, seine Kunst an ihm zu üben. „Ich kann nur nicht begreifen“, sagte er zu dem Kapitän, der neugierig der Fertigung der Skizze zuschaute, „wie ein Fisch so dumm sein kann, an einem so plump gebauten Köder, wie dieser bleierne Fisch ist, anzubeißen." „Mein Gott", antwortete der Kapitän in seiner trockenen launigen Weise, die wir erst später recht sollten kennen lernen, „die Knurrhähne sind noch viel dummer, als Sie glauben: statt mit einem Weißfische kann man sie mit einem Läppchen Leinwand fangen, das man an die Angel hängt. Wenn so ein Knurrhahn das weiße Läppchen sieht, so denkt er: Du schluckst es 'mal vorläufig über; denn du kannst ja nicht wissen, was daran ist: ist es unverdauliche Leinwand, so kannst du es ja immer wieder von dir geben, ist es aber ein guter Bissen, so behältst du ihn bei dir. Das findet sich nachher. Nachher findet es sich aber, daß ein Angelhaken dabei ist und daß der Knurrhahn das Uebergeschluckte behalten und mit ihm aus dem Wasser an Deck spazieren muß, wo wir ihn dann überschlucken."

Erst als wir uns Samstags, am 1. Juni, etwa dem Eingange des Skager Racks, eines Meerarmes zwischen der Südspitze von Norwegen und der Nordspitze von Jütland gegenüber befanden, sollten wir auch die Leiden der Seefahrt besser kennen lernen, nachdem wir bis jetzt bei klarem, warmem Wetter nur die Freuden der ruhigen See genossen hatten. Den Tümmlern oder Meerschweinen, welche unser Schiff umspielten, war es offenbar wohler zu Muthe, als uns, die wir bei widrigem Winde, kurzem, aber hohem Seegange und beständigem Regen mehr oder minder heftig erkrankt in unseren Kojen lagen und dem Neptun den Tribut der Neulinge bezahlten. Nur Gressly hielt sich wie ein alter Seemann, dem auch später Wind und Wellen nicht das Mindeste anhaben konnten, während Berna, Herzen und ich in empfindlicher Weise krankten. Während aber unser armer Commodore auch später noch bei jeder einigermaßen heftigen Seebewegung unaussprechlich litt, ging ich nach zweitägigem Kampfe mit der Natur für gewöhnliche Fälle gefeit hervor und litt später nur noch zuweilen an unbezwingbarer Schlafsucht, wie ein in der Wiege geschaukeltes Kind.

Am Nachmittag des 2. Juni erblickten wir zum ersten Male in Nebel und Regen gehüllt die norwegische Küste in Gestalt eines niedrigen, wellenförmig über dem Horizont sich hinziehenden Küstensaumes. Wir befanden uns in der Nähe von Stavanger und da wir glauben konnten, an dem Hauptorte der norwegischen Häringsfischerei einige Erfahrungen über dieses wichtige Gewerbe einsammeln zu können, so beschlossen wir, unsern ursprünglichen Plan zu ändern und dort einzulaufen statt in Bergen, wie wir anfangs beabsichtigt hatten. Wohl mochte auch die Versicherung des Kapitäns, daß wir in den Fjorden ruhigeres Wasser und demnach Linderung unserer Leiden finden würden, zu dieser Veränderung unseres Hauptkurses wesentlich beigetragen haben. Das Steuer wurde also nach Stavanger gerichtet und am folgenden Morgen um vier Uhr weckte man uns, als der Lootse an Bord kam, den unsere aufgehißte Flagge herbeigerufen hatte. Vor uns lag im hellsten Sonnenscheine die nackte felsige Küste mit dem Leuchtthurme auf einer ihrer Höhen. Der Eingang in den Fjord war fast gesperrt durch ein Gewirr von Inseln, alle nackt und kahl, aus grauen Felsen bestehend, an welchen nur hie und da in Spalten einiges Grüne hervorschimmert, während an dem Fuße ein langer gelber Streif sich hinzieht, der Seetang, welchen die Ebbe entblößt hatte. „Die norwegische Küste ist nicht schön", sagte der Kapitän, „ich habe sie früher schon bei Tromsö gesehen, wo sie anders aussieht; allein hier ist es nicht besser. Das ist ja Alles gerade so von sich selbst entstanden: Steine und Felsen, wie es von Anfang an gewesen ist. In Sizilien ist es auch so: nackte Steine und schmutzige Städte. Das läßt sich ja gar nicht vergleichen mit der Gegend von Hamburg bis Blankenese, wo es viel schöner ist und man der Gegend auch gleich ansieht, daß dort Menschen wohnen. Und Kopenhagen" fügte er hinzu, „ist auch sehr schön und in Kopenhagen trinkt man den besten Kümmel."

Das wurde später ein Schlagwort.

Wir indessen ließen uns durch die mißachtende Rede des Kapitäns nicht abhalten, uns über den Anblick des Landes zu freuen, das so klar vor uns lag und dem die herrlich blaue See mit den vielen Buchten und Inseln einen eigenthümlichen Reiz verlieh. Langsam näherten wir uns dem Eingange des Fjords, der sich gegen Mittag öffnete und eine ruhige Wasserfläche darbot, über welcher im Hintergrunde langgestreckte Berge hervorragten, großentheils mit Schnee bedeckt, von welchen sogar einige Gletscher bis zur Wasserfläche herabzusteigen schienen. Es dünkte uns, als leuchteten diese Berge aus großer Entfernung herüber, etwa so, wie man die Alpen vom Jura aus erblickt. Allein das waren nicht die kühnen, scharfgeschnittenen Formen der Alpen, die jeder Bergspitze einen eigenthümlichen individuellen Stempel aufdrücken; das war nicht jene Mannichfaltigkeit der Formen, wie wir sie in den Schneegipfeln der kontinentalen Kette bewundern, sondern vielmehr ein weites Gelände, das von einigen Rissen durchzogen, langgestreckte Formen mit geringer Modellirung der Flächen dem Auge bot. Die Vorderhügel waren alle abgerundet, jenen Rundhöckern gleich, die in der Umgebung des Grimselsees eine spärliche Vegetation tragen. Die hinteren Berge glichen riesigen Sarkophagen und Särgen, die mit weißen Leichentüchern bedeckt über einander aufgethürmt sind. Wenn aber so Gestalt und Form wenig Anhaltspunkte bot, so war dagegen Farbe und Beleuchtung zum Entzücken schön. Ein sanftes, durch leichte Nebelschleier gedämpftes Licht breitete sich über Hügel und Meer aus und eben des Mangels an Modellirung wegen boten die Berge weit ausgebreitete Licht- und Schattenmassen, über welche die feinsten Farbentöne in zarten Abstufungen ergossen schienen. Wohl mag demjenigen, der auch nur ein paar Tage auf offener See zugebracht hat, jede selbst an und für sich unschöne Gegend in wohlthuenderem Lichte erscheinen, als demjenigen, welcher nicht das feste Land verlassen hat; wohl mußten wir uns später manchmal sagen, daß die norwegische Küste, wie wir sie im Beginne sahen, durchaus nicht den Erwartungen entsprochen habe, welche wir von ihr, den gelesenen Reisebeschreibungen nach, hegten; -- aber soviel ist gewiß: wir waren entzückt, fanden Alles neu und überraschend und freuten uns wie Kinder, als wir am folgenden Tage zuerst mit dem Boote auf einer kleinen Insel, Stavanger gegenüber, landeten und die Stadt selbst zum ersten Male zu Gesicht bekamen. Schon Tags zuvor, als wir uns der Küste näherten, hatten wir fleißig mit dem feinen Netze gefischt und mit den Tangstücken eine reiche Beute von kleinen Flohkrebschen gehascht, welche, unter das Mikroskop gebracht, Staunen und Bewunderung der Schiffsmannschaft in gewaltiger Weise hervorriefen. Das zappelte und arbeitete mit Fühlhörnern, Beinen und Schwanzborsten unter dem Glase, als wollte es die Wände seines Gefängnisses sprengen und der Professor hatte genug zu thun, um seine Zeichnungen vollenden zu können, da die Neugierigen jeden Augenblick abpaßten, wo er die Augen von dem Okular des Instrumentes abwandte, um selbst einen Blick auf das Ungethüm werfen zu können, das unter dem Vergrößerungsglase strampelte. Nun wurde das Boot bemannt und auf die nächste Insel losgerudert, die mit ihrem gelblichen Tangkranze uns reichen Fang versprach. Bald waren Alle am Ufer beschäftigt, Steine umzuwälzen, im Sande zu graben, Seepflanzen abzulesen und in den Tümpeln zu krebsen, die das sinkende Wasser zurückgelassen hatte. Jener hatte sich bis über die Kniee aufgeschürzt, um mit bloßen Füßen in dem schlüpfrigen Seetange umherzuwaten; Der lag der Länge nach auf einem vorspringenden Felsen und suchte die Meernesseln (Actinia), die Schlüsselschnecken (Patella) und Seeeicheln (Balanus) von den Felsen zu lösen, an welchen sie sich festgesogen hatten; Dieser endlich glaubte von dem Boote aus besser in die Ritzen der Felsen eindringen zu können und mühte sich mit Ruder und Bootshaken ab, Seesterne und Seeigel aus der Tiefe zu holen. Bald waren sämmtliche mitgebrachten Flaschen und Gläser mit Thieren aller Art gefüllt, und nun sammelte man sich um den Maler, der sich auf etwas erhöhtem Standpunkte unter einem Felsen angesiedelt und die Stadt mit der Umgebung zu skizziren begonnen hatte.

Eine norwegische Küstenstadt sieht eigenthümlich aus; — eine gleicht der andern, und wenn man eine einzige gesehen hat, so hat man mit geringen Ausnahmen Alles erschöpft, was die norwegische Baukunst bietet. Die Städtchen sind gewöhnlich an dem Abfalle eines Hügels, in dem Hintergrunde eines Fjordes oder einer Bucht erbaut, die einen bequemen Ankerplatz bietet, und sehen alle aus, als habe irgend ein großes Kind eine Nürnberger Schachtel mit Häusern zum Aufstellen an dem Orte ausgeleert. Längs der See finstere Waarenhäuser, aus denen weite Luken mit vorspringenden Krahnen darüber in das Wasser hinausgähnen; — dahinter meist amphitheatralisch sich aufthürmend kleinere oder größere Holzhäuschen mit vielen, aber kleinen Fenstern, niedrigen Stockwerken und ziemlich steilen Dächern, welche meistens weiß, hellgrau, ockergelb oder braunroth mit Oelfarbe angestrichen sind. Letztere Farbe, die häufig sogar in das Blutrothe übergeht, scheint für die Waarenhäuser und die Wohnungen der Fischer und Bauern den Vorzug zu genießen. Nirgends zeigt sich äußerer, architektonischer Schmuck, — nur hie und da findet man zur Seite der Hausthüre ein schwächliches Säulchen, das einen Giebel trägt, oder einen geschwungenen Schnörkel über einem Fenster. Sonst aber breitet sich ein plattes, nüchternes Einerlei über diese ganze Holzbaukunst aus und für Niemanden kann der Kontrast schneidender sein, als für den Schweizer, der gewohnt ist, an den gewöhnlichsten Holzbauten einigen, wenn auch vielleicht kleinlichen und ängstlichen Schmuck angebracht zu sehen. Das norwegische Haus ist ein nüchterner Holzkasten, dessen Ausdehnung mit dem Reichthume des Besitzers, vielleicht auch mit der Zahl der Kinder wächst, ohne daß die Außenseite dieses in anderer Weise bekundete, als durch sorgfältige Erneuerung des Oelanstriches. Der Schönheitssinn der Bewohner, — wenn derselbe überhaupt existirt, was selten der Fall ist, — hat sich durchaus in das Innere des Hauses zurückgezogen, in welchem das sinnige Gemüth des germanischen Volksstammes sich wenigstens durch sorgfältige Blumenpflege zu erkennen gibt. Kein Fenster, selbst im höchsten Norden nicht, hinter welchem nicht ein sorgfältig gepflegtes Geranium, ein Rosenstöckchen, eine Verbena sehnsüchtig nach Luft, Licht und Wärme hervorlugte; — kein Gelaß, auch in der ärmsten Hütte, in welchem nicht ein Gesimschen sich fände, auf welchem ein Blumentopf aufgepflanzt ist.

Auf der kleinen Insel, wo wir gelandet waren, befand sich eine ärmliche Hütte, in deren Nähe einige kleine magere Kühe und ein paar Schafe weideten. Das Gras war spärlich; nur in einzelnen Mulden schien sich etwas mehr Vegetation entwickeln zu können und hinter den felsigen Vorsprüngen sammelte sich das Wasser zu einem kleinen Sumpf. So ärmlich die Insel erschien, so reich besetzt war sie mit Vögeln: Möven auf allen Felsen, Kibitze, Schnepfen und Strandläufer auf dem Moose, Tauchereuten und Austernfischer an dem Strande und Raben an allen Orten, die uns mit betäubendem Geschrei empfingen. Besonders die Austernfischer (Hämatopus ostralegus) mit ihren rothen Schnäbeln und Füßen reizten unsere Jäger, indem sie mit flötendem Gepiepe auf den Felsen sich wippten, aber stets scheu genug von dannen strichen, ehe in schußgerechte Nähe zu kommen war.

So verbrachten wir einen Theil des Nachmittages, uns erfreuend wieder festen Grund unter uns zu fühlen, und kehrten dann zu unserem Schiffe zurück, das unterdessen in einer stillen freundlichen Bucht, etwa eine Stunde von Stavanger, Anker geworfen hatte. Auch einige Fischer waren herbeigekommen, welche uns Waare anboten — sonderbar! nicht gegen Geld, sondern gegen Brod. Schon am Eingange des Fjordes, wohl mehr als eine Stunde von jeglicher Küste entfernt, hatte sich uns ein Boot genähert, mit einem Ehepaare besetzt, das man eher für Neuseeländer, als für Europäer hätte halten können. Ein langer Mann, nackt bis auf den Gürtel, mager zum Erschrecken, dunkelbraun wie Nußbaumholz, mit struppig rothem Haar, dem Ideale des Struwwelpeters näher kommend als einer menschlichen Frisur, und eine nicht minder lange Weibsgestalt, in einen von Thran und Schmutz ganz unkenntlich gewordenen Stoff gehüllt — so ruderte das Ehepaar an Bord und bat in einer, unsern dänisch redenden Matrosen durchaus unverständlichen Sprache, um etwas Brod, das ihnen auch bereitwillig überreicht wurde. Sie hatten weder Fische, noch Fischgeräthschaften an Bord und schienen uns demnach vom Lande aus entgegengerudert zu sein. Ein paar Stunden rudern, in einem elenden Boote, um ein Stückchen Brod — die Armuth mußte wirklich groß sein. Das bestätigten uns auch die Fischer, welche uns ihren Fang an Bord brachten. Sie boten uns etwa zwanzig Stockfische und Knurrhähne, jeder etwa ein halbes Pfund schwer und hinreichend für eine Mahlzeit des ganzen Schiffspersonals, für einige Stücke Brod an. Wir gaben ihnen ein Stück gänzlich ausgespacherten Brodes von Hamburg, etwa zwei Pfund schwer, und bereiteten uns eben vor, noch mehreres zu spenden, als sie eilig mit ihrem Schatze davon ruderten und nach einer Stunde etwa einige Kübel feinen Sandes herbeibrachten, die der Kapitän zum Scheuern des Schiffes gewünscht hatte. So groß war ihre Erkenntlichkeit für die überreiche Bezahlung! Es versteht sich von selbst, daß wir demjenigen, welcher den Sand an Bord brachte, noch ein gewaltiges Stück Brod nebst einem Schluck Branntwein anboten. Nun kannte aber seine Dankbarkeit keine Grenzen mehr: er ging zur Wassertonne, spülte sich die Hände ab und machte die Runde auf dem ganzen Decke, jedem Einzelnen vom Kapitän bis zum letzten Schiffsjungen hinab die Hand reichend, indem er mit so gerührtem Ausdrucke: „Mange tack“ (vielen Dank!) sagte, daß man wirklich sah, es komme ihm von Herzen.

Unser Ankerplatz trug den Namen Dusawinla und war ein so still träumerisches Plätzchen zwischen abgeschliffenen grauen Felsen, die eine moorige, sanft aufsteigende Fläche einschlossen, daß wir nicht umhin konnten, den Namen in „Duselwinkel“ zu verändern. Stavanger selbst schien so nahe, daß der Maler mit Gressly und dem Doktor sich noch am Abend entschlossen, nach dem Städtchen zu fahren, um frische Vorräthe einzukaufen, und dann den Weg querfeldein wählten, um zum Schiffe zurückzukehren. Mochten sie nun den Weg verfehlt oder sonst wie sich verirrt haben — genug, sie kamen erst spät nach Mitternacht entsetzlich ermüdet an Bord an und waren kaum fähig, Berna und mich auf einem Morgenspaziergange zu begleiten, den wir ebenfalls querfeldein nach Stavanger zu richteten.

Der Charakter des Landes ist monoton und einförmig. Abgerundete Granitfelsen mit abschüssigen Grasplätzen, kleinen, außerordentlich steinigen Feldern, die mit der Hacke bearbeitet und mit Gerste oder Kartoffeln bestellt sind. Moorgründe, voll von Kibitzen und Strandläufern; hie und da ein Holzhäuschen, mit rother oder weißer Oelfarbe angestrichen, von einem Zaune umgeben, hinter welchem Hühner und Enten sich herumtreiben. In der Nähe des Städtchens sehen wir auch einige mit Mauern eingeschlossene Gärtchen mit blühenden Pflaumen- und Apfelbäumen, sowie mit wohlgepflegten Sträuchern von Lila, die eben in voller Blüthe stehen. Das Städchen selbst eng und winklig, mit steil nach dem Hafen zu abfallenden Straßen und die Bevölkerung offenbar in einer gewissen Aufregung in Folge des unerwarteten Besuches von Fremden zu einer Zeit, wo Häringsfang und Handel in Stavanger gänzlich brach liegen. Wir lootsen uns allmälig nach der Kirche hin, die uns in Murray's Reisehandbuch wegen eines schönen Laubganges gerühmt wird, der sich auf dem Pfarrhofe befinde. Wir finden in der That eine schöne Lindenallee und ein wüstes Gebäu im Hintergrunde, das nur am Chore einige gothische Reminiscenzen zeigt. Die Thüre der Kirche ist offen. Wir treten ein und finden im Hintergrunde einen Pfarrer in Mitte von etwa zwanzig oder dreißig Blondköpfen, mit welchen er Kinderlehre hält. Wir wollen uns augenblicklich entfernen, um nicht zu stören; aber der Pfarrer kommt uns entgegen, grüßt uns sehr freundlich, zeigt uns die alten Votivtafeln, die in der Kirche hängen und mit einigen werth- und geschmacklosen Verzierungen im Zopfstyl verbrämt sind, die inneren architektonischen Verzierungen des Chores, die gothischen Styl bekunden, den Christus von Thorwaldsen, der in Gypsabguß über dem Altare steht. So ermuthigt fragen wir endlich, ob nicht in der Nähe des Gotteshauses auch der Teufel seine Stätte aufgeschlagen habe und mit dem Arme aus dem Fenster zu einem Frühstücke winke, dessen wir nach dem Morgenspaziergange ziemlich bedürftig schienen. Der Herr Pfarrer belehrt uns, daß er erst seit kurzer Zeit sich hier im Süden befinde, wofür er sein Geschick nicht genug preisen könne, da er bisher in den Finnmarken in der Nähe von Tromsö als Pfarrer ausgestanden, was zwar ein gottgefällig Werk, aber deshalb nicht minder angreifend sei. Indeß gelingt es uns doch, durch seine Vermittlung ein Hôtel du Nord nachgewiesen zu erhalten, welches in der Nähe des Post- und Telegraphenbureaus sich befindet, ein großes Haus mit weitem Thüreingange und gewaltigem Schilde darüber, durch dessen Fensterscheiben einige Personen, dem Ansehen nach Gäste und Kellner, ungerührt unseren wiederholten Versuchen zum Eindringen zuschauten. In der That war die Thüre fest verschlossen, wie sich später zeigte sogar von innen barrikadirt und ein Eintreten um so unmöglicher, als Niemand, weder innen noch außen, auch nur mit einem Winke oder einer Handbewegung uns zeigen wollte, wie es gelingen könnte, zu dem heißersehnten Frühstücke zu gelangen. Wir halten Kriegsrath. Die Jüngeren rathen zum Sturm gegen die verschlossenen

Fenster — die Kelteren, deren gemäßigte Ansicht zuletzt die Oberhand behält, sind der Ansicht, eine Umgehung zu versuchen. Wir gelangen endlich durch ein enges Seitengäßchen an eine Hinterthüre und zwischen einigen Misthaufen durch den Hofraum in das Haus. Der Kopf eines weiblichen Wesens, der sich einen Augenblick an einem Fenster zeigt, fährt wie von einer Tarantel gestochen zurück, als wir Miene machen, uns ihr zuzuwenden. Wir gehen in das Haus: Vetter Niemand zeigt uns verschlossene Thüren. Wir stolpern die Treppe hinauf, irren in einigen großen, leeren Sälen umher, die zu Ballfesten und Konzerten benutzt zu werden scheinen, und gelangen schließlich in ein Nebenzimmer, wo ein Tisch mit einigen Stühlen einen geeigneten Ruhepunkt zu bieten scheint. Unser Gepolter lockt einen dienenden Geist herbei, der aber auch mit Hülfe eines Lexikons vollkommen unbelehrbar über unsere Wünsche ist. Endlich kommt ein gewickelter Junge, in dessen Adern einiges südliches Blut zu rollen scheint, denn er begreift ausdrucksvolle Geberden und etwas fehlerhaft ausgesprochene Worte. So gelangen wir endlich zu einem vortrefflichen Frühstück von geräuchertem Lachs, Hummern und Beefsteak, mit Bier aus Christiania und Bordeaux etwas zweifelhaften Ursprungs benetzt, und fassen den Entschluß, während dasselbe aufgetragen wird, durch eine telegraphische Depesche unsern Lieben in der Heimat unsere Ankunft auf norwegischem Boden zu melden.

Wir öffnen eine Thüre und entdecken im Hintergrunde eines Zimmers, in eine dicke Rauchwolke gehüllt, den Beamten, der unsere Grüße befördern soll. Und hier bot sich uns die Lösung eines kulturhistorischen Räthsels, das seit längerer Zeit schon die Staatswirthschaftslehre in Anspruch genommen hat. Die Civilisation, indem sie Neues einführt, erdrückt unbarmherzig das Alte oder jagt es in das Exil. Der Mops ist ausgestorben; der letzte Hofmops figurirt in dem Auerbach'schen Volkskalender. Ebenso ist auch der echte Ulmerkopf, jenes nothwendige Möbel des „angesessenen Bürgers", das er Abends beim Schoppen rauchte, jetzt gänzlich von der deutschen Erde verschwunden und mit ihm zum Theil die harmlose Gemüthlichkeit, womit jenes behäbige Geschlecht Abends die Weltbegebenheiten durch den aufsteigenden Qualm seines Pfeifenkopfes betrachtete. Die unruhig glimmende Cigarre hat den Ulmer Maser und den rohen Meerschaumklotz zum unberechenbaren Schaden des Prinzipes von Gottes Gnaden ersetzt. Aber vernichtet hat sie dieselben nicht. Wie Heine's Götter im Exil haben sie sich geflüchtet nach Norwegen, in die heimlich stillen Hintergründe der Fjorde, in die schweigsamen Bureaus, und gleichsam um das verlorene Terrain durch größere Intensität wieder zu gewinnen, qualmen sie dort den ganzen Tag, während in Deutschland ihnen früher nur der Abend gewidmet war. Der erste Telegraphenbeamte rauchte einen zwei Faust hohen, viereckigen Meerschaumklotz von entsprechender Breite, der Schreiber einen Ulmer Maser von klassischer Form, und beide Pfeifen wurden mit einer Würde gehandhabt, mit einer Sorgfalt bei Seite gelegt, sobald es sich darum handelte, eine Hand zu gebrauchen, daß man deutlich sah, sie würden als zum Amte gehörig betrachtet. Trotz der Pfeife und des hohen Preises (wir bezahlten für zwölf Worte nach Hamburg drei Speziesthaler weniger einen Schilling) wurde der Dienst indessen mit vollkommener Pünktlichkeit versehen und am Abend desselben Tages langte unsere Depesche in Frankfurt und Genf glücklich an.

Wir fuhren in einem Miethsboote zurück, in der heitersten Stimmung, bei vollkommener Windstille, durch ein Gewirr von Inseln, das meistens durch graues, düsteres Felsgeklipp einen melancholischen Kontrast gegen die hellen Farben des Wassers und der Luft bildete. Hie und da erblickt man tief im Innern des Fjords ausgebreitete Waldstriche von düsterer Färbung; — in der Nähe zuweilen roth gemalte Häuschen wie aus einer Puppenschachtel und am Horizonte stets dieselben langgestreckten Rücken und Flächen, die bis herab weiß bepudert sind. Auffallend ist auch die Todtenstille, die über diesem Gewässer schwebt. Die Taucher, Steißfüße, Enten schwimmen geräuschlos auf der Oberfläche und verschwinden ebenso lautlos unter dem Wasser, wenn es gilt, ein Fischchen zu haschen; die Möven und Seeschwalben segeln meist lautlos einher und nur gegen Abend zanken sie sich um den Nachtsitz mit entsetzlichem Geschrei.

Während des Nachmittags machten wir vergebliche Versuche, von unserem „Duselwinkel" aus unter Segel zu gehen. Sobald sich das Wasser in der Ferne nur ein wenig kräuselte, ließ der Kapitän die Segel aufziehen und den Anker emporwinden; allein kaum war dies geschehen, so verschwand auch die Brise wieder und die Fläche lag glatt vor uns wie ein Spiegel. Wir wurden entschädigt durch die Ankunft mehrerer Boote, welche im weiten Halbkreise ein langes Netz auswarfen, das dann an den Strand gezogen werden sollte. „Sie wollen Heringe fischen," bedeutete uns der Lootse, und man kann sich denken, daß wir die Gelegenheit nicht unbenutzt vorüber gehen ließen, einem solchen Fange beizuwohnen. Fangen sich ja doch nicht blos Heringe, sondern auch alle übrigen schwimmenden und kriechenden Seethiere in einem solchen Netze, so daß man immer hoffen darf, bei solchen Fischzügen interessante Beute zu haschen.

Etwa zehn Boote waren beschäftigt, das Auswerfen des großen Netzes zu leiten, so daß es in Gestalt eines gewaltigen Halbmondes in einiger Entfernung von dem Lande in die Tiefe sich senkte; dann stießen von beiden Seiten die Boote an das Land, befestigten die Taue, an denen das Netz herangezogen werden sollte, und entluden etwa vierzig Männer und Weiber, welche mit einiger Mühe an den glatten, nackten Felsen hinankletterten, um ihre Standpunkte zu gewinnen. Nicht ohne vieles Geschrei und wie es schien, manchmal ernsthaften Hader schien die Sache abgehen zu wollen; denn diejenigen welche auf den Booten zurückgeblieben waren, wollten kommandiren, während die auf dem Lande ihrer Einsicht nach handeln wollten. Endlich theilte sich der Haufen auf dem Lande in zwei Theile: die Männer auf der einen, die Weiber auf der andern Seite. Alle zogen aus Leibeskräften unter vielfachem, scherzend aufmunterndem Geschrei und die verschiedenen Stellungen, in welchen sie auf den glatten Felsen einen Stützpunkt suchten, um mit voller Kraft ziehen zu können, gaben bei dem herrlichen Sonnenuntergange ein vielfach bewegtes, glänzendes Bild. Schade nur, daß die Weiber, mit kaum einer Ausnahme, alle ziemlich häßlich und schlecht gewachsen und auch die Männer nicht sehr kräftig und obendrein in unkleidsame Trachten gehüllt waren. Besonders überraschten uns anfangs die Kopfbedeckungen der Männer, von denen viele aussahen, als hätten sie eine niedrige, rothe Mütze mit einem großen grünen Lichtschirme auf, etwa von der Form wie unsere durch Studium bei der Lampe an ihren Augen abgeschwächten Stubengelehrten sie zu tragen pflegen. Erst bei näherer Besichtigung überzeugten wir uns, daß die sonderbaren Kopfbedeckungen aus der Umdrehung des sogenannten Südwesters hervorgingen. Dieser außerordentlich praktische Hut, den die ganze Seemannswelt des Nordens trägt, der gleich vortrefflich gegen Sonne, Wind, Wetter und Regen schützt und der das Modell für alle Kopfbedeckungen der Soldaten abgeben sollte statt jener lauderwelschen Erfindungen von Helmen, Tschakos, Kepis und anderem Blödsinn; — dieser wahre Typus eines praktischen Hutes besteht außen aus weichem Glanzleder, das kein Wasser durchläßt und innen mit grünem oder rothem Wollstoff oder Filz gefüttert ist. Jetzt wo eine warme Sonne schien, hatten unsere norwegischen Fischer ihre Südwester umgedreht, so daß das grüne und rothe Futter sich außen befand.

Mit unsäglicher Anstrengung, unter vielfachem Gleiten und Stürzen der Einzelnen, wurde endlich das Netz an das Land geschleppt und sein Inhalt auf dem Felsen ausgebreitet. Die armen Leute dauerten uns; denn außer einigen, kaum fingerlangen, jungen Heringen, welche sie mit Verachtung in die See zurückwarfen, fand sich absolut nichts für sie Brauchbares in dem Netze. Aber auch wir Naturforscher gingen leer aus; denn die unzähligen Quallen, welche das Netz enthielt, konnten wir uns weit leichter und unversehrt verschaffen, indem wir von unserer Schiffstreppe aus sie mit dem Glase ausschöpften, und die paar Seesterne, die sich außer diesen Quallen in dem Netze fanden, gehörten den häufigsten und gewöhnlichsten Arten an. Mit großem Staunen wurde freilich der Eifer beobachtet, mit welchem wir dieses verachtete Gethier auslasen, und mehrmals hörten wir unter Lachen und Scherzen über unsere präsumirte Dummheit das ominöse Wort: „Trollfisker," welches in dem Mittelalter uns wohl gefährlich hätte werden können. „Trolle" heißen die Hexen und Zauberer, „Trollfische" all jenes verzauberte Gethier, womit die norwegische Phantasie das Meer bevölkert oder welchem sie einen behexenden Einfluß auf die Fischerei zuschreiben. Quallen, Medusen, Seesterne, Krebsthiere, ja selbst Rochen, die doch an anderen Küsten gerne gegessen werden, gehören zu dem Geschlechte der Trollfische, der Seeschlange und anderer mythischer Thiere nicht zu gedenken, die man an verschiedenen Orten fast alljährlich erblicken will. Wir fanden uns indessen nicht gemüssigt zu ferneren Auslassungen über unsere Trollfischerei und suchten um so schneller aus unserem „Teufelwinkel" wegzukommen, da uns dieser vergebliche Fischzug überzeugt hatte, daß hier nicht allzuviel für unsere Zwecke zu holen sei.

Am andern Morgen erhob sich eine frische Brise, welche uns schnell über die weite Mündung des Bukke Fiord in den Karm-Sund brachte, der weiter kein Interesse an seinen Ufern bot. Ueberall zeigten sich dieselben niedrigen Ufer mit abgerundeten Felsen und vergebens spähten wir nach Gletscherspuren oder alten emporgehobenen Uferlinien, welche uns später so vielfach beschäftigen sollten. Die Gegend sah aus, als seien nackte Hochalpen bis zur Höhe ihres Plateaus unter das Meer gesunken, über das nur einige Wellenbiegungen der Oberfläche hervorragten. Der Wind wurde widrig. Wir kreuzten in einem engen Sunde in der Nähe der alten Kirche von Skaare und sahen uns endlich genöthigt, vor Högesund die Anker fallen zu lassen.

Der Abend war schön, das Wetter warm, der Wind vollkommen stille. Der Zollbeamte, der an Bord zu uns kam und mit außerordentlicher Höflichkeit sich bei uns dafür bedankte, daß wir keine Waaren an Bord hätten, die er untersuchen müßte, sagte uns auf Befragen, die Jagd sei zwar in jetziger Zeit verboten, allein Naturforscher, wie wir, könnten schießen, wo wir wollten, und auf den Felseninseln in der Nähe, die er uns bezeichnete, fänden sich viele Vögel, unter welchen wir nach Herzenslust morden könnten. Wir rüsteten uns augenblicklich zu einer Jagdpartie und während wir unsere Doppelflinten auspackten und luden, kam auch unser Kapitän mit einer riesigen Donnerbüchse, die er zugleich als Schiffsspeer hätte benutzen können und für die er eine besondere Vorliebe hegte, schon aus dem Grunde, weil sie so groß war. Ohne Carlyle's Werk über die Heroen gelesen zu haben, hatte unser Kapitän doch eine ganz besondere Vorliebe für alles Große und jedesmal wenn einer von uns irgend eine Geräthschaft hervorbrachte, demüthigte ihn der Kapitän mit der Bemerkung, daß er noch eine weit größere habe. Die Donnerbüchse ging freilich über alles Maß hinaus; sie auf ebenem Boden zu laden war unmöglich; der Kapitän stellte sich zu diesem Behufe auf einen Hügel oder eine Bank und Hasselhorst ließ die Gelegenheit nicht vorübergehen, ein Caricatur zu skizziren wie er auf der Höhe des Berges sich bemüht, die Ladung in den Lauf zu bringen, während die Donnerbüchse auf dem Grunde des Fjordes angestemmt ist.

Einmal gelandet, schleppte indeß der Kapitän sein mächtiges Mordgewehr mit einer Ausdauer über Fels und Klippen, die Bewunderung erregen mußte, während er uns zugleich auf alle Weise von der Vortrefflichkeit seiner Waffe zu überzeugen suchte. Im Fluge könne man zwar nach einem Vogel nicht schießen, dazu sei die Donnerbüchse zu schwer; aber wenn man sie auflege und der Vogel still halte, dann trage sie ihrer Länge wegen auf Entfernungen, wovon man keine Ahnung hätte. Außerdem habe sie den Vortheil, daß man so viel hineinladen könne, als man nur wolle; platzen würde sie auf keinen Fall. „Als wir einmal bei Cadix lagen", erzählte der Kapitän, „war es ganz windstill, so daß wir nicht segeln konnten. An die dreißig Fischerboote lagen um uns herum, alles Portugiesen. Denen trauten wir nichts Gutes zu; denn die Portugiesen sind schlechte Leute, noch schlechter als die Spanier und die sind ebenso böse als die Italiener. Da luden wir Alles, was wir an Bord hatten, ganz voll bis an die Mündung: — die Donnerbüchse und eine kleine

Kanone und zwei Pistolen, und der Steuermann hatte noch eine alte Reiterpistole aus dem siebenjährigen Kriege, die luden wir auch. Die Portugiesen kamen aber nicht und am andern Morgen hatten wir frische Brise, so daß sie uns nicht mehr nachkommen konnten. Da banden wir die Donnerbüchse fest, weil sie am meisten geladen war, und wir fürchten mußten, sie spränge aus einander. Dann knüpften wir einen Draht an den Drücker, duckten uns hinter den Mast und schossen los. Es that einen furchtbaren Knall und hätte einen schönen Spektakel unter den Portugiesen gemacht! Sie platzte auch nicht, sondern blieb ganz, blos die drei Ringe vom Ladstock sprangen ab. Das war gut, daß es so abging; es hätte schlimm werden können, wenn sie gesprungen wäre. Ich hätte sie aber doch ganz gewiß auf die Portugiesen losgeschossen; denn das sind schlimme Kerle." So sprechend, lud er doppelte Ladung und schoß nach einer Möve, die nur wie ein weißer Punkt sichtbar war, und freute sich an dem Knalle, den das Echo wiederholte. „Die war wohl zu weit, Hubert?" wandte er sich zu dem Jäger, der die Achseln zuckte und brummte: „Schade um das schöne Pulver!"

Wir erbeuteten einige Austernfischer und Seeschwalben (Sterna) und kehrten mit sinkender Sonne zu unserem Schiffe zurück, an welchem eben ein einsamer Gast in einem kleinen Boote anlangte. Er sei Korrespondent einer in Christiania erscheinenden Zeitung, versicherte uns der Herr, und sehe sich veranlaßt, uns einen Besuch zu dem Zwecke abzustatten, nähere Nachrichten über die für Norwegen und Deutschland gleich ehrenvolle Expedition einzuziehen. Telegraphen in Stavanger, Reporter in Högesund, einem Neste von kaum fünfzig Häusern — wohin soll man noch fliehen, um den Wohlthaten und Uebeln der Civilisation zu entrinnen!

Der Morgen des 6. Juni brachte uns schweren, kalten Nebel, der London hätte Ehre machen können; denn man konnte kaum zwanzig Schritte vor sich sehen. Der Lootse erklärte, unter solchen Umständen könne er seinen Weg nicht finden, wir müßten bleiben und warten, bis es sich aufhellte; denn der Kompaß genüge nicht in den engen Fjorden, in welchen man sich nach Bergen durchwinden müsse. Es war kalt und feucht; doch beschlossen wir, wenigstens in der nächsten Umgebung des Schiffes mit dem Schleppnetze einige Züge zu thun — und siehe da! wir finden in nur geringer Tiefe von wenigen Faden eine reiche Ernte kriechender und sitzender Thiere: mehrere Arten von Seesternen (Asterias), Seescheiden (Ascidia), Würmer in Menge, ja sogar Seehasen (Aplysia) und andere Schnecken füllen unsere Gläser. Ein paar Aquarien werden eingerichtet und es gelingt uns, viele dieser Thiere im vollen Leben mehrere Tage hindurch zu erhalten. Die Tangblätter, die wir herauf ziehen, sind voll besetzt mit kleinen Röhrenwürmchen (Spirorbis), welche sich eine spiralförmige, weiße Kalkröhre bauen, aus denen der mit dicken Fangarmen besetzte Kopf herausschaut. Der Zufall begünstigt unsere mikroskopischen Beobachtungen; denn wir finden gerade eines dieser Thierchen in dem Akte des Eierlegens oder vielmehr Gebährens begriffen. Die braunrothen Eier quellen vorn am Kopfe aus einer glasartig durchsichtigen Röhre hervor und entwickeln in dem Augenblicke, wo sie in das Wasser kommen, einen vorderen Flimmerkranz, mittels dessen sie sich wirbelnd im Wasser umherdrehen. Bei genauerer Betrachtung zeigt sich in der vorderen Hälfte des Körpers ein dunkelrother Augenfleck; sonst aber läßt der körnige Körper dieser Jungen, die übrigens den bekannten Jungen der Röhrenwürmer gleichen, keine Spur von inneren Organen erkennen.

Wir kreuzen langsam in den Bömmelfjord hinein, indem wir links und rechts bis hart an die steil in das Wasser abfallenden Felsen anlaufen und ungeheuere Schwärme von Ohrenquallen durchsegeln, die dem Wasser ein Ansehen geben, wie gewässerter Atlas. An dem Eingange des Hardanger Fjordes und Strande-Fjordes entschädigen uns herrliche Einblicke in eine großartige Gebirgsnatur, die bei Sonnenuntergang im prächtigen Alpenglühen strahlt. Noch am nächsten Tage dauert bei langsamer Fahrt der mehr alpinische Charakter der Bergketten des Festlandes fort. Wir suchen vergebens auf unseren Karten den Namen einer hohen Bergspitze, welche steil und gewaltig emporragend bis zu dem Fuße mit Schnee bedeckt ist. Vielleicht ist es das Hundsohr (Hundsoire), dessen Höhe zu 5400 Fuß angegeben wird und das nördlich von einer langen, sargähnlichen, übergletscherten Kette emporsteigt, welche wir wohl für die bekannte Kette des Folgefonden halten müssen. Wohl hätten wir sollen in den Hardanger Fjord einbiegen, um jene klassischen Gegenden zu besuchen, in welchen die Frithiofsage spielt und die zugleich in den Augen vieler Touristen die schönsten Ansichten der norwegischen Gebirgswelt bieten soll. Aber damals waren unsere Wünsche nur noch auf Norwegen allein gerichtet; wir waren fest überzeugt, daß wir von unserer Tour nach dem Norden nach Bergen zurückkehren würden, um dann von dort aus durch das Hardanger Stift nach Christiania zu reisen. So schoben wir denn den Besuch um so mehr auf, als eine schwere Verwundung an der Hand, die einen unserer Matrosen betroffen hatte, unseren Wunsch, so schnell als möglich nach Bergen zu gelangen, noch beflügeln mußte. Glücklicherweise hatten wir einen Vorrath von Eis an Bord, welcher uns herrlich für den Verwundeten zu statten kam; allein doch mußten wir im Interesse dieses selbst wünschen, ihn eilends in das Hospital nach Bergen abliefern zu können.

Der Wind wehte fast aus Nordost uns entgegen und trieb uns manchmal in gefährliche Nähe der Felsen; aber heller Sonnenschein ließ jede Gefahr von weitem erkennen. Der Lootse stand unausgesetzt am Steuer während 36 Stunden; kaum nahm er sich die Zeit, zu essen und zu trinken; beständig starrten die matten graublauen Augen über das Bugspriet hinweg in die Scheeren-Gewirre hinein, das jeden Augenblick den Ausgang zu versperren drohte.

Der Lootse.

Endlich am Abend des 8. Juni gelangten wir in die Nähe von Bergen und ziehen stolz unsere Flaggen auf, als wir die Stadt tief im Hintergrunde des Fjords etwa in einer Entfernung von anderthalb deutschen Meilen vor unseren Blicken liegen sahen. Allein nun war auch an kein Fortkommen mehr zu denken. Der Wind wurde vollkommen stille und die Wirbelströmungen, die namentlich in der Einfahrt nach Bergen hin so mächtig sind, daß ein tiefgehendes Schiff nur mit starkem Winde zu passiren vermag, trieben uns mit einer ganzen Flotille von Fahrzeugen im Kreise an Felsen umher, an denen wir bald hier, bald dort Gefahr liefen zu stranden. Seltsam war es anzusehen, wie die verschiedenen Schiffe und Schifflein, die mit uns in dem verhexten Sund sich drehten, uns im Kreise bald vorliefen, bald folgten; wie eines da, ein anderes dort anzuhalten suchte und wie sie vergebliche Anstrengungen machten, bei der geringsten Wellenkräuselung den schwachen Wind zu brauchen, der aus einer Seitenschlucht nur hervorbrach, um die braven Seeleute zu äffen und einige Kabellängen weiter wieder aufzuhören. Bald mußten wir uns überzeugen, daß die leichteren Fischerboote von einer anderen oberflächlichen Strömung getrieben wurden, als diejenigen Fahrzeuge, die, wie das unserige, mehr als sechs Fuß Wasser zogen. Während bei vollkommener Windstille und vollständiger Unmöglichkeit des Steuerns die leichten Barken nach rechts trieben, wurden wir nach links fortgerissen und auf der entgegengesetzten Seite an die Felsen angedrängt. Der Lootse sprang wie ein Eichhorn auf Bugspriet und Takelwerk umher, offenbar in großer Angst, daß er durch einen Unfall die Frucht seiner Mühen verlieren könne, und zu wiederholten Malen wurden alle Hände auf Deck gerufen, um mit Stangen und Rudern einem allzuheftigen Anprall gegen die Felswände zu wehren. Wären See und Wellen hoch gegangen, so hätte uns hier das Element übel mitspielen können. So aber war das Wasser glatt, wie ein Spiegel, und nur die Gewalt des unsichtbaren Stromes trieb uns in stetiger Weise über die Fläche hin. Endlich des vergeblichen Kampfes müde, ersahen wir einen günstigen Augenblick, zwängten uns hinter eine vorstehende Felswand und befestigten das Schiff nach beiden Seiten hin mit Tauen, nachdem wir vergebliche Versuche gemacht hatten, es mittelst unserer Ruderboote weiter zu bugsiren.

Nun war wohl guter Rath theuer. An Bord hatten wir den Verwundeten, der sich in der engen Matrosenkajüte um so übler befand, als eine drückende Hitze herrschte. Fort konnten wir nicht, denn Segel und Steuer versagten den Dienst. Auch die Wissenschaft ließ uns im Stiche; denn das hinabgesenkte Schleppnetz wurde von den Strömungen, die sich in verschiedener Weise kreuzten, so verwirrt, daß es auf dem Boden nicht kratzen konnte. Vielleicht gelangte es auch gar nicht auf den Grund, indem die Strömung so stark war, daß es von ihr in gewisser Tiefe schwebend gehalten wurde.

Der Seemann ist nie verlegen. „Steigen Sie ans Land, meine Herren!“ sagte der Kapitän, „Sie können ja vom Bord hinüberspringen; klimmen Sie auf jene Höhe, wo Sie einen prächtigen Sonnenuntergang genießen werden, und rauchen Sie dort eine gute Cigarre, welche Ihnen die Melancholie verscheuchen wird. Ich nehme unterdessen das kleine Boot mit dem Lootsen und einem Matrosen und schaffe mich nach Bergen hin. Dort muß irgend ein Dampfschiff sein: es wäre ja polizeiwidrig, wenn in einem Hafen von 25,000 Einwohnern, der einen so bedeutenden Handel treibt, kein Schleppdampfer sich fände, der einem festgenagelten Schiffe einen Dienst erweisen könnte. Morgen früh um fünf Uhr komme ich großartig angedampft und erlöse uns von dieser Haltstelle, die mir keine Garantieen für unser Schiff zu bieten scheint.“

Wir folgten gehorsam dem Rathe unseres Kapitäns; wir klommen die steilen Ufer hinan, die aus deutlich geschichteten Gneißtafeln zusammengesetzt waren, welche gegen den Fjord hin einfallend riesige Treppen bildeten, auf denen man zur Höhe gelangen konnte. Dort breiteten sich nach allen Seiten hin weite Gebirgszüge, die im Kampfe mit der eindringenden See zu liegen schienen und in der herrlichsten Beleuchtung erglänzten. Höher als bei Stavanger, schienen diese Berge nichts destoweniger an derselben Einförmigkeit zu leiden, und wenn man davon absah, daß man auf granitener Platte saß und die See an dem Fuße plätscherte, so hätte man sich in das Innere des hohen Jura versetzt glauben können; so ähnlich waren die Formen, so übereinstimmend die einzelnen Züge der Gestaltung. Gressly, der sein Leben der genaueren Forschung des Jura gewidmet und dieses Gebirgssystem besser kennt als irgend ein Anderer, konnte nicht müde werden, diese Uebereinstimmung stets aufs neue wieder zu betheuern. Ueberall erblickte er die vollständigen oder aufgesprungenen Gewölbe mit demselben Wechsel steil abgerissener Felsmauern und abschüssiger Halden, wie die Kalkfelsen und Mergelschichten des Jura sie bedingen, und mit zum Himmel erhobenen Händen schwur er begeistert: „Es isch bygoscht grad wie der Jura by Olte!“

Aber man mußte vergessen, wenn man diese Aehnlichkeit festhalten wollte, daß man hier auf Gesteinen stand, denen man bisher jegliche Schichtung abgesprochen hatte, die keinerlei Versteinerungen enthalten und deren krystallinische Natur bis jetzt jeder Einordnung in das System geschichteter Steine sich widersetzt hat. Es hält schwer, sich von vorgefaßten Meinungen loszureißen; es hält schwer, Beobachtungen und Thatsachen mit der ganzen Wucht ihrer Unmittelbarkeit auf sich wirken zu lassen, wenn sie festgewurzelten, durch scheinbare Gründe unterstützten Ansichten geradezu in das Gesicht schlagen. Allein die Analogie war zu auffallend, als daß sie nicht hätte mächtig wecken und erschüttern sollen. Die schon früher erregten Zweifel an der eruptiven Natur des Granits gewannen neue Nahrung und man konnte nicht umhin, diesen Punkt auch fernerhin fest im Auge zu behalten und seiner Lösung Schritt für Schritt näher zu gehen.

Nach kurzem Untergange, der nur eine lichte Dämmerung, nicht aber völlige Dunkelheit brachte, erhob sich die Sonne strahlend am heiteren Himmel. Als wir um 6 Uhr Morgens erwachten, war die Hitze schon bedeutend und es schien ein wahrhaft tropischer Tag werden zu wollen. Nach kurzen Stunden geduldigen Harrens dampfte der Kapitän um die nächste Felsenecke, nahm uns ins Schlepptau und noch im Laufe des Vormittages gingen wir in dem äußeren Hafen, in den Holmen, vor Bergen zu Anker.

Zweites Kapitel.

Bergen.

„Regnet es in Bergen noch?“ soll ein deutscher Kapitän einen Kameraden gefragt haben, der von diesem Hafen kam, wo der Fragende vor einigen Jahren zwei Monate des Sommers zugebracht hatte, ohne ein einziges Mal die Sonne gesehen zu haben. Ja man erzählt, daß ein holländischer Kapitän, der während sieben Jahren regelmäßig Bergen besucht hatte, im achten Jahre die Stadt nicht erkannte, als er sie im Sonnenscheine vor sich liegen sah, und in blindem Zorn den Lootsen prügelte, den er beschuldigte, ihn irre geführt zu haben. Uns wurde es erst später gegeben, die Stadt in ihrem Alltagskleide zu sehen. Am Sonntage, wo wir vor Anker gingen, glühte an einem nordischen Himmel eine tropische Sonne; Staubwirbel erhoben sich von den Straßen, und wenn wir unsere Regenschirme nahmen, so geschah es nur, um unsere Häupter vor den sengenden Strahlen zu schützen. Wir säumten nicht lange, uns von unserem Ankerplatze aus, in den Holmen genannt, nach der etwa eine Viertelstunde entfernten Stadt zu begeben. Schon aus bedeutender Entfernung sagte uns der Stockfisch- und Thrangeruch, der immer penetranter wurde, welches die Haupthandelsartikel von Bergen seien, und als wir endlich auf der sogenannten deutschen Brücke angelangt waren, begriffen wir anfangs nicht, wie es möglich sei, in solcher Atmosphäre mit Vergnügen zu leben.

Wir sollten bald merken, daß wir uns in einer nordischen Stadt an einem Sonntage befänden. Während des Morgens hatten uns auf der Fahrt durch den Fjord die vielen Boote ergötzt, welche von allen Seiten her einem kleinen Kirchlein zusteuerten, das still, gemüthlich und traulich in einer grünen Bucht am Ufer lag und in dessen Nähe unter schattigen Bäumen schon einiges Volk der Eröffnung des Gottesdienstes harrte. Die Boote mit den sonntäglich geputzten Männern und Frauen, in deren Kleidern helle Farben, namentlich roth und hellgrün, vorherrschten, während die Männer, in Hemdsärmeln, den lichten Eindruck noch erhöhten; der sonntägliche, warme Schimmer, der über das Wasser glitt, um sich in dem erfrischenden Schatten der Bäume am Ufer eines murmelnden Baches auszuruhen; der laue Duft, der über den Bergen zitterte und ihre Contouren mit dem heiteren Himmel verwusch; — das Alles gab ein so wohlthuendes, glückliches, heimeliges Bild, daß wir gewünscht hätten, unser Dampfer möchte noch einige Stunden ausgeblieben und uns gestattet haben, unser Boot den übrigen auf dem Kirchgange zugesellen.

Die Stadt aber bot ein ganz anderes Bild. Alles war öde, ausgestorben und leer; die meisten Häuser geschlossen, oder nur eine Magd vorhanden, deren Gesichtsausdruck deutlich sagte, wie wundersam sie es fände, daß man Sonntags nach ihrer nothwendig auf dem Lande weilenden Herrschaft fragen könne. Nachdem wir vergeblich nach allen Häusern herumgefragt, wo die Kaufleute, Konsuln und Naturforscher wohnen sollten, denen wir empfohlen waren, irrten wir eine Zeitlang in der Stadt herum, betrachteten uns die Gegend, sahen uns den Hafen und die Gärten an und suchten die nagende Ungeduld zu bezähmen, welche uns ergriff, wenn wir an unseren Verwundeten an Bord dachten.

Die Gegend um Bergen kann kaum schön genannt werden. Felsige, finstere Berge mit tiefen Schluchten dazwischen sind bis in unmittelbare Nähe der Stadt gerückt und nur an einer Stelle erweitert sich das Thal ein wenig, um hinter der Stadt einem kleinen Binnensee Raum zu gönnen, der Brackwasser enthält, welches bei der eindringenden Flut mehr gesalzen, bei der abziehenden Ebbe mehr süß erscheint. Die Berge selbst sind kahl, an den steilen Abstürzen mauerartig nackt, an den Abhängen mit nur spärlichem Graswuchse bekleidet. Die dickeren Massen mit steilen Abstürzen auf der gebrochenen Seite sind von Gneiß, die sanfteren Abhänge in der Tiefe der Thäler von leicht verwitterndem Glimmerschiefer gebildet. In den auf diese Weise gebildeten tiefen Mulden und Schluchten, die in Gestalt und Ansehen den Combes des Jura entsprechen, indem der Gneiß den festen Kalkbänken, der Glimmerschiefer den leichter verwitterbaren Mergelschichten ähnliche Formen erzeugt, hat sich ein üppiges, saftiges Grün angesiedelt, über das prächtige Baumgruppen einen dichten Schatten verbreiten. Auf beiden Seiten des Fjords finden sich, schon in ziemlicher Entfernung von Bergen, einzelne Landhäuser, die mit ihrem hellen Oelanstrich kokett herüberleuchten aus den finsteren Baumschatten, welche ihnen zur Einfassung dienen. Linden, Roßkastanien, Ahorne und ähnliche Bäume unseres kontinentalen Klimas grünen bei der steten Feuchtigkeit, welche Luft und Boden sättigt, mit nicht minderer Pracht, als in England, und mit Ausnahme der Aprikosen, Pfirsiche und Reben, zu deren Reifung die kurze Sommerwärme nicht hinreichen würde, findet man alle Fruchtbäume unseres Klimas in den Gärten um Bergen. Maiblümchen, Veilchen, Vergißmeinnicht, Lila und Narzissen und so manche andere Blumen, die ich in Genf vor mehr als einem Monate blühend zurückgelassen hatte, waren jetzt überall entfaltet und bei der schwülen Hitze, welche auf der Gegend lastete, bei dem Flimmern des Glastes, mit dem die Sonne Alles übergoß, hätte man sich in eine südliche Gegend versetzt glauben können, wenn nicht die geschmacklosen Holzhäuser und der Fischgeruch, der wie ein Nebel über der ganzen Stadt schwebte, augenblicklich die Träume der Phantasie wieder in ihre nordischen Schranken zurückgewiesen hätte.

Unser Spaziergang führte uns an den Binnensee hinaus, dessen ich vorhin erwähnte, durch eine schöne, schattige Lindenallee nach einer Bierbrauerei hin, die wir indessen ebenfalls verschlossen fanden. Wir stiegen zu dem stinkenden Brackwasser hinab und krebsten eine Zeit lang unter den Steinen umher, die violettblau von Millionen von Miesmuscheln (Mytilus) erschienen, welche sich an ihnen angesiedelt hatten. Trotzdem, daß das Wasser kaum einen salzigen Geschmack bot und der Messung mit dem Aräometer zufolge in seinem Salzgehalte nur wenig gewöhnliches Trinkwasser überwog, schienen doch diese Meermuscheln sich ebenso wohl zu befinden, als der Blasentang (Fucus vesiculosus), der den ganzen Boden überzog, und die Krabben, welche hie und da durch die Steine huschten. Ueberall krochen Purpur- und Strandschnecken (Litorina) an Felsen und Gewächsen umher und ausgeworfene Schalen belehrten uns, daß auch die beiden Arten der Sandmuscheln (Mya arenaria und truncata), welche in den nordischen Meeren sich finden, tiefer in den lockern Sandgründen ihre Wohnung aufgeschlagen haben müßten. In einiger Höhe über dem Ufer des Brackwassers fand Greßly nach längerem

Suchen einige Muschelstücke zwischen Geröll, Grus und Sand, die wohl auf früher höheren Wasserspiegel deuten könnten. Doch war die Möglichkeit einer Täuschung nicht ausgeschlossen, denn sowohl die Strandvögel, als auch die Möven und Raben haben die Gewohnheit, die von ihnen aufgefischten Schalenthiere, Muscheln, Schnecken und Seeigel, welche ihren Schnabelhieben Widerstand entgegensetzen, auf das feste Land zu tragen oder auch wohl sie aus bedeutender Höhe auf Felsen und Steine herabfallen zu lassen, wo sie zerschellen und dann mit leichter Mühe verspeist werden können. Man findet Klippen, die mit zerbrochenen Seeigeln und Miesmuscheln wie besät erscheinen und würde sich vergeblich den Kopf zerbrechen über ihr Herkommen, wenn nicht die nächste Möve bereitwillig genug wäre, die Lösung des Räthsels zu bieten.

Auch innerhalb der Stadt selbst bieten sich einige schöne Aussichtspunkte über Fiord und Hafen von zwei erhöhten Punkten aus, die man mit Schanzen bewehrt und mit einigen Kanonen bepflanzt hat. Sonst aber muß man gestehen, daß Bergen als Stadt trotz seiner 25,000 Einwohner, trotz seines ausgebreiteten Handels, trotz der Liebenswürdigkeit der Einwohner, für den Fremden ein entsetzliches Nest ist. Von öffentlichen Vergnügungsorten gar nicht zu reden — denn diese existiren nicht — ist in den engen winkligen Straßen kaum ein Gasthaus und weder ein Kaffeehaus, noch eine Restauration zu finden. Das einzige Hôtel ist abschreckend durch dumpfige Zimmer, schlechte Bedienung und ranzige Butter; außer ihm kann man Logis und Kost nur noch bei einigen Damen in der Stadt finden, welche aussehen, als ob sie nur aus Gnade und Barmherzigkeit den Fremden aufnähmen und bei welchen man für theueres Geld sich so schlecht und unfrei als nur möglich befinden soll. Sonst finden sich nur einige Matrosenkneipen, halb unter, halb über der Erde, aus deren Oeffnungen ein unnennbarer Geruch qualmt, der feinere Nasen auf drei Schritte zurückwirft. Wir hatten an einem der folgenden Tage beschlossen, einmal in der Stadt auf Kosten unseres Geldbeutels zu frühstücken; aber nach zweistündigem Umhersuchen konnten wir trotz eines Löwenhungers uns nicht überwinden, in einem solchen Lokale auszuhalten. Erst durch die Fürbitte eines Freundes gelang es uns, in dem Hinterstübchen einer Konditorei etwas geräucherten Lachs und Käse zu einem Glase Sherry zu erhalten.

Es gibt eine einzige Straße, in welcher größere Magazine sich aneinander reihen. Man glaubt, sich mit Allem versehen zu können, und dringt nach rechts und links ein, um diesen oder jenen Gegenstand der Ausrüstung zu kompletiren; allein bald wird man gewahr, daß die Magazine nur den Ausschuß der Hamburger Kramläden besitzen und dafür Preise fordern, welche sogar in Paris und London zu den unerhörtesten gezählt werden müßten. Die Spezies fliegen aus der Tasche, wie wenn sie Zwanziger wären, und wenn man, durch die Liebenswürdigkeit der Verkäufer und Verkäuferinnen bestochen, die Waare dennoch an sich gebracht hat, so zeigt sich bei genauerer Besichtigung irgend ein Fehler, der eben der Grund ist, weshalb der in Hamburg unverkaufbare Gegenstand nach Bergen auswandern mußte. Nicht minder theuer ist die Handarbeit. Wir waren kaum eine Woche von Hamburg weg, das wir mit blendend weißem Linnenzeug verlassen hatten, und nichts destoweniger kostete die Besorgung unserer Tisch- und Leibwäsche volle acht Speziesthaler. Man hatte vergessen, einige Bretter zurichten zu lassen, zwischen welchen die gesammelten Pflanzen gepreßt werden sollten, und es fand sich in der That in Bergen, in dem Sitze des Holzhandels Norwegens, ein opferwilliger Schreiner, der sich bereit erklärte, uns vier tannene Bretter, jedes einen Fuß breit und anderthalb Fuß lang, für einen halben Spezies per Stück abzuhobeln! Der Koch wollte seinen Vorrath frischen Fleisches erneuern und unterhandelte mit einem Schlächter über den Ankauf von Kalb-, Hammel- und Ochsenfleisch. Kälber seien gar nicht zu haben, antwortete der Mann; wünschten wir Ochsenfleisch, so wolle er morgen ins Innere reisen, um uns dort einen Ochsen zu kaufen, den wir aber ganz nehmen müßten, weil er sonst das Uebrige nicht anzubringen wüßte. Nicht minder mußten wir uns zu der Totalität eines oder mehrerer Hämmel entschließen. Glücklicher Weise wog der ganze Ochse nur vier Zentner, so daß wir hoffen konnten, bei einiger Entwicklung unseres Appetites durch die Seeluft mit ihm auf unserer Reise fertig werden zu können.

Für den Fremden, der ohne Bekanntschaften und Empfehlungen glaubt in dem Lande Norwegen reisen zu können, wie etwa in Deutschland oder der Schweiz, muß also Bergen der Enttäuschungen manche mit sich führen. Fast scheint es unbegreiflich, daß in einer altberühmten Stadt, die seit Jahrhunderten einen wahrhaften Welthandel treibt, solche Verhältnisse fort existiren können. Ueberlegt man sich aber die Sache näher, so begreift man wenigstens die Art, wie sie sich entwickelt haben. Bergen hat nur hohes Gebirgsland, aber kein fruchtbares Gelände hinter sich, von welchem es seine Lebensbedürfnisse ziehen und gegen fremde Waaren eintauschen könnte. Es liegt wie auf einer Insel abgeschlossen, an dem Rande jenes gewaltigen Gebirgsknotens, der von dem Hardanger- und Sogne-Fjord fast gänzlich umschlungen ist, außerhalb aller direkten Ueberlandverbindung mit Trondheim und Christiania und den dazwischen liegenden Ackerbau treibenden Gegenden des Landes. Ohne Schiff und Boot läßt sich nicht zur Hansekolonie gelangen. Dafür liegt aber Bergen so recht mitten inne zwischen den beiden großen Fischereibezirken der westlichen Küste: zwischen der Heringsfischerei im Süden und dem Stockfischbezirke im Norden, und bildet noch immer den Knotenpunkt für die Vermittlung des Fischhandels, der von dem protestantischen Norwegen aus nach den katholischen Mittelmeerländern getrieben wird. Nach Bergen fährt der Nordländer, um seine Stockfische zu Markte zu bringen; nach Bergen kommt der Spanier und Italiener, um sie nach dem Süden zu verschiffen. Trotzdem daß die Stadt vielen Verlust in den letzten Jahren erlitten hat und man allgemein über die Abnahme des Handels klagte, so finden sich doch noch eine Anzahl reicher Handelsherren in Bergen, welche die Gesellschaft erster Linie bilden und durch ihre Sitten und Gewohnheiten der ganzen Stadt ihr Gepräge aufdrücken.

Man würde sich aber irren, wenn man glauben wollte, daß der Handel in Bergen so selbständig wäre, als es auf den ersten Blick erscheinen dürfte. Es gibt wohl kein Land, wo das Kreditsystem in so ausgedehnter und man kann wohl sagen in so schädlicher Weise entwickelt wäre, als an der norwegischen Westküste. Der arme Fischer des Nordens ist von dem Augenblicke an, wo er Arme und Beine regen kann, der doppelten Buchhaltung der benachbarten Kaufstelle durch Soll und Haben mehr verfallen und leibeigen, wie der russische Bauer seinem Herrn. Der Kaufmann des Nordens wieder ist in dem Buche seines Kommittenten in Bergen fester angekettet, als seine mit Fischen und Thran belastete Jacht in dem Hafen; und der Kaufmann in Bergen erwartet mit eben solcher Sehnsucht den Hamburger Kurszettel, wie der Börsenspekulant in Frankreich denjenigen der Hauptstadt, denn der Preis der nordischen Waaren wird nicht in Bergen, sondern auf der Hamburger Börse gemacht. Der Hamburger Wechsel ist baares Geld und es gibt wohl kaum einen Kaufherrn in Bergen, der nicht einen Blancokredit bei einem Hamburger Hause und die ausgedehntesten Verbindlichkeiten diesem Platze gegenüber hätte. Es gibt Kaufleute, die jedes Jahr im Winter, wenn in Bergen die Geschäfte ruhen, nach Hamburg reisen, um dort persönlich ihre Abwicklung vorzunehmen; es gibt wohl keinen, der nicht mehrmals in seinem Leben Hamburg besucht und Monate oder Jahre dort zugebracht hätte. So ist denn Hamburg die Waaren- und Geld-Börse für Bergen, und seitdem eine regelmäßige Dampfschifffahrt eingerichtet ist, reist man nach Hamburg, wenn man das Bedürfniß fühlt, das Haus neu zu möbliren oder die Tochter auszustatten; man besorgt die Kommissionen für die Freunde und bezieht so aus der Hamburger Quelle direkt, was man sonst in Bergen um theures Geld kaufen müßte. Ist es dann ein Wunder, wenn die Magazine eigentlich nur Rumpelkammern sind, welche höchstens für den Fremden, nicht aber den Einheimischen existiren?

Der Fremde aber, der ankömmt, ist meist ein Kaufmann oder Kapitän, der sein schwimmendes Haus mit sich bringt, und wenn dieses fehlt, auf die Gastfreundschaft des Geschäftsfreundes angewiesen ist. Diese aber wird in dem reichsten Maße geübt, in einer Weise, wovon man bei uns keine Vorstellungen mehr hat. Endlich aber trägt noch zur besondern Physiognomie Bergens im Sommer sehr viel der Umstand bei, daß trotz des beständigen Regenwetters die Kaufleute Landhäuser besitzen, in welche sie sich an den hellen Sommerabenden zurückziehen, um am andern Morgen wieder auf ihrem Bureau zu erscheinen. So hat denn Bergen im Sommer nur die nüchternste, platteste Geschäftsphysiognomie, während, sagt man, im Winter eine rege Geselligkeit herrscht, der sich die Leute um so eher hingeben können, als Sturm und Kälte jegliches Geschäft aufhebt.

Wir waren so glücklich, noch an dem Sonntage unserer Ankunft zufällig einen der Herren zu treffen, an welche wir empfohlen waren, und damit waren denn auch alle Uebelstände wie mit einem Schlage beseitigt. Die Schritte zur Aufnahme unseres Verwandeten in das Hospital waren gethan, noch ehe wir Zeit gehabt hatten, unsere Wünsche vollständig auseinanderzusetzen, und bald sahen wir uns in einen Strudel von entgegenkommender Freundlichkeit hingerissen, der uns hätte glauben machen können, wir seien der Mittelpunkt, um welche sich die Stadt während mehreren Tagen drehte.

Am andern Morgen war unsere erste Sorge, das Handwerk zu begrüßen, wie mein Vater zu sagen pflegte. Bergen steht in der Geschichte der neueren Naturforschung nicht unrühmlich eingezeichnet. Ein einfacher Landpfarrer, Sars, hatte die Muße seines Amtes dazu benutzt (und Jeder weiß ja, daß dieses Amt mehr Muße läßt, als irgend ein anderes), Jahrelange Beobachtungen am Seestrande zu sammeln, das Interesse der Einwohnerschaft an der Naturforschung zu erwecken, ein reges Leben zur Blüthe zu bringen und thatsächliche Beihilfe bei Kaufmannschaft, Stadtverwaltung und Regierung zu erringen. Aus dem einsamen Pfarrhause einer öden Insel in der Nähe Bergens gingen Beobachtungen hervor, welche von tiefer Einsicht in die Thierwelt des Meeres und ihr geheimnißvolles Treiben zeugten, während zugleich ein Museum sich bildete, um dessen Schätze selbst die größten Werkstätten der Naturwissenschaft neidisch sein können. Sars war der Erste, der die Entstehung der Quallen aus kleinen festsitzenden Polypen nachwies und damit der ganzen Anschauungsweise von der Erzeugung und Fortpflanzung der niederen Thiere eine andere Gestaltung gab. Nicht weniger bedeutend waren seine Arbeiten über die Entwicklung der Seesterne, der Würmer, der nackten Meerschnecken und anderer Bewohner der Tiefe, die er mit unermüdlichem Eifer zu Tage förderte. Seit einigen Jahren wurde Sars seinem bisherigen Wirkungskreise in Bergen entzogen und als Professor der Naturgeschichte an die Landes-Universität von Christiania berufen.

Seine Bestrebungen haben in zwei bekannten Naturforschern, den Doktoren Danielssen und Koren, die würdigsten Nachfolger gefunden. Wir wurden von ihnen wie alte Freunde empfangen und in das reich ausgestattete Museum geführt, das bald, ihrer Versicherung zufolge, in einem neuen, seiner Schätze würdigen Gebäude aufgestellt werden soll. Man hat hier Alles vereinigt, was Natur und Kunst in dem Norden Merkwürdiges erzeugten, und da man sich wesentlich auf das Vaterland beschränkt hat, so konnte es nicht fehlen, daß Vieles sich hier vorfindet, was man anderswo vergebens suchen würde. In ihrer Tiefe namentlich bergen die nordischen Meere die seltsamsten Formen von Thiergeschöpfen, die zum Theil an längst untergegangene Wesen erinnern, während andererseits manche kolossale Gestalten von Walfischen und Haien jene wunderbaren Uebertreibungen und Ausgeburten der Phantasie wachrufen, die in den nordischen Riesenmärchen umherspuken. Prachtvolle Korallenstöcke, schwank und biegsam und in die feinsten Zweige verästelt, welche der leiseste Stoß zerbrechen würde, sind mittels des Schleppnetzes mit ungemeiner Mühe und Sorgfalt aus mehreren Hundert Faden Tiefe hervorgeholt und so schön aufgestellt worden, als seien sie noch am Leben. Die fast unergründlichen Tiefen des Hardanger Fjordes haben zwei Exemplare eines ungeheuer langarmigen Seesternes geliefert, der seine Arme wie Glas in Tausende von

Stücken splittert, sobald er sich in dem Netze fühlt, so daß die Zusammensetzung und Herstellung des Geschöpfes einem natursinnigen, künstlerischen Freunde Danielsen's monatlange Arbeit gekostet hat. Bald hat Jeder von uns ein seiner speziellen Thätigkeit entsprechendes Feld der Beschauung gefunden. Der Doktor studirt an den nordischen Vögeln, deren Sammlung freilich ziemlich mangelhaft, während Greßly die Muscheln, welche das Schleppnetz zu Tage gefördert hat, einer kritischen Prüfung unterwirft; Berna vertieft sich bei einigen Steinäxten und Bronzeringen in die Zeit der skandinavischen Urbewohner, welche vor Frithjof und den Berserkern an den Küsten und Binnenseen ein ähnliches Leben geführt zu haben scheinen, wie in den Pfahlbauten der Schweiz. Hasselhorst skizzirt einige Thürpfosten mit prächtigen Arabesken, in eigenthümlichem Style ausgeführt, die der seeräuberischen Heldenzeit Norwegens entstammen und an griechische und arabische Vorbilder erinnern, mit welchen wahrscheinlich die Seekönige auf ihren Fahrten nach dem Mittelmeere bekannt wurden. Auch ein Ungethüm von einer Armbrust, das in der Nähe der Treppe hängt, wandert in sein Skizzenbuch, ein kolossales Instrument, dessen Handhabung nur schwer sich begreifen läßt. Ein gewaltiger Birkenast bildet den Bogen, ein schenkeldicker Fichtenstamm den Körper dieses primitiven Schießgewehres, das einen Holzpfeil mit fußlanger eiserner Spitze schleudert und mittelst eines armsdicken Hebels gespannt werden muß. Noch jetzt — so berichten uns wenigstens unsere liebenswürdigen Führer — sind hie und da solche Wurfgeschosse bei Bauern an der Küste zu finden, welche sie zum Walfischfange benutzen. Nähert sich der Wal der Küste, wo er oft ruhig an der Oberfläche ausgestreckt stundenlang schläft, so wird die Katapulte herbeigeschafft, der Himmel weiß wie gerichtet und gespannt denn gewöhnliche Menschenkräfte scheinen dazu nicht auszureichen — und endlich der Pfeil im Bogenschusse auf den Wal abgedrückt, in dessen Rücken er sich tief einbohrt. Ist der Fisch gut getroffen, so verblutet er allmälig an der Wunde und wird dann irgendwo ans Land getrieben. Das in den hölzernen Körper des Pfeiles eingebrannte Zeichen gibt denjenigen kund, welcher den tödtlichen Pfeil abschoß und der dafür einen bestimmten Antheil an dem Ertrage des Wals zu beanspruchen hat. Es läßt sich schwer einsehen, wie die wunderbaren Erzählungen von der abergläubischen Verehrung, welche die Heringsfischer den Walen zollen sollen, mit dieser Verfolgungsweise in Uebereinstimmung gebracht werden können.

Was mich selbst betrifft, so boten die wenigen Stunden, welche uns zum Besuche des Museums vergönnt waren, kaum Zeit genug zu einem flüchtigen Ueberblicke. Wie gerne hätte ich die zahlreichen Walfischembryonen untersucht, welche von der Länge eines Zolls bis zu derjenigen einiger Fuße die hauptsächlichsten Abstufungen der inneren Ausbildung dieser Geschöpfe vor Augen führten! Man fühlte vor dieser Reihe so recht, daß der reisende Naturforscher nicht im Stande ist, tiefer einzubringen, sondern es den Einheimischen überlassen muß, welche geduldig harrend Zeit und Gelegenheit erspähen können, die ihnen Seltenes bieten soll. Jahr aus Jahr ein werden wohl einige langschnauzige Finnfische (Balaenoptera longirostra) in den Gewässern Bergens getödtet, um zu Thran versotten zu werden; nur die Hälfte von ihnen sind Weibchen und bei wenigen nur erlauben es die Umstände, soweit in das Innere vorbringen zu können, um die Frucht hervorzuholen und zu untersuchen. Glückt es dem reisenden Naturforscher, eine solche Gelegenheit zu erhaschen, so hat er eben doch nur ein einziges Stadium, das ihn nicht befähigt, sich einen Ueberblick über die ganze Entwicklung zu verschaffen.

Auch den Heringskönig (Sild-konge auf norwegisch) sahen wir, von dem Romanschreiber und abergläubische Fischer so sonderbare Dinge berichtet haben. Selbst Mügge erzählt noch von Heringskönigen, welche die Schwärme anführen und in ihren silberglänzenden Rüstungen ihnen voranziehen; es seien seltene Bandfische, welche zehn Fuß lang würden, häufig als Prinzen und Herzoge in Wahrheit den Kreuzzug zu leiten schienen und diejenigen Gegenden zum voraus untersuchten, in welchen sie im nächsten Jahre Schaaren zu senden gedächten. Es ist wirklich seltsam, wie mannigfach der Mensch sich bemüht, seine eigenen gesellschaftlichen Verhältnisse in die Thierwelt zu übertragen und daraus Romane zu spinnen, denen kaum der Schatten einer Wahrheit zu Grunde liegt. Der sogenannte Heringskönig (Gymnetrus Grillii) ist allerdings ein seltener Bandfisch, silberglänzend wie alle Bandfische, mit eigenthümlich gestalteten rothen Flossen, deren einzelne auf dem Kopfe stehende Strahlen eine Mähne zu bilden scheinen. Die Augen gewaltig groß, tellerförmig rund, der sogar 16—18 Fuß lang werdende Körper so sehr von der Seite her zusammengedrückt, daß er ein breites Silberband ohne merkliche Dicke zu bilden scheint. Vielleicht sind die einzelnen Exemplare, welche an der norwegischen Küste gefangen werden, von südlichen Gegenden her nur verschlagen; denn die nächsten Vettern und Verwandten des seltsamen Fisches gehören dem Mittelmeer und den tropischen Gegenden an und mehrfach hatte ich Gelegenheit, dieselben in Nizza zu untersuchen, wo es keine Heringe zu führen gibt. Es mag vielleicht hie und da einmal vorkommen, daß ein solcher Bandfisch sich unter einen Heringschwarm verirrt und mit demselben in das Netz geräth. Die wenigen Exemplare aber, die man im Nordlande bis jetzt gefangen hat, wurden zu Zeiten und an Orten gefangen, wo nicht die geringste Beziehung zu Heringen nachgewiesen werden konnte.

In der neuesten Zeit hat man sogar diesem Heringskönig eine ganz andere Rolle gegeben, indem man ihn mit der famosen Seeschlange in Beziehung gebracht hat. Wir werden später Gelegenheit haben, dieses fabelhaften Ungeheuers an seinem eigentlichen Heimatsorte, dem Molde-Fjord zu erwähnen. Hier sei nur soviel gesagt, daß Nilsson, ein geachteter schwedischer Naturforscher, den Heringskönig für die Grundlage der Fabel hält, die schon so manchem Zeitungsschreiber ein leeres Plätzchen gefüllt hat. Der bis 18 Fuß lang werdende, bandartige, silberglänzende Körper, der in Schlangenwindungen an der Oberfläche schwimmt; die mähnenartigen Flossenstrahlen des Rückens; die tellergroßen Augen scheinen allerdings einige Anhaltspunkte für diese Meinung zu geben, welche jedoch von den Bergener Naturforschern insofern bestritten wird, als sie behaupten, der Heringskönig sei zu wohl bekannt, als daß er mit einem solchen Fabelthiere verwechselt werden könnte.

Ueberhaupt ist es auffallend, in welch sonderbarer Weise die Naturgeschichte des Herings, dieses in der Nordsee so allgemein verbreiteten Fisches, von Fischern und Romanschreibern verbrämt und verfälscht worden ist. Das plötzliche Erscheinen von ungeheuren Heringsschwärmen an den nördlichen Küsten Europas und Amerikas; das Auftreten dieser Schwärme zu einer bestimmten Zeit im Jahre; das geheimnißvolle Verschwinden von einzelnen Stellen, wo sie sich früher in Menge aufhielten, hat zu einer Menge von Fabeln Veranlassung gegeben, die trotz der gründlichsten Beleuchtung von Seite der Naturforscher noch immer in populären Schriften und Schulbüchern gang und gäbe sind. Diesen Fabeln zufolge soll der Hering hoch im Norden in den geheimnißvollen Tiefen jener offenen Polarsee hausen, zu welcher man vergebens durch die Eisschranken der schauerlichen Zone, in denen so viele kühne Seefahrer das Leben verloren, durchzudringen bestrebt war. Von dort aus soll der Fisch, von allen seinen Vertilgern gefolgt, zu bestimmter Zeit des Jahres in unermeßlichen Schaaren ausbrechen und den südlichen Küsten zuziehen, um zu laichen. Der Küste Grönlands folge der Zug und spalte sich an der Nordküste Islands in zwei Arme, von welchen der westliche theils die Küsten Amerikas hinabgleite, theils Großbritannien und Irland nebst den nördlichen Küsten des Festlandes besuche, bei welcher Gelegenheit er in zahlreiche, untergeordnete Ströme sich theile, während der östliche Hauptarm nach dem Nordkap segle und der norwegischen Küste folgend, in das Kattegat und die Ostsee eindringe. Nach vollendetem Brutgeschäft, für dessen Vollziehung sie gewissermaßen den Zehnten an die Küstenbewohner zu zahlen hätten, zögen sich die Heringe wieder, doch in mehr aufgelöster Ordnung, nach ihren polaren Sommersitzen zurück.

So die Fabel. Was noch weiter hinzukömmt, von Heringsfendlingen mit geheimnißvollen Runenzeichen auf dem Körper, deren Bedeutung man als eine Anzeige von der bevorstehenden Minderung des Fischfanges auffaßte, gehört natürlich ganz in das Reich der Sage und bedarf keiner weiteren Widerlegung; der Fabel von den Heringszügen aber muß mit allem Ernste entgegengetreten werden, da die Auffassung dieser Seite der Naturgeschichte des Fisches auch von höchster nationalökonomischer Wichtigkeit ist.

Der Hering lebt weder vorzugsweise im Polarmeere, noch macht er weite Reisen. Er bewohnt die Tiefe derjenigen Meere, an deren Küsten er laicht; wird dort zu allen Zeiten vereinzelt gefangen, namentlich mit solchen Geräthschaften, welche in die größeren Tiefen reichen, und hebt sich nur aus diesen Tiefen zur Laichzeit empor, um der Küste zuzusteuern, an welcher er seine Eier absetzt. So fischt man unmittelbar an der Küste, z. B. im Molde-Fjord, den Hering das ganze Jahr hindurch und hat dort selbst den Hauptfang im Juli, wo der Hering außerordentlich fett ist und weder Eier noch Milch sich in seinem Inneren entwickelt zeigen.

Betrachtet man eine Tiefenkarte der Nordsee, so überzeugt man sich leicht, daß Großbritannien auf einem geräumigen Plateau liegt, welches nirgends mehr als 600 Fuß Tiefe hat und welches sich soweit erstreckt, daß Frankreich, Holland, Norddeutschland und Dänemark mit England zu einem einzigen Kontinent verbunden wären, sobald das Niveau der See um 600 Fuß tiefer gelegt würde. Dieses Festland erstreckt sich auf der östlichen Seite Englands bis in die Nähe von Norwegen, würde aber von diesem Lande durch einen tiefen und engen Kanal getrennt sein, welcher sich um die Südspitze Norwegens in einiger Entfernung herumschlingt. Auf der westlichen Seite von

England dagegen reicht das Plateau nur etwa zehn Meilen über die Küsten Irlands und der Bretagne hinaus, um sich dann steil in die Tiefen des Oceans hinabzusenken.

Diese Tiefen sind der Wohnort des Herings. Von hier aus begibt er sich, zur Laichzeit namentlich, auf das Plateau, das den Brutplatz seiner Eier darstellt, und drängt der Küste zu, wo das seichtere Wasser ihm mehr Gelegenheit zur Ablagerung derselben bietet. Aus dieser Bildung des Meeresbodens begreift es sich aber unmittelbar, weshalb die Ostküste Englands nur unbedeutenden Heringsfang hat, während er an der schottischen und irischen Küste, im Kanal und an Norwegen äußerst ergiebig ist.

Die Laichzeit, während welcher der bedeutendste Fang geschieht, fällt in die Wintermonate, scheint aber, je nach Witterung und anderen ziemlich unbekannten Einflüssen, oft um Wochen und Monate zu variiren. Die Fischer haben verschiedene Anzeichen, aus welchen sie das Herannahen der Heringsschwärme beurtheilen; doch sind dieselben so ungenau, daß die Holländer sagen, sie gäben mit Vergnügen eine Tonne Goldes für ein sicheres Prognostikon der Zeit und des Ortes, wo die Heringsschwärme erscheinen sollen. Auch sind die Jahre sehr verschieden. In einem Winter erscheinen an einem gewissen Orte ungeheure Massen, während im nächsten Winter nur einzelne Fische in die Netze gerathen. Ist dies aber zu verwundern, wenn man weiß, daß es uns noch nicht gelungen ist, die Ursachen zu enträthseln, weshalb in unseren Seen und Flüssen die Lachse und Lachsforellen ganz dieselben Erscheinungen darbieten und weshalb in der feststehenden Reuse der Stadt Genf z. B. in einem Winter nur soviel Pfund Lachsforellen gefangen werden, als in einem anderen Zentner?!

Der Beweis gegen die angenommenen großen Wanderungen der Heringe von dem Polarmeere aus ist leicht zu führen und wohl unwiderleglich. Der nordamerikanische Hering, der an der ganzen Küste bis hinunter nach Newyork gefangen wird, ist entschieden eine andere Art, als derjenige der europäischen Küsten, und ist von den Naturforschern unter dem Namen des langen Herings (Clupea elongata) unterschieden worden. Unter den europäischen Heringen unterscheidet man auch viele Rassen, wenngleich ein spezifischer Unterschied nicht anerkannt werden kann. Der Hering der Ostsee ist der kleinste und schmächtigste, der holländische und englische Hering ist schon größer, während der Hering der Shetlandsinseln und der norwegischen Küste der größte und fetteste ist. Die Fischer an der Küste unterscheiden selbst, ebensogut wie die Lachsfischer in den Flußmündungen, den standstehenden Hering, welcher in der Nähe der Küste sich aufhält und gewöhnlich zwar fetter, aber nicht von so feinem Geschmack ist, von dem Seehering, welcher aus größeren Entfernungen an die Küste heranschwimmt. Wenn die Behauptung der wandernden Schwärme von einem gemeinschaftlichen Zentralpunkte im Polarmeere aus ihre Richtigkeit hätte, wie wäre es denn möglich, daß die verschiedenen Schwärme sich so genau, je nach Größe, Gestalt und inneren Eigenschaften abtrennen würden, daß sie, wie Regimenter und Bataillone eines Heeres, an ihrem Sammelplatze zu bestimmter Zeit sich einstellen, ohne daß die Alles bezwingende Liebe eine Vermischung der Schwärme bedingt hätte?

Was nun aber vollends dem Fasse den Boden ausschlägt, ist einerseits die verhältnißmäßige Seltenheit in den nördlichen Gegenden, andererseits der Zeitunterschied in der Erscheinung an den verschiedenen Orten. Um Grönland herum, wo doch der eine Hauptstrom gen Amerika hin passiren soll, ist der Hering so selten, daß viele Naturforscher ihn gar nicht unter den Fischen des Landes aufführen. An den Küsten von Island, an welchen der ganze Zug sich spalten soll, ist der Hering zwar bekannt, aber niemals so häufig, daß eine besondere Fischerei auf ihn angestellt würde, und das Gleiche ist der Fall in den Finnmarken Norwegens, wo so wenig Heringe gefangen werden, daß man sich nicht einmal die Mühe nimmt, sie zu salzen, während in der südlichen Hälfte, zwischen Drontheim und Kap Lindesnäs, namentlich aber in der Umgegend von Stavanger und Molde, der Heringsfang fast die einzige Lebensquelle der Küstenbewohner ist. Wie wäre eine solche Vertheilung möglich, wenn der Hering von Norden käme, wie man behauptet?!

Wie wäre es auch möglich, daß der Hering an den südlichen Küsten, bei Holland und Stavanger, früher erschiene, als an den schottischen und irischen Küsten, wie dies doch häufig beobachtet wurde, wenn er in der That aus Norden käme? Wie wäre es endlich möglich, daß man Heringe von allen Größen an den Küsten finge, zu allen Zeiten des Jahres, wenn sie nicht in der Nähe dieser Küsten geboren würden, aufwüchsen und stürben?

Man hat als Beweis für das Schwärmen der Heringe auch den Umstand aufgeführt, daß früher in der Ostsee und namentlich an der schwedischen Küste bei Gothenburg ein sehr schwunghafter Heringsfang geübt wurde, während jetzt der Heringsfang dort sich so sehr vermindert habe, daß die Fischer in die tiefste Armuth versunken seien. Grade aber dieser Umstand scheint uns ein Beweis für unsere Ansicht zu sein. Es wäre kein Grund abzusehen, warum die Schwärme nicht mehr die Ostsee besuchen sollten, man müßte denn die Dampfschiffe, welche das Kattegat durchkreuzen, als die Ursache der Verscheuchung ansehen. Die Ostsee aber ist ein beschränktes und obenein sehr flaches Becken und sie ist dergestalt ausgefischt worden, daß der Hering, für dessen Schonung und Nachzucht man auch nicht die geringste Sorge trug, in den engen Gewässern der Gothenburger Scheeren fast vertilgt oder doch wenigstens sehr vermindert wurde. Dem norwegischen Hering aber fällt es gar nicht ein, um Kap Lindesnäs herum in das Becken der Ostsee einzudringen und die entstandene Lücke auszufüllen, und wenn die Schweden wieder Heringsfang haben wollen, so werden sie besser thun, das Fangen des Fisches für einige Zeit gänzlich zu verbieten und ihm Zeit zur Reproduktion zu lassen, als, im gläubigen Vertrauen auf das Wohlwollen irgend eines Heringskönigs, des Schwarmes zu harren, den dieser wieder an ihre Küsten schicken soll.

An dem Eingange des großen Bukke Fjords, zwischen Stavanger und Högesund, wird namentlich im Frühjahre, im Februar, der Hauptheringsfang getrieben, der den fetten norwegischen Frühlingshering liefert. Die Weibchen strotzen dann von Eiern, die weit selteneren Männchen von Milch und man zählt wohl 20,000 Menschen und bei 4000 Boote, welche während anderthalb Monaten auf der Küstenstrecke zwischen Stavanger und Bergen dem Fange obliegen. Die Besitzer der Inseln und der Höfe an den Küsten ziehen ein bedeutendes Miethgeld von den Fischern, welche hier ihre Niederlagen errichten, mit ihren Netzen den Heringen entgegeneilen und zum Lande kehren, sobald ihr Boot gefüllt ist. Zuweilen streichen die Heringe so nahe an der Oberfläche und in solch ungeheueren Schwärmen, daß man ihr Blinken an der Oberfläche gewahrt. Oft auch wird die Gegenwart eines Schwarmes in der Tiefe durch ein fettiges oder schleimiges Wesen angezeigt, welches die englischen Fischer für die Milch der Männchen, die holländischen aber, wohl mit mehr Recht, für Heringsleberthran erklären, der seiner größeren spezifischen Leichtigkeit wegen aus den von Tausenden von Haifischen zerrissenen Heringen an die Oberfläche steigt. Auf den ersten Blick scheint dies eine Uebertreibung und doch muß die Ansicht denjenigen wahrscheinlich dünken, der bedenkt, daß außer dem Bedürfnisse der Fortpflanzung auch dasjenige der Flucht vor Feinden den Hering an die Küste treibt. Denn Alles, was stärker ist, sucht sich auf Kosten des Heringsschwarmes zu ernähren. Schreiend und zankend flattern die großen Heringsmöven, die Cormorane, Scharben und Sturmvögel über dem Heringsschwarm umher und wehe dem armen Fische, der sich in der Nähe der Oberfläche zeigt. Die Teisten (Uria), Alken (Alca), Lummen (Colymbus) und Lunde (Mormon) sind unablässig beschäftigt, Beute aus der Tiefe zu holen, wo Kabeljaue, Schellfische, Dorsche, Seye und Hundshaie den Delphinen, Tümmlern, Meerschweinen und Seehunden in Vertilgung Konkurrenz machen. Der gefräßigste Feind aber scheint der bis zu 100 und mehr Fuß anwachsende Finnfisch (Balaenoptera musculus) zu sein, welcher den Erzählungen der Reisenden nach von den Fischern mit Jubel begrüßt und mit ihnen in einer Art Freundschaft leben soll, da er ihnen häufig die Fische in die Netze oder in Buchten treibe, vor welche er sich als lebendiger Damm lege und nicht eher den Platz verlasse, als bis der letzte Hering gefangen oder gefressen sei.

Es will mich bedünken, als spiele Münchhausen, der überhaupt den Norwegern nicht sehr entfernt steht, wie wir durch spätere Beispiele erhärten werden, in diesen Erzählungen eine große Rolle. Es mag sein, daß die Finnfische den Heringsschwärmen aufs eifrigste nachstellen, da sie sich um diese Zeit in größerer Zahl den Küsten nähern, ja sogar in der Hitze der Verfolgung auf den Strand getrieben werden, wo sie elendiglich umkommen, und daß auch ihr häufigeres Erscheinen an den Küsten mit unter den übrigen Anzeichen seine Bedeutung für den Fischer habe. Allein von da bis zur Jubelbegrüßung des ersten Walfisches und zur freundlichen Schonung des Ungethümes, das die Heringe tonnenweise verschlingt, scheint mir denn doch ein weiter Schritt und die kolossale Armbrust, die wir im Museum von Bergen sahen, sieht auch nicht wie ein Instrument aus, das zur Bethätigung dieser Freundschaft geschaffen wäre. Man sieht Finnfische zu allen Zeiten an den norwegischen Küsten und wir haben denn im Laufe unserer Reise genug angetroffen, ohne bemerken zu können, daß die Küstenbevölkerung sie mit besonderem Jubel begrüßt hätte.

Wie dem auch sei, der Heringsfang fällt in dem einen Jahre ergiebiger, als in dem andern aus, und gerade in diesem Jahre 1861, wo wir die Küste besuchten, war er außerordentlich unergiebig gewesen, indem kaum ein Viertel der gewöhnlichen Tonnenzahl aufgebracht worden war. Allein dies eine Fehljahr hatte genügt, den ganzen Küstenstrich in die bitterste Armuth zu versetzen, eine solche Armuth, daß man uns sogar von Fällen des Verhungerns in

Bergen sprach und wir uns nun jene Fischer erklären konnten, die um ein Stück Brot und Weizenmehl in die See entgegenkamen oder eine ganze Bootsladung von Fischen austauschten.

Die Norweger haben im Allgemeinen die Eigenthümlichkeit, ihre von der Natur gegebenen guten Produkte möglichst zu verderben, selbst wenn die Produkte solche wären, auf deren Vertrieb in fremden Ländern sie angewiesen sind. Der norwegische *frische* Hering ist größer, fetter, feiner im Geschmacke, als jeder andere; der norwegische *gesalzene* Hering hat nicht, wie der holländische die ganze Welt zum Markte, sondern wird nur mit Mühe und zu geringerem Preise in Pommern und den Ostseeprovinzen verkauft. Er ist in dem Handel theilweise unter dem Namen des Hamburgischen Herings bekannt und seines unangenehmen, ranzigen und faulen Geschmackes wegen allgemein weniger geschätzt, als der holländische Hering.

Der Unterschied liegt einzig und allein in der Art und Weise der Zubereitung. Der Hering ist, wie alle seine Verwandten, ein außerordentlich delikater Fisch, welcher meistens schon in dem Netze stirbt und dessen Fleisch und Eingeweide kaum einige Stunden nach dem Tode sich zu zersetzen beginnen. Er gleicht hierin ganz den Forellen, deren zartes Fleisch ebenfalls nur wenige Stunden der Zersetzung widersteht. Da der norwegische Hering fetter und größer ist, so bedürfte er noch weit sorgfältigerer Behandlung und schärferer Salzung, als der kleinere und magere holländische Hering. Die Holländer nun wenden alle nur erdenklichen Mittel an, um den Hering so schnell als nur möglich zu entleeren und zu salzen. Ist die Fischerbarke klein und dem Lande nahe, so beeilt man sich, an das Land zu kommen und den in der Nacht gefangenen Fisch noch während der ersten Frühstunden durch die Weiber ausschneiden, ausleeren und einpökeln zu lassen. Ist die Barke größer und weiter entfernt und will sie ihren Fischfang fortsetzen, so wird Tags über an Bord das Nachts Gefangene eingesalzen oder auf kleine, schnellsegelnde Schiffchen gebracht, die damit dem Lande zusegeln und während der Ueberfahrt schon das Geschäft des Ausweidens betreiben. Man verfährt auf das Sorgfältigste in der Auswahl der Fässer, damit das Holz den Fischen keinen Geschmack mittheile, und betreibt das ganze Geschäft überhaupt mit jener Pünktlichkeit und Genauigkeit, die sich bewußt ist, daß von ihr der Preis und die Güte des Produktes abhangen. Und so sehr haben die Holländer das Uebergewicht erlangt, daß in den neueren Zeiten den französischen Fischern, welchen durch ältere Reglemente verboten war, das zum Einpökeln nöthige Salz mit in See zu nehmen, erlaubt werden mußte, das Einpökeln an Bord selbst vorzunehmen. Die Norweger dagegen trotten unbekümmert um diese Erfahrungen hartnäckig in der alten Weise fort. Sie haben die seltsame Meinung, die in dem Darme des Fisches enthaltene Nahrung sei an seiner Verderbniß Schuld und müsse erst entleert werden, bevor man ihn salzen könne. Statt den ganzen Darm mit seinem Inhalte auszuziehen, packen sie den Fisch erst Tagelang zusammen, bis die in dem Darm sich entwickelnden Fäulnißgase einen Theil des Unrathes austreiben. Statt ihn sogleich zu behandeln, wird der in der Nacht gefangene Fisch oft meilenweit an den Ort gebracht, wo sich der Kaufmann befindet, der den Fischern die nöthigen Vorschüsse auf den Fang hin während des Jahres gemacht hat. Dort wird ausgeladen, vorgezählt, aufgeschrieben und der Fisch dann aufs neue in Barken geladen, um nach Stavanger, Högesund oder Bergen gebracht zu werden, wo dann endlich, oft erst nach tagelangem Umherwerfen und Mißhandeln, der Fisch ausgekehlt und eingepökelt wird. Die Eingeweide sind zerquetscht, die Fäulniß vorgeschritten, das Oel der weichen Leber, das schon an und für sich einen ranzigen Geschmack hat, in das Fleisch eingedrungen, die bittere Galle noch dazu — und nun soll das Salz Alles wieder gut machen, die Wirkung der begonnenen Zersetzung aufheben und den frischen Geschmack des Fisches herstellen! Vielleicht wäre aber dies noch zu erlangen, wenn man nur die Fische gehörig einpökelte und nicht in frische Tonnenfässer brächte, die noch zu all dem Vorhandenen den Geschmack des Harzes bringen, von welchem sie reichlich durchzogen sind.

Es ist hier ganz derselbe Fall, wie in denjenigen Weinbau treibenden Gegenden, wo man Weine erzeugt, die sich nicht halten sollen und die deshalb nur im Lande und der nächsten Umgebung getrunken werden können. Man tröstet sich mit dieser unvermeidlichen Eigenschaft der Unhaltbarkeit bei Versendung so lange, bis endlich ein heller, unternehmender Kopf auftaucht, welcher den Wein richtig zu behandeln versteht und trotz der entgegenstehenden Vorurtheile auch zu behandeln wagt — und siehe da! mit einem Male wird der Wein haltbar und versendbar. In Norwegen gehört es aber, wie es scheint, zu einem gewissen Patriotismus, es gerade so zu machen, wie es seit Alters her gemacht wurde, und es gibt Leute genug, welche eine Bemerkung in dieser Hinsicht als eine persönliche Beleidigung in ihrer Eigenschaft als Norweger auffassen.

Bergen ist auch der Hauptstapelplatz für den Stockfisch, dessen Fang höher im Norden und zu gleicher Zeit mit dem Heringsfange im Februar, namentlich an den Lofoden, betrieben wird. Der Frühlingshering ist schon längst versendet und die Spekulation in diesem Fache geschlossen, wenn die Nordlandsflotte ankommt, welche den Stockfisch von den Trockenplätzen der nordischen Küste herschafft. Wir fanden den Hafen voll von unförmlichen Jachten, die zum Theil noch bis auf die Masten hinauf mit Stockfischen bepackt oder auch beschäftigt waren, ihre Rückfracht einzunehmen. Die Nordlandsjacht ist ein unbehilfliches, weitbauchiges, einmastiges Fahrzeug mit steil abgeschnittenem Hintertheil und kammartig in die Höhe gerichteten Vordersteven statt eines Bugspriets. Sie hat nur ein einziges, großes, viereckiges Segel, welches mittels einer Rolle am Maste auf- und abgelassen und kaum schief gestellt werden kann, so daß man unmöglich kreuzen, sondern fast nur den direkt von hinten kommenden Wind benutzen kann. Noch mehr als die holländische Kuff, vor welcher jeder echte und gerechte Seemann seine Mißachtung an den Tag legt, ist die Nordlandsjacht ein plumpes, unbehilfliches Fahrzeug, das kaum in die offene See sich hinauswagen darf und auch in den Fjorden nur mit Mühe vorwärts kommen kann; aber man hält auch an diesen schwerfälligen Kasten mit einer Art patriotischer Erbitterung fest und erst in den neueren Zeiten hat die Einsicht einige Kaufleute vermocht, sich lenksamere Segelfahrzeuge anzuschaffen, die den Grundsätzen der neueren Schiffsbaukunst entsprechen.

Es geht mit dem norwegischen Stockfisch genau so, wie mit dem Hering. Der norwegische Kabeljau und Dorsch stehen demjenigen von Neufundland nicht im mindesten an Güte und feinem Geschmacke nach; der norwegische zubereitete Stockfisch aber wird nur von dem gemeinen Volke in Rußland und an den Mittelmeerküsten gegessen und steht dem neufundländischen im Preise weit nach. In Deutschland und Frankreich würde es keinem Menschen einfallen, den Fisch, den die Norweger so erfolgreich in ungenießbares Holz umzuwandeln verstehen, zu berühren, während der Neufundländer auf allen Tafeln erscheint. Und doch lebt — kann man wohl sagen — die ganze norwegische Küste oberhalb Bergen nur von dem Stockfische und wäre sogar das Leben in den höheren Finnmarken durchaus unmöglich ohne dieses Produkt. Aber, wie man aus L. von Buch's Reise ersehen kann, hat es Mühe und Noth genug gekostet, bis man sich nur dazu verstand, bei dem Fischfange auf den Lofoden statt der unzweckmäßigen norwegischen gute englische Angeln anzuwenden, an welchen die Fische auch wirklich hängen blieben; hat es Mühe genug gekostet, Netze statt der Angeln einzuführen, den Leberthran so fertigen zu lassen, daß sein Werth verzehnfacht wurde, die Abfälle zu Dung und Guano zu benutzen, was englische und deutsche Industrielle zu Wege gebracht haben; aber von einer Verbesserung der Behandlung des Stockfisches, wie sie in Neufundland geübt wird, ist bis jetzt noch keine Rede gewesen, denn damit haben sich bis jetzt nur norwegische Fischer und Kaufleute befaßt.

Zur Zeit des Stockfischtausches — denn anders kann man wohl diesen Handel nicht benennen — herrscht in Bergen die größte Thätigkeit. Magazine und Comptoire bleiben in den hellen Nächten bis spät am Abend offen und im Hafen lärmt und rumort es die ganze Nacht hindurch. Spanier, Portugiesen, Italiener und Deutsche liegen mit ihren Schoonern, Brigs und Barkschiffen vor den Hafentreppen der Magazine, deren Winden in beständiger Bewegung sind, um die oben gewogenen Stockfischmassen hinab zu befördern. Gewöhnlich kommen diese fremden Schiffe mit Ballast; zuweilen haben sie einen kleinen Umweg gemacht, um Steinkohlen in England einzunehmen und diese nach Norwegen herüber zu verschiffen. Nur die Deutschen bringen häufiger bedeutende Ladungen von Kolonialwaaren und Manufakturgegenständen mit, während die Schiffe aus dem Mittelmeer gewöhnlich ein gewisses Quantum von Salz mit sich führen. Denn Norwegen selbst besitzt kein Salz, seine Gebirgsformation ist der Art, daß keine Salzlager im Innern vorkommen, und um dieses unentbehrliche Lebenselement aus dem Seewasser auszuscheiden, dazu fehlt die Sonnenwärme, welche man an dem Mittelmeere umsonst hat.

Während nun die fremden Schiffe ihre Fischladungen einnehmen, die im Raume auf seltsame Weise gestaut werden, beschäftigt man sich zugleich, die Nordlandsjachten zu ihrer Rückfahrt mit einem Sammelsurium von Dingen zu befrachten, von welchen der ausgedehnteste Küchen- und Haushaltungszettel sich kaum einen Begriff machen kann. Da das Nordland rein gar nichts anderes, als Fische und Thran produzirt, so muß ihm jedes Lebensbedürfniß für die niedrigste Hütte, wie für das wohl eingerichtete Haus des Kaufmanns von dem Süden herzugeführt werden, und da die Leute zu arm sind, um sich größere Vorräthe anlegen zu können, so hängt das nackte Leben des Nordländers in Wahrheit von der Freiheit der Schifffahrt in jenen Meeren ab. Man weiß wirklich nicht, wie entsetzlich für Finnmarken eine längere Blokade etwa in Folge eines Krieges sein könnte; — aber das weiß man, daß zur Zeit der großen Kriege im Anfange dieses Jahrhunderts blokirende Schiffe der kriegführenden Mächte zuweilen, gerührt von dem Elende, welches sie vorfanden, den Blokirten Lebensmittel zukommen ließen.

Wir besuchten außer dem Museum auch das schön gelegene Hospital für Aussatzkranke unter der Führung unseres Gastfreundes Dr. Danielssen, welcher demselben als Direktor vorsteht. Das sonnig und luftig nach allen Seiten ausgesetzte Gebäude erhebt sich über den kleinen Binnensee, dessen wir früher erwähnten, und zeigt die freundlichste Aussicht von dieser Seite her über die Stadt und den Hafen. Die Zimmer sind geräumig, nicht nur gut, sondern selbst reich ausgestattet, wohl gehalten und reinlich; der Anblick der Kranken aber ist wirklich entsetzlich und trotzdem, daß einige von uns durch Studium und Diplom gegen Eindrücke dieser Art einigermaßen gepanzert sein sollten, konnten wir uns doch des Schauderns nicht erwehren, als wir aus diesen Räumen des Elends wieder in das Freie traten. Wie es kommen mag, daß Hunger und Elend, hartes Mühen in Ungemach, in Sturm und Wetter, schlechte Nahrung und Vernachlässigung jeder Sorge für Reinlichkeit gerade in diesen Küstengegenden ein solch furchtbares Uebel erzeugen, ist eine noch ungelöste Frage; aber so viel ist gewiß, daß die Seuche außerordentliche Proportionen besitzt und daß vielleicht hunderttausend Menschen auf der Küstenstrecke bis nach Drontheim hin von ihr befallen sind. Ansteckend ist die Krankheit, die für den ächten Aussatz, die Lepra des Mittelalters gehalten wird, nicht; — aber in den Familien pflanzt sie sich häufig so lange fort, bis der ganze Stamm von ihr ergriffen und ausgerottet ist. Leider aber, kann man wohl sagen, tritt sie gewöhnlich erst in einem Alter auf, wo die Menschen, welche sie im Blute hatten, schon Nachkommenschaft erzeugt und sie auf ihre Kinder übertragen haben. Doch sahen wir auch einige Kinder im Hospital und Danielssen glaubte, einige derselben als geheilt betrachten zu können, während bei den älteren Individuen die Kunst höchstens Linderung, nicht aber Heilung bringen kann.

Man unterscheidet zwei Formen des Uebels: die fleckige und die knollige. Bei der ersteren sehen die Befallenen meist blühend und gesund aus und nur einzelne röthliche Flecken, welche hie und da auftreten und so verwaschen sich zeigen, daß nur eine aufmerksame Untersuchung sie entdeckt, geben Kunde von dem Feinde, der schon im Innern wühlt. Die heftigsten Schmerzen durchziehen den Körper und einzelne Glieder und geben Kunde von einer tiefen, inneren Desorganisation der peripherischen Nerven, welche unaufhaltsam fortschreitet und namentlich zuerst die Gefühlsnerven befällt. Das äußere Gefühl wird stumpf, der Theil endlich ganz gefühllos, während in seinem Innern die Schmerzen fortdauern und die Gelenke sich gewaltsam krümmen. Diese Kontraktuern, die auch bei anderen Nervenkrankheiten sich zeigen, schreiten bis zu einem entsetzlichen Grade vor und endigen mit allmäligem Absterben und Brandigwerden der Extremitäten von Außen her. Einzelne Gelenke lösen sich los und unter furchtbaren Qualen schreitet dieses successive Absterben gegen den Stamm hin vor, bis endlich der Tod dem zuweilen Jahrzehende hindurch dauernden Drama ein Ende macht. So unscheinbar diese fleckige Form in ihrem ersten Auftreten ist, so hartnäckig hat sie bis jetzt jedem Heilungsversuche widerstanden.

Weit scheußlicher in ihrem äußeren Ansehen tritt die knotige Form auf, die indessen manchmal durch Anseiterung der Heilung entgegengeführt werden kann. Dicke, harte Knoten treten an allen Körpertheilen, namentlich aber auch gerne an dem Gesichte auf, brechen auf, greifen mit zerstörender, wuchernder Eiterung um sich und entstellen häufig auf die entsetzlichste Weise. Aber die inneren Schmerzen und die Desorganisation der Nerven sind bei Weitem nicht so bedeutend, als bei der fleckigen Form, und der Zustand der Kranken trotz der äußeren Entstellung bei Weitem erträglicher.

Wir weilten nicht länger, als nöthig, in dem Hause des Unglücks und begaben uns von dort zum Maler Losting, welcher mit anerkannter Meisterschaft die Kupfertafeln zu dem großen Werke gezeichnet hat, das von Dr. Danielssen in Gemeinschaft mit Professor Boeck in Christiania über die merkwürdige Krankheit herausgegeben worden ist. Der treffliche Künstler zeigte uns in seinen Mappen noch manche Aquarellzeichnung, die denselben Gegenstand in verschiedener Form darstellte, bewies uns aber auch, daß er sich nicht nur auf die Darstellung der kranken Menschennatur beschränkt, sondern auch andern Gebieten der Kunst zugewandt hat. Losting ist zugleich der Conservator der kleinen Kunstsammlung, welche Bergen besitzt und die uns um so mehr interessiren mußte, als sie uns einen Einblick in das neuere Kunsttreiben der Norweger gewähren konnte.

Erst seit wenigen Jahren ist man einerseits durch deutsche Meister, andererseits durch norwegische, meist in der Düsseldorfer Schule gebildete Künstler auf das Land selbst als Objekt der Kunstthätigkeit hingewiesen worden. Man hat norwegische Küsten und Fjorde, Mitternachtssonnen und Mondscheine in ziemlicher Menge auf allen Ausstellungen umherwandern sehen und scheint an vielen Orten noch der Ansicht zu huldigen, als sei Norwegen ein an landwirthschaftlicher Schönheit überaus reiches Land, welches dem Künstler mehr Anhaltspunkte biete, als irgend ein anderes. Beschaut man aber das Land näher und mit der Absicht, schaffend hier aufzutreten, so muß man sich bald überzeugen, daß unter allen bekannten europäischen Gebürgsländern Norwegen dasjenige ist, welches dem Künstler am wenigsten bietet, wo er am meisten suchen und am meisten von dem Eigenen hinzuthun muß, um etwas Tüchtiges zu leisten. Dazu kommt noch, daß gerade das spezifisch Norwegische in der Landschaft im Allgemeinen der Vorstellung, welche man sich von dem Lande macht, nicht entspricht, während das Schöne sich in anderen Ländern in ähnlicher Weise ausgebildet wieder findet, und so des eigenthümlichen Reizes der Neuheit und Besonderheit entbehrt. Es gibt wunderschöne Gegenden in Norwegen, die durch die Kühnheit der Felsgipfel, die zerrissenen Hörner, die tiefen Schluchten und die häufigen Wasserfälle hier an die Schweiz, dort durch die nackten wilden Felsen, die weit ausgreifenden Blicke über Land und Meer und die tiefe Sommerfärbung des Himmels und des Wassers an Italien erinnern. Aber gewöhnlich entbehren diese Landschaften des Gegensatzes, den der zauberische Schmuck einer üppigen Vegetation oder die schaffende Hand des Menschen in der Civilisation hervorgebracht hat. Und zu dem sind die schönen Punkte selten, verstreut über weite Flächen, auf denen selbst das Genie vergebens Anhaltspunkte zu künstlerischem Schaffen suchen würde. Das spezifisch Norwegische in der Landschaft aber läßt sich nicht malen, sondern wirkt nur durch den Gesammteindruck auf Denjenigen, der die Natur unmittelbar beschauen kann. In den Alpen schon muß sich der Künstler zugestehen, daß die Größe des Gegenstandes seine Mittel gänzlich erschöpft und daß es ihm fast niemals gelingen kann, durch seine Leinwand jenes eigenthümliche, fast wollüstige Gefühl eines inneren Schauers hervorzurufen, das niederdrückend und überwältigend wirkt. Aber in den Alpen haben doch die einzelnen Gipfel noch ihre bestimmt ausgesprochene individuelle Physiognomie, ihre selbständige Gliederung und sie gruppiren sich zu Massen zusammen, welche eben durch diese Ausprägung eines bestimmten individuellen Charakters der künstlerischen Auffassung bedeutende Anhaltspunkte geben. Nicht so in Norwegen, wenigstens in den größeren und vorzugsweise bereisten südlichen

Theilen des Landes. Die langgedehnten Bergrücken wirken eben nur durch diese Größe und Ausdehnung, durch die Uniformität, welche sich in ihnen geltend macht, durch die massenhafte Vertheilung einzelner Farbentöne und unendlich gestreckter Licht- und Schattenmassen. Diese „Fielde“ sind wirkliche Felder und keine Berge im gewöhnlichen Sinne; sie sind nur die Theile einer physiognomielosen, gleichmäßig ausgearbeiteten, nur hie und da durch tiefe Risse eingeschnittenen Platform und treten hiedurch der künstlerischen Auffassung sogar feindlich entgegen.

Wir werden uns also wohl nicht täuschen, wenn wir der landschaftlichen Kunst in Norwegen keine große Zukunft voraussagen und sogar die Ueberzeugung aussprechen müssen, daß sie von dem Standpunkt, den sie jetzt einnimmt, in kurzer Zeit herabsteigen muß. Der merkwürdige, ja selbst überraschende Aufschwung, welchen Norwegen seit Erringung seiner Selbständigkeit und seiner freien Verfassung in allen menschlichen Dingen genommen hat, läßt sich auch in der Kunst durchaus nicht verkennen. In der Landschaft glänzen die achtbarsten Namen, wie Gude und Morton Müller, von welch letzterem das Bergener Museum ein schönes Bild besitzt, und eine unverhältnißmäßig große Menge von Kunstjüngern treibt sich in Düsseldorf und Rom umher. Die großen außergewöhnlichen Talente werden sich wohl überall in jedem Lande Bahn brechen und Anerkennung verschaffen und wir sehen auch in der That, daß die bewährten Meister in dem Fache sich außerhalb des Landes aufhalten, dem sie großentheils ihre Studien entnommen haben. Die mittleren Talente — und deren ist ja wohl die Mehrzahl — werden aber jetzt schon nur noch von jenem engeren Patriotismus aufrecht erhalten, der Alles, was aus oder von Norwegen stammt, schon um deßwillen für ausgezeichnet erklärt. Und diese Auffassung, die in den Zeiten der nationalen Aufregung ihre vollkommene Berechtigung hat, wird später einer nüchternen Betrachtungsweise Platz machen, welche das Schöne um seiner Existenz und nicht um seiner Herkunft willen anerkennt.

Fast dünkt es mich, als müßte der Genremaler — denn nur dieser existirt ja noch in unserer Zeit — in ähnlicher Weise wie der Landschaftskünstler in Norwegen sich beengt fühlen. Die Bilder Tidemand's sind auch in Deutschland bekannt und verdienen gewiß die allgemeine Anerkennung, die man ihnen zollt; aber innere Seelenzustände lassen sich kaum malen und gar nicht darstellen, wenn sie nicht durch Bewegung in die äußere Erscheinung treten. Man kann einem Insekt den Schmerz, den es leidet, nicht an dem Gesichte ansehen, wie dem Menschen, weil es seine Augen nicht bewegen, seine Züge nicht verändern kann. Der starre Panzer, der seinen Kopf umhüllt, zeigt denselben Ausdruck bei Freud und Leid, bei heftigster innerer Aufregung oder tiefstem Todtenschlafe. Aehnlich verhält es sich auch bei diesem norwegischen Volke, von dem man kaum sieht, daß es sich bewegt, und dessen innere Gedanken durch keinen Zug der äußeren starren Maske verrathen werden. Bei dem Südländer entspricht jeder Schließung oder Oeffnung der inneren galvanischen Gedankenkette auch eine Bewegung des organischen Telegraphen. Man braucht zwei Italiener, welche mit einander sprechen, nicht zu hören, um der Unterredung vollkommen folgen zu können, und ich weiß Fälle, wo man Personen im geheimen Zwiegespräche mittels eines Teleskopes belauschte und Alles errieth, was zwischen ihnen abgehandelt wurde. Solche Naturen sind das rechte Feld für den darstellenden Künstler, der ja immer nur einen einzigen Moment erhaschen und zur Anschauung bringen kann. Im Norden aber, wo das Familienleben wie die Arbeit in das Innere des Hauses zurückkriechen und sich jedem von Außen kommenden Blicke so viel als möglich entziehen, da schlüpft auch das Leben des Individuums in das Innere zurück und kommt nur gerade soweit zur äußeren Erscheinung, als unumgänglich nöthig ist, um verstanden zu werden. Der Nordländer öffnet zum Sprechen kaum die Lippen, sein Gesicht ist durch kein Mienenspiel belebt, seine Rede durch keine Geberde unterstützt. Tidemand hat ein recht schönes Bild gemalt, auf welchem ein alter, in einer Hütte eingetretener Jäger sein Abenteuer mit einem Wolfe erzählt, den er erlegt hatte. Der Jäger hebt die rechte Hand auf; aber man fühlt bei Betrachtung des Bildes, daß diese Handbewegung eine Zugabe ist, welche sich der Maler nothwendig erlauben mußte, um sein Bild nur einigermaßen verständlich zu machen, und daß der alte Bursche, der Tidemand zum Modell diente, ganz gewiß bei der Erzählung der Lebensgefahr, in der er gewesen, ebenso ruhig und unbewegt dagesessen hat, als wenn er die ihm lauschende Frau um ein Glas Bier oder Milch gefragt hätte. Wie ist es nun möglich, daß unter einem solchen Volke, dessen Leben sich gewissermaßen hinter einer spanischen Wand von Unbeweglichkeit und Theilnahmlosigkeit abspielt — wie ist es nun möglich, fragen wir, daß dort die darstellende Kunst einen bedeutenden Aufschwung nehmen konnte!? Kommt es einem doch vor, als befänden sich die norwegischen Genremaler etwa in der

Sage jenes Malers, welcher dem Besitzer einer nackten Schönheit einen Vorhang davor malen sollte, damit das Anstandsgefühl der Beschauenden nicht verletzt werde: „Malen Sie nur den Vorhang ganz darüber, ich weiß ja schon, was dahinter ist.“ So soll auch der norwegische Genremaler nur Vorhänge malen, von welchen der Beschauer wissen soll, was dahinter vorgeht.

Die nordische Gastfreundschaft findet in denjenigen Ländern, welchen die Civilisation auf leichteren Kommunikationswegen die Fremden zuführt, ihres Gleichen nicht mehr und wird mit einer Herzlichkeit geübt, welche man nur bewundern, aber nicht erwiedern kann. Der Gastfreund, an den man empfohlen ist, geht vollkommen in dem Gaste auf; er scheint nur für ihn zu leben und ist jedenfalls bereit, alle, auch die kleinsten Wünsche, die der Gast hegen kann, auf der Stelle zu befriedigen. Man muß sich hüten, irgend einen Wunsch laut werden zu lassen, der dem Gastfreunde die Gelegenheit geben könnte, einen Dienst zu erweisen; denn man fühlt sich wirklich zuletzt beschämt durch die Aufopferung von Zeit und Mühe, welche dieser aufwendet. So fanden wir es in Bergen, so aller Orten, wo wir landeten, und in gewisser Beziehung schätzten wir uns zuweilen glücklich, in unserem Schiffe ein wandelndes Heimwesen zu besitzen, das uns die Möglichkeit verschaffte, unseren Gastfreunden so wenig als möglich zur Last zu fallen.

Aber auch eine robuste Natur gehört dazu, um der nordischen Gastfreundschaft zu widerstehen. Es wurde uns zu Ehren ein großes Mittagsessen gegeben, das die sämmtlichen Notabilitäten der Stadt bei unserem freundlichen Wirthe vereinigte. Beamte jeglicher Art und höheren Ranges, Naturforscher, Kaufleute, Pastoren und Kandidaten nahmen an der langen Tafel Platz, die unter der Last der Speisen und Getränke zu brechen drohte. Auffallen durfte vielleicht nur der von unsern Sitten und Gebräuchen abweichende Umstand, daß die Frauen, die doch sonst von dem germanischen Stamme so hoch gestellt werden, nur an dem unteren Ende der Tafel ein bescheidenes Plätzchen erhielten, nicht aber den Mittelpunkt bildeten, um welchen sich die übrige Gesellschaft reihte. Sonst aber haben die Gebräuche etwas patriarchalisch-wohlthuendes. Der Hausherr erhebt sich und ruft seinen Gästen zu: Willkommen zum Mahle! und dieser Zuruf ist das Zeichen des allgemeinen Angriffs. Kaum aber ist die erste Schüssel umhergegangen, so beginnt für den Hausherrn, wie für die Hausfrau die Pflicht, die Gäste zum tapferen Einhauen zu ermuntern, ja selbst eindringlich aufzufordern. Sie umwandeln fast beständig die Tafel und erschöpfen alle Gründe der einschmeichelndsten Beredsamkeit, um den Gast zu wiederholtem Nehmen zu vermögen. Die männliche Bevölkerung macht unterdessen mit den Weinen, die vortrefflich, aber meist schwer und hitzig sind, genauere Bekanntschaft. Der Hausherr erhebt sich und bringt in wohlgesetzter Rede die Gesundheit derjenigen Ehrengäste, welchen zu Liebe das Mahl veranstaltet wurde. Die Gäste müssen begreiflicher Weise antworten, so wohl oder übel es gehen mag, denn sie sind unterdessen hart in Anspruch genommen worden. Jeder an der Tafel Sitzende glaubt, einen Verstoß gegen die Sitte zu begehen, wenn er nicht mit jedem Ehrengaste ein Glas leerte oder wie man sich ausdrückt „Skal" tränke. „Skal Herr N. N." ruft es von einem Ende des Tisches herüber und man erblickt ein freundlich lächelndes Gesicht, welches ein mit Bordeaux gefülltes Glas in der Hand hält. Man füllt in aller Eile sein Glas, antwortet: „Skal Herr" und läßt a tempo den Inhalt verschwinden. Aber schon hebt ein Anderer sein Glas Sherry, ein Dritter ein Glas Portwein und wenn man voll bangen Zweifels über die Heimkehr nach dem schwankenden Schiffe und über den Katzenjammer am nächsten Morgen sich mit Alles vergessender Innigkeit in den Inhalt seines Tellers zu versenken strebt, so verfehlt der Nachbar gewiß nicht, mit sanfter Berührung des Ellenbogens die Aufmerksamkeit auf den „Skal" trinkenden Angreifer zu lenken. So hat jeder Einzelne, wie Leonidas in den Thermopylen, den Angriff einer zwanzigfach überlegenen Macht auszuhalten, welcher gegenüber kein strategischer Kunstgriff und kein geordneter Rückzug stattfinden kann. Endlich wirft man sich mit dem Muthe der Verzweiflung in's Gefecht; man parirt die Stöße nicht mehr, man theilt deren nach allen Seiten aus: man fordert heraus auf alle möglichen Waffen: Port, Bordeaux, Rheinwein, Sherry, Champagner, „Alles durcheinander", wie Nägele in Heidelberg zu sagen pflegte, „wie Mäusedreck und Koriander." Man denkt der Zukunft nicht mehr, nicht mehr des quälenden Kopfschmerzes und der Migräne, die sich ganz sicher am folgenden Tag einstellen werden, man begeistert sich nur für Schlacht und Sieg und für die Behauptung der Nationalehre gegenüber den nordischen Recken.

Einen Augenblick, nachdem er mehrere Stunden anhaltend getobt, schweigt der Kampf. Jeder hat mit Jedem verschiedene Mal „Skal" getrunken, so daß die Berechnung, wie beim Schachbrette, zu endlosen Quadratzahlen führen könnte. Man erhebt sich und reicht dem Hausherrn wie der Hausfrau die Hand, indem man „Wohl zu bekommen" wünscht und seinen Dank für das Mahl ausdrückt. Kaffee und Cigarren beruhigen die Gemüther einigermaßen. Allein neue Truppen marschiren auf: verschiedene Liqueure, Branntwein, Grogs von größerer oder geringerer Steifigkeit, kalte und warme Punsche — kurz eine Mannigfaltigkeit von alkoholischen Gebräuen, von welchen wir im Süden keine nur entfernte Ahnung haben.

Wie wir nach Hause kamen? — Nur schwach dämmert eine Erinnerung an schwankende Wege, schwankende Stege, schwankende Boote und schwankende Schiffe.

Der andere Morgen fand uns in See.

Drittes Kapitel.

Von Bergen über Molde nach Nās.

Bergen hatte während der letzten Tage unserer Anwesenheit sein gewöhnliches Kleid angezogen; der wahrhaft tropischen Hitze war beständiges Regenwetter gefolgt. Es wehte stark, als wir die Anker lichteten; aber der Wind kam aus Südwesten, fast gerade von hinten und war also äußerst günstig für unsere Fahrt. Mit der Schnelligkeit eines Postdampfers schossen wir durch die engen Fjorde, deren Oberfläche nur sanft gekräuselt war, und schon hatten wir uns so sehr mit unserem Schiffe befreundet, daß wir an seiner Segelschnelligkeit ein wahres Interesse nahmen und freudig in die Hände klatschten, wenn wir wie im tollen Jagen einer Nordlandsjacht nachsetzten, sie überholten und bald hinter uns aus dem Gesichte verloren. Wir machten zehn, ja selbst elf Knoten in der Stunde, ohne daß irgendwie die Bewegung des Schiffes unangenehm gewesen wäre, und erreichten schon nach 4 Stunden die offene See, die sich aus der Ferne unter keinem allzu lieblichen Angesichte zeigte. Der Wellengang war hoch, der scharfe Wind peitschte den weißen Schaum über die Fläche hin und überall hingen drohende Wolken an dem Horizonte. Einer nach dem andern verlor sich leise von dem Deck, wo wir bis dahin fröhlich plaudernd und unsere Cigarren schmauchend gesessen hatten, und suchte in horizontaler Lagerung der übermächtig werdenden Seekrankheit Widerstand zu leisten. Ich gelangte nicht bis zu den gewöhnlichen Explosionen, befand mich aber in dem Zustande eines Kindes, welches man Stunden lang gewiegt und noch obendrein mit etwas Mohnsaft beschwichtigt hat. Halb träumend, halb wachend, ohne rechtes Bewußtsein von Allem, was um mich vor ging, duselte ich erst auf dem Decke, dann als es heftig zu regnen und zu stürmen anfing, in meiner Koje bis zum andern Morgen, wo wir wieder in die ruhigeren Fjords bei Aalesund einliefen und das Geschaukel einigermaßen nachließ. Wir hatten während der Nacht bei dem günstigsten Winde eine bedeutende Strecke Wegs zurückgelegt, waren an den Leuchtthürmen von Stadtland und Rundö, welche die Merkzeichen für die Schiffe sind, vorbeigesegelt, und hatten schon am frühen Morgen das ruhige Wasser an dem Eingange des Moldefjords erreicht, welcher das vorläufige Ziel unserer Reise werden sollte. Mehrere Reisebeschreibungen, namentlich aber diejenige von Mügge, sprechen mit so viel Begeisterung von den landschaftlichen Schönheiten des Moldefjords, daß schon dies allein hingereicht hätte, unsere Schritte dorthin zu lenken. Außerdem aber hatte Mügge dort ungeheure Schwärme von Quallen angetroffen und von diesen eine so abenteuerliche Beschreibung gemacht, daß ich nicht umhin konnte, auf einigen Reichthum an Seethieren in diesem Golfe zu schließen. Danielssen und Koren bestätigten uns in Bergen diese Vermuthung. Sie waren erst im vorigen Jahre, wenn ich nicht irre, mit Sars einige Wochen dort gewesen und hatten mittelst des Schleppnetzes reichen Fang aus der Tiefe gehoben. „Vielleicht sind Sie auch so glücklich," sagte mir lachend Danielssen, „während Ihres Aufenthaltes in Molde die Seeschlange zu sehen, die in dem Fjorde dort ihre spezielle Heimath hat. Die Anwohner des Moldefjords rechnen sie recht eigentlich zu ihrem Mobiliar, und unter zehn Menschen findet man wenigstens einen, der darauf schwört, sie gesehen zu haben, wie sie mit fürchterlichen Augen, wallender Mähne und wallenden Schlangenbewegungen in der Nähe seines Bootes auftauchte, glücklicherweise aber in einiger Entfernung vorbeischwamm. Uns nordischen Naturforschern ist freilich noch nicht das Glück zu Theil geworden, ihre persönliche Bekanntschaft zu machen, und wir werden wohl auch uns bescheiden müssen, nur durch Hörensagen von ihrer Existenz unterrichtet zu werden. Aber die Fremden sehen so viel in Norwegen, was Eingeborene nicht zu erblicken vermögen, daß es Ihnen vielleicht auch gelingen kann, die Seeschlange nicht blos mit geistigen, sondern auch mit leiblichen Augen zu schauen." Wir antworteten mit der Frage, ob wir nicht in Bergen einige Exemplare des Constitutionnel auftreiben könnten, der so recht geeignet sei, einer Seeschlange als Verpackung zu dienen, und machten uns bereit, ihr mit der großen Donnerbüchse des Kapitäns zu Leibe zu gehen, falls sie sich zeigen sollte.

Der Wind legte sich allmälig ganz, als wir in die Nähe von Aalesund gelangten, dem ein merkwürdig kegelförmiger Berg, der Zuckerhut (Zakkertoppen) genannt, als Wahrzeichen dient. Das Schiff trieb nur noch langsam vorwärts mit so leiser Bewegung, daß wir beschlossen, einen Zug mit dem Schleppnetze zu wagen. Man kann wohl sagen, zu wagen; denn selbst wenn ein Schiff nur leise und langsam vorwärts geht, hat es doch eine so ungeheuere Wucht durch seine Masse, daß die Stricke, welche das Schleppnetz halten, augenblicklich reißen, wenn dieses einen Widerstand findet. Wie leicht aber geschieht es, daß ein Stein, ein Fels auf dem Seegrunde einen Vorsprung bildet, in welchen die Schneide des Netzes sich einhakt, so daß es nur möglich ist, durch rückwärts gehende Bewegung sie wieder los zu machen.

Wir waren über Erwarten glücklich. In etwa zwanzig Faden Tiefe fand sich gleichmäßig fester Sandgrund, der von Muscheln, Würmern, Seesternen und Seeigeln wimmelte. Besondere Freude machte uns aber das Auffinden einiger Seegurken oder Holothurien von einer Größe, wie ich sie selbst im Mittelmeere noch nicht gesehen hatte. Es waren mehrere Arten, unter welchen namentlich eine von so wunderschön zinnoberrother Farbe auf der Rückenfläche, daß Hasselhorst sich nicht enthalten konnte, ihr eines seiner größten Blätter zu widmen, auf dem sie heute in natürlicher Größe und in voller Farbenpracht prangt. Trotzdem daß das ausgezeichnetste Exemplar so lang war, daß es in unserem größten Gefäße sich nicht völlig ausstrecken konnte, schien es sich doch während mehrerer Stunden ganz wohl zu befinden. Bald streckte es die kohlblattartigen Fühler aus, die wie ein Kranz um den Mund stehen, tastete damit leise und vorsichtig umher und trieb sie endlich so strotzend hervor, daß die feinsten Enden knopfartig aufschwollen. Dann entwickelte es die Saugfüßchen, die namentlich an der helleren Bauchseite in Reihen stehen, und schlich damit langsam auf dem Grunde des Gefäßes einher, während aus der hinteren kreisrunden Oeffnung ein Strom von Wasser bald mit bedeutender Kraft hervorgetrieben wurde, bald wieder in das Innere eindrang. Die Uebrigen beobachteten noch lange dies wechselnde Lebensspiel, während ich schon längst zu meinem Mikroskope zurückgekehrt war, um dort ein Krebsthierchen zu zeichnen, welches mir noch unbekannt war, und das zu der Familie der Daphniden zu gehören schien. Eine ovale, glashelle Schale von etwa drei Millimeter Länge, glasartig spröde und bedeutend gewölbt, umschließt das niedliche Thierchen, welches mit seinen dunkelbraunrothen, zusammengesetzten Augen ganz freundlich in die Wasserwelt hineinguckt, in welcher es mit langen Schwimmfühlern und kurzen Ruderfüßen behend umhersegelt. Leider wurden nur zwei Exemplare gefischt, die bei der Kleinheit des Thieres und der Sprödigkeit der Schale keine vollständige Einsicht in die innere Organisation gestatteten; doch suchte man zu benutzen, was geboten war, und da die Windstille ruhiges Arbeiten auf dem Verdecke gestattete, so konnten wenigstens die zur Klassifikation nöthigen Theile vollständig studiert und gezeichnet werden.

Da kommt Einer und bringt ein seltsames Gebilde, das er in dem einen Kübel gefunden haben will. „Sehen Sie einmal, Professor, den kuriosen gelben Wurm, der so vielfach in einander verschlungen ist, sich mit seinen Fäden in seinen Windungen befestigt hat und einen durchsichtigen Anhang an dem einen Ende trägt, der sich beständig krümmt und windet, wie ein zerschnittener Regenwurm! Was das wohl für ein sonderbares Thier sein mag? Ich habe noch niemals von solch einem Wurm gehört."

„Ich auch nicht," antwortete der Professor, nachdem er einen flüchtigen Blick auf den sogenannten Wurm geworfen. Dann aber fängt er an zu brummeln: „Also haben die Bestien sich doch ausgespieen! Legen Sie doch geschwind die noch vorhandenen Holothurien in Liquor, damit wir noch die einen oder anderen Eingeweide vielleicht retten."

„Aber mein Wurm, Professor?"

„Nun ja, gerade Ihr Wurm ist weiter nichts, als das ausgespieene Eingeweide einer Holothurie. Die Bestien haben das so in der Gewohnheit: Kaum hat man sie gefangen, so winden, krümmen und pressen sie sich so lange zusammen, bis endlich der Darm an dem Schlundkopfe abreißt und dann mit der daran hängenden sogenannten Lunge aus der hinteren Oeffnung hervorgeschleudert wird."

„Das Eingeweide?! Sehen Sie doch einmal zu, wie es sich krümmt und windet, wie es sich zusammenzieht; das muß doch selbständiges Leben haben."

„Eine Zeit lang wohl. Haben Sie noch nicht die Muskeln eines frisch geschlachteten Thieres zucken sehen? Ganz dieselbe Erscheinung zeigt sich hier. Diese glashelle Lunge, die an dem Darm befestigt ist, behält noch Tage lang ihr Zusammenziehungsvermögen, windet und krümmt sich zusammen, bis endlich ihr Gewebe sich zersetzt und der Fäulniß anheimfällt. Sehen Sie nur selbst: Hier oben hängt ein Schlauch an dem Darm, der fast wie eine gelbe

Bohnenhülse aussieht und sich zuweilen so stark zusammenzieht, daß er an einzelnen Orten Einschnürungen zeigt. Sie sehen dort einen solchen abgerissenen Schlauch frei und ledig in dem Wasser liegen: es ist weiter nichts als der Eierstock, der bei der gewaltsamen Zusammenziehung an seiner Anheftungsstelle abgerissen und mit ausgetrieben worden ist. Sehen Sie zu: ich schneide ihn auf und weiße Körnchen quellen daraus hervor. Unter dem Mikroskope werden Sie sogleich sich überzeugen können, daß diese Körnchen Eier sind, deren Dotter schon einige Veränderungen erlitten hat."

Während wir so mit unserem Fange uns beschäftigten, gleitet das Schiff langsam an der Insel Gydö vorbei in den engeren Eingang des Moldefjords hinein. Die Bergformen werden großartiger, prägen sich individueller aus, nehmen einen mehr alpinischen, schweizerischen Charakter an. Während mein Skizzenbuch die Umrisse eines Berges aufnimmt, der eine täuschende Aehnlichkeit mit dem Mole bei Genf besitzt, macht Gießlin darauf aufmerksam, daß eine andere Seite des Fjords sich mit der Gegend von Beckenried am Vierwaldstättersee vergleichen lassen könne. Zuweilen kommen wir so dicht an den nackten Felsen vorbei, daß wir die Rundhöcker, Schliffe und Streifen zu erkennen glauben, welche als unwiderlegliche Zeugen früher vorhandener Gletscher angesehen werden. Die Insel Gydö namentlich zeichnet sich durch eine merkwürdige, mit kaum merklicher Neigung weit in die See sich erstreckende Terrasse aus, deren Rand gegen die See hin durch Unterspülung ziemlich abgerissen ist, während sie auf der anderen Seite an zackige Berge sich anlehnt. Die Terrasse scheint äußerst fruchtbar; sie ist mit herrlichem Grün, hie und da auch mit einigen Getreidefeldern besetzt, lehnt sich an die steil abgerissenen Berge mit leichter Böschung an und setzt sich gegen das Meer hin in eine flache Stufe fort, auf deren Endspitze der Leuchtthurm von Hogsten erbaut ist. Im Vorüberfahren können wir gewahren, daß die Terrasse aus horizontalen Schichten von Sand, Grus und Geröllen sich zusammensetzt, daß das Wasser also bei ihrer Bildung sich thätig erwiesen hat. Auch scheint sie auf dem gegenüberstehenden Ufer des Fjordes sich fortzusetzen, ein Umstand, der ebenfalls für die Meinung spricht, daß das Niveau des Meeres hier bedeutend höher gewesen sei und erst nach und nach abgenommen habe. Auch dies kann nicht überraschen; denn die Erscheinungen, welche auf ein allmäliges Sinken des Meeresspiegels, oder vielmehr auf ein stetiges, langsames Emporsteigen des norwegischen Festlandes aus dem Meere hinzudeuten scheinen, sind längst zur Genüge bekannt. Wir hoffen, bald solche Terrassen mit Muße von unserem Ankerplatze aus untersuchen zu können und segeln weiter gegen den Moldefjord hinein.

Am Morgen des 14. Juni waren wir schon in Sicht von Molde angelangt, dessen rothe Häuser über den weiten Fjord freundlich herüberglänzten, als vollständige Windstille eintrat und das Schiff von den Drehströmen des Wassers in verschiedenen Tiefen erfaßt, auf's Neue jenen langweiligen Wirbeltanz begann, den wir von Bergen aus schon zur Genüge kannten. Nur fehlten uns hier die Gefährten des Mißgeschickes, die Jachten und Schooner, welche sich mit uns in gleicher Weise drehten, und nur einige Fischerboote glitten in weiter Ferne, von mächtigen Ruderschlägen getrieben, an uns vorüber. „Da haben wir die Bescherung", ruft Hasselhorst aus, „mit unserem Segelschiffe! Kaufmann in Hamburg, der Norwegen besucht hat, erzählte mir schon von den englischen Jachten, die zuweilen Monate lang in der Sonnenhitze irgend eines unglücklichen Fjordes faulen, ehe irgend ein Windstoß sie entweder erlöst oder ihrem Dasein ein Ende macht, indem er sie an die Felsen schmettert. Wenn es uns nur nicht eben so geht!" Indessen schickt sich doch der Treffliche nach dieser Explosion in das Unvermeidliche und genießt mit vollen Zügen die Schönheiten der herrlichen Rundsicht, deren Umrisse Greßly mit unermüdlichem Eifer einer langen Rolle endlosen Papieres anvertraut.

Unser würdiger Geologe scheint in der That ein neues Prinzip in die Theorie der darstellenden landschaftlichen Kunst einführen zu wollen. Man kann dieses Prinzip einfach als dasjenige des fortlaufenden Panoramas bezeichnen. Unbekümmert darum, ob das Schiff sich bewege oder still stehe, ob der Standpunkt sich verändere oder nicht, lehnt Greßly bald hier, bald dort mit seinem Feldstecher an der Brüstung und zeichnet Umrisse, die sich in langer Linie ununterbrochen aneinander reihen, um die Fjorde herumgehen, in die See stechen, in die Tiefen des Landes dringen und stets sich weiter entwickeln, wo auch die Reise hingehen möge. Jetzt schon ist ein ununterbrochenes Panorama von Stavanger über Högesund nach Bergen, über Stadtland und Aalesund nach Molde, über eine Erstreckung von mehr als vier Breitegraden vollendet, und wenn es so fortgeht, wozu der Himmel sein Gedeihen geben möge, so wird die Papierrolle erschöpft sein, ehe wir noch das Nordkap erreichen.

Müde unseres Wirbeltanzes liegen wir eine Zeit lang vor Anker und sind schon im Begriffe, an das Land zu steigen, als aufs neue einiger

Wind sich erhebt, der uns zu Mittag vor unsern ersehnten Ankerplatz, das Städtchen Molde, bringt.

Die Gegend ist wirklich herrlich. Die Holzhäuschen des freundlichen Städtchens steigen aus dem ruhigen Wasser, an dem Abhange eines ziemlich steilen Berges empor, der hie und da mit schöner, wenn gleich niedriger Waldung bedeckt ist, zwischen welcher üppige Wiesen, ja auch einige Gärten und Gerstenfelder sich zeigen. Von den wogenden Kornhalmen freilich, von den Gärten voll Fruchtbäumen, welche die Phantasie Mügge's hier entdeckt hat, sehen wir nur schwache Spuren; allein das wunderschöne Panorama des Fjords fesselt uns genug, um uns diese kleinen Fehler übersehen zu lassen.

Wir zählen den 14. Juni und doch sehen die Berge noch aus, wie in der Schweiz im Mai oder April. Der Schnee liegt in den Runsen und Spalten der nahen kaum 1000 Fuß hohen Berge bis tief herunter zum Wasserspiegel, und die Hörner im Hintergrunde scheinen nicht nur Schnee, sondern auch wirkliche Gletscher zu tragen. Der Fjord selbst bietet ein weitgespanntes Wasserfeld, das nach Osten, Süden und Westen wohl vier deutsche Meilen sich erstrecken mag und wunderbare Färbungen und Spiegelungen in buntem Wechsel zeigt. Die Inseln, welche den Vordergrund bilden, ragen mit sanft abgerundeten Formen nur wenig über den Wasserspiegel hervor und sind zum großen Theile mit niederem Tannenwalde bewachsen. In größerer Entfernung thürmen sich zahllose Gipfel, Hörner, Spitzen und Zacken über einander, welche in ihrer Gestalt an die kühnsten Felsstöcke der Alpen erinnern, doch aber ihrer Entfernung wegen eben so wenig eine malerische Wirkung hervorzubringen im Stande sind, als das weitgespannte Panorama der Alpen, wie wie man es z. B. von Neuenburg aus erblickt. „Ich kenne keinen schöneren und an Naturschönheiten reicheren Fjord, als den von Molde," sagt ein Schriftsteller; „wenn ein Maler von ihm ein Bild malte, es müßte Bewunderung erregen." Der erste Satz mag wahr sein, der zweite zeigt doch wohl von einigem Mißverständniß der Aufgabe, welche der Landschaftsmalerei geworden ist. Wollte Jemand den Fjord malen, so würden auf einem Gemälde von 20 Schuh Länge alle jene herrlichen Berge, deren kühne Formen wir bewundern, höchstens die Höhe eines Zolles erreichen und durchaus ohne Wirkung auf den Beschauer bleiben. Aber einzelne Partieen im Fjord malen — das ist eine Aufgabe, die sich ein Maler stellen kann und die, wie wir wissen, auch von manchem schon mit Glück gelöst worden ist.

Das Städtchen Molde selbst sieht fast wohlhabend aus, und wie denn die Wohlhabenheit immer einiges Bedürfniß nach besserer Ausstattung der Wohnungen erzeugt, so sehen wir auch hier wenigstens einen Beginn dazu, indem an einigen, bis in die See vorspringenden Waarenhäusern, die mit ihrem dunkeln Colorit ganz malerisch gegen die entfernte, sanfte Bläue des Himmels, der Berge und des Meeres abstechen, einige geschweifte Stützbalken an den Giebeln angebracht sind statt nüchterner geradliniger Streben, wie wir sie in Stavanger und Bergen sahen. Indessen betrachten wir uns das Städtchen vor der Hand nur von der Rhede her und beschäftigen uns mit Organisirung einer Jagd- und Fischpartie, welche sich die nächsten Inseln zum Gegenstand erkoren hat.

Die nackten Felsen wimmeln in der That von Vögeln. Die kleinen Seeschwalben (Sterna) mit den langen spitzen Flügeln, deren gewandter Flug den kleinen Körper ruckweise durch die Luft stößt, umschwärmen in Schaaren die Möven und Austernfischer, welche auf den Felsen selbst ihr Wesen treiben.

Die Jäger haben es ganz besonders auf die Austernfischer gepackt, deren rother Schnabel und Füße etwas Außerordentliches zu sein scheinen. Auch sind sie seltener als die Möven, halten sich immer paarweise zusammen und scheinen ganz gut die Gefahr zu kennen, welche ihnen droht, indem sie mit vieler Vorsicht sich außer Schußweite zu halten wissen. Man wendet alle nur möglichen Jagdlisten an, schleicht um die Felsen herum, Einer von links, der Andere von rechts her, duckt sich hinter großen Steinen, rennt und springt, als wenn es einen Adelstitel zu verlieren gälte; aber jedesmal, wenn die Flinte an den Backen fahren will, schallt auch das melancholische: Tut tut! und der Vogel streicht über das Wasser hin, um auf einem anderen Felsen einen erhöhten Standpunkt einzunehmen, von welchem aus er die nahende Gefahr beobachten kann.

Wir sind unterdessen mit unserem Kahne in eine seichte Bucht eingedrungen, von deren wenig tiefem Sandgrunde aus die Tangpflanzen, einem dichten Gebüsche gleich, mit ihren blattartigen Ausbreitungen die Oberfläche erreichen. Für das Schleppnetz ist hier nicht viel zu suchen. Von dem Boote aus kann man Alles sehen, was in dem klaren Wasser vorgeht, kann die zarten Glockenpolypen (Campanularia) beobachten, wie sie haufenweise an den Tangblättern festgeheftet, sich ausbreiten und ihre Fühlfäden im Wasser spielen lassen; kann auch hie und da einen Seestern sehen, wie er langsam mit emporgekrümmten Armspitzen auf dem Boden einherkriecht. Greßly schürzt sich hoch auf und krebst unter den Steinen umher, während die Anderen im Schatten der Bäume auf schwellendem Moos gelagert das Dolce farniente genießen und der Maler sich einen pittoresken Standpunkt ausgewählt hat, von welchem aus er eine Skizze aufnehmen kann. Sein rothes Ueberhemd dient als Sammelfahne für die Jäger, welche sich nach allen Richtungen hin zerstreuen.

Der Abend ist wunderschön und lieblich. Die Bucht liegt schon tief im Schatten, so daß hier braune und dunkelviolette Tinten vorherrschen, während weiterhin der Fjord im hellen Lichte der untergehenden Sonne erglänzt. Ein zarter Duft, der freilich nichts Gutes für morgen verkündet, überzieht Himmel und Berge mit einem leicht gewebten Nebelschleier. Es war still, einsam und feierlich, und man dachte wohl bei dieser Gelegenheit an die Gegenden, die man früher durchstreift, an die Vergleichungen, die man mit dieser hier anstellen könne und an die Lieben in der fernen Heimath, die sich vielleicht abhärmen in Sorge um die Wohlfahrt der Reisenden.

Die Jäger tauschen geheimnißvolle Zeichen, und einige Rufe verkünden, daß ein Zug von Enten die Bucht heraufschwimmt. Man sieht schon einigermaßen im Zwielichte einige große Vögel, denen ein Zug Junger folgt, in gerader Linie nach dem Hintergrunde der Bucht zu steuern, wo das Knacken der Hähne verkündet, daß ihrer ein verderblicher Gruß harrt. Da taucht Greßly hinter einem Steine hervor, dem Meergotte gleich, wie ihn Heine beschrieben*) — denn bis auf Hemd und Hosen hatte er die Kleider abgeworfen — und bei dem Anblicke dieser weißen Gestalt, welche mit dem Donnerrufe: Da kommen sie! den Jägern die ängstlich erwartete Ankunft der Enten verkündet, schwenken diese rechts um und rudern so eilig als möglich aus der Bucht hinaus, stets die Mittellinie haltend, während der Zorn der Jäger sich in einigen unschädlichen Schüssen entladet, die ihnen nachgesendet werden.

Der Regen beginnt zu fallen, noch ehe wir unser Bord erreichen; allein trotz des umzogenen Himmels ist doch schon in diesen Breiten, wo man noch mehr als drei Grade unterhalb des Polarkreises sich befindet, die Nacht so hell, daß man Gedrucktes um Mitternacht lesen kann. Wir gehen erst spät zu Bette, indem wir lange die verschiedenen Reisepläne besprechen und mit

---

*) Er trug eine Jacke von gelbem Flanell . . . . .

Schrecken gewahren, daß der längste Tag uns naht, der Polarkreis aber mit der Mitternachtssonne noch weit von uns entfernt ist. Ein längerer Aufenthalt in Molde würde vielleicht für die zoologischen Studien sehr ersprießlich sein; allein man beginnt zu zweifeln, ob es dann möglich sein werde, zu guter Zeit noch den höchsten Norden zu erreichen.

Eine kleine Bucht, Gjötopinen (zu deutsch Bocks-Bein) genannt, war uns von unsern naturwissenschaftlichen Freunden in Bergen als besonders reich an Seethieren empfohlen worden. Wir nehmen am nächsten Nachmittage das große Boot mit soviel Mannschaft als möglich und rudern westwärts, um die reizende Bucht zu erreichen, welche sich gegen die große Insel Otterö öffnet. Ein großer Vogel sitzt auf dem Felsen und gluckst in den seltsamsten Tönen, indem er den Kopf mit sichtlicher Anstrengung zurückwirft und vorschnellt. Erst in dem Augenblicke, wo er auffliegt, erkennen wir ihn für einen Raben, der uns offenbar hatte Unglück prophezeien wollen. Der Norden ist überhaupt mit Vögeln aus dem Rabengeschlechte gesegnet. Der große Kolkrabe, der bei uns förmlich selten geworden ist, findet sich ebenso, wie Krähen und Elstern, in großen Schaaren in der Nähe der Städte, Dörfer und einzelnen Höfe, und gilt sogar für so schädlich, daß in manchen Gegenden Norwegens Schußgeld für ihn bezahlt wird. Der Kolkrabe plündert besonders die Gestelle mit trockenen Fischen, die eine nothwendige Beigabe zu jedem Hause sind, und geht so den Norwegern direkt an die Vorräthe, deren sie im Winter benöthigt sind.

Der Vogel hatte nicht Unrecht gehabt. Das Schleppnetz versagte heute gänzlich seine Dienste und trotz wiederholter Bemühungen wurde es beständig von den Strömen in solcher Weise herumgedreht und verwickelt, daß es den Boden nicht fassen konnte. Es gibt ja in dem Leben eines Jeden solche Tage, wo man Alles zerbricht oder umwirft, was Einem in die Hände kommt, wo ein ganz besonderer Unstern über Allem zu walten scheint, was man unternimmt! Ein solcher Tag schien auch heute an unserem Horizonte zu schweben. Die Jäger sahen nur in der Ferne wieder einige jener großen Enten, welche schon gestern in der Bucht sich ihren Schüssen entzogen hatten; die Zoologen suchten vergebens nach selteneren Thieren, nur das Allergewöhnlichste bot sich ihren Blicken und auch der Maler schien nicht ganz zufrieden mit den Standpunkten, welche er erreichen konnte. Und doch ward es schwer, sich von dem Orte wieder zu trennen, denn Gressly hatte einige Sandmuscheln und Röhrenwürmer auf dem Grunde eines seichten, durch die Ebbe fast ganz trocken gelegten Kanales entdeckt, welchen er auf das eifrigste nachspürte, ohne sich durch die dringendsten Vorstellungen bewegen zu lassen, von seiner schlammigen Jagd abzustehen. Vergebens ruft, bittet, flucht man sogar: er steht wie der Reiher am Fischweiher mit übergebücktem Halse vor einem Sandhäufchen, aus welchem eine Sandmuschel ihre Athemröhren herausstreckt, und harrt des günstigen Momentes, wo er sie mit einem Schaufelstiche herauswerfen kann. Zwar hat er schon ein Dutzend dieser Sandmuscheln; allein auch diese dreizehnte muß er besitzen, denn sie könnte ja etwas besonderes bieten. Das Schlimmste ist noch, daß Gressly unerreichbar scheint. Die Bucht ist zu seicht, als daß man mit dem Boote eindringen könnte, und doch wieder zu tief, um ohne Aufstülpung der Inexpressibles zu dem Nachzügler zu gelangen. Der Doktor setzt sich in stiller Resignation auf einen Felsen und lauscht, langgezogenen Halses, die Flinte auf den Knieen, einer Krähe, welche in Kanonenschußweite auf einem Steine tänzelt. Der Professor aber geräth in hellen Zorn und überschreitet am Ende die Grenzen der Mäßigung, indem er Steine aufrafft und sie dem übermäßig eifrigen Naturforscher mit dem Rufe: Willst du heraus?! willst du gleich heraus?! nachwirft, so daß es endlich gelingt, durch solche kräftige Zwangsmaßregeln den Säumigen an das Land und in das Boot zu bringen.

Willst du gleich heraus?

Die Mittagstafel, welche uns nach der Excursion vereinigt, findet uns völlig entmuthigt. Der Moldefjord scheint uns doch nicht so reich, weder an Thieren, noch an Naturschönheiten, wie wir uns anfangs gedacht. Es ist kaum möglich, länger zu bleiben; denn mit jedem Sonnenuntergange wird uns eine Spanne mehr von der karg gemessenen Zeit abgeschnitten. Nach langen Debatten beschließen wir, sobald als möglich abzusegeln, in den Hintergrund des Fjords einzudringen und von dort aus die Ueberlandsreise durch Romsdalen und das Dovrefield nach Drontheim anzutreten, während das Schiff den Seeweg nach der alten Königsstadt nimmt. Alles dies wird indessen nicht mit dem freudigen Muthe besprochen, wie sonst wohl; denn getäuschte Hoffnungen lassen sich nicht immer mit einem Schlage verschmerzen. Der Professor ist im Stillen ärgerlich, wenn er daran denkt, daß ihm doch etwas entgehen könnte, was von Interesse für seine Studien gewesen wäre; der Maler denkt einiger Kunstgenossen, welche in Molde prächtige Studien gesammelt und nebenbei in der Gesellschaft die angenehmen Schwerenöther gespielt zu haben scheinen, und während man die Nothwendigkeit einsieht, der Stimme der Vernunft Gehör zu geben und den Aufenthalt in Molde abzukürzen, hält man sich doch verpflichtet, innerlich gegen diesen Entschluß zu räsonniren und zu brummeln.

Die großen Männer zeigen sich erst recht in Zeiten des allgemeinen Kleinmuthes. Eine überraschende That hebt und stärkt dann die Zuversicht, erheitert die Gemüther, belebt aufs neue die Gesellschaft. Die drei Helle, welche uns aus dem Unmuthe und aus der Niedergeschlagenheit befreien sollten, fehlten nicht. Der Doktor, der Kapitän und der Jäger erklären uns, daß sie beschlossen haben, in der Nacht eine große Jagdpartie zu machen. „Wir müssen um jeden Preis, todt oder lebendig," sagen sie uns, „einige von diesen großen Enten haben, die gestern und heute uns mit so vielem Erfolge foppten. Bei Tage halten sie nicht Stand, bei Nacht aber werden wir sie überraschen können: sie müssen doch einmal schlafen und können gewiß nicht die 24 Stunden mit beständigem Umherschwimmen zubringen. Laßt uns also ziehen und dem edlen Waidwerke obliegen, dessen Schutzpatron uns heute vielleicht mehr beglünstigt, als Fanaus."

Eine Jagdpartie um Mitternacht! — Der originelle Vorschlag erheitert die Gemüther und man läßt die Jäger mit vielen Glückwünschen in dem kleinen Boote abziehen. In der That breiten sie am andern Morgen triumphirenden Blickes vor unseren Augen ihre Beute aus. Drei große graue Enten, etwa die Mitte zwischen Ente und Gans haltend, und eine wunderschöne vierte mit weißem Rücken, schwarzem Bauche und Flügeln, weißen Schultern und Halse und feinem meergrünem Fleck auf den Wangen des schwarzgehaubten Kopfes, liegen auf dem Tische neben verschiedenen Austernfischern, Möven und Strandläufern. „Ich habe zwei geschossen,“ ruft der Eine der glücklichen Nimrode. „Bitte um Verzeihung,“ antwortet der Andere, „die eine haben Sie gefehlt, ich schoß sie erst herunter.“ „Bewahre,“ erwiederte der Erste, „ich hatte sie sehr gut getroffen, sie flog nur, wie die Bestien es gewöhnlich thun, noch eine Zeit lang fort, bevor sie fiel, während Sie ihr einige Schrote zusandten.“ „Ich könnte mich auf den Menschen berufen, der nicht weit davon am andern Ufer stand,“ ruft Jener wieder, „und mit seinem Fernrohre uns zusah.“ „Ja, das war ein sonderbarer Mensch,“ nimmt nun der Jäger Hubert das Wort; „kaum waren wir mit unserem Boote in die Nähe der Insel gekommen, so tauchte er mit seinem langen Fernrohre, das wir anfangs für ein Gewehr hielten, aus dem Walde auf, und schlich uns nach auf Weg und Steg. Was er nur gewollt haben mag?“ —

„Euch anzeigen und in Strafe nehmen,“ ruft der Professor, der unterdessen nach genossenem Frühstücke aus der Tiefe hervorgetaucht ist. „Seht Ihr denn nicht, daß dies Eidergänse sind? Die gelblich-grauen — Weibchen, das schöne Exemplar — ein Männchen. Habt Ihr so gänzlich vergessen, was man uns schon in Bergen sagte, daß die Jagd auf Eidergänse verboten ist und daß gerade hier in Molde ein unternehmender Kaufmann sich eine bedeutende Revenue gestiftet hat, indem er auf den ihm zugehörigen Inseln des Fjords Brutstellen angelegt und Wächter bestellt hat, welche Eier und Vögel hüten müssen? Habt Ihr vergessen, daß fünfzig Speziesthaler auf der Tödtung einer Eidergans stehen und daß bei jedem weiteren Exemplar, das man erlegt, die Strafe um fünfzig Thaler verstärkt wird? Eure geniale Jagdpartie wird uns also wohl, wenn wir es genau berechnen, etwa dreihundert Thaler kosten, und es wird sich nur noch fragen, wer der Unglückliche ist, der zwei dieser nützlichen Vögel erlegt hat; denn dieser wird am härtesten blechen müssen.“

Das war nun freilich bedeutend aufgeschnitten. Denn so streng sind die Gesetze in Norwegen nicht. Da aber die Unbetheiligten sahen, welchen Effekt die Rede des Professors auf die Thäter machte, so beeilten sie sich, mit jenem Instinkte, der bei solchen Gelegenheiten die Gesellschaft unmittelbar ergreift, den Professor in seinen finstern Prophezeihungen zu unterstützen. Wollte vorher Jeder getroffen haben, so beeiferte man sich jetzt um die Wette, als schlechter Schütze zu gelten. Still und geräuschlos verschwanden die Eidergänse von dem Deck, wo man sie vorher recht zur Schau ausgelegt hatte. Jedes Boot, das vom Lande abstieß und die Richtung gegen unser Schiff nahm, wurde rekognoszirt, ob es den fatalen Wächter der Eidergänse mit dem langen Perspektive oder den Besitzer derselben, dessen Wohnung man uns bezeichnet hatte, oder irgend einen mit polizeilicher Autorität umkleideten Menschen enthalte. Den Lootsen und Matrosen, welche die Eidergänse gesehen hatten, banden die Schuldbewußten das Gelöbniß des tiefsten Schweigens auf die Seele und der Koch, der einen der Vögel, welcher allzu zerschossen war, um ausgestopft werden zu können, zu seinem Gebrauche reklamirte, wurde bedeutet, daß die Eidergänse, frisch genossen, allzu thranig schmeckten und nothwendig einige Tage lang im Rauche hängen müßten, bevor sie gerupft werden könnten.

Die Partei derjenigen, welche Molde so schnell wie möglich verlassen wollte, hatte sich nun ansehnlich verstärkt. Leider aber blieb der Wind ungünstig und so dauerten die Seelenqualen der mitternächtlichen Jäger noch bis zum Nachmittage fort, wo endlich ein kleines Dampfschiff, Romsdalen genannt, das zu Fahrten im Innern des Fjords bestimmt ist, bei Molde anlegte. Man verständigte sich leicht mit dem Kapitän, der versprach, am andern Morgen uns ins Schlepptau zu nehmen und bis zum Hintergrunde des Fjordes nach Nǟs zu bringen. Wir benutzten den Nachmittag, nachdem wir von dem Schiffe aus mit dem Schleppnetze aus dem sandigen Schlamme des Hafens eine Menge von Herzigeln (Spatangus) und Herzmuscheln (Cardium) hervorgeholt hatten, zu einem Spaziergang an dem Lande, während unser Commodore, von der Wichtigkeit seiner Aufgabe erfüllt, Studien in der höheren Schiffskunst zu machen beschloß und zu diesem Ende einsam mit dem kleinen Boote in den Fjord hinausruderte, wo er bald die Segel entfaltete und verschiedene Evolutionen versuchte. Wir stiegen durch die gaffende Schuljugend des Städtchens hindurch langsam den Berg hinan, einem Bache folgend, der in dem Städtchen selbst einige Sägemühlen treibt, indem er über rundgeschliffene Felsen herabschießt, deren Formen von der Anwesenheit alter Gletscher zu zeugen scheinen. Schöne Wiesengründe mit Holzhäuschen begleiten uns bis zu einem Wäldchen, in welchem ein reizender Wasserfall unter einer aus rohen Holzstämmen zusammengefügten Faßbrücke durchschießt. Gegenüber scheint man die herrliche Lage sogar zu einer parkähnlichen Anlage benutzt zu haben. Die Felsen, zwischen welchen sich der Bach durchwindet, sind mit schwellendem Moose, Heidelbeeren und ähnlichen kurzen Gesträuchen überwachsen. Zwischen den überhängenden Birken durch blickt man weit hinaus auf den Fiord nach den zackigen Gebirgen, in deren Nähe wir morgen kommen sollen.

Nach langem Weilen und Schweigen in ruhigem Naturgenusse kehren wir endlich an Bord zurück, rechtzeitig genug, um unser zweites Boot mit dem Steuermann und einigen bewährten Matrosen zur Verfolgung unseres Commodore abzusenden, mit welchem unterdessen der stets stärker werdende Landwind ein arges Spiel getrieben hat. Offenbar fällt hier, wie in vielen Schweizerseen, Abends die in höheren Schichten erkältete Luft auf die Wasserfläche hinab, indem sie über das Gehänge der Berge niederstreicht. Solche lokale Winde, wie man sie unter dem Namen des Joran z. B. an den Seen der französischen Schweiz kennt, erheben sich meist erst gegen Abend, werden kurz nach Sonnenuntergang am heftigsten und hören gewöhnlich schon um Mitternacht auf, wenn das Gleichgewicht der Atmosphäre wieder hergestellt ist. Durch ihre Unbeständigkeit und Plötzlichkeit werden diese Winde außerordentlich gefährlich für diejenigen, welche die Gewässer nicht genau kennen, und manche Barke des Neuenburger oder Genfer Sees ist schon durch sie in die Tiefe geschleudert worden.

Unser Commodore kämpfte vergebens gegen den Landwind, der ihn stets weiter in den Fiord hineintrieb. Er versuchte zu kreuzen, aber je mehr er sich zu nähern strebte, desto weiter schoß er an seinem Ziele vorbei. Das Hilfsboot hatte ihn indessen bald erreicht und als nun der segelkundige Steuermann die Manöver leitete, rauschte das Boot bald hart gegen den Wind ankämpfend an den Schooner herbei, der sich leise auf den kurzen Wellen wiegte.

Das kleine Dampfschiff „Romsdalen" nahm uns des andern Morgens ins Schlepptau und richtete seinen Lauf nach Südost dem Hintergrunde des Fiordes entgegen. Dieser wird zusehends enger, die Berge zu beiden Seiten steiler und zerrissener. Sie bestehen aus gewaltigen Gneiß- und Schieferplatten, welche scharf abgeschnitten in die Lüfte ragen und Hörner bilden ähnlich denjenigen, welche man in der Schweiz zu sehen gewohnt ist. Manchmal wurde die Straße so eng, daß es schien, als könne das dampfende Schifflein kaum mit dem größern Schooner im Schlepptau sich durchwinden. Dräuend schlossen sich die Felsen im Hintergrunde zusammen; wie in grimmigem Zorne spie der Schlot vor unserm Bugspriete dicke Rauchwolken aus, und dann öffnete sich wieder, wie mit einem Zauberschlage, bei einer kurzen Wendung das Thor, welches uns durchlassen konnte. Dann zeigte sich wohl eine Seitenbucht mit Holzhäuschen und einer niederen Kirche im Hintergrunde, ein Pfiff ertönte, das Tau fiel ab und der Dampfer lenkte dem wenig entfernten Oertchen zu, während wir unsere Segel aufspannten und allein eine Strecke weiter zu gelangen suchten, bis er uns wieder ereilte und von neuem vorwärts schleppte.

Schiff im Schlepptau.

So gelangten wir, bald segelnd und bald gezogen, bis zu dem Orte, wo die majestätische Rauma oder Romsdal-Elf sich in den Fjord ergießt und dieser selbst sein Ende erreicht. Der Dampfer drehte und warf Anker, wir selbst schossen noch eine Strecke weiter und hielten dann einigen elenden Häusern gegenüber vor einer sandigen Landzunge, wo einige Fischerboote den Eintritt der Fluth zu erwarten schienen. Die Häuser von Näs, sagte man uns, lägen ein wenig weiter hinter der Anhöhe und gehörten großentheils einem

Romsdalshorn.

wohlhabenden Kaufmanne, der schon in Molde zu uns an Bord gekommen war und die Gelegenheit der Reise benutzt hatte, um uns seine Dienste zu der bevorstehenden Landfahrt anzubieten. Er versicherte, im Besitze einer genügenden Anzahl von Pferden, Karren und Kariolen zu sein, die zu den billigsten Preisen zu unserer Verfügung ständen, und unser Korrespondent in Molde hatte uns um so dringender gebeten, auf die uns gemachten Anerbietungen einzugehen, als uns dadurch die Gelegenheit geboten würde, die Fuhrwerke auf der ganzen Ueberlandreise bis Drontheim behalten zu können und nicht auf jeder Station wechseln zu müssen.

Unser Ankerplatz war ein herrlicher Punkt. Vor uns lag die niedrige Landzunge, welche sich zu einem sanften, mit üppigem Gras bewachsenen Hügelland erhob und nur den Fuß der gewaltigen Bergkette verdeckte, aus welcher das finstere Romsdalshorn mit seinem zweizackigen Gipfel emporstarrte. Nach Osten hin weitete der Blick in eine ruhige Bucht, den Jis-Fjord, in deren Hintergrund steile Gebirge in einem Thal sich zusammenschlossen, das von einem vielfach gewundenen Flüßchen durchströmt war, welches seinen Ursprung in Gletschern und Schneefeldern zu nehmen schien, die bis zu der Thalsohle hinabreichten.

Wir beeilen uns, kurz nach unserer Ankunft einen Spaziergang über Näs hinaus nach dem Hintergrunde des Thales zu machen, aus welchem die gewaltige Romsdal-Elf hervorbricht. Auf allen Seiten steigen die zackigen Schiefer- und Gneißberge fast senkrecht in die Höhe, um fabelhafte Nadeln und Hörner zu bilden, welche manchen aus dem Wallis und der Montblanckette bekannten Formen täuschend ähnlich sind. Wir erreichen bald die große Straße, die über ein Hügelland wegläuft, das in seinen Gründen sumpfige Wässerlein mit Erlen an den Ufern zurückhält, während die sanften Kuppen von üppigem Grün bedeckt sind. Der Fieberklee (Menyanthes trifoliata) blüht gerade in den schlammigen Gräben, während oberhalb Vergißmeinnicht und andere Wiesenblümchen der Heimath sich entfaltet haben. Die Romsdal-Elf zu unserer Rechten strömt kaum, die eintretende Fluth hat sie zurückgestaut und Möven, Raben und Strandläufer beschäftigen sich an ihren sandigen Ufern. Das Gelände gegenüber scheint eine fast ebene Fläche zu bilden, welche mit höchst geringer Steigung sich in das Hauptthal und ein kleines Seitenthal hinein bis an den Fuß der Berge zieht. Die Form der Hügel, welche wir beschritten, fällt uns schon auf: sie erinnert so sehr an gewisse randgeschliffene Formen, die uns von der Schweiz her alte Bekannte sind. Wo Wasser steht, muß wohl auch eine undurchdringliche Schicht sich finden, welche das Ablaufen nach der Tiefe verhindert. Wir betrachten den Boden, dessen innere Struktur uns an einigen Orten durch aufgeworfene Gräben erschlossen ist. Unter der dünnen Torfkruste, welche hier in der Bildung begriffen ist, zeigt sich zuerst Sand mit Geröllen, dann aber ein steifer, graublauer Lett mit höchst feinen, eingemengten Pünktchen und Blättchen von Glimmer, der nach der treffenden Bemerkung unseres Malers genau so aussieht, wie der Schmirgel, welchen man von den Schleifsteinen gewinnt. Wir folgen der Runse eines kleinen Bächleins und sehen bald, daß auch dieser Lett nur eine oberflächliche Schicht bildet, welche die Unebenheiten des darunter liegenden Felsbodens überzieht und sich vorzugsweise in den Vertiefungen angesammelt hat. In der Nähe des Flusses selbst springt der nackte Fels weit vor und überdeckt einige Tümpel, in welche von oben herab über die Felsen beständig Wasser träufelt. Es ist eine frische, prächtig kühle Grotte, die in heißen Tagen eine ganz besondere Annehmlichkeit haben mag und, wie es scheint, auch von dem Vieh gerne zum Ausruhen benutzt wird. Die überhängenden Zweige der Birken und Erlen, welche oben den Felsen krönen; die Wurzeln, welche über die nackte Felsfläche hinaus in die Luft nach einem Stützpunkte zu greifen und zu ranken scheinen; das lebhafte Grün der Moose und Flechten, die wie ein Bart an dem Kinne des Felsens hängen; der tiefe Schatten, in welchem dies kleine Fleckchen ruht, während drüben Fluß und Berge im Sonnenglanze funkeln — all dies entzündet das künstlerische Feuer und man verabredet sich, morgen mit vereinten Kräften hierher zu ziehen, um im edlen Wettstreite der Pinsel und Bleistifte der Natur ihre Reize abzustehlen.

Jetzt aber lenken andere Erscheinungen uns von der Grotte hinweg. Einige nackte Felsplatten springen am Ufer der Rauma vor und verrathen sogleich durch ihre Gestalt, daß hier für die Geologie etwas zu finden sei. Es sind in der That die schönsten Gletscherschliffe, die man sich denken kann; das Gestein, ein graulicher Gneiß mit vielfach gewundenen Blättern, zwischen welchen Linsen von Hornblende und tombackfarbigem Glimmer eingebacken sind; die Platten selbst prächtig abgeschliffen, gleichmäßig gerundet, mit scharf eingegrabenen Ritzen und Streifen versehen, welche quer über Blättergefüge und Linsen hinlaufen und alle so parallel in ihrer Richtung orientirt sind, daß sie genau auf das Romsdalhorn hinweisen und auf die Schlucht, welche an seinem Fuße sich öffnet. Auch jene eigenthümlichen, hohlkehlartigen Rinnen, welche in manchen Gegenden vorkommen, fehlen nicht; – sie sind vollkommen parallel mit den feineren Ritzen und Streifen und da sie horizontal laufen und nicht dem Abfalle der Platten folgen, so können sie auch unmöglich den atmosphärischen Gewässern ihren Ursprung verdanken. Wir sehen deutlich, daß die Schliffe, Streifen und Hohlkehlen sich soweit unter das helle Wasser fortsetzen, als das Auge reicht, und überzeugen uns bei wiederholtem Besuche am nächsten Tage während der Ebbe, daß es unmöglich ist, die untere Grenze der Schliffe zu finden und diese wahrscheinlich durch das ganze Flußbette sich hindurchziehen. Offenbar übt der Fluß in diesem seinem unteren Theile, wo er sehr langsam und stetig fließt und sein Niveau ganz von demjenigen des benachbarten Fjordes abhängt, nur unbedeutende Wirkung auf sein Ufer aus, so daß die Schliffe vollkommen erhalten bleiben und nur hie und da höchst geringe Spuren von Abnutzung durch das Wasser sich finden.

Das waren also die ersten, deutlichen, vollkommen charakteristischen Gletscherschliffe, welche wir in Norwegen sahen! Ich kenne in der That kaum eine Lokalität in der Schweiz, welche mit so überraschender Deutlichkeit alle Charaktere der Gletscherwirkung vor Augen stellt, als gerade diese Felsen in der Nähe des Romsdalhorns. Während wir bisher nur Klippen gesehen hatten, ausgenagt von den Wellen einer stürmischen Meerfluth, stellten sich hier tief im Innern des Landes in der Nähe eines Fjordes, dessen ruhiges Wasser unter dem Einflusse von Ebbe und Fluth sich nur langsam allmälig hebt und senkt, alle charakteristischen Kennzeichen der Gletscherwirkung mit überraschender Reinheit und Deutlichkeit dar. Es brauchte nur des ersten Anblickes, um Hasselhorst und Berna auf der Stelle zu überzeugen, daß diese Gestaltungen der Oberfläche mit den Wirkungen des Wassers, welche wir bisher zu sehen Gelegenheit hatten, auch nicht die entfernteste Aehnlichkeit besäßen. Man konnte sich vollständig vergewissern, daß diejenige Kraft, welche die Felsen abgerundet, gestreift und polirt hatte, unbekümmert um Zusammensetzung und innere Struktur vorgeschritten war; daß sie einem gewaltigen Hobel gleich die im Zickzack gewundenen Blätter des Gneißes, bald quer, bald schief, bald der Fläche nach durchschnitten hatte; daß die Linsen von Glimmer, von Amphibol und Hornblende, die so weich waren, daß man mit dem Messer in sie eingraben konnte, genau auf demselben Niveau abgehobelt waren, wie die harten Quarz- und Feldspathbänder, welche sie umgaben. Nun, wo man einmal den Schlüssel hatte, gelang es auch leicht, weiter oben unter dem Rasen, unter der Lettschicht und weiter drüben an den glatten Wänden des Felsgebirges dieselben Streifen, Abschleifungen und Rundungen zu entdecken, wie an dem Ufer des Flusses, und sie mit dem Fernrohre noch weit hinauf bis zum Fuße der thurmartigen Gipfel des Romsdalhorns und der höchsten Klippen zu unterscheiden.

Man kann sich leicht denken, daß unser Fund und die daraus hervorgehenden Folgerungen uns während der Heimkehr auf das lebhafteste beschäftigten. Wir hatten hier den Beweis in Händen, daß ein gewaltiger Gletscher weither aus den Schluchten von Romsdalen hervorgekommen und in den Fjord hinaus vorgedrungen war, ehe noch das Becken desselben mit Wasser gefüllt gewesen. Vogt und Greßly demonstrirten um die Wette die Theorie der Fortschaffung der namentlich in der Schweiz verbreiteten Findlingsblöcke durch Gletscher, deren bedeutende Ausdehnung zugleich den Beweis für eine frühere Periode größerer Kälte auf dem größeren Theile der nördlichen Erdhälfte liefert. Man beschloß, den nächsten Tag dem genaueren Studium der sämmtlich hierin einschlagenden Erscheinungen durch Berna und Greßly zu widmen, während Hasselhorst seinen Skizzen, Vogt und Herzen den zoologischen Studien über den Fjord obliegen sollten.

Je weiter nach Norden man kömmt, desto weniger darf man auf die Beständigkeit des Klimas rechnen. Nebel und Wolken hüllten am andern Morgen die Berge ein und kalter Regen gestattete keine größeren Arbeiten im Freien; doch wurden mit lobenswerther Ausdauer Schleppnetz, Bussole, Hammer und Bleistift den ganzen Tag über gehandhabt, der Fjord querüber durchgefischt und der Wissenschaft, sowie der Kunst soviel möglich Genüge gethan. Bei genauerer Untersuchung des Wassers, auf welchem unser Schiff schwamm, zeigte sich ein sonderbares Verhalten. An der Oberfläche war der Fjord vollkommen süß, während in der Tiefe, in dem salzigen Wasser Seeigel, Muscheln und Seefische aller Art ihr Wesen trieben. Wir konstatirten bald, daß auf dem schweren Salzwasser eine etwa vier Fuß tiefe Schicht von leichterem Süßwasser schwamm, welches sich in keiner Weise mit dem unteren Seewasser mischte und sogar eine verderbliche Wirkung auf die Tangpflanzen zu äußern schien, die an dem Ufer wuchsen und, der Tiefe dieser Süßwasserschicht entsprechend, abgestorben zu sein schienen. Der Kapitän war über diesen Fund außerordentlich erfreut, da er ihm die Möglichkeit gab, ohne viele Mühe seine

Wassertonnen wieder vollständig zu füllen. Das große Boot wurde immer auf das sorgfältigste gereinigt, dann in einiger Entfernung von dem Schiffe mitten auf dem Fjorde voll Wasser geschöpft, hierauf an Bord gezogen und der Inhalt in die Tonnen vertheilt. Uns aber war dies Schwimmen der Süßwasserschicht auf dem schwereren Grunde ein Beweis mehr für die stetige Ruhe, in welcher das Wasser dieser tief in das Land eingeschnittenen Buchten verweilt. Drängen die Meereswellen mit ihrer tiefgehenden Bewegung bis hierher, peitschten häufige Stürme das Wasser dieses Binnensees, so würde dasselbe ohne Zweifel sich schnell mit einander mischen und nicht eine so scharfe Sonderung gewahren lassen. In der That schmeckte auch zwei Tage später, wo ein heftiger Wind in der Nacht den Fjord heftig gequirlt hatte, das Wasser an der Oberfläche gelinde salzig und auch der Aräometer wies eine stattgehabte Mischung nach. Jetzt, zur Zeit der Schneeschmelze, wo sämmtliche in den Fjord sich ergießende Bäche und Flüsse eine verhältnißmäßig sehr bedeutende Wassermenge bringen, muß aber bei hergestellter Ruhe der Atmosphäre und der Wasserfläche das ursprüngliche Verhältniß sich offenbar schnell wiederherstellen und das Süßwasser über das schwerere Meerwasser hinweggleiten, bis es weiter draußen im Fjord und im offenen Meer durch Wind und Wellen gewaltsam mit dem Seewasser zusammengemischt wird.

Anders aber gestalten sich wohl die Verhältnisse im Nachsommer, im Herbste und im Winter. Wenn der Schnee auf den Bergen geschmolzen ist und Bäche und Flüsse auf eine weit geringere Wassermenge herabgebracht sind; wenn endlich das ganze Gelände hoch mit einer gewaltigen Schneeschicht überdeckt und das auf der Erde strömende Wasser auf ein Minimum reduzirt ist, dann wird auch die Süßwasserschicht auf der Oberfläche des Fjordes statt einige Fuße nur höchstens einige Zoll mächtig sein und der geringste Windhauch genügen, eine vollständige Mischung mit dem Seewasser hervorzubringen. Dann tritt das Seewasser in seine Rechte auf der Oberfläche wieder ein; dann bespült es die an dem Ufer wurzelnden Tange und führt ihnen neue Lebensreize zu, die ihnen während der Herrschaft des Süßwassers nur kärglich zugemessen wurden. Unbekümmert um diesen steten Wechsel aber hausen in der Tiefe die Seebewohner, welche nur der Zufall oder das Unglück an die Oberfläche zu bringen im Stande sind.

Der Kaufmann von Näs, dessen geräumiges Gehöfte nur wenige Schritte weit von unserem Ankerplatze sich befindet, hat wiederholte Anstrengungen gemacht, mit uns in Unterhandlungen wegen Miethung seiner Fahrgelegenheiten zu treten. Offenbar fürchtet er die Konkurrenz des Posthalters, welcher auf der anderen Seite des Flusses in Veblungsnæs seinen Sitz hat und durch eine telegraphische Depesche mit uns in direkte Verbindung getreten ist. Berna hatte von Molde aus am Morgen unserer Abfahrt einen telegraphischen Glückwunsch zum Geburtstag nach Frankfurt gesendet, wofür andern Tags der Dank mit einem Hurrah für den Schooner Joachim Heinrich! in Molde angekommen war. Das dortige Telegraphenbureau, mit den Absichten unserer Reise bekannt, hatte mittels der gewöhnlichen Ruderpost sogleich die Depesche befördert, so daß sie noch an demselben Abend in unsere Hände kam. Sechs und dreißig Stunden um Frage und Antwort über Meer und Land und eine Strecke von mehren hundert Meilen bis in den tiefsten Hintergrund eines entlegenen norwegischen Fjords zu befördern — muß man nicht gestehen, daß alle Klagen über das Verderbniß unseres Zeitalters und die Schnelligkeit, womit unsere ganze Generation der Hölle zueilt, vor einer solchen Geschwindigkeit der Kommunikation verschwinden!?

Wir machten dem Kaufmann unsern Besuch und ließen uns die Fuhrwerke zeigen, denen wir während acht bis vierzehn Tagen unsere Personen anvertrauen sollten. Es war beschlossen worden, daß außer uns Fünfen noch der Jäger und der Lootse, welcher ziemlich gut deutsch verstand, als Dolmetscher uns begleiten sollten. Der Kapitän, der ohnehin mit den nautischen Leistungen unseres Lootsen nicht ganz zufrieden war, wollte sich von dem Dampfschiffe bei seiner nächsten Fahrt nach Molde zurückschleppen lassen und dann auf eigene Faust von dort aus den Seeweg nach Drontheim sich suchen. Wir hatten später während der ganzen Dauer der Ueberlandreise Gelegenheit genug, unsere so getroffenen Anordnungen zu loben. Der Lootse erwies sich als ein außerordentlich dienstwilliger, eifriger Mann, der seiner angeborenen nordischen Neigung zu starken Getränken Tags über vollkommen Einhalt zu gebieten wußte und mit der eigenthümlichen Anstelligkeit der Seeleute in allen Fällen mit Rath und That zur Hand war.

Wir müssen offen gestehen, daß bei dem ersten Anblick der uns angebotenen Fuhrwerke unser Muth bedeutend zu wanken begann. Man wollte Platz haben für sieben Mann: man bot uns in der That drei Karren und ein Kariol, beides schauderhafte Zeugnisse gegen das norwegische Erfindungstalent. Die Karren glichen vollkommen den Leiterwägelchen, wie man sie in der Wetterau, oder den Bernwägeli, wie man sie in der Schweiz benutzt. Ein dünnes, schmales Brettergestelle, auf welchem vornen ein enger, zweischläfriger Sitz in vier Riemen aufgehängt ist, während hinten einiger Platz für das Gepäck und den unglückseligen Jungen vorhanden ist, welcher die Pferde von der Station zurückbringen muß. Die Sitze waren so eng, daß Vogt unmöglich mit einem Zweiten darauf hätte Platz finden können. Ihm wurde also das spezifisch norwegische Gefährt eines Kariols bestimmt, welches von dem Kaufmann als ein fast unerreichtes Muster von Eleganz, Leichtigkeit und Bequemlichkeit gepriesen wurde. Dem Erfinder des Kariols scheint der Pantoffel als Grundlage seines Werkzeuges vorgeschwebt zu haben: Eine schmale Sohle, aus einem einzigen Brette bestehend, erhebt sich hinten mit einer Kappe, welche gerade Raum genug bietet, um einem bescheiden ausgestatteten Sterblichen einen luftigen Stützpunkt zu bieten. Ein kleines Schutzbret dient dazu, die Füße des zur Fahrstrafe Verdammten vor etwaigen Hufschlägen der kleinen Bestie zu bewahren, welche vorn eingespannt wird. Die Gabel setzt sich neben dem Sitze in zwei Laufstangen fort, auf welche man die Füße stellen kann, während zugleich ganz hinten ein Bret angebracht ist, dem ein Köfferchen aufgeschnallt und der Postjunge aufgesetzt werden kann. Wem die Auffassung als Pantoffel nicht genügt, der kann sich auch das Ganze als ein unbequemes Sattelgestelle vorstellen, dessen Sitz und Steigbügel nach vornen in die Länge ausgezogen worden sind. Auf dem Kariol, wie auf dem Karren sitzt man gleich unbequem, jeglichem Wind und Wetter ausgesetzt, was in diesem Klima nicht wenig sagen will, und dabei muß man noch der Vorsehung danken, wenn es gelingt, in Federn hängende Fuhrwerke zu erhalten, da die primitive Form, welche der ächte Patriote vorzieht, dieser Produkte einer raffinirten Civilisation gänzlich entbehrt.

Die Unterhandlungen, welche nun folgen und sich in endloser Länge zwei Tage hindurch ausdehnen, zeigen uns den norwegischen Charakter in einem neuen Lichte. Einige Karren haben Decken von Leder, die man an dem Sitze einhaken kann, um so bei Regenwetter wenigstens die Füße vor Nässe zu schützen; einem Karren und dem Kariol fehlen Decken dieser Art, was indessen erst nach langer Untersuchung konstatirt werden kann, da der verschmitzte Kaufmann nur ein Fuhrwerk nach dem andern aus dem dunkeln Schoppen ziehen und die Decke jedesmal an dem hervorgezogenen Fuhrwerke anbringen läßt. Er scheint uns eine Geschicklichkeit zuzumuthen, wie sie nur der Fechtmeister in Grimms Mährchen besitzt, der seinen Degen so schnell über dem Kopfe zu schwingen versteht, daß ihn kein Regentropfen treffen kann, und meint wahrscheinlich, daß wir bei eintretendem Regen durch äußerst beschleunigten Wechsel der Decken dem Mangel derselben abhelfen können.

Endlich wird die Nicht-Existenz der fehlenden Decken zugestanden und Abhülfe versprochen. Nun schleppt der zähe Schlaukopf verschiedene gegerbte Felle, wasserdichte Zeuge, englisches Leder aus seinem Magazine herbei, ersucht, unter diesen verschiedenen Stoffen zu wählen, unterläßt aber nicht, dabei auf den Preis derselben aufmerksam zu machen. Dies bringt den Professor, der sich ähnlicher Unterhandlungen aus anderen Gegenden erinnert und zwischen dem Näser Kaufmann und manchen bekannten Wirthsnaturen aus den Alpen eine auffallende Aehnlichkeit des Charakters und der Physiognomie findet, auf den lichten Gedanken, daß der alte Schlaukopf die Gelegenheit zu benutzen suche, um sich auf Kosten der Reisenden Decken für seine Fahrzeuge zu verschaffen. Die Vermuthung bestätigt sich auf das vollkommenste. Die Verhandlungen werden also mit Unwillen abgebrochen und die anwesenden Matrosen befehligt, auf der Stelle das Boot in das Wasser zu ziehen, um uns mittels desselben nach Veblungsnäs hinüberzufahren. Dieser Schreckschuß wirkt. In dem Augenblicke, wo wir in das Boot steigen wollen, kommt man uns nachgelaufen, um uns zu versichern, daß man alle Karren mit vortrefflichen Decken versehen werde. Wir lassen uns bewegen, zurückzugehen und die fallen gelassene Unterhandlung wieder aufzunehmen. Der Mann verlangt nun vier Tage Zeit, um zwei Decken anfertigen zu lassen, und irgend ein Bursche, der uns als ein zufällig im Hause arbeitender Sattler vorgestellt wird, schwört hoch und theuer, daß er unmöglich in weniger Zeit die Aufgabe lösen könne. Der Kaufmann versorgt uns während unseres Aufenthaltes mit Milch, Butter, Eiern und anderen Lebensbedürfnissen, woran er natürlich in vier Tagen den Preis der Decken herausgeschlagen hätte. Wir geben 24 Stunden, höchstens 36; bis übermorgen früh muß Alles im Reinen sein. Erneuerte Betheurungen der Unmöglichkeit, erneuerter Aufbruchsbefehl an die Matrosen, abermaliges Hin- und Herlaufen zur größten Ergötzung der Jugend, welche jedesmal diese Gelegenheit benutzt, mit Kariol und Karren hinter uns drein zu rennen und Wettfahrten auf dem abschüssigen Terrain anzustellen.

Erst den andern Tag kommt man ins Reine. Allein nun treten neue Verwicklungen auf. Es muß ein schriftlicher Vertrag vor Zeugen gemacht, gehörig beglaubigt und der Lootse als der einzige Eingeborne für die richtige Abgabe der Fuhrwerke an die aufgegebene Adresse in Drontheim verantwortlich gemacht werden. Den ganzen Tag über wird an dem Aktenstücke stylisirt, gedrechselt, gefeilt und abgeschrieben, bis es endlich in aller Form Rechtens in dreifacher Wiederholung gesiegelt und unterzeichnet ist. Es hat mehr Klauseln, als ein diplomatischer Akt über die Abtretung eines Königreiches, wird aber mit sichtlicher Befriedigung von dem Kaufmanne und seinen Untergebenen betrachtet. Lieber Himmel! Wenn alle Geschäfte von diesen Leuten mit so langfädiger Umständlichkeit, wie dieses, betrieben werden, so begreift man vollkommen, daß sie im Winter drei Monate Nacht nöthig haben, um von ihren geistigen und körperlichen Anstrengungen auszuruhen!

Der Tag wurde theils durch diese Vorbereitungen, theils durch ernste Studien ausgefüllt. Vogt glaubt einen neuen Typus der Stachelhäuter (Echinodermen) entdeckt zu haben, an dem er mit Begeisterung den Uebergang von den Seelilien zu den Seewalzen demonstrirt, bis ein zweites größeres Exemplar durch Ausstrecken von Saugfüßchen ihn enttäuscht und einen längst bekannten Typus der Holothurien, eine Cuvieria, erkennen läßt. Hasselhorst kehrt, bis auf die Knochen durchfroren und von eisigem Winde erstarrt, von der Grotte zurück, bei welcher er eine Studie des Romsdalshorns zu malen unternommen, während die Andern vollauf mit Vorbereitungen zur morgendlichen Reise, mit Einpacken von Proviant, Munition und Zurichtung von Mordgewehren beschäftigt sind.

Die Seeschlange hat sich indessen nicht gezeigt, obgleich gerade jetzt der Lieblingsmoment ihres Erscheinens ist. Wir bedauern dies um so mehr, als uns Dutzende von Leuten, darunter Pfarrer, Amtleute und andere Würdenträger namhaft gemacht worden sind, die sie mit eigenen Augen gesehen haben. Indessen beabsichtigen wir, einen Preis für denjenigen zu stiften, welcher das erste Exemplar tödtet und dem Museum in Frankfurt einsendet. Ob es dort unter den „Wimmelthieren“ wird ausgestellt werden?

Viertes Kapitel.

Ueberlandreise.

Romsdalen; Dovrefield; Sneehättan; Drontheim.

Ein ungewöhnlich reges Leben herrschte am Morgen des 20. Juni an dem Landungsplatze von Nääs. Das Langboot ging zwischen dem Schiffe und dem Lande hin und her, Reisesäcke und Effekten tragend, während drüben die Fahrwerke eingerichtet, die Pferde angeschirrt und die Effekten aufgebunden wurden. Von gefälligen Freunden, die selbst in Norwegen gereist waren, belehrt, hatten wir uns nicht nur in Kleidern reichlich für Regen, Sturm und Kälte versehen, sondern auch eine ansehnliche Proviantkiste aufgepackt, die Schinken, Wurst und ähnliche haltbare Speisevorräthe enthielt. „Die Steine mögen sehr schön sein in Norwegen," hatte der Kapitän bemerkt, „aber essen kann man sie deßhalb doch nicht und von Fladbröd und ähnlichen Produkten norwegischer Industrie werden Sie auch nicht leben wollen. Also nur tüchtig aufgepackt: sieben Mann können während zehn Tagen etwas verzehren."

Nach vielen uns meist unverständlichen Reden setzte sich der Zug endlich in Bewegung. Es hatte die Nacht hindurch stark aus Westen geweht, so daß die Reisenden so ziemlich alle einhüllenden Kleidungsstücke, welche sie mit sich nahmen, übergeworfen hatten. Den Zug eröffnete der Professor, welchem der Maler mit vieler Mühe ein Plaid kunstgerecht um den Leib geschlungen hatte, und an dessen Seite das metallische Barometer von Richard in Paris, ein vortreffliches Instrument, in runder Kapsel eingeschlossen, wie eine gigantische Feldflasche sich ausnahm. Der Rohrstock mit dem Hakengriffe, dessen er sich gewöhnlich zu bedienen pflegt, wurde je nach Umständen als Peitsche oder als

Feldherrnstab geschwungen und grub sich gewöhnlich den verständigen Ponys, welche das Kariol zu ziehen hatten, gleich bei der Abfahrt von der Station so tief in das Gedächtniß, daß der Professor ihn nur dräuend zu erheben brauchte, um eine äußerste Kraftanstrengung zu veranlassen. Sein hinten aufgeschnalltes Köfferchen war der gewöhnliche Platz des Postjungen, der auf Reisen in Norwegen um so nöthiger ist, als häufig selbst die größten Landstraßen von Querthoren gesperrt sind, zu deren Oeffnung man ohne Beihülfe eines solchen Jungen absteigen müßte.

Hinter dem Kariol folgen Hasselhorst und Herzen, zusammen auf einem Karren, der letztere beständig kutschirend, der erstere beständig beschäftigt, die nie brennende Cigarre anzuzünden. Wenn es dem neuen Finanzminister Frankreichs gelingen sollte, seine Steuer auf Zündhölzchen durchzuführen, und wenn Deutschland, wie zu erwarten steht, diese geniale Erfindung nachzuahmen sich beeilt, so wird Hasselhorst gezwungen, auszuwandern, will er anders nicht zum armen Mann werden.

Fahrt in den Kariolen.

Der dritte Karren wird von Berna geführt, welcher Greßly zu seiner Seite hat, der ganz im Gegensatze zu Hasselhorst als stets qualmender Vulkan unsern Weg durch Rauchsäulen bezeichnen würde, wenn wir nicht ohnehin schon Staub genug aufwirbelten. Dieser Karren, obgleich sonst untadlich in der Führung, ist den größten Gefahren ausgesetzt, sobald Berna die Zügel aus den Händen läßt. Greßly entwickelt ein ganz besonderes Talent in der Verwechselung der Begriffe von links und rechts, von vorwärts und rückwärts, sobald er dieselben mittelst der Zügel dem Thiere verständlich machen soll.

Auf dem letzten Karren endlich hoppert Hubert, der Jäger, mit dem Lootsen, der uns als Dolmetscher und Führer dient. Hubert ist glücklich, wieder festes Land unter seinen Füßen zu fühlen; er würde sogar ein seinem Charakter ganz fremdes, fröhliches Gesicht machen, wenn nicht der Lootse durch die ungemessenen Schlingkräfte, die er bei jeder Haltstelle in Bewegung setzt, sein Begriffsvermögen in einem völligen Stillstand erhielte. Indessen blickt er mit Stolz auf die Gewehre, die an dem Rücksitze eines jeden Karrens aufgebunden sind und die er mit besonderer Sorgfalt für Fuchs- und Rennthierjagd geputzt und hergerichtet hat.

Unser Weg führt anfänglich über das beschriebene Hügelland dem Flusse entgegen, einer engen Thalschlucht zu, welche an dem Fuße des Romsdalshorns, zwischen diesem und den sogenannten Hexenklippen (Troll-tinderne) sich öffnet. Das Gebirge tritt immer großartiger, steiler, nackter uns entgegen. Aus demselben Bändergneiß bestehend, welchen wir an dem Flusse beobachtet haben, steigt es fast senkrecht aus dem Thale in die Höhe, um oben in außerordentlich schroffen, seltsam ausgeschnittenen Spitzen und Zacken zu enden. Die Gipfel erreichen kaum eine Höhe von 3000 Fuß; allein nichts desto weniger machen sie einen imposanten Eindruck. Das Romsdalshorn selbst ragt wie ein Thurm in die Höhe, der auf beiden Seiten von spitzen Bastionen flankirt ist. In seiner Gestalt gleicht es auffallend dem Stockhorne in der Nähe des Thuner Sees. Wie an diesem zeigt sich, etwa an seinem obern Drittel, eine Terrassenlinie, welche das Aufhören der Schliffflächen zu bezeichnen scheint. Wir schätzen hiernach die Höhe, bis zu welcher sich der vormenschliche Gletscher erhob, etwa auf 2000 Fuß über dem Meere.

Da, wo der Weg in die enge Thalschlucht einbiegt, scheint ein halbkreisförmiger Wall, dessen Konvexität thalabwärts gerichtet ist, den Eingang gänzlich zu schließen. Mitten durch denselben hat sich der Fluß eine Bahn gebrochen und so die innere Struktur des Walles blos gelegt, an welchem der Weg in ziemlich steiler Richtung hinanführt. Es liegen dort eckige Blöcke, mit Rollsteinen, Sand und Grus vermischt und freudig erkennen wir an der Form, an der Gestalt der Bruchstücke eine Moräne, einen Endwall, welchen der Gletscher einst vor sich herschob und den er dort als redenden Zeugen seiner Ausdehnung zurückgelassen hat. Offenbar hat sich bei dem allmäligen Zurückgehen und Verschwinden dieses Gletschers das Eis in der engen, tiefen Schlucht länger gehalten und so nach und nach durch die Bruchstücke, welche es auf seiner Oberfläche fortbewegte, jenen gewaltigen Wall aufgethürmt, der noch heute die Grenze bezeichnet, an welcher es längere Zeit weilte. Selbst solchen Reisenden, die weniger auf die Denkmäler aufmerksam sind, welche die Natur von ihrem stillen Wirken und Schaffen hinterläßt, sind die hohen Wände von feinem, weißen Sande aufgefallen, welche hier an dem Ausgange der Schlucht den Fluß einzudämmen scheinen. Der Sand besteht ganz aus feinen Feldspath- und Quarzkrystallen; er ist das Resultat der Zerreibung jener Gneiß- und Granitfasern, welche einst von dem Gletscher zermalmt worden und würde bei fortdauernder Bearbeitung in jenen schmirgelartigen Lett übergeführt worden sein, den wir weiter unten im Thale fanden.

Die Schlucht windet sich in weitem Bogen um den Fuß des Romsdalshornes herum und wird bald so eng, daß kaum die Landstraße neben dem Flusse Platz findet. Nun sind es hauptsächlich die Spitzen der Hexenklippen, welche die Aufmerksamkeit auf sich ziehen, indem sie, wie die Zacken einer Mauerkrönung, finster in das Thal hereinragen. In einer Reihe von Gestalten hat die nordische Phantasie einen versteinerten Hochzeitszug mit einem Könige und einer bräutlichen Königin in der Mitte gesehen; — andere Spitzen sollen heidnische Zauberer und Hexen gewesen sein, welche der heilige Olaf ihres Widerstandes wegen dort durch christlichen Zauber besiegt und in Stein verwandelt hat. Wie ein Novellist ganz richtig bemerkt, hat der heilige Olaf in Norwegen alle Wunder ganz allein gethan; — man muß gestehen, daß sie auch darnach ausgefallen sind. Wie fast alle gekrönten Apostel des Christenthums, waren auch diese Olafs von Norwegen, der heilige und sein Vorfahr, Olaf Tryggweson, blutdürstige Bestien, welchen die Ausbreitung des Glaubens ein geeignetes Mittel zur Befestigung und Ausdehnung der eigenen unumschränkten Herrschaft war. Die unabhängigen Bauern, welche keinen unumschränkten König und keinen neuen Glauben aufgedrungen haben wollten, wurden buchstäblich mit Feuer und Schwert vertilgt, und die Pfaffen, welche Bisthümer und Pfründen bei der Gelegenheit erhaschten und allein im Besitze der Schriftsprache waren, sangen Halleluja, wenn die fanatischen Wütheriche den Anhängern Odins lebendig den Leib mit Feuer ausbrennen ließen zu Ehren des Gottes der Liebe. Olaf der Heilige hat denn auch in der That am Eingange der Schlucht von Romsdalen eines jener unzähligen Gefechte geliefert, worin er irgend einen Jarl von Romsdalen besiegte und, der Sage nach, die denselben unterstützenden Zauberer und Hexen, die sich auf dem Gipfel der Berge gelagert hatten, zu Stein verwandelte.

Die Schlucht wird wirklich mit jedem Schritte vorwärts großartiger. Hie und da haftet in den Runsen noch Schnee als Beweis, daß die Sonne nur schwierig in diese Tiefen dringt. Sonst ragen überall die nackten Felswände, wie in der Schlucht der Via mala drohend gen Himmel und scheinen mit den abstürzenden Blöcken die Sohle des Thales erfüllen und dem Wasser den Abfluß sperren zu wollen. So geht es fort bis zur nächsten Station Horjen, in welcher das Thal sich wieder etwas weitet, so daß man die Felsgipfel auf beiden Seiten bis zu ihrer Spitze erblicken kann. Kaum läßt sich in der Umgebung des Hofes — denn etwas anderes ist die Station nicht — eine Spur von Anbau entdecken. Lawinen und Schuttstürze sollen hier fürchterlich hausen, und in der That erscheinen Abhänge wie Thalsohle vielfach übersät mit gewaltigen Blöcken und Schuttmassen, welche offenbar von den Höhen herabgestürzt sind. Man begreift kaum, wie die Leute sich ernähren, wie sie Vieh unterhalten können. Man sagt uns aber, daß oben, etwa auf halber Höhe des Gebirges, über diesen steilen Abstürzen, welche das Thal einschließen, fruchtbare Alpenweiden sich ausdehnen und daß dort eine gewinnreiche Sennenwirthschaft getrieben wird, zu deren Besorgung, wie in den bairischen Hochalpen, hauptsächlich die Weiber und Mädchen berufen sind.

Das Stationshaus in Horjen gleicht allen übrigen, die wir später besuchen werden. Man muß zuweilen eine bedeutende Strecke von dem Wege abweichen, um in den Hof zu gelangen, welcher von Wirthschaftsgebäuden, Ställen und dem Wohnhause der Familie eingefaßt wird. Das Stationshaus ist gewöhnlich ein einstöckiges, kleines Häuschen mit einem höchst einfach möblirten Empfangszimmer und einer Nebenstube, in welcher ein oder zwei gethürmte Betten mit ungeheueren Federdecken sich präsentiren. Auf einem Tische in dem Empfangszimmer Tinte und Feder neben einem großen Buche, dessen lithographirtes Schema die Regierung liefert und worin der Reisende Namen und Stand, Herkunft und Ziel der Reise, sowie die Zahl der Pferde, Boote oder Ruderknechte, die er benöthigt, einzuzeichnen hat. Nur selten findet man in diesen Stationen etwas, womit ein civilisirter Gaumen seinen Hunger stillen könnte; das entsetzliche Fladbröd, zu dessen Bewältigung Nußknackerkinnbacken gehören; ranzige, halb mit Käsestoff versetzte, mit Uebermaß von Salz durchknetete Butter; Käse, der wie Sand unter den Zähnen knirscht, an der Zunge klebt wie Hafnererde und geschmacklos ist wie diese — das sind die gewöhnlichen Bestandtheile der Erfrischungen, welche man in solchen Stationshäusern erhalten kann. Doch fanden wir wenigstens häufig gutes Bier aus Christiania oder Drontheim, mit welchem wir unsere Durst löschen konnten. Der Hunger wäre wohl überwältigend an manchen Orten geworden, wenn nicht unsere Proviantkiste dem Mangel in erfreulicher Weise abgeholfen hätte.

Es existirt zwar ein Tarif, nach welchem Pferde und Postjungen bezahlt werden; allein nichts desto weniger erfordert jedes Umspannen einen unendlichen Aufenthalt von Reden, Diskussionen und endlosem Geschwätze hin und her, bei welchem zuletzt doch der Tarif Recht behält. Ueberhaupt ist Alles darauf eingerichtet, so viel Zeit als möglich zu verlieren. Es gehört zur guten Sitte im Lande, daß man von dem Fremden erst Notiz nimmt, wenn er an alle Thüren geklopft und einen gehörigen Spektakel im Hofe gemacht hat; erst dann öffnet sich irgendwo ein Gelaß, woraus mit verdrossener Miene irgend eine Gestalt hervortritt, Pferde und Reisende zählt und dann wieder verschwindet, wahrscheinlich um darüber nachzudenken, ob es auch gerathen sei, den auferlegten Verpflichtungen nachzukommen. Auf jede Frage wird erst nach langem Besinnen eine anfänglich meist ausweichende Antwort ertheilt und das Geständniß, daß man Fisch, Fleisch, Bier oder Milch im Hause habe, muß stets durch einen förmlichen Inquisitorialprozeß erpreßt werden. Dann beginnt eine neue Geduldprobe mit den Pferden: diejenigen, welche gerade im Stalle sind, können gewöhnlich nicht verabfolgt werden; man muß welche von der nächsten Weide holen, welche nur ½ Meile entfernt sei. Aber eine norwegische Meile ist ebenso langathmig als das Volk selbst. Es ist das einzig uns bekannte Erdenmaß, welches man nöthigenfalls zur Ausmessung der Himmelsräume benutzen könnte, wozu sonst nur Erdhalbmesser und Sonnendistanzen verwendet werden können. Die norwegische Meile ist die praktische Demonstration der Unendlichkeit in dem Raume: sie ist ein Unfaßbares, das nur in Fraktionen von Vierteln und Achteln, nicht aber als Ganzes begriffen werden kann. Der Reisende, der Mittags auf einer norwegischen Station ankommt, zu welcher die Pferde von einer, eine halbe Meile entfernten Weide geholt werden sollen, kann sich mit vollkommener Beruhigung Abendessen und Nachtlager bestellen.

Sind endlich die Pferde zur Stelle geschafft, so bedarf es neuer Zeitverluste, um das Geschirr an die Fuhrwerke zu passen. Die Ringe, welche durch Oeffnungen an den Gabeln durchgeschoben werden, sind bald zu dick, bald zu dünn; es werden Steine und schwere Hämmer herbei geschleppt, die in dem Gürtel hängenden plumpen Messer gezogen und geschmiedet, gefeilt und geschnitzt mit einer wahrhaft klassischen Ruhe, während der Reisende vor Ungeduld vergehen möchte. Bis nun gar das Geld gezählt, jeder Schilling dreimal herumgedreht, jeder Thaler auf Klang und Gepräge geprüft ist von dem Biedermanne, dessen primitive Einfachheit uns in allen Reisehandbüchern so sehr gepriesen wird — es wird noch manches Jahr hingehen müssen, bis der Norweger den goldenen Spruch gelernt haben wird: Zeit ist Geld!

Das Thal erweitert sich mehr und mehr, während wir von Horjen aus über Fladmark nach Ormem fahren, wo wir Nachtquartier zu halten gesonnen sind. Das Gebirge wird weniger zerrissen und steil; es erhebt sich in treppenartigen Absätzen, auf welchen schön grüne Weidegründe sich ausbreiten. Unzählige klare Bäche rieseln durch die Runsen hernieder oder stürzen sich in kühnen Sprüngen über steile Felswände in das Thal herab. In der Nähe von Fladmark bewundern wir den Wasserfall der Mong-Elv, welche links von dem Massiv des Romsdalshorns in zwei gewaltigen Sätzen herabstürzt, und dem Oltschibache im Eingange des Haslithales nicht unähnlich ist. Ormem selbst würde gewiß in einem Lande, welches den Touristen mehr Annehmlichkeiten des Reisens böte, ein ebenso gesuchter Aufenthaltsort werden, wie der Gießbach oder der Reichenbach in der Schweiz. Indessen läßt sich hier schon der Einfluß der Engländer spüren, welche häufig nach Ormem kommen, um der Angelfischerei in dem Flusse obzuliegen. Das Stationshaus, das eine große Wohlhabenheit des Besitzers verkündet, liegt reizend zwischen grünen Wiesen, in denen niedliche Baumgruppen vertheilt sind, auf einer Anhöhe, von welcher ein Felsvorsprung sich in das Thal hinein dem Flusse entgegenschiebt. Gegenüber steigt ein namenloser Bach von bedeutendem Wasserreichthume aus einem Tannenwalde hervor, um in vielfach wiederholten Sprüngen, ähnlich dem Gießbache, die Thalsohle zu erreichen. Wir hätten füglich noch eine oder zwei Stationen zurücklegen können; denn es war früh am Nachmittage und die Nacht konnte uns kein Hinderniß in den Weg legen, da sie in unmittelbarer Nähe des längsten Tages in diesen Breiten schon nicht mehr existirt, wenn gleich die Sonne noch für einige Stunden unter den Horizont hinabsinkt. Aber nach den schauerlichen, offenbar so armen und bedürftigen Stationen von Horjen und Fladmarken schien uns der Platz in Ormem so behäbig, so friedlich, so einladend, daß wir der Anziehungskraft, die er übte, nicht widerstehen konnten. Der in der Nähe strömende Fluß konnte ja wohl einige Fische liefern und die Ufer mußten reizende Standpunkte bieten zur Bereicherung der Skizzenbücher. Auch versicherte uns der Lootse, daß wir weithin in dem Thale keine so gute Herberge finden würden, als gerade hier, und Zimmer und Betten entsprachen in der That allen bescheidenen Anforderungen, welche man daran stellen konnte.

Wir zerstreuten uns in den Umgebungen der Wasserfälle, deren Gischt aus dem tiefen Kessel aufwirbelte, welcher hinter dem bezeichneten Felsvorsprunge sich barg. Der eine oder andere eifrige Jäger schlich mit gespanntem Gewehr in der nächsten Umgebung umher, ohne ein anderes Wild entdecken zu können als Krähen und Elstern, welche zu den gewöhnlichen Zugaben eines norwegischen Hofes gehören. Die Elstern namentlich scheinen sich in dieser Gegend einer ganz besonderen Verehrung zu erfreuen: zu Dutzenden krächzen und plappern sie auf Dächern und Bäumen in der Nähe und sind gewiß zum großen Theile Schuld an der öden Stille, welche in der Umgebung dieser Höfe herrscht. Denn die Elster ist bekanntlich einer der schädlichsten Vögel, nicht nur wegen des so stark entwickelten Diebssinnes, sondern auch namentlich wegen der erbitterten Jagd, welche sie auf alle kleineren Singvögel macht, deren Nester sie unbarmherzig ausraubt, indem sie Eier und Junge vernichtet und verschlingt. Wo die Elster sich einmal eingenistet hat, da fliehen alle jene niedlichen Gäste der Gärten und Gebüsche, welche durch Gesang und heiteres Zwitschern die ländliche Natur beleben.

Wasserfälle bringen gewöhnlich eine träumerische, elegische Stimmung hervor. Man läßt sich behaglich auf dem üppigen Moose nieder, folgt den schäumenden Raketen, den Sturzwellen und platzenden Tropfen, welche über die Felsen herabschießen, vermischt den Rauch der Cigarre mit den Dampfwolken, welche aus der Tiefe aufsteigen, und erwacht endlich aus dem gemüthlichen Dusel, vollkommen durchnäßt, bis auf die Knochen durchfroren und ärgerlich über die Unvorsichtigkeit, mit welcher man sich einer Erkältung ausgesetzt hat.

Ein gutes Nachtessen und ein steifer Grog sind unter solchen Umständen wahre Wohlthaten für die durch die Schönheiten der Natur zu weit fortgerissene Menschheit.

Wir können dankbar auf Drammen zurückblicken.

Nicht aber auf Nystuen, welches die erste Station war, die wir am nächsten Morgen erreichten. Nebel auf den Bergen, Nebel in dem Thale, schauerliche Wege, welche mit unmöglichen Steigungen durch tiefen Sand an

Abgründen her auf hohe Felskämme klettern, um auf der andern Seite eben so steil wieder in ein Sandbecken hinabzusteigen, in welchem Mann und Roß bis zur Achse der Räder zu versinken drohen. Elende Krüppel von Pferden, abgerackert bis auf die letzte Muskelfaser, mit welchen man Mitleid haben könnte, wenn nicht der Postjunge, der bald wieder zu Hause möchte, beständig schnalzte und triebe, um einen einigermaßen fördernden Schritt zu unterhalten. Allgemein wird das Bedürfniß von Ruthen, Stöcken und ähnlichen Mitteln zur Ausspornung säumiger Bestien gefühlt und in der That acquirirt der Doctor auf der nächsten Station ein kulturhistorisches Instrument, aus einem kurzen, dicken Stocke bestehend, der vornen in einen eisernen Stachel ausläuft und an einem Messingringe eine aus Leder geflochtene Geißel trägt, deren Berührung so unsanft zu wirken scheint, daß schon die bloße Drohung damit wirklich Wunder verrichtet.

Hinter Kylstuen gelangen wir in ein weites flaches Thal, das an öder Traurigkeit seines Gleichen sucht. In der Tiefe Morast, auf den einförmigen Gehängen tiefer Sand, in welchem nur wenige verkrüppelte Tannen gedeihen können, einförmige Berge, die wie eine lange, ununterbrochene Linie am Horizonte hinlaufen, schlechte Pferde, ärmliche Holzhütten, verlassene und eingestürzte Schmelzöfen — das ist das Resumé dieses berühmten Romsdalens, welches nur in seinem Anfange dem Rufe entspricht, den man ihm zum großen Theile künstlich gegeben hat. Die Strecke zwischen Näs und Ormem, die wir gestern durchmessen haben, kann sich wohl mit denjenigen schöneren Thälern der Schweiz und Tirols messen, welche keine Seen besitzen; was aber weiterhin kommt, das ist entschieden vom Uebel.

So öde und traurig aber auch dieses Thal sein mag, welches über Lessö an dem südlichen Abhange des gewaltigen, vom Suehättan gekrönten Gebirgsstockes sich hinzieht, so merkwürdig ist seine physische Beschaffenheit. Wenn auch in seiner Mitte mehr ausgeweitet als in dem schluchtenähnlichen Romsdalen, bleibt dennoch das ganze Thal, welches bis zum Vereinigungspunkt mit der von Christiania nach Drontheim führenden Straße eine Länge von mehr als fünfzehn deutschen Meilen besitzt, überall nur eine tiefe Spalte, welche zwischen zwei gewaltigen Gebirgsstöcken, dem Kjölen-Field südlich und dem Dovre-Field nördlich in fast gerader Richtung sich durchzieht, mit sehr geringen Windungen die Linie von Südost nach Nordwest inne haltend. Nun sollte man meinen, daß ein so langes spaltenartiges Thal, zumal wenn es in seinem Inneren eine Wasserscheide birgt, mit bedeutender Steigung gegen diese Scheide herangehen sollte, um hier einen hohen Sattel zu überschreiten und auf der entgegengesetzten Seite fast ebenso steil wieder abzufallen. Dies ist indessen durchaus nicht der Fall. Die ganze Steigung von Näs bis zum Eisenwerke von Lessö beträgt auf eine Erstreckung von acht geographischen Meilen nur 1980 Fuß und auch hiervon fällt die bedeutendste Steigung auf die eine Meile zwischen Ormeim und Nystuen, indem ersteres auf 450, letzteres auf 1750 Fuß Höhe liegt. Man steigt also zwischen diesen beiden Stationen von einem niederen auf ein höheres Plateau, auf welchem man den Weg fast eben fortsetzt. In der That findet sich die Wasserscheide nicht auf einem Rücken oder Kamme, sondern in einem sumpfigen, morastigen See beim Eisenwerk von Lessö, welchem nach Südosten der Lougen, nach Nordwesten die Rauma entströmt. Diese morastige Thalausfüllung, in welcher die Wasseransammlungen eine höchst veränderliche Gestalt annehmen und vollständig zu stagniren scheinen, bildet also hier die Grenze zwischen den Wassern, welche einerseits nach der Nordsee, andrerseits nach der Ostsee sich ergießen.

Diese einzige Thatsache gibt aber auch, wenn man sie recht in die Augen faßt, ein vollständiges Bild der eigenthümlichen Gebirgsformation des südlichen Norwegens und des tiefen Unterschiedes, welcher zwischen dieser und der Bildung der Alpen z. B. herrscht. Die Gebirgsknoten in den Alpen sind schmale Gürtel, über welchen noch schmalere Mauern und Spitzen die höchsten Gipfel bilden. Man findet wohl Andeutungen von Terrassen innerhalb der Thäler und Schluchten; allein diese sind verwischt unter den gewaltigen Rissen und Verwerfungen, welche das ganze Gebirge in kühne, steile Formen gespalten haben. Die Thäler führen oft mit erstaunenswerther gleichmäßiger Neigung bis zu einem verhältnißmäßig niedrigen Hintergrunde, von welchem an steilere Felswände sich anschwingen gegen die Paßhöhe.

Anders in Norwegen. Das Land scheint, im Großen betrachtet, nur ein einziges Plateau von 2—3000 Fuß mittlerer Höhe, das bis zu großer Tiefe zerspalten und zerklüftet ist und auf welchem einzelne Gipfel ohne weiter erkenntlichen Zusammenhang stehen. Gleich riesigen Bauklötzen sind die einzelnen Plateaustücke neben einander gereiht, ohne daß man eine bestimmte Ordnung und Form in ihnen erkennen könnte, und häufig wäre es unmöglich, aus einem Theile des Landes in den andern zu gelangen, könnte man nicht irgend eine Runse oder eine vom Wasser ausgefressene Thalschlucht finden, durch welche man den Rücken des Plateaus erreicht. Gewiß aber verdanken die meisten dieser Thäler ihre Entstehung den Einwirkungen des strömenden Wassers, des Schmelzwassers und des Schnees, der sich in den langen Wintern in unglaublicher Menge anhäuft. In der ganzen Umgebung der Seen von Lessö sieht man trotz der Nacktheit der Thalwände kaum eine Spur von anstehenden festen Felsen; die ganzen Gehänge sind bis zu den oberen Kämmen von einer mächtigen Sandschicht bedeckt, welche das Thal ausfüllt, und nur hie und da zeigt sich am Rande des Plateaus der noch unverwitterte Felsen als schmale, einförmige Linie über dem Schutte. Hier ist also jedenfalls die langsam nagende Wirkung der Atmosphäre die hauptsächlichste Ursache der Thalbildung, während weiter unten im eigentlichen Romsdalen, bei den kecken und schroffen Felsen der Thalwände, andere Ursachen zur Wirkung gekommen sein mögen.

Das Eisenwerk von Lessö, bei welchem wir ziemlich lange halten mußten, ist jetzt gänzlich verlassen und nur einige Schlackenhügel und Ruinen eines eingestürzten Hochofens zeigen von einstigem Betriebe. Das Erz wurde aus ziemlicher Entfernung von den benachbarten Fjelden herabgeholt und hier mit Hilfe der Wasserkraft eines kleinen Baches gepocht, gewaschen und dann verschmolzen. Eine Zeit lang sollen die Resultate befriedigend gewesen sein; dann aber wurden die Holz- und Kohlenpreise theurer und mit dem zunehmenden Mangel des Brennmaterials hörte auch das Benefiz und damit der Betrieb auf. Aehnliches Schicksal hat die meisten Grubenunternehmungen in Norwegen getroffen. Es gibt noch viele Leute, welche sich einbilden, Norwegen sei ein außerordentlich holzreiches Land und in dem Innern seiner Berge seien noch unendliche Schätze von Metallen zu holen. Gerade das Gegentheil ist der Fall. Wo das Land zugänglich war, da ist es holzarm geworden und nur in der unzugänglichen Wildniß, wo der Transport fast unmöglich ist, existiren noch bedeutende Wälder. Die Bergwerke aber in Norwegen sind im allgemeinen nur Verlust bringende Unternehmungen, und unter den Hunderten, die man angefangen hat, gibt es wohl kaum ein Dutzend, die bei aller Mühe und Arbeit dem Besitzer soviel Zins einbringen, als er erhalten würde, wenn er das Kapital ruhig in Staatspapieren anlegte. Holz, Steinkohlen und leichter Transport, mit andern Worten wohlfeiles Bau-, Brenn- und Transportmaterial sind heutzutage die drei Grundbedingungen, ohne welche kein Bergbau Gewinn bringen kann. Die Vereinigung dieser drei Elemente aber ist in Norwegen fast zur Unmöglichkeit geworden.

Man irrt sich überhaupt, wenn man die norwegischen Wälder mit denjenigen Deutschlands nur irgend wie in Parallele bringen wollte. Es mag im Süden schöne Bestände geben — wir wollen dies nicht läugnen und hatten keine Gelegenheit, uns durch den Augenschein zu überzeugen — aber was wir im Norden gesehen, das ist nur krüppelhafter Mißwachs in Vergleich zu der Pracht, welche die Waldvegetation im gemäßigten Europa bietet. Der Schwarzwälder, den man nach Norwegen versetzen würde, könnte die dortigen Tannen nur mit mitleidigem Blicke sich beschauen und würde gewiß sich schämen, Axt oder Säge an sie anzulegen, sondern sie schonen wollen, bis sie zur gehörigen Größe gediehen wären. Was auch die nordischen Patrioten sagen mögen, der Wald hat in ihrem Lande nicht das Erfrischende, Wohlthuende, das er bei uns bietet. Er sieht aus, wie ein Versuch des Landes, sich gegen die in den innern Erdkern eindringende Kälte zu schützen, und fröstelt den Beschauer an wie abgetragenes Pelzwerk. Dazu kömmt noch die triste Natur der Bäume, welche den Wald zusammensetzen: Nadelhölzer, Birken und Erlen, eine traurige Dreieinigkeit finstergrauen Grüns und unschöner Formen. Gesellt sich dann dazu jene langweilige Form der Plateaus, aus welchen das Hochland zusammengesetzt ist; das leblose Grau der Moose und Flechten, welche die Gehänge bedecken; das sumpfige Rothgrün der Moore, welche die Gründe ausfüllen, so kann man eines traurigen, unheimlichen Eindrucks sich nicht entwehren, der allmälig auch den fröhlichsten Humor beschleicht.

Die Art zu reisen stimmt damit überein. Das Kariol ist eine wahre Schule der Einsilbigkeit und Schweigsamkeit. Die Wege sind nicht breit genug, um zu erlauben, anders zu fahren, als Einer hinter dem Andern. Sitzt man zu Zweien auf einem Karren, so ist der Eine stets vollauf beschäftigt mit der Aufmerksamkeit auf Weg, Roß und Geschirr, während der Andere seinen Gedanken nachhängen kann. So ist denn nur auf den Stationen Gelegenheit zum Austausch, während des Pferdewechsels und während der Mahlzeiten. Man reist in Gesellschaft und ist doch einsam; man leidet an allen Uebeln, welche eine zahlreiche Reisegesellschaft nothwendig mit sich führen muß, und genießt nicht die Annehmlichkeiten, welche sie bieten kann. Man muß den Staub schlucken, den die Andern aufwirbeln, und hat zum Ersatz dafür die Gesellschaft eines störrigen Gauls und eines dummen Jungen, der sich überall anklammert, wo man sich anlehnen möchte, und zu nichts gut ist als die Querthüren zu öffnen, die auf Hauptstraßen gar nicht existiren sollten.

Wir gelangten am Abend nach Domaas, an den Kreuzungspunkt der Straßen von Drontheim, Molde und Christiania. Es waren nur vier Reisende vor uns angelangt und dennoch alle Betten und disponiblen Räume des Stationshauses vollständig in Anspruch genommen. Wenn das statthaben kann auf dem Hauptkreuzungspunkte der wichtigsten Hauptstraßen, welche durch das ganze Land führen, so kann man sich wohl denken, daß der Verkehr nicht allzu bedeutend sein muß. Allein die freundliche Wirthin wußte Rath. In einem Nebenhause ist ein Telegraphenbureau nebst einer Wohnung für die Beamten eingerichtet und eine große Stube steht noch vollkommen leer. Man schleppt also verschiedene Felle von Bären und Rennthieren, eine bedeutende Quantität von Federsäcken und Decken herbei und richtet uns auf dem Boden des Zimmers ein vortreffliches Bivouac ein, auf welchem wir, von der Fahrt ermüdet, ausgezeichnet schlafen. Die Proviantkiste hat außerordentliche Dienste gethan und der Karren, welcher sie trägt, scheint zum Aufsteigen auf das Dovre-Fjeld, das uns morgen bevorsteht, wesentlich erleichtert.

Auf dem Plateau dieses gewaltigen Gebirgsstockes, welcher sich quer zwischen dem Süden und Drontheim-Stift lagert, hat ein früherer König im Interesse der Kommunikation drei Stationen errichtet: Fogstuen, Jerkind und Kongsvold, die mit besonderen Privilegien ausgestattet und zur Aufnahme von Reisenden verpflichtet sind. Zwischen den beiden letzteren Stationen findet sich der höchste Punkt des Passes, dem nur zehn Fuß zu 4000 über dem Meere fehlen. Jerkind liegt auf dem südlichen Rande des Plateaus, etwa in gleicher Höhe mit Fogstuen und Kongsvold. Die Entfernung von Domaas nach Fogstuen beträgt kaum eine Meile, der Höhenunterschied aber mehr als 2800 Fuß. Man sieht also, welche ungeheure Steigung die armen Thiere zu überwinden haben, welche Gepäck und Reisende auf dem Karren hinaufschleppen sollen. Die Aufgabe ist um so größer, als die Serpentine zur Zeit der Anlegung der Straße noch unbekannt war und diese trotz einiger neueren Verbesserung den Stier fast immer bei den Hörnern packt und gerade gegen den Berg anstürmt. Der Morgen war schön, hell, aber frisch. Wir verlassen nach und nach alle unsere Karren, deren Führung wir den Postjungen überlassen, und steigen langsam, plaudernd und schmauchend die Höhe hinan. Krüppelhafter, lichter Wald, in dem nur hier und da eine große Drossel, eine Krähe oder auch der sogenannte Unglücksvogel (Corvus infaustus) sein einsames Wesen treibt. Einige schnallen im Eifer die Flinten los, wagen aber doch nicht, allzuweit von der Karavane zu entfernen, und schleppen also fruchtlos mit den Schick prügeln sich ab. Andere bemerken jetzt erst, daß ein mittelgroßer, schwarzer Hund mit straff anliegendem Haar sich schon seit Romsdalen unserer Karavane zugesellt hat, ihr unermüdlich trottend folgt und dabei noch Zeit findet, hinter allen Schafen und Vögeln her mit ungeheuren Sprüngen seine Jagdlust zu büßen. Die Bestie hat uns schon während der zwei verflossenen Reisetage manche Unannehmlichkeit verursacht, uns alle Hunde auf den Hals geladen, deren jeder Bauer zum Schutze seines Eigenthums mehrere ernährt, Schafe in die Sümpfe gejagt, die Pferde scheu gemacht, so daß nun eine allgemeine Jagd mit Steinwürfen, Stockschlägen und Fußtritten nach dem Thiere beginnt, das offenbar der Ueberzeugung lebt, es gehöre zu der Karawane. Allein alle Zwangsmaßregeln scheitern an der Hartnäckigkeit des Thieres, das uns nicht aus den Augen läßt und unermüdet unsern Spuren folgt.

Wo man auch hinblicken möge, überall zeigen sich auf den nackten Felsen, welche aus dem Moose hervorliegen oder deren Oberfläche man unter Sand und Rasen aufdeckt, die unzweideutigsten Gletscherspuren. Zwar sind die Schliffflächen etwas verwittert, allein dennoch erkennt man deutlich die vielfach in ihren Richtungen einander durchkreuzenden Streifen. Man sieht auch wohl deutlich, wo hinaus der Gletscher sich bewegt haben mag; denn hinter uns, bis in dämmernde Ferne hin, öffnet sich das weite, freundliche Thal des Laugen mit grünen Weiden, bebauten Feldern und zerstreuten Wohnungen, die weißen Punkten gleich heraufglänzen, und in der Tiefe schlängelt sich der Fluß durch, welcher seine Wasser nach dem großen Mjösensee entsendet. Wo aber der Gletscher hergekommen sein mag, das ist eine andere Frage; denn nirgends zeigt sich ein vorragender Kamm, nirgends ein vertieftes Amphitheater, in welchem der den Gletscher nährende Schnee sich hätte lagern können. Stiege man nicht so steil bergan, so würde man glauben können, man befände sich in der öden und flachen Sandgegend Darmstadts, inmitten jenes an negativen Naturschönheiten so reichen Waldes, der den Namen der Bickebacher Tanne führt. Die Linien des Plateaus entwickeln sich stets in derselben, langweilig einförmigen Weise und so sehr wir auch nach einem Anhaltspunkte für obligatorische Begeisterung suchen — wir müssen uns gestehen, daß derselbe gänzlich fehlt. Erst in der Nähe von Fogstuen zeigt sich in der Ferne ein beschneiter Gipfel, der nach der Versicherung des Postjungen der Snehätten ist. Noch ein Ruck und wir haben die Station erreicht.

Melancholikern räth man sonst wohl Reisen zur Zerstreuung an. Wehe demjenigen, welchen sein Weg nach Fogstuen führt! Noch heute scheint es mir unbegreiflich, wie es möglich war, von dort wegzukommen, ohne daß einer von den sieben, die unsere Karavane zusammensetzten, einen Versuch zum Selbstmorde gemacht hätte. Eine wahrhafte Schaudergegend ohne Baum noch Strauch, aus ödem Felsgeklipp zusammengesetzt, das nicht einmal den Charakter der Wildheit hat — so verwittert und formlos ist es. Aermliche, niedere Hütten, halbverfallen, starrend von Schmutz und ekelm Wesen; abgemagerte Menschenfiguren in unbegreiflichen Kostümen; zu Skeletten reduzirte Pferde; Kühe, denen es zur Unmöglichkeit geworden scheint, aus Haut und Knochen — denn andere Theile besitzen sie nicht mehr — einige Milch zu destilliren. In dem Hause selbst gar nichts, weder zu essen noch zu trinken, so daß wir wahrlich in die Versuchung kamen, den Bewohnern von unsern eigenen Vorräthen anzubieten.

Wir mußten ziemlich lange auf Pferde warten; denn die Reisenden, welche mit uns in Domaas übernachtet hatten, waren uns hierher vorausgeeilt. Natürlich Engländer: ein anderes Volk reist nicht wohl in Norwegen. Ein grauer Clergyman mit einer an der Grenze reiferer Jugend angelangten Tochter, die aber mit einem Amazonenhütchen und großen Reitstiefeln einen letzten Versuch auf die norwegischen Männerherzen unternehmen zu wollen schien; ein Jüngling in kurzer Jacke und unendlich hohen Gamaschen, offenbar wasserdicht von Kopf zu Fuße, mit einer Angelruthe neuester Erfindung bewaffnet, und ein vierschrötiger Bürger als Reisebegleiter, der französisch, dänisch und deutsch mit gleicher Virtuosität radebrechte und sich über das Mißgeschick, in Norwegen reisen zu müssen, mit einer gewaltigen Korbflasche echten Whisky's tröstete, deren Inhalt er zu wiederholten Malen mit der Miß theilte.

Wir waren unschlüssig gewesen, ob wir Fogstuen oder Jerkind zu unserem Hauptquartier während des Aufenthaltes auf dem Dovrefjeld wählen sollten: hatten doch einige deutsche reisende Naturforscher der jüngsten Zeit von Fogstuen aus ihre Jagden in dem unwirthbaren Gebirge angestellt! Jetzt aber, wo wir mit eigenen Augen gesehen hatten, konnte kein Zweifel obwalten: wir bestellten frische Pferde, jagten der Whiskyflasche, die sich vor uns mit ihren Nachzüglern in Marsch setzte, nach und hatten die große Genugthuung, in Jerkind zu bemerken, daß sie nicht, wie in Domaas, uns die Nachtquartiere streitig machten, sondern gen Trondheim weiter fürbaß zogen.

Man bewegt sich zwischen den beiden Stationen auf einem fast ganz ebenen Plateau. In sehr geringen muldenförmigen Vertiefungen schlummern einige fischreiche Seen, auf denen wir aus der Ferne auch Enten bemerkten. Der schneebedeckte Gipfel des Sneehättan ist von vorliegenden Hügeln gänzlich verdeckt, man bekömmt ihn erst wieder zu Gesicht, sobald man in die Nähe der Station von Jerkind kömmt. Diese liegt an einem gen Süden geneigten, ziemlich steilen Abhange, zu welchem man über einen tiefen und breiten Moorgrund gelangt. Die kleinen Häuser haben von der Ferne her schon etwas Einladendes, das Gehöfte sieht nett und sauber aus, und ein kleines Thürmchen auf einem der Gebäude scheint durch sein Glöcklein anzudeuten, daß hier zuweilen sonntäglich auch größere Versammlungen stattfinden. Wir fahren in den weiten, geräumigen Hof ein, werden freundlich von einem jungen Menschen empfangen, der ganz geläufig englisch spricht, sich als den Sohn des Besitzers ausweist und uns in ein seitlich stehendes Haus führt, welches zur Aufnahme der Fremden bestimmt ist. Beim ersten Blicke in die uns bestimmten Räumlichkeiten erschallt der allgemeine Ruf: Hier laßt uns Hütten bauen!

Als hätte man das Haus speziell für uns aufgebaut und eingerichtet: Vier Schlafzimmer mit sieben Betten und ein geräumiger Salon, der die Aussicht auf den Moorgrund mit der Straße und den gegenüberliegenden Hügelketten besitzt. Freundliche Leute, reinliche Räume und auch die Vorrathskammern, wie es scheint, nicht übel bestellt: man habe Rennthierfleisch, sagte man uns, und Eier, Sherry und Bier, frische Butter und Moltebeeren und könne uns Pferde genug zur Disposition stellen, um am Fuße des Sneehättan zu jagen.

In der That werden uns auch bald die redenden Beweise dessen, was Küche und Keller zu bieten vermögen, vorgeführt. Wir kosten natürlich mit gespannter Erwartung ein geschmortes Ragout von Rennthierfleisch, das uns Freunde als ausgezeichnet gerühmt haben. Hier darf man wohl erwarten, daß es echt ist und daß nicht ein zahmes Surrogat, mit Essig gebeizt, dem Reisenden vorgesetzt werde, der die wilden Produkte des Landes verlangt. In der Schweiz essen alle Reisenden in den Gasthöfen des Gebirges beständig Gemsfleisch, obgleich gerade während der Reisesaison keine Gemsen gejagt und überhaupt nur sehr wenige in der Schweiz geschossen werden, wo der Wildstand auf das Minimum reduzirt ist. Aber ein alter Ziegen- oder Schafbock, ein wenig angefault und dann in gehörig scharfem Essig gebeizt, gibt eine vortreffliche Stallgeruch mit ausgezeichnetem Wildgeschmacke ab. Das Rennthier von Jerkind, wenn auch gewiß vollkommen echt, konnte sich an Zähigkeit und Geschmack würdig dem Produkt schweizerischer Gastküche zur Seite stellen.

Auch die Compote von Molteberren schienen uns nicht gerade den Preis zu verdienen, wenn wir gleich ihre Vorzüge anzuerkennen sehr bereit waren. Die Molteberre (Rubus chamaemorus) wächst bekanntlich auf einem kriechenden Himbeerstrauch mit dicken lederartigen Blättern, welcher namentlich auf den Höhen und den Plateaus gerne die sumpfigen feuchten Stellen aufsucht, dort aber auch ganze Flächen überzieht. An Gestalt gleicht sie einer großen Himbeere, ist anfangs schön roth, bleicht aber beim Reifen zu einem matten, schmutzigen Orangegelb. Die Beere wird nie vollständig weich, sondern behält immer hartes, unter den Zähnen krachendes Fleisch, das, frisch genossen, einen zusammenziehenden, etwas bitterlichen Geschmack hat. Mit Zucker zu Compote verarbeitet, bildet es eine süße Speise, die dem Rhabarber nicht unähnlich schmeckt und in Norwegen beständig auf allen Tafeln servirt wird.

Wir besprechen am Nachmittage eine Jagdexkursion auf Rennthiere für morgen an dem Snehättan. Der Weg streckt sich in die Weite, wir müssen also des Landes kundige Führer und Pferde haben. Auch muß ein Jäger geschafft werden, der irgendwo auf dem Plateau in einiger Entfernung wohnen und die Wechsel der Rennthiere genau kennen soll. Mit lobenswerther Gesetzlichkeit wird uns mitgetheilt, daß die Jagd auf Rennthiere im gegenwärtigen Augenblicke zwar verboten ist, daß aber keine Gensdarmen oder Jagdhüter in der Gegend sich befänden und man im Falle der Erlegung eines Thieres zehn Speziesthaler Strafe bezahlen müsse. Wir sind zwar malitiös und verderbt genug, der Ueberzeugung zu leben, daß diese zehn Thaler nicht in die Tasche des unersättlichen Fiskus gelangen, sondern in derjenigen unseres Wirthes einen längeren Aufenthalt machen werden, überzeugen uns aber später, daß wir dem Manne bedeutend unrecht gethan. In der That benutzt Tags darauf irgend eine mit Eintreibung dieser Strafe betraute Autorität, die unseren mit Büchsen und Flinten bewaffneten Zug durch das Thal bemerkt hatte, die Gelegenheit, in Jerkind ein Gläschen auf unsere Gesundheit zu leeren und die zehn Thaler einzustreichen.

Außer den Hauptstraßen von Molde und Christiania nach Drontheim trifft in Jerkind noch eine andere Straße ein, welche östlich nach dem Thale des Glommen ausmündet. Geht man auf dieser Straße eine Strecke fort, so gelangt man zu einer etwas erhöhten Terrainfalte, von welcher aus man den Sneehättan mit den umliegenden Bergen in seiner ganzen Breite erblickt. Seltsam verkümmerte Birken und alte Tannen stehen dort auf einem Boden, in welchem man bis in die Kniee in trockenem Rennthier- und Lebermoos einsinkt. Viele dieser Tannen sind am Absterben oder durch die Gewalt der hier hausenden Stürme in der Mitte geknickt oder zersplittert worden. Allen sieht man an, daß sie ein außerordentlich langsames Wachsthum haben müssen; denn die Jahresschosse haben kaum die Länge eines Zolles und die Aeste stehen so dicht über einander, daß man kaum eine Hand dazwischen bringen kann. Man zerstreut sich an diesem Punkte und jeder sucht sich einen ihm geeignet scheinenden Standpunkt aus, von welchem er die Gegend skizziren kann.

Die Aussicht ist großartig, aber von trostloser Traurigkeit. Im Vordergrunde erblickt man das Gehöfte von Jerkind an dem Abhange gelagert, der nach dem tiefen Moorgrund sich hinabsenkt, über welchem die Hügelreihen, welche wir heute am Morgen überschritten, die weitere Aussicht nach Süden hemmen. Im Mittelgrunde, hinter Jerkind, dehnen und strecken sich lange Linien, grau in grau getuscht, die Hügelrücken der Plateaus, welche langsam und allmälig sich zu dem Fuße des Sneehättan erheben. Das Grün, welches noch hie und da auf den niederen Stellen dieser Hochebene erscheint, verschwindet bald gänzlich und macht einzelnen Schneeflecken Platz, welche stets mehr an Ausdehnung zunehmen. Endlich am Horizonte steigen die Gipfel des Sneehättan und des Streahög, auf ihren Abhängen mit blendend weißem Schnee bedeckt, an dem Abendhimmel empor. Sie machen durchaus keinen imposanten Eindruck; ihr Fuß erhebt sich zu allmälig und die obere Fläche erscheint zu geradlinig, als daß sie in irgend einer Weise bewältigend auf den Beschauer wirken könnten. Aber eigenthümlich erscheint ihre Form allerdings. Der Sneehättan hat unleugbar die Gestalt eines gewaltigen Amphitheaters, eines Circus, eines weiten Erhebungskraters, dessen nach Osten, nach Jerkind zugerichtete Wand eingestürzt ist, sodaß man tief in das Innere der kesselartigen Aushöhlung schaut. Dieser Kessel, den man als die weite Oeffnung eines Erhebungskraters betrachten könnte, ist mit Schnee ausgefüllt und die tiefen Schatten, welche von den Wänden des Kraters auf diesen Schnee geworfen werden, belehren uns, daß senkrechte Abstürze sie zusammensetzen. Nach außen hin fallen die Gehänge ziemlich sanft ab, so daß der Sneehättan.

wenn man diese Gehänge vervollständigen wollte, einen niedrigen Kegel mit sanft abfallender Böschung bieten würde. Mit dem Fernrohre sieht man deutlich an den inneren steilen Abstürzen die Schichtung, welche fast horizontale Linien bildet.

Der Stirahög, der von unserem Standpunkte aus sich zur Linken vom Sneehättan, also in südlicher Richtung streift, bildet einen langen, halbmondförmig gekrümmten Wall, der im weiten Kreise sich um den Sneehättan herumzieht und diesem furchtbar steile Abstürze zuwendet, an welchen nur hier und da einiger Schnee haftet. Auch hier sind die äußeren Gehänge viel weniger steil und deutlich sieht man eine mächtige Schneedecke, welche sogar an vielen Stellen sich dachförmig über den Abgrund hinüber gewölbt hat. Noch deutlicher, als am Sneehättan, erscheint die Schichtung, mantelförmig nach außen abfallend und die abgerissenen Schichtenköpfe nach innen kehrend, an diesem Stirahög, der steiler aufgerichtet erscheint, als das Amphitheater des Sneehättan.

Vogt hatte sich etwas in den Wald zurückgezogen, um unter einer dichten Tanne Schutz vor den brennenden Sonnenstrahlen zu suchen. Ein Schneehase, jetzt freilich in dem grauen Sommerkleide, war sorglos an ihm vorbeigeschlüpft und ein Hühnervogel, dessen Gestalt er freilich nicht erkennen konnte, hatte seinen Lockton in der Nähe hören lassen. Berna hatte nach kurzem Verweilen den Weg nach den Moorgründen eingeschlagen, um an der entgegenstehenden Hügelreihe einen freieren Ueberblick zu gewinnen, während Hasselhorst an dem Saume des Waldes einen erhöhten Standpunkt gewählt hatte, um die Ansicht des Gebirges mit Jerkind im Vordergrunde zu skizziren. Nach etwa stundenlangem Verweilen suchte Vogt den Künstler wieder auf. Er fand ihn in einem bejammernswerthen Zustande, mit hochgeschwollenem aufgedunsenem Gesicht, blaurother Nase, blutenden Händen und Knöcheln und wie ein Verzweifelnder um sich schlagend. Je mehr die Sonne zur Neige ging, mit desto größerem Ingrimm waren Schnaken, Mücken, Bremsen und all jenes geflügelte Ungeziefer, mit dessen Beschreibung der bekannte Naturforscher Zetterstedt zwei Bände gefüllt hat, über den unglücklichen Freund hergefallen, hatten ihn bis zur Verzweiflung gequält und bis zur Unkenntlichkeit geschändet. Sein moralischer Muth schien schon so weit gesunken, daß er sich weder entschließen konnte, die Zeichnung zu vollenden, noch die Sitzung aufzuheben. Vogt war zwar auch an Händen und Gesicht nicht übel zerstochen,

Hof in Jochind.

aber doch nicht so gemartert, wie der unglückliche Künstler, der bei allen Heiligen schwor, daß ganz Italien nicht die Hälfte jener Quälgeister aufzuweisen habe, die hier auf einem Punkte versammelt seien.

Bald langten auch die Andern zu Hause an. Alle mehr oder minder von den bissigen Insekten mißhandelt. Die wunderschöne Forelle mit tief orangegelbem festem Fleisch, welche die Tafel eines Fürsten hätte zieren können, vermochte kaum die bittern Klagen zu stillen, welche sich von allen Seiten ergossen. Verwünschungen regneten auf die Häupter derjenigen Schriftsteller oder Bekannten, welche uns Norwegen als ein würdiges Reiseziel dargestellt hatten. „Das bischen Blut, welches man von Hause mitbringt und das man mit der im Lande zu habenden Nahrung gar nicht ersetzen kann, wird Einem abgezapft von diesen beflügelten Wütherichen!“ ruft der Eine aus. „Ist man auf der See,“ meint der Andere, „so wird man unbarmherzig geschaukelt, so daß Kopf und Magen aus dem Gleichgewichte kommen, und will man sich auf festem Boden ergehen, so fällt eine Armee giftiger Insekten über Einen her, vor denen man sogar bei Nacht keine Ruhe finden kann, da die Sonne fast beständig am Himmel steht.“ „Freund Martins in Montpellier hatte Recht,“ ruft der Dritte, „als er uns sagte, daß man das lappländische Plateau nicht eher überschreiten könnte, als bis die Herbstkälte die Mücken getödtet hätte, indem man sonst Gefahr liefe, Roß und Mann, von ihnen ausgesogen zu werden, wie von den südamerikanischen Vampyren!“ „Es ist wahrhaftig gar nicht zu verwundern,“ fügte ein Anderer hinzu, „daß die Norweger meist so mager sind: diese unfreiwilligen Aderlässe im Sommer müssen sie ja aufs Aeußerste erschöpfen, und mittels der trockenen Stockfische im Winter werden sie wohl den Verlust nicht ersetzen können.“

Es ist Samstag Abend, und während man die Vorbereitungen zu unserer Jagd trifft, wird zugleich Haus und Hof in sonntäglichen Zustand versetzt. Das heimkehrende Vieh, besonders aber die Pferde begeben sich vor allen Dingen an die Schwellen des Wohnhauses, um begierig dort die Steine abzulecken. Es ist hier allgemeine Sitte, den Pferden nach jeder Leistung etwas Salz zu geben, das auf einen besonderen Stein aufgestreut wird, welchem die Pferde jedesmal zutrotten, sobald sie abgespannt sind. Mehrere geräumige Gemächer dienen als Wohn- und Gaststuben, das vordere zugleich als Küche. In einer Ecke schwebt über einer breiten Granitplatte, die als Herdstein dient und auf welcher beständig ein mächtiges Feuer lodert, ein weiter Kamin, dessen vorspringende Ecke von einer eisernen, dünnen Säule gestützt wird. Die schlank gewachsene Hausfrau in langem, dunkeln Kleide, ein weißes Tuch um den Kopf geschlungen, ist eben mit der Zubereitung des Abendbrodes beschäftigt. Ein kleines rothwangiges Mädchen mit langen fliegenden Goldlocken tanzt in der frisch gescheuerten Stube umher und streut frische grüne Tannensprossen aus seinem kokett empor gehaltenen Schürzchen auf den Boden umher. Ein herziges Bild! Hasselhorst verschlingt es förmlich mit den Augen und wir werden es natürlich finden, wenn er einen Ruhetag mehr in Jerkind beansprucht, um eine Studie in Oel ausführen zu können.

Indem wir aus dem Wohnhause wieder hervortreten, flackert uns Feuer aus einem kellerartigen Raume unter unserem Salon entgegen. Dort scheint die Waschküche zu sein und da wir einen Einblick in eine echt norwegische Wirthschaft haben wollen, so drängen wir uns auch hier ein. Wir finden einige weibliche Dienstboten mit der Bereitung jenes spezifisch norwegischen Gebäckes, mit Bereitung des Fladbrödes, beschäftigt. Bei dem Eisenwerke von Lesső hatten wir schon eine Mühle von höchst primitiver Einrichtung bewundert, welche nebst einer Walke und Sägemühle auf Kosten der früheren Wasserwerke der Hütte errichtet war. Von einem Beutelwerke, wie überhaupt von all' den Künsteleien moderner Civilisation war hier nicht die Rede. Auf einem horizontalen Mühlsteine drehte sich eine senkrecht gestellte Walze, welche zugleich den grob gemahlenen Hafer, Kleie und Mehl zusammen, in einen nebenstehenden Kasten schaufelte. Die Mühlsteine bestanden aus einem weichen, granatreichen Glimmerschiefer, den man mit dem Messer abbröckeln konnte und der offenbar so sehr sich abnutzen mußte, daß das Gewicht des gelieferten Mehles um ein Erkleckliches dasjenige des einlaufenden Getreides übertraf. Schon bei unserer Besichtigung dieser Mühle hatten wir in dem Gebrauche solcher Mühlsteine die Erklärung des Umstandes zu finden geglaubt, daß fast alle Norweger aus dem Volke, die wir begegneten, und selbst junge Männer und Frauen bis auf das Zahnfleisch abgenutzte und abgeschliffene Zähne besaßen. Es ist wohl nicht anders möglich, wenn ein Gebäcke gekaut und zwischen den Zähnen zerrieben werden soll, das außer den kieselhaltigen Spelzen des Getreides auch noch fein zerriebenen Quarz, Feldspath, Glimmer und Granaten enthält, die alle an Härte weit den Schmelz der Zähne übertreffen. Dem aufmerksamen Beobachter wird es wohl gelingen können, in Norwegen den Unterschied der Stände nach der Abnutzung der Zähne zu beurtheilen und

Fladbrödesser und Brodesser zu unterscheiden. Rügge erzählt in seiner Reisebeschreibung, daß vieles Fladbrödessen entsetzliche Kolik mit hartnäckiger Verstopfung erzeuge, welche nur durch die heftigsten drastischen Mittel gehoben werden könne. Ist das ein Wunder, wenn man bedenkt, daß ein großer Theil des Mehles aus Stoffen besteht, welche der Verdauung vollkommen unzugänglich sind und selbst von einem Straußenmagen nicht bewältigt werden könnten!?

Fladbrødbagning.

Wir konnten in dem Wirthschaftskeller von Jerkind alle Stadien der Fladbrödbereitung mit einem Blicke überschauen. Das gelbe Mehl, welches grobem Sande nicht unähnlich sah, wurde von einigen Knechten in einem großen Kübel mit Wasser vermischt und zu einem steifen Brei geknetet, so daß endlich die Masse vollkommen wie Lehm aussah, den man zum Beschmieren der Oefen benutzt. Mir rief dieser Anblick die Vaterstadt Gießen in die Erinnerung, wo der „Leimen" und der „Leimenstein"*) zur Zeit eine so große

*) Provinzial statt Lehm und Lehmstein.

Rolle spielten. Wie oft waren wir als Knaben mit den saftigsten väterlichen und mütterlichen Ohrfeigen bedacht worden, wenn wir zu Hause kamen starrend von gelbem Schmutz, mit welchem wir uns bei unsern kindlichen Bauarbeiten über und über beschmiert hatten, indem wir, den Handarbeitern der Bauwerke nachahmend, den schweren gelben, mit Wasser gemengten Lehm mittels der nackten Füße zusammengeknetet und dann in Formen gebracht hatten, um ihn so an der Sonne zu trocknen und zu Mauern zu benutzen, deren Fugen wir ebenfalls mit dünnerem Lehm verstrichen!

Wie gesagt, alle diese Erinnerungen wachten in mir wieder auf, als ich die gelbe, lehmähnliche Masse sah, welche neben einem Tische aufgestapelt wurde, an welchem die eigentliche Fladbrödbäckerin saß. Mit der Linken schnitt diese faustgroße Stücke von dem Erdhaufen ab, knatschte sie einige Male mit der Hand zusammen und walzte sie dann auf dem Tische zu großen, runden, papierdünnen Kuchen aus, denen sie mit großer Geschicklichkeit eine vollkommen runde Form und eine gleichmäßige Dicke zu geben wußte. Sobald dies geschehen war, ergriff sie eine kleine, mit erhabenen Linien bedeckte Handwalze, mit welcher sie über den Kuchen hinfuhr, den sie auf diese Weise mit verschiedenen Figuren bedeckte. Sie hatte mehrere dieser Walzen im Vorrath und offenbar wurden die verschiedenen Figuren je nach der feineren oder gröberen Qualität des Mehles und des daraus hergestellten Fladbrödes gewählt.

Sobald die Operation des Walzens beendigt war, schob die Bäckerin den Kuchen von dem Tische weg auf eine runde eiserne Platte, welche in einiger Höhe über einem gelinden Kohlenfeuer in dem Kamin zu ihrer Rechten angebracht war. Ein prächtiges Kamin! Mit gewaltigem, im Halbkreise vorspringenden Rauchfange und zwei seitlichen Strebepfeilern aus weichem Topfstein oder Serpentin, auf welchen eine künstlerische Hand schön geschwungene Ornamente ausgeschnitzt hatte. Der Styl dieser Ornamente fiel uns sogleich auf: er war offenbar in demselben Geschmacke, wie die in Holz geschnitzten Kirchthürenpfosten, die wir in dem Museum zu Bergen gesehen hatten. Auf unsere Nachfrage wurden wir in der That belehrt, daß dieses Kamin zu den ältesten Theilen des Gehöftes gehöre und wahrscheinlich noch von der Gründung desselben herstamme.

Sobald die Kuchen auf der heißen eisernen Platte ausgetrocknet und kaum einigermaßen gebacken sind, werden sie durch eine Drehbewegung desselden von dem Feuer entfernt und in Haufen aufgestapelt. Macht man größere Vorräthe, so wird ein Faden hindurchgezogen und das Ganze in einem luftigen Raume aufgehängt. So hat man dann ein Gebäcke, das ebenso unverwüstlich, ebenso unkaubar, ebenso zähe ist und ebenso aussieht wie Pappdeckel oder Fließpapier, das etwa schmeckt wie Sand mit Haferstroh vermischt, von dem aber patriotische Gemüther behaupten, daß es allem Backwerke der Welt vorzuziehen sei. Wie die schwarze Suppe der Spartaner, mag das Fladbröd etwa das echte Nationalgericht sein, an welchem sich zwar der wahre Patriot erprobt, das aber dem Fremden unmöglich munden kann.

Früh am Morgen war Alles in Bewegung zu dem bevorstehenden Jagdzuge. Flinten und Büchsen wurden noch einmal nachgesehen, Kraut und Loth in Ordnung gebracht und sämmtliche Ferngläser und Operngucker der Gesellschaft geputzt, denn ohne diese sollte man die Rennthiere nicht erblicken können. Auf dem Hofe stampften die Pferde, deren Beschläge man sorgfältig untersuchte, rannten Wirthe und Gäste hin und her, um Reitzeug und Gepäck für den beschwerlichen Ritt zu ordnen. Der bestellte Jäger, Erik, Sohn des Erik (alle Jäger auf dem Dovrefjeld heißen Erik), war angekommen, ein junger, schlanker Mann, der nur aus Sehnen und Knochen gewebt schien, mit struppigem gelben Haar und kleinen, grauen, tiefliegenden Augen, deren Schärfe wir im Laufe des Tages erproben sollten. Die Szene begeisterte einen von der Gesellschaft zu nachstehendem Gedichte, dem Hieronymus Jobs als Vorbild gedient haben mag, das aber auch kein anderes Verdienst beansprucht, als dasjenige der Aktualität:

Auszug nach dem Snehätten.

Sie zogen eines Morgens aus —
In Aufruhr kam das ganze Haus —
Der Männer neune, hoch zu Roß,
Mit Malgeräth und mit Geschoß.
So ritten sie auf öden Wegen
Langsam dem Snehätten entgegen,
Das flüchtige Rennthier zu erjagen,

Vielleicht sich auf den Gipfel zu wagen.
Ein kleiner Buckel, stark und gewandt,
Bei allen Fährlichkeiten zur Hand,
War auf dem Pony voraus vor Allen,
Ließ sich die Leitung des Zuges gefallen.
Ihm folgt der Professor, schwer und dick,
Leitet sein Rößlein mit Geschick, —
Doch wär' es auch ohne ihn gegangen —
Hätt' sich zu springen nicht unterfangen.
Der Commodore sprengt hinterher
Ohne Sattel und Bügel einher,
Aehnlich den römischen Cäsaren.
Hinter ihm kommt der Maler gefahren,
Fröhlich, weil er den Schnaken entronnen,
Die sein Gesicht zu schänden begonnen.
Der Medizinalrath, lang und dünn,
Schwankt auf magerer Mähre dahin;
Die Flinte baumelt ihm hin und her,
Als ob sie ein Balancirstock wär',
Und bei dem Versuche, lebhaft zu traben,
Hat er den Ladstock für immer begraben.
Der Greisly endlich schließt den Zug.
Das Reiten gibt ihm zu thun genug.
Er karessirt den Sattelknopf,
Schnackelt hin und her mit dem hohen Kopf.
Der Kittel flattert um ihn her,
Der Hintern schmerzt ihn gar sehr,
Und als man endlich abgesessen,
Hatt' ihm der Wolf die Hosen zerfressen.

Man reitet von dem Gehöfte aus, anfänglich noch durch einiges Birkengestrüpp, auf morastigen oder steinigen Pfaden dem Flüßchen zu, welches in dem Moorgrunde läuft und die Svanaa genannt wird. Mehrmals müssen Bäche und kleine Zuflüsse, sowie auch der Bach selbst durchkreuzt werden, und gewöhnlich bieten sich an solchen Punkten schöne Blicke in die Ferne und nach dem Gipfel des Snaehättan. Dann erscheint doch wenigstens einiges Grün in der Umgebung des Flüßchens, wenn auch von häßlich rothen oder braunen Flecken unterbrochen; dann auch spiegelt sich wohl einige Himmelsfarbe in dem zu unsern Füßen schleichenden Sumpfgewässer. Solche Blicke aber sind selten; denn gewöhnlich bietet die Gegend nur eine trostlose Ebene dar, die mit schwefelgelbem Rennthiermoos, weißlichem isländischem Moos, grauen Steinen und Felsen und schwärzlichen Sumpfstrichen dazwischen eine fürchterliche, wie verbrannt aussehende Oede bietet. Der Charakter der Monotonie, durch welchen diese langgestreckten Plattformen allein wirken könnten, wird wieder aufgehoben durch die fleckige Vertheilung der verschiedenen Farbenelemente des Bodens, die einer naturgetreuen Abbildung das Ansehen eines buntscheckigen Pantherfelles geben würde. Die Pfade, welche wir reiten, sind anstrengend, ermüdend und langweilig zugleich: bald sinken die Pferde in Morast oder Moos bis über die Kniee ein; bald straucheln sie zwischen dem öden Steingeklipp; bald suchen sie vergeblich festen Fuß zu fassen an Abhängen von Sand und Grus, die lose auf der Oberfläche aufgeschüttet erscheinen. Auch diese lose aufgeschütteten Rücken, die nach allen Seiten hin von den Schmelzwassern durchschnitten und durchfurcht sind, tragen das Ihrige zu dem öden Charakter der Gegend bei. Sie erscheinen hauptsächlich auf der Hälfte des Weges, wo man in eine Zone massiverer Gesteine eintritt, während man bei Jerkind den Boden aus weichem glimmrigem Thonschiefer zusammengesetzt findet. Man kann keine bestimmte Richtung in diesen Haufen und Trümmermassen erkennen, die indessen doch wohl den Gletschern ihren Ursprung verdanken mögen und als Grundmoränen angesehen werden müssen, über welche die Masse des Eises sich hinbewegt haben mag.

Mit vollkommener Bestimmtheit läßt sich indessen nichts behaupten; denn die Verwitterung hat hier eben furchtbar gehaust. Die Feldspathgesteine, welche die Plattform und den Gipfel selbst bilden, sind von den verschiedenen Beobachtern auf das verschiedenste gedeutet worden und auf jede Art dieser Gesteine die Namen Glimmerschiefer, Gneiß, Porphyrgneiß und Quarzschiefer angewendet worden. Die Wahrheit an der Sache ist, daß zwischen allen diesen Gesteinen, den Granit einbegriffen, durchaus keine feste Grenze zu ziehen ist, daß sie durch größere oder geringere Entwickelung des einen oder andern Bestandtheiles, durch größere oder geringere Spaltbarkeit in einander übergehen und alle annähernd aus denselben mineralogischen Elementen zusammengesetzt sind.

Dort werden die Schichten etwas dicker und zeigen eingesprengte, röthlich weiße parallele Nieren von Feldspathkrystallen, die bis zu Faustgröße anwachsen können: man nennt dann das Gestein einen prachtvollen Gneiß. Hier wird die Spaltbarkeit bedeutend größer und dunkle Hornblendkrystalle, zuweilen auch Granaten geben ihm ein grünliches Ansehen: Hornblendeschiefer. Dort wieder wiegt der Quarz vor mit graulich weißen, feinkörnigen Krystallen: Quarzschiefer. Weben sich silberglänzende, feine Glimmerplättchen hinein, so hat man dann einen eigenthümlichen Glimmerschiefer oder gar Sneehättaschiefer. Das mag sich Alles in einzelnen vorsichtig ausgewählten Handstücken in den Museen vortrefflich ausnehmen; aber in der Natur schmilzt Alles zusammen und statt scharf gesonderter Streifen auf einer kolorirten geologischen Karte des Massivs würde man die Bildung erst richtig darstellen, wenn man die Farbentinten in einander wüsche, wie in dem Bilde eines Regenbogens.

Indessen ist, wie gesagt, die Untersuchung schwierig, denn die Verwitterung hat furchtbar gehaust. Nur hie und da in dem Flußbette oder in einer Schlucht, wo gerade ein frischer Absturz stattgefunden hat, sieht man noch scharfkantige Bruchstücke des Gesteines. Sonst liegen überall umher nur abgerundete Blöcke und Gerölle, zerfressen auf ihren Oberflächen, verwittert auf ihren Kanten und umgeben von einem Zerstreuungskreise groben Sandes, den die langsam rieselnden Schmelzwasser allmälig abgespült haben.

Wir rücken langsam vor; denn Pferde und Wege sind gleich schlecht und auch die Reiter des Dinges ungewohnt. Doch hebt sich der Boden so langsam, daß wir kaum bemerken, wie wir allmälig in die Region der Gletscherranunkel und der haftenden Schneeflecken gelangen. Dieses allmälige Aufsteigen der Basis raubt aber gerade dem Sneehättan jenen imponirenden Charakter der Größe, welchen er bei schrofferem Aufsteigen wohl haben könnte, obgleich seine Höhe kaum 7000 Fuß überschreitet. Die Höhe der Plattform, über welcher die steileren Gipfel beginnen, mag etwa 4000 Fuß betragen, so daß also der Gipfel sie kaum um 3000 Fuß überragt. Wahrlich nicht viel, wenn man sich gleich in baumloser Oede befindet. Unserem Gefühle nach — und die ganze Karawane theilt dasselbe — haben selbst Naturforscher den Eindruck bei weitem übertrieben, und wir begreifen nicht, wie Leopold von Buch sagen kann: „Da erscheint endlich die hohe Pyramidengestalt des Sneehättan. Er ist nicht wie ein Berg, sondern wie ein Gebirg auf dem Gebirg, eine über Alles in dieser Einöde erhabene und große Gestalt, ein Berg würdig dem Monte Rosa an der Seite zu stehen." Wer einmal den wunderbaren Anblick des Monte Rosa von dem Kamme des Riffels im Thale von Zermatt aus genossen hat, der wird nicht umhin können, in diesen Worten eine ganz außerordentliche Uebertreibung zu erkennen.

Wir langen endlich gegen Mittag in einer sumpfigen Niederung an, wo wir den ermüdeten Pferden das letzte Gras bieten können. Nach eingenommenem Frühstücke theilt sich die Karawane in zwei Theile: Berna und Herzen mit Hubert und dem norwegischen Jäger setzen sich, begleitet von dem Sohne des Wirthes, in Marsch gegen das Schneefeld, welches die kesselförmige Vertiefung des Sneehättan ausfüllt; der kleine Buckel bleibt zur Bewachung der Pferde zurück, die mühsam, mit gefesselten Vorderfüßen, auf dem sumpfigen Boden sich fortbewegen; Hasselhorst, Greßly und Vogt steigen eine Hügelkette zur linken Seite hinan, wo sie mehr Einsicht in die Struktur des Gebirges zu erlangen hoffen, als in der tiefen Niederung. Auf dem Wege dorthin finden sie deutlich Rennthierspuren, denjenigen der Hirsche ähnlich, nur mit breiteren, an der Spitze gekrümmteren Klauen. Einige derselben scheinen frisch zu sein. Sie möchten gerne die Freunde von diesem Funde benachrichtigen; diese aber sind schon weit weg und nur noch auf einem Schneefeld wie kleine schwarze Pünktchen sichtbar, die sich Ameisen gleich über die Fläche bewegen.

„Sneehättan", sagt ein englischer Reisender, „ist ein Krater, dessen Vertiefung mit einem Gletscher ausgefüllt ist." „Sneehättan", sagt ein deutscher Geologe, „ist eine majestätische Ruine des zertrümmerten Domfjelds der Urzeit, ein herrlich schreckliches Felsenkolosseum, von schwarzen, jähen Klippen umschlossen, unter denen zumal die äußerste nach West höchst imposant erscheint, da ihr oberer Theil, frei wie ein Kegel, keck in die Luft hinausstarrt und entsetzlich steil nieder in einen hufeisenförmigen Abgrund stürzt, dessen einen Endpfeiler sie bildet." Von unserem Standpunkte aus sahen wir gerade in diesen Abgrund hinein und konnten vortrefflich mit dem Fernrohre die Struktur der senkrechten Felswände untersuchen, welche über dem Schneefelde in der Mitte emporragen. Dieses mag wohl in der Tiefe ein Gletscher sein; auf der Oberfläche aber zeigt sich keine Spur von Eis, sondern nur eine Decke von Schnee, die dem Firn der Hochalpen in ihrem Aussehen gleich kommt. Die Ansicht, welche wir schon gestern von der Struktur des Sneehättan gewonnen, bestätigt sich hier auf das vollkommenste. Die Schichtenköpfe, aus welchen die steilen Abgründe zusammengerückt sind, laufen in deutlichen horizontalen Linien daran her und ebenso zeigt es sich klar, daß die seitlichen Gehänge nur von denselben Schichten gebildet sein, welche mantelförmig nach allen Seiten von dem Centrum der kesselförmigen Vertiefung abfallen. Ganz in derselben Weise auch zeigt sich der lange Kamm des Stroahög, an dessen südlichem Strebepfeiler man die steil aufgerichteten Schichten auf das deutlichste unterscheiden und ihre Fortsetzung in die scheinbar horizontalen Schichtenköpfe der Abstürze deutlich verfolgen konnte.

Nach Naumanns Beobachtungen ist das ganze Massiv des Dovrefjeldes aus kreisförmig gelagerten Schichten zusammengesetzt, welche um einen idealen Mittelpunkt in der Weise gruppirt sind, daß sie von demselben mantelartig nach allen Seiten abzufallen scheinen. Wie man sieht, wiederholen Sneehättan und Stroahög diese mantelartige Ablagerung auf dem Rücken des Gebirges selbst und zwar stellt sich Sneehättan als der Mittelpunkt dieser Ablagerung dar, um welchen Stroahög in weiterem Kreise sich herumschlingt. Merkwürdig erscheint bei dieser Anlagerung allerdings der Umstand, daß Sneehättan excentrisch auf das Massiv des Dovrefjeldes aufgesetzt ist, dessen Mittelpunkt, nach der Naumannschen Karte wenigstens, viel weiter westlich auf dem Massive sich befinden würde.

Wir zeichnen, malen, diskutiren, klopfen Steine, suchen blühende Flechten, unter welchen einige prächtige Arten mit herrlichen zinnoberrothen Köpfchen, und beschäftigen uns so mehrere Stunden hindurch, während wir zugleich unsere Blicke nach allen Seiten umherschweifen lassen. Wir stehen an einer Stelle, von welcher aus unsere Blicke tief in das Thal von Lessö hinabtauchen, dessen Kirche wir mit dem Fernrohre deutlich zu erkennen vermögen. Wie ein dunkler Spalt gähnt das Thal aus der Tiefe hervor, auf der entgegengesetzten Seite von einem lang ausgedehnten, gleichförmigen Hügelzuge begrenzt. Nur im Südosten wird die Monotonie der Gebirgsformen durch einen gewaltigen Berg unterbrochen, der in dem Thale des Glommen seine Basis zu haben scheint. Wir können Jerkind mit den dort einmündenden Straßen deutlich mit dem Fernrohre erblicken, wir können die Paßhöhe, die wir in den nächsten Tagen überschreiten sollen, als höchst geringe, kaum merkbare Einfaltung zwischen zwei geschweiften Hügeln unterscheiden. Wir genießen das ganze Panorama mit um so größerem Vergnügen, als nur höchst selten eine verirrte Mücke ihren leisen Pfeifton an unseren Ohren erschallen läßt.

Nach etwa vierstündigem Verweilen auf der Höhe kehrten wir zu unseren Pferden zurück, deren Führer wir in festem Schlaf versenkt fanden. Lebhaft war die Frage besprochen worden, ob wir versuchen sollten, den Gipfel des Snehättan selbst zu besteigen, und man wird uns vielleicht einen Vorwurf daraus machen, die Gelegenheit nicht benutzt zu haben. Genössen wir die Ehre, Mitglieder des Alpine-Clubs zu sein, dessen wesentliche Aufgabe darin besteht, seinen Theilhabern soviel Gelegenheit als möglich zu geben, Hals und Beine zu brechen, so würden wir gewiß keinen Augenblick gezaudert haben. Allein ermüdet und steif, wie wir waren, von dem anstrengenden vierstündigen Ritte, zogen wir die vorgerückte Tageszeit, den Ritt nach Hause und die Beschwerden des Aufsteigens vielleicht mehr in Betracht, denn wir als gewissenhafte Reisende hätten thun sollen, und das Prinzip der Trägheit, welche ja zu den Ureigenschaften der Materie gehört, überwog weit in der Wagschale. Das Fernrohr tröstete uns noch zudem über unsern Entschluß; denn obgleich wir uns überzeugen konnten, daß man vielleicht ohne vieles Waten in nassem, bis in die Tiefe aufgeweichtem Schnee auf den Gipfel gelangen könnte, so zeigten sich doch die ganzen Gehänge dergestalt mit großen und kleinen Blöcken übersät, daß man offenbar auf eine so anstrengende Kletterpartie wie an dem Gipfel des Siedelhornes in der Schweiz gefaßt sein mußte. Dort ist ebenfalls der letzte Gipfel mit großen und kleinen Blöcken beschüttet, welche, lose über einander gehäuft, ein steil abstürzendes Felsenmeer bilden, dessen einzelne Stücke oft in sehr zweifelhaftem Gleichgewichte sich befinden; — ein Resultat der Verwitterung im großartigsten Maßstabe, das offenbar auch hier an den Abhängen des Snehättan ausgiebig entwickelt ist. Die äußeren Schichten, welche den Mantel bilden, sind im Laufe der Jahrtausende, während der sie den Elementen trotzen, zerrissen, zerfressen und zernagt worden, sodaß nur noch ihre ungefügen Trümmer als Zeichen der Zerstörung übrig geblieben sind.

Nirgends ließ sich eine Spur von unsern Jägern erblicken und nach der Versicherung unseres Buckligen konnten sie, wenn die Rennthiere nur einigermaßen ihrer Neigung zum Umherschweifen gefolgt waren, erst spät am Abende wieder an der Haltstelle anlangen. Soviel wir unsern lustigen Kumpan verstehen konnten, war er auch vollkommen resignirt, hier, einem Murmelthiere gleich, in die zurückgelassenen Mäntel und Plaids gehüllt die Rückkehr der Umherirrenden zu erwarten — ein Entschluß, der uns ebenso löblich, als von unserer Seite unnöthig schien. Wir sattelten also unsere Ponys, fest überzeugt, daß diese den Weg nach Hause besser finden würden, als wir selber, und zogen langsam fürbaß, den Pferden die Zügel lassend, die mit gesenktem Kopfe ihren Pfad über die endlose Fläche suchten. Wir waren erhitzt, müde und durstig, und so konnte es wohl nicht fehlen, daß wir an allen Bachübergängen Halt machten und unter dem Vorwande, Skizzen zu entwerfen, unsern Durst zu löschen versuchten.

Aber auch wahrlich häufig nur versuchten. Denn das ist auch noch einer der Vorzüge jenes heillosen Gebirgslandes, daß fast alles Wasser einen sumpfigen Beigeschmack hat, den es aus den Morästen zieht, welche in den Niederungen sich bilden. Das herrliche, klare, frische Gebirgswasser, das in der Schweiz von allen Felsen träufelt und so erquickend und labend, so kühl und milde von Geschmack ist, würde man auf dem Dovrefield vergebens suchen. Auch in dieser Beziehung zeigt Norwegen sein Talent, die besten Naturprodukte möglichst zu verderben und ungenießbar zu machen.

„Unsere ‚Jagd‘", erzählte der Commodore am andern Morgen, „ist zwar glücklich ausgefallen; allein ich weiß doch nicht, ob ich sie unter gleichen Bedingungen noch einmal wiederholen möchte. Der beschwerliche vierstündige Ritt hatte uns nicht wenig angestrengt, dazu war die Hitze wahrhaft drückend und das Terrain in jeder Beziehung schauderhaft. Entweder mußten wir auf den mit losen Steinen übersäeten Verwitterungshalden von Block zu Block springen, wobei ein Fehltritt leicht einen Fuß hätte kosten können; oder man mußte bis über die Kniee im Schnee waten, der mit einer dünnen Eiskruste überzogen war, durch welche man nur durchbrach, um die Schienbeine sich wund zu stoßen. Im Anfange ging es also hinderlich genug. Herzen verwünschte seine Flinte, deren Ladstock er auf seiner Mähre zerprügelt hatte und die mit jeder Minute schwerer auf seiner Schulter lastete. Hubert, dem außer engen Wasserstiefeln, die er sich bis über die Schenkel heraufgezogen hatte, auch noch sämmtliches Mißgeschick der ganzen übrigen Menschheit drückte, machte ein Gesicht so ernst und verwittert, wie die alten Granitschichten, auf welchen wir mühsam umherkrochen. Mich selbst hielt der Jagdeifer und die Begierde aufrecht, es den beiden Norwegern gleich zu thun, welche mit großer Behendigkeit uns voran über die Steine weghuschten, wie wenn es schöner ebener Boden wäre."

„Plötzlich duckte sich Erik hinter einem Felsblocke, wie ein gut dressirter Hühnerhund, der ein Stück Wild steht, und winkte uns lebhaft mit der Hand, ein Gleiches zu thun. Er sah ein Rudel Rennthiere und bemühte sich, uns mit der Hand die Richtung zu bezeichnen, in der wir sie erblicken könnten. Aber da sehe Einer, der seine Augen von Kindheit auf nicht gewöhnt hat! Alles ist grau in grau und ein liegendes oder äsendes Rennthier sieht auf der endlosen Fläche einem grauen Felsblocke eben so ähnlich, wie ein Ei dem andern. Wir strengten vergeblich alle Sehkraft an, die uns zu Gebote stand, und da ich aus Furcht, die Rennthiere zu verscheuchen, mich des Fernrohres nicht bedienen wollte, das wir mitgenommen hatten, so mußten wir eben die Existenz der Rennthiere auf Treu und Glauben hinnehmen und uns mit der Versicherung unserer beiden Norweger begnügen."

„Es handelte sich nun darum, den Thieren bei gutem Winde schußgerecht anzukommen. Wir befanden uns etwa anderthalb Stunden von unserem Lagerplatze entfernt, an dem nördlichen Schenkel des Snehätten in der Nähe des Schneefeldes, welches das innere kraterförmige Amphitheater des Berges ausfüllt. Das Schneefeld lehnte sich an die steilen Wände so an, daß es einen sanften Abhang bildete, auf den die Sonnenstrahlen mit voller Kraft einwirkten, wie dies auch ein kleiner Wassertümpel bewies, der sich aus dem geschmolzenen Schneewasser in der Tiefe angesammelt hatte. Die Rennthiere hatten an der Innenseite des Blockwalles, welcher den letzten Ausläufer des Berges bildet, sich einen nicht seit langer Zeit blos gelegten Moorfleck ausgewählt, wo sie vor dem Winde geschützt, in sonniger Lage ruhig ihrer Fütterung nachgehen konnten. Die einzige Möglichkeit, ihnen anzukommen, bestand darin, den Blockwall in weitem Bogen zu umgehen und dann vorsichtig dessen Kamm von der den Rennthieren abgewendeten Seite aus, also ungesehen zu erklimmen. Auf diese Weise, schien es uns, konnten wir uns ihnen in Schußweite nähern oder auch hinter Felsblöcken geborgen ruhig abwarten, bis sie uns schußgerecht ankommen würden."

„Das Manöver wurde glücklich ausgeführt und oben auf dem Kamme angelangt, konnten wir nun mit Muße die Rennthiere beobachten, welche etwas über einen Büchsenschuß entfernt in dem Moose ästen. Es waren fünf Stück, wie es uns schien, zwei Kühe mit Kälbern und ein größerer Hirsch, welcher der Anführer des Rudels schien und ein vollständiges Geweih trug, während die beiden Kühe eben erst aufgesetzten und kurze mit Bast überzogene Stangen zeigten. Die Farbe war hell, graulichweiß, der Knochenbau kräftiger, der Leib gestreckter, die ganzen Thiere überhaupt weit größer und massiver, als diejenigen, welche ich bisher in zoologischen Gärten erblickt habe."

„Wir lagen still und ohne uns zu rühren, über zwei Stunden, stets mit lüsternen Blicken den Bewegungen der Thiere folgend, welche ohne die geringste Ahnung bald sich von uns entfernten, bald auch wieder näher kamen, ohne sich indeß auf Schußweite zu nähern. Dann aber mochten sie uns gewittert haben; denn während die einen lebhaft winderten, nahm der Bock seine Richtung gegen den Rand des kleinen Sees, den er wohl zu überschreiten gedachte. Plötzlich brach das gewichtige Thier durch die dünne Eisdecke und kämpfte nun mit sichtlicher Anstrengung, wieder auf sicheren Grund zu kommen, während seine Genossen an dem Rande der Eisschollen neugierig stutzten und seinen Bemühungen mit sichtlicher Theilnahme zusahen. Es war auch in der That ein prächtiges Schauspiel, wie das gewaltige Thier mit den Vorderläufen, die es auseinander spreizte, sich auf dem glatten Eise zu halten suchte, während es offenbar keinen Halt unter den Hinterbeinen fand und in die Tiefe zu versinken fürchtete. Wir sprangen vorwärts in der Hoffnung, durch eine Kugel jedem weiteren Kampf um die Existenz ein Ende zu machen; allein kaum hatten wir einige Sätze Berg ab gemacht, so schnellte sich das Thier mit einem gewaltigen Rucke über das Eis herauf, gewann festen Grund und strich nun in langgedehntem Trabe mit ungeheuer weit ausgreifenden Läufen seinen vor uns flüchtenden Genossen nach. In wenigen Augenblicken waren sie auf der anderen Seite des Amphitheaters über dem Schneefelde angelangt, auf dem wir sie nur noch als kleine Pünktchen unterschieden.“

„Der widerwärtige Marsch über lose Felsblöcke, aufgeweichten Schnee, halbgethautes Eis begann von neuem. Wir mußten den ganzen Weg fast bis zu unserem Lagerplatze zurückmessen, um den südlichen Schenkel des Berges zu erreichen, an dessen Fuße sich nun die Renthiere gelagert hatten. Bis an die Nase waren sie in Schnee vergraben und nur der Kopf mit den Stangen, sowie der schmale Streifen des Widerristes, tauchte aus dem weißen Grabe hervor. Wenn solche Lagerstätten ihr Sommervergnügen sind, so mögen sie allerdings im Winter auf diesen Höhen nicht allzukalt haben. Offenbar aber fühlten sie sich so wohl, daß sie die gewöhnlichen Vorsichtsmaßregeln vergaßen und sich auf Schußweite nahe kommen ließen. Ich muß gestehen, daß mich das Jagdfieber schüttelte, wenn gleich nicht in solchem Grade, wie den norwegischen Jäger, der mir zunächst stand und mit den Zähnen wie im ärgsten Fieberfroste klapperte. Ich zielte, schoß und — fehlte. Freilich muß ich zu meiner Entschuldigung sagen, daß die Entfernung immerhin noch bedeutend war

Entweichende Renntiere.

und daß ich steil bergab schießen mußte, während zugleich die im Schnee versenkten Thiere der Kugel nur eine sehr geringe Fläche boten. Aber ärgerlich war's doch; — denn ehe noch die Gefährten herankommen konnten, hatten sich die Rennthiere aufgerafft und waren in demselben langathmigen Trabe, der auch nicht die geringste Aufregung zu bekunden schien, um den Blockwall herum aus unsern Blicken entschwunden. Es lag etwas Beleidigendes in diesem lang ausgezogenen Trabe, der die Thiere gemächlich über das Schneefeld hinab in die tiefe Einsenkung zwischen Snehätta und Skreahög trug, wo an ein Nachgehen nicht mehr zu denken war. Ich hätte vor Unmuth vergehen und meine gute Büchsflinte, die doch wahrlich nicht schuld war, auf den Steinen zertrümmern mögen, zumal da ich in einem stummen Seufzer, der sich Huberts Brust entwand, als er mir die Flinte zum Laden abnahm, eine Art von Vorwurf über allzueiliges Schießen zu hören glaubte. Die unendliche Weisheit, womit der Doktor eine Menge möglicher und unmöglicher Gründe entwickelte, durch welche er die Behauptung zu erhärten suchte, daß er und nicht ich hätte schießen sollen, richtete indessen mein Gemüth wieder etwas auf und so konnte ich denn mit neuer Zuversicht dem Norweger folgen, der nach langem Umherspähen auf ein Pünktchen zeigte, das seiner Behauptung nach ein nicht zu dem verscheuchten Rudel gehöriges Rennthier sein sollte."

„Wir krochen mehr, als wir gingen, in der Runse eines Bergstromes, wo die Rollsteine uns einige Deckung gewähren konnten, dem Thiere entgegen. Es hielt aus. Ich schoß mit der Kugel. Das Thier brach mit den Vorderläufen zusammen, aber ehe es noch einen Satz thun konnte, hatte ich auch den zweiten mit dickem Schrot geladenen Lauf abgefeuert. Es stürzte im Feuer zusammen. Es war eine alte Kuh, die eben erst kurze Stangen aufgesetzt hatte. Unsere beiden Norweger zerlegten sie an Ort und Stelle, schlugen das Fleisch in die Haut und begruben das Ganze unter Steinen, um es vor dem Raubzeuge zu schützen und am andern Morgen mit einem Pferde abzuholen. Erst spät am Abend verließen wir unsern Lagerplatz, wo wir glücklicher Weise einige von Euch zurückgelassene Stärkung fanden, die uns vortrefflich zu statten kam."

Ein Rasttag war uns zu gönnen. Die Jäger waren erst spät nach Mitternacht heimgekehrt, entsetzlich ermüdet von der übermäßigen Anstrengung, aber doch froh, ihren Zweck wenigstens zum Theile erreicht zu haben. Um

Mittag langte der Norweger mit den nach dem Thiere ausgesandten Pferden an und brachte das Fleisch sorgsam in die Haut gewickelt. Wir untersuchten aufmerksam den Schädel, um die Todeswunde zu entdecken, da das Blei nach der Behauptung des Schützen zwischen Nase und Auge eingedrungen sein sollte; allein nach langem Suchen mußten wir gestehen, daß die Kugel ganz gewiß hier keine Verwüstungen angerichtet habe und daß die Todesursache gewiß nur in einem einzigen Schrote zu finden sei, welches allerdings in die Schädelhöhle gedrungen und das Hirn verletzt hatte. Auch dieser Umstand erregte die poetische Ader:

Rennthierjagd.

Ein graues Rennthier, altersschwach,
Sprach einst zu seinem Kinde:
„Es ist jetzt Zeit, daß ich in den Tod
„Mich mit Ergebung finde.

„Die Zähne sind mir abgenutzt
„Bis zu den Wurzelstöcken,
„Die Beine wollen nicht mehr fort,
„Das Moos will nicht mehr schmecken.

„Will mir der Himmel eine Bitt'
„Vor meinem End' gewähren,
„So stürb' ich gern durch einen Schuß
„Wohl auf dem Felde der Ehren.

„Und käme gar ein Jäger her
„Aus fernen fremden Landen,
„Der niemals noch auf einem Field
„In Schnee und Moos gestanden —

„So wollt' ich stürzen in die Kniee
„Und bitten, daß er mich schieße,
„Damit mein alter Schädel sich
„Im Ausland sehen ließe."

Des Rennthiers flehentlich Gebet
Ward an dem Tag erfüllet
Und seine Sehnsucht nach dem Tod
War wundersam gestillet.

Die Kugel flog ihm zwar vorbei –
War nicht für es gegossen —
Ein einzig Körnchen dünnes Blei
Ward ihm ins Hirn geschossen.

Und seinen Schädel schleppt davon
Mit Jubel der Krieger.
Gott schenke jedem alten Thier
Solch' einen jungen Jäger!

Alt mußte das Thier in der That sein, sehr alt. Denn obgleich es gerade frische Geweihe aufsetzte und deshalb nur fußlange, mit dicker, grauer Wollhaut überzogene Zapfen auf der Stirne trug, so waren dennoch seine Zähne so sehr abgenutzt, daß man kaum begreifen konnte, wie es noch fähig war, die ihm von der Natur zugewiesene harte Nahrung zu zerkleinern. Von den sechs Backzähnen des Oberkiefers existirten nur noch die drei vorderen und diese so sehr abgeschliffen an ihren Kronen, daß die inneren Zahnhöhlen weit geöffnet waren. Statt der drei hinteren Backzähne gewahrte man auf der einen Seite nur noch eine halbe, auf der andern Seite eine ganze, lose in dem Zahnfleische steckende Wurzel, die im Begriffe stand, ebenso wie die übrigen auszufallen. Auch die Schneidezähne des Unterkiefers, die dem Wiederkäuer doch so nöthig sind zur Ergreifung des Grases und Mooses, von welchem er sich nährt, waren bis auf die Wurzeln abgenutzt, so daß man unbedenklich den Besitzer einer solchen Zahnreihe, hätte er dem menschlichen Geschlechte angehört, als einen entschiedenen und exklusiven Fladbrödesser hätte anerkennen müssen.

Die kunstgerecht abgestreifte Haut war über den Plankenzaun, in der Nähe der Kapelle, so aufgehängt worden, daß die innere Fläche dem Auge sich zeigte. Nun erst konnte man sehen, daß selbst in den unwirthbaren Höhen, in welchen das Rennthier sich aufzuhalten pflegt, das arme Thier nicht den Verfolgungen eines geflügelten Feindes zu entgehen vermag, dessen Maden sich in seine Haut einbohren und dort Eiterbeulen veranlassen, in welchen die fußlose, dicke, rund um mit Haken besetzte Larve so lange weilt, bis sie der Verpuppung nahe ist. Die Haut sieht auf der inneren Fläche wie getigert aus von einer Menge weißlicher, glänzender Flecken, die zuweilen mit einer dünnen, fast schillernden Narbenhaut überzogen sind. Es zeigen sich fast hundert solcher Flecke, von welchen indessen nur wenige noch die Made enthalten, während die meisten Eiterbeulen schon der Vernarbung entgegenschreiten. Vogt gräbt indeß mit dem Federmesser noch etwa ein halbes Dutzend, theils in den Eitersäcken eingeschlossen, theils aber auch frei aus der Haut hervor und überzeugt sich aus ihrer Körperform, daß sie gewiß einer andern Art angehören müssen, als derjenigen Fliege, welche auf die Rinder ihre Eier ablegt. Oken erzählt nach schwedischen Autoritäten, daß die Rennthiere bei heißem Wetter von einer Biesfliege oder Dasselmücke (Oestrus tarandi) sehr beunruhigt und gequält werden, besonders im Juli, wenn sie sich haaren. „Dann flattert die Fliege stets um die Rennthiere herum, um ihre Eier zu legen. Die armen Thiere können dann keine Minute still stehen; sie schnauben, schnarchen, stampfen und schütteln unaufhörlich, springen oft mit großer Schnelligkeit über schneebedeckte Gebirge und Abgründe, um ihrem Feinde zu entgehen, wodurch sie vom Fressen abgehalten werden." Wahrscheinlich ist der Schmerz, welchen die in die Haut eingegrabenen Maden verursachen, die Ursache, weßhalb die wilden Rennthiere sich so gern im Schnee wälzen und soweit in denselben versenken, daß sie nur noch mit Nase und Augen aus demselben hervorschauen. Auch dürfte die Legezeit der Eier sich nicht wohl auf einen bestimmten Monat im Sommer beschränken, da die in der Haut unseres Rennthiers aufgefundenen Maden sehr verschiedene Altersstufen darboten und sich einerseits noch sehr junge Larven in der Haut vorfanden, während andererseits die Maden die Eiterbeulen schon verlassen hatten, um ihre Puppenzeit außerhalb derselben zu bestehen.

Am Morgen des 25. Juni setzen wir uns wieder in gewohnter Ordnung in Marsch, um der großen Heerstraße nach Drontheim zu folgen. Es geht ziemlich steil und jäh bergan. Der Sneehättan hat eine weiße Kappe übergezogen und scheint mit seinem Haupte gerade bis in die Wolkengrenze hineinzuragen. Die Paßhöhe bildet einen breiten gewölbten Rücken, deren eigentlicher Höhepunkt nicht ganz leicht zu bestimmen ist. Drüben geht es wieder steil bergab; denn auf der kaum eine halbe Meile langen Strecke von der Paßhöhe bis zur dritten Station Kongsvold senkt sich die Straße um mehr als 1000 Fuß. Zur Linken braust in tiefer Schlucht die wilde Driva, deren helle Wasser über gewaltige Felsblöcke hinüberspringen, welche aus demselben Gneise gebildet sind, den wir auf dem Ritt nach dem Sneehättan beobachteten. So geht es weiter nach Drivstuen, Riese, Opdal, wo das Thal zusehends weiter wird, sich mehr verflacht und schöne Birken- und Tannenwäldchen an den Gehängen der Berge sich angesiedelt haben. Es ist ein eigen wohlthuendes Gefühl, wenn man aus der unwirthbaren Oede wieder in eine Gegend kommt, die wenigstens den ernsten Willen zeigt, sich mit einiger Vegetation zu bekleiden. Das Wetter hat sich vollkommen aufgeklärt, eine neue Straße, breit, geräumig, nach den jetzt geltenden Prinzipien der Ingenieurkunst angelegt, schlüpft neben Wasserfällen durch die Engpässe, die zwischen Kongsvold und Drivstuen sich häufen, mit der Geschmeidigkeit einer Schlange vorbei und das Gefühl der Sicherheit, das vorher wohl einigermaßen wankte, hat sich wieder in vollem Maße eingestellt. Wir verfehlen natürlich nicht, in Opdal, wo einer der Hauptsitze norwegischer Stahlindustrie ist, uns zu theueren Preisen einige jener ungeschlachten Messer zu kaufen, welche die Norweger beständig in einer Scheide im Gürtel tragen und die nicht selten, besonders im Momente alkoholischer Aufgeregtheit, zur Schlichtung der Streitigkeiten dienen sollen. Es sind derbe Klingen, mit handlichem Griffe, kurz zugeschliffener Schneide und aufgebogener Spitze, deren Stahl allerdings vortrefflich und die Härtung ausgezeichnet ist. Die Reicheren verwenden zuweilen einigen Luxus auf die Griffe, welche aus Rennthierhorn geschnitzt werden, auf die Scheiden und die Gürtel, die mit getriebenem Messing oder Silber ausgelegt sind.

Die Reisebeschreiber haben Vieles von der Geschicklichkeit gesungen, womit der norwegische Bauer nicht blos sein Messer, sondern auch alle übrigen Handwerkszeuge zu handhaben wisse, und patriotische Gemüther finden in dieser Universalität des auf einsamen Gehöfte lebenden Bauern eine stolze Befriedigung. Es ist wahr, der norwegische Bauer schnitzt, schreinert, zimmert, mauert, schmiedet selber; allein man muß immer wiederholen: es ist auch darnach! Keine dieser Arbeiten läßt sich auch nur im entferntesten mit denjenigen vergleichen, welche der tüchtige Arbeiter des Handwerks liefert. Es wurden uns, ähnlich wie in dem europäischen Hochgebirge, Schnitzereien angeboten, welche die Bauern während der langen Wintertage anfertigen, und man sah deutlich, daß das Etablissement auf die Fremden berechnet war, die ja einzig solche Dinge kaufen. Geschmack und Ausführung standen auf gleichmäßig niedriger Stufe, und ich bin fest überzeugt, daß in der Schweiz und dem bairischen Hochlande der Lehrling, welcher solche Produkte anbieten würde, sich eine derbe Zurechtweisung von dem Meister zuzöge. Die Wagengestelle, welche die Bauern zusammenzimmern; die Blockhäuser, welche sie aufrichten; die Hufeisen, welche sie schmieden; das Zuggeschirr, welches sie zusammensattlern, steht ganz auf derselben Stufe. Dem Handwerker würde man die Pfuscharbeit nicht abnehmen; da sie aber der Bauer, welcher andere Dinge treiben sollte, verfertigt hat, so bewundert man die Geschicklichkeit und vergißt, daß nur die Theilung der Arbeit deren tüchtige und zugleich auch wohlfeile Ausführung garantiren kann. Indessen mag es mit dieser Universalität in Handwerken auch nicht so beschaffen sein, wie man wohl dem bewunderungssüchtigen Reisenden glauben machen möchte. Denn wir lesen in Novellen und Erzählungen, welche wegen ihrer Treue der Darstellungen des norwegischen Lebens einen Ruf im Lande genießen, von wandernden Zimmergesellen, Schuhmachern und Schneidern, welche von Hof zu Hof ziehen, dort Wochen lang in Arbeit treten und gerade wegen ihrer Geschicklichkeit in diesem oder jenem Fache gesucht sind — ein Beweis, daß das Handwerk in seiner primitiven Form schon einigen Boden gewonnen hat, sobald der Bauer einsieht, daß dieselbe Arbeit, welche er dem reisenden Arbeiter bezahlen muß, ihm dennoch wohlfeiler kömmt, als wenn er sie selbst verrichten würde. Soviel aber kann jeder Einsichtige sich selbst sagen, daß in einem Lande, wo alle Geschäfte von jedem Einzelnen versehen werden müssen, auch alle diese Geschäfte auf einer sehr niedrigen Stufe stehen müssen.

Zwischen Aune, der Station von Opdal, und Stuen, der nächsten Station, überschreitet die Straße wieder eine flache Wasserscheide, welche aus dem Thale der Driva, die sich hier in scharfem Winkel nach Westen wendet, in das Thal der Orkla gleitet, die nach dem Drontheim Fjord hin sich ergießt. Allein auch diesem Thal folgt man nur eine geringe Strecke und steigt wieder bei Bierlacker schroff eine steile Höhe hinauf, nachdem man vorher nicht minder steil und selbst gefährlich sich in das Thal herabgelassen hat. Hier finden wir überall ungeheure Terrassen von Schutt, Blöcken, Grus und Sand, welche an die Seitenwände des Thales sich anlehnen, vorzugsweise mit Föhren bepflanzt sind und fast geradlinige Rücken bieten, die nur wenig thalabwärts sich neigen. Offenbar sind diese Rücken Seitenmoränen eines großen Gletschers, welcher durch das Driva Thal von dem Dovrefjelde hinabstieg und dessen Spuren wir überall mit unzweideutigen Rundhöckern, Schliffflächen und eingekratzten Streifen beobachtet haben. Namentlich zwischen Sundset und Vierlacker fällt eine solche Seitenmoräne dem Reisenden auf, deren Rücken wohl eine Viertelmeile weit zwischen zwei Abgründen die Straße trägt, indem rechts auf der Thalsohle der Fluß, links aber ein kleiner Bach zwischen den Felsmassen und dem Schutt sich eingewühlt hat. Die Station wird dadurch wirklich das Muster einer Straßenleitung im Sinne von Salzmann's Krebsbüchlein; denn plötzlich, nachdem man lange Zeit auf schmaler Straße dem scharfen Kamm entlang gerollt ist, stürzt sich der Weg in schwindelnde Tiefe hinab, aus deren Abgrund man mühsam halbgeladene Karren, mit Vorspann versehen, heraufkeuchen sieht, während die zur Seite wandelnden Führer die armen Zugthiere bis zur äußersten Erschöpfung antreiben.

Wir finden in Vierlacker trotz des ominösen Namens ganz leidliches Nachtquartier und sogar für jeden Einzelnen ein Bett, was nicht von jeder Station behauptet werden kann. Einige angelfischende Engländer haben uns glücklicher Weise gerade heute den Platz geräumt, den sie einige Wochen inne gehabt hatten. Die Aussicht, die wir von dem auf der Höhe gelegenen Stationshause genießen, erinnert einigermaßen an innere Thäler der ebenen Schweiz, wo weiche mit Wiesen überdeckte Hügelformen und steile Schuttmassen, in welche Bäche und Flüsse oft mehrere hundert Fuß tiefe enge Runsen eingewühlt haben, die Hauptzüge der Gegend bilden. Alle diese Terrassen zeigen denselben Charakter wie in Romsdalen: blauer Lehm, unmittelbar auf den abgerundeten Felsen, welche die Grundlage bilden; darüber geschichteter Sand und an der Oberfläche mächtige Gerölle und Schuttmassen in regelloser Lagerung. Nach einem frugalen Abendessen, welchem indessen vortreffliche Forellen einige Würze verliehen, spazierten wir noch lange, unsere Cigarren schmauchend, einher und athmeten in vollen Zügen die milde, warme Luft ein, welche nebst der heiteren Helligkeit des Abendhimmels uns leicht vergessen machen konnte, daß wir uns fast genau unter dem 62. Grade nördlicher Breite befinden.

Der 21. Juni ist zum Rendezvous in Drontheim bestimmt. Wir haben noch einen weiten Weg vor uns und brechen deshalb schon früh morgens um fünf Uhr auf, überschreiten bei Garlie abermals eine Wasserscheide und gelangen nun in das Thal der Gaula, welches einen weit freundlicheren Charakter bietet. Bei Hove sehen wir zuerst bedeutendere Felder mit Gerste und Hafer besäet, die indessen kaum in die Aehren zu schießen beginnen, Kartoffeln und Hopfenpflanzungen, blühenden Flieder in den Gärtchen der Häuser und üppige, saftige Wiesen mit schönen, prächtigen Kühen, die gegen die kleine, magere Rasse des Hochgebirges vortheilhaft abstechen. Reizend sind einige Birkenwäldchen längs der Straße, in welcher ganze Schwärme großer Drosseln, wie es scheint Krammetsvögel und Singdrosseln, ihr Wesen treiben. Die Gegend nimmt ein stets civilisirteres Ansehen an. Außer den unerläßlichen Portraits von Karl Johann und seinen Nachkommen, von welchen der jetzt Herrschende unserem Commodore so ähnlich sieht, daß man die Fabel einer Incognito-Reise glaublich machen könnte; außer den sorgsam eingerahmten Etiketten von Parfümerieseifen und ähnlichen, wahrscheinlich von Reisenden hinterlassenen Einwickelungen nothwendiger Toilettegegenstände, die wir bisher in den Stationen angetroffen, finden wir hier schon Lithographien von Schiffen, schauderhaft kolorirte Personifikationen der vier Jahreszeiten oder der fünf Welttheile und ähnliche Blätter, die von reisenden Colporteuren der niederen Kunst oder von benachbarten Jahrmärkten Zeugniß ablegen. Die Hitze aber wird drückend, der Staub erstickend und nur mit Mühe schleppen sich die Fuhrwerke dem Thale entlang, auf dessen anderer Seite ein Eisenbahndamm sich hinzieht, an welchem hie und da einige Menschen arbeiten.

Wahrhaftig eine Eisenbahn. Christiania hat eine solche in dem fast ebenen Thale bis zum Mjösensee gebaut und da litt es die Eifersucht Drontheims nicht länger. Die alte Haupt- und Krönungsstadt wollte auch ihre Eisenbahn haben, setzte Himmel und Erde in Bewegung und hat es endlich dahin gebracht, daß der Storthing eine Summe, wenn wir nicht irren, von 400,000 Speciesthalern in Aktien zur Unterstützung einer Bahn votirte, die später nach Röraas zu den dortigen Kupferminen fortgeführt werden soll. Auch einzelne Private hatten in Drontheim mit Begeisterung subskribirt und Andere, welche, kühleren Blickes in die Zukunft, an der Rentabilität der Unternehmung zweifelten, hatten wenigstens ihr Scherflein beitragen müssen, um nicht als schlechte Patrioten zu gelten. Jetzt, so hörten wir später, hat die nüchterne Ansicht die Oberhand gewonnen, welche der Meinung ist, daß die Drontheimer Eisenbahn nicht nur keine Rente abwerfen, sondern sogar die Kosten einer Ausbeutung nicht entfernt einbringen werde. In der That ist nicht abzusehen, wie eine Eisenbahn, die an einem einsamen Gehöfte endet und durch äußerst dünn bevölkerte Thäler läuft, hinter welchen kein Consumtionsland sich befindet, die also weder auf ausgebreiteten Lokalverkehr, noch auf Transit sich Rechnung machen kann, in irgend einer Weise die Kosten ihrer Betreibung decken soll. Immerhin muß man den Muth bewundern, mit welchem in einem so armen Lande, wie Norwegen, in dem noch so Vieles zu thun übrig bleibt, ein Kapital von mehreren Millionen Franken für ein, in anderen Ländern zwar zeitgemäßes, hier aber vollkommen unnützes Unternehmen auf die Straße geschleudert wird.

Die Hitze wird immer schwüler, die Sonne stechender, der Horizont umzieht sich, ferner Donner rollt über die Gebirge. Zum ersten Male seit unserer Abreise von Näs werden wir durch große Tropfen gezwungen, unsere Regenmäntel abzuschnallen und uns darin einzuhüllen. Doch nur auf kurze Zeit, denn das Wetter verzog sich nach dem Meere hinüber. Wir rollen auf schöner, breiter Straße in das Thal der Nid-Elv hinab, welches sich in weitem Bogen um Drontheim herumschlingt. Zahlreiche Fuhrwerke, zum Theil festlich gekleidete Menschen in fröhlicher Stimmung begegnen uns; der Postjunge sagt uns, daß heute großer Pferdemarkt in Drontheim sei. Niedliche Landhäuschen, unter welchen einige im Schweizer Styl, in zierlichen mit blühenden Blumen erfüllten Gärten gelegen und von reizenden Gebüschen und Baumpartien eingefaßt, glänzen auf beiden Seiten des Thales. Bald steigt auch der Dom in nächster Nähe des Flusses und gegenüber auf einer Anhöhe die weißen Mauern einer Festung empor.

Wir sind in der Stadt. Unsere Wagen winden sich nur langsam durch das Gewühl einer bewegten Menge, welche trotz der späten Abendstunde auf einem großen freien Platze und der dahin führenden breiten Straße ihr Wesen treibt. Wir fahren dem Hafen zu, auf dessen spiegelnder Fläche wir anfangs in einem blauen Schooner unser Schiff zu erkennen glauben. Getäuschte Hoffnung! Der blaue Schooner, der auch aus Blankenese stammt, liegt schon seit einem Monate auf der Rhede vor Anker; der Joachim Hinrich ist noch nicht angelangt. Wir entschließen uns also kurz und biegen in die nächste Straße ein, an deren Ende uns das Hotel d'Angleterre bereitwillig aufnimmt.

Wir quartieren uns in einem ungeheuren Saal ein, der übrigens als Ballsaal zu dienen scheint, und suchen uns dort bis zur Ankunft unseres Schiffes wohnlich einzurichten.

Bevor wir speisen, nehmen wir ein Seebad in einem gut eingerichteten Häuschen, das über dem Hafen drüben auf einem Damme erbaut ist. Der schwarze Hund, den wir vergebens abzutreiben versucht, folgt uns bis zur Treppe. „Wir wollen doch sehen, ob er uns nachschwimmt,“ sagt Einer. „Folgt er uns nicht, so jagen wir ihn mit Fußtritten — folgt er uns mit Lebensgefahr, so adoptiren wir ihn zum Dank für seine Anhänglichkeit.“

Der Hund heulte entsetzlich, als er uns abfahren sah. Dann sprang er mit gewaltigem Satze in das Meer und schwamm uns nach. Fast wäre er auf dem weiten Wege ertrunken. Wir zogen ihn mit Mühe auf's Trockne.

Von nun an war er unser Reisegefährte. Wir nannten ihn Freitag.

Fünftes Kapitel.

Drontheim. Lofoden. Bördö.

„Drontheim ist die schönste Stadt in Norwegen.“ Das ist ein feststehender Satz, gegen den kein Widerspruch geduldet wird. Ohne Zweifel sieht es weit großstädtischer aus als Bergen, obgleich die Einwohnerzahl bedeutend geringer ist und nur etwa 15,000 Seelen beträgt. Die Stadt liegt schön: der breite Strom der Nid Elv umfließt sie in weitem Bogen, ehe er auf der östlichen Seite beim Einmünden in den Fjord den engen inneren

Drontheim

Hafen bildet, an welchem die meisten Waarenhäuser aufgerichtet sind. Der Raum, den die Stadt einnimmt, bildet so eine ziemlich lange, erhabene Halbinsel, auf welcher die Hauptstraßen dem Seeufer parallel laufen. Die Straßen sind von ungewöhnlicher Breite und einige derselben in der Mitte mit Brunnen besetzt, die viereckig in Holz gefaßt sind. Noch sind die meisten Häuser trotz verheerender Feuersbrünste, die zu verschiedenen Zeiten Drontheim verwüstet haben, in Holz gebaut, aber theilweise in außergewöhnlichen Dimensionen für dieses Material. Man erzählt uns, daß zwei reiche Weiber, welche sich gegenseitig durch Luxus hatten ärgern wollen, gegen Ende des vorigen Jahrhunderts, die zwei schönsten einander gegenüberstehenden Holzhäuser in Drontheim gebaut hätten, die beide jetzt schon verschiedene windschiefe Richtungen in ihren Ecken und Winkeln angenommen haben. Das eine dieser Häuser ist weiter nichts als eine ungeheure Kaserne, das andere dagegen macht einige Ansprüche auf architektonische Verzierungen durch Schnitzereien im Renaissance-Styl über Fenstern und Portalen. Auch das königliche Schloß, welches der Gouverneur bewohnt und worin gerade die Versammlung der Provinzial-deputirten gehalten wird, (ein Umstand, der, beiläufig gesagt, uns verhindert, die öffentliche Gemäldesammlung zu sehen,) erscheint in nicht üblem Styl gebaut und umschließt einen hübschen, sorgfältig gepflegten Garten, in welchem einige blühende Flieder und ganz nett gruppirte Birken und Tannen das Auge erfreuen. Die neueren Gebäude freilich werden in Stein ausgeführt, wozu man das trefflichste Material besitzt, und man ist eben im Begriffe, ein Casino, Gesellschafts- und Lesehaus zu errichten, das seinen Dimensionen nach auf eine bedeutende Geselligkeit der Drontheimer schließen läßt.

Die Stelle dieses Hauses hätte fast großen Streit in der Stadt erregt. Dem Plane der Architekten zufolge sollte eine alte Linde weggehauen werden, die letzte Linde im Norden, wie man uns sagte, wenigstens von dieser Größe. Man war schon bereit, die Axt an die Wurzel zu legen, als es einigen Vätern der Stadt gelang, der Zerstörung Einhalt zu thun und die projektirte Façade des Gebäudes um einige Fuß zurücktreten zu lassen, so daß der Lindenbaum, freilich einiger seiner Aeste beraubt, nur wenige Fuße von der Mauer entfernt stehen bleiben konnte. „Wir hätten es nicht über das Herz bringen können,“ sagte uns einer der Lindenfreunde, „den alten Baum verschwinden zu sehen, der doch eigentlich ein redendes Zeugniß für das südliche Klima unserer Stadt ist. Man sieht ihm freilich an, daß er kämpft gegen die rauhen Winde und die Schneelasten des Winters; seine Aeste sind kurz, knorrig, verkrüppelt, der Stamm gleicht mehr demjenigen eines Maßholders als demjenigen einer Linde; aber es ist doch eine Linde — das beweisen Blätter und Blüthen. Wir hätten auch nichts gesagt, wenn noch andere Linden in der Gegend wären.

aber das ist nicht der Fall: weit und breit findet sich keine Spur davon und es ist sehr zweifelhaft, ob eine junge Linde, die man pflanzen würde, hier wachsen und fortkommen könnte. Wollen Sie ein Blatt von der nördlichsten Linde zum Andenken haben?“

Wir steckten natürlich mit großer Rührung einige Blätter in unsere Brieftaschen, stimmten vollständig mit den Beweisgründen unseres Gastfreundes überein, können aber doch nicht umhin zu bemerken, daß in der That die Linde höchst krüppelhaft aussehe und wohl nur als eine Ausnahme betrachtet werden dürfe. Auch gelingt es uns nicht, in unserem Innern das Gefühl der Selbstbefriedigung zu erzeugen, mit welcher unser Gastfreund seine Linde betrachtet. Wir haben andere Linden gesehen.

Aber hat der Mann nicht vollkommen Recht? Thun wir nicht genau wie er, wenn wir in unseren Gärten mit Befriedigung auf einen Kirschlorbeerbaum oder einen Feigenbaum zeigen, der in günstiger Stellung im Freien ausdauert? Und hat nicht der Italiener, dem wir mit Stolz diese Gewächse vorführen, ebenso ein Recht über uns zu lächeln mit unserer verkrüppelten Feige und unserem Kirschlorbeer, wie wir über den Drontheimer mit seiner „letzten Linde“ hätten lächeln können?

Unser erster Gang gilt dem Dome, einem gewaltigen steinernen Gebäude, das aus dem Ende des 12. Jahrhunderts datirt, früher den Schrein des heiligen Olaf enthielt, der zuerst hier eine Kapelle gegründet hatte, und das mehrfache Verwüstungen durch Feuer und Krieg erlitt, so daß es jetzt größtentheils nur noch eine Ruine bildet. Noch schauderhafter aber, als Schweden und Feuer, scheinen in dem ehrwürdigen Gebäude, über welches Herr von Minutoli eine eigene Monographie herausgegeben hat, die Restaurationsversuche unsinniger Architekten gehaust zu haben. Wir finden das Innere noch gänzlich verstellt und verbaut mit Gerüsten und Galerien, welche zur Herrichtung der letzten Krönung gedient haben, die im vorigen Jahre stattgefunden hat. Die geschmacklose Ausstaffirung mit rothem Kattun, Sammet und Goldborden, von welcher wir noch einen Theil sehen, paßt zu dem strengen Styl des Schiffes und Chores, wie eine Faust auf's Auge, und allgemein hörten wir die verhältnißmäßig großen Summen bedauern, welche die zwecklose Ceremonie den Einzelnen, der Stadt und dem Lande gekostet hat. Wir denken, daß sich jetzt unsere Drontheimer Gastfreunde mit dem Beispiele der Königsberger Krönung vollkommen trösten können. Könige kosten immer Geld, am meisten aber, wenn sie gekrönt werden sollen.

Der Dom ist aus einem wundervollen Materiale gebaut, aus einem grünlichen, weichen Serpentin oder Topfstein, den man mit dem Messer schneiden kann, der aber nichts desto weniger vollkommen dem Einfluß der Atmosphäre und namentlich des Frostes widersteht. Die feinen Ornamente an Friesen, Säulen und Kapitälen, die am häufigsten aus geschlungenen Zickzacklinien gebildet sind, haben sich überall vortrefflich erhalten, wo nicht muthwillige Zerstörung eingegriffen hat. Wir fragen nach den Steinbrüchen, aus welchen dieses vortreffliche Material entnommen worden sein muß, das gewiß, wenn es leicht ausgebeutet werden kann, eben so gut ein Gegenstand des Exportes werden kann, wie die Schiefer aus Wales, mit welchen man in allen Seestädten Norwegens die Dächer namentlich der öffentlichen Gebäude deckt — wir erhalten zur Antwort, daß man wohl aus alten Chroniken wisse, die Steine seien in der Nähe des alten Nidaros gewonnen worden; jetzt aber seien die Brüche verschüttet und Niemand kenne genau den Ort, wo sie sich befunden hätten.

Wir dringen mit vieler Mühe — denn es sind gerade Ferien — in dem Schulgebäude zu dem Museum vor, von welchem wir um so größere Erwartungen hegen, als die Drontheimer Gesellschaft für Naturkunde der Naturgeschichte des Landes schon viele, nicht unbedeutende Dienste geleistet hat. Namentlich hat sie mehrfach die Naturforscher Bergens mit ziemlichen Summen unterstützt und diese dadurch befähigt, Untersuchungen über die Bewohner der Tiefen in den nördlichen Fjorden anzustellen. Das Museum aber macht der Stadt in der That keine Ehre. Es ist wahrhaft abschreckend in seiner Vernachlässigung und Unordnung; die wenigen ausgebalgten Säugethiere und Vögel sind von den Motten in einen erbarmungswürdigen Zustand versetzt; die in Weingeist aufbewahrten Präparate sind durch Verdunstung des Weingeistes vertrocknet und namentlich stinkt ein in langer Zinkkiste aufbewahrter Heringskönig so entsetzlich, daß die sensibleren Naturen unter unserer Gesellschaft schleunig den Rückzug antreten.

Wir wollen am Nachmittage eben in einigermaßen trüber Stimmung über das Ausbleiben unseres Schiffes uns nach einer benachbarten Anhöhe begeben, um über den Fjord nach ihm auszuschauen, als uns bei einem Umbiegen um die Ecke der Kapitän mit einiger Mannschaft begegnet. Vor einer Stunde hatte der „Joachim Hinrich“ draußen auf der Rhede Anker geworfen. Am Donnerstag, den 21. Juni, war unser Schifflein Abends von

Abs aus unter Segel gegangen oder hatte sich vielmehr von dem kleinen Dampfschiffe „Romsdalen“ bei heftigem Gegenwinde nach Molde zurückschleppen lassen, dessen Rhede es erst am folgenden Samstag verlassen konnte. Bei fast beständigem Gegenwinde hatte es an selbigem Tage schon um 6 Uhr Abends hinter der Insel Korsö Anker werfen müssen, so daß es erst am Dienstage darauf die Stadt Christiansund passiren konnte, von wo es dann mit günstigem Winde durch die Fjorde an den großen Inseln von Smölen und Hitteren vorbei segeln und auf der Rhede von Drontheim Anker werfen konnte.

Es war begreiflicher Weise unseres Bleibens nicht mehr länger im Gasthofe. Alles war ohne Zweifel weit besser, als in Bergen; allein bei allem guten Willen, den wir hatten, mußten wir doch gestehen, daß man in einem Gasthofe dritten und vierten Ranges der Schweiz oder Deutschlands bei der Hälfte der Preise in jeglicher Beziehung sich unendlich besser befunden hätte, als in dem ersten Hotel Drontheims. Wir berichtigten also unsere ziemlich hohe Rechnung und beeilten uns, mit Sack und Pack auf dem Schiffe unsere Kabinen zu beziehen, die uns nun schon gewohnte Räume geworden waren. Wir waren hier freie Menschen, nicht bei jeder Beschäftigung von Neugierigen belagert und konnten von unserem Decke aus die Aussicht über den Fjord in ungestörter Stille genießen.

Diese ist wirklich unübertrefflich schön und lieblich. Zu unserer Rechten gen Osten hin springen grüne Hügel mit reichen, saftigen Wiesen gegen die See vor; dort liegt das Kirchlein von Lade und dort war die Residenz des gefürchteten Hakon Jarl, welcher in der Geschichte Norwegens eine gewisse Rolle spielt. Vor uns mitten im Fjord hebt sich das kleine Fort Munk-Holm mit seinen weißen Mauern aus den Wellen, der schönsten Straße Drontheims, dem Munk-Gaden, als Zielpunkt dienend. Die Mauern ruhen auf einer niedern Klippe, welche kaum aus dem Wasser hervorsteht und reichlich mit Seegewächsen aller Art überwuchert ist. Das Fort hat gerade Raum für einige kleine Häuschen, in welchen der Kommandant und die wenigen Soldaten wohnen, und für einige Kanonen, die zwar auf den Wällen aufgepflanzt sind, aber gerade nicht darnach aussehen, als ob sie großen Schaden anrichten könnten. Als gewissenhafter Reisebeschreiber muß ich hinzufügen, daß auf diesem Munk-Holm Peter Schuhmacher, Graf von Greifenfeld, von 1680—1698 in einem schauderhaften Loche auf Befehl des Königs von Dänemark, dessen Staatsminister er gewesen war, eingesperrt wurde, bis er in hohem Alter blödsinnig starb. Wir fanden gerade keinen Beruf, uns die Höhle anzusehen, in welcher der Unglückliche eingemauert worden war. Kerker dieser Art sind gewöhnliche Dinge und es mag wohl kaum ein Königsschloß geben, das nicht ein solches Schauergemach aufzuweisen hätte.

Der Fjord ist außerordentlich weit, sodaß die gegenüberliegenden Ufer des Festlandes nur äußerst niedrig erscheinen. Um so wunderbarer sind die Spiegelungen, welche sich auf der schönen Wasserfläche zeigen. Einige Inseln in gewisser Entfernung leisten wirklich das Unmögliche in beständiger Veränderung ihrer Gestaltung. Jetzt strecken sie sich, langen Würmern gleich, weithin über die Fläche; dann schnurren sie wieder zu einem dicken, unförmlichen Klumpen zusammen oder verschwinden gänzlich unter der flimmernden Wasserfläche, während ihr Spiegelbild in der Luft sich zeigt. Dann tauchen sie wieder auf, aber diesmal mit einem breiten Hute gekrönt, der anfangs nur durch einige Spitzen mit dem unterliegenden Erdstreifen zusammenhängt, bald aber mit ihm zusammenschmilzt und nun ein breites Tafelland darstellt, das den Gesetzen aller Perspektive hartnäckig Hohn spricht. Unendliche Diskussionen über die Art und Weise, wie diese Fata Morgana entstehen könne, entspinnen sich zu wiederholten Malen und da keiner unter der Reisegesellschaft sattelfest genug ist in den physikalischen Lehren von der Strahlenbrechung und Spiegelung des Lichtes, so wirft eine jede Veränderung der Erscheinung regelmäßig eine Reihe von Theorien, zum großen Aerger der Producenten, wie Kartenhäuser über den Haufen.

Die Zuvorkommenheit, mit welcher wir empfangen, die Gastfreundschaft, mit welcher wir bewirthet werden, sind wo möglich noch größer als in Bergen. Wir sehen ein, daß wir nur die wenigsten unserer Empfehlungsbriefe abgeben dürfen, wenn wir Drontheim überhaupt lebendig und unserer Sinne mächtig verlassen wollen. Am Abende nach unserer Ankunft speisen wir bei dem Kaufmanne, an welche unser Banquier uns empfohlen hatte, und nach mehrstündiger Tafel kündigt man uns um zehn Uhr Abends an, daß die Wagen bereit stehen, um uns nach den berühmten Wasserfällen der Nid-Elv, nach den beiden Leer Fossen zu bringen. Die Stunde ist in der That zu einer solchen Exkursion außerordentlich geeignet; denn Tags über herrschte eine wahrhaft tropische Hitze, und erst jetzt, wo die Sonne mit ihren sinkenden Strahlen die Hügel vergoldet, tritt einige Kühle ein. In heiterer Stimmung und in vortrefflicher Gesellschaft fahren wir nach dem kaum eine Stunde entfernten unteren Fall, wo die wasserreiche Nid-Elv, 82 Fuß hoch, über senkrechte Felsen herabstürzt in einen weiten Kessel, an dessen einem Rande weitläufige Fabrikgebäude aufgeführt sind, welche die Wasserkraft zur Bearbeitung der Schwefel-Kupfer-Chromerze von Röraas benutzen.

Auffallend ist das tiefe, gelbliche Bouteillengrün des herabstürzenden Wassers, das sogar dem Schaum eine ganz eigenthümliche Färbung verleiht. Der Fall selbst läßt sich von der rechten Seite des Flusses, namentlich aus einiger Entfernung von der Fabrik sehr schön in seiner Vollständigkeit überblicken, und da gewöhnlich mehrere Fischerboote, mit dem Angeln von Lachsen beschäftigt, den Kessel beleben, so bietet er im Ganzen ein erfreuliches Bild.

Wir steigen von dem unteren Falle durch fettes Thonland empor nach dem oberen, welcher höher und darum auch malerischer sein soll, und gelangen, nachdem wir ein weitläufiges, wohlgebautes Hofgut durchschritten haben, welches jetzt einem Engländer gehört, zu einer Sägemühle, die an dem oberen Falle angelegt ist. Es hält weit schwerer, diesen letzteren in seiner Gesammtheit zu überblicken oder einen solchen Standpunkt von ihm zu gewinnen, wo der Künstler ein Bild von ihm entwerfen könnte. Die Felsen springen so weit vor und sind so steil, daß nirgends der Fall in seiner ganzen Länge zur Anschauung kommt. Auch hier zeigt sich dasselbe schmutzige Bouteillengrün des Wassers, welches offenbar von dem beigemengten grünen Thone herrührt, der die Hügel der Umgebung bildet und der auch den Fällen den Namen gegeben hat; denn „Leer" heißt auf gut norwegisch Thon. Auch die Felsen, die in dem Falle hervorstehen und die seine Wände bilden, zeigen eine ähnliche dunkelgrüne Farbe, so daß es wohl kaum zweifelhaft scheint, daß aus ihrer Verwitterung jener zähe Lehm hervorgegangen ist, der eine schwere Dammerde bildet. Wenn die Drontheimer die verschütteten Lager des Topfsteines suchen wollen, aus welchen einst die Steine ihres Domes entnommen wurden, so werden sie wohl in der Gegend dieser Wasserfälle suchen müssen.

Der Handel Drontheims beruht außer Fischen und Thran hauptsächlich auf der Ausfuhr und Verwerthung der Erze von Röraas, das in einer Entfernung von etwa zwanzig deutschen Meilen tief im Gebirge, nahe an der schwedischen Grenze, in schauderhafter Gegend liegt. Die Entfernung dieses Bergwerkortes vom Meere ist schon zu bedeutend, als daß dieses einen mildernden Einfluß auf die Kälte des Winters üben könnte. Jahre, wo das Thermometer auf 30 und 40 Grad unter Null sinkt, sind dort nicht ungewöhnlich und selbst auf den geringen Entfernungen zwischen den Wohnungen und Gruben müssen im Winter, der Schneestürme wegen, ganz besondere Vorsichtsmaßregeln getroffen werden, damit die Bergleute keinen Schaden leiden. Die Waldungen in der Nähe von Röraas sind jetzt so weit verwüstet, daß an eine Verschmelzung und Verarbeitung der Kupfer- und Chromerze auf dem Platze selbst nicht mehr gedacht werden kann. Sie werden also im Winter, wo der Schnee die Unebenheiten des Bodens mildert und den Transport erleichtert, auf immer noch schauderhaften Wegen nach Trontheim verschickt, wo das Chromerz in der erwähnten Fabrik mittelst der aus den Schwefelkiesen gewonnenen Schwefelsäure zu Chromkali verarbeitet, das Kupfererz dagegen gepocht und nach England verschickt wird. Nur eine sehr geringe Quantität Kupfer wird theils in Röraas selbst, theils in Drontheim verschmolzen, aber auch dort nur zu Schwarzkupfer verarbeitet, da das Brennmaterial zu theuer ist. Die Chromfabrik selbst ist vortrefflich eingerichtet und soll nach den Versicherungen einiger Theilhaber einen namhaften Gewinn abwerfen. Sie wurde von einem deutschen Chemiker, Namens Stromeier, gegründet (wahrscheinlich einem Verwandten des berühmten Chemikers in Göttingen), der indessen zu unserem Bedauern vor einiger Zeit gestorben ist.

Erst lange nach Mitternacht kamen wir auf unserem Schiffe, außerordentlich befriedigt von unserer Exkursion, an. Aber der junge Tag brachte neue gesellschaftliche Verpflichtungen. Wir hatten in Hamburg die für uns außerordentlich lehrreiche Bekanntschaft eines in Island etablirten Kaufmanns aus Schleswig gemacht, dessen Schwager in Trontheim lebt und uns mit der zuvorkommendsten Freundlichkeit in Haus und Garten einlud, wo wir eine große Gesellschaft fanden, die zum großen Theile aus Konsuln, Prokuratoren und ähnlichen Würdenträgern bestand, offenbar Männern von soliden Grundsätzen und standhaften Herzen. Und es wurde wieder von Mittag bis Mitternacht eine jener hartnäckigen Schlachten geschlagen, in welchen Sieger und Besiegte beinahe auf dem Platze geblieben wären und wobei es schien, als müßte der geräumigste Keller bis auf den Grund geleert werden — so schnell verschwand, was geschäftige Dienerinnen aufpflanzten. Wir glauben uns freundlich gelegener Gärten zu erinnern, an deren Gehängen tief im Grunde die Nid-Elv vorbeiströmte und in deren Schattengängen wir hätten lustwandeln können. Es schweben uns Bilder freundlich schöner Frauen vor, unermüdlich im Kreuzen der verschiedensten Speisen und Getränke, die in endlosem Wechsel einander zu verfolgen schienen. Es tauchen bemooste Häupter auf, die sich fest hinter einen Tisch gepflanzt hatten, um nicht zu wanken und zu weichen, während langen Stunden, die dem Herrscher im Donnergewölk gleich aus dem Wirbel des Cigarrendampfes Provokationen schleuderten nach jedem sich unschuldig nahenden Opfer. Aber alle diese Erscheinungen tauchen in der vernebelten Erinnerung nur wie in einem Traume auf.

Wir blieben noch bis zum Dienstag, mit Vorbereitungen zu unserer Abfahrt, mit Abschiedsbesuchen, mit einigen Untersuchungen beschäftigt, die freilich nicht recht flecken wollten. Trotz des Regens, der in Strömen niederfiel, suchte Gressly sich über die alten Strandlinien und die Muschellager zu belehren, welche in der Umgegend sich finden, während Vogt mit dem Boote in dem Fjord herumkreuzte und mit dem Schleppnetze einige Beute zu erhaschen strebte. Andere besuchten den Fischmarkt und kamen heim mit erstaunten Berichten über die Menge der wunderschönen Lachse, welche von Bauern auf Karren herbeigebracht wurden. Es waren mächtige Thiere von 30 und mehr Pfunden darunter, die Männchen mit stark entwickelten Haken an der Unterkinnlade, im übrigen aber durchaus dem Rhein- und Elblachse in allen Beziehungen gleich. Die Lachse sind zu dieser Zeit außerordentlich wohlfeil in Drontheim, da man, wie es scheint, noch nicht dazu gekommen ist, wie in Irland, sie als frischen Lachs in Blechbüchsen zu versenden, die Sommerhitze aber das Salzen und Räuchern, das im Herbste gebräuchlich, nicht gut zuläßt.

Wenn auch das Wetter am Nachmittage sich aufgehellt hatte, so wehte es doch immer noch stark aus Westen und wir hätten die Rhede von Drontheim einstweilen nicht verlassen können, wenn es uns nicht mit Hilfe unserer Gastfreunde gelungen wäre, das gewöhnliche Postdampfschiff zu einem Dienste zu vermögen. Das Schiff war erst am Mittag angekommen, und sollte am anderen Tage seinen Weg in das Innere des Fjordes, nach Levanger fortsetzen. Der Kapitän erklärte uns also, daß er uns mit zwölf Stunden seiner Zeit opfern könne: sechs um uns so weit aus dem Fjord hinauszuschleppen, als wir kommen könnten; sechs um wieder zurückzukehren, denn um 8 Uhr Morgens müsse er nothwendiger Weise wieder in Drontheim vor Anker liegen. Es wurde also fest zugesagt, daß er uns um 7 Uhr Abends ins Schlepptau nehmen solle, und Alles im Schiffe zu der bevorstehenden Abfahrt klar gemacht.

Das war wohl ein Strich durch die Rechnung unseres Gastfreundes, dem dasselbe Dampfschiff eine Anzahl Hummern aus dem Süden gebracht hatte, die er zu unserer Restauration bestimmte. So reich nämlich die südliche Küste Norwegens bis nach Molde hin an Hummern ist und zwar an ganz ungeheuren Exemplaren, welche in Ladungen von Hunderttausenden in durchlöcherten Schiffen lebendig auf die Märkte Englands und Schottlands gebracht werden, so arm ist der Norden an diesen Seekrebsen und in Drontheim gilt der Hummer schon für eine ausländische und deshalb feine Delikatesse. Da wir bei der Ueberzeugung, die Gelegenheit mit dem Dampfschiffe nicht vorüber gehen lassen zu dürfen, standhaft die Einladung zu einem Hummernfrühstücke verweigert hatten, so brachte der edle Gastfreund seinen gastronomischen Schatz an Bord, wo er mit uns der Ankunft des Dampfers entgegenharrte.

Aber wo ist Greßly? Man sucht vergebens in dem ganzen Schiffe herum, man überzeugt sich mit Schreck, daß er noch nicht wieder vom Lande zurückgekommen ist. Er wußte doch, wann wir abfahren sollten; er kannte doch alle Verabredungen, er muß also doch auch wissen, daß die Zeit vorüber ist und wir unmöglich länger warten können!

Greßly gehört zu den glücklichen Menschen, welche keine Zeit kennen, denen keine Stunde schlägt, besonders nicht, wenn es den Aufbruch aus fröhlicher Gesellschaft gilt. Er besitzt eine Uhr; allein sie liegt tief vergraben im Grunde seines Koffers und träumt dort wahrscheinlich über die Zeit, in welcher sie einst ging.

Fern in dem innern Hafen sehen wir schon die Rauchsäule emporwirbeln, welche das Nahen unseres Dampfers verkündet. Es bleibt nicht einmal Zeit, den Verlorenen aufzusuchen, zumal da die Meinungen über seinen Aufenthalt in verschiedenster Weise auseinander laufen. „Er wird sich in der Schalenschicht eingegraben haben, wie jener Pfarrer im Dachsbaue, den die Gemeinde an den Beinen herausziehen mußte, damit er ihr predigen könne," sagt der Eine. „Irgend eine schöne Norwegerin wird unsern Rinaldo seiner Pflicht abtrünnig gemacht haben," vermuthet der Andere. „Unser Freund hat eine ganz besondere Neigung, die Schichten des niederen Volkes zu studiren," meint der Dritte; „er sitzt gewiß in irgend einer Kneipe mit Matrosen und Fischern und vervollkommnet auf diese Weise seine Kenntnisse in der Sprache, woran er wohlthut; denn er kann da mehr lernen von dem Charakter und den Eigenthümlichkeiten des Volkes, als wir unter der civilisirten Schicht, unter welcher wir uns beständig herumtreiben."

Das ist Alles ganz gut; aber das Dampfschiff kommt jetzt aus dem Hafen heran und unsere Ankerwinde, auf deren patentirte Mechanik der Kapitän stolz ist, klappert mit einer Schnelligkeit, als ob es gelte einem drohenden Unglücke zu entrinnen. Wir können unmöglich länger warten. Der Commodore, stets väterlich besorgt um das Wohl seiner wandernden Gemeinde, zieht unsern Gastfreund auf die Seite: „Lieber Herr Hartmann, Sie sehen, daß wir nicht länger warten können. Uebermorgen soll das Dampfschiff kommen, welches nach dem Norden geht: seien Sie so gütig, Greßly mit dem nöthigen Gelde auszustatten, ihm eine Empfehlung nach Tromsö zu geben und ihn dorthin zu spediren, wo er vielleicht noch früher ankommen wird als wir. Wir wollen indessen seinen Mantel und einige Kleidungsstücke zusammenpacken und Ihnen für den Nachzügler mitgeben." Der Gastfreund versichert, daß unser Wunsch ihm Befehl sei, daß Greßly in seinem Hause wohl aufgenommen sein solle, daß er sich auf jegliche Weise bemühen werde, ihm den Kummer der Trennung von uns tragen zu helfen, und daß er, wenn nöthig, ihn mit Hilfe der Polizei in der Umgegend von Trontheim aufsuchen lassen werde.

Während der Commodore noch in dieser Weise seine rührende Sorgfalt für den Verlorenen an den Tag legt, einige Andere aber in Greßly's Cabine entschlossen untertauchen, um das Nöthige hervorzusuchen, erschallt plötzlich von dem Hinterdecke aus der Ruf: da kommt er! Man sieht in der That eine unförmliche Gestalt langsam über den Hafendamm sich heranbewegen: es ist Greßly, bepackt mit Cigarrenkisten, gefolgt von zwei Jungen, die ebenfalls hohe Bündel dieser Waare tragen. Wir schreien und rufen; er schreckt aus der gemüthlichen Bummelei auf, erblickt das Dampfschiff, das schon an unserer Seite liegt, stürzt sich eine Treppe hinunter in ein Boot, zerbricht im Stolpern die Hälfte der Cigarrenkistchen, die er mitgeschleppt und erscheint endlich glühend vor Anstrengung und Eifer in dem Augenblick, wo der Dampfer das Signal zur Abfahrt gibt. Der Vorwürfe ist kein Ende; aber Greßly weist sie mit triumphirendem Hinzeigen auf die eroberten Cigarrenkistchen zurück. Diese sind in der That förmlich zur Leidenschaft bei ihm geworden. An jedem Halteplatze hat er nach leeren Cigarrenkistchen umhergejagt, in welchen er die lebendigen Kinder der Flora während der Seereise zu halten beabsichtigt. Die Gefahr der Vereinzelung, in welcher er sichtlich geschwebt, übte indeß während einiger Tage einen gewissen deprimirenden Einfluß auf unsern Freund aus, der sich in der That dazu entschloß, seine Uhr aufzuziehen und für einige

Tage wenigstens, wo er ihrer übrigens durchaus nicht bedurfte, in Gang zu bringen.

Der längere Aufenthalt in Drontheim schien die Bande geselliger Ordnung etwas gelöst und einige Demoralisation in die Mannschaft gebracht zu haben. Während wir bei schönem Wetter durch die engen Fjords glitten, wo freundliche Formen mit hübsch bewaldeten Bergen und kleinen Holzhäuschen auf grünen Wiesengründen eine angenehme Abwechslung bieten, erwachte in dem Herzen des kleinsten Schiffsjungen, des Koches, ein verbotenes Gelüste nach geistigen Getränken. Unser Kapitän war in dieser Hinsicht sehr streng. Niemals erhielt die Schiffsmannschaft einen Tropfen alkoholischer Flüssigkeit und er selbst, sowie der Steuermann, erlaubten sich nur auf unsere Einladung hin, beim Kaffee nach Tische, eine Ausnahme von der Regel. Thee und Kaffee waren die einzigen Getränke, welche der Schiffsmannschaft gereicht wurden, und nur nach harter Arbeit oder überstandener Gefahr erlaubte uns zuweilen der Kapitän, den ermüdeten Matrosen einen Extratrunk zuzuweisen. Es gehen mehr Schiffe durch den Branntwein verloren als durch das Wasser, war des Kapitäns feststehender Glaubenssatz, den er bei jeder Gelegenheit aufrecht zu erhalten wußte.

Nun kann man sich freilich denken, daß bei solchen Grundsätzen wohl in einem jugendlichen Herzen ein Gelüste nach verbotener Waare auftauchen konnte. Wenn dieses sich nur an dem gewöhnlichen Fusel geübt hätte, so würde vielleicht ein Auge zugedrückt worden sein. Mit kummervollem Gesichte versicherte aber der Steward, daß der Raub gerade die feinste Sorte eines Araks betroffen habe, der speziell zur Anfertigung des berühmten schwedischen Punsches bestimmt sei. Und solcher Fehlgriff verdiente allerdings exemplarische Ahndung, um so mehr, als sich noch andere größere oder geringere Vergehen auf dem Haupte des Schuldigen schon früher gehäuft hatten oder in demselben Augenblicke sich häuften.

Wie es kam, weiß die Chronik nicht genau zu sagen. So viel aber ist gewiß, daß am andern Morgen der Koch mit einem gänzlich verschobenen Gesichte erschien, indem die eine Hälfte bis zum Verschwinden zusammengeschrumpft, die andere bis zur Unförmlichkeit aufgeschwollen war. „Man hatte ihm nur eine Zweipfündige diktirt," erzählte uns der Kapitän, „allein der Steuermann, der gerade ärgerlich war, weil der Junge ein falsches Tau anzog, hat mit der linken Hand, deren man nicht so ganz sicher ist, etwas zu stark ausgezogen und so ist es eine Ohrfeige von vier Pfunden geworden." Es war uns neu, daß man Ohrfeigen wie Kanonenkugeln nach dem Gewichte klassifizire. Allein so viel müssen wir nach dem Anblicke der Vierpfündigen, der uns geworden, sagen, daß der Himmel einen Jeden vor dem Genusse eines Paixhans aus der Hand unseres Steuermannes in Gnaden bewahren möge!

Als wir am anderen Morgen erwachten, hatte das Dampfschiff uns längst verlassen, und wir segelten bei geringem Winde und stiller See in dem sogenannten Frot Havet dem Norden zu. Anfangs noch zwischen den Scheeren konnten wir einige Züge mit dem Schleppnetze versuchen, die auch reiche Beute von Seegurken (Holothuria) und einige neue Formen von Schnecken, worunter besonders Blasenschnecken (Bulla lignaria), zu Tage förderten. Die Bewegung des Schiffes war so sanft und das Wetter so mild, wenn auch bedeckt, daß man den ganzen Tag ungestört auf dem Decke mit dem Mikroskope arbeiten konnte.

Nicht so wohl ging es uns am 4. Juli, wo wir uns in hoher See in der Gegend der Insel Leckö befanden, die wir aus der Ferne erblicken konnten. Schwacher Nordostwind, gegen den wir nur mit Mühe halten konnten, war nicht fähig, den starken Seegang aus Westen zu beseitigen. Das Schiff rollte und schwankte unerträglich, und Einer nach dem Andern von der Reisegesellschaft fiel ab, um in horizontaler Lage einige Linderung seiner Leiden zu suchen. Nur Greßly bot mit äußerster Standhaftigkeit jedem Einfluß von Wind und Wellen Trotz, die seinen Appetit nur zu steigern vermochten. Das Rollen war so stark, daß selbst die Violine, welche der sorgliche Steward aufschraubte, dem Stürzen der Flaschen und Gläser keinen Einhalt zu thun vermochte. (Man nennt Violine ein Gestell von handhohen Leisten, zwischen welchen Fäden gespannt werden, in deren Zwischenräumen Teller, Schüsseln, Flaschen und Gläser aufgepflanzt werden.) Als praktischer Mann aber wußte sich Greßly zu helfen. Von seiner Koje aus sah Hasselhorst, wie er die Weinflasche in der einen, die Wasserflasche in der anderen Brusttasche barg und zuweilen mit dankbarem Blicke nach oben für die ausgezeichnete Gunst, die ihm das Schicksal gewährte, ihrem Inhalte zusprach.

Es war wirklich Schade, daß wir gerade heute das Meer nicht genießen konnten; denn es war überreich an Erscheinungen aller Art. Schwärme von tellergroßen Quallen in den wunderbarsten Farben: Ohrenquallen (Medusa aurita) mit den zierlichen, schleifenförmigen, gelbrothen Rosetten in der Mitte des Schirmes; Kornblumenquallen (Cyanea capillata) in allen Farben und Schattirungen des Blau und des Gelb bis zum gesättigten Blutroth; dazwischen zahlreiche Exemplare einer großen Rippenqualle (Beroë) von herrlich zarter, rosenrother Färbung mit wunderbar schillernden Reihen von Schwimmblättchen an den Kanten des Körpers, belebten die Oberfläche, auf welcher eine Menge von Tauchern und Möven ihr Wesen trieben. Am Morgen erschien leider in zu großer Entfernung, als daß wir sie genauer hätten sehen können, eine Heerde großer, wohl 25 Fuß langer Delphine, welche der Kapitän als Butzköpfe (Delphinus Orca) bezeichnete. Sie schwammen in langer Reihe, einer hinter dem andern, indem sie mit einer Kreisbewegung, welche nach und nach die ganze Rückenlinie vom Kopfe bis zum Schwanze zur Ansicht brachte, sich aus der Tiefe hoben, wobei sie brausend pusteten, Wasserströme ausspieen und das Wasser mit der spitzen, senkrecht aufgestellten Rückenflosse wie mit einer Pflugschaar durchfurchten. Scharf eine geradlinige Richtung in ihrem Fortschreiten einhaltend, schnitten sie mit großer Schnelligkeit an unserem Schiffe vorüber und noch aus weiter Ferne hörten wir das laute Pusten. Mittags, wo die See spiegelglatt geworden war, aber der hohe Wellengang zu unserem Leidwesen fortdauerte, erschallte plötzlich der Ruf: ein Hai! der uns Alle auf das Verdeck lockte. Der Kapitän hatte schon bei der Einfahrt nach Trontheim einige große Haifische bemerkt und einen Angelhaken schmieden lassen, dessen Größe und plumpe Gestalt uns freilich einigermaßen an dem Erfolge zweifeln ließ. Ein gewaltiges Stück weißen Speckes wurde nun an die Angel befestigt und diese an einer Kette am Steuerruder ausgeworfen, während der Hai in einiger Entfernung das Schiff umkreiste. Seinen Körper konnte man nur wie einen braunen Schatten im Wasser erblicken; die braune abgerundete Rückenflosse aber, groß wie ein Kutschenschlag, tauchte von Zeit zu Zeit aus dem Wasser empor, um dann auf immer zu verschwinden. Das Stück Speck tanzte noch lange in unserem Fahrwasser, allein nur die Möven suchten unter lautem Geschrei einige Bissen davon abzuzwacken.

Am Freitage, den 5. Juli, Morgens 8 Uhr passirten wir bei prächtigem Sonnenschein, weit in der See, sodaß keine Spur der Küste sichtbar war, den Polarkreis und befanden uns von nun an in dem Bereiche des immerwährenden Tages. Leider dauert der hohe Seegang fort, wenn auch der Wind uns einigermaßen günstiger wird und wir eine ziemliche Strecke Weges zurücklegen, sodaß wir hoffen können, noch heute die Mitternachtsonne zu sehen. Eine dichte Nebelbank aber, welche von Norden her gegen uns heranzuwachsen scheint, birgt gegen Abend das leuchtende Gestirn der Nacht und nur tiefrothe Lichter, welche über die Wellen spielen, beweisen uns, daß es über dem Horizonte geblieben ist. Der Plan, durch ein allgemeines Fest die Ueberschreitung des Polarkreises zu feiern, eine Maskerade zu veranstalten, diejenigen zu taufen, welche zum ersten Male die geheimnißvolle Linie überschreiten, scheitert an der allgemeinen seekranken Prostration, in welcher sich die Reisegesellschaft befindet.

Die Nebelbank kommt uns entgegen, hebt sich in unseren Zenith, hüllt uns gänzlich ein und beraubt uns jeglicher Ansicht des Himmels, wie der Küste. Es folgen sich zwei nasse, unfreundliche, langweilige Tage, während deren man vor Ungeduld vergehen möchte, da man keine Schiffslänge vor sich sieht, die schweren Segel schlaff an die Masten schlagen und Alles auf dem Schiffe tropft und trieft von Nässe und Feuchtigkeit. Der Kapitän vermehrt die Unbehaglichkeit noch durch seine Erzählungen von Nebel, welche Wochen lange angedauert haben, von Zusammenstößen, die trotz steten Läutens mit der Schiffsglocke nicht nur im Kanal, sondern auch auf offener See stattgefunden haben; von früheren Fahrten in dieser Gegend, wo er von Tromsö bis Archangel im Nebel gesegelt sei und sich sehr weit ab vom Lande in offener See habe halten müssen, um nicht zu scheitern. Man beginnt am Ende zu glauben, daß die Existenz oberhalb des Polarkreises ohne Nebel gar nicht gedacht werden könne, und resignirt sich stumm zu unendlichen Schach- und Whistpartieen mit obligater Cigarrenbegleitung. Indessen beschließt man, bei diesem Zustande der Atmosphäre den Kurs gerade nach Norden zu richten und an der Außenseite der Lofoden in offener See hinzusegeln, statt durch den gefährlichen Westfjord zu steuern. Alle Touristen und Reisenden, die mit Dampfschiffen oder Booten die norwegische Küste entlang gereist sind, haben immer den Weg durch den Westfjord genommen und alle einzelnen Inseln sind zu wiederholten Malen so genau beschrieben worden, daß es uns reizt, den Weg außerhalb zu versuchen. Unser Lootse freilich ist mit dieser Aenderung des Kurses nicht ganz einverstanden; denn, wie sich später zeigt, kennt er die Lofoden nur von der inneren Seite her und da er auf Karten sich nicht zurecht zu finden versteht, steht er uns sogar in Kenntniß der Oertlichkeit nach.

Endlich am 8. Juli Nachmittags will uns die Sonne beweisen, daß sie auch jenseits des Polarkreises noch scheinen kann. Es wird hell und klar bei fast völliger Windstille, aber fortdauernd hohem Seegange, an welchen indessen die meisten von uns sich jetzt gewöhnt haben. Im hellen Glanze der senkrecht darüber stehenden Sonne zeigt sich zu unserer Rechten die Inselkette der Lofoden, deren scharfe Contouren wir nur eben zu erkennen vermögen. Erst gegen Abend, wo die Sonne, nach Westen gerückt, den Inseln gerade gegenüber steht, können wir deutlich die einzelnen Formen unterscheiden. Wir befinden uns dem Sunde gegenüber, durch welchen der gefürchtete Mal-Strom in den Westfiord eindringt, zu unserer Rechten die kleinen Inseln Röst und Värö, vor uns der schmale Felsenkegel Mosken, zur Linken die zackige, langgestreckte Kette von Moskenes Oe. Der Engländer, welcher die Ansicht der Lofoden mit derjenigen eines Haifischrachens verglich, hatte wahrlich nicht Unrecht, wenngleich die Zeichnung, welche Lord Dufferin gegeben hat, und die von dem Modell einer Säge entnommen ist, einigermaßen systematisch ausgefallen ist. Es ist eine furchtbar schroffe, felsige Küste, überall mit senkrechten Abstürzen, die finster schwarz aus dem Meere aufsteigen, gekrönt von schwindelnd steilen Abhängen, welche durch grünliche Färbung anzeigen, daß dort noch einiges Gras wächst. Es sind offenbar Abhänge ähnlich denjenigen an den steilen Grasen des Brienzersees, wo die Leute sich anbinden müssen, während sie das magere Bergheu mähen. Aber auch diese Abhänge beginnen erst in halber Höhe und dem Meere entlang gibt es nur Klippen und Felsen. Die oberen Contouren erscheinen ungemein zackig, schroff und wild. Dort streckt ein gewaltiger Felskopf gleichsam schwörend zwei Finger mit einem Daumen in die Höhe; hier ragen zwei Spitzen, ähnlich den Ohren eines Pferdes, das einem ungewohnten Geräusche lauscht. Vor den höheren Bergen zieht sich eine Reihe schroffer Felsen und niederer Scheeren hin, an welchen die Brandung hoch aufbraust und den dumpf schallenden Gruß herübersendet.

Jetzt endlich sollen wir auch zum ersten Male die Mitternachtsonne erblicken. Hasselhorst stimmt seine Palette, die Andern stehen in gespannter Erwartung auf dem Deck und harren des Augenblickes, wo sich die Sonne wieder heben soll. Es ist eben Alles in die Länge gezogen in Norwegen, Berge und Menschen, Himmel und Meer, und die Sonnenuntergänge und Aufgänge nehmen an dem allgemeinen Charakter Theil. Die Sonne steht schon um 9 Uhr so tief, daß sie in unseren Breiten binnen einer halben Stunde unter dem Horizonte versunken wäre; hier aber schleicht sie langsam in einem ganz flachen Bogen über den Horizont hin, macht vergebliche Versuche unter-

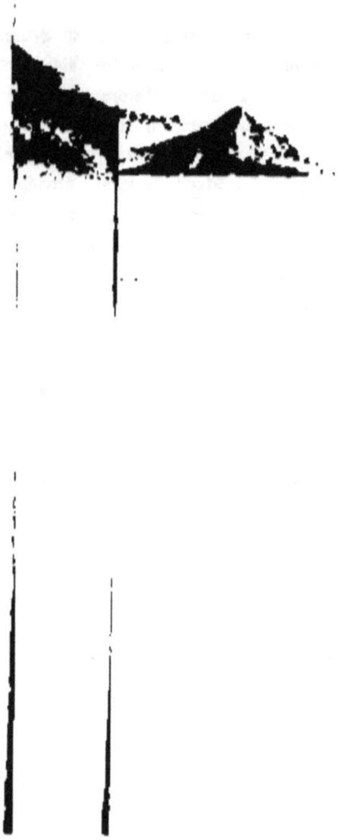

zutauchen und steigt dann wieder griesgrämig und langsam in die Höhe, um ihren Lauf nach Süden fortzusetzen. Für den Maler mag einiger Vortheil in dieser Langsamkeit liegen, indem sie ihm genügende Zeit läßt, die Effekte der tiefstehenden Sonne, die gelben und rothen Lichter, die violetten und braunen Schatten auf das gründlichste zu studiren; für den profanen Beschauer aber hat die Mitternachtsonne entschieden etwas Langweiliges. Heute lag noch obenein eine Nebelschicht im Norden, sodaß sie uns wie ein dunkelblutrother Ball etwa eine Stunde lang über das Wasser herüberglänzte und nicht Kraft genug hatte, die Berge gegenüber zu beleuchten. Nichts desto weniger aber ließen wir einige Pfropfen zur Feier des Ereignisses knallen und legten uns mit dem Bewußtsein zu Bette, daß auch wir in Rom gewesen sind und den Papst gesehen haben.

Wir haben auf unserer Reise während sechs Wochen die Sonne nicht untergehen sehen und während mehr als zwei Monaten keine Nacht gehabt. Denn schon lange bevor wir den Polarkreis überschritten hatten, trat um Mitternacht nur eine leichte Dämmerung ein, welche nicht einmal verhinderte, Gedrucktes zu lesen. Wir dürfen also wohl uns ein Urtheil über die Wirkungen anmaßen, welche dieses beständige Licht auf den Menschen ausübt. Diejenigen, welche nur obenhin sprechen hören von diesem Monate langen Verweilen der Sonne über dem Horizonte, halten die Reisenden für besonders beglückt, welche durch die Nacht nicht gehindert waren, ihre Beobachtungen anzustellen und meinen, man müßte sich außerordentlich wohl fühlen und stets aufgelegt sein zu neuer Anstrengung.

Dies ist durchaus nicht der Fall. Denn der Anregung, welche in den ersten Tagen eine natürliche Folge des Ausbleibens der Nacht ist, folgt bald eine gewisse Ueberreizung und Abspannung, deren man nicht vollkommen Herr werden kann. Man empfindet das Bedürfniß des Schlafes, ohne daß man dazu kommen könnte, ihm Folge zu leisten; man kann sich von der eingewurzelten Gewohnheit des Eintrittes der Nacht nicht losmachen; man erwartet jeden Abend aufs neue den Augenblick, wo die Sonne unter den Horizont sinken soll, und sucht gewöhnlich erst in früher Morgenstunde das Bett, das keinen ganz erquickenden Schlaf bietet. Man dankt endlich dem Himmel, wenn es demselben wieder gefällt, sich während einiger Stunden in Nacht zu hüllen.

Nicht nur bei den Reisenden, auch bei den Einheimischen kann man diese Einwirkung des Mitternachtlichtes beobachten. Dazu gesellt sich dann noch eine ganz eigenthümliche Auflösung der ökonomischen Verhältnisse. Man mag kommen, zu welcher Stunde des Tages oder der Nacht es auch sei — man wird fast immer Menschen treffen, die wach und mit der Arbeit beschäftigt sind, während Andere schlafen. Die Ordnung eines jeden Hauses ist gewissermaßen gelöst: es gibt keine bestimmte Stunde mehr für die Mahlzeit, keine für die Ruhe, keine für die Arbeit, und trotz des relativen Wohlbehagens, in welchem sich die Leute befinden, gegenüber den langen Nächten, welche demnächst eintreten sollen, hört man sie doch mit Sehnsucht den Augenblick herbeiwünschen, wo wieder für einige Stunden Dunkelheit eintreten wird. Einzig den Seefahrern ist der ewige Tag eine höchst erwünschte Gabe des Himmels, und da sie alle die Fähigkeit haben, unmittelbar zu schlafen, sobald sie sich niederlegen, und ihre vierstündige Schlafzeit soweit auszunutzen als nur irgend möglich, so wissen sie nicht genug die Sicherheit zu loben, mit welcher sie auch Nachts wie am hellen Tage in den engen Sunden zwischen Scheeren und Klippen umherkreuzen können.

Die See glättete sich allmälig, der Wind wurde ganz stille und unser Schiff wäre wohl auf derselben Stelle in Sicht der südlichen Lofoden geblieben, hätte nicht die Strömung, die an der ganzen Küste Norwegens überall sich spüren läßt, es sichtlich nach Norden getrieben. Das Schiffsjournal notirt während dreier Tage fast beständige Windstille, hellen Sonnenschein, warme Luft und ungestörte Mitternachtsonne, sowie stetes Treiben nach Nord und Nordost in der Strömung, die manchmal so stark war, daß sie selbst zur Steuerung genügte. Die Kette der Lofoden bietet uns während dieser Zeit stets neue und wunderbare Anblicke und namentlich die Felsenklippen, die vor den größeren Inseln liegen, zwingen stets aufs neue den Bleistift in die Hand, der die ungewohnten schroffen Formen auf das Papier bringen soll. Das Meer ist so stille, die Luft so klar, daß wir es wagen können, uns Stunden weit mit dem Boote vom Schiffe zu entfernen und theils auf offenem Meere, theils auf den benachbarten Klippen Jagd zu machen. Auf dem Meere sind es namentlich die Taucher, welche uns äffen, indem sie das Boot bis auf Schußweite herankommen lassen, dann aber plötzlich bei dem Knacken des Hahnes und noch ehe die Schrote die Stelle erreichen, untertauchen und in ungemessener Entfernung wieder zum Vorschein kommen. Der Kapitän, der jetzt eine wahre Leidenschaft für die Jagd gefaßt hat, hetzt mit dem Commodore eines Nachmittags die halbe Schiffsmannschaft mit Rudern förmlich ab, indem er einige dieser „vertrackten Tauchvögel" durchaus in seine Gewalt bringen will.

Besseren Erfolg haben wir auf den Klippen, die wir an einem anderen Tage besuchen. Ganze Schwärme von Cormoranen, Papageitauchern, Alken, Lummen, Möven und Seeschwalben bewohnen diese Felsen, die von einem wahren Wald von unterseeischem Tang umgeben sind. Nur schwer gelingt es uns, mit dem Boote an einigen dieser Felsen zu landen, da trotz der vollständigen Ruhe des Meeres die schwellende Bewegung eine starke Brandung verursacht. Möven und Seeschwalben flüchten bei unserer Annäherung in die Luft, die Taucher dagegen in das Wasser; nur die Cormorane halten in den lächerlichsten Stellungen Stand. Sie breiten die Flügel halb aus, als wollten sie dieselben an der Sonne trocknen, drehen den Hals verlegen hin und her, wie alte Jungfern, die auf einem Balle nach nichterscheinenden Tänzern aussehen, und lassen sich, ohne nur die Flucht zu versuchen, von ihrer Klippe herunterschießen, wie wenn es so sein müßte.

In dem Wasser erscheinen uns einige schwimmende Seethiere, welche wir bis jetzt noch nicht angetroffen haben, die aber von nun an während der ganzen Reise bis zum Nordkap uns begleiten sollen. Eine prächtige, wenig bekannte Schirmqualle mit kreuzförmig auf der Unterfläche des Schirmes gestellten Organen, die in der Tiefe fast wie ein Seestern aussieht und so häufig vorkommt, daß sie vollkommen untersucht werden kann. Wir gaben ihr den Namen der Kreuzmeduse, fanden aber später, daß der Naturforscher Mertens auf seiner Weltumseglung im Nordsollsunde und im Ozean bei Unalaschka sie schon gefunden und Brandt, der Herausgeber seiner nachgelassenen Papiere, sie mit dem Namen Staurophora Mertensii belegt hatte. Auch jetzt zeigt sich ein neuer Typus von Rippenquallen mit großen Lappen zu beiden Seiten der Mundöffnung, welchen der Professor auf seinen Fahrten im Ozean und Mittelmeere noch nicht begegnet ist und die er deshalb zum Gegenstand einer tiefer eingehenden Untersuchung wählt.

Auch die größeren Meerthiere fehlen nicht. Eine Fischerbarke kommt zu uns heran und bietet schönen Kabeljau, eine große Scholle und einen noch größeren Rochen an, und die Fischer verwundern sich zum höchsten, daß namentlich der Roche, den sie als einen Trollfisch für nicht eßbar erklären, den Vorzug vor den Dorschen und Kabeljaus erhält. Leider vergißt der Professor, der die Fischer in einiger Entfernung von dem Schooner angetroffen hat, die nöthigen Instruktionen zu geben, so daß er beim Nachhausekommen den Rochen nach Seemannsbrauch ausgeweidet und so vollständig ruinirt findet, daß nichts übrig bleibt, als die Reste in das Meer zu werfen.

Zuweilen hört man ein Plätschern wie von heftigem Platzregen, während doch das Wetter vollkommen hell und klar ist. Man sieht in einiger Entfernung das Wasser sich kräuseln, wie wenn ein lokaler Windstoß die Oberfläche in Bewegung setzte. Kommt man näher, so sprudelt es in langer Linie förmlich auf: silberne und dunkele Punkte spielen in dem bewegten Wasser und hie und da schießt ein silberner Strahl über die Fläche oder gar aus dem Wasser hervor, um plumpsend wieder hineinzufallen. Es sind Züge von Fischen, vielleicht Heringe, wahrscheinlich aber doch junge Seyfische (Gadus virens), welche hier auf der Oberfläche ihr Wesen treiben und gewöhnlich auch mit den Möven in Kampf gerathen, welche von allen Seiten auf sie herabstoßen. Wo solche Züge sich finden, da sind auch Tümmler, Delphine, Schweinfische und Finnfische nicht weit, welche dann meistens durch ihre Verfolgung die Fische zwingen, sich entweder in den größten Tiefen oder in der Nähe des Landes einen Zufluchtsort zu suchen.

Ein Finnfisch (Balaenoptera musculus) von gewaltiger Größe gab uns an einem dieser Abende eine ganz eigenthümliche Vorstellung. Schon seit einiger Zeit hörten wir in der Ferne dumpfe Schläge wie Feuer aus großen Mörsern oder schweren Kanonen, das von Norden herüberschallte. Land war dort nicht und daß irgend ein Kriegsschiff in dieser Gegend Schießübungen anstellen sollte, schien uns ebenfalls unwahrscheinlich. Wir näherten uns und sehen endlich, daß ein Walfisch, der von kolossaler Größe sein mußte, hier in seiner Weise Turnübungen anstellte. Von fünf zu fünf Minuten etwa hob sich eine Flosse aus dem Wasser empor, deren Breite zwischen den beiden Endspitzen der flügelförmigen Lappen wir allgemein zwischen 30 und 40 Fuß schätzten und von der der Kapitän behauptete, daß unser großes Boot, welches etwa 25 Fuß lang ist, bequem in ihrem Ausschnitte Platz hätte. Dies furchtbare Instrument wuchs langsam aus dem Wasser empor, stellte sich bolzengerade, schwankte einige Male hin und her, wie wenn es sich den gehörigen Schwung geben wollte, und donnerte dann mit so furchtbarer Gewalt auf das Wasser, daß dieses, in Schaum aufgelöst, hoch in die Höhe spritzte und deutliche Kreiswellen nach allen Seiten hin aussendete. Kaum hatte der Wal den Schlag geführt, so sah man in einiger Entfernung von der Flosse den unförmlichen Kopf auftauchen, einen gewaltigen Wasserstrahl in die Höhe spritzen, worauf einige Ruhe eintrat, bis nach wenigen Minuten das Schauspiel sich wiederholte. So trieb es der Fisch wohl während zwei Stunden und gern wären wir näher gesegelt, da aber vollkommene Windstille herrschte, so mußten wir uns begnügen, mit unseren Fernröhren dem seltsamen Schauspiele zuzuschauen.

War es ein Kampf? War es ein Spiel? Fast möchten wir das Letztere glauben. Zwar erzählt man Vieles von den Kämpfen der Walfische mit dem Narwal, dem Pottfisch, und in Bergen hatte uns Danielssen versichert, daß er in dieser Gegend einem wüthenden Kampfe zwischen zwei Schwertfischen und einem Finnfische beigewohnt habe, wobei der Letztere unterlegen sei. Der Schwertfisch (Delphinus Orca) ist in der That der Tiger der nördlichen Meere, ein gewaltiger Delphin, der durch Schnelligkeit und Raschheit der Bewegungen alle seine Verwandten weit übertrifft und mit seinen kurzen Kiefern, die mit dicken kegelförmigen Zähnen bewaffnet sind, eine ungeheure Kraft entwickeln kann. Nur selten gelingt es, einen dieser gewaltigen Raubfische zu erlegen, von dem wir einen wunderschönen Schädel in Bergens Museum sahen. Wir glauben indeß um so weniger, daß ein Kampf die Ursache jener ungeheuren Anstrengung gewesen sei, als der Fisch den Platz nicht wechselte und wir auch am folgenden Tage einen zweiten, vielleicht denselben klatschenden Walfisch in bedeutender Entfernung hörten.

Auch Haifische kamen wieder in die Nähe, schnappten nach dem Speck, wobei wir deutlich sehen konnten, wie sie mit halbem Leibe sich herumwarfen, so daß der gräuliche Rachen und die hellergefärbte Unterseite sichtbar wurden; allein zu unserm Leidwesen gelang es nicht, einen derselben zu fangen. Indessen hatten wir Arbeit genug; denn auch für Hasselhorst war die krystallhelle, durchsichtige Rippenqualle, die wir in zahlreichen Exemplaren in unseren Gläsern hatten, ein Gegenstand des eifrigsten Studiums geworden, und während die anderen abbalgten, mikroskopisirten und secirten, suchte sein Bleistift mit gewohnter Meisterschaft die Linien auf das Papier zu fesseln, welche der krystallhelle Körper innen und außen nur mit Mühe erkennen ließ.

Unser Vorrath süßen Wassers ging zu Ende, und da der Wind etwas kräftiger wurde, so beschloß man, in den nächsten Fjord einzulaufen und an einem geeigneten Ankerplatze frisches Wasser einzunehmen. Wir drehten also gen Westen, um in den engen Börösund zwischen der großen Insel Langö im Norden und Hasselö oder Uvö im Süden einzulaufen. Der Sund ward stets enger und enger; die niedrigen Felsen, welche ihn begrenzten, stiegen im Hintergrunde zu furchtbar steilen, schroffen Nadeln in die Höhe, und in dem Fahrwasser des Sundes selbst zeigte hie und da eine weißliche Brandung verborgene oder kaum über das Wasser hervorragende Klippen an, welche der Lootse mit großem Geschicke zu vermeiden wußte. Wir saßen in der Kajüte, nichts Arges denkend und auf gewöhnliche Weise beschäftigt, als es plötzlich einen Stoß gab, wie wenn das Schiff auf einen Felsen aufgerannt wäre, wobei es sich so bedeutend neigte, daß wir fast von unseren Sitzen fielen. Zugleich hörten wir des Steuermanns lauten Commandoruf, während er hastig mit ein Paar großen Sätzen über das Deck sprang und die Matrosen hinter ihm drein rannten. Im Augenblick waren wir alle auf Deck, wo auch unsere vor Schrecken bleiche Dienerschaft sich sammelte, während die Matrosen schon zum Theil in den Masten hingen oder die Segel in einiger Verwirrung niederrissen; denn der Steuermann, der seine Augen überall hatte, schlug einem, der ein falsches Tau ergriff, heftig auf die Hand, während er mit der andern Faust an dem richtigen Tau das Segel niederriß. Die Gefahr, wenn wirklich eine gewesen war, hatte kaum ein Paar Secunden gedauert. Eine über den Bergen aufsteigende Gewitterwolke, von der man vorher keine Spur hatte sehen können, die sich aber nun plötzlich ausbreitete und mit strömendem Platzregen entlud, hatte einen kräftigen Windstoß, eine Böe, entsendet, der unvermuthet in die vollen Segel gefallen war und bei geringerer Vorsicht uns gegen die Felsen geschleudert hätte.

Der starke Wind, der das Gewitter begleitete, half uns nun vortrefflich durch den engen Fiord hindurch und im schnellsten Laufe schossen wir bis zu der engsten Stelle, wo vor einigen Häusern der Ankerplatz angegeben war. Eine veränderte Stellung der Segel, welche den Wind so auffing, daß er unserem Kurse gerade entgegengesetzt wirken mußte, parirte das Schiff fast unmittelbar, wie ein in schnellem Laufe gespornes Roß: der Anker rasselte herab und faßte Grund in einem engen Sunde, der kaum die Breite eines Flintenschusses bot. Das Gewitter entlud sich nun in furchtbaren Regengüssen, wobei indeß nur wenige Donnerschläge und Blitze zu bemerken waren.

Wir erwachen bei heiterem Sonnenschein und lernen nun erst das liebliche Plätzchen so recht schätzen, auf welches uns das Bedürfniß nach Wasser geworfen hat. Uns gegenüber liegt eine kleine, niedrige Insel, ein Lieblingsbrüteplatz der Eidergänse, der deshalb auch mittelst der Bezahlung einer Abgabe von Seiten des Besitzers in des Königs Frieden und Bann gelegt ist, so daß dort nicht geschossen werden darf. Auf der andern Seite breiten sich über einem grünen, etwas sumpfigen Vorlande hohe Felsrücken mit schroffen Ab stürzen aus, an welchen wir einige Adler ab- und anfliegen sehen. Links und rechts starren über den Sund spitze Felsennadeln aus der Ferne hervor, welche theilweise den Inseln, vielleicht auch dem festen Lande angehören. Die durchsichtige Rippenqualle trieb sich mit Kreuzmedusen, Ohrenquallen und Kornblumenquallen in dem Sunde umher und bot fast alle Stadien des Wachsthumes, so daß die Naturforscher unter der überreichen Menge von Formen kaum wußten, wo anfangen, und den ganzen Morgen auf dem Deck des Schiffes hinter das Mikroskop gefesselt waren, während die Schiffsmannschaft mit den Wassertonnen einem Bache zugefahren war, in dessen Einmündung sie leicht den Vorrath ergänzen konnte. Der Doktor in Begleitung Huberts will hier endlich seiner Wißbegierde durch Erlegung einiger Schneehühner oder Rypen, wie man sie in dem ganzen Norden nennt, ein Opfer bringen. Die längst gelöste Frage, ob das Moorschneehuhn (Tetrao albus) eine von dem Alpenschneehuhne (Tetrao lagopus) getrennte Art sei, treibt ihn in den Wald, welcher die steilen Halden in der Nähe unseres Landungsplatzes bekleidet. Berna und Greßly fischen mit dem Schleppnetze und bringen von dem wenig tiefen Grunde eine außerordentliche Menge von Seesternen und Seeigeln, sowie einige todte Schalen der großen isländischen Kammmuschel (Pecten islandicus) hervor, welche hier, wie es scheint, ziemlich häufig ist. Nachmittags wird ein Spaziergang über den benachbarten Moorgrund nach einer kleinen Anhöhe gerichtet, die einen weiteren Ueberblick über den Fjord zu gestatten scheint. Der Commodore kann nur mit großer Mühe bewogen werden, eine einläufige Flinte mit zu nehmen, die ihn, wie er fürchtet, in der Raschheit seiner Vorwärtsbewegung aufhalten würde. Erst der Heroismus, mit welchem der Professor und der Maler gleichzeitig erklären, sich außer dem geologischen Werkzeuge und dem Malkasten noch mit dem Schießgeräthe beladen zu wollen, bestimmt ihn, den Bitten der Freunde Folge zu geben.

Wir hatten es wahrlich nicht zu bereuen. Denn kaum waren wir auf dem Moore angelangt, in welchem wir zuerst den Moltebeerstrauch mit noch unreifen rothen Beeren in großer Menge antrafen, so scheuchte fast jeder Schritt irgend einen jagdbaren oder für uns interessanten Vogel auf. Die Goldregenpfeifer (Charadrius pluvialis), der große und kleine Brachvogel (Numenius arquatus und phaeopus), waren bald in mehreren Exemplaren gemordet und nur einige Raubmöven (Lestris) bedurften längerer Zeit, um erlegt zu werden. Namentlich über diese letzteren, die jetzt in ihrem dichten, braunschwarzen Federkleide als stille Männer vor uns lagen, freuten wir uns um so mehr, als wir bisher vergebens gesucht hatten, ihrer auf dem Meere oder den Scheeren der Küste habhaft zu werden. Oft hatten wir den behenden und kühnen Vögeln zugeschaut, wenn sie mit lautem Geschrei weit größere Möven angefallen und mit heftigen Schnabelhieben sie gezwungen hatten, ihre Beute fahren zu lassen, die sie dann in dem Fallen rasch weg schnappten. Oft waren wir ihnen im Boote nachgefahren, hatten sie zu locken versucht oder auch geglaubt sie dadurch in unsere Nähe bringen zu können, daß wir den Möven große Stücke Fleisch zuwarfen, welche diese fast unter unseren Händen wegschnappten, um sie sich wieder von den Raubmöven abjagen zu lassen. Immer vergebens. Stets hatten wir die dunkeln Raubmöven, die sich durch das dunkle Kleid und den langen Gabelschwanz so sehr unter den Schaaren der weißen Möven auszeichneten, nur aus weiter Ferne erblicken können, so daß wir schon verzweifelten, jemals ihrer habhaft werden zu können. Hier auf dem Lande schienen die Raubmöven gänzlich die Scheue abgelegt zu haben, welche sie auf dem Wasser auszeichnet. Sie liefen auf dem Moore herum, wie es schien, nach Würmern und Insekten suchend, setzten sich auf die Moorhügel und Birkenstrünke, welche die allgemeine Fläche überragten, beschauten sich den Jäger, der ihnen nahete, und hielten ganz vortrefflich Stand, bis er sich in schußgerechte Nähe herangeschlichen hatte. Offenbar beschränken sich also die Raubmöven nicht blos auf diejenige Beute, welche ihnen das Wasser bieten kann, sondern jagen auch auf dem Lande, in der Nähe der Küsten, nach thierischer Nahrung, welche sich dort bietet.

Wir sind bald so bepackt mit Vögeln aller Art, daß wir kaum einige Proben des Gesteines mitnehmen können, welches aus einem prächtigen, hellen, rothen Granite besteht, der an einigen Stellen fast in reines Feldspathgestein überzugehen scheint. Wüßte man ihn zu verwerthen, gewiß würde dieser Granit bald in demselben Rufe stehen, wie derjenige aus Finnland oder der aus dem Habkerenthale in der Schweiz, dem er an Farbe und vortrefflicher Qualität durchaus nicht nachzustehen scheint. Aber auch dieser Granit ist überall deutlich geschichtet. An der kleinen Insel gegenüber stehen die Schichten fast senkrecht, während die hohen Felsen, um welche die Adler kreisen, abgerissene Schichtenköpfe zeigen, unter welchen wohl ein Nest sich bergen könnte.

Kopfschüttelnd klopft der Professor Steine und mit jedem Schlage, den er thut, geht ein Stück von der Eruptionstheorie des Granites zu der Menge derjenigen Theorien, die er im Laufe der Zeit schon über Bord geworfen hat.

Die Jäger sind unterdessen heimgekehrt und haben in der That zwei Rypen, eine Wildente und zwei prächtige rothhalsige Eistaucher (Colymbus septentrionalis) mitgebracht, welche sie auf einem kleinen Tümpel mitten im Walde angetroffen haben. Die Rypen stehen gerade in der Zeit der Mauser, indem das weiße Winterkleid erst theilweise von dem gelbbraunen Sommerkleide verdrängt ist. Hätten sie einen dressirten Hund gehabt, behaupten sie, so würde es ihnen ein Leichtes gewesen sein, ein Dutzend mitzubringen, denn die Vögel halten so fest in dem dichten Moos und Gestrüppe, das den Boden überzieht, daß man fast auf sie treten muß, ehe sie auffliegen. Freitag, den sie mitgenommen hatten, ist ihnen eher hinderlich als förderlich gewesen; denn trotz alles Rufens und Pfeifens ist der Leichtfuß hinter dem ersten Vogel, welcher aufflog, laut bellend nachgesprungen und hat sich erst gegen Ende der Jagd wieder blicken lassen.

Die Lorbeeren Huberts und des Doktors, die freilich durch unsere Spazierjagd auf dem Moose etwas verkümmert sind, lassen indessen den Kapitän nicht ruhen. Er bittet so lange, bis der Commodore und der Maler ihn ebenfalls auf die Jagd nach Rypen begleiten. Die Adleraugen Hasselhorst's, die eine unglaubliche Schärfe besitzen, ersetzen einigermaßen die fehlende Nase eines dressirten Jagdhundes. Nach einigen Stunden kehren auch diese, spät in der Nacht, heim mit einigen getödteten Rypen und einem ganzen Schwarme pipender Jungen, die leider indessen sehr bald den Weg alles Fleisches gehen. Auch einige Lemminge (Mus lemmus) haben sie todtgeschlagen und mitgebracht.

Bekanntlich ist auch diese kleine, breite, kurzschwänzige Ratte der Gegenstand der mannigfaltigsten Fabeln geworden: sie wohne, man wisse nicht wo, tief im Innern des lappländischen Festlandes, versammle sich aber zuweilen in Schaaren von Hunderttausenden und Millionen, die dann nach der Küste hinzögen, ihren Weg in geradliniger Richtung, über Flüsse und Fjorde fortsetzten, bis endlich der Rest in dem offenen Meere ersaufe, eine Speise der Haifische und Dorsche, nachdem während des Zuges alles Raubzeug der Luft und des Festlandes von ihnen gelebt habe.

So etwa der Inhalt der Sagen, welche von den alten nordischen Naturforschern sich herdatiren und jetzt noch unter dem Volke umlaufen sollen. Das Wahre an der Sache aber ist, daß der Lemming überall im hohen Norden unsere Feld- und Wühlmäuse vertritt, daß er, ebenso wie diese, in manchen Jahren sich ganz entsetzlich vermehrt, so daß dann plötzlich ungeheure Schaaren erscheinen, die allerdings geringe Wanderungen unternehmen und selbst vom Hunger getrieben über schmale Fjorde schwimmen, bei welchem Unterfangen sie größtentheils zu Grunde gehen. In den gewöhnlichen Jahren findet man sie, wie wir sie gefunden haben, überall in Löchern, eine gewöhnliche Beute des Raubzeuges, welches sie massenweise vertilgt.

Auf Vörö.

Wir wären gerne noch länger in dem reizenden Vörö geblieben, um die Umgegend soviel als möglich auszuforschen. Schon dachten wir daran, eine Exkursion nach den Gipfeln zu organisiren und den Adlern ein wenig nachzuspüren, welche dort oben um die Felsen kreisten. Auch war der Besitzer der Eiderinsel gekommen, ein freundlicher alter Mann, hatte uns verschiedene Eier zum Geschenke gebracht und uns eingeladen, ihm doch das Vergnügen zu machen, auf seiner Insel zu jagen und Eidergänse wegzuschießen, soviel wir nur immer wollten; die Jungen wären jetzt schon im Stande, sich selbst zu ernähren und es werde ihm Freude machen, wenn die Bälge einiger ihm gehörigen Vögel in einem deutschen Museum figuriren könnten. Allein das Barometer sank zusehends tiefer und tiefer und stimmte mit unsern wetterkundigen Seeleuten überein, welche einige Tage Regen und Sturm prophezeiten.

Auch hier kommt der Regenwind aus Westen und da eine solche Richtung uns nur günstig sein konnte, so beschlossen wir sofort, unter Segel zu gehen und durch den Sortlandesund und den Gabelfiord, zwischen den Inseln Langö und Hindö hindurch, der offenen See und später dem Tromsöfiord zuzueilen. Um zwei Uhr Mittags lichteten wir die Anker und steuerten bei vortrefflichem Winde frisch und fröhlich, freilich etwas arg von den Schnaken mitgenommen, durch die Fiorde hindurch, welche dieselben reizenden Abwechslungen darboten, wie beim Eingange.

Es ist bei solchem günstigen Winde wohl immer eine Freude, durch die Fiorde zu segeln. Man bewegt sich mit der Schnelligkeit eines Dampfschiffes, ohne das Unangenehme der stoßenden und rüttelnden Bewegungen zu haben, woran man auf diesen leidet. Der Wellenschlag ist nicht bedeutend genug, um auf das Schiff selbst rollend einzuwirken und dieses gleitet sanft, von einer unsichtbaren Gewalt getrieben, zauberkräftig und lenksam dem Steuer gehorchend, während es sich um Felsen und Klippen windet. Bleibt man aber nicht in den Fiorden, sondern muß man bei solchem Wetter hinaus in die offene See, so empfindet man dann meist doppelt die heftige Wellenbewegung, welche sich dort unterdessen eingestellt hat.

So ging es uns auch diesmal. Kaum waren wir aus dem Gabelfiord hinaus, so wurde das Rollen und Schwanken unerträglich, der Wind hart, während zugleich der Regen in Strömen goß und dichter Nebel sich auf die Gegend senkte, sodaß es trotz der Mitternachtsonne dunkel oder, wie die Seeleute zu sagen pflegen, „dick" wurde.

Das war eine harte Nacht für unsern braven Kapitän. Denn der Lootse, den wir an Bord hatten, kannte die Lofoden wohl von hinten, von dem Westfiorde aus, nicht aber von vorne, von dem Oceane her, sodaß wir gänzlich auf Kompaß und Karten angewiesen waren, um unseren Weg zu suchen. Zuerst galt es, den langen, dünnen, rothen Leuchtthurm von Andenäs zu erspähen, der auf der Nordspitze der Insel Andö den Punkt angibt, wo man gegen Nordosten steuern soll, um später den Leuchtthurm von Hekkingen zu finden, der den Eingang in den Malanger Fiord bezeichnet, durch welchen man in den Sund von Tromsö gelangt. Sommers über werden die Leuchtthürme und Signalfeuer an der norwegischen Küste nicht angezündet; die Sonne leuchtet so beständig, und wenn die Nebel so dicht sind, daß die Sonne sie nicht zu durchdringen vermag, so wird auch das Licht eines norwegischen Leuchtthurmes nicht genügen, sich geltend zu machen. Hasselhorst blieb die ganze Nacht über auf Deck, um treulich dem Kapitän und Steuermann nach den beiden Leuchtthürmen spähen zu helfen, welche unseren Weg bezeichnen sollten. Um 9 Uhr Abends wurde derjenige von Andenäs passirt; um 7 Uhr Morgens hatte man schon die zwei Längengrade bis Hellingen zurückgelegt und befand sich außerhalb der Klippen, nördlich von Hellingen, als der Wind plötzlich still, der Nebel aber dichter wurde.

Da mag der Kapitän wohl eine angstvolle Viertelstunde durchgemacht haben, erzählte uns später Hasselhorst; denn er war einmal nahe daran zu fluchen und schlug mehrmals mit der Faust auf die Planken, als wolle er damit den Wind wieder aufwecken. „Bleibt es so stille“, sagte er zu dem Maler, „so können wir nicht steuern und der hohe Seegang aus Westen treibt uns dann unfehlbar den Klippen zu, auf denen wir leicht stranden können. Gehen Sie doch einmal an den großen Mast, kratzen Sie an der Seite, wo der Wind herkommen soll, und pfeifen Sie ein bischen: das' hilft manchmal unter solchen Umständen.“

Es half in der That. Die kurze Windstille hatte sich eingestellt in dem Augenblicke, wo der Wind etwas mehr nach Norden umsprang. Die Segel blähten sich, der Nebel wurde heller und da, sagt der Kapitän in seinem Journale, „steuerten wir so recht auf den Mittelpunkt der Insel Hellingen los und wie wir hart drauf waren, bogen wir östlich in den Malanger Fjord, der ganz rein war und schön zu segeln, und konnten den Herrn Hasselhorst ins Bett schicken; denn wir hatten ihn nun nimmer nöthig. Ankerten auch um 4 Uhr bei Tromsö und waren froh, daß wir das fatale Hellingen glücklich passirt hatten.“

Auf der ganzen Fahrt durch den Malanger Fjord sehen wir an den sonst abschüssigen Ufern alte Strandlinien und Uferterrassen, die in horizontaler Richtung etwa 40 Fuß über dem Meeresspiegel sich hinzogen. Darüber schöne Weiden mit niedlichen Birkengehölzen, welche malerisch zerstreut sind und an die sich gewöhnlich einige Holzhäuschen anlehnen, neben welchen offene Schuppen und Gerüste zum Trocknen der Fische angebracht sind. Darüber ziemlich hohes Gebirg, auf den Firsten und in den Runsen mit Schnee begleitet, der sogar an einzelnen Stellen bis zum Niveau des Wassers heruntersteigt. Am 18. Juli — nach einem Vorsommer, den man hier überall als einen außerordentlichen bezeichnet hat! Es fröstelt Einen doch ein wenig, wenn man sich dieses Datum und diesen Schnee in den Runsen ansieht.

Der Strom in dem Fiord ist außerordentlich heftig und wir können von Glück sagen, so günstigen Wind getroffen zu haben, der uns befähigt, einem Flusse entgegenzusegeln, welcher wohl nicht minder heftig strömt, als der Rhein bei Basel. Mitten in diesem Strome befindet sich unser Ankerplatz, denn ein eigentlicher Hafen ist nicht in Tromsö. Wir gehen vor Anker; das Wetter hat sich aufgehellt und wir beschäftigen uns bei Tische mit Plänen über die Benutzung der Zeit unseres Aufenthaltes.

Sechstes Kapitel.

Tromsö.

Tromsö liegt niedlich in dem engen Sunde gleichen Namens, an dem Rande einer niederen Insel, welche, mit Birkenwald gekrönt, auf ihrer Höhe die Landhäuser der reicheren Kaufleute trägt, die sich dort niedergelassen haben. Auch hier springen die dunkeln Packhäuser bis in die See selbst vor und verbergen großentheils die größeren Wohnhäuser, welche dahinter liegen. Anfänglich macht die Stadt auf uns einen unheimlichen Eindruck. Es ist kalt, wie im Spätherbste bei uns, sodaß man an Pelzrock und Pelzstiefeln auf dem Schiffe nicht zu viel hat, und die Straßen sind voll von Lappen, die wie Kobolde oder Gnomen aussehen, stinkige Seehundsfelle oder Rennthierhäute umherschleifen, während der Wind zugleich den Rauch von einigen Thransiedereien durch die Straßen jagt, die in Folge dessen polizeiwidrig riechen. Nach kurzem Spaziergange durch die einzige Längenstraße, welche Tromsö besitzt und die an vielen Orten mit hölzernen Trottoirs besetzt ist, kehren wir zurück, um an Bord zu speisen und das Dampfschiff abzuwarten, welches schon am Morgen fällig gewesen wäre, wahrscheinlich aber durch den nächtlichen Sturm etwas länger aufgehalten worden ist. In der That zeigen sich auch seine Rauchwirbel am Horizonte und bald kommt es in unsere Nähe, um seine gewöhnliche Haltstelle aufzusuchen.

Ein ziemlich heftiger, kurzer Stoß wirft Einigen von uns, die im Begriffe stehen, ihren Kaffee zu schlürfen, die Tassen aus der Hand. Wir eilen aufs Deck, wo wir die Mannschaft in nicht minderer Bewegung finden, als diejenige des Dampfschiffes. Unser Klüverbaum hängt wie eine zerbrochene Stenge in den Tauen und der Steuermann ist schon beschäftigt, ihn gänzlich loszulösen und einzuholen. Das Dampfschiff hat beim Anfahren eine zu kurze Wendung genommen, hat mit seiner Plankenwand den schlanken Klüverbaum, der die äußerste Spitze unseres Bugspriets bildet, angestoßen und ihn wie Glas zersplittert und abgeknickt. Der Kapitän lacht und behauptet ganz befriedigt, er sei ein wahres Glückskind. „Er war ohnehin von stockigem Holze", sagte er, „und ich hatte immer Furcht, er möge uns einmal beim Kreuzen brechen, wenn es etwas härter wehe. Ich hatte mir schon vorgenommen, einen anderen Klüverbaum einziehen zu lassen, sobald wir von dieser Reise nach Hause gekommen wären, und jetzt muß dieser dumme Kerl von Lootse seinen Bug zu kurz nehmen und mir den alten Klüverbaum abknicken, sodaß ich auf Kosten des Dampfschiffes einen neuen bekommen werde."

Die Berechnung des Kapitäns ist vollkommen richtig. In kürzester Frist erscheint der Befehlshaber des Dampfschiffes in Begleitung eines Zimmermanns an Bord, entschuldigt sich mit äußerster Höflichkeit wegen der Störung und des Unfalles, den er verursacht, und bittet sich den zerbrochenen Klüverbaum aus, um einen neuen genau von derselben Größe und Form anfertigen zu lassen. Er wirft die Schuld auf die Strömung, welche gerade in diesem Augenblicke außerordentlich heftig sei und das Dampfschiff, dessen Maschine schon gestopt, etwas aus der Richtung gebracht habe. Wir scheiden als die besten Freunde und unser Kapitän wünscht sich um so mehr Glück, als am nächsten Morgen außer dem neuen Klüverbaum auch noch der zerbrochene zurückgebracht wird, den er zu Bootsmasten und Gott weiß welchen anderen Ersatzstücken seiner Ausrüstung verwenden will.

Der Strom in dem engen Sunde, in dem wir ankern, ist wirklich außerordentlich auffallend. Unser Schiff dreht sich beständig im Kreise, sodaß Gressly sein endloses Panorama mit größter Gemüthlichkeit vervollkommnen kann, wenn er auf derselben Stelle stehen bleibt. Ebenso wirbelt es beständig um das Schiff umher, zum größten Vortheil für unsere Fischerei mit den feinen Netzen, indem Alles, was auf der Oberfläche des Fjordes treibt, nach und nach an unserem Schiffe vorübergebracht wird. Große Massen von Tang treiben im Kreise umher und zeigen sich belebt von einer Menge verschiedener Krustenthierchen, sowie von einigen jungen Fischchen, die Anfangs seltsame Mißdeutungen erzeugen.

Der Professor hatte schon lange seinen Wunsch ausgedrückt, einen besonderen Typus von niederen Thieren zu erhaschen, welcher sich durch die Existenz eines langen Schwanzes auszeichnet, durch dessen schlängelnde Bewegungen das Thier, welches unter dem Namen Appendicularia bekannt ist, in dem Wasser sich fortstößt. Einige Naturforscher, welche in dem Norden Untersuchungen angestellt, hatten eine große, gallertartige, durchsichtige Hülle beschrieben, welche den fernrohrartigen Körper des Thieres umgebe und sich leicht abstreife, sodaß man, um sich von der Existenz dieser Hülle zu überzeugen, nur mit äußerster Vorsicht das Thier einfangen müsse. Man hatte bei jeder Gelegenheit von dem Schwänzelthierchen als einer um jeden Preis zu haschenden Beute gesprochen und wiederholt auf die Nothwendigkeit hingedeutet, dem Professor durch seinen Fang eine Freude zu machen.

Man kann sich also denken, welche Aufregung es unter der ganzen Gesellschaft gab, als Hasselhorst plötzlich meldete, er habe das Schwänzelthierchen unter einem schwimmenden Tanghaufen entdeckt, es bald aber wieder aus den Augen verloren, da es sich mit außerordentlicher Schnelligkeit in die Tiefe geflüchtet habe. Durchsichtig sei es aber nicht, sondern grün, auch sei der Schwanz nicht lang, sondern kurz, und wie es scheine, habe es Augen, sodaß also das Signalement etwa dem ausgegebenen Steckbriefe entsprach, wie die berühmte Butterfrau, die von dem Berliner Schutzmann statt eines Taschendiebes arretirt wurde.

Endlich gelang es in der That, eines grünen Schwänzelthierchens habhaft zu werden, dem bald auch mehrere folgten, und nun zeigte es sich, daß es Junge jenes bekannten nordischen Fisches seien, welchen man unter dem Namen des Lumps oder des Seehasen (Cyclopterus lumpus) kennt. Es sind diese Fische förmliche Scheibenbäuche; denn die Bauchflossen sind vollständig zu einer Scheibe verwachsen, mittelst welcher sie sich ansaugen können, wie die Blutegel mit ihrem Saugnapfe. Bald hatten wir mehrere Exemplare, eines sogar von der Länge eines Fingers lebend in unseren Gläsern, wo sie auf die drolligste Weise bald mit schwirrenden Bewegungen des Schwanzes umherschossen, bald auch mit der Bauchscheibe sich an der Glaswand festsogen, sodaß man den kurzen dicken Körper mit den stumpfen, in Reihen gestellten Höckern und den breiten, froschartigen Kopf deutlich beobachten konnte.

Auch an übrigen schwimmenden Thieren war das Meer hier reich. Außer den schon bekannten Formen der Rippen- und Schirmquallen, welche wir bisher angetroffen hatten, führte uns der Strom einige neue Typen von Glockenquallen (Thaumantias) zu, welche durch ihre außerordentlich langen, schwengelartig im Gipfel der Glocke befestigten Magen sich auszeichneten. Die Fische saßen voll von schmarotzenden Krebsthieren, meistens von bekannten Formen, und so fand jeder ausreichende Beschäftigung an demjenigen, was das Meer in unmittelbarer Nähe uns bot.

Die alten Strandlinien waren indeß zu deutlich ausgesprochen, als daß wir nicht ihrer Untersuchung einige Aufmerksamkeit hätten zuwenden sollen. Erzählt doch schon Leopold von Buch in seiner Reise, daß die ganze Stadt Tromsö, wie man bei Ausgrabung der Keller sich überzeugt habe, auf einem alten Muschellager stehe, welches ziemlich weit über das jetzige Niveau an den Halden hinaufgehe und ganz aus denselben Muscheln bestehe, wie diejenigen, welche jetzt noch im dortigen Meere sich finden. Sowohl auf der kleinen Insel Tromsö, als auf der gegenüberliegenden Küste des Festlandes, konnten wir diese Beobachtungen leicht bestätigen. Längs des Strandes zieht sich bis zur höchsten Fluthlinie ein Sandlager, hie und da von ausgeworfenem und getrocknetem Tang bedeckt, das fast gänzlich aus zerriebenen Muschel- und Korallenresten besteht, in welchen Schalen von Miess-, Sand-, Herz- und Kammmuscheln, sowie größere Korallenstücke in Unzahl anzutreffen sind. Ueber dieser jetzigen Strandlinie, die als glänzend weißer Strich überall an den Ufern sich verfolgen läßt, zeigt sich eine zweite Linie, welche, namentlich aus der Ferne gesehen, einen deutlichen Absatz bildet und gewöhnlich den Fischerhäuschen als bequemer Anlagepunkt gedient hat. In dem ganzen Bereiche dieser Linie, welche 12—20 Fuß über der jetzigen Strandlinie sich hinzieht, findet man, wenn auch seltener, ganz dieselben Muscheln wie unten und in demselben Verhältnisse. Noch höher endlich, wohl 40 Fuß über dieser alten Strandlinie, zieht sich eine zweite Erosionslinie hin, wo wir nur sehr vereinzelte Muschelstücke, freilich darunter aber auch große Schalen der isländischen Kammmuschel fanden, die aber größtentheils von dem Schutte verdeckt ist, der von den Halden der Berge heruntergeschwemmt wurde. Diese aber bestehen aus wechselnden Lagen von dunkelem Hornblendeschiefer, weichem Glimmerschiefer mit vielen Granaten und eingesprengtem dolomitischem Marmor in Gängen, die über die leicht verwitternden Schiefer bedeutend hervorstehen.

Der Insel Tromsö gegenüber und nur durch den hier sehr schmalen Sund von ihr getrennt, streckt sich eine Zunge des Festlandes weit nach Norden vor, welche mit hohen Bergen gekrönt ist und Bredvigs Eidet genannt wird. Die Lappen kommen aus dem Innern im Sommer mit ihren Rennthieren bis auf diese Halbinsel, wo sie mit Erlaubniß der Besitzer (denn diese gehört nothwendig dazu) sich einige Monate lang in der heißen Jahreszeit aufhalten. Unsere Gastfreunde in Tromsö schlugen uns vor, bei einer Lappenkolonie einen Besuch zu machen, die etwa eine Stunde landeinwärts auf dem Gebiete des Konsuls Holst angesiedelt sei. Der Konsul hatte die Gefälligkeit, einen Boten abzusenden und den Lappen sagen zu lassen, sie möchten heute ihre Rennthiere herunter zu den Gammen treiben, damit die fremden Herren, mit welchen er kommen werde, ihre Heerde sehen könnten. „Alle Rennthiere werden sie wohl nicht herbeitreiben,“ meinte Konsul Agaard, unser Gastfreund, dem wir die gefälligste Aufnahme verdanken; „alle werden sie nicht herbeitreiben, denn sie scheuen sich sehen zu lassen, wie reich sie sind; aber eine Heerde von tausend Stück oder mehr werden sie heute wohl zur Inspektion stellen. Das genügt Ihnen ja doch wohl vollkommen, meine Herren; denn ob tausend oder viertausend zur Musterung kommen, kann Ihnen völlig gleichgültig sein. Uns freilich nicht, die wir mit ihnen Handel treiben sollen; denn die Zahlungsfähigkeit des Lappen richtet sich einzig nach seinen Rennthieren, und da, Eines in das Andere gerechnet, jedes Stück etwa 10—12 Thaler werth ist, so hält es leicht, das Vermögen eines Lappen zu schätzen, sobald man nur die Stärke seiner Heerde kennt.“

Wir bogen in ein enges Seitenthal ein, durch welches ein krystallheller Fluß dem Meere zuströmt. Längs dem Fjorde anfangs grüne Weiden, hie und da mit Birkengebüschen besetzt. Schönes Vieh von einer Rasse mittlerer Größe, wenn ich nicht irre, aus dem südlichen Schottland eingeführt, weidete dort umher und gab das vollständige Bild einer schweizerischen Alpenwirthschaft; denn im Hintergrunde dräute finster herüber ein hohes, breites Gebirge, der Tromsdals- oder Ramfjords-Tind, dessen Runsen sich mit Schnee bedeckt zeigten. Einige von der Gesellschaft -- denn wir waren zahlreich — hatten den Berg schon bestiegen und wußten viel zu berichten von einem fürchterlichen, senkrechten Absturze, der auf der anderen Seite über einen großen Gletscher hinüberhänge. Sie schätzten die Höhe auf 6000 Fuß, während wir freilich, von den Alpen her an solche Schätzungsfehler hinreichend gewöhnt, höchstens eine Höhe von 4000 Fuß anzunehmen uns berechtigt glaubten. Später erfuhren wir durch Freund Martins, welcher den Berg selbst bestiegen hatte, daß seine Höhe über dem Meeresspiegel 1234 Meter betrage.

Der Weg ging an ziemlich steilen, mit Birken bepflanzten Halden hin, über welche überall kleine Wasserbäche herniederrieselten oder auch sumpfige Strecken bildeten, die nicht immer ganz angenehm zu passiren waren. Der verwitterte Schiefer hatte zwar an den trockenen Stellen eine vortreffliche schwarze Dammerde gebildet, aus der aber überall, wo das Wasser stand, ein weicher schwarzer Schlamm geworden war, in dem man bei einem Fehltritte bis über die Kniee einsinken konnte. Ueberall fanden wir zwischen den Birken nur die Spuren der Kühe, welche die Halden begangen hatten, nicht aber diejenigen von Rennthieren. „Gehen denn die Rennthiere nicht an die Küste und ziehen die Lappen nicht deshalb hieher, um ihre Thiere, die sonst nicht leben könnten, Seewasser saufen zu lassen?“ fragte Einer von uns.

„Das ist auch eine von den vielen Fabeln, die eine allgemeine Verbreitung genießen und überall wiederholt werden,“ war die Antwort. „Wie sollen denn die wilden Rennthiere auf dem Dovrefjeld mitten im Lande an die See kommen können, da sie nie in die tieferen angebauten Gegenden hinabsteigen? Hier bei uns gehört, wie Sie sehen, der ganze Seestrand einzelnen Besitzern, die dort Wiesen, Weiden, Felder und Gärten haben und sich wohl hüten werden, den Lappen zu erlauben, ihre Heerden bis an den Strand zu treiben und sich Alles verwüsten zu lassen. Konsul Holst ist noch sehr gutmüthig, daß er den Leuten erlaubt, bis in den Hintergrund des Thales zu kommen; denn sie sind schauderhafte Waldverwüster und schonen das Gehölz ebensowenig, als die Kuhweiden, über welche sie ihre Heerden treiben.“

„Das ist also wahr,“ sagte ein Anderer, „daß das Rindvieh nicht hingeht, wo Rennthiere geweidet haben, und daß die Kuh einen instinktmäßigen Abscheu vor dem Hörnerträger hat?!“

„Warum nicht gar,“ erwiderte einer der Konsuln, „es gibt jetzt viele Lappen, welche außer ihren Rennthieren auch Kühe halten, da die ersteren so wenig Milch geben, und beide Thiere vertragen sich vortrefflich mit einander. Den Lappen aber, welche hier an die Küste kommen, verbieten wir, die Eigenthümer des Grundes, auf dem sie sich temporär aufhalten, Kühe zu halten, weil diese sonst unseren eigenen Kühen die Weide wegfressen würden. Rennthier und Rindvieh machen sich aber in der Nahrung keine Konkurrenz; denn das Rennthier frißt nur höchst selten Gras, während die Kuh kein Moos mag, sodaß also beide vortrefflich neben einander auskommen.“

„Sie ziehen uns allen traditionellen Boden unter den Füßen weg und am Ende läßt sich gar kein vernünftiger Grund einsehen, warum denn die Lappen an die Seeküste kommen und nicht lieber vollständig oben in ihren Bergen bleiben sollten."

„Der Grund", antwortete einer der Norweger, „liegt in der That mehr in der Bequemlichkeit und Wanderlust der Lappen, als in dem Bedürfnisse ihrer Thiere. Während einiger Wochen wird es oben auf den Fjelden unerträglich heiß und aus den moorigen Sümpfen, welche sich dort über unabsehbare Flächen erstrecken, quellen dann so entsetzliche Schaaren von Mücken, daß sie wie Nebel die Luft verfinstern. Die Lappen ziehen es dann vor, in die Nähe der See zu ziehen, wo die Hitze weit gemäßigter ist, die Mückenschwärme nicht in so entsetzlicher Menge auftreten und ihnen zugleich Gelegenheit gegeben ist, unter der Hand mit uns in Verkehr zu treten. Sie bringen uns jetzt die Hörner und Felle der Thiere, die sie im Winter geschlachtet, und tauschen sich dagegen mancherlei andere Lebensbedürfnisse ein. Der Zug in die Nähe der See ist gewissermaßen ihre Erholungs- und Badereise und als kluge Kaufleute wissen sie die Zeit zu benutzen, um auch einige Geschäfte zu machen."

Unter solchen Gesprächen gelangten wir zu einer kesselartigen Erweiterung des Thales, wo wir in der Ferne die Lappenkolonie gewahrten. Da die Lappen jedes Jahr hierher kommen, so hatte auch das ganze Etablissement einen Charakter der Stabilität, welcher sonst den Lappenwohnungen gänzlich abgeht. Zwei gewaltige, zirkelrunde Pferche waren in einiger Entfernung von den Hütten abgesteckt und brusthoch mit großen Steinen und stützenden Birkenstämmen eingezäunt. Die Oeffnung auf der einen Seite, breit genug um einen Wagen durchzulassen, war mit Birken- und Fichtenstämmen verstellt und an dem einen Pferche, welcher gerade jetzt in Gebrauch schien, noch seitlich ein kleinerer, umzäunter Raum angebracht, der, wie man uns sagte, für die stößigen Böcke bestimmt sei. In einiger Entfernung lagen die Baulichkeiten: zwei zirkelrunde Wohnhäuser oder Gammen, die im Inneren etwa 12 Fuß im Durchmesser hatten und auf dem flach kegelförmigen Dache eine Oeffnung zeigten, durch welche der Rauch hervorquoll; die Thür thalabwärts gegen Süden gerichtet, so niedrig, daß selbst ein Lappe nur gebückt hindurchgehen kann; die Wände von Steinen, deren Fugen mit Erde und Rasen verdeckt waren und das Dach von Birkenstämmen gebildet. Neben den Gammen zeigten sich noch einige Gerüste, phantastisch von ästigen Birkenstämmen zusammengestellt, auf denen Tücher, Felle und verschiedene Geräthschaften in der Sonne trockneten, sowie eine Feuerstelle im Freien, über welcher an drei zusammengestellten Birkenstämmen ein Kessel am Feuer hing, in dem ein zäher Milchkleister mühsam brodelte.

Die Hütten der Lappen.

Ein Rudel von kleinen, spitznasigen, zottigen Hunden von brauner oder schwarzer Farbe, welche zum Theil den Schwanz gestutzt hatten und so vollkommen wie kleine Bären aussahen, kam uns mit heiserem Gebell entgegen, dahinter eine Schaar von Kindern in allen Größen, welche in ihren Rennthierblousen und enganschließenden Hosen äußerst drollig aussahen und vergebens die Hunde, die indeß bald gute Freundschaft mit uns machten, von uns abzuhalten suchten. Bald sammelten sich auch Männer und Weiber um uns her, von welchen einige den ihnen bekannten Handelsherren zutraulich die Hand reichten und uns einluden, näher zu kommen und in die Gammen einzutreten. Namentlich ein uralter Mann von 86 Jahren, zu einer wahren Mumie verschrumpft, mit einem krummgezogenen Beine, auf dem er mühsam einherhinkte, war sehr freundlich und machte die Honneurs der einen Gamme mit solcher Würde, daß wir unmittelbar an Afraja, die typische Figur des Mügge'schen Romans erinnert wurden. Freilich zerstörte man uns diese Illusion wieder, als man uns sagte, daß der Alte nur eine untergeordnete Rolle spiele und gewissermaßen zu dem dienenden Personale gehöre.

Wir traten in die Gammen ein. Die Feuerstelle, aus einigen Steinplatten zusammengesetzt, findet sich in der Mitte und nur in ihrer unmittelbaren Nähe ist es möglich, zu stehen. Die nackte Erde umher bildet den Fußboden; an den Wänden, wo ein Europäer mittlerer Größe kaum sitzen kann, liegen Birkenreiser, über welche Rennthierfelle ausgebreitet sind. Ueber dem Feuer, im Rauche, hängen an Seilen runde Klumpen, von Ruß geschwärzt — man sagt uns, es seien Rennthiermagen, die einen mit Milch, die andern mit Blut gefüllt, das auf diese Weise Monate lang flüssig und frisch erhalten werden könne. An den Wänden herum hängt auch Allerlei: einige kupferne Kessel und Pfannen, einige hölzerne Milchschalen mit einem Griffe, einige Körbe von Birkenrinde und ein Paar pantoffelähnliche Gestelle, aus welchen etwas quakt. Bei näherer Betrachtung finden wir, daß diese aus kreuzweise über einander gelegten Leder- und Birkenrindestreifen verfertigten Langkörbe Wiegen sind, in welchen einige Säuglinge fest eingeschnürt an dem Seile geschaukelt werden.

Wir flüchten uns bald aus diesen qualmigen, finsteren, entsetzlich stinkenden Wohnungen in das Freie, wo unsere gütigen Wirthe einen Proviantkorb geleert haben, um welchen wir uns versammeln. Wir erschöpfen uns in Mitleidsbezeugungen über die armen Leute, die in solchen entsetzlichen Löchern hausen, zusammengedrängt wie die Heringe; denn unserer Schätzung nach, die auch von unseren Wirthen bestätigt wird, hausen hier wohl mehr als dreißig Köpfe mit ebenso viel Hunden, die nach gethaner Arbeit ebenfalls ihren Platz an dem Feuer beanspruchen. „Der Mann, dem das gehört," antwortet uns Konsul Holst, „ist durchaus nicht arm; er gehört zwar nicht zu den reichen, aber doch zu den wohlhabenden Lappen. Es ist jener Mann von etwa fünfzig Jahren mit dem faltigen Gesichte; das Weib, das dort am Feuer sitzt, ist seine Frau und das Mädchen neben ihr seine Tochter — eine ganz gute Partie, denn sie ist das einzige Kind, und die Leute haben etwa 2000 Rennthiere, welche Sie im Durchschnitt zu 30 Franken das Stück ansetzen können, also ein Vermögen von etwa 60000 Franken in Vieh. Außerdem aber hat der Mann noch etwa 1000—1200 Speziesthaler baar in der Bank liegen, die ihm Zinsen zu 6 Prozent tragen, und dieser Kapitalstock vermehrt sich mit jedem Jahr. Sie sehen also, daß die Leute gar nicht so arm sind und wenn sie ihre Rennthiere verkaufen und das Geld auf Zins legen wollten, ganz gut von ihren Renten leben könnten. Statt dessen ziehen sie es aber vor, mit ihren Rennthieren über Berg und Thal zu ziehen, in ihren Gammen in Schmutz und Ungeziefer aller Art zu leben, und sind so sehr auf dieses Leben erpicht, daß selbst diejenigen, welche man in anderer Weise hat erziehen wollen, stets wieder aus der Civilisation in die alte Lebensweise zurückkehrten."

„Einige Civilisation läßt sich doch schon unter ihnen bemerken," wandten wir ein; „denn das Verhältniß zwischen Herren und Dienern, wie es hier zu herrschen scheint, ist doch wohl ein Produkt der Civilisation, und der Umstand, daß sie Geld auf Zinsen legen, statt es zu vergraben, scheint auch nicht für die primitive Einfachheit sprechen zu wollen."

„Das Verhältniß zwischen Herren und Dienern", antwortete man uns, „ist gewissermaßen ein patriarchalisch feudales. Nicht der Einzelne dient, sondern eine ganze Familie: der Besitzer der Heerde, der einen Diener annimmt, nimmt Alles mit in Kauf, Weib, Kind und Kegel, und gewöhnlich sind die untergeordneten Familien eben so alt, als die besitzenden, und schon seit Generationsfolgen bei diesen eingebürgert. Zuweilen ist es auch eine Art Associationsverhältniß. Ein Lappe, der bisher selbständig war, verliert durch einen Unglücksfall, einen Schneesturm, eine Seuche einen Theil seiner Heerde, so daß er von dem übrigbleibenden unmöglich leben kann. Bei der wenigen Milch, welche die Rennthiere geben, gehören wenigstens hundert Stück dazu, um einer Familie hinreichende Nahrung zu geben, und wenn die Heerde unter diese Zahl herabgesunken ist, so muß der unglückliche Lappe, will er nicht Hungers sterben, sich mit einem andern associren. Er leistet diesem dann alle Dienste und erhält dafür einen Antheil an dem Gewinnste, der im Verhältnisse seines Zuschusses zu der Heerde berechnet wird. — Was aber das Anlegen von Kapitalien betrifft, so ist das Vergraben und Verstecken von Geld und Metallen, wie sie es früher wohl zu thun pflegten, ein längst überwundener Standpunkt. Ueberhaupt müssen Sie nicht glauben, daß diese Lappen so ungebildet seien: sie können fast alle lesen und schreiben, besitzen meist außer der Bibel noch einige Schul- und Rechenbücher und verstehen sich ganz vortrefflich in der doppelten Buchhaltung, welche sie mit den Kaufleuten führen, zurecht zu finden."

Die Lappen, die wir hier sehen, sind alle sehr klein: wir ragen mit ganzer Kopfeslänge über sie hervor. Der Körper ist schwach und zierlich, namentlich Füße und Hände sehr klein, Knöchel und Handgelenke fein und schmal. Wir sehen nur einen einzigen mit schwarzen Haaren; bei allen übrigen sind sie braun oder blond, schlicht und fallen bei den Männern bis auf den Nacken, während die Weiber sie auf dem Wirbel zusammenbinden. Breite Backenknochen; schmalgeschlitzte, aber horizontal stehende Augen; breite Mäuler; Stumpfnasen und eine leichte gelbliche Färbung des Gesichtes zeigen die mongolische Rasse an. Der Anzug besteht aus einer weiten Blouse von

Lappenköpfe

Rennthierfellen oder grobem Wollenstoff, die um den Leib mit einem breiten Ledergürtel gehalten wird, in welchem auf der einen Seite ein langes, plumpes Messer in einer Lederscheide, auf der anderen Seite ein sehr flacher, runder Löffel mit geschnitztem Stiel in einem Täschchen hängt, das aber durch eine Strippe zusammengezogen werden kann, an deren Enden einige bunte Wollfransen und runde Metallknöpfe angebracht sind. Die Blouse wird möglichst in die Höhe gezupft, so daß sie sackartig um Brust und Rücken hängt, und der Lappe birgt in diesem Sacke — denn Taschen hat er nicht — seine sämmtliche fahrende Habe, so daß sie manchmal, wenn sie aus der Stadt zurückkommen, mit ihren ausgestopften Blousen ganz seltsam aussehen. Um die dünnen, wadenlosen, krummen Beine sind lederne, enganliegende Gamaschen geschnürt, welche bis zu den Knöcheln reichen. Die Füße stecken in sogenannten

Komagern, sehr kurzen, plumpen, aus ungegerbten Rennthierfellen gemachten Schuhen, mit aufwärts gebogener Spitze, welche den chinesischen Schuhen täuschend ähnlich sehen. Die Komager werden innen mit Stroh, Riedgras oder Rennthierhaaren ausgefüllt, ihre oberen Klappen über die Knöchel herübergezogen und dann mit gedrehten Sehnen so fest gebunden, daß die Füße vollkommen, wenigstens gegen Fliegen, geschützt sind. Gegen Wasser freilich nicht: denn wir machten später auf dem Schiffe die Erfahrung, daß das Wasser vollkommen eindringt, wie denn auch der Komager durchaus nicht gegen die Unebenheiten des Bodens schützt, so daß er für unsere verwöhnten Sohlen eine sehr schlechte Fußbekleidung abgeben dürfte. Die Lappen aber scheinen durchaus kein Gefühl für Steine und Dornen zu besitzen, so behend springen und laufen sie über den felsigen Boden. Das Kostüm der Weiber unterscheidet sich von demjenigen der Männer nur durch eine längere Blouse, welche bis über die Kniee herunterreicht und mit einigen rothen oder blauen Wollenstreifen verziert ist, durch ein Halstüchelchen von bunter Farbe, welches um den Nacken geschlungen wird, und durch eine Art Haube, die einen aufrechtstehenden, mit Flittern verzierten Kamm hat und mit rothen Bändern festgebunden wird. Die Männer tragen dagegen eine Art von runder Schlafmütze von blauem Wollenzeuge, die bis über die Ohren und Augen herabgezogen wird und mit einem rothen Busche auf dem Wirbel geziert ist. Einige unter den jungen Männern glänzen als Dandies mittels eines Cachenez, dessen beide Enden sorgfältig parallel über der Brust herunterhängen.

Die ganze Gnomenbevölkerung — denn den Eindruck von Kobolden machen die kleinen, krummbeinigen Wesen in der That — ist bald lachend, schwatzend und schäkernd um uns versammelt und mit unserer Musterung beschäftigt. Die Erwachsenen erscheinen nur wenig anziehend in ihren Gesichtszügen; doch soll es zuweilen junge Mädchen geben, die, wenn nicht für Schönheiten, doch für ganz niedliche Wesen gelten könnten. Da wir unter den Lappländern einen größer gewachsenen, stämmigen Burschen mit röthlichem Haar bemerkten, wird uns in der That gesagt, daß derselbe der Sprößling eines Normanns mit einer Lappin sei; daß aber Verbindungen dieser Art nicht häufig vorkämen, sucht einer der jungen Leute, die uns begleiten, durch Hinweisung auf den unerträglichen Schmutz, der sich überall zeigt, begreiflich zu machen. In der That starren alle förmlich von Schmutz und Ungeziefer, was wir um so mehr bedauern, als ein Paar Kinder bei der Gesellschaft sind, so drall, pausbackig und lustig, die so niedlich unter sich und mit den Hunden spielten, daß man sie hätte küssen mögen. Freilich hätte sich der Ausweg finden lassen, den einer meiner Bekannten wählte, als er in der Nähe von Grindelwald einen prächtigen Jungen von etwa 3 Jahren erblickte, den er zur Erinnerung an seine Sprößlinge zu Hause gern geküßt hätte. Der Bengel war aber so schmutzig, daß mein Freund die Mutter herbeirief, und sie bat, den Jungen zu waschen. Diese war auch bereit dazu, wenn der Herr ihr die Mühe vergüten wolle, und nach einigem Handeln kam man überein, daß mein Freund für 3 Batzen seine Lust büßen könne. Vielleicht wäre es schwer gewesen, den Lappen einen Wunsch dieser Art begreiflich zu machen, und so begnügten wir uns denn, den Kindern aus der Ferne zuzuschauen, wobei uns namentlich ein kleines Bürschchen, kaum drei Faust hoch, außerordentlich amüsirte, das kaum reden, noch gehen konnte, sich aber doch mit seinen krummen Säbelbeinen außerordentlich abmühte, einige versprengte Rennthiere mit Hilfe der Hunde in die Nähe des Pferches zu treiben.

Jetzt sollten die Rennthiere von den benachbarten Höhen herunterkommen, und mit gespannter Aufmerksamkeit wurden Ferngläser und Operngucker nach dieser letzteren Gegend gerichtet. Namentlich des Professors Binocle, ein Instrument von ungewöhnlicher Schärfe und Klarheit aus der Fabrik seines Freundes Oberhäuser, zog die Lappen mächtig an: es wanderte von Hand zu Hand, und jeder konnte offenbar nicht genug sich darüber verwundern, wie deutlich er die Gegenstände erblicke. Der Besitzer der Heerde kam auch in der That nach einiger Zeit mit der Anfrage herausgerückt, wie theuer wohl das Instrument sei, und als ihm der Professor eine unverhältnißmäßige Summe nennen ließ, schien er trotzdem nicht abgeneigt, den Kauf einzugehen.

Gegen 9 Uhr Abends kam es endlich nach langem Harren über den Berg herüber wie eine Lawine von helleren und dunkleren Granitblöcken, die über die Halden hinabrauschte, durch die Birkenbüsche sich durchdrängte und bald in den Runsen der Bergwand unseren Blicken entschwand, bald wieder auftauchte und in das Thal hinab sich senkte. Die vorderen Rennthiere waren schon unten, als die hinteren noch über den Bergrand herüberkamen. Es war offenbar eine ungeheure Heerde von 1000—1500 Stück. Hätte man uns aber nicht aufmerksam gemacht, von wo sie herkamen, so glaube ich kaum, daß wir sie entdeckt hätten: so vollkommen glich die ganze Heerde dem Gesteine, welches die Bergwand deckte. Erst als sie näher kamen, unterschied man die

Bewegungen, dann auch die Führer oder Hirten, vier kleine Kerle, jeder von zwei zottigen Hunden begleitet und mit langen Springstöcken versehen, mittels derer sie mit außerordentlicher Behendigkeit über Steine, Moosflächen und Bachbetten sich hinüberschwangen. Die Renthiere ließen sich von den kleinen Hunden ganz ebenso treiben wie Schafe und in gleicher Weise, wie unsere Schäfer, wußten die Lappen ihnen durch Steinwürfe, Zurufe oder Winken mit dem Stock anzugeben, was sie zu thun hatten. Ein solcher wohldressirter Hund ist in der That der größte Reichthum eines Lappen und wird von demselben nicht nur mit der größten Zärtlichkeit behandelt, sondern auch mit theuren Preisen bezahlt. Sagte uns doch der Herr der Heerde, daß er einen dieser Hunde, der wirklich nur durch seine ausnehmende Häßlichkeit irgendwie sich bemerklich machen konnte, der aber als eine Berühmtheit in seiner Spezialität anerkannt war, mit fünfzig Speziesthalern bezahlt habe, ein Preis, den unsere Gastfreunde nicht zu hoch fanden.

Es kostete einige Mühe, die Renthiere in den Pferch zu bringen, und Hunde und Menschen hatten genug zu thun, um sie auf weiten Umwegen um die Gammen herum bis in die Nähe desselben zu hetzen. Einige störrische Bestien brachen nichts destoweniger durch auf die Seite; da sie indessen entweder junge, noch nicht Milch gebende Kälber oder Böcke waren, so ließ man sie laufen. Die meisten Renthiere hatten kaum aufgesetzt und trugen erst noch Stangen; nur einige wenige Böcke hatten prachtvolle Geweihe, die noch mit schwarzem, wolligem Bast überzogen waren, sich aber deshalb nur um so imposanter ausnahmen. Bemerkenswerth schien uns, daß die Schaufel, welche als Augenzacke von dem Geweihe horizontal nach vorne abgeht und gerade über der Stirn steht, sich meistens nur auf der einen Seite entwickelt, auf der anderen aber verkümmert, sodaß die große Mehrzahl derjenigen Thiere, welche Geweihe aufhatten, nur eine einzige Schaufel über der Stirne zeigte.

Ein prachtvoller Bock mit hohem, schwarzem Geweih war offenbar der Führer, der Leithammel der Heerde, die ihm, von den Hunden getrieben, eng auf einen Klumpen zusammengedrängt folgte. Erst als die Thiere in unsere Nähe kamen, hörten wir in einer Entfernung von 30 Schritten das eigenthümliche Knacken der Gelenke, etwa wie elektrische Funken; in noch größerer Nähe hörte es sich an, wie ein Platzregen, der wider Fensterscheiben schlägt, oder wie das Rauschen in einer stark besetzten Seidenwürmerzucht, wenn die Raupen gerade fressen. Der Ton klingt durchaus nicht, wie wenn die Hufen gegen einander schlügen; es hört sich vielmehr an wie ein leises Knacken von Gelenken oder von Sehnen, welche an den Rollen ihrer Knochen abgleiten. Außerdem aber lassen die Thiere und besonders die jüngeren während der Bewegung beständig einen kurzen, sonderbar abgebrochenen, rauhen Gurgelton hören, den ich nur dem Rülpsen vergleichen kann. Von tausend Gurgeln wiederholt, macht das ein ganz eigenthümliches Glockenspiel.

Wir standen in der Nähe des Pferches. Der Leitbock, welcher uns nun erst zu gewahren schien, stutzte plötzlich, warf den Kopf zurück, schnoberte nach uns hin und schien, die Gegenwart von Fremden erkennend, rechts umdrehen und das Weite suchen zu wollen, als schnell einer der Lappen vortrat, ihm eine Schlinge um das Gehörn warf und ihn nun mit sichtlicher Anstrengung trotz alles Sträubens in den Pferch hineinzog. Wie ein Waldstrom drängten die übrigen nach und erfüllten bald den ganzen Pferch so, daß sie kaum sich zu rühren vermochten. Nun kamen Alle, Männer, Weiber und Kinder: die Einen mit flachen Holzschüsseln, die Anderen mit Schlingen, welche sie den einzelnen Thieren um den Kopf warfen, den sie so gewaltsam zur Erde niederbogen, worauf das Thier still hielt, um sich melken zu lassen.

Wir hätten um keinen Preis von dieser Milch kosten können. Die Rennthiere hären sich gerade und tauschen den dunkeln, dünneren Sommerpelz gegen den dicken, grauen Winterpelz ein, den man ihnen handvollweise ausraufen kann. Sie sehen deshalb auch ganz ruppig und schäckig aus, da an einzelnen Stellen die Winterhaare noch fest halten, während sie an anderen schon losgegangen sind. Nun rauft aber jeder Melker mit seinen urschmutzigen Händen dem Thiere eine Hand voll Haare aus, reibt damit die Euter, um die Zitzen zu entwickeln, und milkt dann die wenige Milch — denn ein großes Rennthier gibt kaum mehr als ein Weinglas voll — mit so wenig Vorsicht, daß stets Haare und Mist in der fetten, rahmartigen Flüssigkeit umherschwimmen. Wir hätten gern dem Berliner nachahmend gesagt: Ein ander mal bringen Sie mich Milch alleene und Haare alleene; da wir aber billig bezweifeln mußten, daß dieser Ausruf höchster Civilisation verstanden werde, so zogen wir vor, uns jeglichen Kostens zu enthalten. Die Lappen dagegen und vor allen der alte Afraja, der mit großer Behendigkeit trotz seines Hinkefußes unter den Thieren umherkroch, schlürften die Milch mit großer Begierde und kauten dazu grüne Pflanzenstengel, welche die Hirten ihnen mitgebracht hatten.

Es waren die Stengel der Engelwurz (Angelica archangelica), die überall im Norden für ein vortreffliches Präservativ gegen den Scharbock gilt. Sie wächst in großer Menge auf allen Bergen und zu unserer Ueberraschung fanden wir sie manchmal an geschützten, warmen, feuchten Orten über mannshoch, mit zolldicken Stengeln und tellergroßen Dolden. Für die Frauen und Kinder der Lappen sind die Stengel, welche der von der Hut heimkehrende Gatte und Vater mitbringt, offenbar dasselbe wie das Zuckerzeug, das der civilisirte Mensch aus den Städten seinen Angehörigen heimbringt. Die Begierde, womit die Kleinen sich um die Heimkehrenden drängten; die Freude, womit sie ihre Stengel haschten und die Befriedigung, womit sie hineinbissen, hätten gewiß nicht größer sein können, wenn es Chocoladetäfelchen gewesen wären.

Es war Zeit, nach Hause zu kehren, wo wir erst um Mitternacht anlangten, sehr auf dem ganzen Wege von der Sonne belästigt, welche uns gerade ins Gesicht schien, da das Thal nach Norden geöffnet ist. Die Insel, woran Tromsö liegt, ist aber so niedrig, daß zu dieser Zeit die Sonne nicht mehr unter den Horizont gelangt.

Durch Vermittlung unserer Gastfreunde hatten wir einige der Lappen, Männer, Weiber und Mädchen, zu uns auf das Schiff geladen, wo sie unserem Maler sitzen sollten. Hier nun zeigte sich erst recht das feudale Verhältniß, in welchem die Untergebenen standen. Wir hatten namentlich zwei junge Bursche und ein hübsches Mädchen im Auge, die uns vortreffliche Typen des Volksstammes zu sein schienen. Der Alte aber behauptete, er müsse auch dabei sein und seine Frau nicht minder und da seine Knechte ihm die Thätigkeit dieses Tages schuldig seien, so müßten wir ihm eine Entschädigung dafür zahlen. Diese wurde denn auch auf einige Thaler festgesetzt und am andern Morgen erschien die ganze Gesellschaft, fünf Köpfe an der Zahl, auf dem Schiffe, um sich porträtiren zu lassen. Sie äußerten darüber ein wahrhaft kindisches Vergnügen und der eine Jüngling wollte es sich nicht nehmen lassen, seinen Namen „Mikko von Karesuando" selbst eigenhändig mit etwas unbeholfenen, aber doch leserlichen Charakteren unter sein wohlgetroffenes Konterfei zu setzen. Man bewirthete sie mit Kaffee, allerlei Backwerk und Wein, den sie indessen nur sehr mäßig genossen und Branntwein gänzlich zurückwiesen. Sie brachten eine Menge von Gegenständen ihrer Industrie: dicken Zwirnsfaden von feingespaltenen Rennthiersehnen, den die Weiber mit der Hand auf der Backe drehen, sodaß diese beständig geschwollen erscheint; Komager; geschnitzte Löffel mit dem dazu gehörigen Täschchen, und überforderten uns, wie wir später von unseren Gastfreunden hörten, so bedeutend, daß sie die Kosten ihres Besuches offenbar doppelt und dreifach herausschlugen. Die innere Einrichtung unseres Schiffes, die Ausschmückung des Salons und der Kabinen überraschte sie offen-

Lappenfamilie.

bar auf das höchste, und mit außerordentlicher Neugierde erkundigten sie sich nach dem Gebrauche eines jeden ihnen unbekannten Geräthes. Wir müssen indessen offen gestehen, daß ein in schauderhaft grellen Farben ausgeführter Steindruck, der sich in der Kabine des Steuermanns fand und irgend ein Schiff unter vollen Segeln darstellte, weit mehr ihren Beifall zu haben schien, als alle künstlerischen Leistungen der Gesellschaft.

Das Wetter wurde wieder kalt, unfreundlich, regnerisch und scharfer Gegenwind, gegen welchen wir unmöglich auskreuzen konnten, hielt uns in dem engen Sunde fest. Wir verfielen also wiederum der nordischen Gastfreundschaft, diesmal auf dem wunderschön gelegenen Landhause des Konsuls Agaard, wo wir außer dem uns schon bekannten Botaniker Dr. Normann, der hier Forstinspektor ist, und einem Hamburger Kaufmann, welcher schon unser Begleiter zu den Lappen gewesen war, auch einen deutschen Arzt trafen, welcher seit langen Jahren in Norwegen angesiedelt ist und uns Vieles von seinem Sohne zu erzählen wußte, der den Zug Garibaldi's nach Sizilien mitgemacht hatte. Der gute Alte war sichtlich gerührt, als er uns die Photographie seines Sohnes im rothen Hemde vorzeigen konnte, und wir konnten uns überzeugen, daß der italienische Held hier im fernen Norden wohl ebenso enthusiastische und thatbereite Anhänger zählt, als im Süden.

Auch hier konnten wir erst lange nach Mitternacht uns von dem freundlichen Wirthe und seinen zahlreichen Gästen trennen, die uns auf dem Heimwege begleiteten. Es konnte wohl nicht fehlen, daß nach den reichlichen Libationen, die man dem rebenumkränzten Gotte gebracht, auch einmal die Geister auf einander platzten, und so entspann sich denn auf dem Heimwege eine hitzige Diskussion, in welcher norwegischer und deutscher Patriotismus, wenn auch stets in freundlicher Weise und nur auf dem Gebiete der schönen Literatur, sich gegenüberstanden. Wie schon früher bemerkt, befindet sich der norwegische Patriotismus, der nach langer Unterbrechung während dänischer Herrschaft erst seit dem Jahre 1815 wieder eine selbständige Wurzel schlagen konnte, noch in jenem Stadium der kindlichen Naivetät, wo Alles, was norwegisch ist, schon einzig um deswillen für ausgezeichnet gelten muß. So war man denn auch in kritische Debatten über einen jungen norwegischen Schriftsteller gerathen, der Dorfgeschichten in der Art der Auerbach'schen Dorfgeschichten geschrieben und dabei zu einem bedeutenden Rufe gelangt ist. Die Deutschen, welche Uebersetzungen dieser Dorfgeschichten an Bord hatten, waren kühn genug, dieselben nur für schwache Nachahmungen der Auerbach'schen Originale zu erklären, denen sie selbst nur einen bedingten Werth zuschrieben, indem sie dieselben durchaus nicht als richtige Zeichnungen des wahren Volkslebens auf dem Lande anerkennen wollten. Die Norweger dagegen behaupteten sowohl die Originalität wie die Unübertrefflichkeit ihres nationalen Schriftstellers und gingen sogar in ihrem Eifer so weit, von einer norwegischen Literatur im

Gegensatze zu der deutschen sprechen zu wollen – ein Standpunkt, den die Deutschen bei aller Anerkennung des vielen Guten, welches in Norwegen seit der errungenen Selbstständigkeit geleistet worden, doch unmöglich annehmen konnten. Die Hinblicke auf die politischen Zustände in Deutschland und die unvortheilhafte Vergleichung derselben mit den freien Zuständen Norwegens konnten die Deutschen in keiner Weise widerlegen, sondern mußten sich in dieser Beziehung für vollkommen geschlagen erklären, während sie in literarischer Hinsicht ihre Suprematie behaupteten.

Die Verhältnisse, wie sie sich jetzt gestaltet haben, zeigen in der That für die Angehörigen kleiner Sprachengruppen eine Beschränkung, welche früher nicht existirte, die aber besonders in wissenschaftlicher Beziehung sehr bedeutend gefühlt werden muß. Im Mittelalter gab es noch eine wissenschaftliche Universalsprache, die lateinische; es war vollkommen einerlei, wo sich der Forscher oder Gelehrte befand: er war im ersten Augenblicke der ganzen Welt verständlich. Jetzt hat man dies und zwar mit vollem Rechte geändert: Jeder schreibt und spricht so, wie ihm der Schnabel gewachsen ist, und dadurch allein sind die Wissenschaften in das Leben des Volkes übergegangen, von dem sie trotz aller Bemühungen der Rückschrittspartei nicht mehr getrennt werden können.

Man kann und darf heutzutage von jedem Manne der Wissenschaft verlangen, daß er im Stande sei, sich mit demjenigen vertraut zu machen, was in den drei Hauptsprachen der Kulturvölker, in deutscher, englischer oder französischer Sprache, veröffentlicht wird. Jeder, der in diesen Sprachen schreibt, darf offenbar auch den Anspruch erheben, daß man seine Stimme überall höre und verstehe.

Existirt aber eine gleiche Berechtigung auch für die Angehörigen jener kleinen Sprachengruppen, wie Holländisch, Dänisch, Schwedisch, die kaum einigen Millionen angehören, und die der Natur der Sache nach, wenn sie auch ausgezeichnete Männer hervorbringen, dennoch nicht ein solches Gewicht in die Wagschale legen können, wie die großen Kulturvölker? Gewiß ebenso wenig als für die Dialekte. Niemand wird denselben ihre Berechtigung absprechen; man darf sogar beklagen, daß manche dieser Dialekte mit ihrem naiv-kernigen Wesen nicht zur Schrift- und Umgangssprache geworden sind; man kann anerkennen, daß Dichter wie z. B. Hebel oder Claus Groth, die in solchen Dialekten schrieben, Vorzügliches geleistet und einen kleinen Kreis von Lesern erquickt und erfreut haben. Allein auch diese Schriftsteller werden erst dann einen Einfluß auf die allgemeine Bewegung ausüben können, wenn sie in deren Sprache übertragen werden, und sie werden von dem großen Ganzen übersehen und ignorirt werden, so lange sie in den ursprünglichen Sprachkreis gebannt bleiben. Ganz so verhält es sich mit den Ansprüchen jener kleinen Sprachengruppen, die zwar über den Dialekt sich erhoben, nicht aber zu der Würde einer großen Kultursprache aufgeschwungen haben. Ihre Produkte werden natürlich so lange vernachlässigt werden müssen, bis sie in den allgemeinen Strom der Ideen und Sprachen übergetragen worden sind.

Kehren wir indeß von dieser Abschweifung nach Tromsö zurück. Die dortigen Kaufleute sind vielleicht unternehmenderer Art, als diejenigen in Drontheim und anderen Städtchen der Küste. Nicht zufrieden mit den Produkten, welche ihnen die Losoden und die Fjorde der Umgegend bieten, rüsten sie alljährlich eine Menge kleiner Schiffe aus, welche theils auf offener See dem Haifischfange, theils auf Spitzbergen der Jagd auf Walrosse, Seehunde, Eisbären und Eiderdaunen obliegen. Die Thransiedereien sind sehr bedeutend und gewaltige Walfischwirbel, welche umher liegen und von denen der eine als Hauklotz auf dem Verdecke aufgestellt wird, bezeugen, daß auch der Wal in das Bereich der Tromsöer Unternehmungen gehört. Wir kaufen Rennthierfelle und Geweihe, Eisbären- und Luchspelze, Fuchsbälge und Eiderdaunen, werden von Konsul Agaard mit dem frischen Kopfe eines Walrosses beschenkt und ziehen nun

„reich beladen
nach nördlichen Gestaden“

Siebentes Kapitel.

Pippertind. Havnäs. Skjaervö.

Samstag den 20. Juli gelang es uns, von Tromsö unter Segel zu gehen, und den Sund hinauf längs der Inseln Ringvadsö und Reenö nach dem Lyngen-Fjorde hinzusteuern. Das Wetter war beständig kalt, neblig und regnerisch. Eine steife Brise aus Nordwest brachte uns aber während wenig Stunden schnell vorwärts, so daß wir am Abende schon an der Spitze der Insel Reenö in der Nähe eines Hofes Gröbnäs angelangt waren. Hier wurde es indessen vollkommen windstill und einige der Unsrigen benutzten diesen Augenblick, um an das Land zu steigen und einige Pflanzen zu sammeln. Am andern Morgen fanden wir uns in einem weiten Kessel, in welchen einerseits der Ulfsfjord, andererseits der Lyngenfjord, beide berühmt durch den Roman Mügge's Afraja, nach Norden hin einmünden. Eine Menge von Inseln, worunter namentlich Arnö nach Osten, Karlsö und Vandö nach Westen, begrenzen dieses wunderbare weite Theater, in dessen Mündung nach der offenen See hin die Insel Fuglö sich wie ein Keil einschiebt. Eine in ihrer Wildheit und Schönheit großartigere Natur mag es in der Welt wohl kaum geben, als hier. Die Zunge des festen Landes, welche zwischen dem Ulfs- und Lyngen-Fjord über die Länge eines halben Breitengrades nach Norden sich dehnt und mit dem Vorgebirge Lyngstuen schroff und steil sich abschneidet, ist ebenso wie die benachbarten Inseln von gewaltigen Bergformen gebildet, in deren Einsenkungen sich Gletscher angesammelt haben, welche an einzelnen Stellen sich bis tief in das Meer hinuntersenken. Erst hier in dieser unter dem 70. Grade n. B. gelegenen Gegend tritt uns fast überwältigend die Wahrheit des Ausspruches entgegen, daß man Norwegen als ein Alpenland ansehen müsse, welches um einige Tausend Fuß in das Meer gesenkt wäre, so daß nur die Höhen der Spitzen über die Fläche des Ozeans hervorragen. Erst hier tritt auffallend in der Gestalt der Berge, in ihrer Gliederung, in dem Charakter der Thäler und Einsenkungen die Aehnlichkeit mit den hohen Alpenregionen entgegen, welche um so überraschender wirkt, als das Niveau der See überall in einer Region abschneidet, deren Bewachsung und Flora derjenigen der höheren Alpenthäler entspricht. Birken, Erlen und Tannen sind freilich noch hier und da vorhanden und selbst in unmittelbarer Nähe der Gletscher angesiedelt; sie finden sich aber dennoch nur an geschützten Orten, in Thalrunsen, an sonnigen Halden und sind immer klein, mager, dem Boden genähert, so daß sie in dem Charakter der Landschaft keinen wesentlichen Zug bilden. Hier gelten nur die harten Linien der schroffen Felszacken, die meist in düsteren Farben unmittelbar aus dem Wasserspiegel emporsteigen, und die sanften, zuweilen blendenden Tinten der Gletscher und Schneefelder, welche aus den Höhen ihre Arme zur salzigen Tiefe strecken. Die Farbenspiele und Effekte, welche die fast horizontal aus dem Norden herüberscheinende Sonne um Mitternacht in diesem erhabenen Panorama hervorruft, sind unübertrefflich schön und um so reizvoller, als sie länger anhalten und man sich ihrem Genusse vollständig hingeben kann.

Der hohe Seegang, der von Fuglö aus in das weite Amphitheater dringt, zeigt uns, daß die offene See, in deren Nähe die Hauptbrüteplätze der Vögel sich finden, nicht ferne ist. Wir hatten anfänglich im Sinne gehabt, bei Fuglö eine Landung zu versuchen, da diese Insel außer den Brüteplätzen noch durch einige merkwürdige geologische Gangverhältnisse sich auszeichnet. Die schroffen, messerscharf in die Luft ragenden Tafeln, aus welchen die Insel besteht und die ihr bei jeder Wendung ein durchaus verschiedenes Profil geben, je nachdem man eben diese Tafeln in ihrer Schärfe oder ihrer Breite sieht, scheinen aber dem Seefahrer keinen günstigen Ankerplatz zu weissagen. Zu dem waren uns heute Wind und Wellengang entgegen und da Konsul Agaard von Tromsö, der Besitzer von Loppen, uns mit größter Zuvorkommenheit diese seine Insel gänzlich zur Verfügung gestellt, ja sogar uns einen Besuch dort versprochen hatte, so ließen wir Fuglö gerne auf der Seite, um in den Lyngenfjord selbst einzubiegen und dort bei Havnäs am Eingange des Rotsundes auf der Insel Ulö einen Aufenthalt zu machen.

Wir müssen gestehen, daß nicht blos die Wissenschaft uns dort hinzog. Unser Vorrath an Eis war erschöpft, wahrscheinlich in Folge einer etwas mangelhaften Einrichtung unseres Eiskellers. Zwar hatten wir in Bergen und Drontheim Gelegenheit gefunden, für theueres Geld und gute Worte bei den dort etablirten Bierbrauern unsern Vorrath einigermaßen zu ergänzen; in Tromsö aber war dies nicht möglich gewesen. Nun existirt aber, wie wir schon früher bemerkten, im nördlichen Norwegen das Schlächtergewerbe eigentlich gar nicht und man ist genöthigt, zur Proviantirung mit frischem Fleische stets ein ganzes Thier zu acquiriren, dessen Aufbewahrung dann bei der großen Zersetzung in Folge der anhaltenden Sommerwärme seine Schwierigkeiten hat. In Tromsö, berichtete man uns, sei früher ein deutscher Fleischer ansässig gewesen, der ganz gute Geschäfte gemacht habe; seitdem aber der Mann gestorben, sei auch das Handwerk verdorben, da ein Norweger wohl schwerlich daran denke, sich mit einem solchen Gewerbe abzugeben. Um nun unsern in Tromsö eingenommenen Fleischvorrath frisch bewahren zu können — denn mit Salzfleisch waren wir hinlänglich von Hamburg aus versehen — wollten wir an irgend einem der Gletscher, welche bis in das Meer hinunterragten, unsern Vorrath ergänzen und bogen deshalb in den Lyngenfjord ein, wo man uns einige Angaben in dieser Hinsicht gemacht hatte. Fanden wir dort nicht, was wir suchten, so waren wir auf directem Wege nach dem Oxfjord oder dem Jökulfjord in Quänangen, die uns beide als vollkommen für unser Vorhaben geeignet bezeichnet wurden.

Die Nähe des offenen Meeres ließ sich schon aus der rollenden Seebewegung, namentlich aber auch aus der Menge von Thieren erschließen, welche in dem weiten Amphitheater um unser Schiff herum erschienen. Medusen und Quallen in Masse, lange Züge von Heringen oder jungen Seefischen, welche mit einem Schwarme darüber flatternder Möven im beständigen Kampfe erschienen, Delphine und Schweinfische aller Art, welche durch das auffallende Aussehen unseres Schiffes sich zuweilen von der Jagd auf ihre Beute abbringen ließen, um uns während einiger Zeit kreisend zu umspielen. Ein etwa 20 Fuß langer Butzkopf kam so nahe an das Schiff, daß der Doktor ihn mit einem Schrotschusse begrüßen konnte. Gekitzelt mochte ihn der blaue Dunst wohl haben; denn mit einem gewaltigen Schlage auf das Wasser schlug das Thier einen Purzelbaum, um kopfüber in der Tiefe zu verschwinden. Nach einiger Zeit erschien auch der Monarch dieses seltenen Hofstaates, ein riesiger Finnfisch von gewiß 100 Fuß Länge — denn keiner schätzte dieselbe geringer, als diejenige unseres Schiffes — welcher ganz unmittelbar in unsere Nähe kam. Zuweilen hielt sich das Thier ganz stille auf der Oberfläche des Wassers, sodaß es uns gegenüber lag wie ein Schiff, das mit uns hätte verkehren wollen. Man sah dann deutlich den unförmlichen Kopf mit einer Einsenkung etwa im ersten Drittel seiner Länge, in welcher das Spritzloch sich befand, den flach gewölbten Rücken, die ziemlich weit nach hinten gestellte Rückenflosse und die breite Schwanzflosse, welche flach auf dem Wasser lag. Man konnte ebenso deutlich bemerken, daß das Thier eine dunkelbraune Farbe hatte mit helleren, unregelmäßigen, gleichsam gewässerten Streifen. So nahe kam uns der Finnfisch, daß der Commodore eine Kugel auf ihn abfeuern konnte, die ihn indessen nicht im geringsten zu geniren schien, obgleich wir deutlich gesehen zu haben glaubten, daß sie in unmittelbarer Nähe des Rückens eingeschlagen habe. Scheinbar ohne viele Anstrengung machte das Thier in weniger als einer Stunde zweimal die Runde um den Fjord herum, indem es viermal während dieser Zeit den Weg machte, zu dessen Zurücklegung wir am folgenden Morgen fünf Stunden lang angestrengt rudern sollten.

Bekanntlich ist vielfältig unter Naturforschern und Seefahrern die Frage diskutirt worden, was denn eigentlich der Walfisch auspuste und ob der Springquell, den er ausstoße und der von weitem wie eine Fontaine aussieht, wirklich aus Wasser oder nicht vielmehr aus Wasserdampf bestehe. Die Naturforscher behaupteten, daß der Athemweg aus der Lunge vollkommen gegen den Speiseweg abgeschlossen sei, daß der Walfisch mithin das Wasser, das er bei Verschluckung der Beute nothwendig mitverschlucken müsse, nicht durch das Spritzloch hervortreiben könne und daß demnach der Strahl, welchen der Walfisch von sich gebe, ursprünglich nur aus den Lungen ausgestoßener Wasserdampf sei, welcher sich aber in der kalten Luft augenblicklich in ähnlicher Weise verdichte, wie der Hauch des Menschen und der Thiere, die in kalter Luft athmend eine wahrhafte Nebelwolke ausstoßen. Die Seefahrer dagegen behaupteten, wenigstens die meisten, der ausgestoßene Strahl sehe durchaus nicht wie Dampf, sondern vollkommen wie Wasser aus und müsse wohl aus solchem bestehen, da man deutlich das Plätschern seines Rückfalles auf die Wasserfläche höre, was freilich Andere und darunter namentlich der erfahrene Scoresby, entschieden in Abrede stellten.

Wir müssen zugestehen, daß die Anatomie derjenigen Walthiere, welche Strahlen ausstoßen, noch nicht soweit festgestellt ist, daß man unbedingt die

Ergebnisse der Untersuchung, welche sich namentlich auf die Delphine beziehen, die keine Strahlen werfen, auf sie übertragen könnte. Allein auch abgesehen davon und die Richtigkeit des vollkommenen Abschlusses der Luftwege gegen die Speisewege zugegeben, muß man dennoch anerkennen, daß der Strahl wirklich zum großen Theile aus verdichtetem Wasser besteht, das indessen ebensogut nicht aus dem Körper des Thieres stammen kann, sondern im Momente des Ausathmens durch die heftig ausgestoßene Athemluft mit in die Höhe gerissen wird. Beobachtet man das Gebahren eines Wales oder Butzkopfes genauer, so sieht man, daß sie stets beim Erscheinen an der Oberfläche eine flache Kreislinie beschreiben, in Folge deren zuerst der Kopf, dann der Rücken und zuletzt der Schwanz an der Oberfläche des Wassers erscheint. Ist man in geeigneter Nähe, so hört man deutlich die zwei Tempis des Aus- und Einathmens, einen schnellen pustenden Stoß und ein tiefes, stöhnendes, fast klagend lautendes Einathmen. Nun ist aber die Zeit, innerhalb welcher der Kopf und namentlich die Gegend des Athemloches über dem Wasser erscheint, so kurz, daß sie gewiß nur für das Einathmen hinreicht. Das Ausathmen geschieht also, während der Kopf und das Spritzloch sich noch unter dem Wasser, aber in der Nähe der Oberfläche befinden, und bei der Heftigkeit, womit es geschieht, kann es nicht wundern, wenn eine große Menge Wasser mitgerissen und als Springquell in die Höhe geschleudert wird. In der That findet man bei genauerer Beobachtung, daß bei ruhigem, gleichmäßigem Schwimmen der ausgestoßene Strahl dennoch sehr verschieden ist an Größe und Mächtigkeit, daß er zuweilen vollständig zu fehlen scheint und dann wieder übergewöhnlich stark wird, was offenbar nur davon abhängt, daß das Spritzloch im Momente der Ausathmung mehr oder minder tief unter dem Wasserspiegel sich befand.

Wir waren allmälig um das Vorgebirge Lyngstuen herumgekommen und in den Fjord eingedrungen, in welchem eine vollständige Windstille herrschte. Ein hohes Gebirge, das auf den Karten als Pippertind bezeichnet war, leuchtete uns auf der zu unserer Rechten gelegenen Halbinsel entgegen und sendete eine Reihe von Gletschern herab, von denen einige bis zur Meeresfläche selbst hinunterzureichen schienen. Es war so stille, das Meer so glatt, das Ufer schien uns so nahe, daß in Allen die Lust aufstieg, von dem Schiffe aus einen Besuch an den nächsten Gletscher zu machen, um nachzusehen, ob man hier auch wirklich zu seinem Zwecke gelangen und den Eiskeller wieder füllen könne. Da man aber voraussehen konnte, daß die Schiffsmannschaft einen harten Tag haben würde, so beschloß man, sich ihrer gänzlich zu entschlagen, und nur mit eigenen Kräften den Versuch einer Landung zu unternehmen. Der Kapitän, der vor Begierde brannte, auch einmal einen Gletscher zu sehen, war der einzige Schiffskundige, welcher der Gesellschaft sich anschloß, die diesmal aus Vogt, Berna, Hasselhorst und Gressly bestand, während der Doktor auf dem Schiffe zurückblieb. Wir nahmen das kleine Boot mit Mast und Segel, gaben dem Steuermann auf, wenn Wind käme, nach Havnäs zu segeln und stießen vom Schiffe ab, ohne daran zu denken, uns mit Proviant oder selbst nur mit Wasser zu versehen. Der Kapitän steuerte, die vier Anderen ruderten abwechselnd und Alle waren heiter und guter Dinge.

Lyngenfjord.

Der Weg aber spannte sich in auffallender Weise. Wir hatten geglaubt, höchstens eine Stunde von dem Lande entfernt zu sein; als wir aber eine Stunde gerudert hatten, schien uns die Küste noch ebenso fern als vorher, und nur mit äußerster Anstrengung konnten wir mittels unserer Ferngläser ein Fischerboot unterscheiden, welches um die Felsen herum zu schleichen schien. Wir hatten zwei volle Stunden zu arbeiten, bis wir in der Nähe des Bootes ankamen, das indessen nach der Gewohnheit der freundlichen Norweger in dem Augenblicke, wo wir es anriefen, so schnell als möglich Reißaus nahm.

Wir landen mit Mühe vor einem hohen Uferwalle, durch welchen ein murmelnder Bach sich einen Weg gebrochen hat, indem wir unser Boot an einige Blöcke festketten. Offenbar ist hier ein Fischerplatz. Unter einem leeren Gerüste liegen einige Dorschköpfe und mannslange Äste einer schönen, rothen, aber biegsamen und weichen Koralle, welche die Fischer unabsichtlich mit ihren Netzen aus der Tiefe gezogen und dann weggeworfen haben. Auch liegt hier auf dem Strande ein Fischerboot, so ärmlich als es nur irgend sein kann, aus dünnen Fichtenbrettern konstruirt, mit hölzernen Nägeln und Bast zusammengebunden.

Wir klettern den Uferwall hinan. Die Strandlinie der jetzigen Fluthhöhe ist außerordentlich deutlich: sie wird von losen Blöcken und Muschelsand gebildet, auf dem vertrockneter Tang liegt. Die mit kurzem Gras bewachsene Böschung, die dann folgt, ist sehr steil, sodaß man sie kaum ohne Mithilfe der Hände erklettern kann. Auf halber Höhe findet sich eine horizontale Terrasse, dicht mit großen, abgerundeten Blöcken besäet, zwischen denen Grand und kleinere Rollsteine die Oberfläche bilden; dann eine zweite Böschung, minder hoch, aber ebenso steil als die erste und eine neue horizontale Terrasse, ebenso wie die vordere mit Blöcken besäet. Erst nach Erklimmung dieser zweiten Terrasse sind wir auf dem Gipfel des Uferwalles und sehen nun mit Erstaunen, daß er sich ebenfalls mit steiler Böschung nach innen gegen den Hintergrund des Thales absenkt, dessen Ausgang er vollkommen absperrt, sodaß der Bach sich mitten hindurch einen Weg gebrochen hat. Wir erkennen ohne Mühe, daß dieser Wall eine Endmoräne sein muß, welche der Gletscher, der jetzt nur noch den Hintergrund des Thales füllt, einst an der Ausmündung aufwarf als er noch bis zu dem Meere vordrang. Aber das Meer hat offenbar diese Moräne bespült, es hat die horizontalen Terrassen ausgenagt, die Blöcke derselben durch Auswaschung bloßgelegt und auf diese Weise an der Moräne selbst die Spuren seiner Anwesenheit hinterlassen. Es ergibt also diese Moräne mit den darauf verzeichneten Strandlinien einen evidenten Beweis, daß das Meer sich erst während und nach der Eiszeit von diesen Ufern zurückgezogen oder vielmehr das Land sich erhoben hat.

Erst nach Ueberschreitung des Uferwalles sahen wir, daß wir uns täuschten, wenn wir glaubten, der Gletscher senke sich bis in größere Nähe des Meeres hinab. Das ganze Thal, dessen Sohle der Bach durchströmt, zieht sich wohl noch eine halbe Stunde zwischen den steilen Halden bis zu dem Fuße einer steilen Felswand fort, die oben erst in einer Höhe von 800—1000 Fuß von dem Gletscher gekrönt wird. Einige kleine Bäche stürzen aus den Zungen, welche der Gletscher vorstreckt, durch tief eingeschnittene Runsen in kühnen Sprüngen in das Thal hinab. Offenbar ist die Oertlichkeit nicht dazu geeignet, Eis zu gewinnen; denn wie wäre es möglich, mit unseren beschränkten Kräften den Transport von dieser Höhe herab und dann über den morastigen Thalgrund hinweg zu bewerkstelligen! Man ist indessen einmal da, man will den Gletscher in der Nähe besehen, und so entschließt man sich, in das Thal einzudringen und auf die Höhe zu klettern, von welcher aus man eine entzückende Aussicht über den Fjord und die gegenüberliegenden Inseln haben muß.

Küstenlappen in einer Hütte.

Einige Hunde, welche bellend auf dem Strandwalle erschienen, haben uns belehrt, daß hier Menschen wohnen müssen. Wir finden auch in der Thal eine Familie von Küstenlappen oder Söfinnen, wie die Norweger sie nennen, die in einigen schauderhaften Erdhütten sich seßhaft gemacht haben — ein Bild des entsetzlichsten Elends. Eine Hundehütte in unseren Gegenden würde ein

Palast sein gegenüber diesem niedrigen Loche, dessen Dach halb eingestürzt ist und aus dessen niederer Thüre ein halbes Dutzend kaum in Lumpen gehüllter Kinder hervorglotzt, hinter welchen einige struppige, verwilderte Köpfe von Weibern und Männern sich zeigen. Der Kapitän, der sich statt eines Bergstockes mit dem Bootshaken bewaffnet hat, rafft alles Dänisch seines Sprachvorrathes zusammen, um den wilden Menschen begreiflich zu machen, daß wir gerne einen Führer nach dem Gletscher hätten. Endlich entschließt sich ein von Elend abgemagerter Bursche, dem wir eine Münze zeigen, hervorzutreten und nach dem Hintergrunde des Thales vorauszutrotten. Wir folgen durch tiefen Morast nach, indem wir von einem Birkenstrunke zum andern springen, und gelangen endlich an die Halden, über welche ein steiler Weg bergan führt. Es ist zehn Uhr Abends. Die Sonne glüht wunderbar über den Fjord herüber und wirft herrliche Streiflichter auf die Inseln Vorterö, Kagen und Ulö, welche uns gerade gegenüber ihre schneebedeckten Häupter gegen Himmel heben. Gewaltige, eckige Blöcke aus dunkelgrünem Hornblendeschiefer mit Quarzgängen dazwischen liegen hier verstreut, als ob man Material zum Vordergrunde eines Gemäldes hätte anhäufen wollen. Der Professor sieht sich die steilen Wände an, welche noch erklettert werden müssen; er untersucht mit dem Fernrohre den Gletscherrand, den er vollkommen so gestaltet findet, wie die wohlbekannten Gletscher aus den Alpen, und indem er die Mühe des Auf- und Abkletterns und des späteren Ruderns in Anschlag bringt, findet er sich plötzlich von einem heiligen Enthusiasmus für die Kunst und einer zarten Sorgfalt für die Bereicherung seines Albums ergriffen. Er erklärt also, daß er trotz vieler Mücken, welche ihn umschwärmen, hier Posto fassen und eine Zeichnung des Fjordes mit den gegenüberliegenden Bergen aufnehmen wird, während die Anderen die Höhen erklimmen.

Der Fjord schließt sich hier in der Thal vollständig zu einem ruhigen See ab, auf dessen spiegelglatter Fläche die tiefstehende Abendsonne in wunderbaren Lichtern spielt, während die hohen Felsengebirge gegenüber in brennend rothem Alpenglühen schimmern. Ueberall ziehen sich an den Gehängen die alten Uferlinien hin, die man noch deutlich erkennen kann, und deren grünliche Färbung auf Grasflächen schließen läßt, welche weiter obenhin gänzlich verschwinden, um ungeheuerem Geröll und Schuttkegeln, sowie nackten Felsmassen Platz zu machen, die in schroffe Nadeln und Zacken auslaufen. Es gelingt wohl, die äußeren Formen dieser seltsamen Gebirge auf das Papier zu fesseln,

aber den wunderbaren Farbenschmelz kann nicht einmal der Pinsel mit dem vollendetsten Material der Kunst, mit den Oelfarben wiedergeben.

Die Freunde klettern unterdessen mühsam an den steilen Felswänden empor und bemühen sich, dem Lappen zu folgen, der mit dem Springinsfeld Freitag weit den Andern voraneilt. Der Weg führt bald über nackte, abgeschliffene Felsflächen, bald durch wüste Trümmerhalden mit spitzen, rollenden Steinen hinauf gegen den Gletscher, der sich auf der Kante des Gebirges hinzieht und eine Zunge über einen Wasserfall streckt, der aus unvollkommenem Thore sich in eine tiefe Runse stürzt. Ringsum Schutt und Geröll, zum Theil aus hartem Granit und Gneiß gebildet und in Haufen aufgethürmt, die nach und nach von dem Gletscher über die Felskanten hinabgedrängt und so in das Thal hinabgeschleudert werden. Auf dem Wege flattern hie und da einige Rypen auf, die indessen, kaum scheu, sich bald wieder niederlassen und dem Jäger eine leichte Beute geworden wären. Ganz oben in der Nähe des Gletschers taucht plötzlich aus der Steinwüste ein großes Rudel wilder Rennthiere auf, ohne Hund noch Hirt, die bei der unverhofften Begegnung plötzlich stutzen und den Reisenden in das Gesicht starren. Der Lappe sucht ihnen begreiflich zu machen, daß dies verwilderte Rennthiere seien, welche vor einigen Jahren hier von Lappen, die sich ins Innere zurückgezogen hätten, wahrscheinlich vergessen worden seien und nun herrenlos in der Wildniß umherschweiften. Man könne sie jagen und tödten, wie man nur wolle, und wenn die Herren Gewehre hätten, so wolle er sie schon so zur Jagd führen, daß sie alle ohne Ausnahme erbeuten könnten.

Die prächtigen Thiere, die weit größer erscheinen als die zahmen in Tromsö gesehenen, scheinen die Absicht Hasselhorst's zu errathen und halten lange still, während der Künstler ihre Erscheinung mit raschen Strichen in seinem Portefeuille skizzirt. Da kommt Freitag an, der unterdessen sich hinter einer Rype eine völlig unnütze Bewegung verschafft hat. Im ersten Augenblick stutzt der Hund, dann springt er mit lautem Gebell den Rennthieren entgegen. Diese scheinen anfangs Stand halten und den Hund mit ihren Geweihen empfangen zu wollen; denn sie senken die Köpfe und stampfen unwillig mit den Vorderläufen. Plötzlich aber drehen sie um und in wilder Flucht, in gewaltigen Sprüngen setzen sie über die Steinhalden hinweg, durchkreuzen ein Schneefeld, auf welchem der Hund beständig ausgleitet, mit rasender Schnelligkeit und verschwinden bald hinter dem nächsten Kamme, während der

Hand athemlos zurückbleibt und das Rollen und Kollern der Felstrümmer auf dem Abhange gegenüber noch lange herübertönt, wo sie schon längst den Augen entschwunden sind.

Die geologischen Verhältnisse in der Umgebung des Gletschers hatte man ganz so gefunden, wie es zu erwarten war. Ueberall geschliffene Felsflächen, deren Kanten indeß noch nicht vollständig bearbeitet waren, und bedeutende Geröllmassen, die vor dem Eise angehäuft waren; das Eis selbst auf einem Lager von Grus und Rollsteinen ruhend, hie und da vom Felsen losgelöst, vom Wasser unterwaschen und vielfach geklüftet und gespalten.

Um zwei Uhr Morgens kommen die Bergsteiger von ihrer Exkursion zurück und bei dem Professor an, der unterdeß Muße gehabt hat, seine Zeichnung zu vollenden und ihnen mit dem Fernrohre auf Tritt und Schritt zu folgen. Man begibt sich sofort auf den Marsch, wirft noch einen Seitenblick auf das kinderreiche Elend des Küstenlappen, das noch immer aus der Thüre glotzt, und begibt sich eilends zum Boot, dessen Erreichung noch einigermaßen mühselig ist, da die Fluth sich indessen eingestellt und es weit vom Lande weggeschwemmt hat. Schon von der Höhe des Uferdammes aus späht man vergebens nach dem Schiffe. Die Sonne, welche sich unterdessen wieder gehoben hat, scheint doch klar und hell über den Fjord hinüber und vergoldet die weißen Segel einiger Fischerboote, die weit auf dem offenen Meere oder tief im Fjorde ihrem Geschäfte obliegen. Unser schlankes Schiff aber mit seinen hohen Masten, mit seinen neuen blendend weißen Segeln, die der Stolz des Kapitäns sind, läßt sich nirgends entdecken. Einige Male glauben wir, drüben am Ufer es in der Nähe einer Bucht zu sehen, in welcher es vor Anker liegen könnte; bald aber überzeugen wir uns, daß wir uns getäuscht haben und daß es schon weit in das Innere des Fjordes vorgerückt sein muß. Wir nehmen einen Schluck Wasser aus dem Bache, füllen ein kleines Gefäß, welches wir zufällig im Boote finden, mit Wasser, richten Mast und Segel — denn es kommt ein schwacher Wind, der uns freilich zum Kreuzen zwingen wird — und stechen fröhlich mit angebrannten Cigarren in die See.

Anfangs wird der Wind stärker, sodaß der Kapitän nur mit großer Anstrengung ihm einige Striche in unserer Richtung abgewinnen kann. Wir ziehen unsere Furche bis nahe an das gegenüberliegende Ufer der Insel Ulö, wenden, indem wir uns aufs neue hart an den Wind legen und sind nach einer Stunde ausgezeichneten Segelns nur wenige Schritte von unserem Abfahrtsorte angelangt. „Sie sehen, meine Herren," sagte der Kapitän, „so geht es nicht: der Wind kömmt zu hart aus dem Inneren des Fjordes herauf, wir gewinnen ihm kaum etwas ab und vertrödeln unsere Zeit nur mit dem Kreuzen. Greifen wir also frisch zu den Rudern, halten wir uns vorerst mehr am Lande, um einigen Schutz vor dem Winde zu haben, und steuern wir, sobald wir das Schiff erblicken, direkt darauf los. Wir haben dabei den Vortheil, die Gletscher besser aus der Nähe betrachten und untersuchen zu können, ob einer derselben für unser Vorhaben paßt."

Gesagt, gethan. Wir entwickeln einen edeln Wetteifer in dem anstrengenden Rudergeschäfte und bringen selbst Geröll, der seine absolute Unfähigkeit mit Energie behauptet, soweit, das ungefüge Holz in die Hand zu nehmen. Der Wind legt sich bald ganz, während wir langsam und gewissen an der Küste fortschreiten und uns die vielen Gletscher aus der Nähe beschauen, welche in den Runsen niedersteigen. Einer dieser Eisströme scheint uns ganz besonders geeignet: er hängt in einer ganz außerordentlich tief eingeschnittenen Runse herab und seine Fläche ist mit einem Schneefelde bedeckt, welches erst einige Fuß über der See endigt. Die Runse ist so tief, daß, so andauernd die Sonne auch gegenwärtig in diesen Breiten wirkt, sie nichts desto weniger noch nicht im Stande gewesen ist, den Schnee zum Schmelzen zu bringen. Vielleicht werden die Matrosen einige Schwierigkeiten haben, an den steilen Wänden der Runse bis zu dem Eise zu gelangen; allein was auf den Masten klettert, ohne schwindelig zu werden, wird wohl auch an einem Felsabsturze den Kopf nicht verlieren. Einmal oben, können die Matrosen dann das in Blöcken losgelöste Eis über die steile Schneehalde herunterwälzen, so daß sie nur einen geringen Landtransport haben werden.

Es ist nun so vollkommen windstille geworden, daß die weite Fläche des Fjords wie ein schwarzer Landschaftsspiegel alle Gegenstände mit äußerster Schärfe und Deutlichkeit im Bilde zurückwirft. Wir bieten noch einmal unsere gesammte Sehkraft auf, eine Spur von unserem Schiffe zu entdecken; aber alle unsere Mühe ist umsonst. Das Schiff hat gewiß eine kleine Brise benutzt, um während unserer Abwesenheit bis Havnäs zu segeln und sich dort vor Anker zu legen. Ist dies aber der Fall, so können wir es unmöglich sehen, da der Ankerplatz hinter einer vorspringenden Höhe der Insel Ulö sich birgt. Wir legen uns mit erneuter Anstrengung in die Riemen und fangen an, bei knurrenden Mägen und zunehmender Ermüdung zu finden, daß eine Exkursion ohne Lebensmittel und Matrosen fernerhin nicht mehr stattfinden dürfe. Da aber am Ende der Deutsche in jedem Unglücke noch ein ganz spezielles Glück entdecken muß, so fanden auch wir, daß die Bewegung des Ruderns nicht unzweckmäßig für unsere Gesundheit sein dürfte, zumal da wir alle vom Waten durch Sumpf und Moos durchnäßt waren bis zu den Knieen und der Morgen doch einigermaßen kühl sich ansprach.

In der Nähe der Insel Uiß hebt sich der Boden des Meeres bedeutend, sodaß man den flachen Sandgrund mit vollkommener Schärfe und Deutlichkeit beobachten kann, während man mit dem Boote darüber weggleitet. Nie und nirgends habe ich eines schöneren Anblicks genossen. Baumhohe Tange steigen aus der Tiefe hervor, förmliche Wälder bildend, und breiten ihre Wedel sanft schaukelnd bis zu der Fläche des Wassers. Die Wellenbewegung, die hier in der Nähe des Ufers erstirbt, hat ihre Spuren in auffallender Weise in den Sand eingegraben: jene eigenthümlichen Linien, welche man schon längst in der Geologie unter dem Namen der Wellenmarken (ribble-marks der Engländer) kennt und die sich so häufig auf alten Sandsteinen zeigen, ziehen sich meilenweit am Ufer hin. Es sind seltsame Bogenlinien, die in gemessenen Distanzen von einander fortlaufen, hie und da sich in einem Knotenpunkte vereinigen und lange wurstförmige Erhabenheiten bilden, auf deren Rücken stets der gröbere Sand eine mittlere zentrale Anhäufung bildet. Hie und da haben Röhrenwürmer, welche in der Tiefe des Sandes hausen, die Symmetrie dieser Bildung gestört, indem sie kleine Haufen aufgeworfen haben, auf denen seltsam verschlungene Gänge in erhabener Arbeit sich zeigen. Ganz in der Nähe des Ufers sehen wir auf dem Sande selbst einige Fußspuren von Möven und Regenpfeifern, deren Schwärme sich in der Nähe zeigen.

Wie schon bemerkt, finden sich diese Wellenmarken, die wir hier deutlicher sehen, als wo sonst, häufig auf Sandstein älterer Formationen, gemeinschaftlich mit Abdrücken von Tangen und Spuren, welche beweisen, daß Vögel, Amphibien und Säugethiere auf dem nassen Sande umherstrichen, auf welchem sie die Eindrücke ihrer Sohlen zurückließen. Es bilden sich diese Wellenmarken stets an seichten Stellen, wo das sandige Ufer nur sehr allmälig in die Tiefe sich abschleift und die Wellenbewegung zugleich sehr sanft und gering ist. Sobald die Fluth stärkerer Bewegung sich hingibt; sobald die Winde stärkere Wellen aufwerfen, die sich in ihrer Richtung theilweise kreuzen; sobald die Neigung des Ufers derart ist, daß die Wellen, statt langsam darauf ausstreichend zu ersterben, heftig dagegen prallen und einen Rückstoß erleiden, so verschwinden diese regelmäßigen, in parallelen Bogenlinien verlaufenden Wellenmarken, um einer unregelmäßigen Kräuselung der Grundfläche Platz zu machen. Wo sie aber existiren, da beweisen sie das Vorhandensein ruhiger Becken und tief eingeschnittener Buchten mit flachen Sandufern in ähnlicher Weise, wie an den Ufern der Insel Ulö. Es ist aber durchaus auch nicht gesagt, daß nur das Meer diese Marken hervorbringen könne; auch größere Süßwasserbecken zeigen sie aufs deutlichste und Mancher mag wohl schon diese Marken unter der kleinen Brücke betrachtet haben, welche zur Rousseauinsel in Genf führt, ohne ihre Bedeutung zu erkennen. Freilich sind sie dort kürzer, gebrochener, nicht in so wundervoll geschwungenen Linien ausgeführt, wie an den Ufern des Lyngenfjordes.

Erst spät um 9 Uhr, nach siebenstündigem anhaltendem Rudern, langen wir erschöpft von Hunger, Durst und Anstrengung bei unserem Schiffe an, das schon ruhig und still vor der Handelsstelle von Havnäs vor Anker liegt. Kaum biegen wir um die Ecke, welche uns bisher seinen Anblick barg, so sehen wir auch den Koch mit einem Sprunge in der Kambüse verschwinden, während der Steward sich hinunter in das Speisezimmer stürzt. Die Edlen haben geahnet, was uns fehlt! Ein reichliches Frühstück dampft auf dem Tische in dem Augenblicke, wo wir die Schiffstreppe hinaufsteigen und nachdem wir uns gebührend gestärkt und dem Steuermann und der Mannschaft unsere Anweisungen hinsichtlich der Expedition nach dem Eise gegeben haben, ziehen wir uns einige Stunden zurück, um unsere Strapazen in den Armen eines wohlverdienten Schlafes zu vergessen.

Die Wittwe, welche Havnäs besitzt, hat uns mit freundlicher Zuvorkommenheit eine große norwegische Barke mit einigen ihrer Leute geliehen, die nun mit unsern Matrosen unter dem Befehle des Steuermanns während unserer Ruhe nach Eis ausgegangen sind. Sie finden indeß mehr Schwierigkeiten, als wir nach erster Ansicht des Gletschers vermuthet hatten, kehren aber nichts desto weniger im Laufe des Nachmittags mit einer vollständigen Ladung zurück, die uns in Stand setzen wird, nöthigenfalls bis Island auszuhalten.

Wir haben nun volle Zeit, die Umgebung in Augenschein zu nehmen und die wunderschöne Bergkette, welche auf dem Festlande sich hinzieht und der wir soeben unsern Besuch abgestattet hatten, in ihrer Gesammtheit zu studiren. Es mag wohl in der Welt keinen prachtvolleren Ankerplatz geben, als dieses Havnäs, von dem aus man den freien Ueberblick über eine wohl zwölf deutsche Meilen lange Bergkette genießt, die überall in ihren Formen an die charakteristischen, wohl bekannten Gipfel der Schweiz erinnert, während in der Nähe das kaufmännische Etablissement mit den rothen Packhäusern, das grüne Ufer mit den horizontalen Strandlinien und dem niederen Fichtenwalde darüber die charakteristischen Züge des Nordens zu dem Bilde hinzufügt. Während der Doktor mit dem Jäger an dem gegenüberliegenden Ufer nach Vögeln umherjagte und sich von einem jungen Adler äffen ließ, der trotz seiner jugendlichen Unbefangenheit sich stets auf der Grenze der möglichen Schußweite zu halten wußte, saßen die Andern zeichnend, malend und studirend auf dem Verdecke und genossen das herrliche Panorama, welches aufs neue im Glanze der späten Abendsonne sich in die wunderbarsten Farben zu kleiden begann. Man zählte über zwanzig Gletscher, die von den verschiedenen Gipfeln gegen den Fjord hinab sich senkten und in allen ihren Zügen auf das genauste den Gletschern der Alpenkette entsprachen.

Nur in einem Punkte vielleicht mochte sich ein Unterschied ergeben. Bekanntlich steigen alle Gletscher, von einer inneren Bewegung getrieben, über die Schneelinie hinab ins Thal, in eine wärmere Temperatur, in welcher der Schnee im Sommer schmilzt, sodaß die Oberfläche des Gletschers bis zu einer gewissen Höhe im Sommer vollkommen schneefrei wird und das nackte Eis zeigt. Ueber dieser Linie erhält sich der Schnee auch im Sommer und im allgemeinen zeigt diese Firnlinie (denn man nennt den körnigen Schnee der höheren Regionen Firn) eine ziemlich große Beständigkeit hinsichtlich ihres Niveaus, das nur je nach den Jahren und der Wärme des Sommers einige Abwechslung bietet. Anders scheint es sich hier in diesen hohen Breiten zu verhalten. Die Firnlinie, die man deutlich unterscheiden konnte und über deren Höhe keine Täuschung möglich war, da die Bergkette in gerader Linie uns gegenüber sich in ihrer vollen Breite entwickelte, die Firnlinie zeigte eine auffallende Differenz des Niveaus bei den verschiedenen Gletschern, indem sie auf den einen sich hoch hinaufschob, während bei den andern die Schneedecke sich in bedeutende Tiefe erstreckte. Offenbar hing diese Verschiedenheit einzig und allein von der Neigung der Gletscherflächen und ihrer Stellung gegen die Sonne ab. Selbst im hohen Sommer, wo die Sonne am höchsten steht, kommt sie in diesen Breiten dennoch nicht auf eine bedeutende Höhe über dem

Horizonte, sondern beschreibt einen so flachen Kreisbogen am Himmel, daß der Unterschied ihrer Höhe um Mittag und Mitternacht nicht sehr bedeutend erscheint. Begreiflicher Weise wirkt sie dann auch mit voller Kraft nur auf die stark geneigten Flächen, die ihr in rechtem Winkel gegenüber stehen, während auf horizontalen oder wenig geneigten Flächen die Sonnenstrahlen, die unter einem sehr schiefen Winkel auftreffen, nur eine geringe Kraft haben. In Uebereinstimmung hiermit zeigte sich denn auch, daß diejenigen Gletscher, welche über steile Gehänge herabkamen, bis in die Höhe von 1500—2000 Fuß gänzlich entblößt waren, während die ebeneren Flächen der Amphitheater und großen Gletschermulden selbst in der Höhe von 1000 Fuß über der Meeresfläche noch gänzlich mit Schnee bedeckt sich zeigten.

Wir ergriffen die Gelegenheit, die sich hier uns bot, die Höhen der alten Strandlinien mit Genauigkeit zu messen, sowie die Winkel der Böschung zu bestimmen, die sich zwischen ihnen erstreckte und mit üppigen Wiesen bedeckt war, auf welchen gerade jetzt, am 23. Juli, das Heu geerntet wurde. Wir maßen von der höchsten Fluthgrenze aus, welche sich deutlich durch die ausgeworfenen Tangüberreste und durch die Abnagung des Grases bezeichnete, und fanden, daß die erste Strandlinie 17 Meter, die zweite, ältere und höhere, 49 Meter über dem Niveau der jetzigen höchsten Fluthgrenze sich befand. Die untere Böschung war weniger steil und betrug im Mittel acht Grad, die obere steilere und höhere betrug dagegen im Mittel sechzehn Grad, also etwa die Senkung eines gewöhnlichen Daches. Die untere Strandlinie war deutlich durch ein fast horizontales Plateau von etwa 10 Meter Breite, die obere durch ein solches von 30 Meter Breite bezeichnet und beide Terrassen hatte man zur Aufrichtung von Wirthschaftsgebäuden und Dienstwohnungen benutzt. Erst über der obersten Strandlinie begann der Wald, der sich auf deutlich geschliffenen und abgerundeten Granitfelsen hinzog.

Die Hitze war am Morgen, als wir diese Messungen machten, drückend und schwül gewesen, sodaß wir wirklich im Schweiße unseres Angesichtes unsere Messungen an den Halden vollendet hatten. Auf den Bergen wurde es am Nachmittage dunkel; dicke, schwere Wolken zogen heran, die Gipfel einhüllend; am ganzen Horizonte sammelten sich drohende Gewitterwolken in solch finsterer Gestalt, daß wir jeden Augenblick erwarten mußten, Donner und Blitz losfahren zu sehen. Aber hier ist die Natur stumm, mit alleiniger Ausnahme der Felsen, die wie der Vers unseres Mottos sagt: „zum Himmel schreien";

und ein Herr in Tromsö hatte Recht, als er uns sagte, er habe dort seit 8 Jahren kein Gewitter gesehen und wir seien die ersten, die heuer eines aus Deutschland gebracht hätten. Heute aber blieben die Wolken dennoch stumm wie die Fische; nur eine Sündfluth von Regen brach unter heftigen Windstößen los, und da die Richtung günstig war, so beschlossen wir trotz des fürchterlichen Wetters unter Segel zu gehen. Kaum aber waren die Anker gelichtet, so hörte auch der Wind plötzlich wieder auf und schon waren wir im Begriffe, sie wieder fallen zu lassen, um nicht an den Strand getrieben zu werden, als das Postdampfschiff, von Lyngen herkommend, um die Ecke bog, anhielt und ein Boot aussetzte, auf welchem zwei unserer Freunde von Tromsö, Konsul Aagaard und Doktor Normann, zu uns an Bord kamen. Der Konsul brachte uns Briefe, welche von dem Dampfschiffe bei ihm abgegeben worden waren, und lud uns dringend ein, die Gelegenheit zu benutzen, um weiter zu kommen und mit ihm in Loppen einige Tage zu verweilen. Der Kapitän des Postdampfschiffes würde augenblicklich bereit sein, uns ins Schlepptau zu nehmen und wenigstens bis zur Insel Skjærvö zu schaffen, von wo wir leicht nach Loppen gelangen könnten, während das Dampfschiff noch eine Tour im Quänanger Fjord zu machen habe. Es versteht sich, daß wir das freundliche Anerbieten mit beiden Händen annahmen. In einem Augenblicke war die Sache mit dem Kapitän des Dampfschiffes besprochen, unser großes Tau hinten am Dampfschiffe befestigt und fort ging's unter strömendem Regen durch den Rötsund und den Maursund um die hohe Felseninsel Kagen herum nach der kleinen Insel Skjærvö, die in tief eingeschnittener Bucht einen vortrefflichen Ankerplatz bietet.

Da sehen wir erst recht, daß der Maursund seinen Namen mit vollkommenem Grunde trägt. Ist es doch, als ob die Schlucht der Via mala durchgerissen wäre bis zu dem Grunde des Meeres, um den Schiffen einen Durchlaß zu gönnen von dem einen Meere zu dem andern. Als wir diese steilen Felsmauern sahen, zwischen welchen unsere Schifflein sich durchzwängen mußten, senkrecht aus übereinander liegenden Schichtenköpfen gebildet, senkrecht ohne das mindeste Vorland, ohne die geringste schützende Klippe, abfallend in die unergründliche Tiefe, fragten wir uns mit einigem Schaudern, wie es uns wohl möglich geworden wäre, hier ohne Dampfschiff durchzukommen, sobald sich nur einigermaßen Gegenwind eingestellt hätte. Zum Kreuzen war offenbar die Straße viel zu eng und es wäre gewiß kein ander Mittel geblieben, als rückwärts durch den Lyngenfjord und den Sund von Kaglö einen Ausweg nach der offenen See zu suchen, um von dieser aus Hammerfest zu erreichen. So aber glitten wir mit Hülfe des kleinen leichten Dampfers in wenigen Stunden zwischen den dräuenden Felsmauern durch und gelangten zum Ankerplatze von Skjaervö, wo uns die Freunde verließen, ehe wir noch Zeit gehabt hatten, ihnen für ihre Gefälligkeit zu danken.

Bekanntlich wird die ganze Küste Norwegens im Sommer regelmäßig von Dampfschiffen befahren, welche bis zur äußersten Grenze des Königreichs, bis nach Vardö, Depeschen, Personen und Waaren befördern. Im Winter gehen diese Dampfschiffe weit seltener und zwar nur bis Hammerfest, von wo die Post über Land nach dem Porsanger Fjord befördert wird. Die Dampfschiffe sind auffallend regelmäßig in ihren Fahrten, wie man es kaum bei dem stürmischen Meere und den häufig hindernden Nebeln erwarten sollte; die Kapitäne hochgebildete Offiziere, die gewöhnlich mehrere Sprachen, namentlich englisch sprechen, sodaß man sich leicht mit ihnen verständigen kann. Wir können nicht umhin, die außerordentliche Gefälligkeit zu rühmen, mit der diese Befehlshaber der norwegischen Postdampfschiffe uns stets entgegenkamen, wo sie auch immer uns trafen. Sie änderten natürlich die Tage und Stunden der Abfahrt nicht; allein innerhalb dieser Zeit waren sie stets bereit, uns alle nur erdenklichen Dienste zu leisten, uns nach den Stationen hinzuschleppen, welche wir besuchen wollten, und nöthigenfalls sogar die Richtung ihrer Kurse nach unserem Wunsche zu modifiziren. Wir glauben kaum, daß in irgend einem anderen Lande wir nur entfernt ein gleiches Entgegenkommen hätten erwarten können, das um so wohlthuender war, als die Dienste in einfachster, natürlichster Weise angeboten und mit der größten Uneigennützigkeit geleistet wurden.

Das Gewitter hatte sich gänzlich verzogen, kein Wölkchen mehr war am heiteren Himmel zu sehen, als wir in der reizenden Bucht der kleinen Insel Skjaervö Anker warfen, gegenüber einer niederen Kirche mit braunroth angestrichenem Pfarrhause, neben welchem das größere Kaufmannshaus in ockergelbem Schmucke sich breit macht, während einige Dutzend Fischerhütten zu beiden Seiten einer Art von Straße längs des Ufers sich hinziehen. Die Insel hat an der Stelle, wo die Bucht sie einschneidet, eine tiefe Einsattlung, über welche rechts und links gewaltige Bergzacken von dunklem Glimmerschiefer mit zwischenliegenden dicken Granit- und Quarzbänken hervorragen. Die Einsattlung selbst zeigt einen außerordentlich üppigen Graswuchs, der in allen Abwechslungen von Roth, Gelb und Blau spielt, da blühende Glockenblumen, Haidekräuter und Löwenzahn sich in reicher Abwechslung über das saftige Grün ausbreiten. Ueber die Einsattlung herüber leuchtet in blendendem Schmucke der niedergehenden Sonne der gewaltige Gebirgsstock, welcher die Insel Kagen bildet, dessen nadelartige Spitze von allen Seiten her den Schiffern als Wahrzeichen gilt. Die Kämme der Höhen dieser Nachbarinsel sind mit Schnee bedeckt, eine Einsattlung bildet eine Art Becken, das von einem gewaltigen Gletscher ausgefüllt ist, aus dessen Mitte einige vereinzelte Felsblöcke von phantastischer Form hervorragen. Durch eine tiefe Runse senkt sich der Gletscher, wild in Nadeln zerrissen, mit schmalem Ausflusse gegen das Meer hinab, das er fast zu erreichen scheint, denn sein unteres Ende wird von dem Vorlande verdeckt. Es ist zu schön hier, als daß wir nicht wenigstens einige Stunden verweilen sollten. Wir rudern augenblicklich an das Land und zerstreuen uns nach verschie.enen Seiten hin, indem wir einen Standpunkt zu ergattern suchen, der uns erlaubt, in den Fjord hinabzuschauen, welcher unsere Insel von Kagen trennt.

Der Commodore, der Maler, der Professor und Gressly dirigiren sich nach dem niedersten Punkte der Einsattlung, während die Andern links und rechts nach Strandvögeln abschweifen. Nach kurzem Marsche über saftige Wiesen, fette Moorgründe und etwas höher gelegene Haidestrecken mit zerstreuten Birkenbüschen, über welche ein Fahrweg sich hinzuziehen scheint, gelangen sie auf der Höhe der Einsattlung in die Nähe eines kleinen Teiches, auf welchem Hasselhorst's spähendes Auge schon aus weiter Ferne zwei große Taucher entdeckt, die mit gestrecktem Halse etwa auf der Mitte des Teiches schwimmen und von Zeit zu Zeit jedesmal a tempo mit komischem Sprunge kopfüber in die Tiefe sich stürzen, um nach einigen Augenblicken an einem anderen Orte zu erscheinen.

„Es ist gewiß ein Pärchen des großen Eistauchers (Colymbus septentrionalis), das hier die Nacht zubringen will. Warum hat Keiner von uns eine Flinte? Wir könnten sie gewiß beide bekommen!“ heißt es von allen Seiten. „Wenn Ihr hier Wache halten wollt,“ sagt der Commodore, „so gehe ich ans Schiff zurück und hole meine Flinte: in einer halben Stunde bin ich wieder da. Ihr müßt mir aber versprechen, nicht näher an den See hinzugehen, um die Vögel nicht aufzuscheuchen, und die Bestie Freitag zurückzuhalten, damit diese mir nicht einen Strich durch die Rechnung zieht.“

Wir verfolgen mit dem einen Auge die Bewegung der Vögel, während das andere auf den Gletscher der Insel Kogen gerichtet ist, den wir nun bis zu seinem etwa 300 Fuß über dem Niveau des Fjordes abgeschnittenen Ende sehen. Aber wir sehen ihn auch nur wenige Augenblicke; denn ein leichter Dunst, der um die Gipfel spielt, verdichtet sich in kurzer Zeit, während zugleich von Norden her eine dichte Nebelmasse in den Fjord eindringt und aus demselben emporwirbelt. Bald sind wir so eingehüllt, daß wir kaum noch die Oberfläche des Teiches mit den Vögeln darauf erkennen können. Endlich hören wir leises Pfeifen in der Nähe, während der Hund zugleich unruhig wird und seinem Herrn in gewaltigen Sätzen entgegenspringt.

Wir verabreden nun unseren Jagdplan. Der Commodore soll sich links um den Teich herumschleichen und dort in der Nähe des Ufers lauern, während wir auf der rechten Seite uns anschleichen, um nöthigen Falls die Vögel von dort wegzutreiben. Ein erster leiser Pfiff soll uns benachrichtigen, wann wir uns in Bewegung setzen sollen, ein zweiter wird uns anzeigen, daß der Schütze in seinem Verstecke angekommen ist. Verne ist bald im Nebel verschwunden und nach einiger Zeit ertönt auch das verabredete Signal, das uns in Bewegung setzt. Mit möglichster Vorsicht nahen wir uns dem Teiche, den wir zu umgehen beabsichtigen, indem wir unsere Linie möglichst ausbreiten, um so mehr, als die Vögel sich mehr nach dem Hintergrunde des Teiches gezogen haben.

Da schreckt schwirrend vor uns ein Regenpfeifer auf, dessen Schlummerstätte wir wahrscheinlich auf einige Schritte nahe gekommen sind, und erhebt ein so klägliches Geschrei, daß augenblicklich die Taucher, aufmerksam gemacht, ihre langen Hälse witternd emporrecken und plötzlich ihre Richtung ändernd von uns weg gegen die Mitte des Teiches schwimmen. Offenbar haben sie Unrath gemerkt und wenden sich nun nach der anderen Seite des Teiches, wo sie sich in Sicherheit glauben, hinüber. Sie nehmen gerade die Richtung nach der Gegend, wo unser Schütze verborgen sein muß. Wir treten aus den Birkenbüschen, die uns bis dahin verdeckten, hervor und spähen ängstlich nach der gegenüberstehenden Seite. Die Vögel verschwinden fast in dem Nebel, aus dem plötzlich ein langer Feuerstrahl hervorschießt. Einer liegt, der andere schwirrt mit lautem, tönendem Geschrei von dannen. Wir wenden uns nach der anderen Seite und langen nach einigen Fehltritten im weichen Sumpf bei unserem Schützen an.

Aber nun war guter Rath theuer. Der Vogel lag mausetodt auf dem Wasser und wir standen auf Schußesweite entfernt am Ufer, ohne irgend ein Mittel zu besitzen, seiner uns zu bemächtigen. Freitag will trotz aller Demonstrationen nicht begreifen, daß er ins Wasser gehen soll, um den getödteten Vogel zu apportiren, und da Wind und Strömung gänzlich fehlen, so ist nicht die mindeste Hoffnung vorhanden, daß der Leichnam heute noch an das Land getrieben werde. Wir werfen Steine über den Vogel hinaus, um durch die Wellenbewegung den Körper auf uns zuzutreiben; allein die Hälfte unserer Geschosse fällt vor dem Vogel nieder und was ein glücklicher Wurf eingebracht hat, wird von ein paar unglücklichen wieder verdorben. Trotz aller Protestationen des Professors, der die verderblichsten Beispiele von Erkältung durch unzeitigen Badegenuß aus dem Schatze seiner medizinischen Erfahrungen herbeiholt, wirft sich endlich Berna, der verschiedenen Versuche müde, in das Wasser, das nicht einmal besonders kalt ist, und holt schwimmend den Vogel. Es ist in der That ein prächtiger, rothhalsiger Eistaucher, der äußerst glücklich in den schlanken Hals getroffen wurde, so daß er Knall und Fall todt blieb. Wir kehren triumphirend mit unserer Beute um zwei Uhr Nachts nach dem Schiffe zurück.

Am andern Morgen hatte der Nebel sich vollständig verzogen und die Sonne leuchtete wieder klar und hell auf die kleine Bucht, über welche von Zeit zu Zeit hoch in der Luft ein Eistaucher mit krächzendem Geschrei strich oder auch in der Ferne sich niederließ, um nach Seefischen zu angeln. Offenbar suchen diese Thiere ihre Nahrung zumeist in den Fjorden, ziehen sich aber zum Nisten und Uebernachten in die Nähe der kleinen Süßwassertümpel zurück, welche aller Orten so zahlreich sich finden. Sie fliegen vortrefflich gut und schnell, weit besser, als man es bei ihren kurzen Flügeln erwarten sollte, und sehen mit ihrem langen, vorgestreckten Halse in der Ferne fast den Cormoranen ähnlich, die ebenfalls in großer Menge an der Insel sich finden. Ihre Erscheinung weckt aufs neue die Lust zur Jagd und da es ohnedem windstill ist, sodaß an kein Fortkommen gedacht werden kann, die Mannschaft außerdem beschäftigt ist, um Wasser einzunehmen, so wird beschlossen, vor Anker zu bleiben und die Insel nach allen Seiten hin zu durchstreifen. Vogt bleibt auf dem Schiffe, mit mikroskopischen Untersuchungen beschäftigt; der Doktor geht nach der einen Seite, Gressly nach der andern, während Berna und Hasselhorst sich aufs neue nach dem kleinen See auf den Weg machen, eigentlich wohl in der Absicht zu zeichnen und zu malen, dann aber auch um etwa des verwittweten Tauchers habhaft zu werden. Man hat dem Pfarrer einen Besuch zugedacht; Hochwürden ist aber nach der Versicherung des Kaufmanns krank und nicht im Stande zu empfangen.

Nach Verlauf einiger Stunden erscheint der Doktor drüben am Gestade und winkt lebhaft, daß man ihn herüberholen möge. Kaum ist er an Bord, so verkündet er athemlos, Hasselhorst und Berna hätten ihm von einer Klippe am nördlichen Ufer des Sees aus zugewinkt und allerlei zugerufen, wovon er nur soviel verstanden habe, daß dort oben ein Adlernest sei, welches sie ausnehmen wollten, man möge ihnen also Leute zur Hülfe und etwas zum Trinken schicken. Der Professor läßt schnell einigen Proviant nebst einer Rumflasche einpacken; Hubert und der Kapitän ergreifen ihre Flinten und die sämmtliche disponible Mannschaft setzt sich unter der Leitung des Doktors nach dem Orte in Bewegung. Dieser hatte freilich der Entfernung wegen den Auftrag falsch verstanden: nicht Leute und Trinken, sondern Leitern und Stricke hatten die Abenteurer verlangt, die auf einem Punkte angekommen waren, von wo sie weder vor-, noch rückwärts konnten.

„Wir hatten uns, Hasselhorst und ich, vorsichtig an den Teich herangeschlichen," erzählte der Commodore, „auf welchem wir richtig den verwittweten Taucher antrafen, der mit langgestrecktem Halse nach seinem Gefährten zu spähen schien. Es kostete einige Mühe, ihn zu erlegen; aber der erste Schuß hatte ihm einen Flügel zerschmettert, sodaß er sich nicht von dem Teiche entfernen konnte, und erst bei dem dritten fuhr ihm ein Schrot in den Hals, das seinem Leben ein Ende machte. Das wiederholte Schießen hatte aber die ganze Umgegend in Aufregung gebracht: Regenpfeifer, Möven und Seeschwalben schrieen wie besessen; zwei Renthiere, die in der Nähe des Sees weideten, griffen aus, um einen ruhigeren Weideplatz zu suchen, und hoch in den Lüften kreisten majestätisch zwei große Adler, die offenbar über den kecken Eingriff in ihr Jagdrevier Erkundigungen einziehen wollten. Nachdem sie ohne sichtbare Flügelbewegung mehrere Kreise gezogen, fallen sie plötzlich in eine Felsspalte ein, die etwa sechshundert Fuß über dem kleinen See sich befindet. Dort muß der Horst sein. Hasselhorst späht und behauptet, über der Spalte, die uns wie eine schmale Linie erscheint, drei Köpfe hervorragen zu sehen. Wir sind überzeugt, daß dort eine ganze Familie, Vater, Mutter und Kind, nistet. Wir überlegen nicht lange, hinauf müssen wir, koste es was es wolle."

„Die Felswand ist entsetzlich steil, fast senkrecht abgeschnitten, von verwittertem Schiefer gebildet, aus welchem hie und da einige festere Schichtenköpfe hervorragen, die vereinzelten Gebüschen niederen Birkengestrüppes einen Haltpunkt gewähren. Wir dringen bis zu dem Orte vor, wo wir das Nest gerade senkrecht über uns erblicken können. Hasselhorst stellt sich hier auf, um mich durch verabredete Zeichen und Zurufe beim Hinaufklettern zu dirigiren. Ich lege bis auf Hemd und Hosen sämmtliche Kleidungsstücke ab, hänge mir die freilich nur mit dünnem Schrot Nr. 5 geladene Flinte über den Rücken, ziehe den Gurt, in welchem ein norwegisches Messer hängt, strammer an und klettere nach oben."

„Die ersten Paar hundert Fuß ging's leidlich. Bald aber wurden die Gehänge steiler, das Gestein loser und zerbröckelter, sodaß es dem Fuß nirgends einen sicheren Halt gewährte und ich mich mühsam von einem Birkenstrauche zum andern ziehen mußte. Senkrecht aufzuklettern war unmöglich und trotz der wiederholten Zurufe Hasselhorst's mußte ich mich stets mehr und mehr seitwärts schlagen, um nur die Höhe gewinnen zu können."

„Nach dreiviertelstündigem Klettern gab mir Hasselhorst das Zeichen, daß ich in gleicher Höhe mit dem Horste angelangt sei. Hatte ich bisher nur mühselig geklettert, so wurde jetzt dagegen die Sache selbst gefährlich. Ich hatte drei scharfe Felsvorsprünge zu umklettern, die durch tief eingeschnittene Runsen getrennt waren und über den senkrechten Abhang in die freie Luft hinausragten. Wo freilich Birkensträucher sich noch fanden, konnte ich mich anklammern und brauchte einen Fall nicht zu befürchten; wo aber der nackte Fels mit seinem losen Gerölle über den gähnenden Abgründen mir entgegenstarrte, galt es alle Vorsicht und Entschlossenheit aufzubieten, um die gefährliche Stelle zu überschreiten. Zwei, drei Mal sank mir der Muth gänzlich, so daß ich mich schon nach dem Rückwege umsah; allein die Ueberzeugung, daß das Hinabklettern ebenso gefährlich, wenn nicht gefährlicher sei, als das Aufklimmen; der brennende Wunsch, den jungen Adler auszuheben und mit uns zu führen und — ich muß es gestehen — die Eitelkeit, ein solches Wagstück bestanden zu haben, gaben mir stets wieder neue Kräfte und ließen mich alle Schwierigkeiten und Gefahren glücklich überstehen. Sehen Sie nur den prächtigen Kerl an," fuhr der Commodore fort, indem er versuchte, den Adler zu streicheln, der nach der ausgestreckten Hand schnappte, „wie er seine Federn sträubt, mit den Augen funkelt und den Schnabel zum Hiebe

Adler-Jagd.

öffnet, sobald man nur in seine Nähe kommt. Ist er es nicht werth, daß man ein paar Glieder daran setzt?"

„Ich war kaum 50 Schritte vom Horste, als es über mir rauschte, wie wenn ich mich bei starkem Herbstwinde unter den Wipfeln eines Hochwaldes befunden hätte. Einer der älteren Adler hatte sich vom Neste geschwungen und kreiste in unmittelbarer Nähe über meinem Kopfe, so daß ich jeden Augenblick erwarten mußte, ihn auf mich stoßen zu sehen. Ich duckte mich unter eine vorspringende Felsplatte, um wenigstens vor einem senkrechten Stoße gesichert zu sein, und setzte mit vieler Mühe die freilich nur für kleinere Geflügel geladene Flinte in Bereitschaft. Ich ziehe die Hähne auf; das eine Zündhütchen ist herabgefallen; zu meinem Schrecken gewahre ich nun erst, daß ich meine übrigen Zündhütchen in der Weste, welche ich unten vor dem Aufklettern abgelegt, zurückgelassen habe. Es blieb mir nur ein einziger Schuß, welcher gewiß nur in unmittelbarer Nähe seine Wirkung thun konnte; ging dieser fehl, so konnte mir die Flinte höchstens als Hiebwaffe dienen. Auf ebenem Boden hätte ich mich freilich, noch obenein mit dem Jagdmesser bewaffnet, vor dem Adler nicht gefürchtet; hier aber, wo ich zwischen Himmel und Erde an einem Birkenstrauch geklammert hing, nur eine Hand frei und unter den Füßen keinen Stützpunkt hatte, hier schien es mir, als könnte ich einem Angriffe des mächtigen Vogels keinen großen Widerstand entgegensetzen."

„Der Adler schien mich indessen nicht für gefährlich zu halten; denn nach einigen Kreisen, deren Wehen ich im Gesicht zu spüren glaubte, strich er über den Fjord hinüber den Gipfeln der Insel Kagen zu, sodaß ich unbelästigt mein mühseliges und gefährliches Klettern fortsetzen konnte. Ich befand mich nun etwa zwanzig Schritte vom Horste auf einem kaum anderthalb Fuß breiten Felsvorsprung, der über den Abgrund hinausragte und von einer noch weiter vorspringenden Felsplatte überwölbt war, deren senkrechter in die Luft starrender Abschnitt über zehn Fuß hoch, also mit den Händen unerreichbar war. Von dieser höheren Felsplatte aus mußte ich gerade in das Nest hineinsehen können. Hasselhorst rief und winkte von unten: „Vorwärts! vorwärts! Sie sind ja daran!" Er hatte gut rufen. Ich stand auf dem schmalen Felsvorsprunge, der kaum hinreichte, mir einen Standpunkt zu gewähren, wenn ich mich fest an die Wand drückte; zu Füßen den Abgrund, zu Häupten die überhängende Platte, erschöpft von Hitze, Durst und Anstrengung. Hasselhorst sah ein, daß ich unmöglich weiter könne; er kletterte mir nach und fand, durch meine Erfahrung belehrt, einen kürzeren, wenn auch nicht leichteren Weg, der ihn bald mit mir vereinigte. Die Zunge klebte mir am Gaumen. Glücklicher Weise hatte er einiges Wasser zum Aquarelliren mitgenommen, das trotz seiner Wärme vortrefflich mundete und neue Kräfte gab."

„Wir ebneten und erweiterten nun unseren Standpunkt, schnitten in der Nähe den dicksten Stamm, den wir erreichen konnten, ab, und suchten so uns das Aufsteigen zu dem letzten Kamme zu ermöglichen. Hasselhorst stemmt und klammert sich fest, ich krieche ihm über Knie und Schultern hinauf und es gelingt mir, mit den Händen den Felsvorsprung zu erfassen. Mühsam schiebe ich mich hinauf und wie ich mich auf den Füßen sicher fühle, recke und strecke ich mich behutsam über die Platte weg, um in das Nest zu schauen, das, nur durch eine Spalte getrennt, auf einer benachbarten Platte sich befindet."

„Eine gewaltige Schwinge hebt sich aus dem Reisig hervor, ein gelber Rachen sperrt sich auf und erschreckt ziehe ich den Kopf zurück. Ist der Adler flügge und stößt er nur gegen mich, so falle ich bei der geringsten Zuckung rücklings über die Felsplatte herunter; wehren kann ich mich nicht, denn ich hätte sonst noch eine fünfte Gliedmaße nöthig, um mich nur in meiner Lage zu erhalten — also: Rückwärts, rückwärts, Don Rodrigo! Ich krieche schleunigst zurück, Hasselhorst stützt mir die Füße und ich vereinige mich mit ihm auf unserem Vorsprunge."

„Vergebens suchen wir einen Ausweg, um von dieser fatalen Platte weiter zu kommen. Nach langem Mühen berathen wir schon, ob es nicht räthlicher sei, gänzlich zum Rückzuge zu blasen, als wir unten im Thal des Doktors ansichtig werden, der mit langgestrecktem Halse und vorsichtig aufgehobenen Beinen, einem Fischreiher gleich, dem kleinen See zuschleicht. Wir rufen, schreien, brüllen: endlich hört er uns. Er scheint zu begreifen, was wir wollen, winkt uns zum Zeichen des Verständnisses zu und nimmt eilig den Weg nach dem Schiffe."

„Eine lange Stunde verstreicht, während welcher wir uns bemühen, den Standpunkt noch weiter zu rekognosziren und den Zugang zu dem Neste zu erleichtern. Ein Birkenknüppel, der in die Felsspalte eingezwängt wird, soll als Leiter zum Aufsteigen dienen. Verwittertes Gestein, das nur trügerischen Halt gewährt, wird abgelöst und in das Thal hinabgestürzt."

„Endlich erscheint der Doktor mit Hubert und dem Kapitän. Sie bringen Brod, Wurst, Cognac, der Kapitän sogar eine Flasche Bier, die zwar bis zur Temperatur des menschlichen Körpers erwärmt ist, allein nichts desto weniger besser mundet, als in Eis gestellter Champagner. Wir haben unseren Ruheplatz in soweit geebnet, daß wenigstens drei bis vier ohne Gefahr sich aufstellen und mit frischen Kräften die Unternehmung aufs neue beginnen können."

„Hubert, als vorsichtiger Mann, lädt selbst alle Flinten mit Nr. Null, der Kapitän kriecht seitwärts, der Doktor hält unten im Thale Wache, um von dem Nahen der alten Adler Anzeige zu geben. Ich krieche wieder auf die Beobachtungsplatte, Hubert klettert mir nach und sein aus seinem Vaterlande Böhmen her geübter Blick erkennt sogleich einen jungen, fast flüggen Adler, der sich indessen noch nicht vom Horste heben kann. Wir halten Rath, was zu thun sei. Hubert meint, wir sollten uns Alle in der Nähe verstecken und die alten Adler, die ganz gewiß, wenn das Junge noch vorhanden sei, gegen Abend zu Horste fliegen würden, wegschießen, um dann erst das Junge zu nehmen. Nehme man das Junge jetzt weg, so würden die Alten auf keinen Fall zu Horste kehren. Nichts desto weniger entschied ich mich dafür, das Junge sogleich zu nehmen. Seit mehreren Tagen war regelmäßig Abends dichter Nebel eingefallen; dasselbe war heute zu erwarten und wir durften kaum hoffen, in Nacht und Nebel mit heilen Gliedern den Rückzug von diesem Standpunkte anzutreten. Hubert schnitt das längste Birkenstämmchen ab, das er finden konnte, befestigte an der Spitze eine Schlinge und reichte sie mir, da ich unterdessen über die Spalte hinüber in die Nähe des Nestes gekrochen war. Der Adler spannte die Flügel aus, krächzte und pfiff und sperrte den gelben Schnabel auf, als wolle er mich verschlingen — bald aber hatte er die Schlinge um den Hals; mit einem Rucke riß ich ihn trotz seines Zappelns herüber; Hubert fesselte ihm augenblicklich die Fänge, löste die Schlinge, die ihn zu ersticken drohte, wickelte den Kopf in ein Tuch und so traten wir mit unserer Beute triumphirend den Rückweg an, während der Kapitän und Hubert oben blieben, um den alten Adlern aufzulauern."

„Das Nest", schloß der Commodore, „war ein wohl acht Fuß im Durchschnitte haltender Horst von Birkenreisern, mit Federn von Schwimmvögeln gefüttert, in deren Mitte das Junge ganz behaglich zu ruhen schien. Knochen und sonstige Ueberreste von weißen Hasen, Eidergänsen und anderen Vögeln lagen in Menge umher, zum Theile halb verwest, so daß es nicht allzu lieblich in der Umgebung duftete. Der weitumhergespritzte weiße Unrath aber hatte überall nach seiner Zersetzung den üppigsten Graswuchs hervorgerufen."

Der Professor hatte der Erzählung nur mit halbem Ohre zugehört. Denn er fühlte einen grimmigen Hunger, da er drei Stunden über die festgesetzte Zeit mit dem Essen gewartet hatte. Um desto glänzender bewährte sich später an der ganzen Gesellschaft der Ausspruch seines Großvaters: Ein satter Mensch — ein schöner Mensch! und nachdem der Professor, nicht ohne Zuziehung der litterarischen Hülfsmittel erkannt hatte, daß das Junge ein echter Goldadler sei, kehrte die Befriedigung in alle Gemüther zurück, selbst in dasjenige Hubert's, der in dichtem Nebel heimkehrend zum zehnten Male schwor, nie wieder mit dem unruhigen Kapitän, der alles Wild verscheuche, auf Adler lauern zu wollen.

Achtes Kapitel.

Loppen. Hammerfest.

Es hielt schwer, von Skjaervö wegzukommen. Die Adlerjäger wollten sich begreiflicher Weise vollständig ausruhen von ihrem gefahrvollen Jagdzuge, und da wir unmittelbar von unserem Ankerplatze aus durch die Mündung des Quänanger Fjords hindurch nach der offenen See segeln mußten, so hatte Keiner Lust, die Unannehmlichkeiten des Gegenwindes und Rollens noch zu der Ermüdung hinzuzufügen. Das Wetter wechselte beständig: bald war es wunderschön warm und hell, bald lagerte sich dichter, kalter Nebel auf Meer und Gebirg, sodaß es unmöglich war, auf wenige Schritte weit das Land zu erkennen. Das ist überhaupt das Unangenehme einer Segelfahrt an diesen nordischen Küsten. Der günstige Wind, der weiter nach Norden vorwärts bringt, soll von Süden oder Westen kommen: tritt er aber wirklich ein, so hat er meist Nebel und Regen im Gefolge; denn gerade an diesen Küsten trifft er sich mit der von Nordost kommenden kälteren Luftströmung, die augenblicklich den Gehalt an Wasserdampf in Gestalt von Regen und Nebel niederschlägt. Wie oft mußten wir diese Nebelwände sehen, die, je nach dem Uebermächtigwerden der einen oder andern Strömung, bald von Süd, bald von Nord her, beweglichen Mauern gleich gegen uns heranzogen, uns Stunden oder Tage lang einhüllten, um dann plötzlich wie mit einem Zauberschlage zu verschwinden oder in Regen sich aufzulösen. Nebel ist jedenfalls aber das Schlimmste; denn bei dem Gewirr von Fjorden, Buchten, Vorgebirgen und Inseln kann selbst der Geschickteste nicht mit Hilfe des Kompasses allein seinen Lauf lenken, ohne beständig in Gefahr zu sein, auf Felsen oder verdeckte

Scheeren zu trennen, die er aus der grauen Finsterniß nicht auf einige Entfernung zu erkennen vermag. Selbst die Dampfschiffe, die beständig auf bestimmten Strecken der Küste hin- und herfahren und deren Mannschaft auf das genaueste mit der Küste bekannt ist, selbst die Dampfschiffe müssen zu weilen Tage lang im Nebel still liegen, bis es ihnen gelingt, ihren Lauf weiter fortzusetzen.

Am Freitag den 21. Juli gelingt es uns endlich, nach mehrfachen vergeblichen Versuchen, Nachmittags um 4 Uhr aus unserer Bucht auszulaufen und unsern Lauf nach Norden zu richten. Bald aber umhüllt uns der Nebel aufs neue und da in der Nähe einige verdeckte Klippen und Untiefen sind, so läßt der Kapitän nur wenige Segel aufsetzen, die uns langsam im Nebel vorwärts bringen. Bald taucht vor uns ein kleines Segel auf, dann ein zweites, ein drittes; es wird etwas heller und wir sehen uns mitten in einer Flotille von vierzig Fischerbooten, welche in weitem Halbkreise sich aufgestellt haben und eben im Begriffe sind, ihre Netze in das Meer zu senken. Der Lootse sagt uns, daß sie mit dem Fange des Sey beschäftigt seien, der namentlich im Norden in ungeheueren Schwärmen vorkommt und zu dessen Fang sich die Fischer der sämmtlichen benachbarten Inseln in Gesellschaft vereinigen. Der Sey ist ohne Zweifel der schönste Fisch aus der Familie der Schellfische, schlank gestreckt, dunkelgrün auf dem Rücken, silberweiß auf dem Bauche, mit wohlproportionirtem Kopfe, sodaß er in seinem ganzen Habitus mehr einer Forelle als einem Schellfische ähnlich sieht. Er ist, wie alle Schellfische, ein ungemein gefräßiger Raubfisch, der seine bestimmten Erscheinungszeiten hat, wo er dann sich den flacheren Küstengegenden und den Untiefen nähert, bald um zu laichen, bald auch nur um dort seiner Nahrung nachzugehen, die besonders aus Heringen oder Krebsthieren besteht. Jetzt, so berichtet man uns, ist die günstige Zeit des Fanges noch nicht, wohl aber etwa in einem Monate, wo an der Oberfläche des Meeres Schwärme unzähliger kleiner Krebsthiere erscheinen, welche die Oberfläche fast blutroth färben sollen. Dann, sagt man uns, liegt der Sey wie träumend an der Oberfläche des Wassers, sperrt den weiten Rachen, der dicht mit Zähnen besetzt ist, gähnend auf, füllt ihn mit Krebschen und schluckt nur von Zeit zu Zeit hinab, was den trichterförmigen Schlund gefüllt hat. Dann denkt er nicht daran zu fliehen, wenn auch Finnfische, Butzköpfe, Delphine, Haie und Seehunde im Wasser seine Reihen lichten, während die Möven, Raubmöven, Adler und Falken aus den Lüften herab ihm einen erbitterten Krieg machen. Dann kümmert er sich nicht um die Fischerboote, die ihn mit ihren Netzen umstellen und oft so ungeheure Massen des Fisches in ihre Gewalt bekommen, daß sie den größten Theil wieder entschlüpfen lassen müssen, wollen sie anders ihre Netze retten.

Der Sey wird ganz in ähnlicher Weise behandelt, wie der Stockfisch, aber nur an die Russen verkauft, da sein weiches, schmackloses Fleisch demjenigen des Stock- und Schellfisches im entferntesten nicht gleich kommt. Die Russen haben in Folge verschiedener Verträge nicht nur das Recht, in einer gewissen Entfernung von der Küste selbst zu fischen, sondern auch namentlich die Erlaubniß, direkt mit den Fischern selbst Handel treiben zu dürfen, während alle anderen Nationen an die konzessionirten und privilegirten Kaufleute sich wenden müssen, an welche ihrerseits die Fischer ihre Beute abliefern. Es ist freilich seltsam, daß das freie Norwegen noch Privilegien dieser Art besitzt, welche einerseits den Handel einschränken, andrerseits ganz besonders den Nachtheil haben, daß sie die arme Fischerbevölkerung des Nordens gänzlich unter die Botmäßigkeit des Kaufmanns bringen. Dieser, mit allen Vortheilen ausgerüstet, welche Besitz des Kapitals und der einschlagenden Kenntnisse nur irgend gewähren können, trachtet natürlich dahin, dem Fischer seine Fische um den geringsten Preis abzuhandeln, ihm aber die sonstigen Lebensbedürfnisse, welche er haben muß, zu dem höchsten Preise zu verkaufen. Nur in den größeren Handelsplätzen, wie Hammerfest, kann die Konkurrenz einigermaßen die aus solchen Verhältnissen entstehende Bedrückung mildern; wo aber auf die Entfernung vieler Meilen hin nur ein einziger Handelsplatz existirt; wo der Fischer Tage und Wochen lang rudern und segeln müßte, um einen andern Kaufmann zu treffen, mit dem er seinen Austausch bewerkstelligen könnte, da ist an die Stelle der früheren Leibeigenschaft eine vollständige Hörigkeit getreten, die auf Soll und Haben gegründet ist. Denn das Fischergewerbe ist stets fast ebensoviel den Launen des Zufalls unterworfen, als dasjenige des Spielers und selbst für den thätigsten und intelligentesten Fischer kommen Zeiten, wo er den Kredit zu Hilfe rufen muß, um existiren zu können. Da aber nur ein Einziger existirt, der ihm solchen Kredit gewähren kann; da nur eine einzige Handelsstelle vorhanden ist, bei welcher er Mehl, Kaffee, Fleisch, Kleidungsstücke und Hausrath kaufen kann, so ist er vom Augenblicke an dem Kaufmann verfallen, der begreiflicher Weise dafür Sorge trägt, daß diejenige Seite des Hauptbuches, in welcher das Soll des Fischers eingetragen ist, stets die andere Seite überwiege. Das Recht, welches die Russen haben, direkt mit den Fischern zu handeln, ist demnach eine Wohlthat für die ärmere Klasse des Nordens, für welche die Gesetzgebung Norwegens bis jetzt nur wenig gethan hat.

Man sagte uns, früher seien die Russen weit häufiger in diese Gegenden zum Fischen gekommen, während sie jetzt fast ausschließlich nur mit dem Handel sich beschäftigen, zu welchem sie vorwiegende Befähigung zeigen. Mit ihren ärmlichen Fahrzeugen umsegeln sie, von Archangel aus kommend, das Nordkap, besuchen die einzelnen Handelsstellen nicht minder, als die größeren Plätze, fahren den Fischern auf ihren Zügen nach und handeln sowohl den frischen, als den getrockneten Fisch gegen Mehl ein, das nebst einigem Holz ihre einzige Ladung ausmacht. Sie haben Salz bei sich, um die frischen Fische selbst sogleich an Bord zu bereiten und einzupökeln, und sobald sie ihre Ladung umgetauscht haben, treten sie den Rückweg nach ihrer Heimath an, wo die Fische in Folge der häufigen Fasten der griechischen Kirche in ziemlich hohem Preise stehen.

Wir bummelten von dem Orte, wo wir die Seyfische angetroffen, langsam nach Norden zu weiter und fanden uns Samstag gegen Mittag am Eingange des Quänanger Fjordes in einem nicht minder prachtvollen Panorama, als dasjenige gewesen, welches uns vor Skjaervö umgeben hatte. Der Genuß dieses Panoramas wurde uns indessen verbittert durch ein Rollen und Schaukeln, wie wir es bis jetzt noch nicht erlebt hatten. Zwar hatten sich die Nebel vollständig verzogen, allein dafür war auch der Wind gänzlich alle geworden und der hohe Seegang, der von Norden her mit voller Kraft in den weiten Fjord eindrang, warf unser Schiff auf den Wellen umher, wie wenn es eine runde Cocosnuß gewesen wäre. Man hielt sich auf dem Verdeck, so gut man konnte, an Tauen, Stricken und Brustwehr, und spähte nach allen Seiten um einen Hauch, der das Wasser kräuseln und die Segel blähen sollte. Diese hingen schwer und triefend von dem dichten Nebel an den Raaen herunter und schlugen bei jeder Schwankung klappend wider die Masten, während die Rollen und Taue eine klägliche Melodie dazu krächzten. Selbst der Adler, dem man in einem Käfig auf dem Decke eine Sitzstange angebracht hatte, konnte sich auf dieser nicht halten und lag platt auf dem Bauche mit ausgespreizten Flügeln und halbgeschlossenen Augen, die einen jämmerlichen Ausdruck des Unbehagens zeigten. Solche Stunden gehören wohl mit zu den unangenehmsten einer

Seefahrt und lieber möchte man einen Sturm überstehen, als dieses unbehagliche Rollen, wo das Schiff gänzlich ein Spielball der Wogen ist, ohne daß die Thätigkeit des Menschen oder seine Intelligenz auch nur im mindesten bessernd oder fördernd eingreifen könnten.

Es gab indessen von Zeit zu Zeit höchst geringe Windzüge, die von unserer aufmerksamen Mannschaft aufgefangen wurden wie Regentropfen von einem Verschmachtenden in der Wüste und uns langsam der Insel Loppen näher brachten.

Diese kleine Insel, die gegenwärtig Eigenthum des Konsuls Agaard in Tromsö ist, liegt noch über dem 70. Grad n. B., draußen im freien Meere gewissermaßen die Fortsetzung des Vorgebirgs des festen Landes bildend, das zwischen dem Bergs- und Frackfjord nach Norden sich erstreckt. Nach Osten und Norden bildet sie senkrecht abgeschnittene Felswände, an deren Fuße eine beständige Brandung spielt und auf welchen unzählige Vögel hausen, die außer dem Fischfange und Produktenhandel den Hauptertrag der Insel bilden. Von ferne schon sieht man deutlich, deutlicher selbst als in der Nähe, das großartige Schichtengebäude, welches die Insel zusammensetzt. Eine tiefe Bucht schneidet von Osten her in die Insel ein und trennt einen höheren Theil, Etagen genannt, von der südlichen Hälfte, welche Näßrinden heißt und an deren südlichem Abhange die Gebände am Meeresufer liegen. Etagen ist ein gewaltiger, regelmäßig geschichteter Felsblock, dessen senkrecht abgeschnittene Schichtenköpfe fast horizontale Lagerung zeigen, wenn man von Osten her die Insel betrachtet. Nach Westen hin fallen die Schichten steil, aber gleichmäßig ab in einem Winkel von etwa 30 Graden und zeigen sich hier mit üppigem Graswuchs in der Höhe, mit dichtem Birken- und Erlengebüsch in der Tiefe bewachsen. Näßrinden zeigt eine etwas verwickeltere Struktur. Die Schichten, aus demselben Gneiß oder Glimmerschiefer zusammengesetzt, winden und biegen sich hier in Zickzacklinien, sodaß die mittlere Schichte eine Art Linse darstellt, um welche die andern konzentrisch herumbiegen, während die Linse selbst von zwei Seiten her durchgebrochen und auf diese Weise eben die Bucht gebildet ist, welche ich vorhin erwähnte. Man kennt diese seltsamen Schichtungswindungen schon längst aus den Alpen, wo sie häufig in dem großartigsten Maßstabe entwickelt sind, und sie haben Anlaß zu den seltsamsten Theorien gegeben, indem man häufig behauptete, diese Windungen seien der Beweis, daß die Schichtungen in weichem, breiartigen Zustande gewesen, als sie auf diese Art gebogen wurden — eine

Folgerung, welche wohl kaum für denjenigen Giltigkeit haben mag, der sich einigermaßen mit den Wirkungen der Krystallisation selbst in festen Körpern bekannt gemacht hat.

Loppen hat keinen Hafen, sondern nur einen vor den Westwinden geschützten Ankerplatz unmittelbar vor den Häusern, welche auf einer sandigen Terrasse am Fuße von Kältinden erbaut sind. In der Mitte ragt das stolze, zweistöckige Haus des Kaufmanns mit acht Fenstern in der Fronte, geräumigen hellen Zimmern, vielleicht eine der freundlichsten Wohnungen im Nordlande. Man sagt uns, der frühere Besitzer habe sich über seine Kräfte angestrengt und endlich seine sämmtliche Habe seinen Gläubigern überlassen müssen. So erklärt sich vielleicht auch die wirklich auffallende Pracht des Herrenhauses auf einer Insel, die so weit von allen menschlichen Wohnungen entfernt ist. Neben dem Herrenhause steht die Kirche, ein kleines hölzernes Gebäude, das nur die Höhe des ersten Stockes erreicht, mit einem niederen Vorbaue, über welchen ein spitzes Glockenthürmchen hervorragt. Das Herrenhaus ist blaugrau, die Kirche dagegen nebst den übrigen Häusern mit jener fatalen braunrothen Ockerfarbe angestrichen, die überall in die nordischen Landschaften hineinschreit. Wenige Schritte von der Kirche entfernt liegt das Pfarrhaus, ein niedriges einstöckiges Gebäude nebst sonderbar angeflickten Nebengebäuden, auf deren einem eine große norwegische Flagge aufgepflanzt ist. Der Kirchsprengel ist außerordentlich groß; denn er erstreckt sich bis in die Nähe von Skjaervö nach Osten und weit gen Hammerfest hin nach Westen. Allein nichts desto weniger ist die Zahl der Eingepfarrten nur sehr gering und besteht größtentheils nur aus Seelappen und Quänern, die aus meilenweiter Entfernung im Boote zum Gottesdienste anlangen. Auf der Westseite des Herrenhauses stehen etwa ein halbes Dutzend Nebengebäude, in welchen einige hörige Familien wohnen, sowie einige Packhäuser und Trockengestelle zur Aufbewahrung der Fische und Federn, der einzigen Einnahmequellen der Insel.

Leider treffen wir unseren Gastfreund nicht mehr in seinem Hause. Er hat uns bis gestern erwartet, ist aber dann mit dem Dampfschiffe zurückgekehrt, das wahrscheinlich im Nebel an uns vorübergefahren ist. Haben wir ja doch bei der unleidlichen Windstille fast zwei Tage gebraucht, um den acht geographische Meilen betragenden Weg von Skjaervö nach Loppen zurückzulegen. Der Verwalter ist indessen mit den nöthigen Instruktionen versehen: er empfängt uns aufs freundlichste, bittet uns, im großen Herrenhause Quartier zu nehmen, was wir dankend ablehnen, und erbietet sich, trotz des Sonntages und des zu erwartenden Unwillens des geistlichen Herrn, der seine Heerde gern vollständig versammelt sieht, uns Boote und Leute zur Disposition zu stellen, welche uns zu den Brüteplätzen geleiten sollen. Freilich ist die Brütezeit längst vorbei, die jungen Vögel schon flügge oder wenigstens nahe daran, und die Erntezeit der Insel demnach verstrichen; allein nichts desto weniger sollen wir reichlich für die Mühe durch den Anblick der ungeheuren Schwärme entschädigt werden, welche auf den Felsen der Nord- und Ostseite horsten. Selbst die Eidergänse werden uns vollständig zur Verfügung gestellt; Konsul Agaard habe Befehl gegeben, uns rücksichtslos morden zu lassen, was nur irgend unseren Gewehren zu nahe käme.

Küstenlappen.

Während wir uns mit dem Verwalter unterreden, langen einige Boote an, größtentheils mit Küstenlappen in ihren Sonntagskleidern besetzt, welche zur Kirche wollen. Andere sind schon gestern angekommen, haben ihre Boote ins Trockne gezogen, ein großes Segel als Zelt übergespannt und die Nacht über darunter gelagert. Jetzt bieten die Felsen am Strande fast das Bild eines kleinen Feldlagers; denn es sind einige Feuer angezündet, über welchen in kleinen Feldkesseln Kaffee und Fische gekocht werden, während Männer und Weiber in malerischen Gruppen umherlagern, des Frühstückes und des Glockenrufes harrend.

Der geistliche Herr schien in Berücksichtigung der Umstände seine Predigt nicht lange ausgedehnt zu haben; denn nach einer halben Stunde sehen wir die Leute schon wieder aus dem Kirchlein hervorkommen und einige von ihnen sich emsig mit den Zubereitungen zu unserer Jagdexpedition beschäftigen. Man vertheilte sich in zwei große Boote, jedes mit drei Ruderern und einem Steuermanne besetzt, während drei Schützen die hinteren Sitze einnahmen. Der Commodore, der Kapitän und der Maler nahmen in dem einen, der Doktor, der Professor und Hubert in dem andern Boote Platz. Gretzky gab sich unterdessen die Mission, auf den zugänglichen Stellen der Insel umherzukrebsen und Steine und Pflanzen zu sammeln.

Wir fuhren zuerst an dem flachen östlichen Ufer der Insel hin, wo wir zuweilen einzelnen Zügen von Eidergänsen mit ihren Jungen, einigen Austernfischern und Strandläufern begegneten, auf die wir indeß nicht weiter achteten. Nur hie und da zeigten sich auf dem Meere größere Versammlungen von Alken oder Tauchern, die sich indessen weislich außer Schußweite hielten. So kamen wir an die Nordspitze der Insel, wo die Felsen steiler in das Meer abfallen und nun auch die Szene sich plötzlich belebte. Auf einem vorspringenden Felskopfe saß eine Gesellschaft von Cormoranen in den possierlichsten Stellungen, meist mit ausgebreiteten Flügeln, neugierig die Hälse reckend nach unseren Booten, die hart an dem Steinblocke vorübersegelten. Ein Schuß warf einige von ihnen ins Meer hinab, rief aber zu gleicher Zeit mittels seines vielfach wiederholten Echos Tausende von Vögeln auf, die sich von allen Seiten her ins Meer stürzten und die Schützen in solcher Weise in Verwirrung brachten, daß wirklich während der ersten Zeit weder an Zielen, noch an Treffen zu denken war. Mit sausendem Flügelschlage schossen unzählige Alken und Lunde an den Booten vorbei, über die Köpfe weg, oft so nahe, daß man sie mit Stöcken hätte todtschlagen können, aber mit solch rasender Schnelligkeit, als seien es Felsstücke, die man mit Wucht von oben herab in das Meer geschleudert hätte. Man glaubte in den dicksten Schwarm zu schießen, wenn er schon längst hinweggerauscht war, und nach einigen vergeblichen Versuchen erklärte Hubert, sonst ein ausgezeichneter Schütze, sein Gewehr müsse heute verhext sein, da es ihm unmöglich sei, einen dieser Schwarzschnäbler aus der Luft herunterzubringen. Bald sahen wir indeß unseren Vortheil ein. Schossen wir gegen die ankommenden Vögel, so prallten die Schrote häufig auf dem dichten Federpanzer der Brust ab, ohne die Vögel auch nur im mindesten zu verletzen; schossen wir ihnen dagegen nach, so fielen sie gewöhnlich, wenn auch häufig nicht stark genug verwundet, so daß wir sie dann dennoch verloren. Denn alle diese Tauchvögel suchen ihre letzte Hülfe gerade im Tauchen, und man sagt sogar, daß viele von ihnen sich unter dem Wasser an Meerespflanzen und Steinen fest krallten und so den Tod erlitten, ohne wieder in die Höhe zu kommen. Solches freilich konnten wir nicht beobachten; allein manchmal hatten wir Mühe genug, uns eines angeschossenen Vogels zu bemächtigen, der auf dem Wasser wie todt schwamm, dann aber plötzlich bei unserer Annäherung untertauchte, mit sichtlicher Anstrengung unter dem Wasser mit Füßen und Flügeln ruderte, unter dem Boote wegtauchte und so mannigfaltige Wendungen machte, daß die Ruderer nur mit großer Mühe demselben folgen konnten. So erinnere ich mich namentlich eines Alks, dem Flügel und Bein der einen Seite zerschmettert war, sodaß er sich eigentlich nur eines Fußes bedienen konnte. Wahrscheinlich waren die Luftgänge auch so verletzt, daß er nur mit größter Mühe und nur einige Fuß unter die Oberfläche tauchen konnte. Er schwamm bewegungslos auf dem Wasser, bis wir ihn, ganz nahe gekommen, mit den Händen ergreifen wollten. Da biß er einem Ruderknecht tüchtig in den Finger, tauchte unter und schwamm einige Schritte weiter. Der Lappe, ärgerlich, trieb das Boot aufs neue heran und hob das Ruder, um dem Vogel einen Schlag zu versetzen. Ehe aber das ungefüge Werkzeug niederplatschte, war auch der Alk aufs neue untergetaucht und dem Schlage entgangen. Mehrmals wurde dasselbe Manöver mit demselben Erfolge wiederholt. Nun wurde es aber zum Ehrenpunkte, sich des Thieres zu bemächtigen, und schon wollte der Doktor einen zweiten Ladestock opfern, als der Professor ihm mittelst seines dicken Rohrstockes zuvorkam und durch einige wohlgezielten Streiche auf Kopf und Hals dem Kampfe ein Ende machte.

Wir waren nun um die Nordspitze der Insel herumgekommen und hatten die 800—1000 Fuß hohen, senkrechten Felswände vor uns, welche die Hauptbrüteplätze bilden. Jetzt erst konnten wir uns von der ungeheuren Anzahl der Vögel einen Begriff machen, die hier nisteten. Auf allen Vorsprüngen der dunkelgrauen Felsen saßen Hunderte und Tausende, alle mit ihren weißen Brüsten gegen das Meer gekehrt, aufmerksam unseren Bewegungen folgend, wobei sie sonderbar mit dem Kopfe nickten, fast wie chinesische Pagoden. So ungeheuer war die Anzahl, daß die ganzen Felswände aussahen, als hätte man begonnen sie weiß zu übertünchen und eben mit Kalk angespritzt. Oben auf den höchsten Kanten schrieen und zankten die Möven; weiter unten waren Alke, Lummen und Lunde aufgepflanzt; auf einigen wenig hohen Klippen sah es schwarzvoll von Cormoranen und Krähenscharben; an dem Strande wimmelte es von Regenpfeifern und Strandläufern und in den kleinen Buchten segelten langsam ganze Züge von Eidergänsen mit ihren Jungen. Vor uns, neben uns, hinter uns war das Meer an einzelnen Stellen schwarz bedeckt von Hunderttausenden der Tauchvögel, die von Zeit zu Zeit wie auf ein gegebenes Signal sich erhoben, um schwirrenden Fluges nach den Felsen aufzusteigen oder einem anderen Fischplatze zuzusegeln.

So war es, wenn wir still und langsamen Ruderschlages an den Klippen hinstrichen. Fiel aber irgend ein Schuß, so war des Skandals kein Ende. Die erwachsenen Alken und Lunde stürzten sich wie verzweifelnd in das Meer, das von allen Seiten hoch aufspritzte, wie wenn ein Regenschauer von Meteorsteinen aus der Höhe gefallen wäre. Die jungen, noch nicht flüggen Vögel erhoben ein betäubendes Geschrei, eine Art von Gebell, wie wenn Tausende von jungen Hunden die Felswände vertheidigen wollten, und von dem Rande der Klippen erhoben sich die Möven und Seeschwalben in förmlichen Wolken, krächzend, schreiend, belferud, pfeifend, als wenn das ganze Felsgerüst der Insel zusammenstürzen wollte. Wir machten uns das Vergnügen, durch ein Rottenfeuer die Aufregung noch zu erhöhen, und als der Skandal am höchsten war, alle Felswände von dem betäubenden Geschrei widerhallten, erschienen plötzlich zwei große Adler, die mit ihren vollen Flügeln langsam einhersegelten, verfolgt von einem Schwarm von Krähen, Raben und Raubmöven, welche ihr zorniges Geschrei in das allgemeine Konzert mischten.

Der Aufruhr, den so jeder Schuß hervorbrachte, war wirklich betäubend und sinnverwirrend, und unmöglich war es, in dem unzähligen Schwarme, der uns umschwirrte, diejenigen seltenen Formen herauszusuchen, die für uns einiges Interesse gehabt hätten.

Wir drangen mit den Booten in eine kleine stille Bucht ein, in der hinter schützenden Uferklippen kolossale Tangblätter sich leise schaukelten, und kletterten an den von dem Kothe der Vögel weiß übertünchten Felsen hinan, in der Hoffnung, zu einigen Nestern gelangen zu können. Zwischen den unzähligen, weißbrüstigen Möven waren uns einige größere graue aufgefallen, die offenbar hier in der Nähe ihr Nest haben mußten. Nur mit Anstrengung aller Kräfte und selbst mit Lebensgefahr gelang es Berna, bis zu diesem Neste zu gelangen, das kunstlos aus einigen Reisern und Seegrashalmen auf einer Felsenkante erbaut war, und sich zweier Jungen zu bemächtigen, welche zwar schon so groß waren als die Alten, ihres Federschmuckes aber zum großen Theile entbehrten und noch obenein so abscheulich stanken, daß wir Mühe hatten, in Berücksichtigung der Wissenschaft, ihre Gesellschaft zu ertragen. Sie werden mit gebundenen Flügeln und Füßen in dem Boote untergebracht, eine Zeit lang auf dem Schiffe verpflegt, gehen aber später etwas zu Grunde und dienen dem Adler zur willkommenen Speise.

An einem anderen Orte suchen wir den Alken näher zu kommen, die in langen Reihen auf den Felsvorsprüngen sitzen, hinter welchen ihre Nester geborgen sind. Hier aber scheitern alle Kletterkünste. Hubert kommt so nahe, daß er fünf Nestvögel mit einem einzigen Schusse niederstrecken kann; allein es ist ihm unmöglich, bis zu der vorspringenden Schicht zu gelangen, auf welcher ihre Leichname liegen. Die Runse, in der wir hinaufzuklettern suchen, ist reich bewachsen mit Engelwurz und Löffelkraut, nirgends aber zeigt sich ein Nest oder eine Höhle, in welcher ein Lund ein Ei abgelegt haben könnte. Die Fischer versichern uns übrigens, daß alle von unten her irgend zugänglichen Stellen so gründlich abgesucht würden, daß die Vögel sich wohl hüteten, in irgend einer Weise an diesen Stellen ihre Nester anzulegen.

Unsere Boote sind bis zum Rande gefüllt mit Tauchern, Scharben, Alken, Lummen und Lunden, sodaß wir unsere Jagd zu enden beschließen. Wir fahren längs der Ostküste nach Süden weiter, überzeugen uns, daß jede Art ihre gesonderten Nist- und Brüteplätze besitze, sodaß stets hier ein ungemischter Schwarm von Alken, dort ein solcher von Papageitauchern oder Lummen hervorbricht, und landen endlich in der Bucht von Mästinden, um über Land nach Hause zu wandern, während die Boote um die Südspitze herumrudern. Wir klettern mühsam durch eine tief eingeschnittene Schlucht, dicht mit Felsblöcken erfüllt, die von beiden Seiten von den steilen Felswänden herabgestürzt sind, gelangen auf die Höhe, von welcher aus wir das Meer nach Osten sehen, folgen einem befahrenen Wege (denn es befinden sich auf der Insel zwei Karren und vier Pferde zum Herbeischaffen von Holz und Torf) und gelangen um Mitternacht an unserem Schiffe an. Zu derselben Zeit biegen auch die Boote um die Südspitze und nachdem der Commodore noch einen Eistaucher erlegt hat, der in unserer Nähe sein Wesen trieb, finden wir uns bei spätem Mahle versammelt, das uns nach der Anstrengung des Tages vortrefflich mundet.

Erst dann, wenn man diese ungeheure Masse von Vögeln gesehen und wenn man erprobt hat, in welcher Weise sie verwerthet werden können, erst dann kann man sich einen Begriff machen von dem Werthe, welchen Handelsstellen solcher Art in dem hohen Norden besitzen. Das Fleisch aller dieser Seevögel ohne Ausnahme ist schlecht; es hat stets für die zivilisirten Gaumen, mag man es auch bereiten, wie man wolle, einen unangenehmen thranigen Beigeschmack, den man in keiner Weise wegbringen kann. Für Leute aber, welche sonst nur Fische und wieder Fische zur Nahrung haben können, für solche ist das Fleisch namentlich der Alken eine geschätzte Speise, die nicht nur frisch, sondern auch gesalzen und getrocknet, gern verzehrt wird. Für den Kaufmann gelten namentlich die Federn; denn unter den straffen, wohleingeölten Federn, welche die äußere Decke aller dieser Vögel bilden, findet sich stets ein feines, weiches Dunenkleid, das freilich demjenigen der Eidergänse nicht ganz völlig gleichkömmt, aber doch als Dunen zweiter Qualität ziemlich hoch im Preise steht. Dann sind die Eier selbst Handelsartikel, freilich nur für das Inland, dort aber auch um so gesuchter, als im ganzen Nordlande die Hühner nicht mehr fortkommen und man also nur auf die Eier der wilden Vögel angewiesen ist. Während der ganzen Fahrt von Vörö bis zum Nordkap und über Island wurde unsere Küche nur mit Eiern der verschiedenen Strand- und Seevögel versehen und wir können aus Erfahrung versichern, daß die Eierkuchen, wenn sie gleich eine ziemlich rothgelbe Farbe besaßen, uns dennoch vortrefflich mundeten. Rechnet man noch dazu den Ertrag der Fischerei, sowie den Gewinn, der aus dem Handel mit Fischern und Landleuten hervorgeht, so findet man am Ende begreiflich, daß eine solche Handelsstätte eben durch den Gewinn, den sie einbringt, wohl zu längerem Aufenthalte reizen mag. Der Verwalter von Loppen glaubte, den jährlichen Reingewinn dieser Insel durchschnittlich auf 7000 Speziesthaler anschlagen zu können, ein Anschlag, der freilich manchem unserer Bekannten in Hammerfest etwas zu hoch gegriffen schien. Doch klagte der Verwalter sehr über das heurige Jahr, das namentlich für den Vogelfang außerordentlich ungünstig gewesen sei, indem man bei der großen Jagd im Frühjahre nur etwa 6000 Stück erlegt habe. Man stellt diese Jagd zu einer Zeit an, wo die Vögel noch ihr volles Winterkleid besitzen, sich aber mit dem Nestbau beschäftigen, der sie auf den Felsen hält.

Man breitet große Netze, die durch Hölzer und Korke schwimmend erhalten werden, weithin über das Meer, scheucht die Vögel durch Klappern, Steinwerfen und selbst Schießen von den Felsen herab, wo sie dann in das Meer stürzend, in den Maschen des Netzes sich verfangen. Der Eier und Jungen sucht man später habhaft zu werden, indem man theils von unten auf mittels Bootshaken und Leitern die Felsen erklettert, theils auch von oben herab sich mit Seilen herunterläßt. Von Unglücksfällen bei diesem Fange wollte der Verwalter nicht viel wissen: die Taue, meinte er, würden solid befestigt und vorher untersucht, sodaß bis jetzt kaum ein Unfall zu beklagen sei, während die Fischerei auf dem wilden stürmischen Meere und gerade in den gefährlichen Wintermonaten allerdings viele Opfer fordere.

Wir hatten guten Wind, als wir andern Tags von Loppen absegelten, vollauf beschäftigt an Bord mit Abbalgen und Zubereiten der reichen Beute, die wir von dort mitschleppten. Herrlich leuchteten die Gletscher des Festlandes und der Inseln, namentlich der hohen Insel Silden, an welchen wir rasch vorüberglitten, sodaß wir hofften, in kürzester Zeit nach Hammerfest zu gelangen. Niemand kann aber in diesen Breiten auch nur eine Stunde lang dem Wetter trauen. Am Abend senkte sich wieder tiefer Nebel auf den Sund von Sörö, welchen wir zu passiren hatten, und nur zuweilen gestatteten einzelne Lichtblicke die Orientirung der Berge über Hasswig, welche hier zum Wahrzeichen der Fischer dienen. Mehrere Stunden lang mußte sogar, eben des Nebels wegen, die Fahrt eingestellt und das Schiff backgeholt werden, um der Gefahr zu entgehen, auf Felsen gerannt zu werden. Das alte Spiel wiederholte sich, während wir langsam durch den Sörösund voranskreuzten, die ganze Nacht hindurch, sodaß wir erst am Morgen in Sicht von Hammerfest kamen. Hier fiel der Wind vollständig und endlich mußten, um einen Ankergrund gewinnen zu können, unsere Matrosen uns mittelst der beiden Boote in den Hafen bugsiren, wo wir um neun Uhr Morgens Anker werfen konnten.

Leopold von Buch, der fast im Anfange dieses Jahrhunderts Hammerfest nur eine geringe Zukunft vorhersagen wollte und diese seine Meinung mit den besten und stichhaltigsten Gründen belegte, würde heute wohl seinen Irrthum bekennen müssen, sähe er das blühende Städtchen, welches unter 70° 40′ n. B. im Hintergrunde einer tiefen, fast kreisförmigen Bucht sich entwickelt hat und dessen sämmtliche Gebäulichkeiten jetzt wohl für 100,000 Speziesthaler in der Brandkasse versichert sind. Das Städtchen selbst lehnt sich an einen vorspringenden Felsen, der von der Kirche gekrönt ist und von dem man eine schöne Aussicht über den Hafen, die gegenüberliegende Halbinsel Fuglnäs und die weiter im Meere liegenden hohen Felseninseln Hansen und Hjalmen genießt. Bekanntlich liegt Hammerfest nicht auf dem festen Lande, von dem es durch einen engen Sund getrennt ist, sondern auf der Insel Qualö, die, im Innern vollständig unbewohnt, nur an der Küste einige Handelsplätze besitzt. Die Behörden, welche hier ihren Sitz haben, können nur mittelst Schiffen und Booten mit ihren Untergebenen verkehren, eine Kommunikationsweise, die übrigens im Nordlande allen übrigen vorzuziehen ist.

Hammerfest ist der Hauptsitz des russischen Handels. Wir fanden den Hafen vollgestopft von russischen Fahrzeugen aller Art, meistens dreimastigen Schiffen plumper Bauart, deren Muster Peter der Große von seiner bekannten Lehrlingschaft aus Saardam mitgebracht haben soll. Auch wenn man es schon oft gehört hat, so muß man doch stets wieder aufs neue staunen über die Kühnheit, mit welcher diese Menschen es wagen, in solchen Fahrzeugen, häufig sogar ohne Kompaß, von dem Weißen Meere aus um das Nordkap herum bis an die norwegische Küste zu segeln. Sie bringen Mehl, das in Matten gepackt ist, welche aus Birkenrinde geflochten werden, Holz und Rennthierfelle und tauschen dagegen Fische, Kolonialwaaren, Manufakturgegenstände, namentlich aber auch Fuchs- und Otterfelle ein, deren Spitzen sie zu Hause vergolden, um sie dann zu hohem Preise nach China zu verkaufen. Allgemein haben sie den Ruf schlauer und feiner Kaufleute, mit welchen man sich weit mehr in Acht nehmen müsse, als mit allen übrigen Nationen; zugleich rühmt man aber auch ihren Unternehmungsgeist und ihre Solidität. Meist sind die Kaufleute selbst Eigenthümer und Lenker ihrer Schiffe, mit denen sie häufig aufs Gerathewohl hin weiter an die Küste hinabsegeln, um neue Handelsplätze und neue Verbindungen aufzusuchen. Fast alle Russen, die wir sahen, waren große, kräftige Gestalten mit wohlgepflegten Bärten, aber plumpen, breiten Gesichtern, in welchen namentlich die dicke, kurze, fast geschwollene Nase einen unangenehmen Eindruck macht. Die reichen Handelsherren — und wir erhielten den Besuch einiger derselben, welche von unsern Gastfreunden in Hammerfest auf mehrere hunderttausend Spezies geschätzt wurden — tragen lange Röcke von feinem Tuche, Pelzmützen und hohe Stiefeln, in welchen die Hosen eingesteckt waren. Ueberhaupt charakterisirt sich die russische Volkstracht, wie wir uns jetzt überzeugen konnten, durch die ungemein untergeordnete Rolle, welche das inexpressible Kleidungsstück spielt; denn nicht nur wird das untere Ende in die Stiefeln versteckt, sondern auch das Hemde über die Hosen gezogen, so daß es wie eine kreisförmige Schürze unter der Weste hervorhängt. Der größte Putz des echten Vatrussen besteht in einem farbigen Kattunhemde, welches in dieser Weise aus dem Innern hervorquillt.

Kaum war unsere Ankunft bekannt, so fuhr auch schon ein Boot mit Russen an unseren Bord, die uns einen jungen braunen Bär, etwa drei bis vier Monate alt, zum Kauf anboten. Der Handel zerschlug sich anfangs; später aber erhielten wir das Thier dennoch durch die Freundlichkeit eines hamburgischen Kapitäns, welcher es unterdessen angekauft hatte, es uns dann aber zum Kostenpreis überließ. Mutz, wie der Bär genannt wurde, erwarb sich bald die Freundschaft aller Schiffsgefährten und war steter Gegenstand der Neugierde der Russen, welche auf Masten und Raaen der benachbarten Schiffe hockten oder auch an Bord kamen, um den Spielen und Kletterkünsten ihres Landsmannes zuzusehen. Sie waren freudig überrascht, als Dr. Herzen sie in ihrer Landessprache anredete, und bald konnten wir uns überzeugen, daß der Ruf des Vaters unseres Gefährten selbst bis in diese entfernten Gegenden gedrungen sei. Sämmtliche Kapitäne kamen nach und nach, ihm ihren Besuch abzustatten, ihn auf ihre Schiffe einzuladen und ihm in jeder Weise die Hochachtung zu bezeigen, die sie dem Redaktor des „Kolokol" schuldig zu sein glaubten. Viele unter den Matrosen waren freilich so unwissend, daß ihnen nicht einmal die Schritte der Regierung hinsichtlich der Emanzipation der Leibeigenen bekannt waren; allein unter den Kapitänen fanden sich einige Männer, die sich wohl unterrichtet über die Zustände ihres Vaterlandes zeigten. Sie seien jetzt zwar mit dem Kaiser zufrieden, meinten sie, da dieser sich wohlwollend für das Volk zeige; allein auch die Gesinnung Herzens müßten sie anerkennen, der sich in seinen Schriften überall als wahrer Russe gezeigt habe.

Wir konnten uns begreiflicher Weise, da uns die Sprache unzugänglich war, nur an den äußeren Eindruck halten, welchen uns dieses Volk machte, und hier müssen wir bekennen, daß derselbe kein günstiger war, der außerordentlichen Unsauberkeit halber, mit welcher Schiffe und Leute gehalten waren. Das Deck der Schiffe, Alles rundum starrte förmlich von Schmutz und nachdem wir eines Tages gesehen hatten, wie man auf einem solchen schmierigen Decke das Mehl aus einem zerrissenen Sack zusammenscharrte, erhielt der Koch gemessenen Befehl, nicht ein Loth russischen Mehles unter seine Vorräthe aufzunehmen. Wir können nicht behaupten, daß wir die russischen Matrosen jemals unbeschäftigt gesehen hätten, obgleich sie Stunden lang auf dem Deck hockten und neugierig unserem Treiben zuschauten; allein wir müssen auch gestehen, daß ihre Beschäftigung nur darin bestand, Jagd auf gewisse selbstgezogene kleine Thierchen zu machen, mit denen sie im Ueberfluß behaftet schienen. Wahrlich, wenn die Befreiung von der Leibeigenschaft auch die Befreiung von diesem materiellen Schmutze und diesem lebenden Ungeziefer mit sich führen sollte, so würde man ihre Segnungen nicht genug preisen können.

Hammerfest scheint so recht ein Knotenpunkt zu sein für den Zusammenfluß vieler Völkerschaften; denn außer den Russen, die nur als Zugvögel herkommen; den Lappen, die in der Nähe angesiedelt sind und hier als Fischer und Taglöhner arbeiten; außer den Normannen, in deren Händen einzig die Handels- und Beamtenstellen sind, finden sich hier und in der Umgegend auch in ziemlicher Menge Finnen oder, wie man sie hier nennt, Quäner, die sich mit Handwerk, Ackerbau, Viehzucht und Knechtsdiensten ernähren. Es sind meistens großgewachsene starke Leute, die eher einige Aehnlichkeit mit den Russen, als mit den Lappen besitzen, mit welchen sie doch zu einer ursprünglichen Rasse gehören. Sie wohnen in kleinen, meist aus Steinen und Erde aufgeführten Häuschen mit spitzen Dächern, die namentlich auf der Ostseite von Hammerfest hinter den dort am Strande gelegenen Thransiedereien aufgebaut sind. Außer einigen im Giebel angebrachten Schlafstätten und einer meist angebauten Küche enthält das Haus eines Quäners nur ein einziges Gemach, das zum größten Theile von einem ungeheuren, aus Steinen aufgemauerten Ofen eingenommen ist, der Tag und Nacht eine fast erstickende Hitze ausströmt. Kleine Fenster, hinter welchen meist einige Frauen strickend sitzen, erleuchten das Ganze und rührend ist es zu sehen, wie niemals in diesen ärmlichen Hütten das Blumenstöckchen fehlt, das hinter dem Fenster kümmerliche Blüthen treibt.

Die Quäner wurden, wenn wir nicht irren, vor zwei Jahrhunderten von Finnland aus nach Norwegen herübergeführt, wo sie sich an verschiedenen Stellen ansiedelten und ihre Lebensweise ganz in finnischer Weise einzurichten suchten; Leopold von Buch baute auf ihre Thätigkeit, Arbeitsamkeit im Landbau und Viehzucht große Hoffnungen und spricht es unverhohlen aus, daß er in ihnen die zukünftigen Herren des Nordlandes erblicke. Bis jetzt haben sich aber diese Hoffnungen nicht verwirklicht und wenn auch Hammerfest gerade in dem Jahre 1861 zum ersten Male Produkte seiner Landwirthschaft, nämlich Kartoffeln, nach dem Süden versenden konnte, wo dieselben mißrathen waren, so kann man doch kühn behaupten, daß auch in der Zukunft die Lage der Quäner als einer ärmeren Volksklasse sich nicht bedeutend erheben wird. Der Boden bietet hier im äußersten Norden zu wenig Hilfsquellen, als daß seine Bearbeitung jemals zu bedeutenden Resultaten führen könnte; der auf den Fischfang gestützte Handel wird auch fernerhin die einzige Goldgrube sein, welche in diesen Breiten der Ausbeutung lohnt, und nicht die physische Thätigkeit der Hände, sondern die Arbeit des Kopfes, die Spekulation, wird hier zu allen Zeiten herrschen.

Straßen und Hafenbrücken, Land und Meer wimmelten von Lappen, die zu dieser Zeit von allen Seiten herkommen, um Arbeit und Verdienst zu suchen und kleine Ein- und Verkäufe zu bewerkstelligen. In Gestalt und Kleidung gleichen sie ganz denen, welche wir bei Tromsö gesehen hatten; nur unterscheiden sich ein wenig die Hauben der Weiber, welche bei einigen gänzlich alles Schmuckes, ja sogar der blauen Bänder entbehrten. Sie suchten beständig mit uns in Verkehr zu treten, indem sie uns bald Fische, bald Rommeger und Felle, einmal auch frisches Rennthierfleisch anboten. Dabei hatten wir eine ergötzliche Scene. Der Körper des Rennthiers, das offenbar noch ein junges Kalb gewesen war, lag wohl abgezogen und ausgeweidet in dem Boote auf der frischen Haut und in der geöffneten Brust waren Herz, Leber und Lungen hübsch gereinigt und gewaschen ausgebreitet. Wir wurden bald um einige Thaler Handels einig und die drei kleinen Bursche, welche das Boot führten, schienen emsig beschäftigt, den Körper des Rennthieres an Bord zu hissen, wobei sie sich so zu stellen wußten, daß wir denselben von oben her einige Augenblicke nicht sehen konnten. Mit einer flinken Handbewegung, die einem Taschenspieler Ehre gemacht hätte, schob nun der Eine Leber, Lunge und Herz aus dem Körper weg unter das Fell, das er mit dem Fuße darüber schlug, während das Fleisch an Bord gelangte. Unser Koch, der sogleich von delikaten Leberklößchen gesprochen hatte, die er „ganz wie auf Ilienite für Prinzen Karl" bereiten wollte, reklamirte seine Leber, der Steuermann das Herz und die Lunge, die er als Fischköder benutzen wollte. Die Lappen leugneten hartnäckig, daß die Eingeweide in dem Körper gewesen und mit demselben verkauft worden seien; erst als einer der Matrosen Miene machte zur Untersuchung in ihr Boot hinunterzusteigen, brachten sie zwar das Herz unter dem Felle hervor, verlangten aber noch weitere zwei Schillinge dafür. Die Leber wollten sie um keinen Preis hergeben und als man lebhaft in sie drang, versicherten sie einstimmig, das Rennthier sei so jung gewesen, daß es noch gar keine Leber gehabt habe. Fast hätte man glauben sollen, daß sie in einsamen Mußestunden das Märchen der Gebrüder Grimm von dem Schwaben mit dem Leberlein und dem Herrgott gelesen hätten.

Es wurde uns hier in Hammerfest die Gelegenheit, bei einem freundlichen Mahle, zu welchem uns unser Gastfreund, Kaufmann Berger, geladen, Näheres über die Lappen im Innern zu erfahren. Wir machten die Bekanntschaft des Bruders unseres Gastfreundes, eines jungen Kaufmannes, der früher in Australien und Deutschland gewesen war, in Rußland größere Reisen gemacht und jetzt die Kaufmannsstelle in Kautokeino, der Lappenhauptstadt, inne hat, während er zugleich ein großes Detailgeschäft in Hammerfest betreibt. Diese Kaufmannsstellen in der Lappenwüste, Kautokeino, Karasjok, Karasuando, erzählte er uns, seien in sofern privilegirte Stellen, als kein anderer Kaufmann dort Handel treiben dürfe und die Regierung das Patent demjenigen zurückziehen könne, der sich den Vorschriften über den Handel mit den Lappen nicht fügen wolle. Die Stelle gehe durch Kauf von einem Inhaber zum andern über unter jedesmaliger Genehmigung der Regierung. Früher seien indeß diese Stellen wohl einträglicher gewesen, als jetzt, wo die Vorschriften stets strenger und die Vortheile stets geringer würden. Dem Vorgänger seines Bruders, von welchem er die Stelle gekauft habe, sei noch gestattet gewesen, den Lappen Branntwein zu verabfolgen, von welchem sie große Quantitäten vertilgt hätten, womit außer dem direkten Verkauf auch noch der Vortheil verknüpft gewesen sei, mit den betrunkenen Lappen gewinnreichen Handel abschließen zu können; seinem Bruder sei strenge verboten worden, Branntwein zu verkaufen, dagegen habe er Wein ausschenken dürfen, den freilich nur die reichsten Lappen hätten trinken können; ihm sei aufs strengste der Verkauf jeglicher Art von Spirituosen untersagt, was einen bedeutenden Ausfall im Gewinne mache. Ich bemerkte ihm, daß es mir scheine, als müsse ein Ersatz für die Spirituosen geschaffen worden sein. In der That könne der Mensch nirgends, in keiner Zone, jener Stoffe entbehren, welche eine aufregende oder besänftigende Einwirkung auf das Nervensystem äußern, und alle Mäßigkeitsvereine der Welt könnten es höchstens dazu bringen, die Spirituosen durch narkotische Mittel, wie Opium oder Haschisch, oder auch durch aufregende, nicht direkt berauschende Stoffe, wie Kaffee, Thee oder Cola zu ersetzen. Mein Kaufmann gab dem auch sogleich die Richtigkeit meiner Bemerkung zu. Der Kaffeeverbrauch habe unter den Lappen nicht nur, sondern überhaupt im ganzen Nordland ungemein zugenommen, während der Verbrauch des Branntweins in gleichem Verhältnisse sich gemindert habe. Vor zwanzig Jahren noch seien in Hammerfest nur drei oder vier Kaufleute gewesen, die mit Kaffee im Großen gehandelt und zusammen etwa hundert Säcke im Jahre gebraucht hätten — jetzt seien wohl zwischen zwanzig und dreißig, deren Jeder mehrere Hundert Säcke im Jahre debitire, denn sein Bruder, der einer der bedeutendsten Kaufleute sei, habe mit vierhundert Säcken jährlich nicht genug. Der Kaffee sei bei Normännern, Quänern wie Lappen das tägliche Getränk geworden — statt ihn aber mit Zucker zu versüßen, versetzten ihn die Lappen mit Salz, was ihn für gebildete Gaumen doch ungenießbar mache.

Wir sahen auch in der That, als wir um Mitternacht von unserem Spaziergange zu dem Landhause unseres Gastfreundes zurückkehrten, das eine Viertelstunde von Hammerfest an einem kleinen See liegt, auf der Landungsbrücke eine Lappenfamilie um einen kleinen Kaffeekessel versammelt. Die Weiber schlürften das braune, gesalzene Getränk scheinbar mit demselben Behagen, wie es ein Kaffeekränzchen in der Residenzstadt Darmstadt nur thun kann. Wir betrachteten die malerische, auf der Erde hockende Gruppe einige Augenblicke. Die Lappinnen sprachen eifrig — eine Alte führte das Hauptwort. „Wissen Sie, was sie sagt?“ fragt unser Kaufmann, der das Lappische gut versteht. „Da kommen die reichen Herren aus fremden Landen, um arme Lappen Kaffee trinken zu sehen!“ „Sogar ohne Milch!“ setzte eine Andere mit einem Stoßseufzer hinzu.

Ich komme auf die Handelsstelle von Kautokeino zurück. Im Sommer, erzählte unser Kaufmann, bin ich hier in Hammerfest, wo ich Kolonialwaaren, Mehl, Grütze und Manufakturwaaren aller Art verkaufe. Gewöhnlich gehe ich im Frühjahre nach Hamburg, das unser großes Magazin ist, und mache dort meine Einkäufe für das Jahr. Im September geht mein Knecht zu Fuß hinauf nach Kautokeino, wo eine Haushälterin während des Sommers meine Geschäfte und die wenigen Fremden besorgt, welche ich die Verpflichtung habe zu beherbergen. Wenn aber der Pfarrer gerade im Orte ist, fischt sie dieser meistens weg — gewiß nur, um seine Langweile einigermaßen zu unterbrechen. Im November ist dann der große Lappenmarkt in Bossekop am Altenfjord, den ich mit Vorräthen und Waaren beziehe. Zu diesem kommt mein Knecht mit den Lappen herunter, wobei er es bequemer hat, als bei der Auffahrt, indem er in Rennthierschlitten fahren kann, während er im Herbste, wo gerade die häufigsten Regen fallen, die Flüsse angeschwollen und die Torfmoore ungangbar sind, eine sehr beschwerliche Reise hat. Mein Knecht bringt mir Nachrichten über den Stand der Dinge oben, wie die Rennthierkälber gerathen, der Milchertrag gewesen, wonach ich meine Bedürfnisse und Preise berechnen kann.

Nach dem großen Lappenmarkte in Bosselop reise ich dann im Rennthierschlitten selbst hinauf nach Kautokeino, wo um Weihnachten und Neujahr großer Verkehr herrscht. Denken Sie aber nicht, daß diese Reise ein Vergnügen sei. Das erste Mal freilich ist sie unterhaltend: Der Eindruck, den diese öde, mit Schnee bedeckte Wüste macht, aus welcher hie und da einige schwarze Felsblöcke auftauchen, ist großartig. Die Aufmerksamkeit, die man beständig dem Wege und den leichten Spuren der Moore und Brüche unter der Schneedecke zuwenden muß, beschäftigt hinlänglich, während nebenbei die mannigfaltigsten Unfälle, die man dem Rennthier verdankt, das ewige Einerlei unterbrechen und dadurch unterhalten. Wenn man diese seltsame Reiseart noch nicht gekannt hat, so kann eine solche Fahrt allerdings zum ersten Male vergnügen. Später aber wird sie eine wahre Tortur. Dann findet man, daß das Rennthier in der That ein störriges, halbwildes, unlenksames Vieh ist, das nicht schnell vom Platze kömmt, sehr schwach von Kräften ist, bergauf nicht ziehen und bergab nicht widerhalten kann — kurz daß es zwar besser als Nichts, aber auch nicht viel besser sei. Man kann einem Rennthier nicht mehr aufladen, als 180 Pfund, höchstens zwei Zentner, und wenn man im Schlitten sitzt, muß man bergauf stets zu Fuß gehen. Nun steckt man in hohen Pelzstiefeln, in einem dicken Samojedenpelze und in einer Pelzmütze, was man Alles nöthig hat bei dem oft schneidenden Nordwinde, wo man rittlings frei auf dem Schlitten sitzt, die Füße auf den beiden Läufen ruhen und unmittelbar den Schnee berühren. So eingepackt soll man dann plötzlich eine steile Schneehalde hinaufklettern, sich in Schweiß arbeiten, um unmittelbar darauf wie eine Bildsäule steif auf dem Schlitten eine andere Halde hinab zu jagen. Dazu kömmt noch das Verirren im Nebel, das Einbrechen in Torfmoore und Bäche, das Umfallen des Schlittens, der beständig balancirt, die Anstrengung der Beine, die bald links bald rechts stemmen müssen, das Störrigwerden der Rennthiere, die nicht vorwärts wollen — wäre es nicht für Geld und Gewinn, man trüge solches Ungemach freiwillig nicht zum zweiten Male.

Wenn die Rennthiere nur so wenig ziehen können, sagte der Professor, so würde ich gar keine solche Reise unternehmen können, da ich die Maximalgröße der Belastung längst überschritten habe.

Allerdings, antwortete der Kaufmann, würde es einigermaßen schwierig sein, Sie zu transportiren; allein man könnte im Nothfalle zwei Rennthiere vorspannen, was aber auch seine Schwierigkeiten hat. Vor einigen Jahren war in dem Distrikte ein Vogt (wie Sie wissen, heißen hier so die oberen Verwaltungsbeamten, die zugleich Richter sind), der noch ein gut Theil dicker als Sie war und gewiß drei Zentner wog. Wenn der hinausging, um Thing (Gerichtstag) zu halten, wozu die Lappen die Zugthiere liefern müssen, kostete es jedesmal wenigstens ein, zuweilen mehrere Rennthiere, die auf dem Platze vor Erschöpfung blieben. Endlich richteten die Lappen eine Bittschrift an die Regierung, sie möge ihnen entweder einen dünneren Vogt schicken oder den jetzigen anhalten, dünner zu werden, da sie ihn bei seinem gegenwärtigen Gewichte nicht brauchen könnten. Sonst seien sie zwar in Allem wohl mit ihm zufrieden und möchten ihn, als einen gerechten und milden Richter, gerne behalten — aber eine außerordentliche Auflage von einem halben Dutzend Rennthieren jährlich, die sie jetzt in Folge des Gewichtes ihres Beamten zahlen müßten, könne ihnen die Regierung doch wohl um so weniger zumuthen, als der Storthing dieselbe votiren müßte. Die Regierung bestellte ihnen in der That einen dünneren Vogt und gab unter den verschiedenen Candidaten dem magersten den Vorzug.

Wenn aber die Lappen, sagte der Professor, ihre meisten Bedürfnisse auf dem offenen Markte in Bossekop decken, so bleibt Ihnen ja wenig für Kautokeino übrig?

Doch, erwiderte der Kaufmann. Die Lappen kaufen in Bossekop hauptsächlich Dinge von geringem Gewichte, Ellenwaaren, Bänder, Tücher, Messer und Manufakturwaaren, aber nur wenig Lebensmittel, da sie den Transport durch ihre Rennthiere fürchten. Sie berechnen nicht, daß sie mir die Transportkosten für Mehl, Grütze, Kaffee, Salz und dergleichen Dinge doppelt ersetzen müssen, wenn sie diese Gegenstände in Kautokeino kaufen, und sind höchst vergnügt, wenn sie den Lohn, den ich ihnen zahle, in baarem Gelde einstreichen können; übrigens besteht mein Handel in Kautokeino weniger im Umsatz von Waaren, als im Einkaufen für baares Geld. Ich kaufe Rennthierfelle, Rennthierfleisch und Rypen, die ich in Hammerfest verwerthe, und zahle mehr als die Hälfte in baarem Gelde. Der Lappe gibt seine Waaren ungemein viel billiger gegen Silber, als gegen Waaren, weil er das Silber sammelt und vergräbt. Die Rennthierfelle, die Sie hier für einen Spezies etwa kaufen, packe ich auf eigens gebaute Schlitten, deren je einer (50) Felle nehmen kann; das Rennthierfleisch ist gefroren und erhält sich bis zum Ende Mai frisch und gut; die Ryppen lassen sich so lange erhalten, daß ich noch jetzt (Ende Juli) welche habe. Ich wickele sie, ohne die Eingeweide herauszunehmen, fest in Papier und lege sie in Salz, daß sie einander nicht berühren. Vor einigen Tagen aßen wir welche, die vorzüglich schmeckten. Das Rennthierfleisch wird bis nach Christiania versandt, die Felle gehen fast alle nach Deutschland.

Nach Deutschland? fragte ich. Was machen denn meine lieben Landsleute damit?

Die Haare benützen sie, glaube ich, zu groben Filzarbeiten und schlechten Kissen, das Leder zu Riemen, besonders für die Soldaten, vielleicht auch zu groben Handschuhen. Uebrigens, fügte mein Gewährsmann hinzu, erkenne ich an, daß meine Lappen um Kautokeino die Felle bei weitem nicht so gut zuzubereiten wissen, als diejenigen bei Karasjok und Karasuando und daß diese wieder den Samojeden unendlich nachstehen.

Den Samojeden? Liefern diese auch Felle hierher? fragte ich erstaunt.

O nein, antwortete der Kaufmann; aber sie verstehen den Rennthierpelz zu bereiten, wie Niemand sonst. Ich will Ihnen meinen Reisepelz zeigen, den ich in Archangel gekauft habe. Er ist von Rennthierfellen aus der Petschora gemacht, einem vortrefflichen Lande, wie es scheint, denn die Rennthiere werden dort weit größer, als bei uns, so daß ein Fell aus der Petschora mit dem doppelten Preise bezahlt wird.

Er brachte nun einen ganzen Samojeden-Anzug: runde Mütze, innen und außen von Otterfell, mit langen bandartigen Zipfeln, die unter dem Kinne gebunden werden können — Stiefeln von Rennthierpelz und ein weiter sackartiger Paletot aus Rennthierfell, der von dem Halse bis zu den Knöcheln reicht. Der Pelz kann nach innen oder nach außen gedreht werden — an den Aermeln sind vorn Fausthandschuhe so befestigt, daß die Hände entweder hinein oder daran vorbei schlüpfen können. Der zwei Fuß hohe Kragen kann umgeschlagen werden — ein Schlitz ist nicht vorhanden, man muß von unten durch die Halsöffnung hindurch sich arbeiten. Wunderbar ist die Weichheit dieses Pelzes — das Leder fühlt sich an, wie ein feiner Flanell, während die Lappenröcke steif und knarrend sind. Ein Lappenrock muß eine Tortur, ein Samojedenrock eine Wollust sein — wohlverstanden im Winter des Innern dieses Landes, wo die Kälte bis zum Gefrieren des Quecksilbers steigt, während an der Küste in Hammerfest, nach den mehrjährigen Beobachtungen des Wächters im Leuchthause, die wir durchgesehen haben, die Kälte niemals über 13 Grad Reaumur steigt. Berna, der außer der Adlerjagd auch die Jagd auf ethnographische Gegenstände mit Eifer betreibt, brennt vor Begierde, den Samojedenpelz zu besitzen. Unser Kaufmann erklärt ihm aber, er wünsche sich nicht davon zu trennen — vor nächstem Jahre könne er keinen andern erhalten und im bevorstehenden Winter müsse er die Reise nach Kautokeino machen, wo er seinen Pelz um so weniger entbehren könne, als er sich erst vor einigen Monaten verheirathet habe. Er wolle ihm aber einen gleichen durch einen Russen, der im Hafen liege, bestellen und im nächsten Jahre übersenden. Berna, ohne zu bedenken, daß im Jahre 1862 die ethnographische Leidenschaft für Samojeden vielleicht einer solchen für Botokuden oder Chippewahs gewichen sein wird, bestellt energisch eine vollständige Samojedenrüstung — vielleicht für eine maskirte Schlittenfahrt, die im Jahre 1863 in Frankfurt statt finden wird.

Es wird unterdessen, wie gewöhnlich im Norden, Portwein und Cognac mit Wasser gebracht. Unter den Gläsern prangt auch ein silberner Becher, welcher, der Inschrift zufolge, von des Königs Majestät irgend einem unaussprechlichen Lappen zur Belohnung gegeben wurde, weil Jener ein ebenso unaussprechliches Eisenbergwerk entdeckt hatte, von dessen Ausbeutung natürlich keine Rede sein konnte.

Sie haben dies Familienerbstück wahrscheinlich auf eigenthümliche Weise erhalten, frage ich. Sonst wird etwas der Art wohl in Ehren gehalten und erbt von Sohn zu Sohn?

Ganz gewiß, antwortete er. Allein dieser Becher gehört meinem Bruder, der die Stelle in Kautokeino zu einer Zeit besaß, wo silberne und goldene Geräthschaften und Schmucksachen wohlfeil zu haben waren. Die Lappen veräußerten damals alle diese Gegenstände, namentlich die Spangen und Ringe, die sie in ihren Gürteln zu tragen pflegen und von welchen früher nur der Tod sie trennen konnte.

Aus welchem Grunde?

Aus Religiosität. Ein Priester Namens Lästadius, der in seiner Jugend ein lockerer Zeisig und der fleischlichen Sünde besonders zugethan gewesen sein soll, fand eines Tages, daß er seine Sünden nur dadurch abbüßen könne, daß er die Lappen fromm machte, und dies gelang ihm theilweise so gut, daß die armen Leute ganz toll wurden. Alle Erscheinungen des krassen Pietismus brachen bei diesen Fjäll-Lappen aus — am stärksten in Kautokeino. Konvu-likel, Beistanden, Verzückungen, Erscheinungen, Krämpfe waren an der Tagesordnung; die Renthierheerden wurden nicht mehr besorgt, sondern die Sorge dafür dem himmlischen Vater überlassen, so daß die Familien in Zwist und Verfall geriethen, die Leute verarmten und die Noth in gleichem Maße wie die Frömmigkeit wuchs. Aller äußere Schmuck, lehrte Lästadius, sei Sünde und müsse um jeden Preis entfernt werden. So entäußerten sie sich ihrer Spangen, Ringe und Kleinodien, indem sie sonderbarer Weise das Silber nur dann für Sünde hielten, wenn es in anderer, als der Münzenform sich zeigte. Die Weiber legten die wenigen Zierrathen ab, womit sich selbst diese Töchter Evas zu schmücken lieben, und Sie kennen noch heute eine Lappin aus frommer Familie daran, daß ihre Mütze eng auf den Kopf schließt und nicht jenen gefalteten Quersaum besitzt, mit welchem die Mütze der Weltkinder verziert ist. Der Glaubenseifer der Neubekehrten ging so weit, daß sogar Leute, die nicht gleichen Eifers sich rühmen konnten, ermordet wurden.

Warum nicht gar? rief ich aus. Die Lappen sehen mir im allgemeinen so gutmüthig aus.

Das sind sie auch in der That, sprach der Kaufmann. Nichts desto weniger wurden der Vorgänger meines Bruders und sein Verwalter ermordet, weil man sie für gottlos und irreligiös hielt. Wenigstens wurde das Verbrechen, wenn auch vielleicht aus anderen Gründen verübt, mit diesem frommen Mantel zugedeckt.

Fürchten Sie sich nicht, daß Ihnen Gleiches begegnen könnte, fragte ich zum Schlusse.

Wahrlich nein, antwortete er; die vom frommen Lästadius gepflegte Krankheit ist jetzt wieder dem Erlöschen nahe. Die Lappen haben eingesehen, daß Arbeiten besser ist, denn Beten und von der ganzen pietistischen Bewegung, die sich des Volkes bemächtigt hatte, ist doch ein Gutes übrig geblieben — die Enthaltung von Branntwein, durch den sie sich früher zum Vieh herab soffen. Freilich ist auch dies Resultat nur durch die fromme Lüge erzielt worden, daß es der Teufel in Person sei, welcher den Branntwein brenne, und daß Jeder, der Feuerwasser trinke, dem ewigen Feuer mit Leib und Seele verfallen sei. Man treibt auch im höchsten Norden, wie Sie sehen, den Teufel durch den Teufel Obersten aus.

Neuntes Kapitel.

Von Hammerfest zum Nordkap.

Der Kapitän des Regierungsdampfers Oler, der gerade im Hafen von Hammerfest zu seiner gewöhnlichen Fahrt nach Vardö und Vadsö Kohlen einnahm, bot in freundlichster Weise seine Hilfe an, uns dem gewünschten Ziele näher zu bringen. „Bei widrigem Winde oder Nebel, sagte er uns, „können Sie eben so gut acht oder gar vierzehn Tage über den paar Meilen zubringen, als Stunden bei günstiger Witterung. Selbst mit dem Dampfschiffe bin ich nicht sicher meiner Fahrt — bald muß ich bei dickem Nebel, wo man die Küsten des Fjords nicht erblicken kann, die offene See suchen und die kleineren Ankerplätze bei Seite lassen; — bald muß ich sogar, wenn der Nebel plötzlich kömmt, still liegen und warten, bis es dem Winde gefällt, den Vorhang zu heben. Wir wollen Sie also schleppen, so weit es geht — aber ich sage Ihnen zum Voraus, daß ich Sie los lasse, sobald Gegenwind oder Gegenstrom zu stark werden. Verabreden wir also unsere Signale und seien Sie morgen früh Schlag fünf Uhr bereit."

Kaum hatten wir die nördliche Spitze von Qualö umsegelt, um dann an Rolfsö vorbei zu dem engen Havösund zu gelangen, so fühlten wir den hohen Seegang, der von Norden her in die weite Bucht eindrang. Unser kleiner Schraubendampfer mußte mit aller Kraft arbeiten, um den gewaltigen breiten Wellen entgegen seinen Kurs einzuhalten. Das Wetter war trübe und neblig, die Gegend umher unendlich traurig und öde. Langgestreckte nackte Felseninseln mit abgerundeten Kuppen und tiefen Spalten, auf denen nur hie und da ein Gräslein Fuß faßt, Büsche und Bäume aber gänzlich fehlen, wechseln mit niedrigen Scheeren und Klippen, die nur wenige Fuß über das Wasser hervorragen, einen braunen Gürtel von Tang und Seegewächsen am Wasserrande tragen und oben von dem Unrathe der Vögel wie mit Mehl bestäubt sind. Die Handelsstellen, an welchen der Dampfer anlegt, gleichen alle einander: ein größeres Haus in einer kleinen Bucht, umgeben von Trockengerüsten, Vorrathshäusern, Stallungen und niedrigen Erdhütten, in welchen Seelappen, Quäner und norwegische Fischer wohnen. Unendlich ärmlich sehen diese Maulwurfshaufen im Großen aus und wirklich rührend ist es, in einigen größeren Hütten, die besser aussehen als die übrigen, an dem kleinen Fensterlein sogar ein halbersticktes Geranium oder ein Rosenstöckchen zu sehen, das man ängstlich vor jedem Luftzug wahrt.

Das Dampfboot hält nur einen Augenblick an diesen Handelsstellen, welchen es seine Ankunft durch Aufziehen der Flagge kund gibt. Der Kaufmann zieht ebenfalls eine Flagge auf als Zeichen, daß er bereit sei — ein Boot ist meist schon in See — in wenig Minuten ist der Austausch bewerkstelligt und sogleich arbeitet die Schraube wieder. An einem dieser Handelsplätze zog der Dampfer zu plötzlich an; unser armsdickes Schlepptau riß wie ein Faden, glücklicher Weise nahe an dem Dampfschiffe, so daß es bald wieder befestigt werden konnte.

Nach neunstündiger Fahrt liefen wir in eine Bucht ein, wo an einer großen Handelsstelle zwei russische Schiffe vor Anker lagen. Das war Gjesvär, die letzte Station auf der westlichen Seite des Nordkaps. Der kleine Hafen, in welchem die russischen Schiffe lagen, war für unsern Schooner zu seicht; wir bogen also ab und ankerten in einem tiefen Kessel, rings umgeben von Klippen, Scheeren und hohen Vorgebirgen, die steil in die See abstürzen. Der Platz sei gut, meinte unser Kapitän, der Grund aber schlecht, viel zu felsig und der Strom heftig, so daß wir nicht auf gänzliche Gefahrlosigkeit rechnen konnten. Im Osten sahen wir von dem Ankerplatze aus die hohen Felsenwände des Tufjords, der tief in die Insel Magerö zur Seite des Nordkaps einschneidet, im Norden die gewaltigen Felseninseln Stappen, die auch die Mutter mit den Töchtern genannt werden. Die Hauptinsel in der Mitte bietet einen hochgewölbten, messer-scharfen Felsrücken mit steilen, aber dünn begrünten Abhängen gegen die Bucht hin, während senkrechte Abstürze sich der See zu kehren: an den Enden dieses Rückens schwingen sich zwei kleinere Kegel auf, von welchen namentlich der nördliche gänzlich unersteiglich erscheint. Den südlichen besuchten wir später bei einer Jagdexkursion und Einige von uns drangen bis zu dem Gipfel vor, fanden aber keine Spur von jenem Walfischskelett, von welchem englische Schriftsteller auf Lappenberichte hin Kunde gaben. Wer in Ländern gereist ist, wo schwer zugängliche Stellen existiren, wird fast immer aus dem Munde der Eingeborenen wunderbare Erzählungen gehört haben, die sich in gutmüthige Fopperei auflösen, sobald der Fremde mit eigenen Augen zusieht. Münchhausen ist nicht nur in Deutschland geboren, er lebt unter jedem Breitengrade, sogar in Norwegen!*)

---

*) Anmerkung. Wenn wir nicht irren, so war es in Tromsö, wo früher ein jetzt ins Innere versetzter Beamter lebte, der dem berühmten Barone oder dem im Großherzogthum Hessen bekannten Oberförster Fröhlich nichts nachzugeben scheint. „Als ich in Lappland reiste," erzählte dieser noch im Andenken der Tromsöer lebende Mann, „kam ich in einen Mückenschwarm, der so dicht war, daß ich meinen ganzen, aus zehn Buchstaben bestehenden Namen mit dem Stocke in den Schwarm so deutlich schreiben konnte, daß ihn selbst die Lappen, die mich begleiteten, ganz gut zu lesen im Stande waren." „Das muß wahr sein," rief einer der Zuhörer, „denn zufällig kam ich auf einer Reise nach Schweden des andern Tages an dieselbe Stelle, wo der Name noch in dem Mückenschwarm stand und ich den Beweis vor mir hatte, daß der Amtmann einige Zeit vorher denselben Weges gezogen war."

In den „Reisen durch Schweden, Norwegen und Finnmarken zum Nordkap im Sommer 1820 von A. de Capell Brooke" finde ich eine ähnliche Münchhausiade, die sich ein sicherer Dr. Henderson, der ein mir unbekanntes Buch über Island geschrieben, hat aufbinden lassen. „In der Nähe des Nordkaps," erzählt dieser Missionär, „wo die Abstürze fast gänzlich mit verschiedenen Arten von Seevögeln überdeckt sind, gehen die Füchse in Gesellschaft auf Raub aus. Bevor sie ihre Operationen beginnen, halten sie auf den Felsen ein Scheingefecht, um ihre relative Stärke kennen zu lernen. Erst wenn sie sich dieses Punktes versichert haben, rücken sie an den Rand des Abgrundes; Jeder faßt den andern beim Schwanz, der leichteste davon klettert hinab und der kräftigste, der als letzter in der Reihe steht, hält die ganze Kette so lange fest, bis der Vorderste eine Beute ertappt hat. Dann wird ein Signal gegeben, worauf der oberste Fuchs aus allen Kräften zieht und die andern ihm beistehen so gut sie können, indem sie sich mit den Füßen stemmen. So gehen die Füchse von Fels zu Fels, bis sie hinlänglich Beute gemacht haben." — Wäre ich in Abdera geboren, ich würde mich mit der wissenschaftlichen Untersuchung der Frage abgeben, wie wohl der vorderste Fuchs, der seinen Schwanz im Maule des andern, seine Füße am Felsen und einen Alk zwischen den Zähnen hat, — wie wohl dieser Fuchs das verabredete Signal gibt? Interessant aber für die Geschichte des menschlichen Erfindungsgeistes ist es doch wohl, daß die Geschichte von Griesheim, wo die Gemeinde eine Kette bildet, um die in den Brunnen gefallene Glocke zu suchen, hier auf eine Gegend angewandt wird, wo der Versicherung der Eingeborenen zufolge gar keine Füchse zu finden sind, wie dies sogar Brooke selbst erzählt. Interessant aber auch, daß den Füchsen in der norwegischen Geschichte mehr Verstand zugeschrieben wird, als

Der Kaufherr von Gjesvär hatte die Reise von Hammerfest her auf dem Dampfschiffe mitgemacht und so war direkt eine Bekanntschaft vermittelt, zu welcher sonst unsere Briefe verholfen hätten. Noch an demselben Tage wurde bei einem Besuche, wo wir in zuvorkommendster Weise mit Eiern sämmtlicher hier vorkommenden Vögel beschenkt wurden (auch ein Schwanenei war darunter), die Exkursion nach dem Nordkap verabredet. Der Kaufmann wollte uns ein großes Segelboot mit vier Ruderern stellen, worunter ein Landmand, d. h. ein mit der Gegend bekannter Mann, der uns nach dem Nordkap über Land führen könne. Wir hätten, hieß es, nicht ganz eine Meile zu rudern und eine halbe Meile über das Fjeld nach dem Nordkap zu gehen. Unsere Karten schienen zwar hinsichtlich der Distanzen nicht gut mit diesen Angaben zu stimmen; allein wir wollten den wahrscheinlichen Irrthum lieber auf Seiten der Geographie, als der Eingeborenen suchen. Doch wurde beschlossen, auch unser kleines Segelboot zu bemannen und sich gehörig mit Proviant zu versehen für alle Fälle. Auch durfte die Flasche Champagner, die auf dem Nordkap geleert werden sollte, nicht vergessen werden. Die Stunde der Abfahrt wurde auf 9 Uhr Morgens festgesetzt.

Vergebens erwarteten wir am andern Morgen das große Boot. Leopold von Buch klagt schon über die guten Stunden, welche er über langwierigen

---

den Menschen, indem die herrliche Pointe von Griesheim, wo der Bürgermeister, der oben hängt, lacht, indem er sagt: „Wartet ein bischen, ich will erst ein Mal in die Hände spucken!" gänzlich bei den Füchsen fehlt.

Ganz in die gleiche Kategorie gehört wohl die von allen Reisenden nacherzählte Art, die Alken und Lunde aus ihren Nestern zu holen. „Kleine Hunde", sagt man, „sind dazu dressirt, in die Löcher zu schlüpfen, in welchen die Vögel ihre Nester haben. Der Hund packt den vordersten Vogel und zieht ihn mit aller Anstrengung hervor; der dahinter sitzende Vogel will seinen Kameraden retten und packt ihn am Schwanze: Dutzende von Vögeln werden auf diese Weise, jeder in den Schwanz seines Vordermannes verbissen, herausgezerrt und von dem Eigenthümer des Hundes mit dem Stocke todtgeschlagen." Auf der Insel Loppen, wo diese Jagdart besonders im Gange gehen soll und wo wir drei Tage weilten, lebten ein großer Hofhund und ein zottiger Pudel als einzige Repräsentanten des canis familiaris, und möchte ich den Hund sehen, der an den Felsabstürzen dieser Insel, wo die Alken und Lunde nisten, umherkletterte ohne das Kunststück der Füchse nachzumachen. In Loppen fängt man die Vögel, wie anderwärts auch, mit Netzen und sucht Eier und Nestjunge, so gut man kann und ohne Hund, was auch gar keine Schwierigkeit hinsichtlich des Aufsuchens hat. Jedenfalls aber könnten kleine Dächsel, die man hie und da zu solcher Jagd dressiren mag, stets nur einen Lund (Papageitaucher) aus seiner Höhle ziehen, da jeder weibliche Vogel seine Neströhre für sich macht und nur ein einziges Ei legt.

Vorbereitungen mit Lappen und Normännern habe verlieren müssen. Auch hier schienen dieselben Klagen ihre Stätte zu finden. Zehn Uhr vorüber und kein Schiff zeigte sich. Man glaubte an ein Mißverständniß und ruderte hinüber. Aber die Verabredung ist ganz richtig verstanden worden; nur sind die Leute spät vom Fischfang heimgekommen, haben essen müssen — und was dergleichen Gründe mehr sind. Endlich erscheint das Boot um eilf Uhr an unserem Bord, mit vier Ruderern bemannt, welche ihre kleinen Löffel (denn Ruder kann man die Dinger wohl nicht nennen) mit ziemlicher Geschwindigkeit handhaben. Wir wollen einsteigen — kein Sitz. Wahrscheinlich hatten sich unsere Ruderer eingebildet, wir würden nach Art der Lappen uns auf den Bretterboden, der im Hintersteven angebracht war, auf die Fersen in die Runde hocken und so die Meile zurücklegen. Es müssen noch Sitze mit Koffern und Brettern improvisirt und damit wieder eine kostbare Zeit verloren werden.

Endlich sind wir fertig. Der Kapitän und Berna besteigen unser kleines mit zwei Mann besetztes Segelboot, wir Andern suchen im großen Boot uns einzurichten. Der Wind ist uns nicht günstig, wir müssen nach dem Tufjord hin kreuzen.

Anfangs gewinnt unser großes Boot scheinbar einen bedeutenden Vorsprung. Das einzige große Segel, das es besitzt, zieht gewaltig und die vier Ruderer arbeiten aus Leibeskräften, um uns nahe an dem Winde zu halten. Bald aber zeigt es sich, daß unser Blankeneser Boot mit seinem dreieckigen Fock- und schiefen Hauptsegel sich viel näher an den Wind legen und schneller wenden kann, als das plumpe norwegische Fahrzeug. Der Kapitän schießt mit seiner Nußschale zwischen Scheeren hindurch, um welche wir langsam herumlaviren müssen, und wie wir endlich, bei fast vollkommener Windstille, im Tufjord anlangen, sehen wir den Kapitän schon gegenüber am Ufer hinkreuzen und auf eine Bucht hinsteuern, welche noch ferner als diejenige war, an der wir landen sollten. In der That langen wir auch trotz dieses Umwegs eine Viertelstunde später am Landungsplatze an.

Die Segelfähigkeit des kleinen Bootes war offenbar ein Gegenstand des steten Gespräches unserer norwegischen Ruderleute. Sie schauten beständig darnach aus, warfen sich in die Riemen, wenn der Wind etwas nachließ, um nachzukommen und betrachteten ein jedes Manöver mit unverkennbarem Staunen. Aber auch uns Laien mußten die Vorzüge auffallen, welche die Blankeneser Schiffbaukunst ans Licht stellte. Das große Segel der norwegischen Barke konnte nur geändert werden, wenn man es vorher gänzlich niederließ, um es dann in anderer Richtung wieder aufzuhissen — eine Operation, die viel Zeit in Anspruch nahm, da verschiedene Taue vorn und hinten durchgezogen und gewechselt werden mußten, während am kleinen Boote die Segel auf einen Pfiff im Nu herumflogen; das kleine Boot hielt um mehrere Striche näher an den Wind und erlaubte dadurch die Wechselgänge beim Kreuzen zu kürzen und zu beschleunigen. „Der Norweger, sagte uns nachher der Kapitän, habe wohl entschieden den Vortheil, wenn der Wind von hinten komme, denn sein Segel sei groß und sein Kiel flach; aber wann, fügte er hinzu, hat man denn guten Wind gerade von hinten? Das mag wohl selten geschehen. Die Windrose hat 32 Striche: wir können 6 Striche am Winde halten; also haben wir von den 32 Strichen nur 12 Striche Gegenwind und 20 Striche guten Wind, aber nur 3 Striche Wind von hinten. Der Norweger aber kann höchstens 10 Striche am Winde halten, hat also 12 Striche guten Wind und 20 Striche Gegenwind. Das ist zu viel, wenn man bedenkt, daß sogar wir immer mehr Gegenwind als guten Wind haben. Das ist ja sehr sonderbar, fuhr der Kapitän nach einigem Nachdenken fort; wenn man die Schiffsjournale durchsieht, haben fast alle Schiffe mehr Gegenwind gehabt, als guten Wind, bei jeder Reise, und doch sollen wir, wenn die Winde gleich vertheilt wären, auf eine Reise von einem Monat etwa 20 Tage guten Wind haben. Ja, wer das hätte! Aber woher kommt das, meine Herren?“

Wir wußten begreiflicher Weise keine vernünftige Antwort auf das mathematische Räthsel, welches unser Kapitän uns vorlegte, unterhielten uns aber vortrefflich während der Ueberfahrt mit dem Wettstreite unserer Boote. In Tromsö hatte uns ein junger norwegischer Patriot versichert, die Boote seines Vaterlandes seien die vortrefflichsten Segler der Welt und die von den Urvätern des Landes überkommene Einrichtung ihrer Segel, die uns unbeholfen erschienen war, das non plus ultra nautischer Vollkommenheit. Ein solches Boot übersegle bei gutem Winde nicht nur das schnellste Dampfschiff, sondern sei im Stande, es in den Grund zu segeln! Wir wußten seit jenem Gespräche freilich nicht mehr, warum die norwegische Regierung mit vielen Kosten die Dampfschiffe längs den Küsten eingerichtet und unterhalten habe, begnügten uns aber, die Boote „Grundsegler“ und „Dampfschiffvertilger“ unter uns zu nennen und unsern Kapitän scherzend zu warnen, wenn er in das Fahrwasser eines solchen Bootes zu kommen schien. Man kann sich also denken, wie vielen Stoff zur Heiterkeit jetzt unsere eigene Krebsfahrt in einem Grundsegler während der Ueberfahrt über den Tafjord bot.

In einer kleinen Bucht am östlichen Ufer des Fjords wurde gelandet und der Marsch angetreten. Die Felsen, auf denen wir mit Beschwerde landeten, die steilen Ufer ringsum bestanden aus grauschwarzem, feinkörnigem, leicht verwitterbarem Gesteine, dessen Schichtenköpfe nach Norden schauten, so daß überall im Tafjorde die Neigung der Schichten und ihr Einschießen gen Süden deutlich zu erkennen war. Ueber die mineralogische Beschaffenheit dieses Gesteines, welches das ganze Massiv von Nord-Magerö bildet, möchte ich nicht streiten. L. von Buch behauptet mit Bestimmtheit, nördlich von Hammerfest komme kein Glimmerschiefer, sondern nur Gneiß und Thonschiefer vor; allein schwer würde es werden, am Gesteine des Tafjords nachzuweisen, daß es kein Glimmerschiefer sei, und wenn Einer uns sagte, es sei glimmeriger Sandstein, so könnte man ihn auch nicht widerlegen. So zermahlen und zerrieben sind die Bestandtheile, welche diesen dunkelgrauen, geschichteten Stein bilden, daß man wohl Glimmer, Quarz, Feldspath darin unterscheiden, aber nicht deutlich sichten und erkennen kann. Außerordentlich deutlich ist aber überall die Schichtung und die Einlagerung von Schichten fleischrothen, massiven Granites, die der Wand des Tafjordes aus einiger Form das Ansehen geben, als wäre es eine Wand von Liasschiefer mit Einlagerung von derbem Liaskalke. Und das ist ja wohl eine merkwürdige Erscheinung! Ist es doch, als ob die Natur mit deutlichen Zügen in die nördlichsten Blätter des europäischen Steinbuches die Metamorphose der Gesteine hätte eingraben wollen! Freilich enthalten diese bis zur gänzlichen Zerstörung ihres ursprünglichen Gefüges umkrystallisirten Gesteine keine Versteinerungen, welche uns über ihr Alter und ihre Einreihung in die Zeitalter der Erde belehren könnten; — aber daß diese krystallisirten Schiefer einst versteinerungshaltige Mergel oder Thonschiefer, die granitischen eingelagerten Schichten einst derbe Kalke waren, das wird unmittelbar Jedem klar werden, der die Wand von einer Entfernung aus betrachtet, wo ihm die Existenz von Versteinerungen doch entgehen müßte. Ganz gewiß aber wird Angesichts einer solchen Einlagerung kontinuirlicher Granitschichten im Schiefermassive kein vernünftiger Mensch behaupten können, daß der Granit ein eruptives Gestein sei, das, aus den Tiefen der Erde emporgeworfen, die Schichten der Erde in die Höhe gehoben habe. Nein! hier ist gewiß der Granit an Ort und Stelle gebildet, durch langsame allmälige Umwandlung, Metamorphose der ursprünglichen Schichten, die sich aus dem Wasser abgesetzt hatten.

Wir stiegen langsam einen steilen, aus großen Blöcken zusammengehäuften Schuttkegel hinan, neben welchem ein Bach durch den steilen Thalriß in die Bucht niederrauschte. Von einer alten Strandlinie, wie wir deren so viele bisher gesehen hatten, fand sich keine Spur; auch gestattete die üppige Vegetation, welche den Kegel deckte, nicht zu untersuchen, ob wir uns etwa auf einer Gletschermoräne befänden, die das Thal beinahe sperrte. Es war eine Art nordischer Maienwand, die wir mühsam hinankletterten. Der steile, gen Süden gerichtete, gut bewässerte Abhang, auf dem die Verwitterung des Gesteines eine vortreffliche Dammerde erzeugt hatte, war reich überwuchert von kriechenden Weiden, Zwergbirken, Heidelbeeren und ähnlichem an dem Boden hinschleichendem Gesträuche, zwischen dem blaue Wicken, rothe Feuernelken, weiße Kropfnelken in anmuthigem Wechsel blühten. Die Engelwurz (Angelica), welche den Lappen so werth ist, daß jeder von der Rennthierhut heimkehrende Bräutigam, Gatte und Vater der Familie einige Blumenstengel zum Kauen und Aussaugen mitbringt, treibt hier Stengel von mehren Fußen Höhe. Gewiß, könnte die Birke oder ein anderer Baum in diesem Klima gedeihen, an diesem Abhange müßte er stehen. Aber nichts der Art zeigte sich. Was mehrjähriges Holz hat, schleicht am Boden hin und drückt sich in die Spalten zwischen den Felsblöcken und nur die krautigen Stengel, die innerhalb der kurzen Sommerfrist aufschießen und verdorren, wagen ihr Haupt über die feste Fläche in die Luft zu erheben.

Das erste Ansteigen war mühsam und beschwerlich. Der Fuß rutschte in die Spalten und Klüfte, welche zwischen den Steinen von Moos und Kraut versteckt sich hinzogen und oft war man genöthigt, kletternd mit den Händen eine Stufe zu erklimmen. Voran schritten die beiden Führer, schwer bepackt mit Speise und Trank; ihnen nach eiferten die Jäger, Berna, Herzen und der Kapitän mit dem Maler um den Vorrang, der vergebens seine Zeichenmappe schleppte. Den Nachtrab machten Greßly und Vogt, eben so viel durch die Untersuchung der Gesteine und Gewächse, als durch die Schwere des Körpers und die beginnende Steifigkeit des alternden Gebeines zurückgehalten.

Nach einer schweren Stunde mühsamen Aufklimmens hatten wir die Höhe des Fjeldes erreicht und schritten nun, leichter athmend, über ödes Steingeklipp rüstig vorwärts. Die Flächen dehnten sich fast unabsehbar nach allen Seiten hin als Plateau aus, das nur geringe wellenförmige Modulationen zeigte. Die zu kuchenförmigen Stücken verwitterten Gesteine lagen fast wie Pflaster eines Provinzialstädtchens neben einander und nur in den Fugen keimte mühselig, wie in einem mittelalterlichen, verlassenen Schloßhofe, kümmerliches Gras und spärliches Moos. Nur hie und da zeigten sich riffähnliche Rücken, in welchen die schroff gebrochenen Schichtenköpfe zu Tage traten, oder blendend weiße Massen und Flecke, die man für Schnee oder Eisklumpen hätte halten können, wenn nicht die genau begrenzte, scharfeckige Gestalt über die härtere Natur belehrt und die warme Temperatur die Unmöglichkeit der Erhaltung solcher Winterreste gezeigt hätte. Es waren Massen krystallisirten Quarzes, die bald in Nestern, bald in Gängen sich vorfanden, der Verwitterung besseren Widerstand leisteten, als das weiche Schiefergestein und so über die Flächen hervorragten als redende Zeugen der Abtragung, die diese erlitten. Wir überschritten einzelne dieser Quarzgänge, die in gerader Richtung, so weit das Auge reichte, wie Mauern über das Feld hinliefen und einige Fuß über die allgemeine Bodenfläche emporzuragen schienen.

Wenn auch in vieler Beziehung ähnlich den Fjelden, die wir auf Dovre zwischen Jerkind und dem Snehättan überschritten hatten, so zeigte sich doch mancher Unterschied. Dort deckte Rennthiermoos und isländisches Moos fußhoch die öden Flächen und überzog sie mit hell schwefelgelben und weißen Farben, zwischen denen die dunkeln Gesteine und Moortümpel mit ihren braunen und schwarzen Tinten hervorstachen, wie Flecken auf dem Felle des Panthers; hier war Alles grau in grau; denn die spärliche Vegetation konnte gegen die allgemeine Wirkung des nackten Gesteins nicht aufkommen. Dort konnte man sich zuweilen in die Nähe eines Vulkanes versetzt glauben, dessen flache Lavaströme mit ausgewittertem Schwefel und Salzen überdeckt seien; hier konnte keine Täuschung obwalten über den grauenvollen Kampf, in welchem der Schrecken eines durch seine Länge entsetzlichen Winters Sieger geworden über die unterliegende Vegetation. Schnee zeigte sich freilich nirgends mehr auf unserem Wege; nur in der Runse einer seitlichen Schlucht hatte sich noch ein Ueberrest erhalten; aber viele ausgetrocknete Tümpel und kleine mit Wasser gefüllte Teiche zeigten deutlich, daß sie kaum erst durch Schmelzen des Schnee's entstanden und vielleicht nur dem heuer außerordentlich günstigen warmen Wetter ihren Ursprung verdankten.

Trotz ihrer schweren Bepackung trabten unsere Führer wie Renthiere leichtfüßig über die Flächen weg, auf denen wir erst später einige aufgerichtete Schieferntafeln entdeckten, die ihnen nebst dem Kompaß zur Richtschnur dienten. Jetzt zeigten sie sich als Silhouetten auf der Höhe eines langen Rückens, wo man sie eben noch mit den Augen entdecken konnte, dann verschwanden sie in einer Terrainfalte, die sie den Blicken entzog. Man beeilte sich, ihnen nachzusetzen; aber auf der Höhe angekommen, zeigte sich nichts als öde Fläche, ähnlich der durchschrittenen, ohne erkennbaren Anhaltspunkt für die Richtung, welche sie genommen. Nun jodelt Hasselhorst seinen Tyroler Alpenschrei, der unserem Schiffsvolk schon längst zum Signal geworden; Vogt schreit mit aller Kraft seiner Parlaments-Lunge und man horcht begierig nach einer Antwort von Seiten der Führer. Ein Regenpfeifer, der sein langweiliges Tü tü ertönen läßt, täuscht wohl im ersten Augenblicke, dann aber bleibt es still. Nun wird das Fernrohr hervorgenommen und jeder Felsen, der einen Mann vorstellen könnte, genau untersucht — keine Spur! Man wettert, flucht sogar trotz der genossenen christlichen Erziehung, dreht sich zehnmal herum — da sitzen unsere Lappen, stumm wie die Fische, hinter einem großen Steine und wundern sich sichtlich über unsere Aufregung.

Man schreitet wieder fürbaß: Vogt mit Herzen voran im Gespräche; Berna und der Kapitän seitlich auf den Flanken, begierig ein Wild zu erschauen; Greßly halb am Boden kriechend, um der gedrückten Flora ein einsames Kind zu entreißen. Hasselhorst bildet dieses Mal ausnahmsweise den Nachtrab. Das Auge der Expedition, wie er seit der Adlerjagd genannt wird,

Läßt verzückt die Augen schweifen,
Gleich als hätt' er was zu greifen
Auf dem öden Felsenplan.

Aber es ist nichts zu greifen; die Mappe bleibt geschnürt bis zur Rückkehr. Fläche und flache Steine — wie könnte da der Maler ernten?

Plötzlich schnarrt es vor unsern Füßen auf: zehn, zwanzig Rypen, ein ganzes Volk, in unmittelbarer Nähe. Unsere Jäger tragen noch die Flinte umgespannt im Bandelier; — bis sie fertig sind, haben die Rypen sich in der nächsten Vertiefung gedeckt. Der Springinsfeld Freitag jagt hinter ihnen her und vergeblich versucht Hasselhorst, der sich der Erziehung des verwahrlosten

Handwerks mit mehr oder minder Erfolg gewidmet hat, ihn mit Rufen und Steinwürfen zurückzubringen. Endlich bewirken Jugenderinnerungen, was Scheltworte vergebens bezweckten. Der Hund ist offenbar einst dazu benutzt worden, Schafe zusammenzutreiben; er betrachtet uns nun als seine Heerde, die er verpflichtet ist zu lenken, und so streicht er, nach einigem Klaffen hinter den Rypen her, zuerst zu dem Nachzügler Gerstz und dann den beiden Lappen nach, die wieder einen unabsehbaren Vorsprung genommen haben. Jetzt erst läßt sich die Verfolgung der Rypen organisiren. Von drei Seiten sucht man ihnen beizukommen; aber sie halten nicht weiter und nur aus großer Ferne kann ihnen ein vergeblicher Schuß nachgejagt werden.

Indessen ist nun der Jagdeifer geweckt und so geht es zum Theile auf Umwegen vorwärts. Rypen und Regenpfeifer locken bald nach rechts, bald nach links und theils auf dem Hinwege, theils während der Rückkehr fallen in der That einige schmackhafte Braten in die Taschen der Jäger. Wunderbar scheint es manchmal, welch zähes Leben diese nordischen Vögel besitzen. Nicht zu sprechen von den Wasservögeln, welche unmittelbar in den Kopf oder Hals tödtlich getroffen sein müssen, sollen sie nicht in dem nassen Elemente auf Nimmerwiedersehen verschwinden — auch die Rypen fallen nur im Todeskampfe und selbst dann noch wissen sie sich unter Steinen so gut zu verbergen, daß ohne Hund es unmöglich ist, sie aufzufinden. So schoß Berna auf ein Paar Rypen, die stolzen Fluges von dannen strichen. Wir glaubten sie gefehlt — hundert Schritte von dem Orte, wo sie eingefallen, lag die eine, unter dem Flügel in die Brust geschossen, todt hinter einem bergenden Steine. Es gelang auch, ein Nestküchlein zu fangen, dessen Mutter geschossen worden; die andern — denn es waren ihrer ohne Zweifel mehrere — entgingen jeder Nachforschung, obgleich man kaum hätte glauben sollen, daß ein Versteck auf dem platten Boden zu finden sei.

Kaum dürfte indessen die Jagdstreiferei auf die Schnelligkeit unseres Vorrückens einigen Einfluß geäußert haben; denn Drei von den Sechs waren unbewehrt und je weiter der Weg sich spannte, desto mehr hielten die Nichtjäger darauf, denforteilenden Lappen zu folgen und dem Ziele sich zu nähern. Vielleicht mag auch zu diesem Eifer für die gerade Linie die Betrachtung, daß der Proviant den Lappen anvertraut war, das Seinige beigetragen haben. Zschokke's kleine Erzählung, in welcher die Compagnie nicht dem gegen die Feinde stürmenden Hauptmann, sondern dem Proviantwagen und dem Branntweinfäßchen der Marketenderin folgt, hat gewiß ihre menschlich berechtigte Grundlage.

Die halbe Meile aber spinnt sich endlos. Drei Stunden marschiren wir schon in ziemlicher Sonnenhitze; der Horizont des Meeres steigt immer höher; bei jeder Schwellung des Bodens glauben wir die letzte Höhe zu sehen; aber immer wieder kömmt eine neue Senkung und eine neue Schwellung gegenüber, kaum höher als die erklommene. Deutschland kennt bis jetzt die Meilen, welche der Fuchs maß, indem er den Schwanz zugab; aber der Begriff der Lappenmeile scheint uns für gewöhnlichen Hausmannsverstand fast ebenso unfaßlich, als diejenige einer Himmelsmeile. Zehnmal wurden die Lappen gefragt: Nordkap? und zehnmal kömmt die Antwort zurück: Ikke!

Endlich langen wir auf einer kleinen Höhe an und sehen vor uns ein kleines Querthal, über welches sich eine breite Kuppe erhebt, die mit entsetzlich steilen Wänden zu beiden Seiten gegen das Meer hinabfällt. Links und rechts dieselben senkrechten Abstürze, von welchen Risse ausgehen, die tief in den Hals des Berggebirges einschneiden. Weit unten in der Tiefe, dem Spiele einer schäumenden Brandung ausgesetzt, eine kleine Bucht, in welcher Stansvag, die nächste Handelsstelle auf der Ostseite des Nordkaps, liegen soll. In der Ferne eine vorspringende Zunge, die in langem Zuge über den Ozean hinstreicht und ebenfalls mit steilen Wänden in die See fällt. Das ist Nordkyn, die vorspringendste nördliche Spitze des Festlandes, während das Nordkap, auf dem wir stehen, nicht dem festen Lande, sondern der Insel Magerö zugehört und auch hier, den Geographen zufolge, seinen Namen mit Unrecht trägt, da die nächste Kuppe zur westlichen Seite, Knivelierodden, um etwas Weniges mehr nach Norden vorspringt. Es geht also dem Nordkap, wie vielen menschlichen Reputationen; es ist weder die nördlichste Spitze der Insel Magerö, noch die nördlichste Spitze des Festlandes, und nichts desto weniger steht die Signalstange dort mit den Namen, die darauf eingeschnitten sind — und wer in Norwegen gewesen und das Nordkap nicht bestiegen hat, ist in Rom gewesen und hat den Papst nicht gesehen.

Also frisch hinauf nach der letzten Kuppe! Eine Rype, welche wie flügellahm vor uns her wackelt und uns offenbar von ihren Küchlein ablenken will, einige Goldregenpfeifer, die zur Verfolgung zu verleiten suchen, halten uns nur wenig auf. Um 5 Uhr ist die Höhe erreicht, die Signalstange begrüßt, ein Blick rundum auf die Aussicht geworfen, der Proviantsack aufgeschnallt und dann eine Runde zum fröhlichen Mahle gebildet, zu welchem Deutschland das solide, Norwegen und Frankreich das flüssige Element liefern. Schinken und Mettwurst, Bier und Champagner und ein durch vierstündigen Klettermarsch auf eine schwindelnde Höhe aufgestachelter Appetit — was kann der Mensch mehr verlangen?

Die Aussicht, welche wir von dem Kap aus umspannen, ist großartig durch die scheinbar unendliche Ausdehnung der Flächen, welche wir beherrschen. Ueber die Hälfte des Horizontes streckt sich die See, deren Bewegung von solcher Höhe aus gesehen, fast gänzlich der Beobachtung sich entzieht, sodaß nur die Brandung an den Küstenklippen, die wie ein ferner Sturm heraufdönt, uns von dem hohen Seegange Kunde bringt. Zwei Schooner, die von Archangel aus gen Hammerfest zu segeln scheinen, liegen wie Punkte auf windstiller Fläche. Die See zeigt Streifen, wo das Wasser vom Winde gekräuselt ist, und unregelmäßige Flächen, welche, glatt wie ein Spiegel, das Bild der Wolken wiedergeben, die am Himmelsgewölbe fest zu stehen scheinen.

Gruppe auf dem Nordkap

Kaum wagt man, an den Rand der schauderhaften Abstürze vorzugehen, welche auf den Seiten in die Tiefe gähnen. Spitze Schieferplatten, nach dem Innern des Landes zu einschießend, strecken ihre scharfen Kanten in die Luft hinaus, und unmöglich scheint es, daß ein Weg von unten her über diese überhängenden Klippen und Riffe nach der Höhe führen könne. Die Fläche des Kaps selbst ist so breit und so abgerundet, daß man links und rechts nur wenig von den ähnlichen Vorgebirgen sieht, die ihm nahe stehen, sobald man sich nur soweit von dem Rande entfernt, als nöthig, um einen sicheren Standpunkt zu gewinnen. So bildet denn nördlich das weite Meer, südlich die weite Steinöde des Fjords das trostlose Panorama, über das sich ein nebliger Himmel spannt.

Die Stunde, welche wir dem Gipfel widmen konnten, war bald in fröhlicher Weise vollbracht. So einfach das Gelage war, so trefflich mundete es; denn glücklich genug hatten unsere Lappen nur einige Bierflaschen zerbrochen, die Flaschen edlen Getränkes aber verschont, das Moët und Chandon uns geliefert. Zum Schlusse nahmen wir die Stange, welche die Inschriften der Namen trägt, von ihrem Steinpostamente herab, schnitzten sie oben so zu, daß eine Champagnerflasche mit ihrem Halse wohl darauf befestigt werden konnte, und bargen in der Flasche einen Papierstreifen mit unseren Namen und Adressen und folgendem schlechten Verse, dem das Album des Brockenwirthshauses oder der Grimsel zur Entschuldigung dienen mögen:

Wer diesen Zettel uns wird bringen,
Dem sollen volle Gläser klingen,
Und kommt er gar zur Mittagszeit
Steht ein Couvert für ihn bereit.

Um sechs Uhr wurde der Rückmarsch angetreten. Die Lappen, deren Bürde trotz der Erinnerungssteine, womit wir den Proviant theilweise ersetzt hatten, wesentlich erleichtert war, verdufteten wieder in ungesehener Ferne vor uns her, während wir uns nach ihnen, den aufgerichteten Schieferplatten und der gewonnenen Kenntniß des Fjeldes leicht zu orientiren wußten. Zum letzten Herabsteigen wählten wir nicht den steilen Schuttkegel, den wir am Morgen erklommen hatten, sondern bogen etwas südlich in den Thalriß des Baches selbst ein, dem wir so gut als möglich auf meist üppig bewachsenen Schuttflächen folgten. Obgleich aber unser Weg bergab führte, gewannen wir doch nicht viel Zeit; denn auf der Hochfläche des Fjeldes ist es fast gleichgiltig, in welcher Richtung man geht, und die Abhänge sind so steil, daß sie durch diese Steilheit großentheils wieder den Vortheil aufheben, welchen ihre Senkung für den Marsch gewährt.

Die Boote waren um halb 10 Uhr erreicht. Wir hofften jetzt günstigen Wind zu haben, da wir am Morgen gegen den Wind hatten aufkreuzen müssen; allein der Wind hatte sich gedreht, unserem gewöhnlichen Schicksale zufolge, das nach dem Ausspruche eines unserer Matrosen darin besteht, daß der Wind immer daher kömmt, wohin wir wollen. Das kleine Boot konnte noch aufkreuzen; unser „Grundsegler“ aber mußte bald sein Segel fallen lassen und einzig mit den Rudern die Rückfahrt vollbringen.

Das war gerade kein Vergnügen! Der Himmel hatte sich bedeckt, die wärmende Sonne war verschwunden, eine kalte Brise schwob aus Westen her feucht und neblig uns entgegen. Wir waren erhitzt, ja selbst in Schweiß gebadet von dem anstrengenden Marsche, der uns um so mehr ermüden mußte, als wir länger schon auf dem Schiffe nicht große Bewegung uns hatten geben können. So griff am Ende doch die Kälte durch trotz des Pelzwerkes, das wir vorsichtig ins Boot genommen hatten. Wir saßen oder lagen still auf unseren Plätzen, Cigarren schmauchend und den Tag in Gedanken an uns vorüber ziehen lassend.

Da rauscht etwas zur Seite an den Klippen des Tuffjordes in der Nähe der rothen Granitschichten, deren ich oben erwähnte und die bei heller Beleuchtung selbst vom Schiffe aus noch zu erkennen sind. Wir sehen auf, wenden die Blicke dorthin — da rieselt, strömt, springt und rast es herab von einer vorspringenden Klippe, ein wüthender Strom von Blöcken! Hoch auf spritzt das Meer, an hundert Stellen zugleich von den herabsausenden Felsmassen getroffen! Eine ungeheure Staubwolke wälzt sich am Grunde der Klippe hervor, wirbelt nach oben, hüllt mehr und mehr mit weitem faltigem Mantel die ganze Erscheinung ein und breitet sich langsam über den Fjord aus. Nun bricht auch ein rollender Donner hervor und hallt tausendfältig in Klippen und Klüften wieder. Eine gewaltige Masse verwitterter Felsen hat sich von der Spitze losgelöst und ist theils in den Fjord hinabgestürzt, theils am Wasserrande liegen geblieben.

So gewaltig ist der Eindruck der ganzen Erscheinung, daß selbst unsere Ruderer einen Augenblick inne halten, ihr zu lauschen. Langsam verliert sich die Staubwolke, nachdem sie noch, mit dem erzeugten Luftstrome emporwirbelnd, die ganze Wand bis zu der wenigstens 800 Fuß hohen Spitze eingehüllt hatte. Nun sehen wir auch einen Adler, der in majestätischen Kreisen aus der Wolke sich hebt, eine Zeitlang darüber schwebt und dann aus unseren Blicken hinwegstreicht. Hatte er vielleicht sein Nest, wie sein Verwandter in Sjerod, unter den überhängenden Klippen angelegt, so daß es mit dem halbflüggen Jungen in die bodenlose Tiefe gestürzt und zerschmettert ist unter nachfolgenden Felsen?

Bergsturz

Viele tausend Tonnenlasten sind gewiß mit der Lawine von den Felsenspitzen herabgestürzt. Aus einer Entfernung von zwei Stunden Weges in gerader Linie konnten wir noch die Trümmerstätte sehen wie ein breites, silbergraues Band, das sich senkrecht von oben nach unten mit stets breiter werdenden Grenzen hinzieht; sehen noch die überhängende Spitze, unter welcher sich die Massen loslösten; sehen noch die steile Böschung, in welcher sich die Felsenblöcke am Fuße angehäuft.

So hatten wir denn zum glücklichen Ende unseres Ausfluges ein lebendiges Bild der Zerstörung, die an diesen verwitterten Felsen nagt. Die Wellen höhlen beständig die steilen Wände am Grunde aus; von oben her dringt das Wasser in die Spalten und Ritzen des Felsgemäuers, das der Ewigkeit trotzen zu können scheint, und wenn der Frost des langen Winters dem Wasser nachdringt in die Erde und das Wasser im Inneren gefriert, treibt es keilförmig die Spalten aus einander durch seine unwiderstehliche Ausdehnung, lockert das Gefüge und sprengt endlich die Blöcke ab, die wuchtig in das Meer fallen. Dort aber erwartet sie eine neue Rolle; auf ihnen setzen sich die Tange und Algen, die Korallen und Polypen an, Muscheln und Krustenthiere heften sich an den neugewonnenen Grund, während weitaus, zu neuen Sand- und Schlammschichten, die zu Staub zermahlenen Trümmer sich unter dem Einflusse der Meeresströmungen ausbreiten.

Zehntes Kapitel.

Gjesvär. Hammerfest.

Wir hatten wohl gethan, unseren Ausflug nach dem Nordkap nicht zu verschieben. Der Sturm, den unsere Ruderer schon am Abend unserer Rückkehr vorausgesagt, stellte sich am nächsten Morgen mit solcher Heftigkeit ein, daß der Kapitän sich genöthigt sah, einen zweiten Anker fallen zu lassen. Aber auch dieser griff auf dem nackten Felsgrunde so wenig ein, daß wir unfehlbar von unserem geschützten Ankerplatze wären weggetrieben worden, hätte nicht der Wind glücklicher Weise eine Richtung gehabt, die dem heftigen Strome vollkommen entgegengesetzt war. So trieben wir denn nur wenig fort, während wir uns beständig im Wirbel drehten, die nackten Felseinseln umher sich in Staub und Schaum hüllten und die Masten der beiden russischen Fahrzeuge, die weniger geschützt als wir vor der Kaufstelle lagen, wie drohende Zeigefinger an dem Himmel hin und her fahren. Von unserem Decke aus konnten wir deutlich sehen, wie draußen auf dem hohen Meere berghoch die Wellen anbrauseten gegen das Gewirr von Scheeren und Klippen, welches sich zwischen uns und ihnen ausbreitete; wie diese das Ungestüm der Brandung brachen, der Wind aber die hohen Wellenköpfe erfaßte und einen weißen Schleier gleich vor sich hertrieb. Es mochte wohl nicht gut sein draußen auf der offenen See an diesem Augusttage, der kalt und frostig war und während dessen der Sturm, später von dichtem Regen und Nebel begleitet, bis zum andern Morgen mit stets unverminderter Heftigkeit anhielt. Unser Thermometer zeigte am Mittag nur $7^1/_2$ Grad Wärme, so daß unsere ermüdeten Körper sich gerne die Pelzkleider und die gezwungene Ruhe gefallen ließen.

Erst am anderen Morgen trat vollständige Windstille ein, so daß wir trotz der noch immer hochgehenden Brandung hoffen konnten, an den Inseln von Stappen landen und einige Vögel schießen zu können. Wir bemannten beide Boote und landeten nach vielfachen Anstrengungen und vergeblichen Versuchen, die Einen auf dem kleineren südlichen Felsen, die Anderen auf der größeren nördlichen Insel. Die Brandung schwoll mannshoch an den abgerundeten Granitfelsen empor, welche dicht mit schlüpfrigem Blasentang bewachsen waren. Man mußte den Augenblick benutzen, wo das Boot in die Höhe gehoben und von der anströmenden Welle gegen den Felsen gedrückt wurde, um mit einem Sprunge die Fläche zu erreichen und dort sicheren Fuß zu fassen. Der Steuermann, welcher sich mit der gewaltigen Donnerbüchse des Kapitäns bewaffnet hatte, war der erste, welchem der Sprung gelang, und nachdem er festen Fuß gefaßt, half er mit starkem Arme den übrigen, weniger gelenken Mitgliedern der Expedition auf den Felsen hinüber. Im Vertrauen auf seine Turnergewandtheit verschmähte der Commodore in dem Augenblicke, wo er aufspringen sollte, die dargereichte Hand: der Fuß glitt von dem schleimigen Tange ab und in demselben Augenblicke stand auch unser Chef aufrecht im Wasser, das ihm bis zur Brust reichte und seiner Versicherung nach verzweifelt kalt war. Rasch wurde er in das Boot gehißt und kehrte, von den kräftigsten Matrosen gerudert, schleunig zu dem Schiffe, wo der Arzt ihm, um eine Erkältung zu verhüten, eine zweistündige Schwitzkur im Bette verordnete.

Wir Anderen kletterten unterdessen mühselig an den nackten Uferfelsen umher, um einen Zugang nach der Höhe zu suchen. Unzählige Krähenscharben saßen über uns auf vorspringenden Felsklippen, spielten preußischen Adler oder guckten langen Halses unserem Treiben zu, das sie wenig zu beunruhigen schien. Einige wurden heruntergeschossen, wohl mehr aus Aerger, denn aus Bedürfniß; allein selbst diese Verminderung ihrer Zahl brachte höchstens ein augenblickliches Auffliegen zu wege, nach welchem sie wieder beruhigt auf ihre alten Plätze zurückkehrten. Die Matrosen, welche vorankletterten, fanden bald Nester und Eier in ziemlicher Zahl; leider aber wurden die meisten der letzteren bei einem Falle des Trägers auf den Felsen wiederum zerschellt. Was uns am meisten auffiel, war die ansehnliche Menge von zerbrochenen Sturmvögelschalen, mit welchen manche Klippen selbst bis auf eine Höhe von hundert und mehr Fußen förmlich überdeckt waren. Der mit der Lebensweise der Möven wenig vertraute Beobachter hätte leicht aus dieser Menge, sowie aus den überall zerstreuten Fischknochen den Schluß ziehen können, daß das Niveau des Meeres bis noch vor kurzer Zeit in so bedeutender Höhe gestanden habe, während doch alle diese Schalen ganz gewiß nur von den Vögeln an ihren Fundort gebracht waren.

Beim höheren Aufsteigen fanden wir uns auf einer Terrasse mit üppigstem Gras- und Kräuterwuchs, ähnlich demjenigen, den wir in der Bucht des Tufjordes getroffen hatten. Wahrhaft riesige Stengel der Engelwurz schienen hie und da fast mannshohe Gebüsche zu bilden und überall leuchteten die hellrothen Früchte der Moltebeere aus dem grünen Teppich hervor. Am Morgen schon hatten wir die Familie unseres Kaufmannes auf den Inseln zunächst unseres Ankerplatzes mit Einsammlung dieser einzigen Frucht des hohen Nordens beschäftigt gesehen; aber auch jetzt suchten wir vergeblich ihr einigen Geschmack abzugewinnen. Sie kann weder unsere Erdbeere, noch unsere Himbeere ersetzen und hier oben im höchsten Norden schien gar aller Zuckerstoff der sonst schön gefärbten Frucht abzugehen und nur herbe Bitterkeit ihr einziges Erbtheil zu sein.

Unsere Jagdausbeute war gering, wenn nicht gänzlich null. Die eifrigen Jäger verfolgten zwar einige graue Möven bis auf den Gipfel des kegelförmigen Felsens, den Marmier, der poetische Reisebeschreiber der französischen Expedition, viel zu emphatisch als einen Obelisken bezeichnet; allein überall zeigten sich nur gewöhnliche Arten, die einer solchen Anstrengung kaum werth waren. Auch die wenigen Strandläufer, welche unten an den Felsen nach Würmern suchten und die Taucher, die in dem Wasser umherschwammen, gehörten ganz unseren alten Bekannten an, die wir nun seit unserem Eintritte in den Polarkreis überall zu finden gewohnt waren. Obgleich man uns Stappen als Vogelberg bezeichnet hatte, so war doch die Zahl der Individuen nicht im mindesten zu vergleichen mit derjenigen, welche wir auf Lappen beobachtet hatten, und so traten wir denn ziemlich getäuscht unseren Rückweg nach dem Schiffe an, das wir bald wohlbehalten erreichten.

Am folgenden Morgen hofften wir bei schwachem Südwestwinde von dannen segeln zu können. Der Kaufmann hatte uns seinen Abschiedsbesuch gemacht und uns mit einer Sammlung aller derjenigen Eier beschenkt, die auf seinem Besitzthume die Stelle der Hühnereier vertreten und im Frühjahre tonnenweise auf den Felsen zusammengesucht werden. Aber es gab schwere Arbeit für die Mannschaft, welche vier Stunden lang im Schweiße ihres Angesichts zu arbeiten hatte, bevor sie mit Aufbietung aller Kräfte dazu kommen konnte, die Anker zu lichten. Der Sturm hatte die beiden schweren Werkzeuge so mit ihren Ketten in einander verwirrt, daß beide zugleich aufgehoben werden mußten. Ja einige Male war es nöthig, von dem Boote aus mittelst Haken und Stangen die Knoten zu lösen, welche ferneres Emporheben verhinderten. Kaum war diese mühevolle Arbeit vollendet, die Segel gestellt, die Flagge zum Abschiedsgruße entfaltet, als auch die schwache Brise gänzlich nachließ und die Windstille uns nöthigte, aufs neue einen Anker fallen zu lassen.

Die Naturforscher bereuten wohl schwerlich diesen neuen Aufenthalt; denn sie waren vollauf beschäftigt. Bisher hatte das Meer nur die gewöhnlichen Kreuzmedusen, Kornblumenquallen und Rippenquallen geliefert und auch diese nur in sehr geringer Anzahl, dafür aber auch in gigantischen Exemplaren. Jetzt dagegen brachte das feine Netz plötzlich eine neue Form glockenförmiger Schirmquallen und ein Krustenthierchen, das bis dahin unseres Wissens nur von Scoresby erwähnt worden ist. Die größten Exemplare der Qualle, in deren langgezogenem Glockenschirme schwengelartig ein langer Magen mit vierlippigem Munde aufgehängt ist, maßen bis zur blasenförmig aufgetriebenen Spitze des Schirmes höchstens einen Centimeter und erschienen vollkommen durchsichtig und ungefärbt. Acht Gefäße gingen vom Magen aus auf die Scheibe über und trugen an der Uebergangsstelle kleine Blasen mit lebhafter Flimmerbewegung im Inneren, in welchen offenbar die Geschlechtsprodukte sich erzeugen sollten. Acht farblose nackte Randkörper zeigten sich den Gefäßen entsprechend am Randgefäße der Scheibe.

Weit überraschender war das Krebschen, welches Scoresby auf seiner 16. Tafel, Figur 15, kenntlich genug, wenn auch sehr unvollkommen abbildet und das sich namentlich durch zwei ungeheure Fühlhörner auszeichnet, die weit länger als der Körper sind und gewöhnlich horizontal ausgestreckt getragen werden, sodaß das Thierchen an diesen beiden Fühlern wie an einer Balancirstange aufgehängt erscheint. Vorn auf der Stirne trägt es ein großes, dunkelrothes Auge und schön karminrother Farbstoff ist hie und da in dem Körper, besonders an den Wurzeln der Bewegungswerkzeuge, sowie an dem Rücken vertheilt. Im Uebrigen ist das nur 3 Millimeter lange Thierchen so glasartig durchsichtig, daß der Professor seine innere Anatomie mit ziemlicher Genauigkeit studiren und in einem Exemplare sogar einen schmarotzenden Saugwurm entdecken kann, welcher in der Bauchhöhle langsam hin- und herkriecht. Scoresby nennt dieses Krebsthierchen ein schönes Geschöpf, das in der See von Spitzbergen durch ein Tauchnetz aus der Tiefe gebracht worden sei; beim Schwimmen habe es stoßweise Sprünge gemacht und äußerst munter geschienen. Der Verbreitungsbezirk dieses Krebsthierchens, dessen Beschreibung wir noch bei keinem Naturforscher gefunden haben, scheint sich also von der Nähe des Nordkapes bis Spitzbergen und, um es hier gleich zu sagen, bis nach Jan Mayen zu erstrecken. Denn im Kropfe eines am Ufer dieser Insel geschossenen kleinen Tauchers fanden wir eine Unzahl dieser niedlichen Krebsthierchen, welche der Vogel offenbar seinen Jungen zuzubringen gedachte.

Es wurde kalt am Abend, bitter kalt bei so dichtem Nebel, daß wir selbst beim günstigsten Winde nicht hätten wagen dürfen, die Anker zu lichten. Erst am anderen Morgen wurde gegen 9 Uhr der Nebel lichter und wir konnten nun vom Decke aus jenes eigenthümliche Phänomen der Nebelkrone beobachten, welches sich zuweilen auf hohen Bergen zeigt. Phantastisch verzerrt und zu abenteuerlicher Größe ausgezogen, zeigte sich der Schatten des Schiffes und der auf dem Decke befindlichen Personen auf der Nebelwand gegenüber, von einem hellen, regenbogenartigen Ringe umgeben. Dann brach die Sonne durch; der Nebel schwand gänzlich unter frischem, günstigem Hauche von Nordost her; das Thermometer stieg sichtlich und nun endlich konnten wir unseren Ankergrund verlassen und zwischen den Scheeren durch unsern Kurs nach Hammerfest zurücksteuern.

Nun hatten wir eine prächtige Fahrt durch die Fjords, hellen Sonnenschein, wohlthuende Wärme, schöne Beleuchtung, steifen Wind gerade von hinten, sodaß wir mit der Geschwindigkeit eines Dampfschiffes durch die Wellen schossen, wobei das Schiff fest lag und nur sehr wenig schaukelte. Wir steuerten etwas nördlicher zwischen Maasö und Hjelmsö durch den Rolfsösund zu, den wir glücklich passirten, um dann durch die weite Mündung des Qualsundes, Hammerfest zu erreichen. Plötzlich zeigt sich vor uns in weiter Ferne ein langer, weißer Streifen, einer Brandungslinie ähnlich. Der Kapitän erschrickt; denn die Karten zeigen dort keine Spur festen Landes oder verborgener Felsen, sondern nur freies Land und offenes Meer. Aber deutlich sieht man mit bloßem Auge den weißen Schaum und darunter das dunkel wirbelnde Meer. Das Fernrohr löst endlich die Brandungslinie in Tausende von Möven auf, die in der Nähe einiger Fischerboote das Meer förmlich bedecken und nach bestimmter Richtung hin in langer Linie stets in der Art fortziehen, daß immer die hinteren auffliegen und sich vorne an die Spitze des Schwarmes begeben.

Wir steuern nun gerade auf den Schwarm zu und sehen, daß er einen ungeheuren Zug großer Seefische verfolgt, die zu Millionen sich da in einer Karawane versammelt haben mußten; denn so weit Auge und Fernrohr reichten, konnten wir links und rechts den Zug an der Kräuselung des Wassers unterscheiden, aus dem die Fische mit halbem Körper herausspraugen und mit den Schwänzen plätscherten, während die Möven zwischen ihnen schreiend nach kleinerer Beute zu fischen schienen.

Der günstige Wind hielt bis zum Abend an, wo wir in Sicht des Hafens von Hammerfest anlangten. Dann wieder Windstille, dichter Nebel und langfädiger Regen, sodaß wir kaum mittels unserer Augen, wohl aber mit Hilfe der Nase unseren Weg zwischen den russischen Schiffen durch nach einem Blankeneser Schooner finden können, der noch immer mit Einladen von Thran und Stauen von Fischen in seinem Raume beschäftigt ist. Die „schöne Helene“ — so heißt der Schooner — stinkt indessen ganz entsetzlich, sodaß wir nach kurzem Lager an ihrer Seite dem Geschicke danken, welches einen mit Mehl beladenen Russen zwischen uns keilt und die Landsmannschaft der beiden Kapitäne einigermaßen auseinanderlegt.

Wir hatten erst jetzt eigentlich Zeit, uns Hammerfest und seine Umgebung genauer anzusehen. Zwar hatten wir vorsorglich alle unsere Bestellungen vor unserer Abreise nach dem Nordkap gemacht und einen Zeitraum von acht Tagen bestimmt, binnen welcher dieselben ausgeführt werden sollten. Allein nach der gewöhnlichen Weise der Nordländer hatte man sich wenig bemüht, dieser Bestimmung nachzukommen, in dem festen Glauben, daß wir wenigstens 14 Tage zu unserer Expedition nöthig haben würden. So hatten denn Herren und Diener vollauf zu laufen und zu thun und alle disponibeln Arbeitskräfte des Städtchens mußten in Anspruch genommen werden, um unsere Vorräthe zu ergänzen, dem Bären einen Kasten zu zimmern und eine Menge von Dingen an Bord zu schleppen, die theils zur Vervollständigung der ethnographischen Sammlungen, theils zur Bereicherung des eigenen Haushaltes dienen. Es wurde bald gefährlich, sich in den Raum hinunter zu wagen, der von zackigen Rennthiergeweihen starrte, an denen Lappenkleider, Eiderdaunensäcke und ähnliche Erzeugnisse nordischer Industrie aufgehängt waren. Der Koch namentlich hatte den Zugang zu seiner Schlafstätte dergestalt mit Rennthiergeweihen barrikadirt, daß es schier unbegreiflich schien, wie er zwischen den spitzen Zacken sich durchwinden könne.

Außer den Honoratioren des Ortes, die wir besuchten und die uns, wie immer, mit zuvorkommender Freundlichkeit aufnahmen, führte uns auch die Begierde des Kaufs in den Kram eines alten närrischen Kauzes, der mit allen möglichen Gegenständen, namentlich aber auch mit alten Kleidern und ähnlichen Dingen handelte. Der Mann sei reich, versicherte uns unser Führer, lebe aber wie ein Einsiedler mitten in dem Städtchen nur von trocknen Stockfischen und Schnaps und besitze in vollem Maße jene eigenthümliche Leidenschaft für alte abgetragene Dinge, die den echten Antiquar auszeichnet. Wir traten in eine finstere Baracke, wo der alte Mann hinter einem schauerlichen Möbel von Schenktisch lauerte, an welchem man gewiß hängen geblieben wäre, hätte man das Unglück gehabt, daran zu streifen. Auf dem Schenktisch standen einige Branntweingläser, deren Boden von einer dicken Schicht festgewordenen Staubes und Schmutzes überkleidet war, die der Alte offenbar deshalb sich allmälig anhäufen ließ, weil er schlau berechnete, daß durch ihre Zunahme die Capacität verringert und sein Gewinn um eben so viel vergrößert würde.

Der ganze Raum war mit unglaublichen Dingen in unglaublicher Menge ausgefüllt. Der Alte kaufte offenbar von allen Schiffern, die seit einem halben Jahrhundert in Hammerfest gelandet waren, alles Gerümpel, was diese nur irgend losschlagen mochten, und so fanden sich denn zwischen russischen Stiefeln spanische Bastschuhe, italienische Fischermützen, deutsche Südwester und lappische Komager bunt durcheinander gewürfelt. Getreide, Mehl, Thran, Haufen von Fett und Unschlitt, Angeln, Seile, Bussolen, Brillen, Laternen mit zerbrochenen Gläsern, Handschuhe aller Art und Größe — Alles lag auf einem Haufen wirr durcheinander und beständig ertönten Ausrufungen der Ueberraschung über dieses oder jenes Curiosum, das einer von uns beim Wühlen in die Hände bekam. Auf einer Bühne, zu welcher man über eine Hühnersteige gelangte, fanden sich die kostbarsten Gegenstände des Magazines: Bälge von zum Theil seltenen Vögeln, die indessen leider so schauderhaft zugerichtet waren, daß man sie unmöglich zu wissenschaftlichen Zwecken benutzen konnte; Pelze von Wieseln, Iltissen, Mardern, Ottern und Luchsen, die man nicht angreifen durfte, weil sie die von Motten zerfressenen Haare ließen; endlich eine ganze Sammlung von Lappenkostümen, unter welchen namentlich ein Paletot von feinem silbergrauen Rennthierfell mit rother und blauer Verbrämung vortheilhaft hervorstach. Wir fragten nach dem Preise dieses Stückes; der Alte aber erklärte, es sei absolut nicht verkäuflich, und selbst als wir nach der Versicherung unseres Begleiters das Doppelte seines Werthes boten, blieb er hartnäckig auf seinem Entschlusse. Er behauptete mit vielem Feuer, daß die lappländische Industrie noch nie etwas so Vollkommnes hervorgebracht habe, und daß er fest entschlossen sei, diesen Rock auf die Pariser Ausstellung zu schicken, wo er ganz gewiß sei, einen Preis dafür zu erhalten. Wir hatten gut ihm vorstellen, daß die Pariser Ausstellung schon längst vorüber, und folglich keine Möglichkeit einer derartigen Benutzung seines Rockes vorhanden sei; er hielt dies nur für eine Finte von unserer Seite, um ihn zur Veräußerung seines Kleinodes zu vermögen, und hielt sich um desto mehr überzeugt, daß er mit diesem unschätzbaren Rocke dereinst noch sein Glück machen werde.

Wir bemerkten mit Erstaunen, daß die meisten besseren Häuser von Hammerfest auf Grundmauern von eigenthümlichen Steinen beruhten, welche mehr einer Lava, als den um Hammerfest vorfindlichen Steinen ähnlich waren. Bei näherem Befragen erfuhren wir, daß das Kupferwerk im Alten-Fjord seine sonst unbrauchbaren Schlacken benutze, um daraus viereckige Mauersteine, Treppenstufen und Thürpfosten zu gießen, die wegen ihrer großen Festigkeit und Trockenheit allen übrigen Gesteinen vorgezogen würden. Im Uebrigen, meinte man, mache das Bergwerk, trotzdem es mit Eifer und Sachkenntniß betrieben werde, nur schlechte Geschäfte, da das Brennmaterial zu theuer und der Unterhalt der Arbeiter gar zu schwierig und kostspielig sei. Ja es waren manche, welche glaubten, es werde das Bergwerk überhaupt in nächster Zukunft gänzlich verlassen werden müssen, da alle finanziellen Hilfsmittel erschöpft seien und der Ertrag kaum die Kosten der Ausbeute decke. Allgemein betrachtete man dies als ein wahres Unglück für die Gegend, denn außer dem Gewinne, welchen die gebildete Gesellschaft Hammerfests aus dem Umgange mit den persönlich liebenswürdigen Direktoren des Etablissements gezogen hatte, war dem Lande ein unberechenbarer Vortheil dadurch erwachsen, daß die Engländer durch zweckmäßige Maßregeln und aufmunterndes Beispiel eine Menge von Leuten an regelmäßige Thätigkeit gewöhnt und zu verhältnißmäßigem Wohlstande geführt hatten. Man fragte sich mit Bekümmerniß, was aus den zahlreichen Arbeiterfamilien werden sollte, welche bisher in dem Hintergrunde des Alten-Fjords ihren Unterhalt gefunden hatten, und glaubte schon, daß die Regierung den Betrieb werde übernehmen müssen, um dieser fleißigen und thätigen Bevölkerung auch fernerhin ihren Unterhalt zu sichern.

Wir erwähnten schon des kleinen Sees, welcher nordöstlich von Hammerfest in einem tief eingeschnittenen Thale am Fuße des Tyvefjelds sich verbirgt und an dessen Ufer wir in dem Landhause unseres Gastfreundes, Kaufmann Berger, einige fröhliche Nachmittage zubrachten. Bei einem wiederholten Besuche versäumten wir nicht, den Uferwall zu untersuchen, welcher diesen kleinen Süßwassersee vom Meere trennt und durch seine horizontale geradlinige Oberfläche und die nach beiden Seiten hin abfallenden Gehänge die Aufmerksamkeit auch des Laien unmittelbar auf sich ziehen muß. Es kann keinem Zweifel unterliegen, daß dieser ganze Wall eine wohlcharakterisirte Endmoräne ist, welche von einem Gletscher vorgeschoben wurde, der von der nördlichen Seite des Berges durch das Seethal bis zu dem Meere sich einst vorgeschoben hatte. Große eckige Blöcke von festem Gneiß stehen hie und da aus der dichten Rasendecke hervor, welche den Wall überzieht, und sind zwischen Sand, Grus und Rollsteinen eingebettet, so daß alle charakteristischen Kennzeichen der Gletscherwälle hier vereinigt sind. Aber nicht nur als Schlußbogen des Thales läßt sich diese Bildung bemerken; auch an den Seitenwänden sieht man deutlich die Blockanhäufung in langer gerader Linie sich hinziehen und so das Bild des Gletschers vervollständigen, welcher einst dieses Thal ausfüllte.

Befindet man sich im Hintergrunde dieses Thales, wo der Bach, welcher vortreffliche kleine Forellen nährt, ziemlich steil herabstürzt in das Becken des Sees, so ist die Aehnlichkeit, welche die Gegend mit der Grimsel bietet, wirklich überraschend. Dieselben nackten, glattabgerundeten, großen Theils geschliffenen Felsgehänge mit spärlicher Vegetation und einzelnen zusammenhängenden Grasflecken, auf welchen hie und da ein Schaf oder ein Pferd weidet; derselbe düstere See mit steinigem Grunde, von einer vorspringenden Landzunge in zwei ungleiche Theile getrennt, der auf seiner dunkeln Fläche die umliegende Landschaft wiederspiegelt wie ein schwarzer Malerspiegel; dieselben finsteren Thalschluchten, aus welchen dicke Nebelballen sich hervordrängen, welche langsam über die Fläche sich hinwälzen und die sommerliche Wärme plötzlich in frostige Herbstkühle verwandeln. Aber auch das gastliche Haus fehlt nicht, das zwischen seinen Holzwänden eine fröhliche Gesellschaft aufnimmt, in deren Gemüthern die Melancholie, welche ein solcher Ort erzeugen sollte, nicht aufkommt.

Wir besuchten die kleine Halbinsel Fuglnäs, welche Hammerfest gegenüber ihre schmale Zunge in die See hinausstreckt und außer dem Hause des englischen Consuls, einem Leuchtfeuer und einer verfallenen Erdschanze, welche mit einigen demontirten Kanonen besetzt ist, noch ein höchst merkwürdiges Monument besitzt, das von einer der größten Thaten des menschlichen Geistes in unserem Jahrhunderte Kenntniß gibt. Auf einem breiten, viereckigen Sockel, der aus drei Treppenstufen von rauh behauenem, rothen finnländischen Granit gebildet ist, erhebt sich eine aus demselben Material geformte, aber glatt geschliffene, sechs Fuß hohe Säule, welche ein massives Kapital aus Bronze trägt, auf dem über geschmackvoller Ausladung die Weltkugel thront. Die Säule trägt folgende Inschrift, welche auf der anderen Seite in norwegischer Sprache übersetzt ist:

Hammerfester Monument.

Terminus septentrionalis Arcus Meridiani 25° 20'
quem inde ab Oceano arctico ad fluvium Danubium usque
per Norvegiam, Sueciam et Russiam
jussu et auspiciis Regis augustissimi
OSCARI I.
et Imperatorum augustissimorum
ALEXANDRI I. atque NICOLAI I.
annis MDCCCXVI ad MDCCCLII
continuo labore emensi sunt trium gentium geometrae.

Latitudo 70° 40' 11" 3'''.

Es ist bekanntlich die größte Gradmessung der Erde, welche jemals vorgenommen wurde, die hier ihr nördlichstes Ende fand. Die Oberleitung der ganzen Arbeit war den geschickten Händen Struve's, des Direktors der kaiserlich russischen Sternwarte von Pulkowa anvertraut, und die Arbeit wurde mit allen nur erdenklichen Hilfsmitteln, welche die Mechanik neuester Zeit zur Disposition stellen konnte, auf das genaueste und glänzendste durchgeführt. Während mehreren Jahren stand an der Stelle der Säule das Häuschen, in welchem die zur Gradmessung nöthigen astronomischen Beobachtungen gemacht wurden, und da wenige Jahre vorher die französische Commission in Bossekop am Alten-Fjord ein Observatorium errichtet hatte, in welchem einige Mitglieder der Expedition, vor allen aber der unglückliche Bravais, einen ganzen Winter hindurch Beobachtungen gemacht, dann aber die hauptsächlichsten Instrumente den Direktoren des Kupferbergwerkes zu weiterer Benutzung überlassen hatten, so kann man wohl sagen, daß kaum eine Gegend in astronomischer, geographischer und klimatischer Hinsicht so wohl bekannt ist, als diese letzte Ansiedlung der norwegischen Finnmark.

Wir besuchten das auf der äußersten Spitze der Halbinsel gebaute Häuschen, auf welchem in den langen Nächten des Winters ein Leuchtfeuer unterhalten wird. Der Wächter, der mit dessen Besorgung beauftragt ist, war vor einigen Jahren beim Fischfange verunglückt, und während sein Boot im Sturme zerschellt wurde, hatte er sich nur mit Mühe auf eine nackte Felsenklippe retten können, auf welcher er hilflos den Stürmen einiger kalten Wintertage ausgesetzt war, bis ihn eine andere Fischerbarke erlöste. Hände und Füße waren dem Unglücklichen erfroren und wenn wir nicht irren, bleiben ihm jetzt nur noch drei Finger an einer Hand, die gerade hinreichend sind, um seine Lampe in Ordnung zu halten und sein Register zu führen. Das Observatorium von Greenwich hat an verschiedenen Küstenpunkten Norwegens Barometer, Thermometer und andere zu klimatologischen Beobachtungen nöthige Instrumente vertheilen und Formulare deponiren lassen, in welchen die Resultate der Beobachtung einregistrirt werden. Wir mußten erstaunen über die Milde des Winters; denn im allgemeinen oscillirten die Kältegrade höchstens bis zu 11° Reaumur und nur in ganz ausnahmsweise kalten Nächten war die Grenze überschritten worden, so daß ein einziges Mal die Kälte 12° Reaumur betragen hatte. Nicht die Strenge des Winters ist es also, welche diese Jahreszeit in diesen Küstenstrichen so unerträglich macht, sondern seine Länge, die trübe Düsterheit seines Himmels und die fast zwei Monate währende Nacht, die selbst am Mittag künstliche Beleuchtung in den Häusern benöthigt.

Durch den Chef der katholischen Missionen im Norden, einen gebornen seiner Nationalkirche abtrünnig gewordenen Russen, der im übrigen aber wohl nur mit der Absicht gewählt sein konnte, dem Katholizismus jede Eroberung in diesen Gegenden unmöglich zu machen, wurden wir hier in Hammerfest mit einem Schotten bekannt gemacht, der das Land bereiste, um zu untersuchen, ob er die Industrie seiner Schafzucht, die er in Caithneß in großartigem Maßstabe betrieb, nach Norwegen überpflanzen könne. Wir fanden in dem athletisch gebauten Manne einen vollendeten Jäger, ausgezeichneten Schützen, intelligenten Landwirth und liebenswürdigen Gesellschafter, der die Verhältnisse mit klarem Auge überschaute und von der Verwirklichung seiner Projekte großen Erfolg sich versprach. Die Viehzucht in Norwegen überhaupt, sagte er uns, stehe auf einer außerordentlich niederen Stufe und in den Küstengegenden namentlich werde sie gänzlich dem abenteuerlichen, einem Lotteriespiele ähnlichen Fischfange gegenüber vernachlässigt. Von einer industriellen Betreibung der Viehzucht habe der norwegische Bauer überhaupt keine Ahnung und mit unglaublicher Zähigkeit stemme er sich gegen jede Verbesserung aus dem einzigen Grunde, weil seine Vorfahren sie nicht gekannt hätten. Eben so wenig, als er von dem Alten lassen wolle, habe er eine Idee davon, daß man ein bestimmtes Ziel, sei es Fleisch-, Wolle- oder Milchproduction, ins Auge fassen könne und diese durch Züchtung der Rasse und geeignete Behandlung zur höchsten Vervollkommenheit bringen, die übrigen Zweige aber nur als Nebenprodukte behandeln müsse. Man lasse den Schafen eigentlich gar keine Behandlung angedeihen und verlange von ihnen, daß sie beides, Fleisch und Wolle liefern sollten, wodurch man zu dem Resultate komme, beides gleich schlecht und in geringer Quantität zu erhalten. Er sei in Unterhandlungen begriffen, erzählte er uns, um einige größere Inseln am Molbefjord durch Kauf als Eigenthum zu erwerben und dort eine Schafzucht im Großen für den Londoner Fleischmarkt einzurichten. Das einzige Hinderniß, welches sich noch biete, liege in gewissen Gerechtigkeiten, welche die Fischer zur Aufrichtung von Baracken und Trockengestellen am Strande hätten. Davon wolle er durchaus nichts wissen, da es nur dazu dienen könnte, seine Leute, die sich mit Schafen beschäftigen sollten, ebenfalls zu diesem unproduktiven Gewerbe zu verleiten. Gelinge es ihm aber, den Kauf abzuschließen, so wolle er den Norwegern einmal zeigen, was denn wahre Schafzucht eigentlich sei, und hoffentlich werde dann das Beispiel mehr wirken, als jede andere Art von Belehrung.

Der Tag unserer Abreise rückte heran. Freitag der 9. August war vielleicht einer der merkwürdigsten Tage, welche Hammerfest seit Jahren gesehen hatte. Bei vollkommener Windstille, glatter See und schwüler Hitze zogen von allen Seiten Gewitter am Himmel empor, welche in der Ferne stehen blieben, ohne den Zenith zu erreichen. Es blitzte mehrmals hell auf; Donner aber konnten wir nicht hören. Als wir um Mitternacht, nachdem wir einen zwölfstündigen Abschiedssturm nordischer Gastfreundschaft auf uns männlich bestanden hatten, zu unserem Schiffe zurückkehrten, zeigte das Thermometer 15° Reaumur. Wie gesagt, ein solches Wetter war seit Jahren in Hammerfest nicht erlebt worden; denn schon in Tromsö sind die Gewitter selten und über dem 70° Breite gehören sie vollends zu den Ausnahmen. Aber noch am anderen Tage hielt die elektrische Spannung in der Luft an. Zwar gestattete uns eine frische Brise aus West, um 9 Uhr die Anker zu lichten, und begleitet von der „schönen Helene“, einem norwegischen Schooner und einigen „Grundseglern“, an Sörden vorbei, zwischen vielfachen Klippen und Untiefen gegen das offene Meer hin zu kreuzen. Zu unserer nicht geringen Freude hatten wir unsere sämmtlichen Konkurrenten bald überholt und hofften schon eine durchaus glückliche Fahrt, als plötzlich der Wind nachließ und das Gewitter sich in ganz normaler Weise mit Blitz, Donner und Regen entlud. Der Lootse verließ uns um Mitternacht, indem er mit seinem kleinen Boote der nächsten Küste zusteuerte. Wir richteten, nachdem die Klippen und Untiefen passirt waren, das Cap gen Westen gerade auf Jan Mayen und sagten der norwegischen Küste Lebewohl.

Vielleicht für immer. Denn wollen wir offen und wahr sein, so dürfte wohl keinen von uns die Lust beschleichen, in irgend einer Weise den Besuch in Norwegen zu wiederholen. Es herrschte bei uns vielmehr im allgemeinen das Gefühl des Bedauerns vor, auf diese Küste soviel Zeit verwendet zu haben, ein Bedauern, das sich noch steigerte, nachdem wir nähere Bekanntschaft mit Island und Jan Mayen gemacht hatten. Es darf uns um so mehr erlaubt sein, dieses Urtheil hier zum Schlusse näher zu begründen, als es ziemlich von demjenigen abweicht, welches die meisten Reisebeschreiber über dieses Land gegeben haben.

Es herrscht vielfältig die Ansicht, als werde Norwegen in kurzer Zeit, namentlich für die nördliche Hälfte Europas dasjenige werden, was die Schweiz und Italien schon längst sind — ein Sammelplatz der gebildeten Welt, die während einiger Monate den Staub des Alltaglebens von sich abschütteln, neue Eindrücke und Genüsse in sich aufnehmen, das Auge an schönen Gegenden oder interessanten Denkmälern der Civilisation ergötzen, im übrigen aber nicht denjenigen Bequemlichkeiten und Genüssen entsagen will, an welche das Leben zu Hause gewöhnt ist. Man will mit einem Worte schöne, interessante Gegenden, gute Unterhaltung, gute Wege und gute Wirthshäuser. Alles dieses findet man in Norwegen entweder gar nicht oder nur sehr unvollkommen und man darf auch nicht verhehlen, daß es unmöglich ist, das Meiste zu schaffen.

Die eigenthümliche Bildung des südlichen Norwegens, aus weit ausgedehnten Plateaux, welche durch tiefe Thalrisse von einander getrennt sind, sonst aber in ermüdender Einförmigkeit ohne charakteristische Formen über unendliche Strecken sich ausdehnen, gibt dem Lande etwas düster-melancholisches, dessen Eindruck allmälig den Reisenden beschleicht, ohne daß ihm von irgend einer Seite ein Gegengewicht geboten wird. Die Fjorde und Seen, die Thäler mit den Flüssen, die sich darin winden, zeigen stets wieder denselben monotonen, düsteren Charakter, den zwei fast senkrechte Felswände, ohne Modellirung ihrer Gehänge, mit einer horizontalen Fläche als Grundlage, nothwendig zeigen müssen. Steigt man auf die Fjelde, so findet man auf jenen Terrassen, wo Viehzucht und Sennwirthschaft getrieben wird, bis zu den Höhen, auf welchen das wilde Rennthier weilt, aufs neue denselben ermüdenden Charakter der monotonen Fläche. Man kann Tage lang dort zu Pferde oder zu Fuß herumirren, ohne das Auge an einem charakteristisch geformten Gipfel, an einer wahrhaft malerischen Aussicht weiden zu können. Die Höhen steigen so sanft und allmälig an, daß ihre Erhebung kaum bemerklich wird; die Gletscher und Schneefelder, statt durch Zacken und Nadeln, Schlünde und Risse einige Bewegung in das todte Chaos zu bringen, spreiten sich wie kalte Leichentücher über Quadratmeilen ohne die mindeste sichtliche Veränderung aus. Die einzige Abwechslung, welche geboten wird, beruht hie und da in den Gefahren des Weges, wenn es sich handelt, über steile Abgründe in Thäler hinabzuklettern, um auf der anderen Seite eben so steil auf dieselbe Höhenterrasse hinaufzuklimmen. Nur die Wasserfälle können in diesen Thälern von Zeit zu Zeit die Aufmerksamkeit fesseln und nur in dieser Beziehung — man muß es gestehen — kann Norwegen sich allen anderen Gebirgsländern kühn an die Seite stellen.

In einigen Gegenden, welche auch wir sahen, herrscht nicht sowohl die Plattformenbildung, als vielmehr jene Gestaltung vor, welche für den Jura, die Rauhe Alp und ähnliche Gebirgszüge eigenthümlich ist: lange Felsmauern, die nach der einen Seite steil abgerissen, nach der anderen in gleichförmigen Gehängen gegen das Thal abschießen; flache Muldenthäler, an denen zungenförmig zwischen Runsen und Schuttkegeln magere Tannengruppen gegen die Höhe kriechen; tiefe Querrisse, deren Wände sich gegenseitig mit minutiöser Genauigkeit entsprechen, als hätte man die geborstenen Schichten nur ein wenig auseinander gezerrt. Aber es hat auch noch keinem Menschen einfallen wollen, den geologisch so interessanten Jura zu anderen Zwecken, als gerade zu geologischen Untersuchungen bereisen zu wollen, und den Alpen gegenüber wird der Jura stets eine sehr untergeordnete Rolle als Reiseziel für den großen Haufen bilden.

Im Norden freilich ändert sich die Szene. Dort, über den Losoden, über dem Polarkreise, dort würden sich gewiß Schaaren von Reisenden jeder Art sammeln, wäre das Land wirthlicher und die Reise nicht allzu beschwerlich. Für die Mehrzahl der Reisenden hat aber das Wasser keine Balken, und wenn man auch eine Bootsfahrt von Zeit zu Zeit entzückend findet und sich gern hie und da vom geflügelten Dampfschiffe einige Stunden hindurch über das ruhige Wasser eines stillen Sees tragen läßt, so wird die Sache sogleich bedenklicher, wenn es gilt, Wochen lang auf dem Meere umherzuschaukeln und alle Annehmlichkeiten der Seekrankheit und des engen Zusammengesperrtseins in schmaler Koje zu ertragen. Wo jedes Weiterkommen fast nur mittels eines Ruderbootes möglich ist, wenn man nicht die gewöhnlichen Fahrzeiten der Dampfschiffe inne halten will; wo man ruhiges Wasser und stille See für eine Ausnahme rechnen, starken Seegang, widrigen Wind, hohe Brandung als das Gewöhnliche hinnehmen muß — da hört nach kurzer Erfahrung das Reisen auf, ein Vergnügen zu sein.

Vergessen dürfen wir ferner nicht einige ganz spezielle Unannehmlichkeiten, die nicht zu Norwegens Gunsten in die Wagschale fallen. In allen Gebirgsländern ist bekanntlich das Wetter unbeständig, in den meisten regnerisch. Hier aber erreicht dieses seinen höchsten Grad. Schroffe Wechsel von schwülster Sonnenhitze zu fast winterlicher Kälte sind im Sommer durchaus nichts Ungewöhnliches, Nebel und Regen etwas Alltägliches. Wer in der Schweiz reisen will, wird wohl thun, auf drei Tage einen Regentag zu rechnen; wer in Norwegen trifft, wird das Verhältniß umkehren müssen. Man lese alle Reisebeschreibungen nach und man wird, wenn man auf diesen Punkt achten will, überrascht sein über die Freude, über das Entzücken, mit welchem auf den Gebirgen die Wärme und die Sonne begrüßt wird. Man fährt und reitet Tage lang in Nebel und Regen, Sturm und Schloßen hinein, kommt trotz aller Hüllen von Kautschuk durchnäßt und vom Froste durchschauert in schlechtem Nachtquartiere an, wo man kaum findet, was zur Leibesnahrung und Nothdurft gehört. — Ist es dann ein Wunder, daß man die Sonne mit einem Ausdrucke des Jubels begrüßt?! Aber auch diese Freude wird versalzen; denn nun heben sich aus den dumpfigen Moorgründen, die nirgends fehlen, aus den stehenden Gewässern, aus den niedrigen Gebüschen jene Schwärme von Mücken und Schnaken, welche die Luft verfinstern, erbarmungslos über Thiere und Menschen herfallen, durch Strümpfe, Handschuhe und Flor sich einen Weg für ihren blutgierigen Rüssel bis zur Haut zu bahnen wissen, sodaß man dem Himmel dankt, wenn er sich wieder überzieht und mit langfädigem Regen die Quälgeister, vor denen keine Nacht Ruhe verschafft, zu Boden schwemmt. Nur unmittelbar an der Seeküste darf man einige Verminderung dieser Mückenschwärme hoffen, deren Stich bei den meisten schmerzhafte Entzündung und Tage langes Jucken hinterläßt. Wir haben englische Angelfischer gesehen, die geradezu kein menschliches Gesicht mehr hatten, so sehr waren sie von diesen Insekten entstellt!

Es versteht sich von selbst, daß den Anforderungen, welche der Reisende heutzutage an Gasthäuser und Herbergen stellen darf, in Norwegen nicht im entferntesten entsprochen ist. Die Stationshäuser und Gastgeberställen sind, mit geringen Ausnahmen, in jeder Beziehung elend, häufig nicht einmal mit dem Nothwendigsten versehen und die Gasthäuser in den Städten, welche wir wenigstens besuchten, im Verhältniß zu ihren Leistungen übermäßig theuer. Nicht theuer an und für sich; denn mit Ausnahme der Pferde, für welche eine altherkömmliche Taxe existirt, und der Fische, die fast überall in Menge vorhanden sind, ist ja jedes sonstige Lebensbedürfniß des Reisenden in einem so armen und unproduktiven Lande, wie Norwegen, übermäßig theuer, da fast Alles aus der Ferne herbeigeschafft werden muß. An den meisten Orten kann man aber sogar für Geld kaum etwas Genießbares haben und fühlt sich überdem durch die herrschende Unsauberkeit auf das Unangenehmste berührt. Es kann in Italien und im Oriente in dieser Beziehung nicht ärger sein, als an den meisten Orten, wo man des Pferdewechsels halber die Gaststube betreten muß; der Seeküste gar nicht zu gedenken, wo Thran, Fett und Schmiere ein nothwendiges Lebenselement bilden.

Man sagt, daß diese Uebelstände großentheils durch die Gastfreundschaft aufgehoben seien, welche man, je weiter nach Norden, in um so reicherem Maße in Anspruch nehmen könne. Auch wir haben diese Gastfreundschaft genossen; auch wir dürfen ihr unser Lob in jeder Beziehung spenden. Man wird mit vollster Herzlichkeit empfangen, bewirthet, beherbergt und was in andern Ländern nur Redensart ist, daß man über das Haus verfügen könne, ist hier reinste und vollste Wahrheit. Allein es liegt etwas Drückendes in dem Gefühle, Wohlthaten zu empfangen, die man bewußt ist, nicht vergelten zu können; es liegt eine gewisse Beschränkung der Freiheit in dem Umstande, Dienste annehmen zu müssen, die man, um's geradezu zu sagen, nicht bezahlen kann. In dem Gasthofe bin ich vollkommen mein eigener Herr, freilich auf Rechnung meines Geldbeutels; bei dem Gastfreunde nehme ich nothwendig Rücksichten, die ich mir sonst nicht aufbürden würde. Es ist ein primitiver Zustand, der nicht mehr in unsere Sitten, unsere Gewohnheiten und Verhältnisse paßt und deshalb nothwendiger Weise etwas Beengendes mit sich führt.

Heute noch muß man in dem Inneren Norwegens reisen, wie vor hundert Jahren in der Schweiz. Selbst da, wo man sich für Fremde eingerichtet hat, sind die Vorräthe außerordentlich gering und bald erschöpft. Wehe dem Reisenden, der nicht einigen Proviant mit sich führt; wehe demjenigen, dessen Magen soweit civilisirt ist, daß er nicht von Fladbröd und Milchspeisen leben kann! Mit einem Worte, die Entbehrungen überwiegen die Annehmlichkeiten, und diejenigen Reisenden, welche nicht spezielle Zwecke verfolgen, werden nicht dazu beitragen, die Verhältnisse zum Besseren zu wenden.

Vielleicht erwartet man von uns Einiges über Volk und Leute, über Zustände und Leben. Allein wir dürfen offen gestehen, daß wir über dieselben viel zu wenig unterrichtet sind, um uns ein Urtheil anmaßen zu können. Mit dem eigentlichen Volke sind wir der Natur der Sache nach nur wenig in Berührung gekommen; wir verstanden seine Sprache nicht, waren also nur auf indirecte Mittheilungen angewiesen, die begreiflicher Weise nicht ausreichen können. Zudem ist Schweigsamkeit, Wortkargheit, Verschlossenheit einer der auffälligsten Charakterzüge dieser Nordländer, sodaß eine lange Bekanntschaft und ein inniges Vertrautsein mit Sprache, Sitten und Gewohnheiten dazu gehört, sich eine richtige Anschauung zu verschaffen. Die civilisirte Schicht aber, welche über den niederen Volksklassen schwebt, ist in allen civilisirten Ländern Europa's sich so ähnlich geworden, daß sie nur durch geringe Züge sich je nach den einzelnen Ländern unterscheidet. Die Norweger, mit welchen wir in Berührung kamen, zeigten zumeist Aehnlichkeit in Sprache, Sitten und Gewohnheiten mit den Norddeutschen, mit welchen sie vorzüglich in Beziehung stehen. Hochgebildete, freundliche, überaus höfliche Leute, die meist mehrere Sprachen reden, ihre Bildung durch Studien im Auslande vervollständigt haben, für ihr Vaterland und dessen freie Verfassung eine unbegrenzte Liebe an den Tag legen — kann man sich irgendwo in besserer Gesellschaft befinden?

Zweites Buch.

Jan Mayen.

Motto.

Nach der Insel von Jan Mayen,
Wo der Eisbär brummend steht;
Wo am Beerenberg vermessen
Blaue Füchse Röcke fressen,
Holland stumm zu Grunde geht!

Elftes Kapitel.

Besuch und Landung.

Donner und Blitz hatten uns das Geleite gegeben, als wir der offenen See zusteuerten, und wir nahmen diese für die Breite Hammerfests ungewöhnlichen Erscheinungen für ein ganz besonders günstiges Vorzeichen des Himmels. Die Erreichung von Jan Mayen war uns jetzt schon ein Ehrenpunkt geworden und Lord Dufferins „Briefe aus hohen Breitengraden“, die einzige Quelle, welche wir über die ziemlich unbekannte Insel an Bord hatten, gingen von Hand zu Hand, während wir bei fast vollkommener Windstille nur äußerst langsam dem offenen Meere zusegelten. Dem Kapitän freilich schien unser Entschluß nicht so ganz in den Kram zu passen. Er hätte wohl gern den Beerenberg mit seinem Gletschermantel, dessen Beschreibung wir ihm vorlasen, in der Nähe betrachtet oder gar einen Kampf mit einem Eisbär bestanden, zu dessen Begrüßung er schon die Donnerbüchse lud. Aber Jan Mayen stand nicht auf seinem Versicherungsbriefe, es war nicht unter den Zielpunkten der Reise angegeben und bei der Strenge der Versicherungskompagnien fürchtete der Kapitän mit Recht, daß ihm bei einer Havarie in der Nähe dieser Insel keine Entschädigung gezahlt werden würde. „Da können wir ja unser Schiff verlieren,“ sagte er; „denn es ist ja nicht einmal ein Ankerplatz auf der Karte notirt, und wenn wir hernach die Entschädigung verlangen, läßt man uns mit langer Nase abziehen.“ Wir machten unserem besorgten Freunde begreiflich, daß im Falle, wo wir dort das Schiff verlieren sollten, ganz gewiß Niemand zur Reklamirung einer Entschädigung übrig bleiben würde, eine Ansicht, die ihn vollkommen zu trösten und alle Bedenklichkeiten aufzuheben schien.

Die Seefahrt war anfangs nicht gerade erquicklich. Erst am Montag, 12. August, sprang in der Frühe ein günstiger Wind auf, der uns in einigen Stunden außer Sicht des Landes brachte, aber leider nicht lange anhielt, sondern uns bald bei hohem Seegange in Regen und Nebel dem unangenehmen Geschaukel überließ. Tags darauf gab es wenigstens hellen Sonnenschein und warmes Wetter, was auch den Finnfischen zu gefallen schien; denn den ganzen Tag spielten sie um das Schiff und namentlich begleiteten uns drei in einer Entfernung von tausend Schritten wohl zwei Stunden lang. Es war wunderschön, wie die drei Thiere in gemessenen Pausen eines nach dem andern auftauchten, ihren Strahl in die Höhe pusteten, dann den braunen Rücken und Schwanz über die Wasserfläche wälzten und hierauf wieder in die Tiefe tauchten, doch nur soviel, daß man ihren Lauf an dem Brechen der Wellen auf der ruhigen Oberfläche deutlich erkennen konnte. Nun kamen auch die Sturmvögel (Procellaria), die Bewohner des offenen Meeres, die wir bisher noch nicht zu sehen bekommen hatten, mit ihren dicken eulenartigen Köpfen, kurzen Leibern und langen grauen Flügeln. Sie sehen unheimlich aus, gewissen Nachtschmetterlingen, z. B. dem Tannenpfeile ähnlich; sie schweben beständig in den Wellenthälern, hart an der Oberfläche des Wassers, schwingen sich mit großer Gewandtheit über die Wellen hinweg, in deren umschlagendem Saume sie hauptsächlich ihre aus kleinen Krebschen bestehende Nahrung suchen, und werfen sich mit unersättlicher Gier auf Stückchen Speck und Brot, die man ihnen von dem Schiffe aus zuwirft. Sie sollen Sturm bedeuten, brachten uns aber (unser günstiger Stern schien unüberwindlich) nur vortrefflichen Wind aus Nordosten, vor dem wir zehn Knoten liefen, freilich nicht ohne ärgerliche Bewegung des Schiffes, da der Seegang nur von der Seite kam. Schon näherten wir uns Jan Mayen. Ein etwa zwanzig Fuß langer Walfisch, den wir seines weißen Bauches und seiner weißen Flossen wegen für einen jungen grönländischen Buckelwal halten mußten, tauchte mehrmals unter unserem Schiffe durch, scheinbar so nahe an dem Kiele, daß wir uns wundern mußten, keinen Stoß gefühlt zu haben.

Doch was sollen wir weiter eine Seefahrt beschreiben, die kein besonderes Interesse bot, wo man bald günstigeren, bald schlechteren Wind hatte, bald Nebel und bald Sonnenschein; seinen Kurs ziemlich richtig einhielt; Mittags, wenn die Sonne hell war, seine Breite und Länge nahm und im übrigen, so gut es gehen wollte, die Sehnsucht zu beschwichtigen suchte, die nach der unbekannten Insel zog. Das erhebende Robinsonische Gefühl, welches uns zuweilen beschleichen wollte, wurde freilich durch die Effekte des hohen Seegangs und der schwankenden Bewegung stets von Zeit zu Zeit wieder auf sein geringstes Maß reducirt!

Auszug aus einem Briefe des Professors.

Am Bord des Joachim Hinrich, 71° 25′ n. B. und 7° 30′ w. L. von Greenwich. Montag, den 19. August.

Die Fahrt in diesem Nordmeere ist gerade kein Vergnügen. Gestern, Sonntag, hatten wir Tags über die vollkommenste Windstille; das Meer war glatt wie ein Spiegel, aber dunkelschwärzlich wie Dachschiefer, und durchaus kein lebendes Wesen an der Oberfläche, die aussah, wie wenn Oel darauf gegossen wäre. Dabei war aber dennoch hoher Seegang, lange Wellen, die langsam anschwollen und niedergingen, so daß das Schiff dabei außerordentlich schwankte und wir Mühe hatten, beim Frühstück unsere Tassen und Gläser zu retten, die jeden Augenblick über den Tisch nach einer oder der anderen Seite hin wegglitten. Anfangs war dabei noch einige Aussicht über das Meer hin, auf dem eine Menge von Sturmvögeln ihr Wesen trieben und so nahe kamen, daß wir drei davon, nach vielen Fehlschüssen, erlegen konnten. Dann wurde aber der Nebel, der uns umgab, furchtbar dicht und schwer; die Segel tropften, wie bei heftigem Regen; Alles war feucht, naß, kalt, unleidlich und kaum hundert Schritte weit möglich zu sehen. Es war wie ein Dezembernebel in Genf, wo man die Laternen von einer Brücke zur andern nicht sieht, kalt, + 0° Reaumur. Wir waren indeß vergnügt und munter in der Hoffnung, den Nebel bald fallen zu sehen; es schien uns unmöglich, daß ein solcher dicker Dampf lange halten könne. Abends erhob sich ein frischer Nordost, und dies steigerte unsere Hoffnung. Wir steuerten gerade auf die Insel Jan Mayen los, die an dem Rande des Polareises liegt und von der wir, unserer Rechnung nach, etwa zehn deutsche Meilen entfernt sein sollten.

Freilich hat diese Bestimmung, wie ich Dir schon in einem früheren Briefe sagte, seine große Schwierigkeit, wenn man die Sonne und den Horizont nicht um Mittag für die Breite und um 8 Uhr für die Länge sieht. Segelt man aber so im Nebel, so kann der beste Seemann nach einem Tage Fahrt nicht für einen Unterschied von einigen Meilen einstehen, und wenn man sich in der Nähe von Eis oder von Land befindet, wie wir ohne Zweifel, ist Vorsicht das erste Stück der Tapferkeit. Als wir demnach gestern bei dem frischen Winde, der stärker wurde, bis Mitternacht beständig nach Nordwesten gesegelt waren, kam der Kapitän herab und kündete uns an, jetzt, wo es noch obenein Nacht sei und man gar nichts sehen könne, (die Nacht fängt jetzt bei bedecktem Nebelhimmel um 10 Uhr an und dauert bis zwei Uhr) jetzt wolle er nicht weiter segeln, sondern stille liegen und den Morgen erwarten. Wir könnten nicht wissen, wie nahe wir seien, und es sei besser, einige Stunden zu verlieren, als gegen Eis oder Land anzurennen. Wir haben nämlich beschlossen, wo möglich bis in die Nähe des Eises oder der Insel zu gehen, aber uns durchaus keiner Gefahr auszusetzen, sondern sogleich umzukehren, sobald nicht vollständige Sicherheit ist.

Heute Morgen nun ist der Himmel zwar wie Blei, grau, schwer, wollig, der Nebel aber in die Höhe gegangen, so daß man, nach der Versicherung des Kapitäns, den beinahe 7000 Fuß hohen Beerenberg auf Jan Mayen auf 6 Meilen, ein Schiff auf 2 Meilen, plattes Land und Eis auf eine Meile Entfernung deutlich sehen könnte. Das ist nun genug, um mit dem Schiffe nach Herzenslust manövriren zu können, und deshalb hat man denn auch seit 6 Uhr alle Segel aufgesetzt, den Bann gelöst und schießt wieder frisch nach Norden hin, wo Jan Mayen sich zeigen soll. Bis jetzt, 11 Uhr, hat sich aber noch nichts gezeigt als Papageitaucher, die sonst wegen ihrer kurzen Flügel nicht weit vom Lande gehen und also doch wohl anzeigen, daß wir nicht weit entfernt sind. Wir sitzen nun in unserer gut geheizten Kose, mit Zeichnen, Malen, Schreiben beschäftigt und von Zeit zu Zeit geht Einer hinauf und guckt über den schiefergrauen Ozean hinaus, ob sich wohl Land zeigen will. Es ist kalt geworden: Luft und Wasser zeigen nur 4° Reaumur, sind also seit gestern um 2 Grad kälter geworden. Das zeigt jedenfalls die Nähe des Eises an, wenn auch noch in meilenweiter Entfernung; denn noch sehen wir den hellen Schimmer nicht, durch den das Eis sich schon auf mehrere Meilen Entfernung, ehe man es selbst sehen kann, an dem Horizonte spiegelt. Wir verlassen uns natürlich nicht blos auf diese Zeichen, sondern haben auch andere Beobachtungen angeordnet, die uns Kenntniß geben sollen. Wasser und Luft werden ja bei der Nähe des Eises kälter — also wird ein auf dem Deck aufgehängtes Thermometer von Stunde zu Stunde beobachtet und fällt jetzt auch seit heute Morgen in der That, während es bei Annäherung des Mittags steigen sollte. Außerdem wird regelmäßig von 4 zu 4 Stunden, zuweilen öfter, ein Kübel Seewasser geschöpft und ein Thermometer hineingesteckt, dessen Sinken die zunehmende Kälte und also die Nähe des Eises anzeigt.

4 Uhr Nachmittags. Endlich! Als wir um halb 3 mitten im Essen waren, ruft plötzlich der Kapitän: „Jan Mayen! Schnell!" Wir stürzen wie Bleiwergießer aufs Deck: die ersten sehen noch eine gewaltige Schneekuppe in einer Lücke des Nebels, hoch am Himmel; die hintern sehen nichts. Wenige Minuten darauf kommt die Erscheinung noch einmal — eine schräg aufsteigende Schneelinie mit einigen wenigen Felsgraten daran, etwa wie der linke Abhang des Mönchs von Interlaken aus gesehen — dann schließt sich wieder Alles in finsteren Nebel. Bald hebt sich der Vorhang ein wenig von der See aus und nun erscheint eine lange, dunkle Küste, etwa eine Meile von uns entfernt, an der hie und da die Brandung hoch wie kolossale Springbrunnen aufspritzt, und dann verschiedene Gletscher, die bis in das Meer herabgehen und in dem Nebel wie ungeheure Cascaden aussehen. Wir zählen drei: einen großen, wie der obere Grindelwaldgletscher wohl; mehrere kleinere, wie geringere Bäche. Aber man sieht nur einen wenig hohen Abschnitt über der Wasserfläche, nur den untersten Fuß; Alles darüber ist dicht in Nebel eingehüllt. Jetzt, unmittelbar bevor ich schreibe, durch eine Nebellücke dritte Vorstellung der oberen Spitzen, vollständiger wie vorher, aber so schnell vorüber gleitend, wie ein Schattenbild in einer camera obscura. Das ist ein kolossales Gebirg! Links (südlich) eine breite Schneekuppe, dem Mönch ähnlich; dann einige niedere Spitzen, woran, wie an der Ebenen-Fluh, der Schnee dachförmig überhängt; dann eine hohe Kuppe, in Form, Größe und herrlichem Glanze vollkommen dem Silberhorn an der Jungfrau ähnlich; dann wieder ein anderer Sattel und eine düstere, schneefreie Felsenspitze, die steil gegen die See herabfällt, wie der schwarze Mönch. In dem trüben Nebelschleier, der nur hier gerade eine Lücke bot, das dunkle Meer zu Füßen, sah das Gebirg viel imposanter und großartiger aus, als die Jungfrau von Interlaken; — fast wie die ganze Gruppe: Mönch, Eiger und Jungfrau, von der Wengernalp aus gesehen. Vielleicht erinnerst Du Dich des Anblicks, den wir zusammen dort hatten, morgens früh, wo noch die Nebel den Fuß verdeckten! Ganz so überwältigend und vielleicht noch überwältigender, weil jeglicher Vordergrund fehlt und nur Nebel und graue Wolkenmassen und schieferdunkles Meer mit einigen Seevögeln darauf den Rahmen zu dem Gemälde bilden.

Unser Entzücken läßt sich kaum schildern, noch weniger aber das unseres Kapitäns, den wir mit Lobsprüchen überhäuften, weil er trotz mehrtägigen Nebels und so vielfach veränderten Kursen den Ort, wo wir uns befanden, so sicher bestimmt hatte. Er tanzte auf dem Verdeck umher, fiel in einen Wasserkübel und war froh wie ein Kind, das einen verlorenen Ball wieder gefunden hat. „Jetzt ist Alles gut," rief er, „nun wissen wir, wo er ist und daß kein Eis da ist, denn wir sehen die Brandung an der nackten Küste! Aber hoch muß er sein! Ich habe den Aetna gesehen, der war viel kleiner! Wie hoch sagen Sie, daß er sei? 6870 Fuß? Er muß 14,000 Fuß sein! Aber ich steige nicht hinauf!"

Wir haben nun augenblicklich beigelegt und wollen, da die Küste ganz eisfrei ist und Eis sich nirgends am Horizonte blicken läßt, bis morgen warten, ob es hell werden will. Ist dies der Fall, so segeln wir auf die Westseite der Insel, wo ein guter Ankergrund ist, der freilich nur alle zwanzig Jahre vielleicht, wie heuer, eisfrei ist, und versuchen dort zu landen, um die Insel selbst zu untersuchen. Wird es nicht hell, so warten wir in vollkommener Sicherheit hier ab, einen Tag oder zwei, und steuern dann nach Island, zwar nicht ganz zufrieden, aber doch begnügt mit dem Gesehenen. Nach Island kommen wir aber, ohne Eis zu sehen — denn wo wir jetzt sind, fanden Lord Dufferin und Prinz Napoleon Alles so voll Eis, daß Letzterer umkehrte und Ersterer nur mit großer Mühe durch das Eis sich durcharbeiten konnte. Der Isländer Siemsen, den ich in Hamburg sprach, hatte also doch recht, als er mir sagte, der heurige Sommer sei äußerst günstig für Reisen in der Gegend von Island.

Wenn Du nun das, was ich geschrieben, mit dem Buche von Lord Dufferin, „Briefe aus hohen Breitengraden" vergleichst, so sieht es wahrlich fast aus, als hätten wir ihm die Nebelerscheinung von Jan Mayen abgeschrieben; denn ganz so, wie er, haben wir es jetzt auch gesehen, nur mit dem Unterschiede, daß uns die Formen des Berges etwas anders erschienen, als er sie gezeichnet, und daß uns die Zugabe des Eises, die er in reichlichem Maße genossen, gänzlich abgeht. Aber es scheint eine Specialität von Jan Mayen zu sein, diese Theatercoups im Nebel aufzuführen, und wir können nicht umhin, das anzuerkennen.*)

*) Auch Scoresby sah die Insel in ähnlicher Weise.

Mittwoch den 21., Morgens. Gestern früh um halb 3 Uhr weckte uns beim Morgengrauen der Kapitän. Es war bitterkalt, kaum $2^{1}/_{8}$° Reaumur, aber der Anblick unbeschreiblich schön. Im Südwesten ging der Vollmond unter, im Nordosten kündete die Röthe das Nahen der Sonne an. Dazwischen der ungeheuere Berg, dem wir etwa auf $1^{1}/_{2}$ Meilen nahe waren, vollkommen hell und klar, wolkenlos, der Nebel bis auf einige bald zerfließende Zipfelchen verschwunden. Eine kolossale Gestalt, wie der Aetna, nur größer wirkend, weil seine Grundlage nicht so breit und die Seitengehänge steiler sind. Was wir gestern für einzelne Spitzen gehalten haben, ist der halbkreisförmige Kraterrand, der überall mit gewaltigen Schneemassen überdeckt und in einzelne Zacken ausgeschürft ist, zwischen denen tiefe Thalrunsen hinablaufen. Daß eine innere Höhle, ein wahrscheinlich mit Schnee gefüllter Krater vorhanden ist, läßt sich daraus schließen, daß eine hintere Zacke herausfieht, welche uns einen steilen, schwarzen Felsabsprung zukehrt und auf der entgegengesetzten Seite mit Schnee bedeckt ist. Wir sehen neun Gletscher, die von oben herab bis in das Meer reichen und von diesem beständig unterwaschen werden, Gletscher von solch furchtbarer Steilheit und Zerrissenheit, wie die wildesten in der Schweiz, so daß von einem Besteigen derselben keine Rede sein kann, um so mehr, als sie gegen die See hin ganz senkrechte Abstürze von etwa 1000 Fuß Höhe haben. Viele dieser Gletscher sind mit Geröll, Sand, Felsen und Asche ganz überdeckt, andere etwas heller, keiner ganz rein, obgleich sie fast bis an den Fuß mit Schnee überdeckt sind. Sie steigen durch wilde Thäler herab, die zwischen hohen Felswänden eingegraben sind. An dem oberen Kegel des Berges bilden diese Felsen scharf zugespitzte Rippen, die überhängen und deutlich ihre Zusammensetzung aus auf einander liegenden Lavaschichten zeigen. Unten gegen die See zu sind es senkrechte Abstürze mit horizontalscheinenden Schichten, an denen die Brandung aufspritzt, wie hohe Springbrunnen. Der mittlere Theil des Berges ist von einem ungeheueren Gletscherfeld eingenommen, das nur hie und da von Felsrippen unterbrochen ist und auf dem alle diese Gletscher entspringen.

Wir zeichneten Alle, wie Du Dir leicht denken kannst, trotz der schneidenden Kälte wohl zwei Stunden und suchten uns zuweilen in der Kapitänskabine die Hände am Oefchen und den Magen an schwarzem Kaffee und Cognac zu wärmen. Nun kam die Sonne und ein prächtiges Glühen auf der ganzen Ostseite des Berges, der wir gerade gegenüber waren.

Nach ein paar Stunden Ruhe wurde versucht zu landen. Das große Boot, mit vier Ruderern und dem Kapitän bemannt, stach mit uns Allen, Hasselhorst ausgenommen, ab. Wir rudern eine Stunde, und das Land sieht noch gerade so fern aus, wie vorher. Die Sturmvögel sind in ungeminderter Zahl, aber so dreist, daß sie uns fast die Mützen von den Köpfen abfliegen. Endlich, nach zwei Stunden, sind wir am Land. Feste, graue Lavaschichten, die treppenartig hervorstehen und senkrecht abgestürzt sind; dazwischen verwittertes, zersetztes, zerriebenes Gestein, hier zinnober- oder blutroth, dort schwefelgelb oder grünlich, da wieder dunkelschwarz und erdartig, wie bei Koppen mit unzähligen Seevögeln (nur Sturmvögeln) besetzt; grausliche Felszacken, die wie Finger oder Hände in die Höhe stehen und auf ausgefüllten, senkrechten Gängen stehen, in welche die Lava von unten auf hereingepreßt ist. Wahrhaft schreckenerregend! Denn unter diesen, wohl 1000 Fuß hohen senkrechten Felswänden, welche nur den Vögeln zugänglich sind und zwischen denen die ebenfalls senkrechten Gletscherabstürze stehen, findet sich nur hie und da ein Schuttkegel mit ziemlich steilen Wänden, aus zerriebenem Gestein gebildet, an dem man etwa landen könnte. Aber gerade an diesen Sand- und Aschengehängen, auf denen nur zuweilen ein größeres Felsstück liegt, rollt die See mit unglaublicher Wuth ihre langen Brandungswogen. Der Kapitän erklärt eine Landung für unmöglich. Wir rudern zwei, drei Stunden lang längs der Küste hin, spähend, diskutirend, fluchend und schimpfend — dieselbe Unmöglichkeit der Landung. Das war schmerzlich; denn wo nun Handstücke herbekommen, welche uns besser als Augen und Fernrohr über den Zustand der verschiedenen Felsen und ihre Natur belehren?

Da fahren wir in die Nähe der beiden größten Gletscher, die unten am Meere zusammenfließen. Das Wasser ist trüb, wie das der Lütschine im Lauterbrunnenthale; dann zeigt sich röthlich blasiger Schaum, Asche mit Brandungsschaum gemischt, sodaß es aussieht, wie wenn Bimssteine auf dem Wasser schwämmen, und nun sehen wir auch Eisstücke, die von der tosenden Brandung vom Gletscher abgerissen werden, auf den Wellen treiben. In dies Eis aber sind Steine und Asche eingebacken, sodaß manche Stücke ganz schwarz aussehen. Das war ein Fund!

Wir waren sogleich darüber her,
Wie wenn es ein güldener Apfel wär —

Der Kapitän als rasender Roland.

fischten die Eisstücke mit Bootshaken und Stöcken herbei, klopften ab, was nur irgend von größeren Stücken eingebacken war, und luden noch zum Schlusse eine ganze Partie Eis ins Boot, das wir am Schiffe schmelzen und so die Asche und den Sand gewinnen wollten.

Unterdessen aber wurde es spät und da der Nebel sich wieder zeigte, beschloß man zurückzukehren. Die Sturmvögel, die man auf der Herfahrt geschont hatte, weil man auf bessere Beute: Seehunde, weiße Füchse oder gar Eisbären am Lande Hoffnung sich machte, sollten nun für unsere Täuschung herhalten. Berna litt zu sehr an der Seekrankheit, als daß er hätte schießen können; ich bemächtigte mich also seiner Flinte und mordete auch in der That einige dieser Stinkpeter, die meist kleine Krebse als Zugemüse zu den Fischen genießen und den Magen voll orangegelber, aashaft stinkender Flüssigkeit haben, die sie im Todeskampfe ausspritzen. Unserem Adler sind sie freilich ein gefundenes Fressen: er rupft sie mit wahrhafter Wollust und schlingt sie bis zum letzten Knochenreste hinab, nur Haut und Federn lassend.

Die Menge der Vögel wird aber zu groß und ihre Unverschämtheit grenzt an das Unglaubliche. Der Kapitän wirft die Flinte weg, springt vorne in das Boot, faßt den zehn Fuß langen schweren Bootshaken und wüthet damit gegen die Sturmvögel, wie der rasende Roland gegen die Schafe, mit Hieb und Stich nach allen Seiten. In der That gelingt es ihm auch, vier der grauen Fiederlinge herabzuschmettern. Es war wirklich ein Bild malerischer Ausführung werth. In der Mitte die Matrosen emsig rudernd, denn das Schiff schien sich immer weiter von uns zu entfernen; hinten am Steuer Berna über Bord gebeugt und krampfhaft dem Neptun Opfer heraufwürgend; vorn Herzen mit aufgerichtetem Kameelhalse und vorgequollenen Stielaugen, die Flinte am Backen und damit in der Luft fuchtelnd; auf der andern Seite Greßly, in beständiger Todesangst sich an seinen Sitz klammernd und vor Kälte und Emotion schnatternd, während er, Brust und Magen offen aufgeknüpft, eine Menge verwurstelter Kragen und Cache-nez um die Ohren geschlungen und den Spenzgacker beständig am Auge hat; ich in Pelzrock und Pelzstiefeln im Boote knieend, die Doppelflinte an der Schulter, und ganz vorn der Kapitän, gigantische Anstrengungen machend, um mit fürchterlichen Hieben die ängstlich flatternden Vögel zu vertilgen und dabei sein Gleichgewicht nicht zu verlieren und kopfüber in die See einen Purzelbaum zu schlagen.

So kamen wir endlich in der heitersten Stimmung, wenn auch tüchtig durchgefroren, wieder an Bord, wo wir in der Cabine uns gütlich thun und Hasselhorst's prächtige, mittlerweile fertig gewordene Skizze bewundern konnten. Der Nebel zog unterdessen dick heran, der Wind kam aus Südwest, der Seegang wurde sehr stark, das Rollen höchst unangenehm; da aber während der ganzen Zeit auch nicht eine Spur von Treibeis, weder an der Küste noch am Horizonte zu sehen, mithin durchaus keine Gefahr war, beschlossen wir, die Nacht über etwas von der Insel abzusteuern, gegen Morgen aber uns wieder zu nähern, um wo möglich eine zweite Landung zu versuchen.

Freitag den 23. August. Während ich Vorstehendes schrieb, lichteten sich die Nebel allmälig und ließen uns gegen 11 Uhr erkennen, daß wir an der Südostseite der Insel seien, wo sich auch Gelegenheit zum Landen zu bieten schien. Da wir gestern die bittere Erfahrung gemacht, daß ein großes Boot, mit Menschen vollgepfropft, unfähig sei zu landen, indem der Strand zu steil und die Brandung zu hoch war, so nahmen Berna und ich das kleine Boot, mit dem Steuermann und nur zwei Matrosen bemannt und versprachen, im Falle wir landen könnten, dasselbe zur Abholung der Andern abzusenden. Kaum waren wir etwas vom Schiffe ab, so enthüllte sich der Beerenberg in aller seiner Pracht, diesmal von der Südseite, während wir ihn gestern von der Ostseite gesehen hatten. An dem oberen Kegel zeigen sich auf dieser Seite nur unbedeutende Felsenrippen an beiden Rändern, sonst ist Alles Schnee und Eis, aus dem ein ungeheuerer Gletscher sich entwickelt, der wenig zerklüftet, fast wie der Aletschgletscher in breitem Strome bis zum Meere sich ergießt. Dieser Südgletscher hat zwei gewaltige Schuttwälle an den Seiten und hohe Schutthaufen zwischen seinem Ende und dem Meere, das jetzt gerade Ebbe hat. Zu seiner Rechten, nach Osten hin, hebt sich ein hoher, steiler Kamm, dicht mit schwefelgelbem Zeuge bepudert, zwischen dem flammend rothe Streifen und Flecken auftauchen. Offenbar ein Lavarücken, der nach dem Meere zu so eingestürzt ist, daß er einen tiefen Trichter bildet. In der Richtung dieses Rückens steht, weit vor in die See hinein, ein einsamer Fels, den unsere Mannschaft schon längst mit dem Namen des „Dampfschiffes“ belegt hat: so täuschend sieht er einem der großen, transatlantischen Dampfboote mit zwei Schornsteinen ähnlich. Wir führen die Fabel weiter aus und behaupten, daß es der viel gesuchte „Präsident“ ist, der vor Jahren mit Mann und Maus im großen Ozean verloren ging, ohne daß man etwas über sein Schicksal erfahren konnte.

Da ist er hergetrieben und von dem „Alten vom Beerenberge“ zu schwarzer Lava versteinert worden!

Unterdessen fahren wir am Lande hin und spähen vergebens nach einem Landungsplatze. An dem großen Südgletscher, auf den wir losgesteuert, ist es unmöglich; das aus Schutt gebildete Ufer ist dort noch steiler als an den Sandwällen weiter hin und die Brandung noch höher. Gegen Westen aber senkt sich ein breiter, zackiger Lavastrom vom Berge herab in das Meer und mir scheint, als wenn ein großer, jetzt lebhaft strömender Bach dort in die See fließen und einen geschützten Landungsplatz bieten müsse. Wir steuern dorthin. Die Bachmündung ist freilich eine Illusion — die brandende See hat dem schwachen Wässerchen, das nur ein paar Stunden im Tage fließt, einen hohen Sandwall entgegen geworfen, in welchem es sich verliert, ohne das Salzwasser erreichen zu können. Aber wir loben doch unsern Plan. Es zeigt sich in dem Lavastrome selbst eine kleine, halbkreisförmige Bucht, von wilden, schwarzen, festen Felsen gebildet, die ein wenig in das Meer vorspringen und einigermaßen Schutz gegen die Brandung gewähren. Nur einigermaßen! Denn die Bucht ist fast ganz mit schwarzem Sande ausgefüllt, der ziemlich steil ist, aber doch demjenigen, der ein Fußbad nicht scheut, die Landung gestattet. Also drauf! Das Boot wird herumgedreht, das Steuer ausgehoben, der Kiel gegen den Sand gerichtet und mit der nächsten großen Welle rennen wir mit aller Kraft der Ruder gegen den Strand an, auf den wir eine kleine Strecke hinaufschießen. In demselben Augenblicke springen wir nach rechts und links mit gewaltigen Sätzen aus dem Boote auf den Sand, versinken darin bis über die Knöchel, raffen uns aber auf und reißen am Stricke aufwärts. Ehe wir aber das Boot gehörig hinauf gezogen haben, spielt uns eine zornige zweite Welle über die Füße herauf. Nun gilt es wirklich, zu turnen. Du weißt, daß mein Vater zu sagen pflegte, ich sei in diesem Stücke stark in der Theorie, aber schwach in der Praxis — hier indessen kann ich Dich versichern, daß ich Außerordentliches leistete und daß zwei Centner noch nie, so wie diesmal, mit solcher Schnelligkeit in ein Boot geschwungen wurden, wenn die Welle kam, und heraus, wenn sie wieder ablief. Da ich die Thum'schen Wasserstiefel, mit Thum'scher Salbe geschmiert und mit Nordkapschimmel überzogen, dem nassen Element entgegen stellen konnte, so kam ich noch mit am Besten davon, wofür auch hoffentlich dem braven Meister durch Zahlung seiner Rechnung einst klingender Dank geleistet werden soll. Wir nannten ob dieser Anstrengungen, die sich bei der Abfahrt in doppeltem Maße wiederholten, unsern kleinen Landungsplatz die Turnbucht und werden ihn so auf den Karten bezeichnen, daß er künftigen Seefahrern als Denkmal der Thaten ihrer Vorgänger kenntlich sein wird.

Die Turnbucht ist halbkreisförmig, achtzig Schritte im Durchmesser, von grauen phantastischen Lavafelsen umzäunt, die oben schlackig sind, unten dicke Masse bilden, die theils in Platten schilfern, theils einen prächtigen Pflaster- oder Baustein abgeben würden. Der Sand, der sie ausfüllt, ist theils fein, wie Streusand, theils gröber – schwarz mit kleinen, hellgrünen Kryställchen und rothen Theilchen gemischt. Wir sehen darauf Spuren von Vögeln: Schritte von großen dreizehigen Füßen, die wohl einem Reiher, von kleinen, die Strandläufern angehören müssen; plumpe Tappen von Schwimmvögeln, Enten und Sturmvögeln. Dann liegt viel Tang auf der jetzigen Brandungshöhe, losgerissene Laminarien, an deren Wurzeln stets kleine Muscheln, aber nur von einer einzigen Art hängen. An der oberen Fluthgrenze liegt Treibholz, einige Fichtenstämme von Schenkeldicke, kleinere Trümmer, Birkenäste und Rinde — Alles, wie es scheint, von norwegischem oder schottischem Holze. Doch meint der Steuermann, ein Stamm sehe einem nordamerikanischen Fichtenstamme ähnlich. Südliche Hölzer sind entschieden nicht da.

Im Hintergrunde der Bucht geht der Sand bis zum Felsenrand hinauf: wir können also dort hinaus. Wir beschließen gerade gegen den Berg anzusteigen und um 5 Uhr zum Imbiß am Boote zurück zu sein. Eine Fährte begleitet uns aus der Bucht hinaus. Es ist eine Fuchsfährte! Wie aber sollen Füchse hier leben, in dieser entsetzlichen Wüstenei? Vielleicht ist es doch nur die etwas verwaschene Fährte eines Schwimmvogels! Hm! Wo Füchse sind, können auch Bären sein. Berna hat zur Vorsorge dicke Rehposten, Roller, mitgenommen. Wir gehen also aufwärts, während der Steuermann links und rechts abschweifend um einen Ankerplatz zu suchen, auch wirklich mit einem weißen Fuchse zusammentrifft, der ihn angafft, wie eine Kuh ein neues Scheunenthor, und endlich gemüthlich von dannen trottelt, zuweilen sich umsehend und Männchen machend, wie der Bauer in den Münchener Bilderbogen: „Herr Oberförster, wollet mer wieder einmal?" Die Matrosen bleiben beim Boote, klopfen Steine, fassen Sand und suchen Muscheln.

Wir gehen auf der Oberfläche des Lavastromes vorwärts, von dem ich schon vom Schiffe aus vermuthet hatte, daß er zu einem Seitenkrater führen müsse. Etwas trostloseres, öderes läßt sich nicht denken! Die seltsamsten, barocksten Formen von Schlacken, Felsen und wunderbar gewundenem und verzerrtem Gestein: dort dunkel, schwarz, rußig wie alte Ruinen; hier grell roth, wie verfallene Ziegelsteine oder Backöfen. Schächte und Kamine, über Höhlungen aufgethürmt als Zeugen der Explosionen, die in dem Lavastrome Statt hatten, gewundene Schlackenmassen im Fließen erstarrt, grobe Blöcke, eingegossen in schaumige Massen! Dazwischen schwarzer, grauer, grüner, gelber und rother Sand, in welchen die Schmelzbäche des Winterschnees vielfache Furchen und Rinnsale eingegraben haben, dessen Oberfläche oft von den Stürmen gefegt ist, so daß er, wie Dünensand, Wellenfurchungen zeigt; gelblicher Thon und weißer Porzellanerde mit zinnoberrothen und braunen Schlackenstücken vermischt, aus deren Zersetzung sie sich stellenweise bildet, während anderwärts dieselbe schon zersetzte rothe Lava zu einer vortrefflichen schwarzen Dammerde sich umgestaltet. Nichts Lebendes, als hie und da ein mageres Pflänzchen, ein Grashälmchen, das ellenlange dünne Wurzeln durch den Sand schickt, ein Moos- oder Flechtenbüschelchen, das sich in banger Noth an die Lava klammert. Keine Spur von Thierleben; nur hie und da einige Vogelknochen oder Federn, vielleicht als Zeugen des Schmauses eines Falken oder auch ein Schädelbein von einem Seehunde, das ein Fuchs verschleppt haben mag.

Wir steigen weiter über einen schroffen Lavakamm hinauf, unter dessen überhängenden Felsen das Gras, der Sauerampfer, einige Steinbreche und die Eisranunkel besseren Schutz gefunden haben und ziemlich fröhlich gedeihen. Mit Mühe nur finden wir einen Uebergang und ich muß mich mit einer Hand oben anklammern, um meinen Leib auf den Knieen hinaufzuschroten, während Berna mir die andere reicht. Es geht aufs neue über ein ähnliches graues, wenig geneigtes Lavafeld. Dann aber steigen die Gehänge steiler an und da sie gegen Süden gewandt sind, entwickelt sich auch die Vegetation — fast hätte ich gesagt üppiger, wenn das nicht wirklich eine Sünde wäre. Drei oder vier Steinbrecharten, darunter eine hübsche violetrothe, die Rasen bildet, Sauerampfer, Löffelkraut, Eisranunkel, verschiedene Moose und Flechten nebst einer kriechenden Weide überziehen den Boden, der aus grauen und rothen Trümmern und Stücken besteht, die von oben herabgefallen, sich in einer steilen Böschung aufgeschüttet haben und nun durch Zersetzung theilweise in Dammerde aufgelöst sind, die den Pflanzen Nahrung bietet. Aber welche elende Pflänzchen! Alles kriecht am Boden hin, drückt sich zwischen die Steine, als suche es Schutz vor Schnee und Eis, die wenigstens neun Monate im Jahre Alles decken. Aber wir überzeugen uns wenigstens, daß die gelben und grünlichen Flächen, die wir vom Schiffe aus gesehen und worüber wir beim ersten Landungsversuche noch nicht ins Klare kommen konnten, nicht Schwefel, sondern wirklich Pflanzendecken sind, die sich über das modernde Gestein hinziehen.

Ich hatte mir vom Schiffe aus wohl den Punkt gemerkt, wo ich einen Seitenkrater vermuthete, und denselben beim Ansteigen fest im Auge behalten. Man sah eine tiefe Spalte von rothen Lippen eingefaßt, durch die ein Bach herniederrieselte, der sich hin- und herwand, und diese Spalte, glaubte ich, sollte in den Krater führen. Als wir nun etwa 600 Fuß an dem Gehänge hinaufgestiegen waren, bogen wir auf einer kleinen Terrasse, die von vorspringenden Lavafelsen gestützt war, rechts gegen die Spalte hinab, um von oben hineinzublicken. Die Spalte endete aber in keinem Krater, sondern wand sich gegen einen Gletscher hin, der vom Bärenberg herunterkömmt. Aber der Krater war doch da, nur an einer anderen Stelle. — Tief unten, fast am Meeresstrande, wo die Spalte ihre letzte Windung machte, saß ein kleines zirkelrundes Kraterchen, dessen Wände eben die Windung der Spalte bedingten, vollkommen kreisrund geformt, mit tiefer, trichterförmiger Mündung, in die wir von oben hineinschauen konnten. Nach genauer Betrachtung suche ich eine vor dem schneidend kalten Winde geschützte Stelle unter einer Lavaklippe, um eine Skizze des merkwürdigen kleinen Dinges zu nehmen, das offenbar nur Sand und Asche ausgeworfen hat, da sein Rand nirgends unterbrochen oder eingeschnitten ist. Willst Du Dir eine frappante Aehnlichkeit im Bilde herstellen, so brauchst Du Dir nur einen Napfkuchen zu backen und ehe Du ihn mit den Kindern auf mein Wohl verzehrst, von oben in sein Loch hineinzugucken — wenn Du ihn gehörig mit Zucker und Zimmet bestreut hast, siehst Du dann zu Hause ohne weitere Mühe gerade soviel, als Dein Gatte unterm 71ten Grad nördlicher Breite nach dreimonatlicher Reise und einstündigem scharfem Steigen in schneidender Kälte.

Kaum hatte ich ein Paar Striche meiner Skizze gemacht, als auch Berna schon rief: „Heraus, hier ist der Krater!" Ich rappele mich auf und steige so schnell als möglich noch etwa 400 Fuß hinan über einen steilen Schuttabhang von 30 Grad Neigung, also steil wie ein Kirchendach, dessen Boden aber so weich ist, daß der Fuß halb einsinkt und Stich hält. Hie und da liegen große rothe Blöcke, zinnoberrothe blasige Masse mit dunkelgrünen Krystallen darin, die von einer scharfeckigen, rothen Klippe abgefallen sind, neben welcher Berna herumtrippelt. Die Klippe besteht offenbar aus festen Lavaschichten, die vermodern und abstürzen. Ich komme endlich, schweißtriefend und erhitzt, oben an und meine Blicke tauchen in einen kreisrunden, gähnenden Krater, der wohl 800 Fuß tief ist, tausend Fuß im Durchmesser hat und in dessen kreisrundem, hundert Fuß messenden Boden gelblicher Thon mit einigen Wasserrieseln sich gesammelt hat. Die steilen Wände bestehen aus Schutt und Asche, aus welcher nur hie und da eine feste Lavaschicht hervorsieht, während auf den Rändern, die schneidend zulaufen, noch einige solche Lavaklippen sich zeigen, wie die, bei welcher wir stehen. Offenbar hat der Krater viel Geröll und Asche und nur wenig Lava ausgespieen und ist dann eingesunken, so daß, was wir jetzt sehen, nur das Resultat seines Einsturzes ist.

Die Aussicht, die wir dort haben, ist großartig. Im Nordosten steigt hoch über uns die schneeweiße Kuppe des Beerenberges in die Höhe, die eben sich in Nebel zu hüllen beginnt. Im Nordwesten blicken wir über die Küste der schmalen Insel hinaus in das offene Meer, auf dessen blinkenden Horizont der düstere Nebel fast herabhängt, nur von einem hellen Lichtstreif getrennt. Die Küste zieht sich lang hin, klippig, eckig, scharf eingeschnitten, mit einzelnen Zacken, gewiß ein weiter, langer Lavastrom. Sie ist frei von Eis, ganz frei; auch am Horizonte sieht man nicht das Eis kündende Glitzern. Wie günstig ist also das heurige Jahr zu solcher Reise! Wo man sich früher meilenweit durch Schnee und Eis arbeiten mußte, wo der demokratische Imperialist Plonplon und der constitutionelle Monarchist Dufferin fast scheiterten, sind wir fünf Republikaner ohne Mühe durchgekommen und haben landen, untersuchen, sammeln können. Doch zurück zu unserer Aussicht! Weiter nach uns zu die Küste der Südwestseite, ein langer, kaum buchtig gekrümmter Sandstreif, der das Meer von einer langen, schmalen Süßwasserlagune trennt, die hinter dem Sande, zwischen ihm und den Felsen der Insel sich hinzieht. Am Ende dieser Lagune, südwestlich von unserem Standpunkte, eine vorspringende Halbinsel, ein gegen das Meer hin eingestürzter Krater, an dessen Flanken eine weißliche Masse wie eine Mütze überhängt, die wir für mit Asche bedecktes Eis und Schnee halten, während das Auge der Expedition, Hasselhorst, der vom Schiffe aus denselben Krater in der Nähe beobachtet hat, unsere Deutung bestreitet und irgend eine andere Substanz mit der Bekleidung der steilen Böschung beauftragt. Zu unseren Füßen der Lavastrom mit der „Turnbucht", das

„Ratankuchen-Kraterchen", die Halden längs dem Strande, der mächtige Südgletscher und in der Ferne, in zauberhaft lieblicher Beleuchtung gegenüber den düsteren und finsteren Tinten der Südspitze, die östlichen Vorgebirge der Insel, vor denen der „Präsident" gerade so aufgepflanzt ist, wie südlich das „Lootsenschiff" und der „Leuchtthurm", zwei Klippen, von denen namentlich die erste einem mit vollen Segeln laufenden Schiffe aufs täuschendste ähnlich sieht.

Aber dies ganze herrliche Panorama muß mit einem Blicke umfaßt und erfaßt werden. Berna wirft einige Striche aufs Papier, nach denen heute eine gute Farbenskizze gemacht werden konnte; ich nehme die Richtung einiger Hauptpunkte mit dem Kompaß, dann stürmen wir bergab, um unsere erstarrenden Glieder zu erwärmen. Eisig kalt schnob der Wind da oben, sodaß es nur wenige Minuten auszuhalten war!

Wir finden unsern Weg vortrefflich zurück, häufig unseren aufwärts gerichteten Fußstapfen folgend, kreuzen den oberen Lavastrom, kommen an seinen Absturz und erkennen, daß wir etwas zu weit links von der Stelle gekommen sind, wo das Hinabsteigen möglich ist. Wir kommen an den Platz, wo ich heraufgestiegen war — unwillkürlich stutzen wir Beide. Da ist eine Bärentatze in den Sand gedrückt. Deutlich! Tief eingedrückte Krallen, schmale Ferse, kurze Finger! Wir suchen umher — nur die eine Tatze; suchen nochmals; sehen uns an und — brechen in ein helles Gelächter aus. Es war der Abdruck meiner Hand, die ich beim Aufklettern tief in den Sand eingekrallt hatte!

Zwar hatte ich mich am Morgen so wohl gefühlt, daß ich beim Ausrücken erklärte, indem ich mein norwegisches Schinkenmesser ansteckte, ich wolle es mit einem Eisbären heute allein aufnehmen; allein ich gestehe doch, daß ich ein wenig nach der Flinte schielte, als uns die Fährte aufstieß. Nun sie erklärt war, rollten und trottelten wir um so schneller unserer Turnbucht zu, wo unsere Matrosen mit Hunger und Durst uns erwarteten, während der Steuermann noch wie ein losgelassenes Füllen seinem Bewegungstrieb ein Genüge auf Lava und Aschenfeldern that. Wir hatten köstlichen rohen Schinken, Bier und eine Flasche Champagner, die wir auf Jan Mayen's Wohl leerten. Wir stellten sie unter einer überhängenden Klippe auf, nachdem wir unsere Namen auf die Etikette geschrieben und einen Zettel hineingesteckt hatten:

Wer uns die Flasche kann wieder zeigen,
Er soll sie behalten! Sie sei sein eigen!

Bevor wir abfuhren, schoß Berna noch ein kleines Tauchentchen (Mergulus Alle), das wahrscheinlich in der Nähe sein Nest mit Jungen hatte, denen es Nahrung bringen wollte; denn es hatte den Schnabel und Kropf so vollgepfropft mit kleinen Krebschen, daß ich eine bedeutende Anzahl in Weingeist aufbewahren konnte. Die Jungen werden also wohl die Genugthuung haben, zum Besten der Wissenschaft zu verhungern. Seehunde und kleine Strandläufer waren auch gesehen worden, nicht minder ein Zug prächtiger Enten, die uns aber zu fern waren, um sie erlegen zu können. Wir schienen's Eidermännchen und ich wurde noch dadurch in meinem Glauben bestärkt, daß zwei graue unter dem großen Schwarm anders Gefärbter sich fanden. Das Eidermännchen ist nämlich sehr schön: schwarz, weiß, grüngelb trägt es am Leibe, während das Weibchen einförmig grau ist — und aus Norwegen verschwinden die Eidermännchen ganz, sobald die Jungen einigermaßen erwachsen sind. Wahrscheinlich ziehen sie sich dann nach Jan Mayen, Spitzbergen und ähnlichen liebenswürdig angenehmen Gegenden des hohen Nordens zurück, um über Familienglück nachzudenken. Ist dies der Fall, so ist es wenigstens tröstlich zu wissen, daß einzelne Weibchen als femmes de ménage bei den vielen Männchen aushalten.

Der Tag nach dieser glücklichen Exkursion war ein kalter Nebeltag, der bei der unsichern Lage, in welcher unser Schiff sich befand, keine Landung gestattete. Zuweilen nur hob sich der Nebel so weit, daß man einen Schimmer der Küste erblicken konnte, und es war sicher, daß man den Ort, wo das Schiff sich befand, von der Küste aus nicht hätte ermitteln können. Da wir aber keine Kanonen hatten, um auf weite Strecken hin hörbare Zeichen ertheilen zu können, das Schiff nach Südwesten weiter trieb unter dem Einflusse des nördlichen Seeganges und jeden Augenblick ein Wind aufspringen konnte, welcher zu Manövern und Platzveränderungen gezwungen haben würde, so wollte der Kapitän in keiner Weise in einen neuen Landungsversuch willigen. „Wir wissen nicht," sagte er, „was geschehen kann: der Nebel kann in diesem Lande Wochen lang ohne Unterbrechung anhalten, der Wind kann uns zwingen vom Lande abzukreuzen, damit wir nicht auf den Strand laufen oder an den Felsen zerschellen und diejenigen, welche gelandet sind, können auf diese Weise Wochen lang in dieser Wüste verlassen bleiben." „Aber wir können uns mit dem Kompaß zurückfinden, Kapitän," meinte Einer, der sich auf die neu erworbenen nautischen Kenntnisse Vieles zu gute that. „Wenn wir ruhig in einer geschützten Bucht vor Anker lägen — allerdings," antwortete der Kapitän. „So aber, wo das Schiff treibt und den Ort wechselt, würde uns der Kompaß ebenso wenig helfen, als eine gewöhnliche Stricknadel."

Man vervollständigte die gestern aufgenommenen Zeichnungen und Profile, brachte seine Notizen zu Papier, disputirte hin und her, an welchem Orte wohl Lord Dufferin gelandet sei, und lauerte einigen Robben auf, welche in dem Nebel bis in die Nähe des Schiffes kamen, das sie mit erstaunten Augen zu untersuchen schienen. Es gelang Hubert, einen dieser Seehunde mit einem vortrefflichen Kugelschusse durch das Genick auf der Stelle zu tödten. Das große Thier wälzte sich nur einige Male krampfhaft auf der Oberfläche, schlug und zuckte gewaltig, trieb aber dann leblos in einer gewaltigen Blutlache, um welche sich augenblicklich die Sturmvögel sammelten. Es dauerte geraume Zeit bis das Boot herabgelassen, bemannt und die Robbe an Bord gebracht war, wo es sich herausstellte, daß es die Bartrobbe (Phoca barbata) sei. Es war ein großes, ausgewachsenes Männchen, das sogleich in Arbeit genommen wurde und bei der Untersuchung zeigte, daß es schon einmal Bekanntschaft mit Robbenjägern gemacht haben mußte, da es einige Schrotnarben in der Nähe der Augen hatte. Das Fett, welches den ganzen Körper einhüllte, war reichlich so dick als die Breite einer Hand, das Fleisch so grobfaserig und dunkelroth, daß selbst die Matrosen von der Absicht, es zuzubereiten, bei dem Anblicke zurückprallten. Leider verhinderte ein Zufall, den schönen Balg, um dessen Zubereitung sich Hubert eine unendliche Mühe gegeben hatte, mit nach Hause zu bringen. Er glitt später, als er zum Trocknen aufgehängt war, bei einer raschen Wendung des Schiffes in das Meer und blieb für uns auf immer verloren.

Auch der Morgen des 26. Augusts stellte unsere Geduld auf eine harte Probe. Erst gegen Mittag hellten sich die Nebel auf und zeigten uns, daß wir weiter südwestlich an der Küste hingetrieben seien und uns westlich von dem vorspringenden Krater befänden, an dessen östlicher Seite man gestern gelandet war. Wir befanden uns indessen weit näher am Lande und da nach den Sondirungen, welche wir vorgenommen hatten, auch hier guter Ankergrund sein mußte, so wurde das Schiff bis auf eine englische Meile vom Lande nahe gebracht, mittels eines kleinen Nothankers fest gelegt und das große Boot zu einer abermaligen Landung bemannt. Diesmal blieb Vogt, der in der Nacht vorher, wahrscheinlich in Folge einer Erkältung auf dem erstiegenen Krater,

Strand von Jan Mayen

einen heftigen rheumatischen Anfall gehabt hatte, mit dem Steuermann auf dem Schiffe zurück, während alle übrigen auf das Land gingen, das so nahe lag, daß man es mit der Stimme erreichen konnte. Man fand glücklich auf der lang gestreckten Sandbank, die sich von dem Krater bis zu einem vorspringenden Vorgebirge im Wasser in gerader Linie fortzog, eine geeignete Landungsstelle, wo man mit Ausbietung derselben Turnkünste wie früher an das Land gelangen konnte. War in der Nähe der Tirrnbucht ungemein vieles Holz auf dem Sande zerstreut gewesen, so fand es sich hier förmlich aufgeschichtet, so daß es wahrlich der Mühe lohnen könnte, in günstiger Jahreszeit von Island her ein Schiff zu senden und das gestrandete Treibholz sammeln zu lassen. Zum großen Theile waren es Sägeblöcke, wie sie in den Flüssen der Gebirgsländer geflößt werden, also offenbar aus Norwegen stammend, von wo die Strömung entweder in fast westlicher Richtung sie getragen oder, was wahrscheinlich, der Golfstrom sie erst nach Norden gegen Spitzbergen geführt haben mußte, von wo sie dann, dem Polarstrome folgend, ihren Weg nach Jan Mayen gefunden hatten. Außer diesen der Aufsicht der Menschen entgangenen Hölzern lagen aber da auch viele Zeugen des Unglückes, Schiffstrümmer, die in stummer Sprache von manchem Sturme Kunde geben konnten; Bootsruder, Masten, Planken, zum Theil zerbrochen und zerschellt und darunter ein Faß noch wohl geschlossen und mit dem Zeichen einer bekannten Firma von Bordeaux versehen. Offenbar war es noch gefüllt an den Strand geschleudert worden, hatte aber dort, von der Sonne verlecht, sich allmälig geleert, so daß nur noch Spuren der edlen Flüssigkeit in ihm vorhanden waren. Es wurde zum Eßtisch umgeschaffen, und während ein lustiges Feuer, das die zur Bewachung des Bootes zurückbleibenden Matrosen unterhielten, seinen Schein nach dem Schiffe herüberwarf, zerstreute sich die Gesellschaft nach allen Richtungen, um einen Weg in das Innere zu suchen.

Der Ort der Landung war leider sehr ungünstig. Fast unabsehbar dehnte sich links und rechts die schmale, aus schwarzem Sande gebildete Düne aus, die von dem Lande durch eine Lagune süßen Wassers getrennt war, welche im Mittel eine Breite von etwa hundert Schritten hatte. Das Wasser war vollkommen süß, keine Spur von Leben zeigte sich darin, der Grund der Lagune war von demselben schweren Sande gebildet, der auch die Düne zusammensetzte. Auf den alten Karten findet sich keine Angabe eines solchen inneren Süßwassersees. Offenbar hat hier Jahre lang das Packeis gelagert, den Grund ausgefüllt und sogar während des Sommers die Küste gebildet, gegen deren Saum das Meer die Düne aufgeworfen hat. In dem heurigen, so außerordentlich günstigen Sommer ist das Bankeis bis auf die letzte Spur weggeschmolzen und hat den Süßwassersee zurückgelassen, welchem die Düne als Damm gegen den Einbruch des Meeres gedient hat.

Nach langem mühevollem Suchen rechts und links hin findet sich endlich eine Stelle, wo einem vorspringenden Lavafelsen gegenüber die Lagune nur sehr seicht erscheint. Man watet hindurch und befindet sich bald auf festem Sandgrunde, der sich sanft bergan zieht, dann aber etwas steiler in die Höhe steigt. Links und rechts stehen fast senkrechte Lavamauern, zwischen welchen ein enger Paß sich durchwindet, der nach Norden führt. Man folgt ihm, wenig ansteigend, und findet sich plötzlich auf einer kaum angezeigten Wasserscheide, auf deren anderer Seite der Blick nach dem Ozean sich öffnet. Gewiß ist dies die schmalste Stelle der Insel zwischen den beiden Buchten, von welchen die nördliche auf der Karte Scoresby's mit dem Namen der Marie-Muß-Bucht, die südliche mit dem Namen der großen Holzbucht bezeichnet ist.

Der Ozean liegt bis zum nördlichen Horizont vollkommen frei; nirgends zeigt sich eine Spur von Eis. Die Bucht selbst ist gebildet, wie alle übrigen, mit ausgeschweiftem Strande schwarzen vulkanischen Sandes; aber statt des Treibholzes lagern hier nur Walfischknochen in ungeheuerer Zahl: Wirbel, Rippen, Schädelknochen, offenbar die Ueberreste einer Menge von Walfischen, welche vielleicht theilweise noch von den Zeiten der Holländer her hier modern oder später aus nördlichen Gegenden an das Land getrieben wurden. Offenbar ist hier der Weideplatz der wenigen Füchse, welche die Insel bewohnen und die sich im Winter, wo die Vögel, welche ihre hauptsächliche Nahrung bilden, sich zurückgezogen haben, von den angeschwemmten Ueberresten der Walthiere und Robben nähren müssen.

Erst spät am Abend sammelt sich die Gesellschaft wieder am Landungsplatze, wo sich unterdessen mancherlei Spuk ereignet hat. Eine große Welle ist gekommen, hat das Boot, welches auf die Düne gezogen war, weggespült und zum Schrecken der wachhabenden Matrosen soweit von dem Lande abgeführt, daß sie es in keiner Weise wieder erreichen können. Die Unvorsichtigen schreien, brüllen in Verzweiflung zu dem Schiffe herüber, wo man endlich mittels des Fernrohres den Grund dieses Rufens entdeckt und die Schaluppe absendet, welche das Boot auffischt und in Sicherheit bringt.

Haben die Matrosen Angst ausgestanden, so wird den Jägern der Aerger nicht erspart. Man hat keine Kugelbüchsen mehr mitgenommen; denn man ist überzeugt, daß weder weiße Bären, noch Walrosse zum Schuße kommen werden. Aber ein Paar Füchse, einige Enten, ein Paar jener großen Bürgermeistermöven, welche hie und da auf den Klippen sitzen, hätte man gerne gehabt, und während Greßly eifrigst Gesteinsproben und Pflanzen sammelt, spähen und streifen die übrigen nach allen Seiten in der Hoffnung, eine Beute anschleichen zu können. In der Hitze seines Jagdeifers hat der Kapitän seinen Rock in einiger Entfernung von dem Feuer abgeworfen und ist einer Möve nachgeklettert, die auf dem vorspringenden Krater der Eierinsel sich niedergelassen hat. Berna hat seine Flinte beim Durchwaten der Lagune zurückgelassen, aber vorsichtig die Käpselchen abgenommen, damit die Matrosen in seiner Abwesenheit keinen Unfug damit treiben. Während so Alles zerstreut ist, kommen die anderwärts gesuchten Füchse, drei an der Zahl, zwei braune und

Polar-Füchse.

ein hellgrauer, in die Nähe des Feuers, betrachten sich die Matrosen, beschnüffeln das Boot und kommen so nahe, daß die Matrosen einige Holzstücke nach ihnen werfen müssen, um sie von den Provisionen abzuhalten. „Ich hätte gerne geschossen," sagte uns später Friedrich, der dänische Vollmatrose, „und hatte auch Herrn Berna's Flinte genommen; aber," fügte er kopfschüttelnd hinzu, „es war kein Geknalle drauf." Erst nach wiederholten feindseligen Demonstrationen zogen sich die Füchse zurück, fanden aber leider unterwegs den Paletot des Kapitäns, mit welchem sie sich eine Zeit lang beschäftigten. Als der Kapitän später, von seiner fruchtlosen Jagd zurückkehrend, seinen Paletot wieder aufnehmen wollte, fand er denselben an Kragen und Rändern benagt und in so entsetzlicher Weise parfümirt, daß Wasser und Luft Wochen lang einwirken mußten, bevor die Erinnerung an die Füchse gänzlich getilgt war.

Wir hatten die Absicht, noch einmal in der Nähe der Südspitze der Insel an das Land zu gehen, da es uns schien, als möge dieser südliche Theil, der wie eine lange Zunge in das Meer sich hinausstreckt und von dem nördlichen durch die erwähnte Durchgangsspalte getrennt ist, vielleicht eine etwas verschiedene Bodenbeschaffenheit besitzen. Der 24. August brachte aber aufs neue Nebel mit günstiger Brise aus Nordost, bei welcher der Kapitän erklärte, nicht auf die Nordseite der Insel herum gehen zu können, weil er befürchten müsse, ans Land getrieben zu werden. Man sagte also Jan Mayen, wenn auch mit Widerstreben, Lebewohl und steuerte gerade vor dem Winde weg nach Süden gen Island.

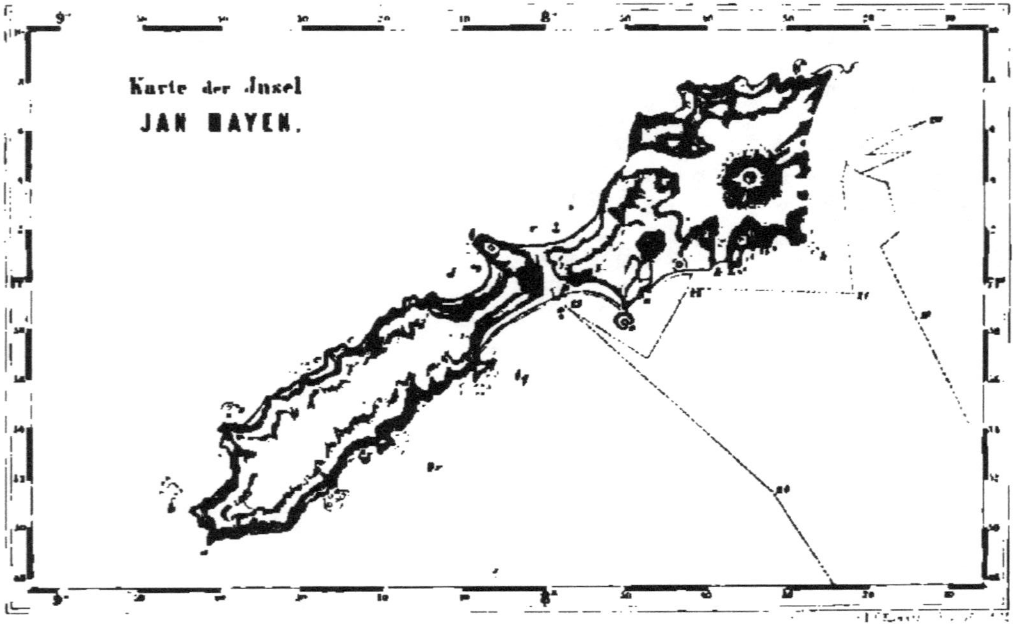
Karte der Insel
JAN MAYEN.

Zwölftes Kapitel.

Aeltere und neuere Nachrichten.

In Hartwig's Buch „Der hohe Norden im Natur- und Menschenleben", das vor wenigen Jahren erschienen, finden wir folgendes Resumé unserer Kenntnisse über die Insel Jan Mayen: „Eben so trostlos und öde wie die Bäreninsel ist Jan Mayen, welches in gerader Linie zwischen Spitzbergen und Island liegt. Von Treibeis fast immer umlagert, von Nebeln umhüllt, würde es dem Menschen gänzlich werthlos sein, wenn nicht die zahlreichen Walroß- und Robbenheerden, welche dessen traurige Ufer umsäumen, die Habsucht der nordischen Jäger auf sich zögen. Nur Eisbären und wilde Seevögel bewohnen Jan Mayen; einst versuchten Holländer dort zu überwintern. Der Skorbut raffte sie alle hinweg."

„Merkwürdig ist Jan Mayen durch den Vulkan Esk und den 6870 Fuß hohen Beerenberg. Die Gletscher, die von diesem Koloß bis zum Meere sich herabsenken, gleichen ungeheuren versteinerten Wasserfällen, indem sie wellenartig die Felsen, auf welchen sie ruhen, überziehen. Ihre hellgrüne, mit weiß untermischte Farbe steht in grellem Gegensatz zu den schwarzen Steinmassen, die hier und dort ihren dichten Eismantel durchlöchern. Selten werden sie vom Sonnenstrahl vergoldet, seltener noch vom Menschen bewundert."

Erst seit unserer Rückkehr gelang es uns, wenn auch mit vieler Mühe, das vortreffliche Buch Scoresby's „Bericht über die arktischen Regionen nebst einer Geschichte und Beschreibung des Walfischfanges im Norden" uns zu verschaffen, wo wir Jan Mayen mit der bekannten Gründlichkeit des Verfassers behandelt finden. Scoresby besuchte die Insel zu wiederholten Malen, namentlich am 4. August 1817, und wir geben hier fast vollständig seine Beschreibung, die von einer Karte und einer Ansicht der Insel begleitet ist. „Jan Mayen erhielt seinen Namen von einem holländischen Kapitän, der die Insel zuerst im Jahre 1611 gesehen haben soll. Da indeß der Walfischfang der Holländer erst um 1612 begann, so darf man glauben, daß es nicht vorher entdeckt wurde. Es wurde auch Insel Mauritius genannt zu Ehren des Prinzen Moritz von Nassau. Um dieselbe Zeit wurde die Insel auch von Walfischfängern von Hull entdeckt und Dreifaltigkeitsinsel genannt und als die russische Gesellschaft das Monopol des Fischfanges sämmtlicher Polargegenden zu erhalten strebte, wurde die Insel von dem König von England der Korporation von Hull in Folge einer Petition vom J. 1618 als Fischereistation bewilligt. Die Holländer, welche seit der Entdeckung Jan Mayen's bis zu dem J. 1640 die Insel fleißig zu besuchen pflegten und aus dem Walfischfange an den Küsten großen Nutzen zogen, gaben die hauptsächlichsten Berichte über ihr Ansehen, Lage und Beschiffung. Diese Berichte sind nicht nur außerordentlich mager, sondern auch ungenau: sie setzen die Insel in 71° bis 71° 23′ n. B. und 5° 57′ bis 7° 22′ w. L. von Greenwich. Unsere englischen Karten setzen sie etwa in dieselbe Breite, aber in den 9, 10 bis 11° w. L. Am 3. und 4. August machte ich eine Vermessung der östlichen Küste und fand nach Bestimmungen der Sonnenhöhe für die Breite und für die Länge mittels des Chronometers ihre Grenzen zwischen 70° 49′ und 71° 8′ 20″ n. B. und zwischen 7° 26′ und 8° 44′ w. L.“

„Die Insel erstreckt sich von Nordost nach Südwest in einer Länge von etwa 10 Stunden und ist nirgends mehr als 3 Stunden breit. Das nördliche Ende hat die Form eines verschobenen Vierecks, von dem jede Seite etwa 3 Stunden lang ist, und bildet die Basis jenes merkwürdigen Pic's, des Beerenberges. Das südliche Ende, welches durch eine enge Landzunge mit einem spitzen Winkel des Nordlandes zusammenhängt, ist anderthalb bis fünf Meilen breit.“

„Die Küste bietet einige Rhedestellen mit gutem Ankergrund in 5–10 Faden Tiefe, der aus schwarzem Sande besteht; aber keinen Hafen für ein Schiff, denn alle Ankerplätze sind mit einem Winkel von mehr als 10 Punkten des Kompasses gegen die See geöffnet. Bei mäßig hoher See zeigt die Küste keine Gefahren, die man nicht sehen könnte. Die größte bekannte Gefahr bildet ein Fels, der etwa 3 Stunden südlich und etwas östlich von der Südwestspitze der kleinen Holzbucht liegt und bei niederster Ebbe nur 11 Fuß Wasser über sich hat. Er hat etwa eines Steinwurfs Durchmesser und wurde von einem Schiffer aus Delft entdeckt, der sein Schiff dort auffuhr."

„Die Tiefen um die Insel sind sehr unregelmäßig und der Boden besteht meistens aus Fels oder schwarzem Sand. In einer Entfernung von 11 oder 12 Stunden 880 vom Südkap finden sich noch Ankergründe auf 36 und 36 Faden Wasser. Aber auf der Nordseite der Insel hat man schon in der Entfernung von eines Kanonenschusses Weite von der Küste eine Tiefe von 300 Faden. Auch an der nordöstlichen Küste ist die Tiefe groß, ebenso beim Südostkap; aber an den meisten anderen Plätzen findet man in einer Entfernung von einer halben Stunde nur 10—50 Faden Tiefe. Zwischen Kap Nordwest und Nordost, Nordost und Südost und meistens auch zwischen der kleinen Holzbucht und dem Südkap, sowie an wenigen Stellen der Westküste besteht die Küste aus einer Art von Wall, der außerordentlich steil und unersteiglich ist. Die Westküste hat die meisten Ankerplätze, wo man leicht landen kann, und bietet auch besseren Schutz gegen die häufigen Stürme, weshalb die Holländer dort ihre Stationen zur Thransiederei hatten. In der Südbucht, am Rooberg, in der Holzbucht, in der englischen Bucht, in der östlichen und westlichen Kreuzbucht hatten sie ihre Thransiedereien mit Zelten, Fässern und Magazinen. In der Südbucht riß die See einmal den Holländern drei Hütten, neun Oelfässer und vierzehn Boote mitsammt dem Grunde weg, worauf sie standen. Die Bucht von Marie Muß, die so nach einem industriellen Weibe von Rotterdam genannt wurde, welche das erste Schiff aussandte, das den Walfischspeck auf der Stelle, wo der Fisch gefangen wurde, zu Thran versieden sollte, war der erste Ort, wo Thran auf der Insel gesotten wurde. Die verschiedenen Holzbuchten erhielten ihren Namen von der ungeheueren Menge Treibholz, welches dort angeschwemmt war."

„Die Umschiffung Jan Mayen's auf der Westseite zieht man derjenigen auf der Ostseite vor, weil sich einerseits weniger Eis findet und dann weil man dort weniger Windstillen, Wirbelwinde und Windstöße trifft, die ostwärts vom Beerenberge gewöhnlich hausen. Im Frühjahre ist die Insel gewöhnlich ganz vom Eise umgeben, im Herbst aber, ja selbst im Sommer treibt das Eis zuweilen so weit westwärts, daß man es nirgends vom Land aus sehen kann."

„Obgleich sowohl die Holländer, als auch die Walfischfänger von Hull in der ersten Hälfte des 17. Jahrhunderts jährlich die Insel Jan Mayen zu besuchen pflegten, so besitzen wir doch weder Berichte, noch Beschreibungen davon, mit Ausnahme einiger weniger Notizen über ihre Beschiffung, ihren Hauptberg und seine Gletscher. Die britischen Fischer pflegen jetzt das Land im Vorübersegeln zu erkennen, nähern sich aber selten der Küste. Ich war so glücklich, im J. 1817 bei meiner Heimfahrt dort zu landen, und gab einen Bericht über meine Exkursion auf die Insel im Dezember 1817 bei der Werner-Gesellschaft in Edinburg. Ich gebe hier den Inhalt des Berichtes."

„Der erste Gegenstand, der die Aufmerksamkeit in Anspruch nimmt, wenn man sich Jan Mayen bei klarem Himmel nähert, ist der Pic des Beerenberges. Seine Eisspitze ragt, meiner Messung zufolge, 6870 Fuß über die Meeresfläche. Häufig sieht man diese Spitze über den Wolken und bei klarem Himmel kann man sie aus einer Entfernung von 30—40 Stunden erblicken.*) Der Gipfel erhebt sich von einer felsigen Basis, die etwa 1500 Fuß Höhe hat, aber in einem schmalen Zwischenraume zwischen zwei Klippen der Südseite setzt sich der Abhang mit einem Gefälle von 40—50 Graden in fast gleichförmiger Weise vom Gipfel bis zur See fort."

„Das Land gleicht im Allgemeinen, sowohl in Farbe als Charakter, außerordentlich der Küste von Spitzbergen. Wie bei Spitzbergen, scheint man sich dem Lande ebenfalls zum Erschrecken langsam zu nähern. Wer mit den Polargegenden nicht befreundet ist, würde in einer Entfernung von 10—15 Meilen sich nur in einer Stunde Entfernung von den Felsen glauben."

„Am 4. August war alles Hochland mit Schnee und Eis bedeckt, und selbst das niedere Land, in dessen Thälern und tiefen Höhlungen noch große Schneeflächen sich zeigten, hatte einen Theil seiner winterlichen Bedeckung bis zu dem Seestrande behalten."

„Drei merkwürdige Eisgletscher finden sich zwischen den Vorgebirgen von Nordost und Südost; sie füllen Einschnitte in dem Felsenriffe aus, das hier meiner Messung zufolge 1284 Fuß hoch ist und senkrecht abstürzt, und erstrecken sich von der Basis des Beerenberges bis zu dem Saume des Wassers. Diese Polargletscher unterscheiden sich in allen Stücken von all denen, die ich früher sah. Sie haben eine zerrissene Oberfläche und eine graugrüne Farbe; sie gleichen ungeheueren Wasserfällen, die plötzlich in ihrem Sturze aufgehalten und durch intensive Kälte erstarrt sind. Hier und da liegen auf dem grün-

*) Am 29. April 1818 sah ich den Beerenberg vom Deck des Schiffes „Fame" aus einer auf 25 bis 100 Meilen berechneten Entfernung.

lichen Eise weiße Schneeflocken, die dem Schaume der Cascaden gleichen und die seltsam mit den tiefschwarzen Felsspitzen kontrastiren, welche hie und da über die Fläche zum Vorscheine kommen. Ganz wie Wasserfälle scheinen sie sich einigermaßen den Felsen anzupassen, auf welchen sie liegen, und sind vom Gipfel bis zum Grunde mit krummen Linien bezeichnet."

„Ich verließ mein Schiff, den „Esk von Whitby", Morgens um 3/4 nach 1 Uhr, begleitet von den Kapitänen Jackson und Bennet, deren Schiffe in der Nähe waren, und landete um 2 1/2 Uhr in einer bedeutenden Brandung an einem von dickem, schwarzem Sande gebildeten Strande. Dieser Sand, der ein dickes Lager von 2 oder 3 Meilen Länge und der Breite eines Feldweges bildete, war eine Mischung von Eisensand, Augit und Pyroxen; die schwarzen Theile, die sehr schwer waren und von dem Magnete angezogen wurden, glichen ganz grobem Schießpulver."

„Die Bucht, wo wir landeten, war der erste zugängliche Platz auf der ganzen unzugänglichen Küste vom Nordostkap weg, das etwa 4 Stunden entfernt ist. Die große Holzbucht lag unmittelbar westlich von uns und das Südostkap etwa 5 Meilen gegen Osten."

„Der Strand verlief nach innen, nachdem er sich um wenige Fuß erhoben, etwa 1/4 Meile weit horizontal einwärts, wo er von unregelmäßigen Felsriffen begrenzt wurde. Dieser Strand schien zuweilen von der See bedeckt zu werden; denn er war mit Treibholz übersäet, das theilweise noch gutes Zimmerholz war, während das übrige ziemlich verfault und zum Theil auch von Würmern zerfressen schien. Ein Klotz, den ich fand, war viereckig behauen und mit dem Buchstaben G bezeichnet."

„Kaum hatte ich einige Schritte gemacht, so bemerkte ich alle Anzeichen eines Vulkans. Ueberall sah man Lavabruchstücke, mit welchen häufig Blöcke gebrannten Thons verbunden waren; näher an dem Felsen sah man große Massen rothen Thones, theilweise gebacken, doch stets in zerreiblichem Zustande, in bedeutender Menge. Viele spitze Felsen, die wahrscheinlich zur Trappformation gehören, ragten aus dem Sande; einer dieser Felsen, von blasigem Basalt, zeigte zahlreiche, schöne Augitkrystalle, die in seine Masse eingebacken waren. Auch fanden sich darunter Felsarten, welche dem berühmten basaltischen Mühlsteine von Andernach sehr nahe kamen. Sobald wir einmal die Seeküste verlassen hatten, sah ich nur Gesteine, welche unzweideutige Anzeichen neuerer vulkanischer Thätigkeit trugen, wie Asche, Erdschlacken, gebrannten Thon, blasige

Lava u. s. w. Da der Ort, von dem aus diese Stoffe entladen worden waren, ziemlich nahe schien, so versuchten wir, ihn zu erreichen. Die Steilheit des Hügels und das lose Material machten die Besteigung nicht wenig schwierig: häufig glitten wir einige Schritte zurück, da die Lavaknollen unter unseren Füßen wichen, und in diesem Falle erklang der Boden, wie wenn wir auf leeren metallischen Gefäßen oder auf gewölbten Höhlen gingen."

„Der gebackene Thon und die übrigen losen Gesteine bestanden am Grunde des Hügels hauptsächlich aus großen Massen; gegen die Mitte des Aufsteigens waren die Stoffe in kleineren Stücken, an dem Gipfel fanden wir Blöcke halbgebackenen rothen Thones, der viele Augitkrystalle enthielt, und am südlichen Theile des Gipfels war ein rauher Wall desselben Thones, der dem Berge das Ansehen eines Kastells von wunderbarer Schönheit gab. Als wir den Gipfel erreichten, den wir auf 1500 Fuß über der See schätzten, sahen wir einen schönen Krater, der ein Becken von 600—400 Fuß Tiefe und 600—700 Ellen im Durchmesser bildete. Er war vollkommen rund und sein inneres, wie äußeres Gehänge zeigte eine etwa gleiche Neigung. Der Grund dieses Kraters war mit angeschwemmten Stoffen bedeckt, bis zu einer solchen Höhe, daß er eine Horizontalebene von elliptischer Form bildete, welche 400 auf 240 Fuß maß. An dem Grunde des Kraters war auf der Seite eine unterirdische Höhle ausgegraben, aus der eine Quelle hervorbrach, welche nach kurzem Laufe gen Süden im Sande zerrann."

„Von dieser Höhe hatten wir eine interessante Aussicht. Nördlich erschien der Beerenberg nun erst frei von Wolken, majestätisch in die Höhe ewigen Eises emporragend. Am Fuße des Berges, an der Südostseite, in der Nähe eines ungeheueren Lavastromes, zeigte sich ein anderer Krater von ähnlicher Gestalt, wie der oben beschriebene. Gen Süden war die äußerste Grenze der Insel sichtbar; gegen Norden verhinderte ein dicker Nebel die Aussicht, der in stattlicher Erhabenheit gegen uns heranzog und die Fernsicht nach und nach beschattete, während die nächsten Berge in undurchdringlichem Glaste sich einhüllten. Die See war ruhig, die Sonne hell und die hohe Atmosphäre ohne eine Wolke. Außer dem Interesse, welches der Vulkan in Anspruch nahm, ließ jedoch der Beerenberg jeden anderen Gegenstand vollkommen hinter sich zurück."

„Die Farbe der Felsenriffe umher zeigte verschiedene Tinten von braun oder schwarz und der allgemeine Charakter der Gegend zeigte die Wirkung des vulkanischen Feuers."

„Ein felsiger Hügel mit steilem Absturze gegen die See liegt etwas westwärts und ich stieg zu ihm von dem Kraterrande hinab in der Hoffnung, dort einige andere Felsarten finden zu können, als die, welche wir bisher gesehen. Er bestand aus einem Riffe von gelbgrauer zerreiblicher Erde oder Thon, worin Augitkrystalle mit dicken, schwarzen, runden Stücken von Basalt eingelagert waren."

„In der Nähe des Vulkanes fanden wir ein Stück Eisen, welches durch einen im natürlichen Ofen zu Stande gebrachten Schmelzprozeß aus Eisenstein entstanden zu sein schien. Wir legten es beim Aufsteigen bei Seite, da es sehr schwer war, und ließen es leider zurück, als wir die Küste verließen. Wir nahmen Handstücke von allen andern metallischen, mineralischen, vegetabilischen und animalischen Substanzen, die wir fanden."

„Da die Gletscher der Insel nothwendig den Gedanken an erfrorene Wasserfälle erregen mußten, so würde eine poetische Einbildungskraft in dem hohlen, metallischen Ton, welchen die Erde in der Nähe des Berges von sich gab, die Höhle des Vulkans entdeckt haben und in dem Eisenklumpen, der in den Eingeweiden der Erde erzeugt war, ein von demselben Gotte zum Gebrauche seines Vaters Jupiter fabricirtes Stück."

„Nur wenige Pflanzen wuchsen auf den Felsenrissen. Wir gingen weit voran, ohne eine Spur von Vegetation entdecken zu können. Weiter im Land trafen wir Pflanzenbüschel in voller Blüthe, hie und da zerstreut zwischen dem vulkanischen Gestein. An dem letzten Felsenrisse war die Menge größer und auch die Exemplare kräftiger. Wir erkannten unter den gefundenen Pflanzen Rumex digynus, Saxifraga tricuspidata und oppositifolia, Arenaria peploides (?), Silene acaulis, Draba verna u. s. w."

„Der Boden war fast überall von schwarzem Sande oder einer Art gelblich grauen Thones gebildet."

„In der Nähe der Seeküste sahen wir Fuchshöhlen und Fußtapfen unterhalb der Grenze des höchsten Wasserstandes; doch trafen wir keines dieser Thiere. Auch konnte man Fußtapfen von weißen Bären und vielleicht auch von Rennthieren sehen. Die Vögel waren nicht so zahlreich, als ich gedacht hätte; wir sahen nur Bürgermeistermöven, Sturmvögel und Eissturmvögel, Lummen, kleine Taucher und Möven. Auch sahen wir einige Wale, doch nur Finnfische und keine grönländischen Walfische."

„Wir kehrten 6 Uhr Morgens nach unserem Schiffe zurück. Da das Wetter klar war, so peilte ich die vorzüglichsten Küstenpunkte und nahm

Azimuthe und Sonnenhöhen zur Bestimmung der Ablenkung der Magnetnadel und des Längengrades mittels des Chronometers."

„Mannschaft, die ich zum Fischen aussandte, fand nichts auf offener See, näherte sich deshalb der Küste und landete etwa 2 Meilen ostwärts von unserem Landungsplatze, obgleich die Brandung sehr stark und der Strand sehr eng war. Sie sahen viel Treibholz, worunter ein Bootsruder, ein Schiffsmast und verschiedenes Trümmerholz. Die Gesteine, welche sie fanden und von denen sie Handstücke mitbrachten, hatten durchaus denselben vulkanischen Charakter, wie die unsrigen. Sie sahen in der Nähe einiger Spalten, die hie und da in Felsrissen sich zeigten, ungeheuere Haufen von Lava, welche durch diese Spalten ausgespieen schienen. Asche, Erdschlacken, Eisensand und Stücke von Flötzgebirgen bedeckten die Bucht und alle Riffe, die sie untersuchen konnten."

„Ich nannte den Vulkan, den ich bei diesem Ausflug entdeckte, nach dem Schiffe, welches ich damals führte, den Berg Esk, den vorspringenden Punkt des Landes nach Osten zu Kap Fishburn, und den Punkt unter der Eierinsel, welcher die östliche Grenze der großen Holzbucht bildet, Kap Brodrick zu Ehren meiner gleichnamigen Freunde, denen der Esk gehörte. Die zwischen diesen Punkten gelegene Bucht, in welcher wir landeten, nannte ich Jamesonbucht zu Ehren meines geehrten Freundes, Professor Jameson."

„Im Frühling des folgenden Jahres hatte ein Vulkan in der Nähe, vielleicht der Esk, wahrscheinlicher Weise einen Ausbruch. Mit dem Schiffe „Fame" segelte ich am 29. April an Jan Mayen vorbei, das ich zu Norden hatte, und da ich den Wind östlich hatte, so konnte ich es nur mit Mühe am nächsten Tage umschiffen. Wir segelten nordwärts zwischen Bucht-Eis und kamen querüber von der Jamesonbucht, wo wir deutlich die Eierinsel, die drei Gletscher und andere große Gegenstände erblicken konnten. Wir waren sehr überrascht, bedeutende Rauchwolken zu sehen, die nördlich von der Eierinsel in der Nähe des Berges Esk in Unterbrechungen von 3 oder 4 Minuten aus der Erde emporgewirbelt wurden. Erst glaubten wir, der Rauch komme von einigen Schiffern her, welche vielleicht Schiffbruch gelitten hätten; nachdem ich aber persönlich während mehr als einer Stunde die Erscheinung von dem Mastkorbe aus beobachtet hatte, war ich überzeugt, daß es nichts anderes sein könne, als ein schwacher vulkanischer Ausbruch. Der Rauch wurde mit großer Schnelligkeit emporgewirbelt bis zur doppelten Höhe des Landes, also etwa 4000 Fuß. Kapitän Gilyott vom „Richard" von Hull erzählte mir, daß er in demselben Monate des Jahres 1818, als er in der Nähe der Insel Seehunde jagte, ähnliche Erscheinungen beobachtet habe. Er sah den Rauch häufig; einmal bemerkte er sogar eine leuchtende Röthe, welche der Glut eines großen Feuers glich. Er rief seine Offiziere, dies zu besichtigen, und meinte scherzhafter Weise, der Mond sei auf Jan Mayen gelandet."

„Diese Thatsachen erklären vielleicht ein seltsames Geräusch, das von sieben holländischen Seeleuten gehört wurde, welche im Winter 1633/34 hier zu überwintern versuchten. In der Nacht vom 8. September „wurden sie durch ein Geräusch erschreckt, als wenn etwas gewaltig Schweres auf den Boden gefallen wäre, sahen aber nichts." Wenn dies nicht ein Gletschersturz war, wie einige vermuthen, so war es ganz gewiß eine vulkanische Erscheinung."

„Diese sieben Seeleute scheinen die einzigen menschlichen Wesen zu sein, die jemals auf Jan Mayen zu überwintern suchten. Sie gehörten zu der holländischen Walfischerflotte und boten sich freiwillig der grönländischen Kompagnie an, um einen Versuch über die Möglichkeit, dort im Winter zu leben und eine Fischereistation zu errichten, zu machen. Dieser Plan, der unter dem Prätexte, die wahre Beschaffenheit des Landes im Winter zu erforschen, die Nächte zu beobachten und andere merkwürdige, unter den Astronomen noch bestrittene Beobachtungen zu machen, sich verbarg, ging ganz gewiß auf einen Versuch zur Kolonisirung hinaus, in der Absicht den Walfischfang zu erleichtern und den Abenteurern den Werth der Fischerei zu erhöhen. Das Journal dieser Leute, das in Churchills Sammlung von Reisen ausführlich gegeben ist, gibt einen besseren Begriff von Wind und Wetter, als alle übrigen während eines Winters in so hohen Breiten gemachten Beobachtungen, welche bis jetzt publizirt wurden. Die kleine Gesellschaft überlebte die Strenge des Winters ohne besondere Gefahr für ihr Leben, bis der Skorbut unter ihnen ausbrach. Da sie sich die nothwendigen frischen Nahrungsmittel nicht verschaffen konnten, so machte die Krankheit rasche Fortschritte. Der erste von der Gesellschaft starb am 16. April; alle übrigen erreichte dasselbe grausame Schicksal etwa einen Monat später. Ihr Tagebuch endet mit dem 30. April. Als die holländische Flotte am 4. Juni bei der Insel erschien, fand man sie alle todt in ihren Hütten."

Scoresby gibt einen Auszug aus dem Tagebuche Tag für Tag vom 28. August bis zum 30. April, aus welchem hervorgeht, daß nicht sowohl strenge Kälte, als vielmehr heftige Winde, dicke Nebel und Schneestürme den Winter auf Jan Mayen charakterisiren. Schon am 28. August fällt Schnee und noch im Anfang April ist Schneewetter angezeigt. Die See füllt sich mit Eis im October. Im November kommen die Bären an, welche bis zum März wiederholt Besuche machen. Im März spielen die Walfische in großer Zahl in der Nähe des Landes. Der letzte Apriltag ist ein schöner, klarer Tag. Unter dieser Bemerkung steht noch das Wort: Sterben.

Der Besuch Lord Dufferins im Jahre 1856 hat unsere Kenntniß über die Insel Jan Mayen kaum merklich gefördert. Der Lord war bekanntlich in Island zur Zeit, als Prinz Napoleon dort einen Besuch abstattete und, wie die Isländer wenigstens vermuthen, vertraulicher Weise von der englischen Regierung mit der Beaufsichtigung des Gebahrens des Prinzen beauftragt, dem man politische Zwecke unterschieben konnte, da die Franzosen seit langer Zeit gewohnt sind, in der Nähe Islands zu fischen. Die „Reine Hortense", auf welcher sich der Prinz befand, nahm den Schooner Lord Dufferins ins Schlepptau und dampfte mit ihm bis in die Nähe Jan Mayens, wo sie sich gezwungen sah, umzukehren, da ihr der Kohlenvorrath ausging. Lord Dufferin arbeitete sich mit vieler Mühe durch Nebel und Treibeis hindurch in die Nähe der Insel; sah den Gipfel derselben während eines Augenblickes durch den Nebel, freilich zu flüchtig, um ein richtiges Bild davon entwerfen zu können; erblickte die Nordostseite, die auch wir zuerst sahen, am andern Morgen in voller Pracht und konnte dann auf derselben an dem schmalen Küstenstreifen landen, den er aber nach einer Stunde wieder verlassen mußte, da ihm das Treibeis den Rückweg zu dem Schiffe zu sperren drohte. Da wir den Beerenberg von drei Seiten, von Nordost, Süd und Südwest her zu sehen und zu zeichnen Gelegenheit hatten, so können wir dreist behaupten, daß der Berg sich niemals unter der spitzen Form darstellen kann, wie Lord Dufferin ihn in dem Holzschnitte gibt, der seinem Buche als Titelblatt dient. Der Beerenberg ist ein Kraterkegel mit steilen Gehängen und weiter Oeffnung im Innern und der Rand dieser Oeffnung ist, wenn auch ein wenig ausgezackt, doch vollkommen horizontal abgeschnitten, so daß man in der Entfernung einiger Meilen von dem Berge die Zacken sieht, welche die Hinterwand des Kraters darstellen und mit so steilen Abstürzen, daß kein Schnee darauf haften kann, nach innen absteigen.

Jan Mayen ist ohne Zweifel durchaus vulkanischer Bildung, eine lange, durch Lava ausgefüllte Spalte, an deren einem Ende sich der gewaltige Krater des Beerenbergs erhebt. Außer den von uns besuchten Kratern (denn merkwürdiger Weise sind wir fast genau an denselben Stellen gelandet, welche Scoresby und seine Leute besuchten, und haben denselben Vulkan Esk erstiegen, welchen er schon getauft hatte), außer diesen Kratern, sage ich, sind gewiß noch viele Nebenkrater auf der Insel vorhanden, die man besonders beim Durchsuchen der Nordwestküste auffinden dürfte. Die vulkanische Thätigkeit erscheint jetzt zwar erloschen und muß jedenfalls in dem Centralvulkane, dem Beerenberge, seit mehreren Jahrhunderten erloschen sein, indem sonst die seinen Scheitel krönenden Gletscher nicht eine solche Mächtigkeit und Ausdehnung erlangt haben könnten. Nebenausbrüche haben dagegen ganz gewiß noch in den letzten Jahrhunderten stattgefunden, wie dies nicht nur die Beobachtungen von Scoresby aus dem J. 1823, sondern auch eine frühere Notiz beweist, die ich in einem alten Werke finde, welches seiner Zeit viel Aufsehen erregte. Dies Werk führt den Titel: „Herrn Johann Anderson, J. U. D. und weyland ersten Bürgermeisters der freyen kayserlichen Reichsstadt Hamburg, Nachrichten von Island, Grönland und der Straße Davis, zum wahren Nutzen der Wissenschaften und der Handlung. Hamburg, verlegts Georg Christian Grund, Buchdr. 1746." Seite 7 finde ich folgende Anmerkung: „Ein gleichmäßiger Erdbrand entstand von selbsten in dem 1732. Jahre auf dem sogenannten Jan-Mayen-Eylande, welches eben auch wie unser Island einer von den Nordischen Welttrümmern, und derselben gar gleich, doch ganz unbewohnt und unwohnbar ist, ohnfern von Spitzbergen und Grönland belegen, und in die Länge auf 6 deutsche Meilweges nach der Schiffer Muthmaßung, ohne sonderliche Breite, aus Südwesten gegen Nordosten sich erstreckend, mit lauter kleinern und größern Klippen, oder Felsen, die ganz nackend sind, überall bedecket. An ihrem nördlichen Ende erhebet sich der von der Menge der ehemals bey demselben wahrgenommenen Bären, also genannte Bärenberg zu einer solchen Höhe, daß er, wenn der Himmel wölckicht ist, mit seiner Spitzen über die daran hinstreichende Unterwolken reichet, und bey hellem Wetter bis auf 32 Meilweges, wie mich unsere Schiffer dessen versichert, gesehen werden kann. Er ist an sich wie die übrige ganz kahl, ohne Gesträuch, Kräuter und Erde, zu oberst beständig mit Schnee oder Eis bedecket, und nur allein am Fuße, wo aus dem Miste, der allhier (wegen der vielen auf den Gründen sich enthaltenden Meerkrabben oder Granaten) in unbeschreiblicher Anzahl nistenden Strandvögel eine dünne Mooß- und Erdrinde sich ansetzet, mit der hiesiger Orten für die vorbeykommende Grönlandsfahrer so nöthigen Arzeney, dem Löffelkraut, Sauerampfer u. dgl. nach göttlicher weisen und gnädigen Austheilung, bewachsen. Drey Meilen Südwärts von diesem Berge ab lag, wegen widrigen Windes A. 1732, den 17 May, ein nach Grönland wollender Schiffer, Namens Jacob Jacobsen Laab, mit seinem Schiffe, da sichs plötzlich begeben, daß unten am Berge auf verschiedenen Stellen große Flammen hervorgeschossen, die wie starke Blitze strichweise hin und wieder gefahren, auch ein entsetzliches Knallen als eines starken Donners gehöret, endlich aber ein großer und dicker Dampf gesehen worden. Worüber der Schiffer in die größte Angst und Kummer gerathen, weil er mit seinem Schiffe nicht von der Stelle kommen, und nicht wissen können, was für Folgen diese Entzündung haben, und was ihm mit überkommen würde. Doch hat der Brand nur ein Etmahl, wie die Schiffer sprechen, d. i. 24 Stunden, gedauert, der Berg selbst auch oben sich nicht geöffnet, viel weniger Steine oder dergleichen ausgeworfen. Nur allein hat der dicke und schwarze Rauchdampf bis auf den 21 desselben Monats angehalten, als der Wind sich gewendet und bemeldeter Schiffer davon gesegelt. Den aber bald ein neuer Schrecken betroffen, indem 15 Meilen, nach seiner Vermuthung von der Insel eine so große Menge nachgeflogener Asche auf sein Schiff gefallen, daß die Seegel davon schwarz gefärbet geschienen, auch das Deck des Schiffes ganz dicke angefüllet worden. Wobey er anfänglich besorget gewesen, daß unter solcher Asche vielleicht glimmende Kohlen, oder andere zündende Bergarten, vermischet seyn, und sein getheertes Schiff in Brand bringen möchten. Nachdem er aber dieselben hin und wieder im Anfühlen kalt befunden, auch bemerket, daß, wenn er gleich auch ein Licht daran gehalten, nicht einmal etwas entzündliches darinne gewesen, hat er frischen Muth geschöpfet, und die Asche mit Wasser aus dem Schiffe spülen lassen: woran seine Leute, weil stets neue und mehrere nachgefallen, in die 5 gute Stunden ihre Arbeit gehabt. Ich habe etwas von dieser Asche bekommen, die lichtgrau und sanft anzurühren, unter dem Vergrößerungsglase aber mit vielen zarten Sandkörnlein, oder vielmehr durchsichtigen Bröcklein zermürseter Steine vermenget ist. Ein paar Wochen nachhero ist ein ander Schiffer, Alicke Payens genannt, des vorigen Landsmann, der von dieser sonst unerhörten Begebenheit etwas vernommen gehabt, an die Insel gekommen, und hat so viel Muthe und Neugierde besessen, daß er in der Gegend des Brandes an Land gestiegen, um alles in genauern Augenschein zu nehmen. Da er aber nicht wahrnehmen können, daß der Berg selber irgends ausgeborsten, noch etwas aus ihm ausgeflossen, oder ausgeworfen gewesen, sondern nur den ganzen Boden auf 2 Meilweges mit Aschen so hoch bedecket gefunden, daß er bis zum halben Beine darinne waten und folgbar ziemlich ermüdet sich wieder zu Schiffe begeben müssen."

Der Bericht des hochweisen Bürgermeisters Anderson deutet schon darauf hin, daß die letzten Ausbrüche, welche auf Jan Mayen statt hatten, wesentlich nur Asche zu Tage förderten, während dagegen die früheren Bildungsausbrüche, wenn wir sie so nennen können, mit ungeheueren Lavaströmen in Verbindung gewesen sein müssen. In der That ist der Beerenberg mit seiner ganzen Basis, sind alle Vorgebirge, Riffe und Klippen der Insel aus einer festen kompakten Lava gebildet, die mit keiner der uns bekannten Laven einige Aehnlichkeit hat. Die Masse ist grau, fest gefügt, kaum krystallinisch und enthält in ihrem Inneren eingesprengt eine große Menge von Augit-, Peridot- und Pyroxenkrystallen, die ihr das Aussehen eines feinkörnigen Porphyrs geben. Manche dieser Lavaschichten sind 30 und 40 Fuß mächtig und häufig, wie namentlich in der Turnbucht, wo wir landeten, sieht man eine plattenförmige Absonderung, der zufolge das Gestein in große Tafeln springt. An vielen Stellen wird die Lava blasig und selbst schaumig und wir bewahren Stücke in unserer Sammlung, wo die Bildung von Zeolithen in der schaumigen Lava schon begonnen zu haben scheint. Die Porosität der Lava hindert in keiner Weise die Entwickelung der erwähnten Krystalle: man findet sogar besonders die Augite viel größer in der blasigen, als in der kompakten Lava.

Eine besondere Modifikation der Lava findet sich sowohl an dem Krater Esk, als auch an einigen Strömen, welche von dem Beerenberge herab gekommen sind. Die Farbe dieser Lava ist tiefschwarz und offenbar der eisenhaltige Bestandtheil in ihr vorherrschend, sodaß ganze Massen bis in das Innerste des schwammigen Gefüges durch Oxydation des Eisens eine intensiv rothe Farbe gewonnen haben. Schon aus weiter Ferne frappirt diese blut- oder zinnoberrothe Färbung, die mit dem dunkeln Schwarz der unzersetzten Gesteine und dem grünlichen Gelb der Moose in schneidendem Gegensatze steht. Diese Art von Lava ist es vorzüglich, welche bei fortdauernder Zersetzung eine vortreffliche schwarze Dammerde bildet, in welcher die kümmerlichen Pflanzen Wurzel schlagen, die namentlich an den Gehängen und unter dem Schutze überragender Lavafelsen sich angesiedelt haben, während in dem aus der Zer setzung der grauen Lava hervorgehenden feinen Sande nur der Sandhafer mittels seiner langen Haarwurzeln einen Standort findet.

Der schwere Sand, welcher überall den Küstenstreif bildet und auch das Innere der Thäler der Insel ausfüllt, ist offenbar weniger aus der Zersetzung der Laven hervorgegangen, als vielmehr in dieser Gestalt von den Vulkanen ausgespieen worden. Der fast an der Küste gelegene kleine Krater Berna ist offenbar nur aus dem Ausbruche von solchen Sand- und Aschenmassen entstanden. Die vollkommen gleichartige Ausbildung der Form seines Rundwalles, der gänzliche Mangel jeglichen Lavastromes in seiner Umgebung, die ungemeine Anhäufung von Sandmassen in der Ebene, welche ihn umgiebt, beweisen hinlänglich, daß hier niemals ein Lavaausbruch stattgehabt, sondern die Eruptionen nur Sand und Asche zu Tage gefördert haben; und merkwürdiger Weise zeigen sowohl die Nachricht von Anderson, als auch diejenigen von Scoresby auf den Vulkan Berna als den wahrscheinlichen Ort der in den letzten Jahrhunderten geschehenen Ausbrüche hin. Vergessen darf man wohl nicht, daß die Form dieses kleinen Kraters auffallend denjenigen gleicht, welche die sogenannten Maare in der Eifel besitzen, sodaß diesen jedenfalls ein gleicher Ursprung zugeschrieben werden muß.

Scoresby schon macht darauf aufmerksam, daß die Gletscher der Insel Jan Mayen in keiner Weise den Gletschern gleichen, welche er in anderen Polarländern, namentlich in Spitzbergen und Grönland gesehen. Es dürfte in der That schwer fallen, einen Unterschied zwischen diesen und den in ihren Einzelheiten so bekannten Gletschern der Alpen nachzuweisen. Nadeln und Zacken, Schmutzbänder und blaue Streifen, Moränen und Schuttwälle zeigen sich ganz in derselben Weise an dem untern Theile dieser Gletscher, während die Gletscher der übrigen Polarländer den großen Firnmeeren gleichen, welche in den Alpen die Reservoire bilden, aus welchen die Eisströme in die Thäler hinabsteigen. Offenbar beruht diese Verschiedenheit nicht, wie man glauben könnte, in den klimatischen Verhältnissen, sondern einzig und allein in der Neigung der Flächen, auf welchen die Gletscher sich bewegen. Man kann auf Jan Mayen deutlich beobachten, wie die Sonne, die selbst um Mittag nur wenig über den Horizont hervorkommt, hauptsächlich nur auf denjenigen Flächen wirkt, die eine starke Neigung besitzen und ihr also rechtwinklig gegenüberstehen. Je steiler die Gehänge, desto üppiger gedeihen die Pflanzen, desto weiter sind Blüthen und Samen in ihrer Entwickelung vorgeschritten; desto höher hinauf zeigt sich die Grenze, bis zu welcher der Schnee des Winters weggeschmolzen ist. Im heurigen Sommer zeigt sich diese Grenze im allgemeinen auf der Höhe des Felsenriffes, die Scoresby in Folge einer Messung zu 1240 Fuß bestimmt hat, und auf dem Esk, der diese Höhe um wenigstens 200 Fuß überragt, war nicht eine Spur von Schnee zu finden, während in der Tiefe auf den fast ebenen Flächen hie und da große Schneeflecken sich zeigten.

Wir dürfen eines Umstandes nicht vergessen, der einer ganz besonderen Erwähnung verdient. Die Schutt- und Sandhalden an der Ostseite, die Moränenmassen in der Umgegend des Südgletschers, die Wände des in die See vorspringenden Eskraters erschienen deutlich aus schichtweisen Lagen gefrorenen Sandes zusammengesetzt, so daß sie aus einiger Entfernung förmlich schwarzweiß gebändert erscheinen; — ein offenbarer Beweis, daß in den gewöhnlichen Sommern die Kraft der Sonne nicht hinreicht, eine ganze Schicht aufgeschütteten Sandes zu durchdringen, sodaß das meiste Schmelzwasser, welches von den oberen Theilen der Insel abläuft, in einiger Tiefe wieder gefriert und so mit dem Sande zusammenbackt. Wir konnten hier die Bildung jener gefrorenen Sand- und Erdschichten, welche an den sibirischen Küsten die Leichen ausgestorbener Riesenthiere enthalten, auf das deutlichste verfolgen. Ohne Zweifel würde man auf der Insel Jan Mayen im Inneren jener gefrorenen Sandmassen dieselben Walfische und Robbenknochen finden, welche jetzt auf der Küste zerstreut sind.

Ein Wort noch über die Karte, welche wir beifügen. Sie ist hauptsächlich von Scoresby entlehnt, welcher die Südostküste selbst vermaß, während die Nordwestküste, die er selbst nicht besuchte, dem alten holländischen Schiffer Zorgdrager entlehnt ist, dessen Werk über den Walfischfang wir uns leider nicht verschaffen konnten.

Unsere Schiffsroute ist auf dieser Karte mit kurzen Strichen bezeichnet, während die Excursionen im Boot und auf dem Lande durch punktirte Linien angezeigt sind. Die Zahlen 19 bis 24 bezeichnen den Punkt, wo sich das Schiff um Mittag des gleichen Datums im Monat August 1861 befand. Um die Karte nicht zu überladen, haben wir die besonders benannten Orte mit Buchstaben bezeichnet.

a. Südkap. b. Südwestkap. c. Südbucht mit den zehn Zelten der Holländer und dem Rooberg daneben. d. Nordbucht. e. Marie Muß-Bucht. f. Nordostkap. g. Krater des Beerenberges. h. Südostkap. i. Der Felsen

„Präsident". k. Südgletscher. l. Der „Katankuchenkrater Berna". m. Krater Eol. n. Turnbucht. o. Krater der Eilinsel. p. Lagune der großen Holzbucht. q. Der Felsen „Das Lootsenschiff". r. Felsen „Leuchtthurm". s. Unterseeische Klippen.

Drittes Buch.

Island.

Motto.

Nach der Insel laß uns ziehen,
Wo den Thee der Geyser kocht!
Wo in dumpfen Rauchhöhlen
Modern blondgelockte Seelen
Bei der Vogellampe Docht!

Dreizehntes Kapitel.

Reikjavik.

Wir hatten Jan Mayen am 24. August Lebewohl gesagt, aller Wahrscheinlichkeit nach auf Nimmerwiedersehen, und steuerten nun bei schwacher Brise gen Süden, dem letzten unserer Reiseziele, Island, entgegen. Zum ersten Male, seit wir Hamburg verlassen hatten, wurde es vollständig Nacht, zum ersten Male sahen wir wieder die Sterne am Firmament. Wir saßen lange bis nach Mitternacht auf Deck und freuten uns des ungewohnten Anblickes, freuten uns, dem unaufhörlichen Tage entnommen zu sein und Ländern nahe zu kommen, wo die 24 Stunden auch im Sommer in eine Zeit der Ruhe und der Thätigkeit sich scheiden. Wir versuchten, uns aus den Sternen zu weissagen. Obgleich aber die Einen behaupteten, Sterne überhaupt müßten schon eine glückliche Fahrt bedeuten, so schienen doch nicht alle Autoritäten des Joachim Hinrich derselben Meinung und die weitere Fahrt bestätigte in der That ihre trüben Aussichten.

Am andern Morgen waren wir schon außer Sicht des Landes; selbst der Beerenberg, den man doch auf so bedeutende Entfernung sieht, war hinter den Horizont hinabgesunken. Schwärme von Raubmöven, die wir bis dahin nur einzeln gesehen hatten, und entenartigen Vögeln, die nicht nahe genug kamen, um sie unterscheiden zu können, zeigten indeß immer noch auf nicht zu bedeutende Entfernung des Landes hin. Wir hielten unseren Kurs gut ein, der auf die Nordostspitze Islands gerichtet war, und da der Wind zuweilen südlich lief, so dachten wir, um die Nordküste der Insel herumzufahren, die jedenfalls vollkommen frei sein mußte.

Am Morgen des 28. August hatte uns der Wind indeß schon von unserer ursprünglichen Richtung südlich abgetrieben, sodaß wir uns der Südostspitze Islands gegenüber in meilenweiter Entfernung befanden. Zwei große Berge mit Schnee bedeckt, der nördliche mehr ein spitzer Kegel ähnlich dem Möle bei Genf, der südliche breit und abgeflacht; zwischen beiden eine Menge von Kegeln, Kuppen, steilen Vorgebirgen und anderem Zubehör eines bergigen Landes tauchen einen Augenblick an dem Horizonte auf, verschwinden aber augenblicklich wieder, sobald wir mit den Zeichenbüchern auf Deck erscheinen, um ihr Portrait zu nehmen. Ein Unwetter mit hartem Wind, Platzregen und hohen Wellen bricht aus Nordosten los. Das Barometer sinkt und sinkt, als wenn es dafür bezahlt wäre, und der Kapitän, der bis dahin nicht ganz an den Werth seiner Anzeigen glauben wollte, konsultirt es jetzt von Viertel- zu Viertelstunde mit sichtlich steigender Unruhe. Schon seit dem Morgen hatte das vortreffliche Instrument, dessen Gebrauch man den Seefahrern nicht genug anrathen kann, den nahenden Sturm verkündet. Seit acht Uhr Morgens schon war der Wind so hart geworden, daß wir nur unter drei Segeln waren und nichts desto weniger zehn Knoten liefen. Gegen Mittag gab der Kapitän Befehl, das Breitsegel einzuziehen. Kaum aber hatte man mit dieser Arbeit begonnen, so faßte der Sturm das Segel und zerriß es in Fetzen, die er den Matrosen um die Köpfe wirbelte. „Setzt der Wind nicht um (so schreibt der Professor in sein Tagebuch, nachdem er einige tröstliche Versicherungen des Kapitäns eingeholt hat, der behauptete, es sei nicht die mindeste Gefahr), setzt der Wind nicht um, so sind wir morgen schon in Reikjavik, und schaukelte das Schiff nicht, so könnte man sich bei heulendem Novemberwetter im warmen Stübchen glauben, behaglich und wohlversorgt. — So aber sieht's doch aus, als sollten wir noch einige Püffe bekommen, ehe wir Reikjavik erreichen."

Aus einem Briefe, datirt Freitag den 30. August:

„Ich hatte mit meiner Prophezeiung von vorgestern Morgen gar nicht Unrecht. Wir können nun sagen, daß wir einen rechtschaffenen Sturm aus dem ff gehabt haben und uns fast glücklich schätzen müssen, mit einem blauen Auge davon gekommen zu sein. Ich hatte die letzten Zeilen geschrieben und melancholisch den Fetzen unseres großen Segels zugeschaut, die über die kochende Wasserfläche hinüberflogen, wie Papierschnitzel (es war für 400 Franken Leinwand, die so zum Teufel ging), als der Wind zu stark wurde, um ferner schreiben zu können. Es tobte draußen fürchterlich: jede Welle ging über das

Verdeck hinaus; wir mußten die Schlagbretter an die Glasfenster fest machen und saßen nun in dem kalten und dunkeln Salon; denn bei dem furchtbaren Schwanken konnte man weder Feuer noch Lampe brennen lassen. Von Zeit zu Zeit rasselte eine Schlagwelle über die Schutzbalken hinüber und uns ins Zimmer hinein, so daß bald der halbe Salon unter Wasser stand. Wir mußten in die Kojen hinein; aber auch da war übel sein, denn man hatte Mühe, sich in den Betten zu halten. Von Zeit zu Zeit kam der Kapitän herab mit Nachrichten, die nicht allzutröstlich waren. „Der Adlerkäfich wird weggeschwemmt!" (Er war mit dicken Nägeln zwischen der Küche und unserem Ueberbau befestigt.) Man kriecht aufs Deck hinaus in den heulenden Sturm

Schiff im Beginne des Sturmes.

und schmetternden Platzregen, fängt den Adler und sperrt ihn in den Raum. „Der Bär ersäuft!" In der That ist auch der Bärenkasten lose und der Bär in höchst ungemüthlichem Seelenzustande. Er wird gepackt und, naß wie er ist, in den Raum am Vordertheile hinabgeworfen, wo die Segel liegen. „Ach, Herr Professor, Ihr Tisch!" ruft der Kapitän nach einem harten Schlage, der aufs Verdeck prasselt. Ich hatte zwischen den Winden einen Klapptisch anbringen lassen, der in starken Charnieren hing und an dem wir bei schönem Wetter mikroskopisirten und arbeiteten. Die Charniere sind noch da; der Tisch aber ist abgerissen und vom Winde in die See gestürzt. Die Bank davor, die festgeschraubt war, hat 6 Beinbrüche an ihren 4 Beinen erlitten und kann künftig zum Heizen benutzt werden. Das große Tau, womit wir uns schleppen ließen, armsdick und wohl zwei Zentner schwer, hat der Wind wie ein Stück Bindfaden von dem Dach der Matrosenkoje hinausgeschwungen. Die Matrosen arbeiten keuchend an den Reserveankern, die sich loszureißen und Alles auf Deck zu zertrümmern drohen. Eine Wassertonne rollt ihnen zwischen die Beine. Während sie diese wieder fest machen, knacken die Stengen der beiden letzten kleinen Segel, Top und Bramsegel. Sie müssen gerefft werden, sonst bricht der Mast. „Es weht fürchterlich," sagt der Kapitän, „so stark hab ichs noch gar nicht gehabt." Wir haben gar kein Segel mehr auf und doch bläst uns der Wind in der Stunde zwei deutsche Meilen weit. Aber es wird noch ärger. Das Schiff taucht so tief ins Wasser, daß das große Boot, das 6 Fuß über dem Verdeck in zwei armsdicken eisernen Klammern hängt, sich mit Wasser füllt. Eine Welle reißt es an der einen Seite los — es zerschellt und die Stücke drohen, einen Leck ins Schiff zu schlagen. Der Steuermann haut mit einem Beile den Rest los. Kaum ist er fort, so kommt die Reihe ans kleine Boot, das hinten hängt. Eine Schlagwelle reißt es herab; es gelingt noch, ein Tau daran zu schlingen, so daß es eine Zeit lang hinten nach treibt — dann reißt das Tau auch — die beiden Boote sind fort! Grüßt die Färder!"

„So ist denn das ganze Deck wie geputzt und es ist nur ein Wunder, daß unsere Küche und Abtritt ausgehalten haben. Bei uns drinnen sieht's nicht besser aus. Das Kielwasser spritzt zwischen den Schiffswänden auf wie Fontänen; es bläst durch alle Ritzen — ich bin im Bette naß wie ein Pudel von einer Spritzwelle, welche die Fugen zu treffen gewußt hat. Die armen Matrosen auf Deck sind noch übler daran; wir lassen ihnen Rum geben, denn sie klappern vor Frost und Nässe. So dauert's bis Mitternacht — dann legt sich der Sturm allmälig und wir können ein wenig ausruhen. Der Seegang war aber noch gestern Morgen so hart, daß man nicht feuern konnte."

„Man hat also doch nicht mit Unrecht gesagt, daß Islands Meer ein ungastliches und stürmisches sei. Während Norwegen uns vollkommen ungeschüttelt ließ, hat Island uns in einer Weise begrüßt, die kaum hätte heftiger werden können. Unsere Leute haben sich während der Gefahr vortrefflich gehalten und wir können uns nöthigen Falls ohne Schmeichelei das Zeugniß geben, daß keiner von uns auch nur einen Augenblick in Furcht über den Ausgang geschwebt habe. Erst nachher gestand uns der Kapitän, daß er sich noch nie in solch hartem Wetter befunden habe. Während der ganzen Zeit der Gefahr zeigte er, wie der Steuermann, eine vollkommene Zuversicht und so kaltes Blut und ruhige Ueberlegung, daß ein solches Verhalten nothwendig uns allen ein Gefühl der Sicherheit einflößen mußte."

„Gegen Abend begann das Barometer zu steigen und obgleich der Sturm noch mit voller Heftigkeit wüthete, wußten wir nun mit vollkommener Sicherheit, daß seine Kraft gebrochen und keine ärgere Unbill zu befürchten sei. Am Morgen wurde es still und am Freitag war das schönste Wetter: klarer, warmer Sonnenschein, prächtige Luft; die See aber wogte noch im Angedenken der Windstöße, die sie betroffen. Die isländische Küste war in Nebel gehüllt und da wir das Südostkap längst umfahren hatten, auch etwas südlich abgetrieben waren, richteten wir den Lauf nach Westen, um längs der Südküste nach unserm Hafen zu steuern. Bald wurde auch die See still und ruhig, so daß wir uns unsern gewohnten Beschäftigungen hingeben konnten. Wir saßen bei einer Partie Whist mit dem Kapitän, als plötzlich der Steward meldete, man sehe ein großes Feuer am Lande. Nun waren wir wenigstens 12 Meilen vom Lande ab, das wir den ganzen Tag nicht gesehen hatten. Wie war es da möglich, ein Feuer zu sehen? Wir stiegen aufs Deck, ich mit dem Operngucker bewaffnet. Da glänzt in der That eine hohe, gelbrothe Feuersäule, unten von einem Bergesrand scharf abgeschnitten, oben von einer Wolke verdeckt, so daß man nur die Mitte sieht. Ich sehe hin und sage: Es ist der Mond! Der Kapitän aber sagt: Dort ist Norden, wie soll der Mond nach Norden kommen? Das ist unmöglich, es ist ein Feuerberg! Wir nehmen Kompaß und Karte — es ist genau die Richtung des Oräfa. — In Norwegen hatten wir eine Notiz in einer Zeitung erhascht, worin stand, der Oräfa habe einen Ausbruch. Keine Zweifel mehr! Wir gucken und gucken; wollen schon drehen, um gerade darauf zuzusteuern; disputiren, als die Säule schief zu werden scheint, wie das komme, da doch sonst eine vulkanische Feuersäule stets senkrecht bleibe, auch bei dem heftigsten Winde — die Wolken senken sich unterdessen, das Feuer bricht oben darüber aus, wird größer, krummer — und nun war's doch der Mond im letzten Viertel, stark roth gefärbt im Nebel und Wolkendunst, der sich jetzt amüsirt, es der Sonne nachzumachen und einen

Kreis zu beschreiben, fast ohne unterzugehen, so daß er allerdings beim Aufgang im Norden stehen muß. Ich tröstete mich mit Humboldt, der auch einmal zwei Stunden lang im Berliner Schlosse dem versammelten Hofe ein Nordlicht demonstrirte, bis der Eilbote kam und meldete, es brenne in Potsdam. Hatten wir aber keinen Ausbruch, so leuchtete dafür das Meer wunderbar schön: im Kielwasser des Schiffes tauchten die großen Medusen wie große bläulich blitzende Leuchtkugeln auf, während dazwischen mikroskopische Krebschen wie kleine Fünkchen glitzerten. Wir lagen lange hinten am Steuerruder, über die Brüstung gelehnt und lauschten dem phantastischen Spiele dieser Leuchtthiere, bis wir um Mitternacht das Bette suchten. Kaum dein warm geworden, ruft es wieder: Professor, was ist das? kommen Sie! In Pelzstiefel und Pelzrock sammelt sich die ganze Gesellschaft auf Deck — ein Nordlicht schießt weiße Strahlen über den halben Himmel hinaus, verblaßt aber schon wieder, als wir uns sammeln. Die Nacht aber ist wunderschön — zwar kalt, aber prächtig sternhell mit Mondenschein, Nordlicht und Meerleuchten."

„Heute, Samstag Morgen, bietet sich nun ein prachtvolles Panorama. Kein Wölkchen am Himmel; prächtiger Ostwind; ziemlich ruhige See, tiefblau mit weißen Schäfchen; auf dem Meere viele Vögel, darunter große weiße, wie Gänse groß, mit atlasglänzendem Gefieder und schwarzen Flügelspitzen (wahrscheinlich Tölpel, Sula bassana) und das Land in prächtiger Nähe, ein Theil der Südküste mit zwei herrlichen Gletscherbergen, von denen lange Lavaströme und Gletscher bis in die Nähe des Meeres hinabragen. Wahrscheinlich sind es diese beiden Berge, welche den über 5000 Fuß hohen Stock des Eyafjälla Jökul zusammensetzen — entscheiden können wir es aber noch nicht, da unsere beiden Karten nicht übereinstimmen, indem die kleinere, aber neuere da den Eyafjälla setzt, wo des Kapitäns größere Karte den Oster Jökul und Myrdals Jökul angiebt, was auch mit unseren Zeichnungen besser übereinstimmt.*) Rechts im Osten haben wir ein steiles Vorgebirge, das Cap Portland; links im Westen eine Reihe phantastischer Klippen und Inseln, entsetzlich steil und zerrissen, die Vestman Oerne (Westinseln), die wir die Lofoden unzähligen Vögeln als Brutplätze dienen. Wir laufen prächtig bei günstigem Winde, so daß wir

*) Die später in Reikjavik angekaufte große Karte von Gunnlaugson belehrt uns, daß der westliche Berg der Eyafjälla, der östliche der Myrdals Jökul ist, dessen Fuße die Jökulsaa entströmt.

kaum zeichnen können, so schnell verändert sich die Ansicht, und wir hoffen, wenn der Wind anhält, heute Abend in Sicht von Cap Reikjanäs zu kommen und morgen, 1. September, in Reikjavik ankern zu können. Eben kommt auch Hekla in Sicht, der hinter dem Eyafjälla Jökul bis jetzt verdeckt war."

Sonntag, 1. September. „Wir haben offenbar mit dem Sturm unsere Schuld bezahlt. Famoses Wetter, warmer Sonnenschein, herrliche Luft, guter Wind, ruhige See und ein prachtvolles Panorama rundum, das die große Faxoebucht bildet, in welcher Reikjavik liegt, auf das wir langsam zusteuern und dessen Lage uns durch einen eben absegelnden Schooner angezeigt wird. Das ist das einzige Fahrzeug, welches wir seit 8 Tagen gesehen haben und hier, wo man doch von bewohnten Ufern umgeben ist, scheint es doch nicht viel Boote oder Küstenfahrer zu geben. Wir sind an dem südlichen Vorgebirge der Bucht fast so nahe wie ein Büchsenschuß vorbeigekreuzt, so daß wir die niedrigen Erdhütten mit Gras auf den Dächern, die Kirche, den Flaggenstock von Skagen (so heißt der Ort) deutlich sehen konnten, haben unsere Flagge seit drei Stunden aufgezogen, als Zeichen, daß wir einen Lootsen wünschen; aber es zeigt sich keine Seele, so daß wir uns mit Kompaß und Karte hinein finden müssen. Dagegen sind unzählige Vögel da: Tölpel, Enten, Alken, Sturmvögel, Möven, Taucher — ganze Schwärme, die fischen und von denen namentlich die Tölpel von oben herab sich ins Wasser fallen lassen, wie ein Stück Blei, so daß der Schaum mannshoch aufspritzt. Die Aussicht ist großartig. Als Schlußstein im Norden ein prächtiger Kegel, zu zwei Dritteln mit Schnee bedeckt, Jan Mayen in seiner Form ähnlich — der Snaefjelds Jökul; an diesen sich reihend scharf geschnittene Bergformen, Rücken, Klippen, lange Schneefelder, Kegel mit Kratern, Lavaströme mit steil abgerissenen Seiten und Flächen.

Nach mancherlei Bemühungen, auf unsern ungenügenden Karten die richtige Lage von Reikjavik herauszufinden, kamen endlich in einem kleinen, sehr unzuverlässig gebauten Boote zwei Lootsen in dem Augenblicke, wo wir gegen einen Engpaß zwischen einer kleinen Insel und dem Festlande lossteuerten, der, wie sich später zeigte, nur bei der Fluth von Wasser bedeckt wird, bei Ebbe dagegen sich vollständig trocken legt. Noch vor kurzer Zeit war dort ein englisches Schiff auf die Sandbank angelaufen und nur nach vielen Mühen wieder flott geworden. Unsere Karte zeigte keine Spur einer solchen Untiefe an und zwei schlanke Maste, die in einiger Entfernung über das Land hervorragten, schienen uns den Weg nach dem Hafen zeigen zu sollen. Der Kapitän schaute lange prüfend nach den Mastenspitzen aus, welche nur die obersten Raaen noch zeigten. „Es ist wahrhaftig der Spica!“ sagte er endlich, „der Spica von Blankenese, Kapitän Ostermann; aber wie kömmt der alte Seewolf hierher, während er doch in der Ostsee sein sollte?“

„Ich begreife nicht, Kapitän, wie Sie das Schiff nur an den Mastenspitzen erkennen wollen.“

„Aber ich kenne es,“ antwortete der Kapitän zuversichtlich; „warum sollte ich denn meine Blankeneser nicht kennen? Sie werden sehen, es ist der Spica, und es wird Sie freuen, den alten Ostermann kennen zu lernen, der jetzt wohl schon seit vierzig Jahren auf der See liegt und dessen Schiff unterdessen so alt geworden ist, daß keine Gesellschaft ihn mehr versichern will.“

Inzwischen waren die Lootsen an Bord geklettert, zwei schlanke, wohlgewachsene Leute, welche den norwegischen Lootsen gegenüber einen vortheilhaften Eindruck machten. Südwester, kurze Jacken aus grobem Wollstoff, Hosen aus demselben Zeuge und seltsam zugeschnittene weiche Schuhe aus ungegerbtem Seehundsfell, die um die Knöchel gebunden waren und mit denen sie geräuschlos und weich über das Deck glitten, bildeten den ganz kleidsamen Anzug. Da sie einiges Dänisch verstanden, so war die Verständigung leicht. Sie kamen von der großen Insel Videy, die wir auch bald bei einer Wendung des Schiffes lang ausgestreckt vor uns liegen sahen, in der Mitte gekrönt durch eine starke weitläufige Erdschanze mit grün bewachsenen Wällen und dick überrasten Kasematten. Wir betrachten verwundert dieses Festungswerk, zu dessen vollständiger Besatzung wenigstens 40 Kanonen und die entsprechende Mannschaft gehören mußten, um so mehr verwundert, als wir wissen, daß auf ganz Island weder Soldaten noch Kriegsgeräthschaften sich finden. Erst später wird uns klar, daß sämmtliche isländische Wohnungen dieses Ansehen von Festungen besitzen und daß nur die Holzhäuser der Hauptstadt, sowie einige Handelsstellen an der Küste eine Ausnahme von dieser allgemeinen Herrschaft eines ganz speziellen Baustyles machen, welchen man den Erdstyl oder Lavastyl nennen könnte.

Während wir mit frischer Brise unter mancherlei Wendungen dem Hafen zusteuern, der sich nur im letzten Augenblicke zeigt, kömmt der Doktor mit bedenklicher Miene zu dem Kapitän und Commodore, die an der Schanzkleidung des Vorderdeckes lehnen, und fragt, ob man sich auch den Lootsen mit Sicherheit anvertrauen könne, da sie offenbar arge Säufer seien. Jeder habe ein kleines Schnapsfläschchen in der Tasche seiner Jacke und es vergehen kaum einige Minuten, ohne daß der eine dem anderen einen Schluck anbiete. Diese Nachricht beunruhigt einigermaßen; nachdem man aber eine Zeit lang in der Nähe des Steuerruders auf dem Hinterdecke sich beobachtend aufgehalten hat, begrüßt ein allgemeines Gelächter die Entdeckung des Doktors. Die Lootsen fahren nämlich mit den vermeintlichen Schnapsfläschchen, welche aus einem Wallroßzahne verfertigt und mit einem dünnen Röhrchen versehen sind, statt in den Mund in die Nase und führen auf diese Weise statt berauschenden Branntweins aufweckenden Schnupftabak ein. Der Commodore beschließt natürlich sogleich, die in Norwegen begonnene ethnographische Sammlung mit einer solchen Schnupftabaksdose zu vermehren, was ihm später auch durch Vermittlung des Kaufmannes Siemsen vortrefflich gelingt.

Endlich liegt Reikjavik vor unseren Blicken. Eine Reihe meist dunkel angestrichener, niederer Holzhäuser an dem Strande, von welchem aus mehrere Landungsbrücken weit in die Bucht hinein sich erstrecken; ein niederer Kirchthurm, einige größere blendend weiß angestrichene Gebäude, dahinter ödes Stein- und Lavageklipp, nur hie und da von grünen Rasenflecken unterbrochen, auf welchen eine Windmühle ihre Flügel ausstreckt. Gegenüber ein langgestreckter Berg, der Esja, mit steilen, von gelblichem Geröll gebildeten Wänden, in die tiefe Schluchten eingeschnitten sind, an welchen hie und da heller gefärbte Schichten sich zeigen. Nirgends ein Baum oder ein Strauch — nur eine weite Wüste, seltsam eingeschnitten von wilden, zackigen Buchten, auf deren Wellen sich der „Spica“ wiegt. Von weitem schon ruft der Kapitän und ein wettergebräuntes Gesicht taucht mit der Antwort: „Bist du's, Hans?“ über die Schanzbekleidung hervor. „Was macht Ihr?“ „Wir angeln Schollen“, antwortet Ostermann. „So schickt uns ein Gericht herüber!“ „Sollst genug haben für die ganze Mannschaft.“ Während unsere Anker in den Grund rasseln, stößt in der That ein Boot vom „Spica“ ab, das uns ein Gericht der leckern Fische überbringen soll. „So,“ sagt der Kapitän und reibt sich vergnügt die Hände, „so haben wir doch wenigstens ein Boot an Bord, um ans Land gehen zu können. Ostermann hätte sich wahrscheinlich den Spaß gemacht, uns ein paar Stunden hier zappeln zu lassen, wenn er hätte ahnen können, daß wir unsere Boote verloren haben.“ Die leckeren Schollen werden dem Koche überantwortet; wir selbst aber bestiegen das Boot und während die einen an Bord des „Spica“ einen Besuch abstatten, gehen die anderen gleich an das Land, um unsere Empfehlungsbriefe bei Kaufmann Siemsen abzugeben und dort einige Boote zu erhandeln.

Der alte Kapitän unterhält uns lange bei einer Cigarre und Tasse Thee von seinen Abenteuern zur See: wie er in dem letzten Kriege gekapert worden sei von den Engländern, als er die Blokade von Riga habe durchbrechen wollen, und wie schlecht ihn das englische Prisengericht behandelt habe, indem Schiff und Ladung verurtheilt worden seien. Norwegen kennt er von Bergen bis Archangel, seiner Versicherung nach, wie seine Hosentasche, und die Norweger, meint er, seien zwar ein gutes Volk, aber außerordentlich abergläubisch. „Ich hatte einmal einen der bedeutendsten Kaufleute aus Finnmarken als Passagier nach Tromsö an Bord,“ erzählte er uns. „Nun waren wir etwa noch 30 Meilen südlich von den Losoden, und da viele Vögel auf der See waren, hatten wir Angeln mit Speck ausgeworfen und richtig ein paar Möven daran gefangen. Der Kaufmann bat um Gottes willen, die Möven loszulassen, es brächte uns ganz gewiß Unglück. Ich lachte und sagte: Schön schmecken sollen sie uns, und ließ sie andern Tages erst ein bischen kochen und dann mit Butter in der Pfanne schmoren: da waren sie sehr schön. Als wir aber den Kaufmann zum Essen herunterriefen, wollte er nichts davon und lief auf Deck herum und war ganz verzweifelt und rang die Hände und behauptete, wir müßten ganz gewiß scheitern, weil wir Möven getödtet hätten, und diejenigen, welche davon äßen, würden sicherlich elend zu Grunde gehen müssen. Daran wolle er keinen Theil haben, er wolle nach Tromsö; wir aber kämen ganz gewiß nicht hin, sondern müßten noch vor den Losoden mit unsern Möven im Leibe elendiglich zu Grunde gehen. Wie ich nun sah, daß er so abergläubisch war, sagte ich: „Wir kommen ganz gewiß nach Tromsö, und wenn Sie sich Allem unterwerfen wollen, so liefere ich Sie morgen früh Schlag 6 Uhr dort ab.“ Das war nun rein unmöglich; denn wir waren noch an hundert Meilen davon; aber ich machte ein ganz verwettertes Gesicht und sah meinen Steuermann an: nicht wahr? „Ja wohl,“ antwortete der, „morgen früh Schlag sechs, wie's der Kapitän sagt.“ Der Kaufmann rückte zwei Schritte von mir ab und sagte: „Das ist aber ja ganz unmöglich.“ „Möglich oder unmöglich,“ antwortete ich, „das ist meine Sache. Aber Sie müssen sich Allem unterwerfen.“ „Bei Leibe nicht,“ sagte der Kaufmann

Reitende Mädchen in Reikjavik.

schaudernd, „ich will nicht; ich will ohne Hezreri nach Tromsö kommen," und von der Zeit an hatte er so eine Art Schrecken vor mir. Aber es war ja einfältig von ihm, nicht wahr? und war doch sonst ein netter Mann."

Sämmtliche Kaufmannsstellen in Reikjavik flaggten zu unserer Begrüßung. Wir wurden in dem Hause des Kaufmanns Siemsen auf das Freundlichste und Zuvorkommendste aufgenommen. Ein schönes Boot von einem gestrandeten englischen Schiffe wurde sogleich unser Eigenthum und brachte uns nach dem Schiffe zurück. Leider fanden wir nicht mehr den in Hamburg ansässigen Bruder des Herrn Siemsen, der uns bis zum Abgange des letzten Schiffes erwartet und alle Vorbereitungen für uns schon getroffen hatte. Der strebsame Mann, der schon so viel zur Hebung der Zustände auf der Insel gethan und so viele Mühe sich gegeben hatte, in England wie in Deutschland Interesse für dieselbe zu erwecken, ließ uns sein Bedauern ausdrücken, nicht mit uns eine Reise in das Innere vornehmen zu können, die wir indessen bald antreten mußten, da die Zeit drängte.

Da es ein Sonntag war, so zeigte sich die ganze Bevölkerung in festtäglichem Schmucke, und wir müssen gestehen, daß die meist schlanken, hochgewachsenen Gestalten mit den blonden Haaren und blauen Augen, die kleidsamen Trachten und namentlich die koketten schwarzen Zipfelmützchen der Frauen und Mädchen den vortheilhaftesten Eindruck machten. Während wir uns nach den alten Kostümen erkundigten und das liebliche Töchterchen unseres Gastfreundes die seltsamen Hauben und silbergestickten Röcke mit den breiten Silbergürteln und Armspangen, die man aus dem Städtchen zusammen holen ließ, uns vorführte, schweiften die Jünglinge in dem Städtchen und der nächsten Umgebung umher, froh wieder festen Boden unter ihren Füßen zu haben. Die Kirchenleute aus den nächsten Umgebungen begaben sich erst spät nach Hause. Viele Bewohner des Städtchens hatten den schönen, warmen Sonntag, wie gebräuchlich, zu Ausflügen in die Umgegend benutzt. Alles trottete und galoppirte auf kleinen, meist scheckigen Pferdchen und ein reizendes Bild boten zwei Mädchen, die auf breitem Sattel neben einander sitzend, an den Erdhütten des Weges, der nach der Windmühle führt, vorbei trabten, während ein blonder, krausköpfiger Junge sich alle Mühe gab, den kleinen Pony durch Schreck in lebhafteren Gang zu bringen.

Da unsere Vorbereitungen für Island nur höchst unvollständig waren, so hatten wir gerne vor dem Antritte unserer Reise uns noch in der öffentlichen Bibliothek Reikjaviks, die mit allen Werken über Island reich ausgestattet sein soll, Raths erholt. Leider aber war unser Besuch in die Zeit der Ferien gefallen, so daß fast sämmtliche wissenschaftliche Notabilitäten, Rektor, Physikus, Professoren und übrige Beamte von Reikjavik abwesend waren. Der Vicegouverneur, ein freundlicher alter Mann, geborener Isländer, der seit der Entfernung des bekannten Grafen Trampe die Insel verwaltet und in vortrefflichem Französisch uns bewillkommte, konnte leider ebenso wenig uns die Schlüssel zur Bibliothek der Schule verschaffen, als Professor Arnason, der neben dem Lehrstuhle der Philosophie auch noch denjenigen der Naturwissenschaften inne hat. Doch gelang es uns, freilich mit einiger Mühe, die ausgezeichnete große Karte von Island von Professor Gunnlaugson zu erhalten, welche uns auf der Reise in das Innere die wesentlichsten Dienste leisten sollte. Betrachtet man diese herrliche Karte in 4 Blättern, deren Genauigkeit und Ausführung keiner Karte eines civilisirten und reichen Landes nachsteht, so muß man die Ausdauer bewundern, mit welcher nur wenige Männer das schwierige Werk zu Ende führten, während man zugleich die Aufopferung anerkennen muß, mit welcher ein armes Land die nicht unbedeutenden Herstellungskosten trug.

Die physikalischen und geologischen Sammlungen, welche uns Professor Arnason in der Gelehrtenschule zeigt, befinden sich in einem wahrhaft bedauernswürdigen Zustand, wie denn überhaupt Alles darauf hindeutet, daß die ganze Kraft der Erziehung und Belehrung einzig und allein auf das klassische Alterthum neben der isländischen Sprache und Geschichte verwendet wird. Es macht in der That einen sonderbaren Eindruck, wenn man in Erdhütten, die kaum den Namen von Häusern verdienen, in niedrigen Gelassen, die nur dürftig mittelst eines Quadratfußes Fenster erhellt sind, Knaben findet, die sich mit Hannibal und Scipio herumschlagen und besser im Livius bewandert sind, als in der Geographie ihres eigenen Landes. Man sollte erwarten, daß in einem Lande, welches von der Natur nur so karge Gaben erhalten hat, alles Dichten und Trachten einzig darauf gerichtet sein sollte, die vorhandenen Hilfsquellen möglichst zu entwickeln, zu vermehren und nutzbar zu machen; man sollte erwarten, daß gerade die Naturwissenschaften und ihre Anwendung auf Ackerbau, Industrie und Viehzucht hier begeisterte Verehrer finden müßten, welche die erworbenen Kenntnisse in dem Lande praktisch zu verwerthen und dadurch der armen Bevölkerung neue Erwerbquellen zuzuführen suchten. Von wirklichem

Ackerbau kann zwar in Island keine Rede sein: nur selten und an begünstigten Orten kann die Gerste reifen und selbst die Kartoffel muß durch hohe Erdumzäunungen vor den verderblichen Einwirkungen der kalten Winde geschützt werden, welche weder Baum noch Strauch auf der Insel in die Höhe kommen lassen und alle holzartigen Gewächse zwingen, am Boden fortzukriechen. Fischfang und Viehzucht sind die beiden Hauptquellen, aus welchen die Nahrung des Isländers sprudelt, und was die letztere betrifft, so könnte gewiß bei verständiger Benutzung des Bodens unendlich mehr geleistet werden, als jetzt geschieht. Nach den vorhandenen statistischen Angaben kommen etwa 10 Schafe auf einen Kopf der Bevölkerung, 4 Pferde auf je 7 Einwohner und 2 Kühe auf je 5 Seelen — ein Verhältniß, woraus man einen Schluß auf die isländische Landwirthschaft im allgemeinen ziehen kann. Schafe und Pferde müssen das ganze Jahr hindurch für sich selber sorgen; nur das Rindvieh und die besseren Reitpferde werden im Winter mit Heu in den Ställen gefüttert. Der Grasplatz, der Tun, wie ihn die Isländer nennen, ist begreiflicher Weise die erste und hauptsächlichste Sorge des viehzüchtenden Bewohners des Innern: je größer, je besser unterhalten und gedüngt, desto reicher ist der Besitzer, desto größer sein landwirthschaftliches Ansehen. Betrachtet man aber diese Grasplätze und vergleicht man sie mit den Wiesen, welche die sorgsame Landwirthschaft civilisirter Gegenden unterhält, so zeigt sich ein unendlicher Unterschied. Während man bei uns glatte Flächen herzustellen sucht, die gleichmäßig bewässert und leicht mit großen Sensen gemäht werden können, sieht der isländische Grasplatz aus, wie wenn er von kolossalen Maulwürfen durchwühlt und aus deren überwachsenen Haufen zusammengesetzt wäre. Nur mittels kleiner, eigenthümlich gestalteter Sicheln kann das Gras von diesen Wiesen mühselig geerntet werden und nirgends sieht man das Bestreben, die durch das Vieh getretenen Pfade zu ebenen oder die moorigen Gründe mehr auszutrocknen und statt sauern Sumpf- und Riedgrases, das höchstens zum Belegen der Dächer und Mauern dienen kann, saftige Futterkräuter zu erzielen. Die Ausdehnung der Sumpf- und Moorgründe in den wirklich bewohnten Theilen der Insel ist unglaublich groß und gewiß bedürfte es an den meisten Stellen nur geringer Mühe, um die ungesunden sumpfigen Gründe zu entwässern und so große Strecken einer ordentlichen Graswirthschaft wieder zuzuführen. Zu den meisten Meierhöfen und größeren Ansiedelungen, die gewöhnlich auf Hügeln liegen, muß man sich auf halsbrechenden Dämmen oder nur den Bewohnern bekannten

Pfaden durch entsetzliche Sümpfe hindurchwinden, wo bei dem geringsten Fehltritte die Rosse bis an den Bauch in zähen Schlamm versinken. Wie oft arbeiteten wir uns mühselig Stunden lang durch Quadratmeilen sumpfigen Landes, in dessen unmittelbarer Nähe zwischen tief eingeschnittenen Ufern muntere Bäche und Flüsse rieselten, welche ein Entwässerungsgraben leicht hätte erreichen können. Betrachtet man übrigens das Land, seine Lage und klimatischen Verhältnisse, so sollte man wohl meinen, daß auch andere Futterkräuter mit Erfolg müßten gebaut werden können.

Nicht minder kläglich sieht es mit der freilich beschränkten Industrie aus, welche das Land üben kann und die sich hauptsächlich nur auf Wolle beschränkt. Liest man von den Verfahrungsweisen zum Reinigen, Walken, Zubereiten, Bleichen und Weben der Wolle, welche heute noch in Island gang und gäbe sind, so stehen einem in der That die Haare zu Berge über die Ursprünglichkeit dieser Verfahrungsweisen, die aus längst verschollenen Jahrhunderten sich fortgepflanzt und bewahrt haben.

„Es ist ein armes Land," sagte uns einer der angesehensten Isländer, „und kein Mensch würde kommen es zu bewohnen, wenn es heute zum ersten Male entdeckt würde. Wir aber sind nun einmal hieimen, und da wir unser Vaterland lieben, so möchten wir es auch gerne so hoch als möglich bringen" und seufzend gestand er uns ein, daß die Mittel zu diesem Fortschritte nicht in Latein und Griechisch, sondern in den bis jetzt noch durchaus vernachlässigten naturwissenschaftlichen und landwirthschaftlichen Kenntnissen gesucht werden müßten.

Doch kehren wir nach Reikjavik zurück. Die geologische Sammlung befand sich in der That in dem traurigsten Zustande, und unser Rath, sie in jeder Weise zu vervollständigen und für spätere Reisende nutzbar zu machen, wurde auf die bereitwilligste Weise entgegen genommen. Trotz seines etwas mangelhaften Verständnisses der deutschen Sprache, wenn sie gesprochen wurde, schienen unsere Ansichten dem Professor Arnason so einleuchtend, daß er augenblicklich beschloß, uns auf unserer Reise in das Innere zu begleiten und dort gewissermaßen eine praktische Vorübung hinsichtlich der Anlegung der Sammlung zu machen.

Unsere Vorbereitungen zu der Reise waren bald beendet. Kaufmann Siemsen hatte einen der besten Führer in Pflichten genommen, einen vielgewandten, blondhaarigen, kräftigen Mann, der geläufig englisch sprach und außer anderen Engländern auch schon Lord Dufferin auf seiner Reise durch das Innere begleitet hatte. Außer der Fischerei und dem Führerhandwerk betrieb der Mann noch verschiedene Gewerbe; denn er war Glaser, Tischler, Schlosser und sollte sogar trotz seines blonden Haares und seines urisländischen Aussehens und Namens aus italienischem Stamme entsprossen sein.

Bei genauerer Untersuchung unserer Bedürfnisse zeigte sich bald, daß wir eine stattliche Karawane zusammensetzen würden. Island kennt nur ein einziges Fortschaffungsmittel — das Pferd, den kleinen Pony, dessen wunderbare Eigenschaften wir bald in vollem Maße sollten schätzen lernen. Ich erinnere mich kaum, einen Isländer zu Fuße gesehen zu haben: Männer und Weiber, Jung und Alt, Alles hockt auf den Rossen, wenn es nur gilt, hundert Schritte zu machen, und überall schweifen Heerden dieser kleinen Pferdchen umher, während man auf Weg und Steg langen Zügen begegnet, die, von einem Reiter oder einer Reiterin geführt, Waaren und Lebensbedürfnisse von Ort zu Ort schaffen. Wollten wir anders das Innere des Landes sehen, so mußten wir nicht nur selbst uns bequemen, von Morgens früh bis Abends spät in dem Sattel zu sitzen; wir mußten auch eine gehörige Anzahl von Packpferden haben, welche außer den gewöhnlichen Reisebedürfnissen noch Mundvorrath, Zelte und Bettgeräth zu schleppen hatten. Nachdem wir unser Gepäck auf das Nothwendigste reduzirt, die Begleitung auf Hubert und den Koch beschränkt hatten, fand sich dennoch, daß wir 11 Reitpferde und 6 Packpferde nöthig haben würden und daß also unsere Karawane, da man für jedes Pferd ein Ersatzpferd haben muß, im Ganzen aus 34 Pferden bestehen werde. Am zweiten Reisetage, nachdem Professor Arnason zu uns gestoßen, war sogar die Schwadron auf 40 Pferde angewachsen.

Freilich schien die Aussicht, wenigstens einige Wochen lange auf den kleinen Ponies in dem Lande umherzuschweifen, nicht Jedem von der Gesellschaft sehr lockend. Der Commodore konnte sich zwar einer vollendeten Reitkunst rühmen; Hubert hatte seine Schule in einem österreichischen Dragonerregimente durchgemacht; der Koch behauptete, „auf die Manövers mit Prinzen Karl“ sich die Kunst vollständig angeeignet zu haben; der Doktor rühmte sich einer halbenglischen Erziehung mit obligaten Reitergalopen im Hydepark; Hasselhorst erzählte eine gefährliche Geschichte von einem Ritt in Italien mit einem Todten um die Wette, bei welchem beinahe beide Reiter zugleich auf dem protestantischen Kirchhofe in Rom angekommen wären, und der Professor grub aus dem Schatze seiner revolutionären Erinnerungen eine verklungene Sage auf, die ihn als Oberst eines Bataillons der Volkswehr in kurzem Galopp an der Fronte hinsprengend im vortheilhaftesten kriegerischen Lichte zeigte. Aber Greßly — alle seine Erinnerungen bezogen sich nur auf Schusters Rappen, auf die eidgenössische Postschnecke und die Güterzüge der schweizerischen Centralbahn und trotz aller eindringlichen Lehren, welche die verschiedenen Reitkünstler vorher, während und nachher an ihm verschwendeten, war es dennoch unmöglich, ihm beizubringen, daß man beim Aufsteigen den linken Fuß in den Steigbügel setzen und den rechten über die Croupe des Pferdes schwingen müsse. Aber mit jener Todesverachtung, welche den naturforschenden Helden charakterisirt, wies Greßly jede Hinweisung auf Schmerzen und Gefahren, die ihm drohen könnten, zurück und erklärte standhaft, erst den Geysir sehen und dann sterben zu wollen.

Der Kapitän war vorsichtiger. Zwar brannte es ihm auf der Seele, namentlich als er das Jagdgeräth einpacken sah, das unterwegs uns manchen leckeren Braten verschaffen sollte. Allein als kluger Mann probirte er zuerst auf einem Spazierritte das ungewohnte Vehikel und stand dann ab mit der Erklärung, daß er das Thier nicht „steuern“ könne wie er wolle und lieber auf dem Deck eines sturmbewegten Schiffes, als auf dem Rücken eines galoppirenden Ponys sich befinden möge.

Wir benutzten einige freie Stunden des Nachmittags, um in Begleitung eines in Rom zum Katholicismus bekehrten jungen Isländers, der für Italien schwärmte und außer sich vor Entzücken war, mit Hasselhorst in der geliebten Sprache seines religiösen Vaterlandes sich unterhalten zu können, eine heiße Quelle zu besuchen, welche in geringer Entfernung von der Hauptstadt entspringt und nach kurzem Laufe sich in die See ergießt. Diese Quelle ist es, welche dem Städtchen den Namen gegeben; denn Reykjavik heißt auf gut deutsch Rauchbucht und überall, wo in einem isländischen Namen die Silbe „Reyk“ vorkommt, kann man sicher sein, daß eine siedend heiße Quelle in der Nähe sich befindet. Die hier dampfende hat weder Geruch noch Geschmack und enthält so wenig Bestandtheile aufgelöst, daß sie von den benachbarten Anwohnern als natürlicher Waschkessel benutzt wird. Wenige Schritte davon bildet der heiße Bach ein geräumiges Becken, das füglich zum Baden benutzt werden kann, da seine Temperatur schon auf 21° Réaumur gesunken ist. Sieht man so in der Nähe der Hauptstadt einen lebendigen Wärmequell aus dem Boden sprudeln, so darf man sich billig wundern, daß es noch Niemanden eingefallen ist, die Quelle mit dem Bache als Eigenthum zu erwerben und dort ein warmes Bad, einen Wintergarten und nöthigenfalls auch ein Wohnhaus mit natürlicher Wasserheizung zu errichten. Die Lage ist prächtig; denn man sieht weithin über die See nach dem fernen Snaefell und dem nahen Esia, und die Entfernung von Reikiavik ist für den reitenden Isländer nicht der Rede werth, da er die Strecke in höchstens 10 Minuten zurücklegen könnte.

Es ist ein sonderbarer Zustand in der Atmosphäre. Schon am 1. September, als wir eben in der Bucht von Reikiavik vor Anker gingen, sahen wir um 5 Uhr Nachmittags eine deutliche Nebensonne, die in dem Centrum eines leuchtenden Viertelkreises stand und zwar auf der Westseite und etwas undeutlich verwaschen die Farben des Regenbogens zeigte, indem sie in der Mitte gelb, auf der der Sonne zugewandten Seite roth und auf der Außenseite violett war. Die korrespondirende Nebensonne auf der östlichen Seite zeigte sich ebenso wenig als der ganze Ring, wahrscheinlich weil nach dieser Richtung der leichte Dunst, der den Himmel bedeckte, sich zu dichterem Gewölk zusammengezogen hatte. Merkwürdiger Weise zeigte sich am Tage vor unserer Abreise genau dasselbe Phänomen, fast in der gleichen Nachmittagsstunde.

Allabendlich begann das Spiel der Nordlichter, das die ganze Nacht hindurch anhielt. Aber nur selten zeigten sich bestimmte Strahlen oder stärkere zu einem Bogen gesammelte Strahlenbündel. Gewöhnlich waren es nur unbestimmte Lichterscheinungen, welche einem Nebel gleich über den Himmel sich verbreiteten, hie und da und zwar ganz unabhängig von der Weltgegend sich zu einem lichteren Scheine häuften und dann wieder geisterähnlich zerflossen, ohne daß man hätte sagen können, in welcher Weise sie sich sammelten, in welcher sich zertheilten. Es war ein beständiges leises Weben und Wogen dieser feinen durchsichtigen Lichterscheinungen, bei deren Anblicke man sich des Gedankens nicht enthalten konnte, daß eine feine Materie in der Atmosphäre hinter den Wolken vertheilt sein müsse, welche die Ursache sowohl der Nordlichterscheinungen bei der Nacht, als auch der Nebensonne bei Tage sein müsse. Ganz besonders müssen wir auf den Umstand aufmerksam machen, daß durchaus keine Orientation dieser Lichterscheinungen gegen Norden hin statt hatte, sondern daß sie das ganze Firmament über uns einnahmen und sich ebenso gegen Süden, wie gegen Norden hin zu stärkerem Lichte ballten. Auch wollten die

Isländer, mit welchen wir darüber sprachen, sie nicht als eigentliche Nordlichter, sondern nur als Vorläufer derselben, gewissermaßen als Uebungen anerkennen, welche die Natur mache, um dann in den späteren Wintermonaten das ganze Experiment in seinem vollen Glanze zu zeigen. Dann, behaupteten sie, stelle sich die Strahlenkrone allerdings recht in dem eigentlichen Norden fest, während die Strahlen selbst über das ganze Firmament hinüberschössen. Davon aber, daß diese Nordlichter soweit die Tageshelle ersetzen könnten, daß man bei ihnen lesen und schreiben könne, wollten sie durchaus nichts wissen: draußen im Freien könne man seinen Weg allenfalls finden; allein um kleinere Gegenstände zu fixiren, sei das Licht nicht stetig genug, indem es stärker flackere, als ein vom Winde bewegtes Kerzenlicht.

Vierzehntes Kapitel.

Thingvalla. Laugarvatn. Geysir.

Früh am Morgen des 4. September schien ganz Reikjavik sich in Aufruhr zu befinden. Die Boote des „Joachim Hinrich“ und des „Spica“ ruderten hin und her zwischen unserem Schooner und dem Festlande; die Pferde wieherten von drüben herüber, wo schon die Führer mit dem Aufladen des Gepäckes beschäftigt waren, zu welchem Greßly von Zeit zu Zeit immer noch einen verspäteten Beitrag herbei schleppte. Das Gepäck sollte unter der Leitung von Hubert und dem Koch nebst zweien der Führer vorausgehen, während wir uns erst einige Stunden später in den Sattel schwingen und die Karawane im Seljadal einholen sollten, das zum ersten Halt- und Frühstücksplatze bestimmt war. Erst um 9 Uhr gelang es uns nach verschiedenen mißlungenen Versuchen, Greßly auf seinen Renner hinaufzubringen und mittels Steigbügel und Sattelriemen ihm eine senkrechte Stellung zu sichern. Begleitet von einer Anzahl von Freunden, die uns wenigstens das Geleit bis zur Windmühle geben wollten, zogen wir die steinige Lavastraße hinauf, in guter Ordnung, die aber bald gestört wurde durch die nachkommenden ledigen Pferde, welche von unseren beiden Hauptführern angetrieben, trabend und galoppirend in unsere Gesellschaft stürmten und schon Greßly mit sich fortzureißen drohten, als der Commodore noch rechtzeitig mit sicherem Griffe in die Zügel fiel. Die Höhe mit der Signalpyramide, bei welcher die Bewohner von Reikjavik sich zu versammeln pflegen, um die aus- und einlaufenden Schiffe zu betrachten und den Blick nach dem Snaefell zu genießen, war bald erreicht und nun ging es weiter vorwärts auf ebenem Lavastrome, der nach beiden Seiten sich gegen die Fjorde hin abdacht, welche in die Halbinsel einschneiden, auf der Reikjavik angelegt ist. So öde die nächste Umgebung, so prachtvoll sind die Aussichten, deren man eines Theils nach dem Esia und den wunderschön geschnittenen Buchten, andern Theils nach den von einzelnen Kegeln unterbrochenen düstern Linien der ungeheueren Lavaströme genießt, welche die lange Halbinsel von Gullbringu Sysla bilden. Das Wetter ist vortrefflich: häufige Sonnenblicke mit Wolkenschatten abwechselnd, welche sich bald über das blaue Meer, bald über die in den wärmsten Tinten erglühenden Abstürze und Schluchten der Berge lagern; ein leidlich gebahnter Weg, häufig zwischen Erdmauern, welche die dahinter verborgenen dürftigen Grasflecke beschützen sollen; zuweilen auch Züge von Pferden mit Torf oder langgeschnittenen Grasriemen beladen, welche zum Ausbessern der Häuser und Dächer dienen sollen. Einige Male überholen wir auch einige Pferde, welche Bauholz in das Innere tragen. Zwei lange Bretter sind zu beiden Seiten des Pferdes so befestigt, daß sie vor der Brust unter einem spitzen Winkel zusammentreffen, wodurch die Thiere fast das Ansehen jener Schneeschaufeln haben, die man auf Eisenbahnen und Chausseen zum Brechen der Bahn benutzt.

Nach einstündigem Reiten kommt man an das Ufer eines kleinen Flusses, der Laxa, die zwischen aufgeschütteten Rücken schwarzer sandiger Asche strömt, welche über die den Boden des Flusses bildende Lava ausgebreitet worden ist. Am andern Ufer des Flüßchens steht in reizender sonniger Lage ein niedliches Holzhaus, Eigenthum eines Engländers, welcher die Lachsfischerei in dem Flusse auf Jahre gepachtet hat. Einige Dämme sind angelegt worden, zwischen deren Oeffnung zur Zeit des Aufsteigens der Lachse Reusen gestellt werden, in welchen man die schönen Fische wegfängt, die dann durch aus Schottland kommende Arbeiter kunstgemäß zugerichtet, in verlöthete Blechbüchsen verpackt und nach England auf den Markt gebracht werden. Eine ganz ähnliche Fabrik soll sich auch im Nordlande befinden und der Ausbreitung dieser gewinnbringenden Industrie auf die übrigen Theile des Landes nur der Umstand im Wege stehen, daß die Bauern und Eigenthümer der Ströme sich durchaus von ihren veralteten Fangweisen nicht abbringen lassen wollen, die aber so unvollkommen sind, daß sie zwar das Bedürfniß der wenig zahlreichen Anwohner, nicht aber dasjenige einer bedeutenderen Fabrikation decken können.

Ueber der Laxa drüben hört der Einfluß der Hauptstadt auf: die gebahnten Wege verschwinden und man sieht nur noch einzelne Pfade, welche sich bald über zerbröckeltes Lavagestein, bald über Sandstrecken, bald durch Moräste und Wiesen hindurch winden. Die Wege über die Lavaströme sind außerordentlich monoton, ermüdend, ja selbst gefährlich für die Pferde, die leicht bei einem falschen Tritte den Fuß brechen können. Denn alle diese Ströme zeigen eine rauhe, unebene Oberfläche von meist grauer oder brauner Farbe, mit unzähligen Zacken, scharfen Schlacken und eckigen Blöcken besäet, welche letztere häufig von den Isländern zu Pyramiden und Wahrzeichen aufgerichtet werden, an welchen man im Winter und bei schlechtem Wetter die Richtung des Weges erkennt. Häufig sieht man an der Oberfläche dieser Lava seltsame, knotigen Stricken ähnliche Wellenlinien, ähnlich denjenigen, die sich auf langsam fließendem Pech gestalten, und offenbar wie diese herrührend von dem langsamen Flusse, während dessen die Oberfläche so allmälig erstarrte, daß die Wogen des Gusses sich bei der Erstarrung erhielten. An anderen Stellen aber zeigen blasenförmige Auftreibungen, seltsam gewundene Höhlungen und Klüfte, mannshohe aus grotesken Schlackenmassen aufgethürmte Kamine, daß stärkere Dampfbildung in dem Lavastrome stattfand, seine Oberfläche zerriß und die halberstarrte Masse in der verschiedensten Weise aufwarf und zerklüftete. Unendlich zahlreich sind diese Höhlungen, die häufig nur von einer dünnen Kruste bedeckt, unter dem Tritte der Pferde einbrechen oder aber durch einen Grasbusch, einen ärmlichen Heidelbeerenstrauch so verdeckt sind, daß der Reiter sie nicht gewahrt. Nichts desto weniger wissen die isländischen Pferde mit außerordentlicher Gewandtheit im schnellsten Laufe ihre Füße so zu setzen, daß sie solche gefährliche Stellen umgehen, ohne an den scharfen Rändern der Lavaschlacken sich die Fesseln zu verwunden.

Nicht minder unangenehm, wenn auch bei weitem weniger gefährlich sind die Wiesen und Grasflächen, in welchen häufig die Pfade so tief eingetreten sind, daß man die Beine an den Leib ziehen oder gar auf den Hals des Pferdes legen muß, will man die Füße nicht an den Rändern des Weges verstauchen. Denn so eng sind diese eingetretenen Pfade und so scharf ihre schlangenähnlichen Windungen, daß ein Mensch sie kaum zum Gehen benutzen könnte, und nichts desto weniger trotten und galoppiren die geschmeidigen Ponies in den engen Geleisen, als hätten sie die ebenste Chaussee oder eine zum Wettlauf hergerichtete Rennbahn vor sich.

Die Tiefe der wannenförmigen, fast flachen Thäler, welche in Island so häufig sind, ist meist mit Torf und Moorgrund ausgefüllt, der dem schnelleren Fortkommen die größten Schwierigkeiten entgegensetzt. Häufig ist es unmöglich, ein Thal quer zu durchreiten: man muß stundenlange Umwege machen, um auf den festen Abhängen der Berge das fatale Moor zu umgehen, in welchem Roß und Reiter unfehlbar versinken würden; häufig kann man nur auf miserabeln, schlecht unterhaltenen Steindämmen, über deren auseinander liegende Blöcke das Pferd mühsam mit dem Fuße tastend den Tritt suchen muß, dieselben überschreiten; in andern Fällen endlich gebietet die starre Nothwendigkeit, durch Sumpf und Schlamm um jeden Preis einen Weg sich zu suchen. Die tapferen Thiere, welche bis an den Bauch versinken, benutzen jeden größern Grasbusch, jedes Aestchen der kriechenden Sumpfweide, ja selbst die verfilzten Wurzeln des Fieberklees, um dem einbrechenden Hufe einigen Halt zu verschaffen, und häufig gelingt es ihnen, den Reiter ohne allzu große Unbill auf festeren Grund zu bringen. Meist aber muß man absteigen und bald das Rößlein aus tiefem Schlamme hervorziehen, bald auch selbst von ihm den Gegendienst sich leisten lassen. Wehe dem Reiter, der auf einer Reise durch Island nicht mit vortrefflichen Wasserstiefeln versehen ist, welche bei dem Uebergange über Moore oder Flüsse seine Füße gehörig beschützen können!

Diese geringfügigen Unannehmlichkeiten abgerechnet, ist aber eine Reise durch Island ein wahres Vergnügen, eine förmliche Treibjagd auf wilde Rößlein, die frei und ledig aller Bande durch ein fast unbewohntes Land voran stürmen und mit Peitsche und Zuruf nicht in dem Wege — denn es gibt keinen — sondern nur in der Richtung gehalten werden müssen. Das isländische Pferd ist ein seltenes Geschöpf, in welches man sich nach wenigen Stunden genauerer Bekanntschaft förmlich verliebt und dessen Besitz man einem jeden Gebirgslande wünschen möchte. Sieht man sie freilich zum ersten Male, diese isländischen Ponies, so machen sie nicht den vortheilhaftesten Eindruck: der kurze Kopf, der dicke Hals mit der dichten, aufrecht stehenden Mähne, die gedrungene Gestalt lassen sie fast dem antiken Pferde gleichen, von welchem sie sich indessen durch feinere, wenn auch häufig ziegenartig gebogene Füße unterscheiden. In der Größe stehen die meist langhaarigen, ruppigen, gescheckten Thiere etwa in der Mitte zwischen unseren gewöhnlichen Reitpferden und den Shetländischen Ponies, so daß auch der schon etwas steif gewordene Reiter mit leichter Mühe in den Steigbügel und Sattel sich schwingen kann. Bewundernswürdig sind die Thiere hinsichtlich ihrer Intelligenz, ihrer Sicherheit im Tritt, ihrer Ausdauer und ihrer Genügsamkeit in Futter und Wartung. Wo es die Beschaffenheit des Terrains nur irgend zuläßt, setzt sich das isländische Pferd von selbst in schnellen Trab oder gestreckten Galopp, worin es Stunden lang ausdauert, ohne irgend Ermüdung oder kurzen Athem zu zeigen. Auf den halsbrechendsten Pfaden klettert es Abhänge hinauf oder hinab, deren Anblick selbst dem geübten Fußgänger Schwindel erregen könnte; mit bewundernswürdiger Klugheit findet es, mitten im unergründlichen Morast, im reißenden Strome den Punkt, wo es sicher seinen Fuß aufsetzen kann, und während es sonst dem Zügel leicht und willig folgt, setzt es an solchen Stellen mit hartnäckiger Festigkeit seine bessere Einsicht derjenigen des Reiters entgegen, der wohlthut, ihm dann die Entscheidung zu überlassen. In der Mitte des Tages nur macht man einen einzigen Halt, um die Pferde zu wechseln und einige Nahrung und Ruhe zu genießen; sonst aber geht es unaufhaltsam fort während 5 oder 6 Stunden, ohne den mindesten Aufenthalt, bis zu dem Orte, den man zum Nachtquartier ersehen hat. Die ohne Zaum und Zügel laufenden Ersatzpferde werden voraus getrieben und wenn sie von der Richtung abweichen wollen — denn häufig lockt verführerisch ein saftiger Grasbusch oder eine Wasserlache — so sucht man sie zu umgehen und mit Peitsche und Zuruf wieder zu dem Haufen zu treiben. Bald hatten wir uns daran gewöhnt, unsere Führer bei diesem Geschäft zu unterstützen und so brach bald der Eine, bald der Andere seitlich aus, um auf halsbrechendem Terrain den widerspenstigen Gaul zu umgehen und ihn mit Hieb oder Wink wieder zu seiner Pflicht zurückzuführen. Auf diese Weise ist eine Reise durch Island ein beständig wechselndes Bild, voll aufregender und ergötzender Vorfälle, nirgends in enge Schranken gebannt durch Weg und Steg, durch Hag oder Zaun, ein freies Schweifen über das Blachfeld, wobei es einem jeden gestattet ist, bald einzeln umherzujagen, bald auch den Gefährten zu gegenseitigem Austausch oder fröhlichem Wettritte sich anzuschließen. Welch ein Gegensatz gegen jenes langweilige Fahren in Norwegen in einsamem Karriol, auf vorgeschriebenem Wege, wo man sich nur deshalb in Gesellschaft zu befinden scheint, um sich gegenseitig den Staub zuzusenden, den man aufwirbelt! Das Karriolfahren in Norwegen stimmt zum Mißmuthe, drückt nieder, wird zu einer Pflicht, ebenso langweilig und eintönig wie das Land selbst; das Reiten in Island regt auf, erheitert, reizt zu vielfältigem Scherz und Muthwillen und läßt selbst die Unfälle in anmuthigem Rahmen sich darstellen.

Einige Stunden scharfen Reitens bringen uns bald mit der Karawane der Packpferde zusammen, wo das Gewirre einige Zeit den höchsten Grad erreicht. Die mit schweren, an den Ecken mit Eisen beschlagenen Kisten bepackten Pferde mischen sich trottend und galoppirend unter die ledigen Pferde, unter die Reiter und man hat seine liebe Noth, Schienbeine und Kniee vor höchst unangenehmen Stößen und Püffen zu bewahren. Nach kurzem Beisammensein gelingt eine neue Trennung. Wir stürmen mit den ledigen Pferden voraus und das schwerere Gepäck windet sich in langsamem Zuge uns nach. Unterwegs bieten sich manchmal entzückende Fernblicke theils auf das Meer, theils aber namentlich auf einige kleine Süßwasserseen, die in wundervoller Bläue an dem Fuße der Aschenberge schlummern.

Seljadal ist ein für die isländische Geologie namhafter Ort. Ein höchst eigenthümliches Mineral, welches ein auf dem Meeresgrunde durch eigenthümliche Einflüsse zusammengebackener vulkanischer Tuff zu sein scheint und dem man den Namen Palagonit beigelegt hat, bildet den Boden eines weiten, flachen, mit moorigem Grunde ausgefüllten Thalbeckens, durch welches ein kleiner Bach sich hindurchwindet, der, tief einschneidend, die ganze Formation bis auf den Grund aus harter Basalt-Lava bloßgelegt hat. Steil abgerissene Felsufer, an einzelnen Stellen bis zu hundert Fuß hoch, sind von der braunen, in deutliche Schichten abgesonderten Masse gebildet, welche an Glanz, Farbe und Härte dem Geigenharze nicht unähnlich ist. Große Lavabrocken von schwärzlichem Basalte oder feingrauem, schiefrig spaltendem Gesteine sind hie und da in diesen harzähnlichen Tuffmassen eingeschlossen, die wir erst später genauer untersuchen und kennen lernen sollten, da wir heute bei dem ersten Ritte den Ort gänzlich verfehlten, wo die Formation durch den erwähnten Bach aufgeschlossen ist. Zwar hatte ich dem Führer ausdrücklich Seljadal als Haltepunkt für mehrere Stunden bestimmt, um dort das merkwürdige Gebilde, welches kaum irgendwo in der Welt so rein und massenhaft sich vorfindet, näher studiren und Handstücke für unsere Sammlungen mitnehmen zu können; allein ich wußte nicht, daß es ein oberes und unteres Seljadal gibt und daß das obere, in welchem unser Führer Halt machen ließ, nur ein flacher Moorgrund ist, wo noch gar kein Bach sich gebildet hat, also auch keine Erosion sich findet, welche den Palagonit der Tiefe zur Anschauung brächte. In dem heurigen trockenen Jahre fehlte das Wasser, welches sonst auf diesem Moorgrunde steht und auf das der Führer zu unserer und der Pferde Erquickung gerechnet hatte, durchaus und wir mußten nach eingenommenem Frühstücke einen kleinen Umweg machen, um eine Lache zu finden, wo die Thiere wenigstens ihren Durst löschen konnten.

Von Seljadal aus hebt sich die Gegend. Nachdem man einen ziemlich bedeutenden Schutt- und Aschenberg umritten hat, gelangt man auf ein weites Plateau, auf dessen linker Seite einige wunderschöne Landseen mit Schwärmen von Enten bedeckt am Fuße großartiger, theilweise von Wolken umhüllter Berge die Jagdlustigen mächtig anlockte. Der Führer versichert aber, daß wir keine Zeit zu verlieren haben und indem er rechts über die weite Lavaebene hinüber zeigt, bedeutet er uns, daß dort unten im Dunkel violett schimmernder Ferne das Ziel unserer Reise, Thingvalla, liege, das wir nicht einmal in gerader Linie erreichen könnten, da der See uns zwinge, einen bedeutenden Umweg zu machen. Wir halten einige Augenblicke still, um das Thal zu erblicken, hinsichtlich dessen unsere Erwartungen auf das Höchste gespannt sind, können aber nichts anderes bemerken, als eine Fläche, die so allmälig aufsteigt, daß man kaum von unserem Standpunkte aus ein Aufsteigen derselben nach dieser Seite hin erkennen konnte. Die Wolken streichen tief an düsteren Kegeln mit steil abgerissenen Wänden, sowie an einer Kette seltsam ausgezackter, dunkler Lavazinnen hin, hinter welchen sich ein weites Schneefeld, der Lang-Jökul, ausdehnt, das nur hie und da aus den Nebelschleiern hervorblinkt, ohne daß wir seine genauere Gestaltung erfassen könnten.

Wir befinden uns auf einem außerordentlich nackten, fast horizontalen Hochplateau, das offenbar aus einem ungeheuren Lavastrome besteht, auf dessen Oberfläche das nackte Gestein noch die Wellenlinien und Schaumblasen sehen läßt, unter deren Bildung der Strom einst geflossen. Kaum zeigt sich hie und da ein Gräslein, sonst überall nur die nackte, mit Schollen und Schlacken übersäete Fläche mit seltsam aufgethürmten Steinpyramiden, die aus der Ferne häufig menschlichen Gestalten, Pferden und Reitern oder vorweltlichen Ungethümen gleichen. Wir galoppiren scharf zu über Stock und Stein, wenig bekümmert um diese Richtzeichen und nur unseren Führern mit den ledigen Pferden folgend, die in sausender Eile einer kleinen Einsenkung zueilen, die sich durch eine ganz besonders hohe Pyramide dem kundigen Auge bemerklich macht. Plötzlich stockt der Zug und die vorderen Reiter verschwinden, als hätte die

Erde sie eingeschluckt: wir stehen an dem Rande einer ungeheueren Spalte, aus deren senkrechter Tiefe schwarze in Säulen geformte Felsen herausgähnen und in welche hinab ein enger, steiniger, eher eine Wendeltreppe zu nennender Pfad sich in unerlaubt steilen Windungen zu stürzen scheint — eine Felswand, ähnlich derjenigen der Gemmi, wenn auch bei weitem weniger hoch, so doch eben so steil und ein Pfad, dem man kaum zu Fuße seine gesunden Knochen anvertrauen möchte. Wir wissen zwar, daß unsere Führer hinabgeritten sind; allein Neulinge in Island, tragen wir noch nicht jene felsenfeste Zuversicht zu der Sicherheit unserer Pferde, welche dem Hufe mehr vertraut, als dem Fuße. Steif von dem anhaltenden Ritte, gelingt es einigen von uns nur mit großer Mühe, aus dem Sattel zu kommen. Wir steigen ab, stolpern und kollern über ungefüge Felsstiegen hinunter und befinden uns wie in einem großen, mit herrlichem Grün bewachsenen Burggraben, der von zwei senkrechten, säulenförmig gespaltenen, geschichteten Felsmauern eingeschlossen ist, deren dunkele, fast schwärzliche Farbe einen wunderbaren Kontrast mit dem frischen Grasteppich und dem glänzenden Himmel darüber macht. Das ist der berühmte Spalt der Almanagja. Unser Pferd windet sich durch eine Art von Rinne, durch einen Einschnitt, um einen Felsblock herum, der einem uralten, verwitterten und eingestürzten Wartthurme nicht unähnlich sieht. Packpferde, von den berittenen Führern begleitet, springen, klettern und rutschen über die Felsstiegen herunter, während einige Isländer, die gerade aus dem Thale herkommen, ihnen entgegen hinaufsteigen. Hasselhorst entwirft eine Skizze, wir andern strecken uns an den Boden, zu steif, zu sehr ermüdet, um auch nur den Versuch zum Steinklopfen zu machen, und rauchen eine Tröstungscigarre, während unsere Pferdchen das herrliche Gras sich wohl schmecken lassen. Die Felsmauer, über welche wir herabgekommen sind, ist wohl fünfmal höher als diejenige, welche das Außenwerk, das Glacis des Burggrabens bildet. Aber die Schichten entsprechen sich auf beiden Seiten vollkommen, und es kann keinem Zweifel unterliegen, daß diese niedere Felsmauer die Fortsetzung des oberen Plateaus bildete, von welchem sie abgerissen und in die Tiefe gesenkt wurde.

Der Boden der Spalte, der etwa 200 Fuß Breite hat und, wie schon bemerkt, mit dem üppigsten Grüne bewachsen ist, dehnt sich in fast gerader Richtung in weite Ferne fort, bis einzelne Felsvorsprünge seine weitere Erstreckung dem Auge entziehen. Wir reiten eine Zeit lang längs der äußeren

Felsmauer hin, biegen dann durch einen Spalt rechts ein, wie durch eine Ausfallspforte, und sehen nun vor uns in geringer Tiefe ein weites Thal mit Moos, Busch und Strauch in malerischen Farben des Herbstes bekleidet, mit wellenförmiger, von tiefen Spalten durchzogener Oberfläche, das sich mit kaum merklicher Neigung in einen herrlichen blauen See absenkt, der in seiner Ausdehnung und Breite den bedeutendsten Schweizerseen nur wenig nachzugeben scheint. Die Lavaschichten, welche die äußere Felsmauer bilden, senken sich unter einem Winkel von etwa 25 Grad gegen das Bett eines klaren Flusses, der an ihrem Fuße hinströmt und weiter oben einen prachtvollen Wasserfall bildet. Ringsum dehnt sich ein großartiges Panorama von düsteren Bergen, die einen im Nordosten mit ewigem Schnee bedeckt, die anderen an ihren Seiten zerfurcht und zerrissen von Wasserströmen, welche die auf ihnen gesammelten Wolken entladen haben.

Doch wir sind zu müde, zu hungrig, um mehr als einen Blick dieser wunderbaren Gegend zu gönnen. Wir reiten über den Abhang hinab, setzen durch den Fluß Oxará, der nur wenig tief ist, und lenken unsere Schritte nach einem niederen Holzhause, das auf einer kleinen Anhöhe steht und durch einen thurmartigen Anbau, welcher wenig über Mannshöhe emporragt, sich als die Kirche zu erkennen gibt. Unser Zelt ist dort schon aufgerichtet und vor der Kirche am Rande des Weges prasselt ein lustiges Feuerchen, über welchem der Koch seine Pfannen aufgestellt hat.

Gressly, dessen Gemüth nicht allein sich in gereizter Stimmung befindet, wird mit einiger Mühe vom Pferde heruntergeschrotet. Der Professor ist, wie man zu sagen pflegt, gänzlich „alle“ geworden und macht vergebliche Versuche, die ungeheueren Wasserstiefel, mit welchen er seine Füße bis zu den Schenkeln umhüllt hat, über den Sattel hinüberzubringen. Endlich befiehlt er, dieser Anstrengung müde, ein Rennthierfell auf dem Boden auszubreiten, lenkt sein geduldiges Rößlein bis zu demselben und läßt sich dann von dem Pferde herunterrollen, um in dem Dusel der Ermüdung unzusammenhängende Betrachtungen über die Erschöpfung aller menschlichen Kräfte anzustellen. Kaum daß er den Kopf drehen mag, um einige wunderschöne Forellen anzusehen, oben dunkelgrünschwarz mit hellbraunen und rothen Tupfen an den Seiten und dunkel orangefarbenem Bauche, die von dem Herrn Pfarrer zum Nachtessen angeboten werden. Unter anderen Umständen würde vielleicht das Interesse an der Wissenschaft überwogen und die Forellen, statt in den Topf, in ein Gefäß mit Weingeist befördert haben. So aber dienen sie nur dazu, die Thatsache festzustellen, daß die Forellen aus dem See von Thingvalla in Island ebenso schön rothes Fleisch besitzen, als die Salmen aus dem Rheine und nicht minder vortrefflich schmecken.

Unser Zelt war vor der Kirche so aufgeschlagen, daß das kleine Gebäude uns vollkommen vor dem Westwinde schützte, der in der Nacht einigen Regen brachte. Die Unebenheiten des Grasbodens waren mit duftendem Heu ausgeglichen, über welches man unsere in Norwegen gekaufte Rennthierfelle gespreitet hatte, die sich bei der Fortsetzung der Reise als ganz vortrefflich bewährten, indem sie mindestens eine ebenso weiche Unterlage boten, als unsere dünnen Schiffsmatratzen, und jede Bodenfeuchtigkeit vollkommen abhielten. Man wulstete sich ein Kopfkissen mit Heu auf, über das man eine Decke oder irgend ein Kleidungsstück breitete und schlief nach der harten Anstrengung, denn man hatte von 9 Uhr Morgens bis 6 Uhr Abends 45 Kilometer oder 13 Schweizer Stunden, in gerader Linie gemessen, zurückgelegt — so vortrefflich, daß man am andern Morgen kaum etwas von der Müdigkeit verspürte und sich der Untersuchung des merkwürdigen Thales, welches in der Geschichte Islands eine bedeutende Rolle spielt, mit frischen Kräften widmen konnte.

Von den frühesten Zeiten an bis jetzt ruhte die Verfassung Islands, um die altgewohnte hofräthliche Phrase zu brauchen, auf breitester demokratischer Grundlage und wenn auch die norwegischen und dänischen Könige dort einen Statthalter, Amtmann oder Gouverneur unterhielten, so hatte dieser doch im Ganzen wenig zu sagen gegenüber den vom Volke selbst bestellten richterlichen und administrativen Behörden und mußte sich unter die Beschlüsse der Landesgemeinde, des Thing, unterordnen, der alljährlich seit dem 11. Jahrhundert bis in die neueste Zeit in Thingvalla abgehalten wurde. Dort strömte in der Mitte des Sommers das Volk aus allen Theilen der Insel zusammen: eine Zeltstadt erhob sich an dem Ufer des Flusses, ein weites Lager, wo eine Woche hindurch nicht nur die politischen Verhandlungen gepflogen, sondern auch Geschäfte aller Art, Tausch und Handel abgemacht wurden. Der Thing war zu gleicher Zeit die allgemeine Messe des Landes und viele Isländer glauben, daß seine Verlegung nach Reikjavik in die engen Räume des Amtshauses und in die Kaufläden der Stadt keinen günstigen Einfluß auf den Charakter des Volkes im Allgemeinen geübt habe. Wir können dies freilich nicht beurtheilen; allein jedenfalls will uns bedünken, daß eine Versammlung unter freiem Himmel, in dieser großartigen Natur, wo man Tage lang mit einander in ernsten Geschäften, wie in Scherz, Spiel und Tanz verkehrte, einen weit belebenderen und erfrischenderen Charakter haben mußte, als die jetzige Zusammenberufung der Deputirten aus den verschiedenen Landestheilen in dem dumpfigen Städtchen Reikjavik.

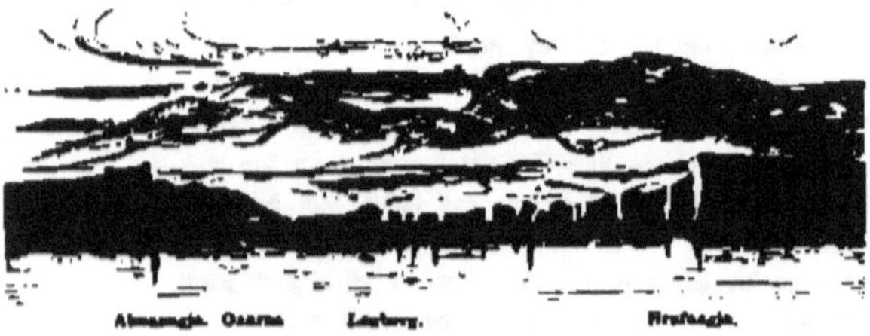

Querdurchschnitt des Thales von Thingvalla.

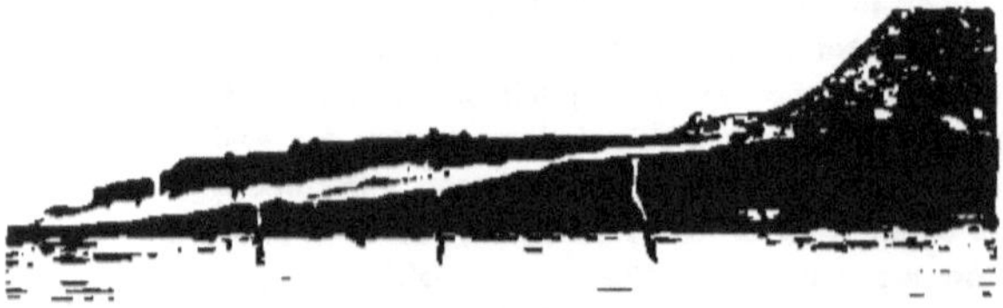

Längsdurchschnitt des Thales von Thingvalla.

Das Thal war, man muß es gestehen, mit wunderbarem Takte gewählt. Nach Norden hin ist es abgeschlossen von dem ungeheueren Spalte der Almanagja, der in fast gerader Richtung sich über eine Länge von 10 Kilometern erstreckt und an dem Fuße eines gewaltigen Gebirgsstockes beginnt, der den Namen Armannsfell trägt. Im Südwesten, in einer Entfernung von etwa 8 Kilometern, dehnt sich ein Parallelspalt von gleicher Länge und größerer Tiefe, die Hrafnagja oder Rabenschlucht, deren Ueberschreitung noch schwieriger ist, da tiefe Höhlen den Pfad unterbrechen. So wird von diesen beiden Spalten, von dem See nach Südwesten und einem schauerlichen unwegsamen Lavastrome, der nach Nordosten hin seine ununterbrochenen Schlackenmassen bis zu dem Eiskegel des Skjaldbreid emporhebt, ein etwa 40 Quadratkilometer messendes Thal abgeschlossen, das, mit Birkengestrüpp, Heidelbeeren und Preiselbeeren, Moos und herrlichem Gras dicht überwachsen, ein wahres isländisches Paradies darstellt. Der fast ebene, nur in leichten Wellenlinien geschwungene Boden dieses Thales, der sich sanft nach dem Flusse und dann dem See hin abdacht, wird indeß von vielen kleineren Spalten durchzogen, die besonders in der Nähe der Kirche häufiger werden und, wenn auch im Ganzen den Hauptspalten parallel, dennoch sich zuweilen unter spitzen Winkeln schneiden. So haben einige dieser Spalten einen länglichen, etwas erhöhten Raum umschlossen, der offenbar beim Ergusse aufgebläht wurde und jetzt nur durch einen schmalen Zugang, auf dem kaum zwei Männer Platz haben, erreichbar ist. Rings umgeben ihn Schründe, von senkrechten Lavasäulen gebildet, deren Fuß in ein tief dunkelgrünes, stilles Wasser taucht, in welches hie und da einige Brombeeren ihre Ranken hinabsenken. Die vielfach gewundenen Spalten sind nirgends weniger als 30—40 Fuß breit, nirgends weniger als 60 Fuß bis zum Wasserspiegel tief, bilden also einen Wallgraben, der in einem Lande, wo kein Holz zum Brückenschlagen existirt, vollkommen unersteiglich ist. Hier auf dem Logberg, dem Berg des Gesetzes, nahmen auf vorspringenden Lavastufen der Präsident der Landsgemeinde, der Mann des Gesetzes (Logmann) und die Beisitzer des höchsten Gerichtes ihren Sitz, während einige Wachen den Zugang absperrten und das Volk über der Spalte drüben lagerte und der Vorlesung der Gesetzesbücher und der Verkündung der Rechtssprüche lauschte. Todeswürdige Verbrecher wurden unmittelbar von dem Logberge, dem Berge des Gesetzes, wie dieser kleine Platz hieß, in die Spalte hinabgestürzt; Hexen und Zauberer — denn auch diese konnte man nach Einführung des unduldsamen Christenthums nicht entbehren — auf einem Platze gegenüber verbrannt. Es wird eine Stelle gezeigt, wo ein zum Tode verurtheilter junger Mann, Flosi, sich durch einen tollkühnen Sprung über die Spalte hinüberrettete — wer es glauben will, mag es thun. In der Nähe der Kirche ist ein gewaltiger Lavablock aufgerichtet, auf welchem außer einigen verwaschenen Namenzeichen noch die uralten Ellenmaße eingegraben sind, die meist zur Schlichtung der Streitigkeiten über Mein und Dein benutzt wurden, da der Vadmel, dieser grobe Wollenstoff, den die Isländer zu ihren Winterkleidern verfertigen, als Ausgleichungsmünze diente.

Wunderbar, sagte ich oben, sind die Umgebungen dieses Thales, wunderbar seine Bildung. Steht man auf der Höhe des Logberges, dieser geringfügigen Aufwulstung, welche das ganze Thal dominirt: zu den Füßen die fürchterlich zerrissene Spalte mit den nackten Wänden, deren dunkle Säulen von grauen und gelben Flechten getigert erscheinen; tief unten das dunkele Wasser, das wie ein schwarzer Landschaftsspiegel alle Umrisse und Farben in gesättigten Tinten zurückstrahlt; vor sich die weite Ebene mit den braunen, grün, roth und gelb gemischten Teppichfarben des absterbenden Laubes der kriechenden Zwergbirken und der Beerensträucher; im Mittelgrunde den prachtvollen Fluß, der in kühnem Sprunge über die Felsmauern der Almanagja dem ruhigen Seespiegel zueilt, aus dessen Tiefen noch verwirrte Spalten und höhere mit Wasserpflanzen bewachsene Gründe in der Nähe des Ufers hervorleuchten; am Horizonte zur Rechten die gewaltigen Schuttmassen des Armannsfells, die schneebedeckten Kegel des Skjaldbreide, Hlödufells und Blafells, welchen gegenüber nach Südwesten hin der wildausgezackte Hengill über dem See drüben das Gleichgewicht zu halten scheint — steht man so auf dem Logberge bei heiterem Wetter, das Panorama mit einem Blicke umspannend, so muß man glauben, daß nirgend in der Welt eine Gegend sich finden könne, welche eine gleiche Mischung von düsterer Erhabenheit und einschmeichelnder Lieblichkeit darbieten könne.

Die Bildung des Thales erklärt sich ohne Schwierigkeit, sobald man nur den Umstand in das Auge fassen will, daß es mit sammt dem dazu gehörigen See nur einen Theil einer ungeheuren Lavamasse bildet, welche hauptsächlich aus den vergletscherten Vulkanen im Nordosten, zum Theil aber auch aus einer Menge von Kegeln hervorgestürzt ist, die an dem Südrande der Lava sich hinziehen, welche in einem gewaltigen Zuge bis zum Kap Reikjanaes sich erstreckt. Es hat aber diese ungeheure Lavamasse eine Länge von 120 Kilometern auf eine Breite von 20 und 30 und sie bildet überall einen mehr oder minder hohen Rücken, welcher das Tiefland, an dessen Küste die großen, aus den Gletschern hervorkommenden Flüsse münden, von der Faxabucht und der Umgegend von Reikjavik trennt. Gewiß sind diese ungeheuren Lavamassen nicht auf einmal ergossen worden, gewiß hat bald dieser, bald jener Kegel einen mehr oder minder gewaltigen Ausbruch gethan, wodurch neue Lava- und Aschenmassen zu den schon vorhandenen hinzugefügt wurden. Was bei dem im Jahre 1783 stattgehabten furchtbaren Ausbruch des Skaptar

Jökul, der den größten geschichtlich bekannten Lavastrom lieferte, sich ereignete, geschah sicherlich auch hier: alte, längst erkaltete Lavaströme, alle Aschen- und Schuttkegel wurden aufs neue durch die ungeheueren Ströme, welche sich über sie hin ergossen, geschmolzen und dadurch dem neuen Strome mehr oder minder vollständig einverleibt. So ist es denn leicht begreiflich, daß ungeheure Massen geschmolzenen Gesteins hier in Bewegung sein konnten, die Jahre und Jahrzehnten bedurften, bis sie zur vollständigen Erstarrung fortgeschritten waren. Die blinden Vogelscheeren oder Klippen, welche sich in der Verlängerung des Kaps Reikjanaes befinden, die dort noch vor wenigen Jahren stattgefundenen unterseeischen Ausbrüche, die stets dampfenden Schwefelquellen von Krisuvik und der ganze Zug heißer Quellen, die sich längs des Südrandes der Lavamassen von dem Geysir bis nach Krisuvik erstrecken, beweisen, daß noch heutzutage die vulkanische Thätigkeit nur in geringe Tiefe von diesem Herde sich zurückgezogen hat, der früher so Gewaltiges leistete. Das Thal von Thingvalla mit dem See, mit den beiden Parallelspalten, die es von der umgebenden Hochebene abtrennen, mit den kleineren Spalten im Inneren, welche den Logberg umschließen, ist nur eine Wiederholung im Großen einer auf Lavaströmen ganz gewöhnlichen Erscheinung. Sowohl oben auf der Fläche, über welche wir ritten, um nach Almanagja zu gelangen, als auch gegenüber auf der geneigten Ebene, in welcher Hrafnagja sich eingerissen hat, findet man häufig Löcher bis zu mehreren hundert Fuß Durchmesser, welche aufs deutlichste einem theilweisen Einsturz der oberen erkalteten Lavakruste ihren Ursprung verdanken. Man sieht, daß eine gewaltige Scholle, deren Zusammenhang mit der umgebenden Kruste nicht ganz fest war, sich durch Spalten abtrennte, und auf die Oberfläche des unten fortströmenden feurigen Flusses sich hinabsenkte, so daß eine Höhlung entstand, deren Ränder über die gesenkte Masse hervorstehen. Manchmal zeigt sich noch, daß die gesenkte Scholle in der Mitte geborsten oder in irgend einer Weise theils durch Mangel an Unterstützung auf dem flüssigen Elemente, theils durch Dampfentwicklung darunter gerissen und geborsten ist. Wenden wir diese Beobachtung auf die Entstehung von Thingvalla mit seinen Spalten an, so sehen wir, daß hier in gewaltigem Maßstabe stattfand, was wir dort im Kleinen beobachteten. Der ungeheure Lavastrom, bis in bedeutende Tiefe erhitzt und geschmolzen, erkaltete auf seiner Oberfläche, während in der Tiefe er noch im feurigen Flusse seine Bewegungen fortsetzte. Endlich brach die ihrer Stütze beraubte Decke zusammen und indem sie auf die unter-

liegende Masse sich senkte, mußten nothwendiger Weise die beiden Hauptspalten entstehen, welche in paralleler Richtung die gesenkte Masse von derjenigen abtrennen, die auf beiden Seiten in ihrem ursprünglichen Niveau sich erhalten hat und in diesem erkaltet ist. Die kleineren Spalten des Thales und des Logberges, welche in ihrer allgemeinen Richtung der Almannagja folgen, sind nur Zersplitterungen, entstanden durch den Druck, welchen die sich senkende Decke auf die untere, noch flüssige Lavamasse ausübte. Diese letztere wich auf die Seite, preßte von unten her gegen die sich senkende Decke, wulstete diese auf und zersplitterte sie auf dem Höhepunkte der Welle, welche durch den plötzlichen Einsturz hervorgebracht wurde.

Das ganze Thal mit dem See — denn dieser ist nur, wie schon bemerkt, die Fortsetzung des Thales, dessen Fläche sich allmälig unter das Wasser senkt — das ganze Thal ist also nur eine großartige Senkung, verursacht durch das Fortfließen der in der Tiefe noch flüssigen Lava, während die Oberfläche längst erstarrt war. Man braucht weder zu hochtrabenden Phrasen von seculären Erhebungen, noch zu ganz besondern Einflüssen seine Zuflucht zu nehmen; man braucht nur den Umstand fest ins Auge zu fassen, daß das ganze Plateau, auf welchem man der Almanagja zureitet, in weiter Erstreckung eben und fast horizontal ist mit Ausnahme einer terrassenförmigen Absenkung, welche etwa in der Entfernung von 2 Kilometern längs dem Spalte von Almanagja und dem westlichen Seeufer sich hinzieht, das sie der Insel Sandey gegenüber erreicht. Diese terrassenförmige Einsenkung würde sich offenbar zu einem Spalte ausgebildet haben, wenn nicht hier, in größerer Nähe des Randes des Lavastromes, derselbe in seiner Masse schon mehr erkaltet, die Senkung also geringfügiger gewesen wäre. Ebenso erklärt sich nur durch diese einfache Anschauung einer Senkung der weitere Umstand, daß Hrafnagja längs einer geneigten Ebene eingerissen ist, während der Fluß Oxaraa in einer Rinne strömt, welche durch die tiefste Einknickung der einbrechenden Schichten erzeugt wurde. Die vielfältige Zersplitterung durch kleinere Klüfte, welche sich überall in dem Thale zeigt; die wellenförmige Gestaltung der Oberfläche, auf der man in erstarrtem Zustande die großen Fluthwellen sieht, welche der Lavastrom beim Fortschreiten warf — all dies beweist aufs deutlichste, daß die kaum erstarrte Decke sich auf eine in noch verschiebbarem Zustande, also in feurigem Flusse befindliche Masse senkte, daß die Hauptsenkung zuerst in der Nähe der Almanagja längs der Rinne statt hatte, in welcher der Fluß läuft, und daß erst später, indem die Masse sich senkte und eine geneigte Ebene bildete, durch das ungeheure Gewicht die Decke bei Hrafnagja abriß und auf diese Weise den zweiten Parallelspalt bildete.

Hinter der Kirche, die ein kleines modriges Gebäude darstellt, liegen auf dem Abhange gegen den See zu einige mit Rasen gedeckte Wohnstätten, aus welchen der Herr Pfarrer zu unserer Begrüßung entgegen kommt. Er hat von Einheimischen und Fremden den Ruf eines Wirthes, der seine Rechnung zu machen versteht, und rechtfertigt diesen Ruf auch so vollkommen, daß wir künftigen Reisenden nur rathen können, wo möglich einen anderen Ruheplatz in dem Thale sich zu suchen, als den Grund, den der Herr Pfarrer bewirthschaftet. Außer dem Pfarrer, der in höchst verschlissener schwarzer Kleidung einem auf Wartesold gesetzten Dorfschulmeister ähnlich sieht, begegnen wir noch einem anderen Individuum, dessen isländische Schuhe und Hosen mit einem kurzen Sammetrocke und einem federgeschmückten Barette einen seltsamen Kontrast machen. Schon in Reikjavik haben wir von diesem Jüngling gehört: er ist der einzige und folglich größte jetzt lebende Künstler Islands, hat sich einige Zeit „Studierens halber", wie man sagt, in Holland aufgehalten, aus dessen Ateliers er den Sammetrock und das Barett à la Van Dyk mitgebracht hat, und beschäftigt sich jetzt vorzugsweise mit dem Studium der isländischen Alterthümer und der harmonischen Ausbildung des nationalen Kopfputzes der Weiber; zu welchem Zwecke er statt der netten Zipfelmütze oder der sonderbaren, mit weißem Linnen gesteppten Zunge, welche sich einige isländische Frauenzimmer auf den Kopf setzen, als hätten sie an derjenigen im Kopfe nicht genug, — zu welchem Zwecke er, sage ich, eine Art von kegelförmigem Horn aus Pappdeckel erfunden hat, das mit Schleiern bedeckt wird und der Zuckerhüte der Bäuerinnen aus der Normandie nicht unähnlich sieht. Der Van Dyk von Reikjavik schleppt uns sogleich an die seiner Behauptung nach merkwürdigste Stelle des Thales, die er entdeckt hat, eine wunderbare Höhle, welche mit den tiefsten Geheimnissen des Erdinnern in Verbindung stehe und gewiß in anderen Zeiten eine bedeutende Rolle gespielt habe, wenn auch nichts darüber aufgezeichnet sei. Wir sehen nichts als eine kleine, fast kreisförmige Vertiefung, wie man sie deren zu Hunderten auf jedem großen Lavastrome antrifft, und begnügen uns, weiterhin die sonstige Lokalkenntniß des Künstlers in Anspruch zu nehmen, die in der That groß ist. Wir sehen auch seine Skizzenbücher, können aber doch nicht umhin, bei aller Anerkennung der

Leistungen der Isländer in anderen Dingen, uns auf die Brust zu klopfen und mit Selbstgefühl zu sagen: Anch' io.

Unsere Karawane vervollständigt sich. Während wir den ganzen Morgen hindurch mit Zeichnen, Steinklopfen und ähnlichen Untersuchungen beschäftigt sind, stößt Professor Arnason mit 5 Pferden zu uns, um auf der Reise zu den Geysiren uns zu begleiten. Wir haben im Anfang Mühe, uns an den Anblick seines Reitens zu gewöhnen. Alle Isländer schlenkern beständig mit den Beinen und die Pferde sind sogar gewöhnt, still zu halten, sobald diese Bewegung während einiger Zeit aufhört. Da man niemals Sporen, sondern sogar nur weiche Schuhe trägt, so dient diese beständige Bearbeitung der Weichen des Pferdes dazu, diesem den Willen des Reiters mitzutheilen, der nur in Ausnahmsfällen zur Peitsche greift. Bei unserem guten Professor hatten indeß diese nationalen Bewegungen eine solche Exzentrizität gewonnen und wurden so auffallend mit den Armen und dem Kopfe begleitet, daß man hätte glauben können, Pferd und Reiter seien zwei einander beständig anziehende und abstoßende elektrische Pole. Nichts desto weniger war unser gelehrter Reisegefährte ein vollendeter Reiter, unermüdlich im Beitreiben und Fangen der Ausreißer, und ein so herzlich wohlwollender und freundlicher Charakter, daß wir seine weitere Begleitung schmerzlich vermißten, als er nach einigen Tagen fröhlichen Beisammenseins am Geysir einen anderen Weg zum Heimkehren einschlug.

Einige vorübergehende Regenschauer mahnen uns daran, daß die Jahreszeit zum Reisen in Island schon etwas spät sei. Wir brechen gegen Mittag auf, überschreiten, vielfach zwischen geschlossenen Spalten und wellenförmigen Erhöhungen uns durchwindend, die Thalebene und gelangen endlich nach mehrstündigem Ritte in den Spalt der Hrafnagja, der an Wildheit und Düsterheit seinen Zwillingsbruder noch übertrifft, aber weniger regelmäßig ausgebildet und weit stärker verschüttet ist. Unsere Pferde klettern wie Ziegen die steile Bergwand hinan; wir folgen mühselig steigend und finden uns, auf der Höhe angelangt, auf einem Lavastrome, der alle unsere Vorstellungen hinter sich läßt. Von unten herauf glänzt die grüne Ebene von Thingvalla, deren am Boden kriechende Zwergbirken von den Isländern mit dem pompösen Namen Wald belegt werden. Aber dies ist auch das einzige Grün, das wir sehen; denn rings um uns ist schauerliche Oede und das nackte Lavagеklipp nur dünn überstreut mit Schlacken und Aschen, welche zum Theile von den benachbarten Hügeln herabgeschwemmt sind. Auf der Höhe der geneigten Ebene, an welche wir hinanritten, hat sich ein vulkanisches Kamin aufgethürmt, das wie ein verfallener Wartthurm die Gegend überschaut. Der Schlund, aus welchem die Gase sich entwanden, die diese Schlacken emporwarfen, reicht wie ein Burgbrunnen tief hinab und hinein geworfene Steine geben einen Klang, als würde Glas zerschellt. Der Ort heißt Reidarbarmur und gehört zu denjenigen, welche der Reisende nothwendig sehen muß. Wunderbar ist aber die Aussicht von hier, sowohl rückwärts nach dem Thale von Thingvalla, als vorwärts nach der weiten Ebene von Mosfall und seitlich auf die spitze Felsenkette der Kalfatindar (Kälberzacken), die von düsteren Wolken beschattet, riesigen Gespenstern gleich aus der grauen Lavaebene auftauchen.

Ein kurzer Ritt bringt uns an eine andere jener Führermerkwürdigkeiten, eine Höhle, Laugarvatns Hellir, die an dem Abhange einer gewaltigen Hügelkette sich öffnet und in ein weiches, sandsteinartiges Gestein eingegraben ist, das offenbar aus zusammengebackenem Palagonitschutt besteht. Die Höhle ist in einer weicheren Schicht ausgewaschen und führt, der Behauptung nach, weit nach innen in den Berg hinein; — ihre Wände und Decke bestehen aus grobkörnigem Gestein, in das man leicht mit dem Messer tiefe Buchstaben eingraben kann. Das Cäment des Gesteines besteht aus grauer, vulkanischer Masse, in welche größere und kleinere Körner von dunkelbraunem Palagonit und schwärzlicher Lava eingebacken sind. Das Gestein wird so sehr von den atmosphärischen Wassern angegriffen, daß überall, wo sich ein größerer Stein darin vorfindet, dieser Gelegenheit zur Bildung einer unvollkommenen Säule gibt, die sich nach und nach zuspitzt, bis sie endlich unter dem Gewichte ihrer schützenden Kappe zusammenbricht. Offenbar ist die ganze Hügelmasse bei Gelegenheit jener Ausbrüche ausgeworfen worden, welche an der Bildung der Lavaströme von Thingvalla Antheil nahmen, und nachdem die losen Aschenmassen zuerst durch die einsickernden atmosphärischen Wasser zusammengebacken und gekittet waren, werden sie nun von denselben allmählig ausgewaschen, unterhöhlt und zu Thale geführt.

Wir begnügen uns, die Höhle von außen anzugucken, ohne die mindeste Lust zu bezeigen, die mitgebrachten Lichter zum Zwecke des Anschauens ausgewaschener, düsterer Felswände zu verwenden, und reiten nach kürzerer Rast nach Laugarvatn, wo das Nachtlager aufgeschlagen werden soll. Die Ansiedlung, welche diesen Namen trägt, liegt auf einer kleinen Anhöhe, über einem schönen See, auf dem Taucher, Enten und ähnliches Wassergevögel ihr Wesen treiben, und worin trotz der heißen, schwefelhaltigen Quellen, die sich überall in den See ergießen, vortreffliche Forellen sich finden. Wir sollten davon beim Abendessen den sprechendsten Beweis haben, indem unser Koch sich gänzlich auf isländische Hilfsmittel beschränken und uns dennoch ein wahres Feinschmeckermahl bereiten konnte. Eine herrliche Seeforelle, etwa 4 Pfund schwer, brachte der würdige Besitzer des Hofes und unsere Sättel waren ringsum behängt mit Ryppen, Goldregenpfeifern und kleinen Schnepfen, welche unsere Jäger im Vorbeireiten erlegt hatten. Es wimmelte namentlich von Goldregenpfeifern, die jetzt in ähnlicher Weise, wie die Schwalben in unseren Gegenden, sich in großen Schwärmen versammelten, um ihre Abreise nach dem Süden zu bewerkstelligen. Auch die Ryppen hatten sich schon aus den höheren Gegenden mehr in die Tiefe gezogen, und ohne weiter darauf Jagd zu machen, wurde doch soviel dieses herrlichen Geflügels erlegt, daß wir während unserer ganzen Reise kein anderes Fleisch nöthig hatten und dennoch eine ganze Kiste voll zurück an Bord bringen konnten, die während der späteren Seereise die Erinnerung an Island frisch bewahren sollten.

Doch zurück zu unserer Haltestelle, die, wie man auf den ersten Blick sieht, ganz in der Region der heißen Quellen liegt. Weit drüben über dem See, in einer unermeßlichen, mit gelbem Torfmoos überwachsenen Ebene, die sich ohne Unterbrechung bis zu dem fernen Meere hin ausdehnt, sehen wir Dampf aufsteigen, der vom Winde getrieben wie der Dampf eines Bahnzuges über die Ebene streicht und den Fluß verhüllt, der sie durchrauscht. Gegenüber auf der anderen Seite des Sees dampft es ebenfalls in gemessenen Pausen, wie aus der Maschine einer unterirdischen Fabrik, und zu unseren Füßen kaum 100 Schritte entfernt brodelt und quirlt es aus dem Boden, daß man glauben könnte, der See koche.

Während das Nachtessen bereitet und die Zelte aufgeschlagen werden, eilen wir hinab an den See, uns die Quellen anzusehen, welche aus einer verdächtigen Kruste hervorbrodeln und sich unmittelbar mit einem kleinen Bache, der wohl ein Mühlrad treiben könnte, in den See ergießen. Licht blaugrauer Thon, in dem eine Menge von Schwefel, Gyps und krystallisirten Salzen abgelagert ist, bildet diese Kruste, aus deren kreisförmigen Oeffnungen das nach faulen Eiern stinkende, also gewiß Schwefelwasserstoff enthaltende Wasser kocht. Das hinein gehaltene Thermometer steigt auf Siedhitze, der See raucht längs seinem Ufer, und bei dem Versuche zu baden überzeugt man sich bald, daß das heiße Wasser auf dem kalten Seewasser aufschwimmt, sodaß man mit den Füßen im Eise zu stehen glaubt, während man sich die Waden brüht. Eine kleine, etwa spannenlange Forelle scheint offenbar zu ihrem Schaden mit den gewöhnlichen physikalischen Gesetzen nicht vertraut gewesen zu sein und tollkühn den Versuch gemacht zu haben, eine Mücke durch diese obere heiße Schicht hindurch zu erhaschen: sie treibt halbgesotten am Ufer und Grefsin riskirt einen Sturz in den kochenden Bach, indem er die Angaben des Thermometers vervollständigen und versuchen will, ob auch die Forelle sich vollständig in der Quelle gar kochen lassen würde. Nirgends bemerkt man eine Anstalt, daß man diese heiße Schwefelquelle, die den Besitzer in unserem civilisirten Europa zum reichen Manne machen würde, anders als zum Waschen der Zeuge benutze. Nachdem wir Proben des Thones mit den darin abgesetzten Salzen und Mineralstoffen genommen, folgten wir dem lockenden Rufe des Kochs und nahmen vor unserem Zelte, von einer Schaar neugieriger Kinder beobachtet, die auf den Dächern der Häuser hockten, unsere Abendmahlzeit ein.

Es war noch hell genug, um dem Etablissement einen Besuch abstatten und einen echt isländischen Bauerhof in seinem Inneren betrachten zu können. Auf der uns zugewandten Seite führt eine Oeffnung, in welche man gebückt eintreten muß, durch einen niederen Gang in einige kleinere Höhlenräume, von denen einer mittels eines viereckigen, einen Quadratfuß großen Loches erleuchtet, ein anderer aber vollkommen dunkel und leer war. Der kellerartige Raum hatte eine von Lava zusammengestellte Esse, einen aus einem Lavablocke bestehenden Ambos, ein aus Lavasteinen gebildetes Kamin — es war die Schmiede. Von diesem vorspringenden Bau aus, in den man unmittelbar eintreten konnte, zog sich eine niedere, trockene Mauer, aus Lavaplatten und abgestochenem Rasen gebaut und überall mit Rasen bedeckt, die den Kindern als willkommener Spielplatz dient, rund um das ganze Gehöfte herum. Die Fronte nach Süden, die sich an dem Wege hinzieht, zeigt mehrere nebeneinanderstehende Giebel mit Holzverschlägen und kleinen, festgenagelten Fensterlein, deren eines uns den Blick in eine etwa zehn Fuß im Geviert enthaltende, niedere Stube öffnet, deren Boden und Wände aber doch mit hölzernen Dielen und Brettern ausgeschlagen sind und wo unsere Führer mit einer Schüssel saurer Milch, trockenen Fischen und einem ungeheueren Stücke ranziger Butter ihr Nachtessen halten. Wir treten durch die Thüre in einen langen, finsteren, engen Gang, stolpern über einige Geräthe, welche an den Wänden aufgestellt sind, patschen in einem zähen Schlamme, der den Boden bildet, stoßen mit dem Kopfe empfindlich an einige Querhölzer, bis wir gelernt haben, uns tief zu bücken, und gelangen so tappend und suchend nach etwa dreißig Schritten in einen kleinen Raum, in welchen von oben durch ein konisch sich zuspitzendes Kamin einiges Tageslicht einfällt. Es ist die Küche, wie uns einige Gefäße an den Wänden und das auf dem Herdsteine glimmende, mit Birkensträuchen und Rasentorf unterhaltene Feuer belehrt. Dort zeigt sich auch ein Quergang, der links und rechts in verschiedene Räume führen muß, welche von besonderen Dächern überwölbt sind. Aber eine unbeschreibliche Luft füllt diese Maulwurfsgänge und Hamsterhöhlen: Kellermoder, ranzige Buttersäure, schimmelige Milchsäure, und alle jene ammoniakalischen Pestilenzen, die sich aus angefaultem Fisch und Fleisch entwickeln können, haben sich mit allen menschlichen Ausdünstungen zu einem Gemische vereinigt, das wir unmöglich länger ertragen können. Es wird uns zu Muthe, wie Reinecke's Wolf in der Höhle der Meerkatzen: wir stürzen halberstickt, nach Luft schnappend und einige Stirnbeulen davon tragend, dem Ausgange zu und schwören mit hocherhobenen Händen, daß wir niemals die Gastfreundschaft des isländischen Bauers und Hofbesitzers in Anspruch nehmen werden.

Der Abend entschädigt uns für das ausgestandene Ungemach. Weit über die Ebene hin, die mit ihren verbrannten Farben, ihren dampfenden Quellen und dem gewundenen Flusse an das öde Feld der römischen Campagna erinnern konnte, glänzten die Eiskolosse des Hekla, des Tindfjälla und des Eyjafjälla, in zauberischer Abendbeleuchtung, während in der Nähe die wüsten Schuttkegel, welche den Rand der Ebene bilden, schon in tiefen Schatten gesenkt waren. Wir blieben, bis die Nacht mit ihren Sternen und den über den Himmel schießenden Nordlichtern heraufgezogen war, in der Aussicht schwelgend vor unserem Zelte sitzen, in das wir erst krochen, als die bittere Kälte uns zum Rückzuge zwang.

„Früh gesattelt und spät geritten," heißt es in Island. Es dauert gewöhnlich 2—3 Stunden, bis die Karawane sich in Bewegung setzen kann. In der Nacht haben sich die Pferde trotz der Fesseln, welche man ihnen um die Vorderfüße legt, weithin verlaufen, und bis sie zusammengesucht und bepackt sind, was alles mit außerordentlicher Gemüthsruhe und systematischer Langsamkeit geschieht, hat man vollkommen Muße, die Notizen vom vergangenen Tage in Ordnung zu bringen, die Zeichnungen zu vervollständigen und den Lagerplatz in seinen Einzelheiten zu untersuchen. Glücklicher Weise war unser Führer Zahlmeister, denn hätten wir auch noch dies zeitraubende, in unendliche Debatten verwickelte Geschäft übernommen, so würden wir sicherlich in den meisten Fällen uns nicht vor Mittag in Marsch haben setzen können. Hat man aber guten Weg und gutes Wetter, so ist die verlorene Zeit bald wieder eingebracht; denn die Pferdchen haben sich während der Nacht vollkommen restaurirt und galoppiren, daß es eine Freude ist.

Wir halten uns an dem Rande der Ebene, aus welcher der Eisenbahnzug dampft, der in der Nacht mit dem Nordostwinde seine Richtung vollkommen geändert hat. Es gibt lange Strecken mit hartgetretenem schwarzem Sande bedeckt, auf welchen verschiedene Wettrennen angestellt werden; wir durchkreuzen auch einige Wälder, deren Baumspitzen wir, ohne uns viel zu bücken, vom Pferde aus erreichen können. Einer von uns entdeckt sogar einen Birkenstamm, der zwar auf der Erde kriecht, aber dennoch die Dicke eines Mannesarmes hat, und die ganze Karawane versammelt sich, um dieses Wunder üppiger Vegetation anzustaunen. So gelangen wir, plaudernd und scherzend, und immer dem Rande der Ebene folgend, in ein von Lavastrecken gebildetes Hügelland, aus welchem in einiger Entfernung das Brausen eines Wasserfalles an unsere Ohren schlägt. Wir kommen näher und sehen vor uns einen breiten Fluß, zwischen dräuenden Lavafelsen eingeschlossen, dessen helle Wasser sich in einen tiefen Spalt stürzen, welcher in der Mitte des Flußbettes sich hinzieht. Erst nach genauerem Hinblicken sehen wir, daß mitten im Wasser über diesen Spalt eine schmale Holzbrücke geworfen ist, deren Zugänge vom Wasser überströmt werden, während sie selbst an einige gewaltige Lavablöcke genietet ist, die an dem Rande des Spaltes hervorstehen. Einer unserer Führer setzt entschlossen in den Fluß, um den Pferden den Weg zu zeigen: das Wasser geht seinem Pferde bis an den Bauch; zwei andere treiben die Ponies von beiden Seiten her im Wasser der Brücke zu; wir folgen. Das Wasser ist so tief, daß es uns bis zu den Bügeln reicht, das Bett uneben, von Spalten und Löchern durchzogen. So reitet man etwa 100 Schritte im Wasser bis zu der schlüpfrigen Brücke, überschreitet auf dieser den gähnenden Spalt, aus dem tosender Gischt und Schaum aufwallt, durchreitet auf der anderen Seite nochmals den flacheren Strom und findet sich endlich auf festem Lavaboden, der üppig mit Heidelbeeren überwachsen ist, die gerade in Frucht stehen. „Wir zählen die Häupter unserer Lieben,“, überzeugen uns, daß Keiner die Brücke verfehlt hat, und fallen dann in Erwartung der Packpferde und des ihnen anvertrauten Frühstücks über die ziemlich saft- und geschmacklosen Heidelbeeren her, ganz wie Leute, die während des Sommers keine einzige Frucht gesehen, geschweige denn gekostet haben.

Der Fluß heißt der Brückenfluß, auf isländisch Bruara; wenn wir nicht irren, ist es der einzige Strom auf der ganzen Insel, der in der That eine Brücke besitzt.

Nachdem wir den Lavastrom überschritten, reiten wir an den wüsten Schuttgehängen hoher Berge hin, sehen nach einigen Stunden hinter einem niederen Bergvorsprunge mächtigen Dampf aufsteigen und wissen nun, daß wir in der Nähe des Geysirs sind. Man braust in die Wette über Stock und Stein: die vordersten wollen Richtung reiten, wie bei einem Kirchthurmsrennen, verwickeln sich aber in einem Moorgrunde, während die Klügeren an dem Rande des Moores herumreiten, einen betretenen Uebergang finden, um den Berg herum schwenken und dumpfen Donner hören, der sie zu schnellstem Galopp antreibt. Einige krystallhelle Strahlen schießen wie leuchtende Raketen etwa 20 Fuß hoch aus einer dicken Dampfwolke hervor, während rauchendes Wasser von allen Seiten aus einem Becken herunterrieselt, das auf der Höhe eines stumpfen Kegels angebracht ist. Ehe wir noch abgestiegen sind, ist die ganze Erscheinung wie ein Traum in sich zusammengesunken.

Wir sind am Geysir.

Fünfzehntes Kapitel.

Geysir. Hruni. Laugardaelir. Reykir. Reikjavik. Greenock.

Unser Zelt ist in unmittelbarer Nähe an dem Fuße des großen Geysirbeckens aufgeschlagen, das den östlichen Endpunkt einer ganzen Gruppe von Quellen bildet, die im allgemeinen zwar in nordöstlicher Richtung sich hinziehen, aber doch mehr eine weite Gruppe, als eine gerade Linie bilden. Das Geysirbecken selbst ist ein niederer Kegel mit weiter oberer Oeffnung, aus grauem Kieselsinter aufgebaut, der in unregelmäßigen Schichten über einander liegt, ähnlich den Blättern in der Schale einer Auster. Der ganze Kegel ist bekanntlich von dem Wasser selbst aufgeschüttet, das ziemlich bedeutende Mengen von Kieselerde enthält, die es bei dem Verdampfen und dem Herabrieseln absetzt, sonst aber vollständig aufgelöst enthält, denn es ist wunderbar klar und durchsichtig, und nur wenn man in eine größere Tiefe hinabschaut, zeigt es einen grünlichen Anflug. Das Becken selbst hat eine Gestalt, wie man sie bei keiner der andern Quellen findet und die man am besten mit derjenigen eines flachen Champagnerglases mit hohlem Stiele vergleichen kann. Eine weite flache Schale, scheinbar kreisrund, in deren Mitte eine Brunnenröhre sich öffnet, aus welcher von Zeit zu Zeit dicke Dampfblasen aufquellen. Das klare Wasser in der Schale, auf dessen Grund man deutlich die blumenkohlähnlichen, feingekörnten Absätze des Kieselsinters gewahrt, dampft wie ein großer Brau

Der große Geyser

bottich, der zum Abkühlen gestellt ist. Eine geheimnißvolle Ursache scheint ein abwechselndes, langsames Schwellen und Sinken des Niveaus zu bewirken. Manchmal wird dieses Schwellen so bedeutend, daß das Wasser über den Rand der Schale nach allen Seiten hin abfließt, in einigen Vertiefungen stehen bleibt, die von uns als natürliche Waschbecken benutzt werden, meistens aber sich in einem kleinen Bache sammelt, der südlich der Ebene zueilt, an deren Rande das Geysirgebiet sich befindet. Zuweilen erzittert der Boden ganz leise, das Wasser schwillt stärker, in der Mitte, der Oeffnung der Röhre entsprechend, hebt es sich wie aus dem Rohre eines Springbrunnens, welchem das Steigrohr noch nicht aufgesetzt ist, quillt einige Male empor, ähnlich dem Wasser der Lebensquelle in dem persischen Märchen, sinkt aber dann wieder zurück, indem einige große Dampfblasen aufsteigen, die der Wind in Wolkenform über die Ebene jagt. Bisweilen in Intervallen von 3 bis 4 Stunden werden diese Erscheinungen stärker: man hört dann dumpfe Donnerschläge in der Tiefe, die zugleich mit dem fühlbaren Zittern des Bodens aus dem Schlafe wecken; das Wasser fließt stärker über aus der Schale, das Kochen aus der Röhre wird heftiger und zuweilen schießt, von einer mächtigen Dampfwolke gefolgt, ein dicker, krystallheller Strahl aus der Mündung hervor, der aber nur etwa mannshoch sich erhebt, um dann wieder zu versinken. Wir werden häufig bei Tag und Nacht durch solche Versuche und unvollständige Ausbrüche geäfft und müssen endlich am dritten Tage, von schlechtem Wetter gezwungen, die Geysirs verlassen, ohne einem stärkeren Ausbruche beigewohnt zu haben, als derjenige war, welcher uns im Anfange begrüßte.

Folgt man dem Quellenzuge weiter abwärts, so trifft man in einiger Entfernung auf ein zweites Loch, welches einem verfallenen Ziehbrunnen ähnlich sieht und von einer niedrigen, unregelmäßigen Mauer umgeben ist, die schmutzigbraun aussieht, ebenfalls aus Kiesel besteht und ringsum von gesottenen Rasenfetzen, Steinen und Erdklatschen umgeben ist. Beugt man sich über den Rand dieses Brunnens, so schaut man in einen Schlund von unregelmäßigen braunen Kieselwänden ausgekleidet, in dessen Tiefe von etwa 20 bis 30 Fuß ein kochendes Wasser brodelt. Die Isländer nennen diese Quelle den Strokr oder das Butterfaß und die Führer zeigen für ihn eine gewisse Vorliebe, da er ihnen stets aus der Noth hilft, wenn der große Geysir in verstocktem Eigensinne keine gehörige Eruption will spielen lassen. Der Strokr hat, wie Lord Dufferin richtig bemerkt, einen schwachen Magen, der alle unverdaulichen Dinge nach kurzer Zeit wieder hervorwürgt und in übersprudelndem Eifer auswirft. Kaum ist auch unser Zelt aufgeschlagen und alle ökonomischen Vorkehrungen für den Abend und die Nacht getroffen, so werden wir zu einer Vorstellung beim Strokkr eingeladen. Große Rasenstücke werden abgelöst, Steine von allen Seiten herbeigeschleppt, an dem Rande aufgeschichtet und auf ein gegebenes Zeichen in den Brunnen gestürzt. Wir stehen erwartungsvoll in einiger Entfernung, die Einen berechnend auf der Seite, von welcher der Wind herkommt; einige Waghälse beugen sich sogar über den Rand des Schlundes, um zu sehen, was in der Tiefe vorgeht. Es murrt und knurrt einige Mal dort unten mit deutlichem Erzittern des Bodens und höherem Aufquellen der durch die eingefüllte Erde schmutzig trüben Fluth in der Tiefe — ein plötzlicher Schlag, als würde eine Pforte gesprengt, und nun schießt ein siedend heißer, brauner Wasserstrahl aus der Tiefe hervor, senkrecht bis zur Höhe von 100 Fuß, theilt sich in tausend Tropfen, die sich meist während des Fallens noch in Dampf verwandeln und nur einen schmutzigen Staubregen niederfallen lassen. Gewaltige Dampfwolken drängen sich aus der Mündung des Brunnens hervor, über deren Ränder das rauchende Wasser überfließt, größere Rasenstücke und Steine werden bombengleich nach allen Seiten umhergeschleudert. Strahl folgt auf Strahl wohl während einer Viertelstunde, bis endlich diese rauchenden Raketen an Höhe und Stärke abnehmen, der eingefüllte Rasen und Steine herausgeworfen und der im Innern angesammelte Dampf vollständig entwickelt ist. Der Wasserspiegel im Brunnen sinkt so tief zurück, daß man unmittelbar nach dem erzwungenen Ausbruche sehen kann, wie sich der Brunnen in der Tiefe verengt, so daß seine Gestalt einem gewöhnlichen langen Champagnerglase ähnlich sieht, das an seinem Boden einige Risse bekommen hätte.

Ein auf diese Weise herbeigeführter Ausbruch des Strokkr gibt wohl das vollständigste Bild eines untermeerischen vulkanischen Ausbruches. Beobachter eines solchen Schauspieles wissen nicht genug zu erzählen von dem wundervollen Kontraste, den bei Tage, wo man die Glühhitze nicht sieht, die blendend weißen Dampfwolken machen, zwischen denen Aschenraketen wie braune Strahlen, Schlacken und größere Lavastücke wie dunkle Bomben emporgeschleudert werden. Die Aschenraketen werden hier beim Strokkr durch die in braune Tropfen zertheilten Wasserstrahlen, die vulkanischen Bomben durch die Rasenstücke und Steine repräsentirt, während der blendend weiße Dampf massenhaft aus dem kleinen Krater sich entwickelt. Ein Ausbruch des großen

Geysirs, jedenfalls an und für sich weit prachtvoller, da keine Beimischung das krystallhelle Wasser trübt, würde gerade aus diesem Grunde weit weniger die berührte Aehnlichkeit darbieten.

So groß ist die Zuversicht in die vollständige Wiedergabe des eingestopften Materials durch den Strokr, daß Kapitän Forbes in seinen vor zwei Jahren erschienenen „Reisen in Island“ erzählt, er habe sein aus einigen Nippen bestehendes Mittagessen in ein Flanellhemd eingebunden in den Schlund geworfen und vollkommen gekocht wieder bei dem Ausbruche zurückerhalten.

Geht man von dem Strokr aus weiter nach Westen, so findet man in dem sonderbar knirschenden, kieseligen Terrain, das offenbar, ähnlich dem Sprudelsteine von Karlsbad, nur eine verdächtige dünne Kruste über mannigfach gewundenen Kanälen und Höhlungen bildet, eine Menge von verschiedenen Oeffnungen, von welchen einige als natürliche Waschanstalten benutzt werden. Die einen sind vollkommen ruhige, klare Becken, aus deren Tiefe nur hier und da eine Dampfblase sich langsam emporwirbelt, ohne daß das eingeschlossene Wasser einen Ausweg hätte; aus den andern fließt es langsam und stetig einem Bächlein zu, das nach Südwesten seinen Weg nimmt. Ein größeres Becken in der Nähe des Strokr, das auch der kleine Geysir genannt wird, erlaubt sich von Zeit zu Zeit ohne auffallende Vorzeichen das Hervorschießen einiger Strahlen ganz in ähnlicher Weise, wie sein großer Namensvetter, wenn auch mit weit geringerem Effekte. Die Kieselsinterdecke, in welcher alle diese Oeffnungen durchgebohrt sind, ist an einzelnen Stellen so warm, daß man nicht darauf stehen mag; anderwärts dagegen grünen und blühen die verschiedenen Kräuter, welche in dieser Gegend vorkommen, ganz besonders üppig auf dem magreren Boden.

Das Quellengebiet ist nach Norden zu von einer hohen Kette umschlossen, die in düsteren Terrassen von bleigrauer, schwerer Färbung steil gegen die Ebene abfällt. Dies ist der Bärenberg (Bjarnarfall): sein nordöstlicher Abfall geht in einen hohen Lavastrom über, dessen obere Fläche eine wüste Haide bildet; gegen das Quellengebiet selbst aber springt von dieser Kette aus ein steil abfallender Kegel vor, der Laugafjäll, dessen steil abgerissene, aus unregelmäßigen Säulen von grünlicher Farbe bestehenden Abstürze dem Quellengebiete zugewendet sind. Zwischen diesem Kegel, dessen Gestein eine Art Trachyt oder Klingstein ist, und der Geysirlinie strecken sich weite Halden von merkwürdiger mennigrother Färbung, welche schon aus der Ferne einen schreienden

Kontrast zu dem Gelbgrün der moosigen Ebene und den düstergrauen Gehängen der Bergleite bilden. Die rothe Färbung erstreckt sich unmittelbar bis zu dem Fuße der Pyramide des Laugafjälls, deren abgestürzte Gesteinemassen große Schutthalden bilden. Ueberall auf dem weiten Umfange dieser rothen Halden raucht und dampft es, wie aus feinen Schloten arbeitender Maschinen. Die Halden bestehen aus einem schweren plastischen Thone, der bei näherer Betrachtung roth, gelb, braun, blau und grau geflammt ist und offenbar der Einwirkung des heißen Dampfes selbst seine Entstehung verdankt. Wo sich nur ein Spalt oder ein Spältchen findet, dringt zischender Dampf, häufig in rhythmischen Pausen hervor; wo man ein Loch mit der Haue oder der Schaufel machen kann, gelangt man nach kurzem Eindringen in eine Tiefe, aus welcher Dampf sich entwickelt. Am Fuße der Pyramide selbst, an der Spitze der Schutthalde, wo der rothe Thon fast gänzlich von den grünen herabgeschütteten Gesteinen bedeckt ist, dringt noch ein kleines Wölkchen aus unsichtbarer Spalte. Aber auch einige große Quellenhöhlen finden sich in geringer Entfernung von dem großen Geysir und darunter namentlich zwei, kaum durch eine Brücke getrennte, die, von blendend weißem Kieselsinter ausgekleidet, dasselbe wunderbar blaue Farbenspiel bieten, welches die berühmte blaue Grotte von Capri zeigt. Die wellenförmigen Ein- und Ausbiegungen der Sinterwände, welche diese Quellenöffnungen einschließen und gegen den nachrückenden Lehm und Thon abschließen, zeichnen sich auf dem tiefblauen Grunde in verwaschenen Linien, welche stets heller und heller werden, je näher der Oberfläche die Vorsprünge sich befinden. Unsere isländischen Führer kümmern sich wenig um die poetische Schönheit des Ortes: an einem Stricke hängt schon ein Schinkenbein in das krystallblaue Naß hinab, welches dem Siedepunkt nahe ist und bald gesellt sich zu ihm ein Plumpudding, der aus alter Tradition ein nothwendiges Requisit einer Geysirreise ist. Unser Koch, der bei „Prinzen Karl auf Glienicke" begreiflicher Weise den Respekt vor allem Historischen in vollen Zügen eingesogen hat, würde eher seine Begleitung verweigert, als zugegeben haben, daß man ohne den zu einem Plumpudding nöthigen Rindstalg Reikjavik verlassen hätte. Da das Wasser dieser Quelle trotz seines Gehaltes an Kieselerde und anderen Salzen dennoch fast völlig geruch- und geschmacklos ist, so wird es von unserem Koche unbedenklich zu allen kulinarischen Zwecken verwendet und damit begreiflicher Weise eine bedeutende Ersparniß an Holz erzielt.

Die Theorie der beiden Hauptquellen, des Geysir wie des Strokr, ist namentlich von Bunsen so klar und hell bewiesen hingestellt worden, daß keine Einwendung mehr dagegen gemacht werden kann. Mackenzie und alle späteren Physiker nach ihm glaubten, das senkrechte Geysirrohr stehe in seiner Tiefe durch einen seitlichen Arm mit einer kesselartigen Aushöhlung in Verbindung, in welcher der Dampf sich so lange sammele, bis er, den Druck der Wassersäule in der senkrechten Röhre durch seine Spannkraft überwindend, mittels einer gewaltigen Explosion sich Luft mache und das Wasser aus dem Rohre hinauswerfe. Bunsen hat durch genaue Messungen der Temperatur im Inneren des Geysirrohres gezeigt, daß diese bis zu der Tiefe beständig steigt und weit über den Siedpunkt sich stellt, daß also die Annahme eines seitlichen Dampfkessels durchaus nicht nöthig ist, sondern der Druck der Wassersäule in der Röhre selbst genügt, um überhitzten Dampf in der Tiefe des Rohres anzusammeln, der endlich seine Ausgleichung findet, die obere Wassersäule großentheils in Dampf verwandelt und in gewaltiger Explosion hinauswirft. Durch einen sinnreich angestellten Versuch hat Professor Müller in Freiburg diese Bunsen'sche Theorie erhärtet, indem er unter einem hohen, mit Wasser gefüllten Blechrohr, das die Dimensionen des Geysirrohres im Kleinen nachbildet, durch ein Kohlenbecken Dampf erzeugt, der endlich wiederholte Explosionen herbeiführt. In der vortrefflichen kosmischen Physik von Müller finden sich alle näheren Bedingungen sowohl der natürlichen Geysirausbrüche, als dieser künstlichen Versuche, auf die wir deshalb hier füglich verweisen können.

Anders verhält es sich mit dem Strokr. Die kurze Röhre desselben geht kelchartig nach unten in einer Spitze zusammen, in welcher feine Risse münden, die dem Dampf und dem heißen Wasser einen Abzug gestatten. Verstopft man diese Risse durch die hineingeworfenen Rasenerde und Steine, so bilden diese Massen gewissermaßen die Belastung eines Sicherheitsventils, das endlich von der stets wachsenden Spannkraft des Dampfes überwunden und in die Höhe geschleudert wird. Gewiß würde man in ähnlicher Weise auch den großen Geysir zu Ausbrüchen zwingen können, wenn nicht die weit größere Tiefe des Rohres, sein bedeutender Durchmesser und die Unmöglichkeit, an den Rand der Mündung zu gelangen, der Verstopfung des Rohres materielle Hindernisse in den Weg legten.

Wir waren schon um $2^1/_2$ Uhr des Nachmittags bei den Quellen angelangt, hatten also vollständige Muße, uns noch im Laufe des Tages in der

Umgegend zu orientiren und die Beschäftigung für den nächsten Tag vorzuzeichnen. Da wir zur Untersuchung physikalischer Probleme weder die Lust, noch auch die nöthigen Apparate besaßen, übrigens auch nach Bunsen auf diesem Felde für uns nichts mehr zu holen war, so wandten wir uns mit um so größerer Energie dem geologischen und künstlerischen Felde zu, freilich nicht wenig in unserer Thätigkeit gestört durch flüchtige Regenschauer, die während des ganzen Tages mit eisig kalten Windstößen abwechselten, so daß es häufig kaum möglich war, Hammer oder Bleistift in den erstarrten Fingern zu halten. Von dem großen Geysirkegel wurden mit Mühe gewaltige Stücke des harten Kieselsinters losgelöst, so daß die Schichten bis zu dem Fuße des Kegels, den ein von den Thon-Halden herabrieselnder Bach blosgelegt hat, in Handstücken in unserer Sammlung sich befinden. Der Strokkr, sowie die übrigen heißen Quellen lieferten ebenfalls ihre Beiträge. Dem Laufe der kleinen Bäche folgend, gelangten wir an dem Rande der Ebene zu dem Gebiete, wo das noch kieselhaltige Wasser mit den Pflanzen in Berührung kommt und wunderschöne Ueberrindungen und Abdrücke bildet, ganz in ähnlicher Weise wie die kalkhaltigen Quellen so mancher Orte. Gräser, Riedgräser, Schachtelhalme, Moose sind bis in die feinsten Einzelheiten ihres Baues durch diese Kieselsinter erhalten und bilden mit Birkenreisern und Birkenblättern, deren Abdrücke alle Nerven wohlerhalten zeigen, weit ausgedehnte Schichten von Kieseltuff, der aber leider so zerbrechlich ist, daß nur höchst sorgfältige Verpackung hoffen lassen kann, diese Stücke unversehrt in unsere Museen zu bringen. Wir finden unter allen diesen Versteinerungen auch den vollkommen inkrustirten Flügel eines Finken oder ähnlichen kleinen Vogels, dessen Federn bis in die geringsten Details der Struktur erhalten sind.

Noch mehr zieht uns aber an das Studium der Veränderungen, welches die Gesteine offenbar durch den zersetzenden Einfluß des heißen Wassers und der heißen Dämpfe erlitten haben. Beim Aufsteigen gegen den Laugafjäll finden wir in dem Thone, außer Blöcken übergerollten Gesteines, die zum Theil schon in dunkele Kugeln von sandartigem Gefüge zersetzt sind, ältere Kieselsinter, zum Theil zu förmlichem Opal und Jaspis verwandelt, und stehen endlich auf einem älteren Geysirbecken, von welchem offenbar im Laufe der Jahrhunderte die Thätigkeit sich mehr weg in die Tiefe nach dem jetzigen Becken gezogen hat. Die schichtförmige, schalige Anordnung der Kieselsinter, die kegelförmige flache Senkung nach allen Seiten, das flache innere Becken — Alles zeigt sich ganz in derselben Weise; nur sind diese Sinter überall mit rothem und gelbem Thon gemischt, ein deutlicher Beweis, daß dieser frühere Geysir noch mit seiner Mündung im Gestein stand, welches er zersetzte und einestheils in Thon, anderntheils in Kieselerde zerlegte, während der jetzige Geysir aus der Tiefe seines chemischen Laboratoriums nur das aufgelöste Zersetzungsprodukt, die Kieselerde, heraufbringt, den nothwendig gleichzeitig gebildeten Thon aber in der Tiefe läßt.

Weiter ansteigend fanden wir nun auch alle Uebergangsstufen vom unzersetzten Klingsteine, der in unregelmäßige Säulen und scharfkantige Stücke gesprungen ist, bis zur vollständigen Umwandlung in Thon einerseits und Kieselsinter andererseits. Von jeder mit Auge und Lupe bemerkbaren Modifikation wurden Stücke geschlagen, von jeder Thonart Blechbüchsen gefüllt und so von allen Seiten ein wahrer Berg von Material zusammengeschleppt, von dem wir noch die größere Hälfte zurücklassen mußten, da es unmöglich war, unsere Packpferde mehr zu belasten.

Wenn aber auch alle diese Materialien noch einer weiteren, zeitraubenden Untersuchung bedürfen, so können wir wenigstens soviel bis jetzt sagen, daß Greßly und der Professor, namentlich aber der erstere so genau mit der Struktur des Jura Bekannte, auf das mächtigste ergriffen waren von der außerordentlichen Aehnlichkeit, welche diese Geysirbildungen mit jenen im Jura befindlichen Ablagerungen zeigen, die man unter dem Namen der siderolithischen oder Bohnerzformation kennt. Die Anhäufung dieser roth und gelb geflammten Thonmassen über offenbaren Spalten, aus welchen süßes Wasser hervorlacht, die innige Mischung der Kieselsinter mit diesem Thon, die Einlagerung von Gesteinsknollen in allen Graden der Zersetzung — Alles traf so vollständig mit den Charakteren der Bohnerzformation überein, daß man sich beim Wegdenken der heißen, noch wirkenden Quellen und der benachbarten vulkanischen Gesteine in das Thal von Delsberg hätte versetzt glauben können.

Eines nur fehlte — das Bohnerz selbst, welches freilich auch in der eigentlichen Bohnerzformation nur ein untergeordnetes Glied des Ganzen bildet und an vielen Stellen durchaus fehlt. Aber da bückt sich Greßly, der zuweilen wie ein sich eingrabender Dachs gänzlich in dem Lehm und Thon zu verschwinden droht, über den Rand eines kleinen Quellenbeckens, auf dem die vielfach gesuchten Bohnerzkörner in Menge liegen. Er stößt einen Schrei der Ueberraschung aus — war es möglich, einen überzeugenderen Beweis seiner schon vor Jahren aufgestellten Theorie zu finden, daß die gesammte Bohnerzformation das Produkt heißer Quellen sei? Er langt hinein, verbrüht sich im Eifer die Hand im heißen Wasser, bringt glücklich die Körner heraus — es ist Eisenschrot Nr. 2, das wahrscheinlich irgend ein Jäger beim Händewaschen aus seinem Schrotbeutel fallen ließ.

Die Isländer hatten uns zwar gesagt, daß ein tiefer Barometerstand, Westwind und Regen im Allgemeinen die Häufigkeit der Geysirausbrüche begünstigten, während dieselben bei schönem Wetter seltener seien — ein Erfahrungssatz, der auch wohl mit allen Theorien über die Geysirausbrüche vereinbar ist, da geringerer Luftdruck nothwendig die Entbindung der Gase und Dämpfe begünstigen muß. — Allein trotzdem, daß es den ganzen Tag abwechselnd regnete und stürmte, zeigten sich am großen Geysir stets nur, etwa in Zwischenräumen von vier zu vier Stunden, jene kleinen Ueberwallungen und unbedeutenden Ansätze zu einem Ausbruche, niemals aber ein Ausbruch, der nur so bedeutend gewesen wäre, als derjenige, den wir beim Anreiten erblickten. Die Regengüsse nahmen am Abend zu, die ganze Nacht hindurch strömte es ununterbrochen, die Zeltwände hielten nicht mehr Stand, sondern ließen überall auf der Innenseite Rinnen entstehen, mit deren Ableitung man sich beschäftigen mußte, wenn sie auf das Gesicht ihre Tropfen fallen ließen. Es war naß im Zelte und außer dem Zelte. Das Heu, auf dem wir ruhten, sog die Feuchtigkeit von unten auf und die verrätherischen Tropfen wußten überall zwischen den Decken und Pelzröcken ihren Weg zu finden. Als wir am Morgen uns erhoben, regnete und stürmte es noch immer fort, trotzdem die benachbarten Berge bis etwa 2001 Fuß über der Ebene sich während der Nacht dicht mit frischgefallenem Schnee bedeckt hatten. Da hatten wir genug: weiter in der Umgegend umherzuschweifen und die Berge zu besteigen, war des frischen Schnees wegen nicht möglich; in der Nähe hatten wir alle geologischen Handstücke gesammelt, die wir nur irgend fortschleppen konnten; der Strokkr hatte mehrere Male spielen müssen und länger auf die Vorstellung des großen Geysir zu warten, schien uns bei dem vorgerückten Stande der Jahreszeit und den höchst unbehaglichen Verhältnissen, in welchen wir uns befanden, in keiner Weise rathsam. Zwar konnte es nicht fehlen, daß man uns in der Heimath sagen würde, wir seien in Rom gewesen und hätten den Papst nicht gesehen; wir hätten jedenfalls auf den Geysir warten sollen, wenn wir auch Alle von Rheumatismus und Gliedersucht verkrümmte Gelenke mitgebracht hätten; allein wir trösteten uns damit, daß wir es zu Hause machen könnten, wie der Berichterstatter über die Reise des Prinzen Napoleon, der den gesehenen Geysirausbruch bis in die kleinsten Einzelheiten beschreibt, während Lord Dufferin, der den reisenden Prinzen dort empfing und entließ, ausdrücklich bemerkt, die Gesellschaft habe keinen Ausbruch gesehen und sei nach einer beim Geysir zugebrachten Nacht mit dem übrigens ganz guten Witze abgereist, sie seien nicht gewohnt, länger zu antichambriren.

Wir brechen gegen Mittag auf unter dem Geleit eines Spezialführers aus der Gegend, der uns durch die stets wechselnden Pfade über die moosige Ebene bis zur veränderlichen Furt der Hvità führen sollte. Der Mann war vollkommen zum Wegweiser geschaffen: ein ungemein langer, magerer Kerl, unter dessen langen Beinen das kleine, unansehnliche, struppige Pferdchen beständig wegzulaufen schien, hatte er sich einen etwas verknitterten Cylinderhut auf den Kopf gestülpt, der offenbar aus den ersten Zeiten der Erfindung stammte, wo man die Ofenröhre in allen Dimensionen nachahmte. So schwankte die lange Gestalt, die noch überdem mit einer zum Sondiren des Moores und des Flusses bestimmten Stange, wie mit einer Lanze bewaffnet war, wie ein an den Horizont gezeichneter schwarzer Strich, in weiter Ferne sichtbar, vor uns hin und brachte uns glücklich durch das Moos und Moor, in dessen Mitte der übrigens unbedeutende Tungufljot fließt, nach dem aus Sand und Asche aufgeschütteten Ufer der Hvità, an dem wir lange hinritten, um die geeignete Uebergangsstelle zu finden.

Erst als wir in dem Strome selbst waren, überzeugten wir uns, daß es keine leichte Sache sein müsse, denselben zu passiren. Das grauweiße quirlende Wasser, das ganz das trübe Ansehen eines von den Gletschern herabkommenden Stromes hat, schoß unter den kleinen Pferdchen mit solcher Schnelligkeit weg, daß man beim längeren Hinschauen wohl Schwindel bekommen und sich fortgerissen glauben mochte. Kaum konnten die Pferde an den tiefsten Stellen des Flußbettes — und man hatte wohlweislich eine Stelle gewählt, wo dasselbe sehr breit und durch mehrere Sandbänke in einzelne flache Kanäle getheilt war — kaum konnten die Pferde, ohne zu schwimmen, ihren Weg finden, von dem sie durch den reißenden Strom stark nach unten gerissen wurden. „Ich glaubte einen Augenblick," schrieb der Professor nach Hause, „ein kaltes Bad nehmen zu müssen; denn mein Pferd, ohne Zweifel am schwersten beladen, strauchelte und fiel in die Kniee, so daß das Wasser mir über den Sattel strömte. Glücklicher Weise konnte ich es noch mit einem gewaltigen Rucke in die Höhe reißen und auf den Hinterfüßen sich bäumen machen, so daß es wieder Boden gewann und mich ungebadet nach der Sandbank hinübertrug. Zum Ertrinken wäre es gerade nicht gewesen, aber angenehm auch nicht; denn das Wasser war eiskalt."

Abermals langweiliger Ritt durch Moos und Moor und über einen halbverfallenen Steindamm nach Hruni, wo wir im Hause des Pfarrers Nachtlager halten sollen. Hochwürden ist leider selber nicht zu Hause, allein die Frau Pfarrerin empfängt uns auf die freundlichste Weise und räumt uns den Salon ein, während unsere Führer bei den Insassen des Pfarrhofes und unsere Diener in der gegenüberstehenden Kirche untergebracht werden. Schon in Reikjavik war uns Pfarrer Briem als einer der tüchtigsten des Landes gerühmt und uns zugleich gesagt worden, daß er aus einer alten theologischen Familie stamme, die schon Dekane, Bischöfe und andere Würdenträger in Menge geliefert habe. In der That hing auch in der Stube ein in Kopenhagen gestochenes Bildniß eines Vorfahren, das von dessen Bedeutsamkeit Zeugniß ablegte, und der Salon galt für ein Muster von Eleganz und von vortrefflicher Haltung. Man gelangte zu dieser Prachtstube durch einen langen dunklen Gang, in welchem die verschiedenen Feldgeräthschaften aufgestapelt waren, während in der Mitte ein von breiten Lavaplatten gebildeter Steg sich hinzog, der wenigstens vor dem Schlamm der gewöhnlichen Hauseingänge bewahrte. Im Hintergrunde des undurchdringlichen Dunkels, wo ein wenig Licht von oben hereinfiel, theilt sich der Gang in mehrere Aeste, von welchen einer nach der Zimmerthüre führt, in die wir eintreten. Es ist ein Gemach von 12 Schuhen im Geviert, von zwei kleinen Fensterchen erleuchtet, deren eines wir nach vieler Mühe öffnen, d. h. ausheben können, um einige frische Luft hereinzuschaffen. Wände, Fußboden und Decke sind mit Dielen bekleidet, die mit weißer Leimfarbe angestrichen sind. Ein runder Tisch mit rothem Teppich, ein alter Schreibtisch und noch älteres Sopha, das bei der geringsten Bewegung aus den Fugen zu gehen droht und ein mit brauner Leimfarbe angestrichenes Schränkchen bilden nebst einem Nürnberger Spiegel von sogenanntem Judenmaße und einigen Kästchen von Tannenholz mit Ziehschubladen ein Mobiliar, wie man es bei der ärmsten Bürgersfamilie in Deutschland besser finden würde. Auf einem Tische liegen einige dänische und isländische Bücher, auch ein griechisches Testament mit einem lateinischen Kommentare, die von öfterem Studium des Besitzers Zeugniß ablegen. Die Liebe zum Vaterlande muß wirklich groß sein, wenn solche Männer, die meist in Kopenhagen studirt und sich eine vortreffliche Bildung erworben haben, nach aller gewonnenen Kenntniß besserer Zustände und Verhältnisse wieder nach der heimathlichen Insel zurückkehren, um dort unter harten Mühen und Entbehrungen, ja in förmlicher Armuth ihrem Geschäfte weiter obzuliegen, bei welchem das Predigen und Kirchehalten nur Nebensache ist. Denn die Einkünfte, welche der Pfarrer in Island direkt, sei es in Geld oder in Produkten, erhält, sind nur äußerst geringe und den größten Theil seines Unterhaltes muß er durch Bearbeitung seines Feldes und seiner Wiesen und durch Besorgung seines Viehstandes sich erwerben. Zu der Handarbeit eines Taglöhners muß er die Beschäftigung eines gebildeten Mannes fügen und trotz Armuth und Entbehrung seinen Gemeindegenossen sowohl als Landwirth wie als Gelehrter voranstehen. Unser Gastgeber kam erst am Abend spät, sichtlich ermüdet von dem tagelangen Ritte, indem er, wenn wir nicht sehr irren, den sogenannten Feldgang der Gemeinde angeführt hatte, bei welchem die Schafe aus den höheren Bergregionen, wo sie Sommers über weilen, in die Thäler zusammengetrieben werden. Die Unterhaltung wollte nicht sehr flecken; denn die lateinischen Erinnerungsbrocken, welche die Mitglieder der Expedition hervorwürgten, konnten höchstens dazu dienen, wie der Mantel des Diogenes, die Blößen zu zeigen. „Wie können Sie in ein Land gehen wollen, wo Führer und Bauern sogar Sie lateinisch anreden?" hatte einer unserer Freunde vor unserem Weggehen uns gesagt und wir fühlten nun, wie recht er mit dieser Warnung gehabt hatte; denn wir standen vor dem lächelnden hochgewachsenen Manne, der ächt ciceronianische Phrasen mit Leichtigkeit zu handhaben schien, etwa wie Schuljungen, welche ihr Pensum nicht ordentlich gelernt haben.

Unsere Betten wurden wie gewöhnlich auf dem Boden ausgebreitet und da wir wenigstens Dach und Fach über uns hatten, so schliefen wir vortrefflich, während Sturm und Regen draußen an die kleinen Fenster prasselten. Am Morgen hatte sich das Wetter zwar einigermaßen aufgehellt, so daß wir, während unsere Pferde gepackt und gesattelt wurden, einen kleinen Hügel untersuchen konnten, der unmittelbar hinter dem Pfarrhause von Hruni sich erhebt und aus einer alten Mandelsteinlava besteht, deren Höhlen dicht mit weißen Zeolithen ausgefüllt sind, die indessen meist geballte Mandeln ohne deutliche Krystallisation zeigen. Offenbar ist hier oben der Spielplatz der

Kinder, denn auf einer tafelförmigen Platte finden wir eine Menge von Schaf- und Lämmerknochen, sorgfältig gebleicht, zu verschiedenen Figuren zusammengelegt und dazwischen einige Stückchen Obsidian, die wir als gute Beute in unseren Kisten verschwinden lassen. Da wir eine ziemlich lange Tagereise vor uns haben, so brechen wir früh auf, während der Pfarrer noch der Ruhe pflegt, und nur mit Mühe gelingt es uns, für unsere Bewirthung die entsprechende Bezahlung zur Annahme zu bringen.

Wir hatten beabsichtigt, von Hrauni aus über Storinupr uns dem Hekla zu nähern, der das Ziel unseres Ausfluges sein sollte. Das Wetter aber machte nicht die angenehmste Miene zu unserem Vorsatze. Dicke, schwere Wolken lagerten bis auf die Ebene hinab und bargen gänzlich die höheren Gebirge, während heftige Windstöße mit abwechselnden Regengüssen aus Westen herunbrausten. Was sollten wir also beim Hekla in Regen, Nebel und Schnee thun?! Unsere Führer, die doch ein Interesse daran haben mußten, so lange als möglich mit uns im Lande herumzureiten, da sie tagweise bezahlt wurden, versicherten einstimmig, es sei eine Thorheit, jetzt zum Hekla vorzudringen. Von einer Besteigung desselben könne bei dem frischen Schnee, der alle Spalten und Vertiefungen trügerisch decke, keine Rede sein und in den Lavaströmen herumzureiten, die nach dem Geständniß aller Reisenden durchaus kein weiteres Interesse bieten, schien uns der Mühe nicht werth. So beschlossen wir denn nach kurzer Berathung, statt nach Süden uns nach Westen zu wenden und bei dem kleinen Geysir, der regelmäßig in Zwischenräumen von vier Stunden speien soll, uns für die nicht stattgehabte Eruption des großen Geysir zu entschädigen. Wir reiten also der Laxá zu, kreuzen dieselbe ohne Mühe und traben nun meist durch langweiliges Moor, das nur hier und da von einer kleinen nackten Lavafläche unterbrochen wird, zwischen Thjorsá einerseits und Hvitá andererseits, einem Orte zu, Laugardälir genannt, wo wir mit sinkender Nacht ankommen und uns die Kirche zum Nachtquartiere angewiesen wird. Bevor wir dort anlangen, sehen wir an einem kleinen Teiche eine Menge von Enten, auf einem anderen eine Unzahl von Schwänen, die bei genauerer Besichtigung mittels des Fernrohres sich durch die graue Farbe ihrer Flügel als Junge erweisen. Auf die Enten wird vergeblich Jagd gemacht. Der Doktor stellt folgende Reflexionen an: „Wenn wir uns an die Enten anschleichen wollen, so müssen wir in den Sumpf waten und uns die Füße naß machen, wodurch wir bei dem rauhen Wetter uns möglicher Weise erkälten. Es fragt

Nachtquartier in der Kirche von [illegible]

sich aber, ob die entfernte Möglichkeit, eine Ente zu schießen, die nähere Möglichkeit aufwiegt, eine Erkältung zu bekommen, die möglicher Weise schlimme Folgen haben kann. Gesetzt aber, es gelänge uns auch, eine Ente zu schießen, so würde dieselbe höchst wahrscheinlicher Weise in das Wasser fallen, und da wir weder Hund noch Boot besitzen, um sie zu holen, so würden wir sie dennoch auf dem Wasser liegen lassen müssen.“ Aus all diesen vollkommen richtigen Prämissen zieht der Doktor den Schluß, daß er seine Flinte ruhig im Futteral lassen könne. Der Commodore und Hubert schleichen sich an, schießen auf meilenweite Entfernung, die Enten gehen auf und streichen an dem Doktor vorbei, der ihnen mit der Flinte im Futteral einigermaßen verblüfft nachschaut. Die Jagd auf die Schwäne, welche ganz in der Nähe von Laugardälir sich aufhalten, wird auf den frühen Morgen verschoben, wo die Schwäne in der Schlaftrunkenheit besser halten sollen. Es kann dies um so eher geschehen, als wir von dort nach dem kleinen Geysir nur wenige Schritte zu reiten haben und der Uebergang über die Hvitá, der wegen der Tiefe des Flusses an diesem Orte mittels Booten bewerkstelligt werden muß, uns mehrere Morgenstunden wegnehmen wird.

In Laugardälir wird uns die Kirche selbst zum Nachtquartiere angewiesen und während die Einen sich zwischen den Bänken etabliren, richten die Andern ihre Betten in dem freien Raume um den Altar herum, der als Tisch dient. In unseren civilisirten Ländern würde ein solcher Gebrauch freilich als Kirchenschändung ausgeschrieen werden, und wir bürgen nicht dafür, daß nicht eines Tages in Island irgend eine kopfhängerische Sekte aufsteht, welche unter dem Vorwande der Entweihung den Fremden diesen Zufluchtsort raubt, geradeso wie man in der Schweiz schon längst gegen die alte Sitte ankämpft, welche die Kirche als Versammlungshäuser für die Gemeinden, namentlich zu Wahlverhandlungen benutzen läßt. Der Salon des Pfarrers in Hruni hatte uns gezeigt, daß die schlechteste Kirche noch immer als Nachtlager der besten Stube einer isländischen Landwohnung vorzuziehen sei, und die Erfahrungen, die wir am Geysir gemacht hatten, ließen uns nicht bezweifeln, daß bei herbstlichen Regengüssen und Windstößen Holz immerhin ein besseres Bedachungsmittel bilde, als Leinwand. Uebrigens unterscheidet sich die Kirche gewöhnlich nur durch größeren Raum und etwas geringeren Geruch von der isländischen Gaststube; im übrigen gleicht sie ihr so ziemlich, da sie außer zu gottesdienstlichen Versammlungen auch als Vorrathskammer für Pfarrer oder

Küster dient, für den letzteren in solchen Fällen, wo die Kirche, wie häufig, in ziemlich weiter Entfernung von dem Pfarrhofe liegt. Der allgemeine Plan dieser höchst einfachen Gebäude ist ein längliches Viereck, dessen hinterer Theil, das Chor, mit dem Altare bis zum Dache hinanreicht, während über dem vorderen, mit niederen Bänken versehenen, größeren Raume, in dem höchstens 40 Personen sitzen können, sich eine niedere Bühne befindet, zu der man mittels einer Hühnertreppe hinaufsteigt. Die Kanzel befindet sich an der Seitenwand über der Trennungslinie zwischen Chor und Bankraum, auf welcher gewöhnlich die Sonntagskleider des Pfarrers und Küsters, verschiedene Cylinderhüte und einige Meßgewänder hängen. Die Bühne dient zum Aufhängen der Wäsche, die getrocknet werden soll, sowie namentlich auch als Vorrathskammer für den Stockfisch und das lufttrockene Fleisch, beides Nahrungsstoffe, die sich beständig in einer gewissen Gährung befinden, die mit Entbindung ammoniakalischer Gase verknüpft ist. Der Isländer findet also in der Kirche etwa dieselbe atmosphärische Mischung, die er bei sich zu Hause einzuathmen gewohnt ist, so daß er sich vollkommen heimisch darin fühlen kann.

Früh des anderen Morgens theilte sich die Gesellschaft in zwei Abtheilungen, indem die Jäger mit Hasselhorst, der einige pittoreske Eindrücke zu erbeuten hoffte, nach dem Schwanenteiche abritten, während der Professor und Greßly mit den Führern und dem Gepäcke sich an den Strand der Hvitá begaben, die hier wohl einen Kilometer breit und von solcher Tiefe ist, daß man sie nur mittels Barken übersetzen kann. Der reißende Strom wälzt seine schäumenden Wellen zwischen meist hohen Ufern hin, die aus zusammengebackenem Aschen- und Schlackengeröll bestehen. Die Pferde werden abgeladen, das Gepäck nebst den Sätteln auf die plumpen Boote gepackt, die mehrmals hin- und hergehen müssen, da sie nur wenig Ladung fassen können. Mit der ersten Barke setzen zwei unserer Führer über, welche dazu bestimmt sind, die drüben anlangenden Pferde abzufassen und einzufangen. Wir selbst folgen mit einigen Gepäckladungen; unsere Hauptführer, verstärkt durch einige Männer zu Pferd, bemühen sich die widerspenstigen Pferde in den Strom zu jagen. Diese weichen links und rechts aus, galoppiren auf den Sandbänken hin und her, schütteln und sträuben sich, bis die muthigsten sich in den tieferen Strom stürzen und nun mit hochgehobenem Kopfe und schnaubenden Nüstern das andere Ufer schwimmend zu erreichen suchen. Jetzt folgen auch die andern und angetrieben von den Männern in der Barke, welche die letzte Gepäckladung

übersetzen, bilden sie eine lange Bogenlinie, indem die vorderen von dem reißenden Strome stets weiter nach unten weggetrieben werden. Bald aber fassen die wackeren Rößlein wieder Fuß, arbeiten sich in dem seichteren Wasser gegen den Strom heran und kaum auf dem Lande angelangt, schütteln sie sich und grasen umher, als ob nichts vorgefallen sei. Wir hegen nicht geringe Besorgniß wegen eines offenbar schwachen Packpferdes, das fast eine Viertelstunde weit von dem Strome hinabgerissen wird; allein auch ihm gelingt es, festen Fuß zu fassen und sich wieder zu der Karawane durchzuschlagen. Der Uebergang nimmt uns mehrere Stunden weg, so daß die Jäger vortrefflich Zeit finden, sich nach vielen fruchtlosen Versuchen, die Schwäne in Schußnähe zu beschleichen, der Karawane wieder anzuschließen und mit uns gegen 1 Uhr in Reykir anzulangen, wo wir in unmittelbarer Nähe des kleinen Geysirs in der Kirche unser Hauptquartier aufschlagen.

In ihrer äußeren Gestaltung sieht die Springquelle des kleinen Geysir dem Strokkr weit ähnlicher, als der größere Namensvetter. Ein rundes, zehn Fuß im Durchmesser und zwanzig Fuß in der Tiefe haltendes Rohr ist von einem mauerähnlichen Walle von Kieselsinter umgeben, das kaum in der Ausschürfung über die Thalwand hervorragt, die mit nacktem Gerölle bedeckt ist, das von der benachbarten Bergwand abstürzt. Die unmittelbare Umgebung besteht aus denselben rothen, blauen und gelben Thonen, welche sich auch in der Nachbarschaft des großen Geysir zeigen, doch enthalten diese mehr Schwefel, Schwefelkies und schwefelsaure Salze, was offenbar von der verschiedenen chemischen Beschaffenheit der Gebirgsmassen herrührt, durch welche die Quellen brechen.

Ich sage: die Quellen, denn sowohl an der Bergwand, etwas weiter nach Westen hin, als auch tief unten im Thale, auf der anderen Seite eines kleinen Flüßchens finden sich noch mehrere Oeffnungen, welche Dampf ausströmen lassen. Aber nur der kleine Geysir hat intermittirende Ausbrüche und, gefälliger als der große, hatte er die Güte, uns während $^3/_4$ Stunden, von 4 Uhr 15 Min. bis 5 Uhr, seinen höchsten Glanz zu zeigen. Bis dahin kochte das Wasser nur, indem es von Zeit zu Zeit dicke Dampfwolken ausließ und sich bis zur Höhe eines in der Brunnenmauer angebrachten Loches erhob, aus welchem ausströmend es einen kleinen Bach bildete. Wir waren mit Sammlung von Gesteinsproben in der Umgegend beschäftigt, als dumpfes Donnern in der Tiefe uns auf den bevorstehenden Ausbruch aufmerksam machte. Dazwischen tönten hellere Schläge, wobei der Boden zitterte; eine Wassersäule schwoll über den Rand des Brunnens empor; ungeheuere Dampfwolken von blendender Weiße entwickelten sich und zwischen ihnen durch schossen krystallhelle Raketenstrahlen, die etwa 40 Fuß hoch in die Luft sich erhoben, dort sich in Tropfen auflösten und dampfend zurückfielen. Ununterbrochen folgte sich Strahl auf Strahl; da aber der Wind heftig genug war, um die Dampfwolken seitlich nach der Bergwand hinzutreiben, so konnten wir jede Rakete mit den Augen von ihrem Ursprunge an bis zu ihrer größten Höhe vollständig verfolgen. Die Sonne schien herrlich klar in die wirbelnden Dampfmassen hinein, deren dunkele Schatten sie auf die Bergwand warf, wodurch die blendenden Raketen um so mehr in ihrem Glanze hervorgehoben wurden. Ein wundervoller Anblick, den weder die Sprache noch der Pinsel wiederzugeben vermögen! Die Strahlen wurden schwächer, die Dampfentwicklung hörte ganz auf, und als wir uns nun dem Geysirrohre näherten, lag es gänzlich trocken da und nur aus einigen Spalten in der Tiefe zischte noch weniger Dampf hervor. In der Hoffnung, einen zweiten Ausbruch hervorrufen zu können, zugleich aber in der Absicht, den Geysir zur äußersten Kraftanstrengung zu vermögen, schleppten wir nun große Steine herbei und füllten die ganze Brunnenröhre bis zum Rande an. Vielleicht aber war die Zumuthung, die wir der Quelle auf diese Weise machten, zu bedeutend; denn bis zum folgenden Morgen, wo wir abritten, ereignete sich kein zweiter Ausbruch.

Wohl keine Quelle dürfte so geeignet zum Studium der Veränderungen sein, welche die Gesteine erleiden, als gerade diese, die an dem Rande eines Absturzes steht, von welchem die Felsmassen sich beständig loslösen und herabkollernd bis in das Brunnenrohr selbst fallen. Die Felswand selbst besteht aus einer palagonitischen Tuffmasse, in welcher feste Knollen, offenbar vulkanische Bomben, welche die Größe eines Kubikmeters erreichen, meist aber nur kopf- oder faustgroß sind, zahlreich eingebacken liegen. Eines dieser großen Fragmente ist gegenwärtig in dem Kieselsinter des Brunnenrohres selbst eingeschlossen. Diese runden Knollen nun werden von dem heißen Wasser angegriffen und schichtweise zersetzt, sodaß man häufig im Innern noch den unzersetzten, festen Kern findet, während die äußerste Schale schon ganz in Thon umgewandelt ist, die übrigen Blätter aber alle Zwischenstadien der Veränderung in zunehmendem Maße zeigen.

Wir brauchten den Proviant nicht mehr zu schonen, denn am nächsten Tage sollte der lange Weg nach Reikjavik in einem Ritte zurückgelegt werden.

Aber welch ein Ritt! Hier erst in der Umgebung des Hengill sollten wir einen rechten Begriff von den isländischen Lavaströmen erhalten, denn hier breitet sich die Hellis-Heidi, die nur eine Fortsetzung des Lavastromes von Thingvalla scheint. Kaum hat man von Reykir aus das enge Thal, in welchem die Nebenquellen des kleinen Geysir dampfen, durchkreuzt, so klimmt man zu dem Rücken dieses Lavastromes hinan und reitet nun 4 Stunden, sage vier ewig lange Stunden über die unendliche Fläche, die aussieht, als ob sie eben erst erstarrt sei und so eben erscheint, daß wir während des Reitens ernsthaft darüber diskurirten, von welcher Seite wohl der Strom hergeflossen sei. Nachdem man zwischen Schollen, Schlacken und Erdlöchern sich hindurchgewunden hat, kommt man endlich in die Nähe der Krater, die sich vom Hengill aus nach Westen ziehen und auf dem Nordrande des Lavastromes aufsitzen. Düster schwarze Aschenberge, ähnlich denen von Jan Mayen, auf denen kaum etwas gelbliches Moos Fuß faßt, schwarzgelben Schwären gleich, standen die Dinger auf der braunen, verschrumpften Lavafläche ebenso abschreckend da, wie Haus Habsburg auf der österreichischen Völkerlava. Dann aber ging es auf der anderen Seite hinab, wahrhaft haarsträubend, an einem furchtbaren Felsenabhange, steil wie ein Kirchendach und oben ein noch mit losem Geröll und Sand bedeckt, das bei jedem Fußtritte klingend und schallend in die Tiefe rollte. „Ich hatte den Abhang nicht sogleich gesehen," schrieb der Professor nach Hause, „da ich die entferntere Gegend betrachtete und Einiges in mein Tagebuch notirte, während der Pony gemüthlich voran trollte. Die übrigen Reiter waren abgestiegen, mein Pferdchen ihnen nachgeklettert und so war ich schon auf dem Abhange selbst, als ich ihn bemerkte. Nun fürchtete ich abzusteigen, was immer eine schwunghafte Operation ist, die leicht Gaul und Reiter in die Tiefe hätte schleudern können. So befahl ich denn meinen Hals in die Füße des Gaules und machte mich nur locker in den Steigbügeln, um nöthigen Falls bei einem Sturze meinen Weg allein hinabzukollern und nicht mit den eisenbeschlagenen Hufen in Collision zu kommen. Mein Pferdchen hielt sich aber ausgezeichnet: es tastete vorsichtig im Gerölle, ehe es einen Schritt weiter machte, trabte, wo fester Boden sich fand, fuhr mit gespreizten Vorderfüßen und eingeknickten Hinterfüßen Schlitten über die steilen Sandflächen hinab und lieferte mich wohlbehalten in die grüne Tiefe, wo es frisch galoppirte, als wenn gar nichts vorgefallen wäre."

„Wahrhaftig,“ ruft der Professor begeistert aus, „wahrhaftig, nach Allem, was ich nun hier im Lande gesehen und erfahren, könnte die Schweizer Regierung ihrem Lande keine größere Wohlthat erweisen, als die Einführung von einem Hundert dieser Ponies im Alpenlande. Das sind gewiß die wahren Bergpferde, an Strapazen aller Art gewöhnt, für jedes Terrain brauchbar, der Fuß sicher, wie Erz, und der Magen unverwüstlich, so daß sie mit Allem fürlieb nehmen. Wie die armen Thiere behandelt werden, geht über alle Begriffe: man reitet, ohne abzusitzen, einen Weg von 5—6 Stunden, etwa wie vom Grindelwald aufs Faulhorn, sattelt ab, fesselt die Thiere an den Vorderfüßen, damit sie nicht fortlaufen, und überläßt sie nun ihrem Schicksal. Von Stall oder Futter, von Pflege oder Sorge ist keine Rede: sie fressen, was sie finden, Gras und Moos, erhalten nie eine Spur von Hafer oder ähnlichem Körnerfutter und sind am anderen Morgen so frisch, wie vorher. Sogar während des ganzen isländischen Winters, der doch wahrlich lange genug dauert und hinlänglich hart ist, kommen die Pferde weder unter Dach noch Fach, noch erhalten sie Futter; sie scharren es sich aus dem Schnee oder fischen es aus dem Meere. Dabei ist ihr Preis so gering, daß der Transport von Island her gewiß weit mehr betragen würde, als der ursprüngliche Ankaufspreis und dennoch ein solcher Pony wenig mehr, als die Hälfte eines gewöhnlichen Lastpferdes in der Schweiz kosten würde.“ Auch hören wir, daß Island schon jetzt viele Pferde nach England und Schottland ausführt, wo man sie namentlich gerne zu den Arbeiten in den Minen benutzt, da sie bei geringer Höhe große Kraft und Ausdauer besitzen.

Wir langen mit der sinkenden Nacht in Reikjavik auf unserem Schiffe an, wo unterdessen Pinsel und Farbentopf mit außerordentlicher Energie die durch die Abnutzung etwas harmonisch zusammengestimmten Farbentöne in ihrer ursprünglichen schrillen Reinheit hergestellt haben. Wir sind entzückt von unserer Reise, entzückt von der freundlichen Aufnahme, die wir wieder finden, alle vollkommen in der Laune, von neuem zu beginnen, wenn es nur Juli statt September wäre. Nur Einer zieht sich in seine Koje zurück, wie der Einsiedlerkrebs in die Muschelschale, und während 14 Tagen sieht man höchstens den Kopf, nicht aber die vom achttägigen Reiten hart mitgenommenen Theile, in welchen außer den unmittelbaren Folgen der scheuernden Bewegungen noch obenein Gicht und Rheumatismus wüthen. Gressly ist für uns während der folgenden Seereise verloren, seine physische Grundlage ist gänzlich zerrüttet und das moralische Gebäude, das darauf aufgerichtet ist, in lebhaftes Schwanken gerathen.

Wir rennen in dem Städtchen umher, um Abschiedsbesuche zu machen, blaue und weiße Füchse einzukaufen, Edelfalken zu erhandeln, die alle auf dem Deck nebst Bär, Adler und Hund in einem unförmlichen Kasten untergebracht werden, der zwar allen Stürmen Trotz bieten soll, dafür aber auch den Raum auf dem Decke möglichst einschränkt. Einige Würdenträger der Wissenschaft sind während unserer Abwesenheit von ihren Ausflügen zurückgekommen und wir haben die Freude, den bekannten Physikus Dr. Hjaltelin bei uns an Bord zu begrüßen, bei welcher Gelegenheit er uns einige werthvolle Handstücke isländischer Felsarten aus Gegenden, die wir nicht berühren konnten, zum Geschenke macht. Berna und der Professor reiten noch einmal nach dem unteren Seljadal, um von dort einige Centner Palagonit zu holen und berühren auf ihrer Rückreise die kleine Bucht von Fossvogr in der Nähe von Reikjavik, wo ein eisgrauer, gebackener Thon, der aus der Zersetzung von Palagonittuffen hervorgegangen scheint, eine Menge von Versteinerungen aus dem umgebenden Meere enthält. Hasselhorst und der Doktor reiten am folgenden Tage noch nach demselben interessanten Punkte, um unsere Sammlung soviel möglich zu vervollständigen. Kaufmann Siemsen, Professor Arnason, der Stiftsamtmann überhäufen uns mit Freundschaftsbezeugungen und Ersterer möchte uns zu Ehren einen Ball arrangiren.

Aber die Zeit drängt und die Heimath ruft.

Wir laufen am 16. September Morgens 10 Uhr bei gutem Winde von Reikjavik aus, umsegeln Cap Reikjanaes noch an demselben Abend und richten unseren Kurs nach den Färöern, die wir nebst den Orkney- und Shetlandsinseln im Vorüberfahren ansegeln wollen.

Und es folgt eine lange Woche voll Ungemachs mit schlechtem Wetter, widrigem Winde, hohem Seegange und katzenjämmerlicher Seekrankheit, während welcher wir alle Kräfte anstrengen müssen, um nicht nach Neufundland hinüber verschlagen zu werden. Je weiter wir kommen, desto mehr schwindet jede Hoffnung, die Inselgruppen, die wir noch besuchen möchten, ansegeln zu können; der Sturm packt uns am 23. September in der Nacht mit kaum geringerer Wuth, als auf der Herfahrt von Jan Mayen, die Sturzwellen schlagen unsere Laterne ein und überschwemmen uns in unseren Kojen, so daß wir keinen trockenen Faden am Leibe haben. Wir erfahren später, daß an demselben Tage und von denselben Windstößen das Ungethüm der modernen Schiffbaukunst, der Great Eastern, in dem irischen Kanale noch weit schrecklicher mitgenommen wurde.

Die See wird wieder still nach diesem Sturme. Wir nähern uns bei schlanker, wenn auch nicht günstiger Brise Irland und das Meer wimmelt von Salpen, Pteropoden und schwimmenden Polypen, die uns die Nähe des Landes verkünden. Am 1. Oktober sehen wir endlich Land, rechts in der Nähe die hohe Küste von Irland bei Londonderry, links in größerer Ferne die Halbinsel Cantire von Schottland. Wir kommen so nahe, daß wir Wiesen und Felder, Gebüsche und Wälder mit dem Fernrohre unterscheiden können. Es thut Einem doch wohl, nach Monate langem Kreuzen durch Felsen- und Wasserwüsteneien wieder einmal civilisirtes, wohlbekanntes Land zu sehen und zu wissen, daß da Bäume wachsen, wirkliche Bäume mit Stämmen und Aesten, kein kriechendes, vom Schnee und Wind an den Boden gedrücktes Gestrüpp. Auch sieht man gleich, daß es Großbritannien ist: überall Leuchtthürme, Städtchen Flecken, einzelne Gehöfte am Lande und das Meer belebt von Schiffen aller Art. Ein gewaltiger Kriegsschraubendampfer schießt wie eine Drachenschlange, alle Segel auf, längs dem Lande hin; Schleppdampfer kommen uns entgegen und spannen sich vor Segelschiffe, die nach den benachbarten Häfen wollen; Dampfer mit Passagieren kreuzen sich in verschiedenen Richtungen. Wir steuern bei günstigem Winde den Tag und die Nacht hindurch, vorsichtig der Mündung des Clyde zu. Hinter einem Vorsprunge des Ufers hervor schießt ein kleiner Schleppdampfer wie ein Pfeil auf uns los; er legt sich an unsere Seite, wirft einen gedruckten Tarif herüber, auf ein Kopfnicken des Kapitäns folgt ein Tau, das an unserem Vordertheile fest geschlungen wird und nun geht es lustig über Eck vorwärts nach Greenock, zwischen Landhäusern und Parken, Villen, Städten und Flecken durch in den Kohlendampf hinein, der über dem gewerbreichen Städtchen schwebt.

Wir sitzen auf dem Deck und besprechen die Weiterfahrt. Greßly, noch nicht völlig hergestellt, wird mit dem Schiffe nach Hamburg segeln und unterwegs die Menagerie hüten, Herzen auf dem kürzesten Wege nach Hause eilen, um zuerst von der Reise erzählen zu können; das Kleeblatt, welches übrig bleibt, wird mit Hubert, der um keinen Preis länger auf dem Schiffe sein möchte, Schottland, Wales und England durchstreifen, um dann nach verschiedenen Richtungen auseinander zu fahren.

Die Anker rasseln in den Grund. Ein Boot bietet uns frisches Obst, deutsche Aepfel und französische Birnen an. Die Antwort der Zollbeamten erwartend, welche uns die Erlaubniß geben sollen, an das Land zu gehen, schwelgen wir, auf das Verdeck hingelagert, im Anblicke der Civilisation und im Genusse ihrer Früchte. Bär und Hund spielen mit einander zu unseren Füßen.

Unsere Reise ist beendet.

Wissenschaftlicher Anhang.

I.

Geologisches aus Norwegen.

1. Die krystallinischen Gesteine.

Mit vollem Rechte hat namentlich Munch, Professor der Geographie in Christiania, der für die Kunde Skandinaviens so Ausgezeichnetes leistete, darauf aufmerksam gemacht, daß die merkwürdige Halbinsel gänzlich aus den Begriffen, die man sich von einem Gebirgslande zu machen pflegt, heraustritt, indem sie keine hohe wasserscheidenden Kämme und Ketten besitzt, sondern gewissermaßen aus einer ungeheuren Platte besteht, welche langsam von dem finnischen Meerbusen und der Ostsee aus sich erhebt und gegen Westen zu steil abgerissen und spitzenförmig ausgezackt wieder in die See abstürzt. Anders verhält es sich in den Gebirgsländern, die man gewöhnlich in Europa zu bereisen pflegt. Die Untersuchungen, welche die neuere Zeit namentlich zum Zwecke der Anlagen von Eisenbahnen mit äußerster Genauigkeit gemacht hat, beweisen uns, daß überall in den Alpen, die als Typus gelten können, hohe Kämme existiren, bis zu deren Fuß tief eingeschnittene Thäler gehen, zwischen welchen man nur eine verhältnißmäßig geringe Mauer von 10 oder 20 Kilometern höchstens zu durchbrechen hat, um in einem ähnlich eingeschnittenen Thale auf der andern Seite anzulangen, das in weite Strecken flachen, wenig erhabenen Landes ausläuft. Die hohen Kämme, über deren Einschnitte die Pässe führen, bilden überall die Wasserscheide und fast allgemein scheinen sie aus fächerartig gestellten Platten krystallinischer Gebilde zu bestehen, die in der Mitte des Kammes etwa senkrecht gestellt sind, während sie auf beiden Seiten schief nach der Axe des Kammes hin einfallen, und zwar um so schiefer, je weiter von dieser Axe sie sich befinden. „In den Schweizer Thälern", sagt Munch ganz richtig, „ist das Tiefe, Flache, Urbare, Bewohnte überall das Bedeutende, das Vorherrschende, die Felsenrücken und Spitzen das Sekundäre. Das Tiefe ist die Regel; das Hohe die Ausnahme. Auf solche Weise müssen sich nothwendig die Gebirgszüge in langen, vergleichungsweise schmalen Reihen fortsetzen, die Bewohner der Ebenen und Thäler müssen die Gebirge gewissermaßen nur als Wälle oder Zäune betrachten, die Namen von Gebirgsketten, Felsenrücken, Felsenzügen u. s. w. müssen hier und zwar mit Recht aufkommen und die Idee, als wäre keine andere Form der Felsenmassen als solche Ketten oder Kämme möglich und als wären alle Felsen, die man in irgend welchem anderen Lande sah, Theile von eben solchen langen Gebirgsketten, muß so fest einwurzeln, daß man große Mühe hat, sich die Sache anders zu denken. Mit dieser Form der Gebirgsmassen hängt auch die scharfe Bezeichnung der Wasserscheide genau zusammen. Auf den schmalen Gebirgskämmen können keine großen Ansammlungen von Wasser statt finden; sogar die kleineren Wassergeriesel müssen sogleich entweder nach der einen oder nach der anderen Seite den Lauf nehmen; keine Thäler begegnen sich, in deren Zusammenstoße sich ein Höhensee mit doppeltem Auslauf bilden könnte; alles ist schroff abgeschieden, und erst an den Seiten der Felsenmassen vereinigen sich die kleinen Bäche zu größeren Wassermassen, die späterhin die großen mitteleuropäischen Flüsse bilden, während der obere Felsenkamm schroff und trocken dasteht, eine scharfe, genau ausgeprägte und nicht zu bezweifelnde Wasserscheide bildend. In allen den Gegenden, wo dieses der Fall ist, kann man daher mit ziemlicher Sicherheit den Zug der Gebirgsketten nur aus den Stromsystemen ermitteln."

„Die Flußthäler", fährt Munch an einer andern Stelle fort, „verhalten sich zu dem Plateau der skandinavischen Halbinsel nur, wie ein Bindfaden der Breite nach zu einem Bogen Papier sich verhält. Die schmalen, tiefen Thäler fallen, nicht nur wenn man das Ganze auf der Karte überschaut, sondern auch in der wirklichen Natur, wenn man sich einmal oben auf dem Plateau befindet, als unbedeutend weg. Wenn man einmal droben ist auf der ungeheuren, unabsehbaren Haide, wo nur einzelne Kuppen hie und da ganz unregelmäßig, wie Felsblöcke auf der Ebene, sich erheben, dann fühlt man sogleich, daß man das ganze Land in seiner eigentlichen Weite vor sich hat. Man merkt die Thäler nicht, man glaubt schnurgeraden Weges über die Ebene hinreiten zu können, bis auf einmal dicht vor den Füßen des Pferdes ein Thal mit jähen Abhängen in die schwindelnde Tiefe sich öffnet und das weitere Vordringen nach der anderen, nicht weit entfernten Seite verhindert, und doch spielt hier dieses Thal, wo die Menschen unten hausen und schaffen, nur die Rolle, die ein schmales Flüßchen mit Rasenufern mitten in einer Ebene dahinschlängelnd spielt. So wenig als dieses Flüßchen die Ebene begrenzt, so wenig wird auch unsere Ebene durch die Thäler begrenzt, sondern nur in unbedeutender Kürze unterbrochen."..... „Scharf bezeichnete, den ganzen Lauf hindurch dauernde Flußrinnen finden sich in Norwegen nicht: die meisten norwegischen Ströme sind aus Reihen von Binnenseen durch kurze Stromschnellen, die öfters große Wasserfälle bilden, verbunden."..... „Es gibt sogar in Norwegen viele

Stellen, wo ein nach Westen und nach Osten ausgehendes Flußsystem von einer und derselben Quelle genährt werden, die bald nur als ein Sumpf oder Morast, bald wieder auch als wirklicher See auftritt.“ Wir haben in der Reisebeschreibung gesehen, daß dies in der That bei Lessö der Fall ist, wo aus dem sumpfigen See nach Westen hin die Rauma, gen Osten dagegen der Laagen entströmt, um sich die erstere in das Nordmeer, der letztere in die Ostsee zu ergießen.

Sucht man nach Vergleichungen, welche die so in kurzen Zügen dargestellte Bildung der skandinavischen Halbinsel ermöglicht, so dürfte weit weniger die pommersche Seeplatte, welche Munch anführt, als vielmehr die eigenthümliche Configuration der jurassischen Plattformen und Ketten in Betrachtung gezogen werden. In der That findet man in dem schwäbischen Jura, in dem jurassischen Ring, welcher das Becken von Paris umgibt, ein ganz ähnliches sanftes Ansteigen der gigantischen, aus Kalk gebildeten Platten gegen ein mehr oder minder hohes Plateau, dessen eine Seite nicht minder steil abgebrochen ist, als die nach Westen gerichtete Küste Norwegens, während die andere Seite sich ebenso allmählich abdacht, wie die geneigte Platte Schwedens gegen den finnischen Meerbusen hin. Die Flußsysteme verhalten sich ganz in gleicher Weise, indem die einen nur unbedeutende Rinnen auf der Oberfläche des Plateaus bilden, die anderen dagegen tief eingeschnittene, enge und schmale Schluchten, welche fast überall die Kämme und Hochebenen der Plateaux durchsetzen, so daß längst als feststehende Thatsache in der Geographie gilt, daß jurassisches Gebirg und Gestein keine der Hebung der Massen entsprechende Wasserscheiden bildet. Freilich müssen wir bei der Vergleichung, die wir hier anstellen, von den Dimensionen absehen, indem die jurassischen Gegenden und Ketten Europa's nur Zwerge gegenüber der riesigen Plattform der skandinavischen Halbinsel sind. Wer aber einmal persönlich den Anblick hat vergleichen können, welchen die Höhen der schwäbischen Alp einerseits und diejenigen der Hochebenen Norwegens andererseits darbieten, der wird wohl nicht umhin können, ebensowohl diese Vergleichungen anzuerkennen, wie diejenigen, welche sich bei dem Anblick der Küste um Bergen mit den höher emporgetriebenen und stärker zerrissenen Theilen des schweizerischen Jura beim ersten Blicke aufdrängen. Wie schon früher angeführt, ist diese eigenthümliche Bildung der norwegischen Plattform auch die Ursache, welche dem Lande zwar ein eigenthümliches, aber monoton langweiliges und wenig malerisches Gepräge aufdrückt. Nicht minder aber läßt sich schon aus dieser Bildung der skandinavischen Halbinsel selbst wieder nachweisen, daß hier Verhältnisse mitgewirkt haben müssen, welche von denjenigen, die in den scharfbegrenzten Gebirgszügen der Alpen und Pyrenäen walteten, himmelweit verschieden gewesen sein müssen.

Fragt man nach der geologischen Bildung der Halbinsel in ihren großen Zügen, so ist dieselbe vollkommen eben so einförmig und monoton, wie die Bildung der Oberflächen. Es zeigt sich keine Spur von jenen reizenden Abwechslungen des Gesteins, welche den Thälern und Spitzen der Alpen das eigenthümlich individuelle Gepräge verleiht. So weit das Auge reicht, ziehen sich dieselben krystallinischen Gesteine fort mit derselben Färbung, denselben Ablösungsflächen, demselben Verhalten gegenüber den Einflüssen der äußeren Agentien. Nur hie und da kann eine Abwechslung durch einen vorspringenden Gang oder durch leichtere Verwitterbarkeit der dünner geschichteten krystallinischen Gesteine demjenigen entgegen treten, der die Einzelnheiten untersucht. Der allgemeine Eindruck aber, den man bei wochenlangem Reiten und Segeln in Norwegen davon trägt, ist derjenige krystallinischen Gesteines, das überall aus den nämlichen Mineralien zusammengesetzt ist, deren Proportionen nur in mehr oder minder bedeutendem Umfange wechseln.

Nirgends mehr als in Norwegen wird man zu der Ueberzeugung hingeführt, daß alle systematischen Unterscheidungen der verschiedenen krystallinischen Gesteine, welche Lehrbücher und Abhandlungen aufstellen, nicht in sich fest bestimmte Arten bezeichnen, sondern nur Endpunkte von Reihen, die in außerordentlich mannigfaltiger Weise sich entwickeln, mit einander verschmelzen und wieder auseinander gehen, ohne daß man genauer den Punkt bezeichnen könnte, wo Verschmelzung oder Trennung stattfindet. Wer einmal mit prüfendem Auge der Felsenküste Norwegens oder den Plattformen im Innern entlang gereist ist, der wird von dieser Exkursion die Ueberzeugung mitbringen, daß Granit, Gneiß, Glimmerschiefer, Syenit, Norit, Rhombenporphyr, Porphyr und wie die Namen der Gesteine alle heißen mögen, in allen Schattirungen in einander übergehen und nur eine große Gesteinsgruppe darstellen, welche je nach speziellen und häufig zufälligen Verhältnissen nach dieser oder jener Richtung hin Abänderungen erlitten hat. Ja, es ist nicht schwierig, an Beispielen nachzuweisen, daß alle diese verschiedenen technischen Bequemlichkeits-Bezeichnungen selbst von den Meistern der Wissenschaft in sehr verschiedenem Sinne angewandt werden und daß Leopold von Buch z. B. ein Gestein feinblättrigen Gneiß nennt, welches Naumann als Glimmerschiefer, Hausmann vielleicht als krystallinischen Thonschiefer bezeichnet.

Es versteht sich von selbst, daß wir von dieser allgemeinen Bezeichnung krystallinischer Gesteine in Norwegen für einen Theil derjenigen Gebilde absehen, welche in dem südlichen Norwegen, namentlich in der Umgegend von Christiania, abgelagert sind und die hauptsächlich aus Thonschiefern und Kalken bestehen, welche reichliche Versteinerungen enthalten, die den ältesten versteinerungsführenden Schichten, dem silurischen Systeme, angehören. Die Uebergangsgebilde des Beckens von Christiania lassen wir vorläufig gänzlich bei Seite, obgleich wir später um so mehr darauf zurückkommen müssen, als sich darin Gesteine vorfinden, die man nach Leopold von Buch's Aussprache niemals in Schichten der Uebergangsgebilde hätte vermuthen sollen. Vorläufig beschränken wir uns nur auf die außerhalb dieser Uebergangsgebilde gelegenen Theile, in welchen noch keine Versteinerungen nachgewiesen, also auch nicht der evidente Beweis hergestellt wurde, daß sie aus dem Wasser abgesetzt worden.

Wie wir oben sagten, so steht einstweilen die Thatsache fest, daß nirgend in Norwegen scharf abgeschnittene Formen krystallinischer Gesteine vorkommen, von welchen aus man nicht Uebergänge nach allen Seiten hin nachweisen könnte. Es steht aber auch ferner die Thatsache fest, daß mit Ausnahme der Gänge und Spaltenausfüllungen, die sich in Norwegen an vielen Stellen vorfinden, nirgendwo ein massiges Gestein existirt und daß alle krystallinischen Feldspathgesteine, welchen Namen sie auch nach Handstücken in Sammlungen erhalten würden, auf das deutlichste geschichtet sind. Es gibt wunderschöne Granite in Norwegen, namentlich in dem Bezirke der Lofoden; Granite, in welchen die krystallinischen Elemente: der röthliche Feldspath, der dunkle Glimmer, der weißgraue Quarz, so vielfach untereinander gemengt sind, daß auch das geübteste und gewandteste Auge nicht im Stande wäre, eine Andeutung von Schichtung, von blättriger, flaseriger oder schieferiger Anordnung der Elemente im Innern der Masse wahrzunehmen; Granite, die man unbedenklich den typischen Graniten aus Finnland, Aegypten oder den Alpen an die Seite stellen kann; Granite, welche in allen Sammlungen als typische Musterstücke des Gesteines aufgestellt werden. Sucht man aber in der Natur die Fundstätten auf, so sind es wahre Schichten, aus welchen man die Handstücke brechen muß; Schichten, deren Ausdehnung man meilenweit in horizontaler Erstreckung an den Fjorden verfolgen kann und die eben so regelmäßig mit krystallinischen Schiefern abwechseln, wie Kalkbänke mit Mergelschichten. Keilhau hat von Kjelvig, in der Nähe des Nordkaps, ein Profil mitgetheilt, wo die scharf gegen den Berg einschießenden Schichten in folgender Weise übereinander liegen: Unten am Meeresspiegel Thonschiefer, darüber Quarzschiefer, dann Granit, Quarz, Glimmerschiefer, Gneiß, Kieselschiefer und auf der Höhe wiederum Granit, der die Decke bildet. Man kann auf der anderen Seite der Insel Magerö, am Tufjord, mit der größten Leichtigkeit beobachten, wie zwischen den unter einem Winkel von etwa 45° geneigten Schichten der etwa 1000 Fuß hohen Felswand, die aus einem dunkelschwarzgrauen, sehr feinschuppigen, leicht verwitterbaren, feinspaltenden Glimmerschiefer bestehen, Schichten eines prächtig rosenrothen, grobkörnigen Granites eingeschaltet sind, die aus weiter Ferne schon ganz ähnlich hervorleuchten, wie die Bänke von Liaskalk in einem Massive dunkelschwarzer, verwitternder Liasschiefer. Die Aehnlichkeit ist so überraschend, daß man sich versucht fühlt, heraufzuklettern und Versteinerungen zu sammeln und erst in unmittelbarer Nähe den Unterschied bemerkt. Von einem Eindringen dieser Granite von unten, von der Seite oder von oben her durch Gänge oder

Spalten kann gar keine Rede sein; denn sobald man sich auf dem Plateau befindet, das bis zum Nordkap sich erstreckt, sieht man zwar überall Gänge und Spalten, die aber nicht mit granitischer Masse, sondern mit dem schönsten, weißen, krystallisirten Tafelquarz ausgefüllt sind.

Es läßt sich hierüber in der That nichts Weiteres anführen, als die nackte Behauptung; denn alle Lagerungen dieser Schichten sind so, daß man, um ihre einzelnen Verhältnisse zu beschreiben, Alles wiederholen müßte, was eben von Schichten und gleichförmigen Schichtengruppen gesagt werden kann. Wir können uns also dahin resümiren, daß in denjenigen Theilen von Norwegen, die wir gesehen, keine Spur von massigem Granite vorkommt, daß überall der Granit geschichtet ist, daß man allerwärts Wechsellagerungen von Granit mit Gneiß und schieferigem Gestein findet und daß derjenige, der ein anderes Verhalten des Granites behaupten wollte, erst die Lokalitäten nachweisen müßte, wo dieses stattfindet.

Bedenke ich aber nun die Sache mit so von Norwegen her geschärftem Blicke und lasse ich die vielen Gegenden, die ich schon gesehen oder die Andere beschrieben haben, vor meiner Erinnerung vorüberziehen, so suche ich überhaupt vergebens nach einem Beispiele von ungeschichtetem Granit (immer, wie schon bemerkt, die Gänge und Spaltenausfüllungen ausgenommen, von denen später die Rede sein wird). Leopold von Buch hat schon vor langen Jahren eine Abhandlung über die Formen des Granites geschrieben, worin er überzeugend darthut, was er bekämpfen will, nämlich daß der Granit in der That überall die Schichtung erkennen läßt. Der Verfasser nennt es freilich eine Schalenstruktur; aber was sind diese wellenförmig gebogenen Blätter, die er Schalen nennt, die sich seiner Behauptung nach in Schweden über hunderte von Meilen fortsetzen — was sind sie anders, als Schichten, die sich von wellenförmig gebogenen Schichten der Grauwacke, der Kalk- und Schiefergebilde nur durch innere Textur, sonst aber in keinem Stücke unterscheiden? Zwar wird behauptet, sie seien das Resultat der Zusammenziehung erkaltender, in feurigem Fluß befindlichen Massen, wodurch diese erkaltenden Rinden sich ablösten, wie die Schalen einer Zwiebel — allein, wo wird für diese Ansicht auch nur der Schatten eines Beweises geliefert und wo kann man eine ähnliche Absonderung in solchen Gesteinen nachweisen, über deren feurige Flüssigkeit wie bei den Laven kein Zweifel obwalten kann? Dieselbe Schalenstruktur sucht Leopold von Buch bei den Alpen nachzuweisen, wo die Schichtung im Großen, die Fächerstellung dieser Schichten so auffallend ist, daß man einen besonderen Namen „Gneißgranit“ für den geschichteten Gneiß hat erfinden müssen. Was heißt dieses Wort in der That anders als geschichteter Granit, als ein Gestein, das die Blätterung, Schichtung und Plattenbildung des Gneißes im Großen zeigt, in seiner inneren Struktur aber die gleichartige Mengung der krystallinischen Elemente ohne blätterige, streifige oder faserige innere Anordnung? Leopold von Buch führt als einen der überzeugendsten Beweise von der Schalenstruktur des Alpengranites die Gehänge oberhalb der Handeck, die berühmte Helle-Platte und den Fuß des Eschershornes an dem rechten Ufer des unteren Aargletschers auf. Wer aber diese steil aufgerichteten, gewölbten Schichten gesehen hat, die in gewaltigen, würfelartigen Stücken sich ablösen und herunterstürzen, der wird in ihrer Anordnung auch nicht den mindesten Unterschied von dicken Kalkschichten des Jura erkennen, namentlich des alpinischen Jura, die, in ähnlicher Weise aufgerichtet, auch in ganz ähnlicher Weise sich ablösen. Was also zuerst und vor allen Dingen nachgewiesen werden müßte, das wären die Unterschiede im Verhalten gewöhnlicher Schichten und solcher Granitplatten, welche zu einer Verschiedenheit der Annahme über ihre Bildung berechtigen könnten.

Wir wissen zwar wohl, daß man an verschiedenen Stellen in den Alpen, wie namentlich am Monte Orfano und Monte Motterone, Granit findet, der massig genannt wird und in welchem es in der That schwer wird, eine Schichtung nachzuweisen. Allein, was die Geologen nicht sehen können, das wissen die Arbeiter zu finden, nämlich die Schichtenflächen und Ablösungsklüfte, und mit der Zeit legt sie die Verwitterung auch an den Tag. Wo es Granit zu bearbeiten gilt, holt man Arbeiter aus dem Piemont und dem Tessin, welche sich den Blick geschärft haben in dieser Hinsicht und die aus gewissen empirischen Kennzeichen die Ablösungsklüfte sehr leicht zu finden wissen. Nicht minder zeigt die Verwitterung häufig in anscheinend ganz massiven Blöcken die Ablösungen, welche bei der frischen Felsmasse sich durchaus nicht hätten erkennen lassen; — ganz in derselben Weise, wie dies häufig bei massiven Kalken geschieht. Wer möchte zweifeln, daß die sogenannten plumpen Felsenkalke des schwäbischen und schweizerischen Jura in der That geschichtetes Gestein sind, wenn auch ihre Schichtflächen oft auf Massen von mehreren hundert Fuß Mächtigkeit in keiner Weise sich erkennen lassen? Die Sandsteinfelsen vieler Gruppen des bunten Sandsteines, die Kreidefelsen so mancher Küsten — lassen sie eine Schichtung erkennen? Nichts destoweniger tritt dieselbe bei der Verwitterung hervor und würde demnach den geschichteten Ursprung beweisen, wenn auch nicht andere Charaktere, wie z. B. die Anwesenheit von Versteinerungen dieselben kund thäten. Aber auch an solchen Gesteinen, die in der That in keiner Weise eine Schichtung nachweisen lassen, zweifelt doch kein Mensch mehr an dem geschichteten Ursprung, sobald sich dieser durch gewisse Uebergänge erschließen läßt. Die bekannten Dolomitmassen der Alpen, die oft mehrere Tausend Fuß Mächtigkeit zeigen, die von oben bis unten durchaus krystallinisch geworden sind, zeigen nicht eine Spur von Schichtung mehr; nichts destoweniger erkennt Jedermann an, daß sie aus einer Umwandlung geschichteter Kalke hervorgegangen sind. Man sieht ja diese Umwandlung, man kann sie Schritt vor Schritt verfolgen, man sieht am Salvadore bei Lugano und an so manchen andern Dolomitbergen, wie die Kalkschichten allmählich ihre Schichtung verlieren, wie die Versteinerungen verschwinden, wie Alles in eine durch und durch krystallinische Masse verschwimmt. Man muß also anerkennen, daß durch eine krystallinische Umwandlung die Schichtung vollkommen verloren gehen kann und daß man eigentlich von unerwartetem Glücke sagen muß, wenn sie sich noch in krystallinisch ausgebildeten Massen erhalten hat.

Die Schichtung der Granite, ihr inniges Verhältniß zu den Gneißgraniten, die Uebergänge dieser Gesteine durch jene Reihen von Gneiß, Glimmerschiefer bis zu den gewöhnlichen Dach- und Thonschiefern bringen uns nothwendig auf die Frage von der Entstehung des Granites selbst zurück. So mannigfach auch die Ansichten sein mögen, welche sich hier einander gegenüber stehen, so ist doch so viel gewiß, daß eine jede Erklärung über die Bildung des Granites unstatthaft ist, welche diese Reihe ausschließt und welche nicht gleichmäßig auf alle die verschiedenen Glieder dieser Reihe angewendet werden kann. Wer den Granit für ein ausschließlich eruptives Gestein hält, der muß auch nothwendiger Weise den eruptiven Ursprung der Gneiße, der Glimmerschiefer und der gewöhnlichen Schiefer nachweisen; denn nirgends läßt sich in dieser Reihe eine Scheidewand ziehen.

Man muß ohne Zweifel der Chemie eine große Berechtigung zuerkennen, in dieser Frage mitzureden. So gut es aber unstatthaft ist, von Seite der Geologen zu behaupten, jede chemische Reaktion müsse auch nothwendig ihre Stelle in der Werkstätte der Natur finden und gefunden haben; so unstatthaft ist es auch von Seite der Chemiker, behaupten zu wollen, daß Reaktionen in dem Laboratorium der Natur nicht stattgefunden haben können, weil sie diese Reaktionen in ihrem Laboratorium noch nicht darstellen konnten. Wir wollen dies an einigen Beispielen erläutern. Bunsen hat durch einen äußerst sinnreichen Versuch gefunden, daß gepulverter Basalt in Kalilauge gekocht Palagonit bildet; — ist man deshalb berechtigt, wie Bunsen es in der That gethan hat, dem Palagonit einzig diese Entstehungsweise zu vindiziren und zu behaupten, derselbe sei aus der Einwirkung von Massen freier Alkalien auf Basalt in der Hitze hervorgegangen? Gewiß nicht; denn die Lagerungsverhältnisse und alle übrigen Thatsachen weisen darauf hin, daß die meisten Palagonittuffe durch Absatz basaltischer, fein zertheilter Asche unter dem Meere und unter Einwirkung des Meerwassers entstanden sind. Die Geologie hat also hier vollkommene Berechtigung, dem Chemiker zu sagen: Du hast zwar durch einen sinnreichen Versuch nachgewiesen, wie Palagonit entstehen kann; nicht aber bewiesen, wie er gebildet sein muß; — mit deinem Versuche ist die Frage noch nicht erschöpft, denn andere Verhältnisse beweisen mir, daß Palagonit auch noch in anderer Weise gebildet werden kann, und vielleicht wird es dir später gelingen, diese verschiedene Bildungsweise ebenfalls nachzuweisen. Ganz in ähnlicher Weise verhält es sich mit der

Bildung des Feldspathes, der ja den Hauptbestandtheil der krystallinischen Gesteine ausmacht und der nicht auf nassem Wege soll erzeugt werden können. Versuche sowohl, wie die Erfahrungen an Hochöfen und an Vulkanen beweisen, daß Feldspathe auf feurigem Wege erzeugt werden: — ist damit die Bildungsweise des Feldspathes erschöpft, kann der Chemiker deshalb, weil es ihm vielleicht noch nicht gelungen ist, Feldspath auf wässerigem Wege herzustellen, auch der Geologie sein Veto entgegenschleudern und behaupten, der Feldspath könne in der Natur nicht auf wässerigem Wege gebildet sein?

Wir sind versucht, gerade diesen Beweis hier zu unternehmen. Ist einmal die Thatsache hergestellt, daß alle in Granit befindlichen Mineralien, namentlich aber der Feldspath, der seine Hauptmasse bildet, auf wässerigem Wege in der Natur gebildet werden kann und gebildet worden ist (wenn dies auch noch nicht im Laboratorium erreicht worden ist), so vereinfacht sich die Frage nach der Entstehung des Granites in überraschender Weise.

Es bedarf zu diesem Beweise weiter nichts, als der thatsächlichen Begründung der Bildung von Feldspath in solchen Gesteinen, welche Versteinerungen enthalten.

Wir wissen sehr wohl, daß die Anwesenheit von Versteinerungen den vulkanischen Ursprung vieler Gesteine nicht ausschließt. Die so zahlreichen geschichteten Tuffe, welche aus der Ablagerung vulkanischer Asche auf dem Meeresboden entstanden sind und die an vielen Orten von Versteinerungen wimmeln, würden unmittelbar ein redendes Zeugniß gegen eine solche Behauptung ablegen. Sobald einmal die vulkanische Asche, welche in das Meer oder Süßwasser gefallen ist, ausgelaugt und von den etwa vorhandenen metallischen und giftigen Substanzen befreit ist, so bildet sie eben so gut einen Wohngrund für die Wasserbewohner, als irgend ein anderes herbeigeführtes und mechanisch abgesetztes Material. Wir haben hier also vollkommen vulkanischen Ursprung gesellt mit Versteinerungen, welche sich nachträglich in dem vom Wasser geschichteten vulkanischen Materiale angesiedelt haben.

Aber dieses Material besteht nur aus höchst feiner Asche, aus unendlich zertheiltem, pulverförmigem Staube, in welchem höchstens mikroskopische Kryställchen erkannt werden können. Alle versteinerungsführenden vulkanischen Tuffe, welche wir kennen, sind aus solcher zusammengebackenen Asche hervorgegangen.

Die Anwesenheit von Versteinerungen in irgend einem Gesteine beweist also nur, daß *nach dem Einschluß* dieser organischen Ueberreste keine vulkanische Einwirkung mehr statthaben konnte. Bei einer Schmelzung durch Feuer, ja selbst bei einer Einwirkung von bis zur Kochhitze erwärmtem Wasser oder überhitztem Wasserdampfe müssen bei nur irgend länger fortgesetzter Einwirkung nothwendig alle Versteinerungen zu Grunde gehen. Das Gestein sei, welches es wolle, so wird der kohlensaure Kalk, aus welchem die organischen Ueberreste bestehen, zuerst der Einwirkung der vulkanischen Agentien verfallen: er wird durch das heiße Wasser aufgelöst oder mit der Kieselerde des Gesteines zu einem Silikate zusammengeschmolzen werden.

Die Anwesenheit von Versteinerungen schließt also jede Einwirkung vulkanischer Agentien, welche nach dem Einschlusse der organischen Ueberreste stattgehabt haben könnte, vollkommen aus.

Die vulkanischen Tuffe, welche Versteinerungen enthalten, sind nicht krystallisirt; die aus dem Wasser gebildeten gewöhnlichen Schichten-Absätze, welche Versteinerungen aufnehmen, Abdrücke derselben bilden, sind stets plastisch genug, um nur mikroskopische Krystallisation zu gestatten. Wenn also in einem Gesteine Krystalle vorkommen, welche die mikroskopische Größe überschreiten und mit bloßem Auge sichtbar sind, und wenn diese Krystalle zugleich mit Versteinerungen vorkommen, so können sie nur nach dem Einschluß der organischen Reste in dem Gestein sich gebildet haben und zwar mit Ausschluß vulkanischer Einwirkung. Die vulkanische Einwirkung würde die Versteinerung zerstört, die Präexistenz der Krystalle ihren Einschluß und ihre Erhaltung verhindert haben.

Wir kommen also zu dem vollkommen folgerichtigen Satze, daß jede krystallisirte Mineralspezies, welche mit Versteinerungen vorkommt, auf gewöhnlichem Wege, das heißt durch Wassereinwirkung und ohne Mithilfe jener außerordentlichen, in den Vulkanen entwickelten Agentien entstanden sein muß. Können wir also nachweisen, daß Krystalle mit Versteinerungen in demselben Gesteine vorkommen, so ist damit auch der Beweis geliefert, daß diese Krystalle überhaupt auf wässerigem Wege, ohne Mitwirkung außerordentlicher Wärmegrade, durch die Natur gebildet werden können und wirklich gebildet worden sind.

Es muß einer speziellen Abhandlung vorbehalten bleiben, nachzuweisen und mit Citaten zu belegen, während ich hier nur die Resultate der Untersuchung kurz aufzählen kann.

Wir können dreist behaupten, daß es keine, in krystallinischen Gesteinen wesentliche Mineralspezies gibt, welche nicht schon in versteinerungführenden Schichten nachgewiesen worden wäre. Gewöhnlicher Orthoklas oder Kali-Feldspath, Labrador, Augit und Conzeranit-Albit sind in den Grauwacken und Posidonienschiefern der rheinischen Uebergangsformation, in den Sandsteinen, in den Thonschiefern der silurischen Schichten bei Christiania, in den Thonschiefern von Sachsen und des Ural, in den Belemnitenschiefern der Alpen häufig nachgewiesen worden. Man hat unverkennbare Versteinerungen in Glimmerschiefer und in quarzführenden Porphyren gefunden, welche mineralogisch ganz dieselbe Zusammensetzung besitzen, wie der Granit. Namentlich diese letztere Thatsache ist aus dem rheinischen Uebergangsgebirge so vollkommen konstatirt, daß es uns wundert, wie man dieselbe hat übersehen oder todtschweigen können. In dem Porphyr am Strimel bei Schameder, auf der linken Seite des Thales, welches nach der Eder hinabführt, in einem Porphyre von grünlich-grauer Farbe mit theils kleinen und wenig hervortretenden, theils großen und sehr auffallenden Feldspathkrystallen und zwar in einem Stücke, das mit großen, weißen Feldspathkrystallen ganz erfüllt war, fand man das Schwanzschild eines Homalonotus, $2\frac{3}{4}$ Zoll breit, $2\frac{1}{2}$ Zoll lang mit 11 gewölbten Rippen bedeckt, zoologisch vollkommen erkennbar. Die Feldspathkrystalle bilden kleine Erhabenheiten in der die Form ausprägenden Masse, müssen sich also nothwendig nach dem Einschlusse ausgebildet und vergrößert haben. Der Oberbergrath von Dechen, welcher diesen Fund beschreibt und früher ein so enthusiastischer Anhänger der Eruptionstheorie war, daß er den norwegischen Geognosten Keilhau, welcher die Entstehung der Porphyre und Granite aus Umwandlung zu erklären suchte, bitter rezensirte, kommt nun in Folge dieses Fundes ebenfalls zu dem Schlusse, daß der Porphyr, worin die Versteinerung gefunden wurde, nicht in einer hohen Temperatur massenhaft aus der Erdtiefe gekommen und auf der Oberfläche erstarrt sein könne.

Die verschiedenen Glimmerarten nebst den verwandten Gesteinen, wie Axinit und Turmalin, sämmtliche Modifikationen der Hornblende, wie gewöhnlicher Amphibol, Tremolith, Grammatit, Augit und Diopsid; — Granat, Idokras, Epidot, Chiastolith, Cyanit und Staurolith — alle diese verschiedenen Mineralspezies sind schon in den verschiedenen versteinerungsführenden Schichten mit evidenter Gewißheit und unter denselben Verhältnissen, wie in dem Porphyr nachgewiesen worden. Alle diese Mineralspezies müssen also nothwendiger Weise auf wässerigem Wege entstehen können und entstanden sein.

Die Gesteine, in welchen diese krystallisirten Mineralspezies neben Versteinerungen vorkommen, sind aber geschichtete und körnige Kalke, Dolomite, Thonschiefer, Alaunschiefer, seidenglänzende, verworren krystallinische und Dachschiefer, Talk- und Serpentinschiefer, Glimmer- und Hornblendeschiefer, Gneiße und Porphyre — wie man sieht, alle Gesteine fast mit Ausnahme des Granites und Gneißgranites, des Diorites und ähnlicher Gesteine, bei welchen das krystallinische Gefüge bis zum Aeußersten vorgeschritten und jede Spur von blätteriger Anordnung der einzelnen bildenden Elemente verwischt ist.

Ich bemerke ausdrücklich, daß ich in dieser Aufzählung nur diejenigen Gesteine einbegriffen habe, wo die Versteinerungen in denselben Handstücken mit den Krystallen zugleich vorkommen, wo also sich keine Ausflucht denken läßt, die auf Nebeneinanderlagerung, Verwechslung verschiedener Gesteine in demselben Lager &c. gegründet sein könnte. Aber auch diese Verhältnisse können in keiner Weise ausgeschlossen werden. Es gibt große Gruppen versteinerungsleerer schieferiger Gesteine, welche nur an einzelnen Endpunkten, an gewissen privilegirten Lokalitäten Versteinerungen enthalten, und wo demnach das ganze Verhalten der Masse, die Lagerung der Schichten, die man in ihrer unmittelbaren Fortsetzung verfolgen kann, auf das evidenteste die Nachweisung zuläßt, daß diese Schichten nur die Fortsetzung der versteinerungsführenden sind und nothwendig mit denselben einen gemeinsamen Ursprung haben müssen. Niemand wird bezweifeln können, daß die ungeheueren Massive von krystallinischen Schiefern, welche zugleich mit den Belemnitenschichten der Nufenen in den Walliser Alpen und mit denjenigen des Mont Joli in Savoien zusammenhängen, mit diesen einen und denselben Ursprung gemein haben, so wenig wie auf der anderen Seite Jemand in Abrede stellen wird, daß die Dolomite und körnigen Kalke, welche keine Versteinerungen mehr enthalten, dennoch aus versteinerungsführenden Schichten gewöhnlicher Kalke hervorgegangen sind. Dehnt man aber nun die Untersuchung noch auf diese versteinerungsleeren Schiefer-, Kalk- und Dolomitgebilde aus, welche nothwendig aus versteinerungsführenden Schichten hervorgegangen sein müssen und fragt man, welche Mineralspezies denn wohl krystallisirt in deren Massen aufzufinden seien, so darf man wahrlich nur fast das erste beste Handbuch der Mineralogie von A bis Z abschreiben, um eine vollständige Antwort zu erhalten. Es sind ja bekanntlich gerade diese Schiefer, diese krystallinischen, um die Kerne der höheren Gebirge herumgelagerten Mantelgebilde, welche die reichsten Fundgruben von Erzen und Mineralien überhaupt darstellen, die man kennt. Es wäre wahrlich überflüssig, außer den oben angeführten Mineralspezies hier noch eine weitere Liste geben zu wollen, da jene schon genügen, um darzuthun, daß alle Mineralspezies, welche die krystallinischen, sogenannten plutonischen Gesteine zusammensetzen, auf gewöhnlichem Wege durch Wasser, ohne Dazwischenkunft höherer Temperaturen, nicht nur entstanden sein können, sondern in den meisten Fällen auch entstanden sein müssen.

Die älteren Theorien von dem wässerigen Ursprunge des Granites, wie Werner und später Fuchs sie aufstellten, sind längst hinreichend widerlegt worden, so daß wir dieselben einer weiteren Besprechung zu unterziehen nicht nöthig haben. Nach unseren heutigen Kenntnissen kann nur davon die Rede sein, daß die krystallinischen Gesteine durch Metamorphismus, durch allmähliche Substitution ihrer Elemente während ungeheuer langer Zeiträume in den jetzigen Zustand übergeführt wurden. Das Studium der Pseudomorphosen, der Umwandlungen, der Verdrängungen, das, wenn auch erst in der neuesten Zeit mit Eifer betrieben, doch schon so mannigfache Resultate herbeigeführt hat, leitet hier ganz gewiß auf den richtigen Weg, indem es zeigt, daß auch bei gewöhnlicher Temperatur die Sickerwasser, welche gewisse Mineralsubstanzen in Auflösung enthalten, nach und nach ganze Gebirgsmassen durch molekulare Einwirkung umwandeln und vollständig verändern können. Sowie man überhaupt in allen Wissenschaften diesen langsam wirkenden Kräften, welche nur im Laufe von Jahrtausenden in die Augen springende Resultate erzielen konnten, erst dann nachzuspüren anfängt, wenn man die unmittelbar vor Augen liegenden handgreiflichen Thatsachen erschöpft hat; so geht es auch mit der Geologie. Zur Erklärung von Erscheinungen, die durchaus unerklärbar waren, weil die darauf bezüglichen Grundlagen fehlten, erfand man ungeheuerliche Theorien und hielt dieselben theils aus Bequemlichkeit, theils aus Ehrfurcht vor den Autoritäten, welche bei ihrem Vaterstelle vertreten hatten, selbst über die Zeit ihrer normalen Lebensdauer fest. Plötzlich tritt dann ein Moment ein, wo man sich über die Wucht der Thatsachen, welche sich in der Stille angehäuft, verwundern und vielmehr erstaunen kann, daß dieselben bisher unbeachtet gelassen werden konnten.

Wenn wir, auf die vorliegenden Thatsachen gestützt, mit voller Bestimmtheit behaupten können, daß alle sogenannten metamorphischen Schiefer und Gneiße, sowie die meisten Granite, Porphyre und Diorite aus ursprünglich geschichteten versteinerungshaltigen Gesteinen hervorgegangen sind; wenn wir mit voller Zuversicht der Chemie sagen können: hier ist ein Problem zu lösen, so müssen wir uns doch auf der anderen Seite bescheiden, vor der Hand nur das Was behaupten zu können, nicht aber das Wie. Wenn es auch möglich gewesen ist, hie und da eine Ecke des Schleiers zu lüften, so sind wir doch noch weit entfernt, genau angeben zu können, welche Prozesse durchlaufen werden müssen und welche in der That durchlaufen worden sind, um diese oder jene Umwandlung hervorzubringen. Es ist wahrscheinlich und läßt sich wohl an vielen Orten aus der Form des Gebirges erschließen, daß die dickeren Granitschichten der Alpen ursprünglich Kalk, die mehr blätterigen und verwitternden Gneiße und Glimmerschiefer dazwischen ursprünglich Mergelschiefer gewesen sind, sowie man anderwärts wohl vermuthen kann, daß die umgewandelten Schiefer ursprünglich Thonschiefer, die Granite ursprünglich Sandsteine waren. Sehen wir ja doch, daß die äußeren Gestalten so mancher Gebirge, wie eben in der Nähe von Bergen oder am Nordkap, den wohlbekannten Formen des Jura so außerordentlich ähnlich sind, daß man wohl auf eine ursprüngliche, gleiche Natur derselben geführt werden kann; sehen wir ja doch, wie auf der anderen Seite in den Thonschiefern sich nach und nach die Krystalle entwickeln und wie die Arkosen, wenn auch aus zerriebenem Granit hervorgegangen, doch wieder demselben durch nachfolgende Krystallisation in seiner Masse so ähnlich werden, daß kaum eine Unterscheidung möglich ist.

Jedenfalls ist es also vor der Hand unstatthaft, wie neuere Schriftsteller wohl gethan haben mögen, zu behaupten: der Alpengranit ist aus Kalkschichten hervorgegangen, wenn auch dafür einzelne Thatsachen vorliegen mögen. Nur die umfassendsten Untersuchungen, die überall bis in das Einzelne gehen, können hier nachweisen, welches die ursprüngliche Ablagerung, welches die durch die Sickerwasser zugeführten Stoffe seien. Die Form und Anlagerung der Krystalle gibt meistens den Schlüssel zu der Aufeinanderfolge, in welcher die einzelnen Krystalle sich abgelagert haben. Ein Krystall, welcher in einer Lösung oder inmitten einer homogenen Gesteinsmasse wächst, die er allmählich verdrängen kann, wird seine Gestalt durchaus vollkommen nach allen Richtungen ausbilden. So sehen wir in vielen Schiefern Schwefelkiese oder Granaten, welche ihre Krystallform mit erstaunlicher Regelmäßigkeit ausgebildet und dabei die feinen Schieferblätter ganz so verdrängt haben, wie ein wachsender Keim die Schichten eines fest gestampften Thonlagers z. B. nach und nach durchbricht und auseinander drängt. Ich wähle mit Absicht diesen Vergleich, da man häufig aus der welligen Umbiegung der feinen Schieferblätter um die Krystalle geschlossen hat, die Masse des Schiefers sei noch in weichem Zustande gewesen, als der Krystall sich bildete. Gewiß ist das Mißverhältniß zwischen einem wachsenden Spargel z. B. und dem Widerstande, welchen eine fest gestampfte Scheuertenne bietet, auf welcher gedroschen wird, weit größer, als dasjenige zwischen einem wachsenden Krystall und den Blättern eines Schiefers, und doch drängt der Spargelkeim sich unwiderstehlich aus dem Tennenboden hervor. Sind aber schon Krystalle in einer Mineralmasse vorhanden, so schmiegen sich die später entstehenden Krystalle diesen an, bilden sich um dieselben herum, so daß bei dem Herausbrechen des ursprünglichen Krystalls die nachträglich angeschlossenen Krystalle den Abdruck der Flächen desselben zeigen. Man kann so bei allen Graniten mit überzeugender Gewißheit nachweisen, daß Feldspath, Glimmer und Turmalin nothwendig vor dem Quarz krystallisirt sein müssen, der in verworrener Form die anderen ausgebildeten Krystalle enthält. Zuweilen mag es gelingen, auch noch Reste der ganz ursprünglichen Massen zu entdecken und so an der Hand der Thatsachen bis zu dem ursprünglichen Zustande zurückzugehen. Am häufigsten dürfte aber wohl statt vollständiger Gewißheit nur annähernde Wahrscheinlichkeit nachgewiesen werden können.

Berücksichtigt man den Umstand, daß bei den verschiedensten Mineralien, welche die plutonischen Gebirgsarten zusammensetzen, doch nur wenige chemische Elemente betheiligt sind, welche in allen Sickerwassern vorkommen, so liegt offenbar die Möglichkeit vor, daß alle Gesteine ohne Ausnahme nach und nach durch eine Reihe von Umwandlungsprozessen in Granit, Diorit oder Porphyr umgewandelt werden können. Kieselerde, Thonerde, Kali, Natron, Kalk, mit etwas färbenden Metalloxyden, wie namentlich Eisen, das überall vorkommt, bilden ja fast alle jene erdigen Mineralien, die wir als Feldspathe, Glimmer, Quarz u. s. w. bezeichnen und die eben jene metamorphischen Gesteine zusammensetzen, und alle Sickerwasser enthalten diese Stoffe in größerer oder geringerer Menge aufgelöst. Wer wollte also behaupten, daß nicht eine Lava eben so gut durch Jahrtausende dauernde Umwandlung in Granit übergeführt werden könne, als eine Kalkschicht, und wer wollte absolut verneinen wollen, daß Granit nicht als solcher, sondern als ursprünglich verschieden zusammengesetzte Mineralmasse aus der Tiefe aufgestiegen sein könne?

Die Untersuchung der wirklich vulkanischen Gesteine, der eigentlichen Laven, belehrt uns mit überzeugender Gewißheit, daß Gesteine als feuerflüssige Massen durch Spalten aufsteigen, welche sie nachher beim Erkalten krystallisirend ausfüllen. Nicht minder können wir uns durch die Ansicht eines jeden geschichteten Gesteines überzeugen, daß Spalten, welche auf irgend eine Weise darin entstanden sind, nach und nach theils von oben, theils auch von der Seite her durch die aus dem Sickerwasser sich niederschlagenden Mineralstoffe ausgefüllt werden. Namentlich auf die letztere Ausfüllung durch aus dem Gestein selbst hervorquellendes Sickerwasser hat man wohl bis jetzt zu wenig Gewicht gelegt, wenngleich die beweisenden Thatsachen in Hülle und Fülle vorhanden sind. Oder werden nicht vollkommen geschlossene Höhlungen in massigem Gestein, wie die Höhlungen der Basalt-, Porphyr- und Mandelsteine nach und nach von Drusen ganz erfüllt, in welchen entweder die schichtweise Ablagerung der Agate oder die Stellung der Krystalle, welche mit ihrer Basis auf der Wand der Höhlung festsitzen, mit ihren Spitzen dagegen nach dem Centrum derselben gerichtet sind, so auf das deutlichste beweisen, daß die Einsickerung von allen Seiten her erfolgt ist? Ist der Prozeß etwa ein anderer, wenn die Höhlung, statt rundlich, keilförmig oder plattenförmig ist?

Man hat mit großer Wichtigkeit auf Gänge hingewiesen, welche in der Tiefe mächtiger, nach obenhin sich auskeilen, gänzlich schließen und dennoch mit Granit- oder Porphyrmasse ausgefüllt sind. „Das ist überzeugender Beweis“, haben die Vulkanisten und Plutonisten ausgerufen, „daß diese Gänge nicht auf wässerigem Wege, sondern durch Einpressung von unten her gefüllt wurden; von obenher konnten sie nicht gefüllt werden, da kein Zugang dazu da ist.“ Allein man vergaß bei diesem Triumphgeschrei, daß alle Gesteine ohne Ausnahme beständig von Wasser durchdrungen sind, daß alle, selbst die scheinbar unlöslichsten Mineralien, in gewisser, wenn auch in außerordentlich geringer Quantität im Wasser sich lösen, daß also jede Höhlung in einem Gesteine, welche Form sie auch haben möge, beständig eine Lösung des umgebenden Gesteines enthält, die langsam darin krystallisiren kann. Wenn diese Prämissen richtig sind — und sie sind es ganz gewiß nach den vorliegenden Untersuchungen, ja sogar nach den Erfahrungen, die man in Bergwerken gemacht hat — so ist auch jedenfalls der Schluß begründet, daß auch nach oben geschlossene Gänge und Spalten von den Seiten her nach und nach ausgefüllt werden können und durchaus keinen überzeugenden Beweis für eine von unten her geschehene Einspritzung liefern. Kommt man noch dazu, daß, wie Bischof nachgewiesen hat, viele dieser Gänge eine so geringe Mächtigkeit besitzen, daß man unmöglich ohne eine Erhitzung der ganzen umgebenden Gebirgsmasse eine feurige Einspritzung derselben annehmen kann, so wird man mit zwingender Gewalt darauf hingewiesen, anzuerkennen, daß auch die meisten Gänge im Granit, mögen sie nun ausgefüllt sein, von welcher Substanz sie wollen, und eine Gestalt haben, welche sie wollen, durch langsame Wassereinwirkung ausgefüllt, nicht aber durch Einspritzung von unten her entstanden sind.

Die hinsichtlich der Gangbildung gewonnenen Resultate der neueren Forschung dürften wohl maßgebend auch für unsere Betrachtung sein. Ist doch ein Gang nichts anderes, als ein ausgefüllter Spalt, zwischen dessen gewöhnlichen Mineralien nutzbare Metalle in meist verhältnißmäßig geringer Menge eingesprengt sind. Der Werth des Metalles, welches aus diesen Erzen hergestellt werden kann, bestimmt die Quantität, in welcher es sich innerhalb der Gangmasse befinden muß, um ausgebeutet werden zu können, und man beachtet die Gänge eben nur dann, wenn innerhalb der Gangmasse diese nothwendige Menge edlen Metalles sich findet. Sonst spricht man nur mit Verachtung von dem „tauben Gesteine“, und verläßt den Gang, der nur noch Spuren, nicht aber ausbeutbare Mengen der edlen Erze enthält. Gerade solche „taube“ Gänge aber sind es, welche gleichsam mit Fingern auf ihre Entstehung hinweisen. Sie sind erfüllt von krystallisirten Mineralien, die alle, wie Bergkrystall, Flußspath, Kalkspath, Schwer- und Braunspath, nur auf nassem Wege entstanden sein können und zwischen diesen Mineralien sind häufig in außerordentlich geringen Spuren die edlen Metalle, gewöhnlich in Schwefelverbindungen, eingesprengt. Wie ist es unter solchen Verhältnissen möglich, anzunehmen, die ausfüllenden Gangmassen seien durch Wasser, die Spuren des edlen Metalles dagegen durch Einspritzung von innen, d. h. durch Feuer entstanden? Es ist wahr, daß man in Hochöfen die Bildung gar mancher Krystalle beobachtet hat, welche auch durch Einwirkung von Wasser entstanden sein können; aber es hat doch bis jetzt keinem Menschen einfallen können, Kalkspath z. B. als auf feurigem Wege gebildet anzusehen oder eine doppelte Entstehungsweise in Beziehung auf die einen Gang ausfüllenden Massen anzunehmen.

Die Sache gewinnt aber noch ein anderes Ansehen, wenn man berücksichtigt, daß die Gesteine, welche von erzführenden Gängen durchsetzt werden, entweder selbst dasselbe Erz in geringer Quantität enthalten, oder aber, daß diese Erze von benachbarten Gesteinen hergeführt werden konnten. Bei vielen Gängen und Ablagerungen kann man auf das evidenteste nachweisen, daß sie nur metallreich wurden, weil die das Metall enthaltende Felsmasse zum größten Theile zersetzt und durch die langsam sickernden Gewässer fortgeführt wurden, so daß endlich gewissermaßen nur ein Schlemmungsrest blieb, welcher das Metall in ausbeutbarer Menge enthält. Während in solchen Gängen und massigen Stöcken demnach das Metall sitzen blieb, die einhüllende Masse dagegen weggeführt wurde, wurde an anderen Orten im Gegentheil das Metall häufig in Form löslicher Salze weggeführt und in den Gängen und Spalten theils unmittelbar durch Verdunstung, theils auch durch Niederschlag mittels der darin schon aufgehäuften Mineralien absetzt. Es würde zu weit führen, wollten wir hier auf die nähern Verhältnisse eingehen; aber die Beispiele bieten sich in Menge, wo man jetzt schon mit überzeugender Gewißheit nachweisen kann, daß theils durch Einfluß der bedeckenden Gesteine, theils unter Mitwirkung der Pflanzendecke solche Reaktionen in Menge vorkommen, welche die unscheinbaren, nur spurweise vorkommenden chemischen Elemente sammeln und an geeigneten Orten in größeren Mengen absetzen.

Man hat vielfache Beziehungen der Gänge und Erzlager zu benachbarten sogenannten Eruptivgesteinen nachgewiesen und wir sind weit entfernt, dieselben leugnen zu wollen; aber es ist leicht einzusehen, daß die Zersplitterung und Zerspaltung der Felsmassen gerade diesem Stoffwechsel in der todten Natur, dem wir überall begegnen, Thür und Thor öffnen mußte, daß demnach die Ausfüllung der durch die Hebung entstandenen Gangklüfte nicht sowohl durch das hebende Gestein selbst, als vielmehr durch die Sickerwasser stattfinden mußte, welche in den aufgesprengten Klüften freien Durchzug hatten. Die Hebung ist also in dieser Beziehung nur das Moment, welches die Bedingungen herstellte, unter welchen der bezeichnete Stoffwechsel am schnellsten und vollständigsten vor sich gehen kann.

Kommen wir auf den Ausgangspunkt zurück. Wenn es wirklich möglich ist, daß durch allmähliche Umwandlung, durch eine Reihe chemischer, gewiß in vielen Fällen sehr verwickelter und, wie wir gerne zugestehen wollen, durchaus noch nicht vollständig aufgeklärter Umwandlungsprozesse Ablagerungen jeder Art in krystallinische Feldspathgesteine übergeführt werden können; so läßt sich durchaus die Möglichkeit auch nicht abstreiten, daß die ausfüllenden Gangmassen, seien sie nun aus dem Gesteine selbst abgelagert oder von anderen Orten her zugeführt, auf dieselbe Weise metamorphosirt und in krystallinische Feldspathgemenge übergeführt werden können. Gesetzt, wir hätten ein zersplittertes Kalksteingebirge, dessen vielfache Spalten und Risse, wie dies ja überall zu beobachten ist, mit krystallisirtem Kalkspath erfüllt sind, und dieses Gebirge würde nun nach und nach in Granit oder Gneiß umgewandelt: gewiß werden die Kalkspathadern von dieser Umwandlung nicht ausgeschlossen sein; die Umwandlung selbst wird sich aber in Beziehung auf Krystallisation, Anordnung u. s. w. anders gestalten, da sie eine anders gebildete Unterlage vorfand. Das Resultat der Umwandlung wird also ein von Granitgängen durchschwärmter Granit sein, aus dessen Existenz nach den landläufig gewordenen Vorstellungen der Geologie auf zwei in der Zeit verschiedene Eruptionen geschlossen würde, von denen die eine die andere durchsetzt hätte.

Bei der großen Aehnlichkeit der Zusammensetzung, welche zwischen den Laven einerseits und den meisten plutonischen Gesteinen andererseits herrscht, läßt sich die Möglichkeit durchaus nicht ableugnen, daß auch die Laven und die von ihnen ausgefüllten Gänge allmählich durch Umwandlungsprozesse in granitische Gesteine umgewandelt werden können. Der Feldspath ist ja schon da, seine Elemente brauchen nicht einmal zugeführt zu werden; es bedarf also gewiß häufig nur einer Zersetzung der oberen Schichten, wodurch freie Kieselerde im Ueberschuß den unteren zugeführt würde, um dort durch Hineinkrystallisirung von Quarz und Silikaten ein granitisches Feldspathgestein zu erzeugen. Jedenfalls bildet aber eine solche Entstehung dieser Gesteine, wie ja überhaupt die vulkanischen Vorkommnisse, nur eine Ausnahme von der Regel.

Wir kommen also am Schlusse dieser Untersuchung zu dem vollkommen gerechtfertigten Satze, daß alle krystallinischen Feldspathgesteine, welche überhaupt in der Natur vorkommen, überall nur Resultate des Umsatzes, des Stoffwechsels, der Metamorphose sind, welche durch einfache Vermittlung des Wassers erzeugt wurden, daß die meisten dieser Gesteine aus ursprünglich geschichteten Gesteinen hervorgingen, die Möglichkeit der Herausbildung aus vulkanischen Producten indessen durchaus nicht abgeleugnet, sondern wie beim Tavigliana-Sandstein der Alpen, sogar hie und da wahrscheinlich gemacht werden kann.

Wenden wir die so gewonnenen Resultate auf Norwegen an, so stellt sich in uns die Ueberzeugung fest, daß wenigstens in den Gegenden, die wir besuchten, selbst da, wo Gänge vorliegen, nirgends von Granit und Gneiß als eruptiven Massen gesprochen werden kann, sondern daß überall, wo man auch hinblicken möge, alle diese krystallinischen Feldspathgesteine nur durch Umwandlung sedimentärer Ablagerungen entstanden sind.

Wir wissen wohl, daß wir in Theodor Kjerulf, dem verdienstvollen Nachfolger Keilhau's, einen gewichtigen Gegner finden, indem dieser durchaus, den bisherigen Ansichten huldigend, Granit und Gneißgranit als eruptive Massen betrachtet. „Nach der Ablagerung der ältesten azoischen Straten (die, wohl bemerkt, aus Quarzit, Glimmerschiefer, Hornblendeschiefer und Gneiß, also größtentheils schon aus krystallinischen geschichteten Feldspathgesteinen bestehen) brechen Granit und Gneißgranit hervor in ungeheuren Massen," sagt Herr Kjerulf. „Der Granit ist körnig, der Gneißgranit dagegen körnig flaserig." „Sie verhalten sich beide in allen Beziehungen als eruptive Bildungen, d. h. sie setzen als vollkommen fremde Massen, unverändert durch allerlei ganz verschiedene Schichten hindurch, an deren Grenzen sie oft mit ganz abnormen Randverhältnissen eingreifen, immer jedoch mit scharfen Demarkationslinien. Weiter schließen dieselben allerlei scharfeckige Bruchstücke des Seitengesteins ein und kommen nie, selbst der Gneißgranit nicht, in Straten vor." ....
„Um aber nicht voreilig zu viel zu sagen, stehe hier doch die Bemerkung, daß ich als praktischer Geolog den Begriff einer eruptiven Gebirgsart getrennt halte von dem einer geschmolzenen feuerflüssigen. Mit der Aufnahme einer Karte beschäftigt, sind wir von der Natur selbst gezwungen, diesen alten Granit und Gneißgranit

aus dem Gneiße herauszusondern als fremde selbständige scharf begrenzte Massen, die mit allen Merkmalen eruptiver Gebirgsarten versehen sind. Eine andere Frage ist es, ob dieselben Massen auch wie die Laven der Jetztzeit geschmolzen waren."

„Längs der Grenzen solcher großen Granitfelder schwärmen in unzähliger Menge mächtige Granitgänge bald in steigender und bald in schwebender Lage, die sich in die alten Straten hineinflechten. Auf der Grenze gegen das Granitfeld selbst in einem solchen durchflochtenen Gneiße sich befindend, glaubt man freilich wegen der häufigen Gänge und besonders wenn das Terrain zu gleicher Zeit nicht viel aufgedeckt ist, Uebergänge zwischen Gneißstraten und Granit zu sehen; man überzeugt sich aber bald von der Wahrheit, wenn man ein wenig herum geht und sich nicht darauf beschränkt, im Laufe des Tages längs dem zufälligen Wege hier und da eine Notiz niederzuschreiben. In Beziehung auf die metamorphischen Vorgänge, die in den alten Straten stattgefunden haben, ist man durch diese Untersuchungen auf das Resultat gekommen, daß in der Regel jedes Stratum denjenigen Grad von krystallinischer Umbildung erlangt hat, welcher der ursprünglichen chemischen Mischung zufolge möglich war, ganz so, wie es Lyell schon in den Elements of geology angegeben hat, — sowohl in der Nähe des Granits, als auch weit davon entfernt, dort scheinbar wegen des Granits, hier ohne alle aus anstehenden Eruptivgesteinen herzuleitende Ursache."

Wir haben das südliche Norwegen nicht besucht, können also aus eigener Anschauung unser Urtheil nicht abgeben; nur soviel können wir hier sagen, daß alle diejenigen Charaktere, welche Kjerulf hier anführt, nicht im entferntesten für die eruptive Natur des Granits und Gneißgranites entscheiden können und daß die Profile, welche er selbst in seiner Abhandlung über die Geologie des südlichen Norwegens, die im J. 1857 erschien, gibt, wie namentlich diejenigen aus der Nähe von Strömmen und Liabro, uns nur in der Ueberzeugung bestärken, daß die Thatsachen, welche Kjerulf anführt, weit besser und ungezwungener durch die allmählich von außen her eingreifende Metamorphose der Gesteine erklärt werden können. In der That sieht man dort überall Ueberlagerungen und Einlagerungen von Granit in den Gneiß, wo zwar die Grenzen beider Gesteine vollkommen scharf von einander getrennt sind, nirgends aber die Gneißblätter nur im mindesten in ihrer Stellung durch den Granit verändert worden sind. Eine langsam von außen her eindringende Veränderung, welche den Gneiß stellenweise angegriffen und in Granit umgewandelt hat, würde ganz dieselben Bilder und Verhältnisse erzeugen, und wenn Herr Kjerulf dieselben Durchschnitte, die sicherlich genau sind, publiziren und statt Gneiß devonischen Kalk, statt Granit Dolomit setzen würde, so würde sicherlich jedermann finden, daß diese Durchschnitte der Natur und den Verhältnissen entsprechen. Ich weiß zwar wohl, daß Lokalitäten dieser Art, die ich sehr gut aus eigener Anschauung kenne, wie z. B. diejenige von Kleinlinden bei Gießen, zur Zeit des übertriebenen Plutonismus als überzeugende Beweise der eruptiven Natur des Dolomites zitirt und publizirt wurden. Heutzutage fällt es aber keinem Menschen ein, ein anderes Agens als das Regenwasser an solchen Orten zu vermuthen. Naumann, welchen Kjerulf als Autorität aufführt, gibt sogar (Bd. 1. S. 1412 der 1. Auflage) einen Durchschnitt jener Dolomitmassen, die sich deckenförmig über dem Kalkstein ausbreiten und mit zwei fast senkrechten Gängen in die Tiefe hinab reichen, kurz die genau so aussehen, wie die Kjerulf'schen Granitdecken, die ebenfalls hie und da, Einsenkungen des Terrains entsprechend, durch Gänge in die Tiefe hinabzugreifen scheinen. Sobald man sich einmal daran gewöhnt haben wird, den Granit hier ebenso gut wie den Dolomit dort als metamorphisches Wasserprodukt zu betrachten, so wird man auch mehr und mehr die Beweise finden, daß die meisten Gangbildungen und Kontaktwirkungen des Granites nicht von einem feuerflüssigen Aufsteigen, sondern einzig und allein von der Wirkung der Sickerwasser zu erklären sind.

2. Die Hebung des Festlandes.

Wenn wir im Vorhergehenden zu der Ueberzeugung gelangt sind, daß nur durch äußerst langsam wirkende Kräfte, durch eine stetig im Innern der Gesteinsmassen in jedem Theilchen wirkende Umsetzung während unendlich langer Zeiträume die Umwandlung der ursprünglich geschichteten Gesteine in krystallinisch-metamorphische erfolgt ist, daß also keine gewaltsam und plötzlich wirkende Vorgänge unterbrechend in diese über unendlich lange Zeiträume vertheilte Umwandlung eingegriffen haben, so folgt daraus auch mit zwingender Nothwendigkeit, daß diejenigen Kräfte, welche die Hebung des Landes über den Meeresspiegel bedingt haben, nicht plötzlich, sondern allmählich und langsam gewirkt haben — eine Folgerung, die insofern durch die Beobachtung unterstützt ist, als diese nachgewiesen hat, daß eine solche langsame und stetige Erhebung während der letzten geologischen Epoche gewirkt hat und auch in der jetzigen Zeit ohne Unterbrechung fortdauernd anhält. Die alten Strandlinien, die jeder Beobachter bis jetzt in Norwegen und Schweden auf das evidenteste bis zu bedeutenden Höhen über dem Meeresspiegel nachweisen konnte; die Ablagerungen von Muscheln, sowohl aus der jetzigen Epoche, als aus Zeiten, wo kälteres Klima in der Umgebung der skandinavischen Halbinsel herrschte; der Rückzug des Meeres von vielen Stellen, die früher am Ufer lagen: alle diese Thatsachen beweisen auf das deutlichste, daß diese stetige Erhebung, welche in Jahrhunderten nur Zolle beträgt, noch immer in der skandinavischen Halbinsel fort wirkt; daß also die Kraft, welche sie erzeugt, noch beständig und ohne Unterbrechung thätig ist. Diese Beobachtungen haben ferner dargethan, daß nicht der Rückzug des Meeres es sein kann, welcher das allmähliche Emporsteigen des Landes bedingt, da das Maß dieses Steigens an verschiedenen Stellen ungleich ist, während es bei der Horizontalität des Wasserspiegels an allen Punkten vollkommen gleich sein müßte, wenn der Grund der Erscheinung in dem Sinken des Meeresspiegels und nicht in dem Aufsteigen des Festlandes gelegen wäre. Endlich haben die Messungen von Bravais am Altenfjord auf das überzeugendste nachgewiesen, daß das Maß dieser Hebung im Hintergrunde des Fjords, also im Innern des Landes, größer ist, als an seinem Eingange; daß also die hebende Kraft im Verhältniß steht zu der Masse, welche sich hebt. An dem Altenfjord laufen zwei verschiedene Terrassen alter Seegestade über einander hin, welche dem bloßen Auge horizontal erscheinen. Aber diese Horizontalität ist nur scheinbar. Die Terrassen sind im Hintergrunde weit höher, als an der Ausmündung des Fjordes. Ja noch mehr, die Terrassen sind nicht mehr parallel unter sich; die senkrechte Entfernung zwischen dem Meeresspiegel und der ersten, diejenige zwischen der ersten und der zweiten Terrasse ist im Hintergrunde des Fjordes bedeutender, als an der Ausmündung, so daß der heutige Meeresspiegel mit den zwei Terrassen darüber gewissermaßen die Strahlen eines wenig geöffneten Fächers darstellt, dessen Mittelpunkt weit draußen im offenen Meere gelegen wäre. Es beweist aber unseres Erachtens diese Anordnung der ursprünglich horizontalen und unter sich parallelen Strandlinien, daß das Emporsteigen nicht nur durch eine Hebung von unten, sondern vielmehr durch ein Aufquellen der ganzen Masse bedingt ist, indem sonst unmöglich bei einer einfachen Hebung von unten der Parallelismus der Strandlinien unter sich gestört sein könnte. In der That fand Bravais durch genaue Messung folgende Zahlenelemente:

	Höhe der obern Terrasse.	Höhe der untern Terrasse.	Abstand beider Terrassen.
im innersten Fjorde	67,4 M.	27,7 M.	39,7 M.
am Komafjord	51,8 „	20,5 „	31,3 „
bei Hammerfest	28,6 „	14,1 „	14,5 „

Die Distanz zwischen beiden Terrassen ist also im Hintergrunde des Fjordes fast dreimal größer, als bei Hammerfest, und die Zwischenzahlen beweisen, daß dieser Unterschied stetig und allmählich zunimmt, so allmählich, daß das Auge, welches diese Terrassen meilenweit verfolgen kann, ihre geringe Neigung nach Außen gegen das Meer hin nicht wahrzunehmen im Stande ist.

Bravais, dem zur Zeit, als er diese Beobachtungen machte, jede andere Idee ferne liegen mußte, suchte die Erscheinung in der Weise zu erklären, daß er zwei Hebungen annahm, welche nach zwei Perioden der Ruhe stattgefunden hätten. Jede dieser Hebungen sollte nach dem Innern des Landes zu stärker gewirkt und die von ihr betroffene Strandlinie höher hinaufgerückt haben. Aber gewiß dauert die Hebung des Landes noch immer fort, wie dies die Beobachtungen in Schweden namentlich erweisen und gewiß findet die Aufquellung in der ganzen Masse statt, so daß also die Strandlinien stets mehr und mehr in ihrer ursprünglichen Horizontalität gestört werden. Die Messungen Bravais's sind also der überzeugende Beweis, daß der Grund der Hebung nicht unter den Gebirgsmassen in der Tiefe, sondern im Gegentheil in den Massen selbst liegt; daß sie in jedem Theilchen, in jedem Atom, in jedem Krystall der Masse wirkt, wenngleich so unmerklich und stetig, daß erst im Verlauf von Jahrtausenden die Wirkung meßbar an den Tag tritt.

Wo sind überhaupt jene gewaltigen Träume hingekommen, denen man noch vor wenigen Jahren so allgemein huldigte und die so manches phantasiereiche Gemüth zu prächtigen Ausmalungen verlockten! Die plötzlichen Hebungen, durch welche ungeheure Gebirgsketten aus der Tiefe herausgestoßen, die Erde in größeren Kreisen über einen bedeutenden Theil des Umfangs ihrer Oberfläche gespalten, Tausende von Quadratmeilen mit feurig glühenden Massen überdeckt und Milliarden von Tonnen geschichteter Gesteine zu schwindelnder Höhe emporgehoben wurden! Wo sind sie hingekommen, jene den ganzen Planeten erschütternden Revolutionen, die alles Leben mit einem Schlage zerstörten, damit nach einem solchen Kataklysmus die schöpferische Kraft sich auf's neue in ihrem ganzen Umfange bethätigen und die ganze Erdoberfläche mit neuen Arten bevölkern könne! Spricht man heutzutage in einer geologischen Gesellschaft, in einer Versammlung von Geologen noch von solchen erdumwälzenden Revolutionen, zu denen andere Kräfte mitwirken mußten, als die jetzt noch thätigen, so findet man nicht einmal eine Widerlegung, sondern nur ein abweisendes Lächeln. Die plötzlichen Hebungen der Gebirge, die scharf abgeschnittenen Formationen, die vielleicht hundertfach wiederholten, von Grund aus neugestalteten Bildungen der Erdoberfläche mit neugeschaffenen Thier- und Pflanzenspezies sind längst überwundene Standpunkte, die zwar noch in einigen Köpfen herumspuken, von den Denkenden aber längst zu dem alten Eisen geworfen worden sind. Die genauere Untersuchung der Thatsachen hat uns belehrt, daß nur von höchst langsamen, stetig einwirkenden Kräften als Hebeln zur Hebung der Gebirge gesprochen werden könne, daß nirgends scharf abgeschnittene Formationen existiren, sondern höchstens lokale Katastrophen von unbedeutendem Umfange, während die Fortbildung durch höchst langsam wirkende Uebergänge vermittelt wird. Auch in der Geologie hat das alte Gesetz, daß die Natur keine Sprünge kennt, seine unbestrittene Herrschaft erlangt.

Sehen wir uns nun nach den Kräften um, welche im Innern einer Gesteinsmasse selbst ein außerordentlich langsames, stetiges Aufquellen der ganzen Masse bewirken können, so sind diese offenbar eben nur wieder in der stets wirkenden chemischen Umwandlung und Krystallisation zu finden. Die Zersetzung in den oberen Schichten des Gebirges, welche die Sickerwasser mit mineralischen Stoffen schwängert, führt den unteren Schichten stets neue Mengen von gelösten Stoffen zu, welche zum Um- und Neubau verwendet werden. Alles was krystallisirt, dehnt sich aus. Wo also die Umbildung einer im Innern formlosen Masse in krystallinische Massen erfolgt, da muß auch die räumliche Ausdehnung derselben Massen eine nothwendige Folge sein. Wo es uns also gelungen ist, eine Metamorphose eines Gesteins in krystallinische Massen nachzuweisen, da haben wir zugleich auch die hebende Kraft, welche die Schichten langsam und allmählich aufquellt, faltet und emporrichtet, in ihrer langsamen und stetigen Wirkung nachgewiesen.

Wir brauchen also nicht weiter nach dem Grunde der Hebung der skandinavischen Halbinsel zu suchen. Wenn eines Theils nachgewiesen ist, daß die Schichten dieses gewaltigen Felsgerüstes die weitausgreifendsten metamorphischen Veränderungen erlitten haben und noch erleiden; wenn andern Theils nachgewiesen ist, daß die Oberfläche dieses weiten Landes ein ungeheueres Trümmerfeld darstellt, auf welchem die Verwitterung seit Jahrtausenden in einem Grade gewirkt hat und noch wirkt, der fast beispiellos genannt werden kann; wenn endlich nachgewiesen ist, daß eine langsame Hebung Platz greift, deren Resultat erst nach Jahrhunderten in meßbarer Weise sich erkennen läßt, so ist damit auch der Beweis geliefert, daß die Hebung des Landes durch die stets fortdauernde Metamorphose des Innern fort und fort wirkt und daß die ganze skandinavische Platte in dem Maße dem Meere entsteigt, als in ihrem Innern noch chemische Umsetzungen und Krystallisationen Statt finden.

3. Die Gletscherbildungen.

Herr Sartorius von Waltershausen, nach dessen eleganten Ausdrucke „die krystallenen Gewölbe des Arnarfells-Jökull in Island von grauen Nebelschichten umschlossen in der Mitte einer traurigen Wüste schwarzen vulkanischen Sandes ruhen, um dort in schauriger Einsamkeit ihre eigene Größe zu feiern," — Herr Sartorius von Waltershausen sagt in seiner im August 1847 in Göttingen erschienenen physisch-geographischen Skizze von Island, „daß an eine vormalige, über die ganze Insel allgemein verbreitete Vergletscherung nicht gedacht werden könne. Von der skandinavischen Halbinsel gilt mit eben so viel Sicherheit dieselbe Ansicht. Um so mehr ist das eine Zeitlang allgemein verbreitet gewesene Mährchen einer sogenannten Eiszeit, woran wohl Niemand je im Ernst geglaubt hat, als mit allen Erscheinungen im Widerspruch auf das entschiedenste zurückzuweisen und als eine schon todt zur Welt gekommene geologische Mißgeburt, der man wie einem falschen Götzen von vielen Seiten ohne allen Grund Weihrauch zu streuen für gerathen hielt, endlich aus der Wissenschaft zu verdrängen." Zur Unterstützung dieser pythischen Prophezeihung, die freilich nur zur angestrengten Fortsetzung der Untersuchungen hätte anfeuern können, führt Herr Sartorius Leopold von Buch's Abhandlung über die Bäreninsel an, aus welcher er zu selbsteigener Befriedigung „ebenfalls den Grabgesang einer mißverstandenen Gletschertheorie vernimmt".

Es sind seit der Zeit jenes Todesurtheiles aus Göttingen 16 Jahre verflossen und wir können heute sagen, daß es keine einzige geologische Schlußfolgerung gibt, welche besser begründet, vollständiger durch eine Reihe unwiderleglicher Thatsachen nachgewiesen wäre, als gerade diese einstige Bedeckung der ganzen großen nordischen Ländermasse unseres Continents mit zusammenhängenden Eisfeldern, die in ein Meer hinabragten, welches vollkommen den Charakter des Eismeeres um Grönland und Spitzbergen trug. Namentlich die letzten Forschungen der skandinavischen Gelehrten und besonders diejenigen von Kjerulf, Sars und Lovén haben alle bis jetzt mehr vereinzelt gestandenen Erscheinungen zu einem so zusammenhängenden Bilde vereinigt, daß es möglich wird, dieses in einigen großen Zügen auch für den Laien verständlich zusammenzufassen.

Die Felsmassen Norwegens und Schwedens ebensowohl, wie diejenigen Islands, sind an so vielen Stellen polirt, geritzt und gefurcht, daß man wohl behaupten kann, das Agens, welches diese Erscheinungen bewirkte, habe sich über das ganze Land erstreckt und an denjenigen Orten, wo die Erscheinungen fehlen, seien sie durch spätere Einflüsse, wie namentlich Verwitterung, zerstört worden. Die Schliffflächen, die Streifen, die nach einer bestimmten Richtung hinlaufen, finden sich bis zu einer Höhe von 5000 Fuß in den norwegischen Gebirgen, so daß also nur wenige Riffe und Gipfel über das Niveau der Erscheinungen emporragen. Auch dies trägt ohne Zweifel zu der Einförmigkeit der norwegischen Gebirgsformen ein bedeutendes bei. Denn auch in den Alpen, wo die Höhe des Phänomens bis auf 8000 Fuß ansteigt, zeigen sich einförmige, abgerundete Kuppen, sogenannte Wandgestalten, unterhalb dieser Grenze und erst über derselben beginnt die eigenthümliche Form, die individuelle Ausbildung der höheren Gipfel, welche der ganzen Kette eine so reizvolle Zierde verleiht.

Ebenso wie in allen anderen Gebirgsketten stehen diese abgeschliffenen und geritzten Flächen in dem genauesten Zusammenhange mit der Anhäufung von Blöcken, von Grus und Sand, welche sich theils an den Seiten der Thäler, theils in dem Laufe derselben finden und die offenbar von weit entlegenen Stammorten herrühren. In Skandinavien sowohl, wie in der Umgebung der Alpen kann man an Hunderten von Stellen nachweisen, daß Blöcke von ungeheuerem Gewichte und Umfang mit scharfen Kanten, die also unmöglich gerollt sein können, meilenweit von ihrem Stammorte weggeführt und auf völlig verschiedene Gesteinsunterlage abgesetzt wurden. Die Richtung der Streifen auf den polirten Flächen stimmt überein mit dem Wege, welchen diese Blöcke von ihrem Ursprungsorte an genommen haben müssen; die Richtung der Streifen zeigt also nach den Punkten hin, von welchen aus die bewegende Kraft ihren Ausgang genommen hat.

Man hat auf verschiedenen Karten die in Skandinavien und Finnland gemachten Beobachtungen über die Streifenbildung zusammengestellt. Im Allgemeinen zeigt sich dieselbe abhängig von der Richtung der großen Thäler und der allgemeinen Plattensenkung, welche in Norwegens langer Küstenkette ihre Höhepunkte finden; im Einzelnen zeigen sich auch wie in den Alpen, mehrere isolirte Punkte höherer Gebirgsknoten, von welchen aus die Streifen durch die Thäler hin ausstrahlen.

Es kann jetzt keinem Zweifel mehr unterliegen, daß eine solche Zusammenstellung der Erscheinungen, wie die Schliffflächen mit ihren abgerundeten Bauchformen, mit ihren geradlinigen Streifen, mit den eckigen, unabgenutzten Findlings- oder Wanderblöcken, mit den Grus- und Sandanhäufungen, die entweder längs der Thalwände hinlaufen oder auf den Thalsohlen zusammenhängende Decken und bogenförmige, mit ihrer Convexität thalabwärts schauende Wälle bilden — daß dieser Complex von Erscheinungen nur durch Gletscher hervorgebracht sein könne, durch Gletscher, welche alles Land bedeckten, das die Erscheinungen in ihrer Zusammenstellung zeigt, durch Gletscher also, welche die ganze skandinavische Halbinsel mit Finnland als eine zusammenhängende Eisdecke überzogen.

Mit vollem Rechte hat Kjerulf auf die Beobachtungen Rink's hingewiesen, der mehrere Jahre in Grönland zubrachte und dort das Eis des Binnenlandes, den sogenannten Eisblink aufmerksam studirte. Ein außerordentlich ausgebreitetes Festland, nicht geringer an Größe, als die ganze skandinavische Halbinsel, ist hier mit einer ungeheuren, an tausend Fuß mächtigen Eisrinde überzogen, die eine allgemeine Bewegung von innen her nach der Westküste zeigt. Diese Eismasse gleitet mit Steinblöcken beladen langsam, aber stetig nach dem Meere hinab, bricht dort in ungeheuren Massen ab und diese Bruchstücke sind es, welche als Eisberge oft von kolossalen Dimensionen von den Meeresströmungen in bestimmten Richtungen sogar bis in die Breite der Azoren hinabgeführt werden und auf diesem Wege durch Schmelzung nach und nach ihre Ladung auf dem Boden des Meeres absetzen.

Ganz dasselbe Phänomen zeigte sich einst in Norwegen, Schweden und Finnland. Das Land war unter einer ungeheuren Eisdecke verborgen, welche Rollsteine und Grus oder mit anderen Worten den Schmirgel, der dieser ungeheuren Polirmaschine als Unterlage diente, nach dem Meere hinabschaffte. Die ganze Felsmasse Norwegens wurde geglättet und geritzt, das Eismeer selbst aber, welches dieses vorgeschichtliche Grönland umgab, stand Anfangs jedenfalls tiefer, als der jetzige Meeresspiegel; denn an vielen Orten reichen die Schliffflächen mit den wohlerhaltenen Streifen noch unter den heutigen Meeresspiegel hinab. Wenn auch dieser Umstand allein nicht hinreicht, die bedeutendere Erkältung des nordischen Festlandes bis zu dem Grade, daß es dem grönländischen Festlande glich, zu erklären, so dürfte doch wenigstens die bedeutendere Erhebung des Landes über dem Meere zu dieser Erkältung einigermaßen mitgewirkt haben. Wo aber Gletscherschliffe unter dem heutigen Wasserspiegel sich zeigen, da muß auch das Wasser tiefer gestanden haben, denn das Eis reicht nicht unter den Wasserspiegel hinab, sondern wird von diesem geschmolzen und unterhöhlt, wie dies die Polargletscher beweisen, unter welche man bei Ebbe oft tief eindringen kann.

Das Meer schwoll, das Land wurde wärmer, die allgemeine Eisdecke schmolz, die höheren Rücken kamen zu Tage, indem sich die Eisdecke in einzelne Gletscher spaltete, welche die großen Thäler bis zu ihrer Ausmündung erfüllten. Nun erst finden sich einzelne Moränen, wie an den jetzigen Gletschern, Seitenmoränen und Endmoränen, in Linien gehäufte Wälle, von denen die äußersten an dem jetzigen Meeresspiegel sich hinziehen, die innersten in gewisser Höhe an den Thalwandungen, sowie als Endgürtel in den Thälern sich finden. Das Meer rückte nach bis zu der Höhe von 500 Fuß etwa; denn in dieser Höhe findet man noch Muschelbänke mit Muscheln, welche dem Eismeere angehören. Zugleich lieferten die gewaltigen Eismassen große Schmelzströme, die hie und da, durch die dammartigen Endwälle der Gletscher zurückgehalten, große Binnenseen bildeten und das fein gemahlene Material, das alle Gletscherströme in gewaltiger Menge führen, in Gestalt von Lehm, von Mergel und Sandlehm ablagerte. Das Meer einerseits, die Binnengewässer andererseits arbeiteten an den älteren, von der Eisdecke abgelagerten Massen; die Gletscher führten beständig Findlingsblöcke herab und diese wurden theils unmittelbar, theils mittelbar, nachdem sie eine Zeitlang auf Eisschollen geflößt worden waren, oben auf den Bänken abgesetzt. So wurde allmählich die jetzige Zeit herbeigeführt, wo nur an wenigen Stellen die Gletscher bis an das Meer hinabreichen, sonst aber in bedeutender Höhe über demselben sich halten und in der Tiefe der Thäler ein mildes Klima herrscht.

Diese vorgeschichtliche Geschichte ist kein Roman: sie ist aus den unmittelbaren Thatsachen entnommen und aus den unmittelbar sich ergebenden Folgerungen zusammengesetzt. Die Thatsachen selbst aber führe ich hier nach Kjerulf an:

„Welche Ordnung ist denn aber nun unter diesen vom Meere auf- und umgeschichteten Glacialmassen die herrschende? Zu unterst, dort, wo sie nicht wieder fortgespült werden konnten, Sand und Rollsteine. Dieses sind Scheuersand und Scheuersteine. Hier hat man das Material, welches vom Eise gedrückt, über den Fels fortbewegt wurde. Will man also aus den Blöcken auf die Richtung der Abscheuerung schließen, so sind es diese Blöcke, die man untersuchen muß. Aber da sie meist sehr zerbrochen, kleiner und oft abgerundet sind, nennt man sie wohl „Rollsteine“, ungeachtet dies eigentlich ein unrichtiger Name ist und sie richtiger „Scheuersteine“ heißen sollten. Sie sind nicht gerollt, sondern haben einander gegenseitig zerquetscht; und, in das Eis wie die Diamanten in den Grabstichel eingesetzt, haben sie Furchen und Streifen in das Gestein gezogen. Ueber dem Scheuersande und den Rollsteinbänken liegen die verschiedenen Lehmarten, zuerst der kalkhaltige Lehm, Mergellehm, in den Gegenden, welche dem Gletscherwasser offen standen, das zermahlenen Kalk und Lehm aus den silurischen Schichten herabführte; nächstdem Muschellehm überall, wo die Höhe nicht zu groß oder die Zuströmung von kaltem, süßem Schmelzwasser zu gewaltsam war; dann Ziegellehm ohne Muscheln, vielleicht gerade aus einer Zeit, in der die Flut vom Binnenlande auf das höchste gestiegen war; dann Sand und ganz zu oberst Sandlehm.“

Die großen Findlingsblöcke liegen erst oben auf den Bänken von Scheuersteinen, Lehm und Sand; sie sind in Skandinavien selbst zum geringsten Theile von schwimmenden Eisflößen, zum größten Theile dagegen von den Gletschern selbst an ihre jetzige Fundstätte gebracht.

Wir haben also eine lange Periode vor uns, während welcher eine wahrhafte Eiszeit bestand und ein Eismeer die vergletscherten Küsten Skandinaviens und Finnlands, welche damals zusammen einen einzigen Kontinent ausmachten, bespülte. Aber nicht nur in diesem vereisten Kontinente lassen sich die Beweise eines solchen Polarmeeres finden. Das norddeutsche Flachland, von Holland bis nach Rußland, ist mit Blöcken, Scheuersteinen und Geröll bedeckt, die alle aus Skandinavien und Finnland stammen und deren südliche Grenze sich längs der Erhebung des Landes findet, welche durch die Weserketten, den Harz und das Erz- und Riesengebirge bedingt ist. Im Osten schlingt sich die Grenze dieser Findlingsblöcke mitten durch die russischen Tiefländer bis gegen den Ural hin in weitem Bogen so regelmäßig um Finland herum, daß man fast mittels eines Zirkels auf der Karte diese Grenze bestimmen könnte. Das ist der Zerstreuungskreis dieses Eismeers, innerhalb welchem die Blöcke strandeten, die von den Eisbergen geflößt wurden, und schon der

Umfang der Blocklinie beweist an und für sich, daß zur Zeit der größten Ausdehnung dieses Eismeeres das skandinavisch-finnische Festland eine Insel war, während ein breiter Meeresarm das jetzige Eismeer und das weiße Meer mit der Ostsee verband.

Vor mehr als zwanzig Jahren kam ein englischer Geologe, Smith, mit einer Sammlung von Muscheln nach London, die er dem Director der betreffenden Abtheilung des britischen Museums vorlegte mit der Frage, was davon zu halten sei. „Lieber Mann," sagte dieser, nachdem er die Sammlung flüchtig angeschaut, „Sie sind von irgend einem Wallfischfänger betrogen worden: das sind Muscheln, die am Strande des Eismeeres aufgelesen wurden; aber sie sind schlecht erhalten, verwittert und zum Theil auch zerbrochen und höchstens gut, auf die Straße geworfen zu werden." „Ich habe die Muscheln nicht gekauft," antwortete Smith, „ich habe sie selbst in einer Thonschicht am Ufer des Clyde in Schottland gesammelt, wo sie eine alte Strandablagerung bilden." — Und es war kein Zweifel: man hatte in Schottland eine Ablagerung, welche eine vollständige, hochnordische Molluskenfauna enthielt.

Seit jener Zeit haben sich die Untersuchungen gemehrt. In der ganzen Ausdehnung des nordamerikanischen Festlandes bis nach Newyork hinab, in England und Schottland, in Skandinavien und Finnland, in Rußland bis östlich zu dem öden Petschora-Lande finden sich überall dieselben Formationen, die Bänke von Schwersteinen und darüber die Thone, Mergel und Sandmergel mit specifisch hochnordischen Meeresmollusken, aber auch mit Arten, welche nur im Eismeere ihre vollständige Größe erlangen, im Süden dagegen mehr und mehr abnehmen, so daß also ihre wahre Heimat wirklich in dem hohen Norden gesucht werden muß.

In neuerer Zeit hat Sars speziell den im südlichen Norwegen befindlichen Muschelbänken eine genauere Aufmerksamkeit zugewendet und mit seiner bekannten Gründlichkeit und Kenntniß der Verbreitung der einzelnen Arten die Resultate zusammengestellt. Sowohl die angehäuften Muscheln, als auch die geologische Lagerung lassen ihn zwei verschiedene Gruppen von Muschelschichten annehmen, von welchen die einen dem höchsten Stande des Eismeeres, die anderen der späteren Rückzugsepoche entsprechen. Dem höchsten Stande entsprechen die höher gelegenen Muschelmassen, die über 400 Fuß über dem jetzigen Meeresniveau erreichen und solche Lehmschichten, welche unmittelbar über dem Grus und den Schwersteinen liegen und höchstens 240 Fuß über dem Meere erreichen. Das sind die Strandlinien und die Tiefen-Ablagerungen des Eismeeres auf seiner größten Ausdehnung. In diesen Schichten des höchsten Meeresstandes finden sich nach Sars entweder Arten, welche nur an der norwegischen Nordküste und an anderen Eismeerküsten vorkommen, oder auch solche Arten, welche zwar im südlichen Norwegen, in Schottland und England vorkommen, dort aber offenbar verkümmern und nur mühselig in kleinen Exem plaren fortleben, während sie an den Nordküsten und im Eismeere, wo sie ihre vollständigen Lebensbedingungen finden, diejenige Größe erreichen, welche sie in den Muschellagern besitzen. Hier war also offenbar die hochnordische Fauna in ihrer höchsten Blüthe und diejenigen Arten, welche auch jetzt nur im Eismeer ihre vollständige Größe und Ausbildung erreichen, erhielten sie damals in einem Meere, welches unmittelbar die südlichen norwegischen Küsten umspülte. Noch eine merkwürdige Thatsache geht aus den Untersuchungen von Sars hervor. Es gibt an der nördlichen und westlichen Küste Norwegens eine prachtvolle, schöne Koralle, die große rosenrothe Bäume bildet und stets nur in ungeheuerer Tiefe von 900 bis 1800 Fuß in den Felsgründen sich ansiedelt. Wir sahen einige Stücke dieser Koralle (Lophelia prolifera) am Lippenindgletscher, wo die armen lappländischen Küstenfischer sie wahrscheinlich mit ihren Stockfischangeln aus der Tiefe gebracht hatten. Auch diese Koralle kommt in den ältern Muschelschichten vor, allein nur in solchen Schichten, welche fast unmittelbar am Meeresstrande oder selbst unter dem Niveau des Meeres in einer Tiefe von 60 — 90 Fuß liegen. In diesen unterseeischen alten Muschelbänken sind die Korallenstöcke noch an den Felsen angewachsen, aber alle todt, da ihnen die zu ihrem Leben nöthige Tiefe fehlt. Natürlich; denn sie lebten zu einer Zeit, wo das Meer etwa 600 Fuß höher stand und also die nöthige Tiefe vorhanden war.

Ueber diesen ältern Schichten mit hochnordischen Muscheln liegen nun die jüngeren Muschelschichten, welche bis zu einem Niveau von etwa 200 Fuß hinaufgehen und die der Rückzugsperiode des Eismeeres entsprechen. Da kommen denn dieselben Muscheln vor, wie sie jetzt noch an der südlichen Küste Norwegens leben, wenn auch noch einzelne Arten vorhanden sind, welche aus der arktischen Fauna mit herüberkommen. Die arktischen Arten hatten sich offenbar, sobald der Rückzug des Meeres begann, ebenfalls mehr in den Norden gezogen, indem die Temperatur des sinkenden Meeres derjenigen ähnlich wurde, welche jetzt noch in der Umgebung von Norwegen herrscht.

Alle diese Folgerungen werden noch bestärkt durch die Funde, welche in neuester Zeit in der Tiefe der großen schwedischen Binnenseen, im Wetter- und Wenersee gemacht und von Lovén näher beschrieben worden sind. In der That hat man dort einige Krebsthiere aufgefischt, von denen mehrere Arten zwar sehr verschieden von jetzt in dem Meere lebenden Arten sind, aber offenbar zu Meeresformen gehören, darunter eine Art Geißelkrebs (Mysis relicta), deren Verwandte sämmtlich im Meere und zwar die der neueren Art gleichenden im höheren Norden und im Eismeere leben; ein Flohkrebs (Gammarus loricatus), der nur im Eismeere, in der Baffinsbai, in Grönland und in Spitzbergen bis jetzt gefunden worden ist; der Schachtwurm (Idothea Entomon), der nur in dem Eismeere und der Ostsee angetroffen wird, und noch eine andere kleine Meerassel (Pontoporeia affinis), die jetzt ebenfalls in der Ostsee lebt, deren verwandte Arten aber nur in dem grönländischen Meere sich vorfinden. Doch wohl ein seltsamer Fund, der aber beweist, daß der Wener- und Wettersee, von welchem der erstere dreihundert Fuß über dem jetzigen Spiegel der Ostsee liegt, früher mit dem Meere zusammenhingen. Damals waren also diese Seen tiefe Fjorde, in welchen eine Meeresbevölkerung hauste, die ganz derjenigen des Eismeeres glich, und gewiß entsprach diese Periode des Zusammenhanges dem höheren Stande des Eismeeres, wie er in Norwegen und Schweden nachgewiesen worden ist. Das Meer sank oder das Land hob sich; die Buchten wurden mehr und mehr abgesperrt, endlich gänzlich von dem Meere getrennt und nun langsam nach und nach mit süßem Wasser angefüllt. Allen Anzeigen zufolge fand diese Erfüllung nicht nur von oben her durch die wenigen zuströmenden Bäche, sondern auch von unten her durch aufsteigende Quellen statt. Nur wenige Seethiere vertragen zugleich das Brackwasser, noch wenigere lassen sich, wie die Auster, durch höchst allmähliche Veränderungen des Wassers in süßes Wasser überführen. Die Meeresbevölkerung starb allmählich aus und jetzt haben sich nur einige wenige Krustenthiere in den Tiefen erhalten, die theils mit denjenigen der Ostsee, theils mit denjenigen des Eismeeres übereinstimmen.

Die Schlüsse aber, welche man an diese wenigen Arten, die in den Binnenseen gefunden wurden, sowie überhaupt an die meisten noch jetzt in der Ostsee lebenden Fischarten knüpfen kann, sind nicht minder interessant. Ueberall gibt sich eine nächste Verwandtschaft mit polaren und arktischen Formen zu erkennen, wenn nicht die Arten dieselben sind; überall läßt sich eine Verschiedenheit nachweisen mit den auf der Westseite Norwegens lebenden Arten. Hieraus, sowie aus der Verschiedenheit der Muscheln, welche sich in den älteren Ablagerungen vorfinden, hat denn auch Lovén mit vollem Rechte den Schluß gezogen, daß das Becken der Ostsee nach Osten hin durch einen über den Ladoga- und Onegasee nach dem Weißen Meere sich hinziehenden Arm mit dem Eismeere in Verbindung stand, dagegen von dem westlichen Meere, mit dem das Becken jetzt durch die Sunde zusammenhängt, im Gegentheile durch eine Landenge geschieden war. Diese Scheidung trat natürlich erst ein, als das Eismeer im Rückzuge war. Schalenlager finden sich in dem Gebiete dieses östlichen Eismeeres bis etwa zu 130 Fuß Höhe und entsprechen dort durch einige Arten dem arktischen Charakter. Aber wie Lovén mit Recht bemerkt, so war das Schicksal der östlichen Marinfauna ein anderes, als dasjenige der westlichen. Das Becken der Ostsee wurde allmählich ganz von dem Eismeere abgetrennt und durch fortschreitende Versüßung und Verflachung mehr und mehr förmlich vergiftet, während im Westen das die südlichen Küsten Norwegens umspülende Meer beständig in offener Verbindung mit dem Eismeere stand, dagegen aber während des Rückzuges sich allmählich erwärmte und so die nordische Fauna von dannen trieb, indem sie sie durch südliche Formen ersetzte. Diese Ersetzung fand in der Ostsee nicht statt. Die späte Eröffnung der Sunde führte von dem Westmeere her keine neuen Arten in das Ostseebecken ein; dieses verarmte also durch Verödung, während die Westsee im Gegentheile durch Zufuhr der Fauna, die einem wärmeren Gewässer angehört, reicher wurde.

Alle Thatsachen deuten darauf hin, daß das jetzige exceptionelle warme Klima der norwegischen Küste (denn im Verhältniß zum Breitengrade gibt es auf der ganzen Welt kein wärmeres Land als Norwegen) großentheils den warmen Meeresströmungen, dann aber auch den aus Afrika über die Sahara herstreichenden warmen Luftströmungen zu danken sei. Schon längst hat man in der Schweiz darauf aufmerksam gemacht, daß der Rückzug der Gletscherperiode wohl mit der Austrocknung der Sahara, die früher ein flaches Meeresbecken gewesen ist, im Zusammenhang stehen könne, indem die Ausbreitung eines Sandgrundes im nördlichen Afrika jene heißen Luftströmungen erzeugen muß, die wir unter dem Namen des Föhns kennen und die nicht entstehen konnten, so lange dort eine verdunstende Wasserfläche existirte. Es gab also eine Zeit, wo auch Skandinavien und der ganze Norden überhaupt jene warmen Luftströmungen nicht erhielt, die jetzt zu seiner Erwärmung beitragen und wo demnach der eine Faktor der ausnahmsweisen Erwärmung dahinfiel. Wir wissen aber aus den näheren Untersuchungen der Sahara, aus den dort im Sande gefundenen Muscheln, daß die Austrocknung des Saharameeres in dieselbe Zeit fallen muß, in welcher der Rückzug des nordischen Eismeeres stattfand, d. h. in eine Zeit, welche der jetzigen Gestaltung der Erdoberfläche unmittelbar vorherging.

Die Untersuchungen Heer's und Anderer über die Fauna und Flora von Madera, sowie über die in den jüngeren Tertiärschichten begrabenen Pflanzen und Thiere haben mit größter Wahrscheinlichkeit die Existenz eines Landes nachgewiesen, welches die Azoren und die Westküste Portugals und Marokkos mit dem südlichen Theile des nordamerikanischen Festlandes, mit Florida, verband. Der Schluß, welcher zu der Existenz dieser Atlantis führt, beruht hauptsächlich auf der Aehnlichkeit und Gleichheit ihrer Floren und Faunen mit der Nordamerikas bei relativer Verschiedenheit mit der Fauna und Flora des Mittelmeeres und dessen Umgebung. Der Golfstrom, überhaupt die ganze Meeresströmung, welche von dem Aequator und dem mexikanischen Meerbusen her warmes Wasser der westlichen Küste des nordischen Europas zuführt, konnte gewiß nicht existiren, sobald ein Querland Florida und Europa verband. Wenn aber die Schlüsse Heer's richtig sind, so existirte dieses Querland eben bis in die jüngste Tertiärzeit hinein, so fehlte also der Golfstrom bis in die jüngste Zeit und wurde erst nach derselben, d. h. während der Eiszeit Norwegens die Verbindung zwischen südlichem und nördlichem Meere durch das Untersinken der Atlantis hergestellt. Man darf vermuthen, daß diese Herstellung des Golfstromes mit dem Sinken des Eismeeres um Norwegen zusammenfiel.

Wie man sieht, reihen sich alle auf verschiedenen Wegen gewonnenen Resultate und Schlußfolgerungen zu einem vollständigen Bilde zusammen. Die Trockenlegung der Sahara und der Durchbruch der Meere durch Versenkung der Atlantis lieferte die beiden Wärmefaktoren des jetzigen norwegischen Klimas und wahrscheinlich entspricht diesen beiden Vorgängen der Rückzug des Eismeeres, die Trockenlegung des Landes zwischen der Ostsee und dem Weißen Meere und der Durchbruch der Sunde zwischen Jütland, den dänischen Inseln und dem skandinavischen Festlande.

Göttingen scheint nicht das Land der Propheten zu sein.

Wie wir hören, sucht indessen Herr Sartorius nach Thatsachen herum, um die Eiszeit in ihrem Geburtslande, der Schweiz, rücksichtslos zu morden. Wehe dem armen Wurm und seinen Vätern!

II.

Die vulkanischen Formationen.

Allgemeines.

Betrachtet man eine geologische Karte Europa's, so fällt auf den ersten Blick zwischen den mächtigen krystallinischen Gefilden Norwegens auf der einen und Grönlands auf der anderen Seite eine Gruppe vulkanischer Inselländer auf, als deren Mittelpunkt gewissermaßen Island bezeichnet werden kann. Ganz Norwegen nebst der Bäreninsel und dem Archipelagus von Spitzbergen besteht aus krystallinisch-metamorphischen Gebilden, welchen nur hie und da einige wenige Fetzen älterer Sedimentgesteine, bis zu dem Kohlengebirge reichend, aufgelagert sind. Auf dem nordamerikanischen Festlande wiederholt sich dieselbe Erscheinung: ganz Grönland, die zahlreichen Inseln der nordwestlichen Durchfahrt, das Festland bis über Kanada hinab zeigt dieselbe geologische Konstitution wie die skandinavische Halbinsel. Die Gruppen der Shetlands- und Orkney-Inseln, sowie Schottland im großen Ganzen gehören denselben metamorphischen und krystallinischen Gesteinen an. Man könnte also wohl erwarten, daß der dazwischen liegende Ozean auf seinem Grunde von denselben Gesteinsgruppen gebildet und die einzelnen Inseln, welche daraus hervorstehen, sich gewissermaßen als Spitzen eines versenkten krystallinischen Festlandes kundgeben würden. Auch ist der größte Theil der Hebriden oder westlichen Eilande in der That in diesem Falle. Das lange Eiland, wie die Engländer die äußerste Inselgruppe nennen, deren größten Theil die Insel Lewis ausmacht, ist in der That nur ein aus Granit und Gneiß gebildetes, durch den Minchkanal von dem Festlande abgetrenntes Riff; aber gerade in diesen Kanal schiebt sich zwischen das Festland und die äußeren Inseln eine Gruppe vulkanischer Gesteine, die namentlich auf den Inseln Skye, Mull und deren kleinern Nebeninseln entwickelt sind, unter welchen die winzige Insel Staffa der Fingalshöhle wegen in den weitesten Kreisen bekannt ist. Alle diese innern Hebriden sind durch mächtige, in Säulen zerklüftete Basaltlager ausgezeichnet und dieselbe Bildung scheint sich bis in den Nordwesten Irlands fortgesetzt zu haben, namentlich bis in die Grafschaft Antrim, wo der bekannte Riesendamm das Seitenstück zu der Fingalshöhle bildet. Ueberall in diesen Gegenden erscheinen die Basalte in fast horizontalen Decken oder Schichten, deren Mächtigkeit manchmal bis zu hundert Fuß ansteigt und die gewöhnlich durch Conglomerate, Schlacken, rothe Tuffe und Thone unterbrochen sind. Es bedingt diese Art der Bildung weite ebene Plateaux, die mit steilen, treppenartigen Abstürzen gegen die See hin abfallen, so daß oft nur künstlich angelegte, schwindelige Wege an den senkrechten Felswänden hinauf bis zur Höhe führen. Die Zwischenlager von Schlacken und Tuffen zwischen den kompakten Gesteinsschichten dienen den zahlreichen Seevögeln, welche sich großentheils Löcher in die Erde graben, als Nist- und Brutplätze. Die festen Gesteine selbst sind bald vollkommen dichter Basalt, bald krystallinischer Basalt, bald auch Mandelstein, dessen innere Höhlen und Zellen mit mancherlei krystallisirten Mineralien, namentlich aber mit Zeolithen, Kalkspathen und Achaten ausgefüllt sind. Ueberall sieht man auf der Oberfläche der einzelnen festen Schichten tauartig gedrehte Wülste, Schlacken und ähnliche Zeichen, welche darauf hinweisen, daß diese Basaltdecken geflossen sind, und an einigen Inseln, wie namentlich an der Insel Mull, sieht man deutlich, daß die Ströme von einem Mittelpunkte aus sich ergossen, von welchem aus sie namentlich gegen Norden und Nordwesten vorschritten, tief eingeschnittene Buchten zwischen sich lassend, in denen zum Theil noch andere geschichtete Gesteine zu Tage treten.

Nimmt man die mittlere Axe der erwähnten Gebilde, die etwa zwischen dem 6. und 7. Längengrade westlich von Greenwich liegen, und verlängert diese Axe, so trifft dieselbe auf die seltsame Inselgruppe der Färoer, die ganz auf dieselbe Weise gebildet sind. 25 Inseln, von denen nur 8 bewohnt sind, bilden eine Gruppe, die einzig und allein aus denselben Basalt- und Doleritschichten mit Zwischenlagerungen verschiedener Thone, zersetzter Schlacken und Aschen und einiger Streifen von Pechkohle gebildet sind. Ganz dieselbe Braunkohle zeigt sich auch mitten zwischen denselben basaltischen Tuffen in Irland, wie in den Hebriden, ja, wie wir weiter sehen werden, auch in Island, so daß dieselbe wohl als ein geologischer Horizont von großer Bedeutung für die Altersbestimmung dieser Basalte angesehen werden kann. Auch hier auf den Färoern sind fast überall Mandelsteine ausgebildet, überfüllt mit allen möglichen Einschlüssen krystallinischer Zeolithe, die offenbar nach der Erkaltung der flüssigen Lavamassen durch Einwirkung von Wasser auf die porösen Gesteine gebildet worden sind. Man wird also wohl die Färoer derselben Bildungszeit, derselben Thätigkeitsepoche zuschreiben können, in welcher die großbritannischen Basaltmassen entstanden.

Verlängert man die Linie, welche wir als Axe dieser Basaltgebilde angenommen haben, weiter nach Norden, so trifft dieselbe fast genau auf den Beerenberg, jenen gewaltigen vulkanischen Kegel, welcher das nordöstliche Ende der Insel Jan Mayen bildet.

Die Grundlage der Insel Island ist, wie jetzt alle Geologen, die dort Untersuchungen anstellten, anerkannt haben, aus denselben Trapp-, Basalt-, Dolerit- und Mandel-Gesteinen gebildet, die einen Raum von wohl 1800 geographischen Quadratmeilen einnehmen und im großen Ganzen ein Plateau von 2000 Fuß mittlerer Höhe bilden, das im Innern durch tiefe Flußrinnen, an der Küste durch zackig-eingeschnittene Fjords vielfach modellirt ist. Auch hier wieder dieselbe Erscheinung, wie bei den Färöern und Hebriden: zahlreiche, über einander liegende Gesteinsschichten, getrennt durch Tuffe, Conglomerate und Thone; häufige Gänge, die aus der Tiefe aufsteigend sich in die horizontal geflossenen Schichten fortsetzen; krystallinische Einschlüsse aller Art, welche sich bis zu der gewaltigen Kalkspathlinse entwickeln, die den berühmten isländischen Doppelspath liefert; Braunkohlenschichten, die eine ziemliche Anzahl von fossilen Blättern und Hölzern enthalten, welche auf ein wärmeres Klima hindeuten; eine sehr sanfte, allmähliche Neigung der basaltischen Plateaux gegen die Mitte hin, die ganz in ähnlicher Weise bei den Färöern beobachtet wurde.

Nichts desto weniger zeigt sich ein bedeutender Unterschied zwischen den Färöern und Island, denn während die Gruppe der letzteren noch durch tiefe Fjorde und Sunde in eine große Anzahl von Inseln zerspalten ist, werden die einzelnen Stücke der isländischen Basaltmosaik durch die neueren Vulkane zusammengeschweißt, welche eine breite Zone im Innern des Landes einnehmen.

Es ist sehr leicht, auf der ersten besten Karte Islands, auch wenn sie nicht geologisch kolorirt ist, den Umfang der basaltischen und vulkanischen Zone an der Meeresküste nachzuweisen. Ueberall, wo tief eingeschnittene, zackige Fjords, oft durch lange Zungen und hohe Rücken von einander getrennt, die Contouren der Meeresküste bilden; wo die Küsten steil in die See hinein abfallen, so daß häufig nur bei Ebbe auf dem Kies des Strandes, häufig aber gar kein Weg längs des Meeres hinführt, — überall da kann man mit Bestimmtheit sagen, daß der Basalt und die ihm zugehörigen Gesteine die Küste bilden. Wo hingegen weite Sandflächen sich langsam und allmählich gegen das Meer hin abflachen; wo lange, schmale Dünenwälle, hinter welchen die Flüsse sich stauen und ableiten, seichte Lagunen von dem Meere selbst abtrennen, da kann man mit Sicherheit darauf rechnen, daß die neuen Vulkane bis zu der Küste herangehen. Zieht man eine Linie von Kap

Reykjanäs im Südwesten nach Kap Langanäs im Nordosten Islands, so ist alles im Norden gelegene Land einzig und allein von Basaltströmen gebildet. Weniger genau läßt sich im Süden eine Grenze bestimmen; doch dürfte etwa die Thalrinne des Langarfljots dieselbe darstellen, indem alle zwischen Berufjord und Borgarfjord gelegenen Fjorde des Ostlandes der basaltischen Bildung angehören. Die neueren Vulkane werden dadurch in ein verlängertes Trapezoid eingeschlossen, das einerseits mit seiner kurzen Endlinie im Osten am Vapnafjord das Meer erreicht, andererseits aber die ganze Südküste von Kap Reykjanäs bis zum Kap Stokknäs als Basis hat.

Man würde indessen irren, wollte man glauben, daß die Zone der neueren Vulkane allein auf diese Weise, indem sie vielleicht eine mittlere Bucht zwischen den einzelnen Basaltgruppen ausfüllte, die Zusammenschweißung derselben veranlaßt habe. Offenbar bestanden ursprünglich viele einzelne Inseln mit höchst unregelmäßigen Grenzen, die nach und nach durch Hebung oder Ausfüllung der zwischenliegenden Sunde mit einander vereinigt wurden. Die nordwestliche, so deutlich handförmige Halbinsel, die in zwei gewaltigen Schneebergen, dem Glama- und Dranga-Jökull, ihre Mittelpunkte findet, ist an ihrem Zusammenhange mit dem Festlande so tief eingeschnitten, daß eine nur geringe Senkung genügen würde, um die kaum zwei Meilen breite Landenge wieder unter den Spiegel des Meeres zu bringen. Das Vorgebirge, das mit dem Snäfellsjökull als Mittelpunkt so weit in die See nach Westen hin sich erstreckt, bildete früher jedenfalls eine für sich bestehende Insel, die mit dem riesigen Kegel am einen Ende und dem langen, geradlinigen, nach Osten gerichteten Lavaschweife viel Aehnlichkeit in der Gestalt mit der Insel Jan Mayen zeigt, obgleich hier Schweif und Kegel gerade die entgegengesetzte Richtung haben. Eine genauere Untersuchung würde wohl nachweisen, daß viele der gestreckten Landzungen, die im Norden und Osten Rippen gleich gegen das Meer vorspringen, ursprünglich getrennte Inseln waren, die erst durch successive Basaltströme mit einander verbunden wurden. Der Ausdruck, daß die Grundlage der Insel Island eine aus einzelnen Stücken zusammengesetzte ältere Basaltmosaik sei, welche durch spätere vulkanische Ausbrüche theils zusammengeschweißt, theils überdeckt wurde, dürfte demnach wohl gerechtfertigt erscheinen.

Schon seit längerer Zeit hat man darauf aufmerksam gemacht, daß innerhalb der Vulkanenzone, welche auf die bezeichnete Weise die basaltische Grundlage Islands zu einem Ganzen zusammengefügt hat, eine nordöstliche Spaltenrichtung sich geltend macht, welche namentlich in der Umgebung des Hekla und in vielen anderen noch thätigen Vulkanen sich kenntlich macht. Verlängert man diese Richtung nach Norden, so fällt dieselbe mit der Längenrichtung der Insel Jan Mayen zusammen, so daß sie die aus den Hebriden gezogene Linie im Beerenberge selbst schneidet.

Man wird nicht umhin können, gestehen zu müssen, daß dies Zusammentreffen etwas Auffallendes hat und daß durch diese Konfiguration die ganze vulkanische Gruppe im Nordwesten Europa's eine gewisse Zusammengehörigkeit zeigt, die auf eine gemeinsame, während langer Zeit in ihrer Wirkung andauernde Ursache hinweist. Der isolirte Beerenberg auf Jan Mayen, der als nördlichster Endpunkt einer langen Spalte gelten kann, welche in Island ihr südlichstes Ende erreicht, ist zugleich der höchste von allen Gipfeln, welche die vulkanische Kraft in diesem ganzen Bereiche aufzuwerfen vermochte, indem er den gewaltigsten der isländischen Feuerberge, den Oräfa Jökull noch um einige hundert Fuße übertrifft.

A. Island.

Wir nannten eben die Grundlage, aus welcher die größte Masse der Insel Island besteht, eine basaltische und wir bezeichneten durch dieses Wort die allgemeine Natur der geflossenen Gesteine, aus welchen diese Grundlage zusammengesetzt ist, ohne gerade damit die einzelnen Varietäten andeuten zu wollen, die man bei so weit verbreiteten und in so ungeheuren Massen angehäuften Gesteinen nothwendig finden muß. Allgemeiner Verständigung zufolge darf man jetzt wohl als basaltische Gesteine alle diejenigen vulkanischen Gesteine bezeichnen, welche hinsichtlich ihres Kieselgehaltes als neutrale oder basische Silikate angesehen werden können, oder die, um es mineralogisch auszudrücken, wesentlich aus Gemengen eines durch konzentrirte Säuren in der Hitze zersetzbaren Kalkfeldspathes (Labrador oder Anorthit) mit Augit (Pyroxen) zusammengesetzt sind. Das spezifische Gewicht dieser Gemenge, die bald eine einförmig geflossene Grundmasse (eigentlicher Basalt), bald ein krystallinisch-körniges Gefüge (Dolerit), bald ein höchst feinkörniges Gemenge (Anamesit oder Trapp), bald eine großzellige, blasige Masse (Mandelstein) darstellen, ist im Allgemeinen größer als dasjenige der vulkanischen Gesteine, in welchen die Kieselerde bedeutendere Proportionen gewinnt, wie man denn überhaupt wohl sagen kann, daß ein Silikat um so leichter sei, je mehr Kieselerde es enthält.

Man darf bei der Betrachtung der vulkanischen Gesteine überhaupt wohl nicht aus den Augen lassen, daß dieselben in einer gewissen Tiefe unter der Oberfläche in der festen Erdrinde durch uns noch unbekannte chemische Reaktionen entstehen, bei welchen ganz gewiß das Meerwasser eine bedeutende Rolle spielt. Sämmtliche jetzt noch thätige Vulkane der Erde liegen in solcher Nähe der Meere oder salzhaltiger Binnenseen, daß eine unterirdische Kommunikation dieser Becken mit dem vulkanischen Heerde nicht blos in das Reich der Möglichkeit, sondern sogar der Wahrscheinlichkeit gehört. Die hebende Kraft, welche in den Vulkanen wirkt und die Auswürfe von Schlackenmassen und von Laven bedingt, ist die Spannung des überhitzten Wasserdampfes, der durch die geschmolzenen Felsmassen hindurch sich seine Wege nach außen bahnt. Chlorverbindungen, Chlormetalle, salzsaure Dämpfe spielen bei allen vulkanischen Ausbrüchen, bei den Efflorescenzen der erkaltenden Laven eine wesentliche Rolle; alle diese Erscheinungen dürften also auf die Intervention kochsalzhaltiger Flüssigkeiten, mit einem Worte des Meerwassers hindeuten. Wenn dieses richtig ist, so darf man auch auf der andern Seite annehmen, daß die Bildung der basaltischen Gesteine wesentlich durch Einwirkung auf kalkhaltige Gesteine, also auf Sedimentgesteine bedingt ist, indem der Kalkgehalt sämmtlicher darin vorkommender Feldspathe allerdings ein bedeutendes Kontingent bildet, welches namentlich auch bei den Zersetzungsprozessen keine unwichtige Rolle spielt.

Diese letzteren Prozesse sind allerdings sehr bedeutend. Alle basaltischen Gesteine ohne Ausnahme enthalten eine große Quantität von Eisen im Zustande des Oxyduls, welches der ganzen Gesteinsmasse ihre dunkle, bouteillengrüne oder schwarze Farbe gibt. Theils gehört dieses Eisen zu dem Augit, theils auch findet sich in allen basaltischen Gesteinen Magneteisen in größerer Quantität, das man mit dem Magnete nach der Pulverung ausziehen kann und das vielleicht schon einen ersten Grad der Zersetzung darstellt.

Die Zersetzung aber geht weiter. Die feuchte Atmosphäre, welche stets Kohlensäure enthält, wirkt wie eine schwache Säure auf die Kalkfeldspathe; der Kalk wird als kohlensaurer Kalk aus der Verbindung mit der Kieselsäure ausgelöst, von den Sickerwässern fortgeführt und theils in der Grundmasse selbst abgesetzt und höchst fein vertheilt, theils in den Drusenräumen im krystallisirten Zustande abgesetzt. Aller ältere Basalt von Island, den Färöern und den Hebriden braust mit Salzsäure; überall findet man in den Drusen krystallisirten Kalkspath, oft zugleich mit, oft aber auch nur neben den Zeolithen; überall findet man zugleich freie Kieselerde, indessen — soviel wir wissen — niemals krystallisirt als Bergkrystall, sondern stets nur als Jaspis, Achat oder Chalcedon, also in denjenigen Formen, welche der aus ihren Verbindungen in gelatinösem Zustande sich ausscheidenden Kieselerde entsprechen.

Die Zeolithe sind bekanntlich wasserhaltige Silikate, welche offenbar größtentheils aus dem Feldspath der basaltischen Grundmasse hervorgebildet wurden. Ob, wie man in neuerer Zeit behauptet hat, die Bedeckung der Laven vom Meere und das Fließen der Lavamassen unter Wasser eine Bedingung zur Zeolithbildung gewesen sei, wollen wir nicht weiter untersuchen, möchten aber doch darauf aufmerksam machen, daß bei manchen, an Zeolithen äußerst reichen Lokalitäten, wie z. B. Annerode und Schiffenberg bei Gießen, wohl kaum an eine Bedeckung der Basaltströme mit Meerwasser gedacht werden könne. Auch von der Zeolithbildung unter Beihülfe hoher Temperatur und Druck sehen wir ab, wenn gleich Daubrée's Beobachtungen an der Quelle von Vichy die Möglichkeit solcher Bildung bewiesen. Wir sehen in den basaltischen Laven erst dann Zeolithe auftreten, wenn jede Einwirkung größerer Wärme und erhitzter Wasserdämpfe gänzlich aufgehört hat.

Zeolithe, Kalkspath, Chalcedon scheinen demnach diejenigen Zersetzungsglieder zu sein, welche der Ausbildung des Magneteisens folgen, wenn dieses letztere überhaupt als ein Zersetzungsproduct betrachtet werden kann. Es ist natürlich, daß diese Zersetzung um so rascher fortschreitet, je blasiger und zelliger die Grundmasse des Gesteines ist, und man hat wahrhaftig nicht nöthig, ungeheuern Druck auf dem Grunde des Meeres und ähnliche Dinge anzurufen, um das Wasser in alle Spalten und Hohlräume des Gesteines dringen zu lassen.

Die Zersetzung aber geht weiter. Einzelne Schichten scheinen dazu mehr geneigt, als andere: die alten Tuffe namentlich und Conglomerate sind es, welche bei fortgesetzter Oxydation des Eisens in blaue und rothe Thone, in Bolus u. s. w. sich verwandeln. Häufig finden sich nun solche zersetzte, erdige Massen, in welche einzelne Knollen und Krystalle auf das Gestein schließen lassen, aus welchem sie hervorgingen. Meist sind diese Thone von den Gewässern in die Tiefe der Thäler geführt worden und bilden dort jene für Wasser undurchdringliche Schichten, auf welchen die isländischen Torfmoore sich erhalten.

Es läßt sich nicht der mindeste Zweifel darein setzen, daß die gewaltigen Schichten, welche die Basaltformation Islands zusammensetzen, wirklich geflossen sind, wenn auch Hr. Dr. Winkler aus dem bayerischen Hochlande, der von seiner „Alpenheimat herabgestiegen und hinausgefahren ist zum nordischen Eiland", hinsichtlich der Entstehung des Basaltes einer anderen Ansicht zu huldigen scheint. Die strickförmig gedrehten Wülste; die schlackige Ausbildung; die Gänge, welche überall die Schichten durchschneidend in horizontale Schichten übergehen und sich zu einer Decke ausbreiten; die Stellung der Säulen, in welche sich der erkaltende Basalt spaltete und die in den horizontalen Decken senkrecht, in den senkrechten Gängen horizontal ist, also stets im rechten Winkel auf der Erkaltungsfläche steht — alle diese Erscheinungen beweisen auf das deutlichste, daß wir es mit geflossenen Gesteinen zu thun haben. An den Gängen zeigt sich dasselbe Verhalten, wie an den jetzigen Vulkanen, wo durch festgewordene Laven andere Lavagänge aufgestiegen sind. Die Stellung dieser Schichten ist in der Nähe des Ganges durchaus nicht verändert. Bei dem Ausbruche der gangbildenden Lava rissen die erstarrten Schichten auseinander und die Lava quoll hervor, ohne daß die emportreibende Kraft bedeutend genug gewesen wäre, die Schichten in der Nähe des Ganges aufzurichten.

Man kann das Alter vulkanischer Gesteine wesentlich durch die Einwirkung bestimmen, welche sie auf Sedimentgesteine gehabt haben. In Island wird uns diese Hilfe total verlassen; denn nirgends zeigt sich auch nur eine Spur geschichteten, aus dem Wasser abgesetzten Gesteines mit Ausnahme derjenigen Tuffe, welche, nachdem sie als Aschen aus den Vulkanen ausgeworfen waren, durch die Einwirkung des Meeres, auf dessen Boden sie sich anhäuften, geschichtet wurden. Da die Muscheln, welche sich in diesen Tuffen finden, auch noch jetzt in der Umgebung Islands vorkommen, so ist also die Umbildung und Schichtung dieser Tuffe in eine verhältnißmäßig jüngere geologische Zeit zu legen.

Glücklicher Weise indessen besitzen wir in den Braunkohlenschichten (Surturbrand), welche ebenso wie in den Hebriden und am Riesendamm, so auch in Island zwischen den Basaltschichten vorkommen, und in den darin enthaltenen Pflanzenresten einen wahren Chronometer, eine Medaillenschicht der Zeit, in welcher die Basaltströme sich bildeten, zwischen welchen der Surturbrand abgelagert ist. Sartorius aus Waltershausen gibt von diesen Lagern, die wir selbst nicht untersuchen konnten, folgende Beschreibung:

„Alle diese Lagerstätten des fossilen Holzes trifft man am Meere und in geringer Höhe über demselben an; man sieht sie in schmalen Bändern jene schroffen, der See zugewandten treppenförmigen Terrassen begleiten, welche die isländischen Gebirge auf eine so auffallende Weise charakterisiren. Das erste Surturbrandlager, das ich näher zu untersuchen Gelegenheit hatte, findet sich am Ufer zwischen Husavik und Hallbjarnastadr-Kambur an der Nordostküste der Insel, dicht über jenem Tufflager, welches unzählige, ausgezeichnete, mit gelbbraunen Kalkspathkrystallen erfüllte Tertiärconchylien (?) in seinem Schoße beherbergt. Der Surturbrand ist hier in einer kaum mehr als spannedicken Schicht, welche sich auf eine kurze Strecke verfolgen läßt, abgelagert und gleicht in seiner äußeren Beschaffenheit dem fossilen Holze unserer norddeutschen Braunkohlenflötze. Rinden untergegangener Bäume, plattgedrückte Zweige und selbst ganze Stämme werden darin hin und wieder bemerkt. In den tiefer liegenden Schichten unmittelbar über dem Meeresspiegel trifft man statt des Surturbrandes ganz in Kalkspath umgewandeltes Holz, dessen Rinde und Jahresringe auf das schärfste zu erkennen sind."

„Sehr belehrend für die Geologie dieses Landes, wenn auch sonst von keinem Nutzen für seine Einwohner, ist das Vorkommen des Surturbrands am Ufer des Meeres, nicht weit vom Sloggiastadir, zwischen Raufarhavn und Bapnafjord, in einer Gegend, welche Randabjörg Litla To genannt wird."

„Man erblickt hier ein horizontal geschichtetes Tufflager, welches in verschiedener Höhe zwei Surturbrandschichten enthält, von denen die untere von einem zum

Theil frei stehenden Trappgange durchbrochen wird. Zwischen beiden Kohlenlagern verbreitet sich von diesem Gange aus eine horizontale Seitenschicht desselben Trapps. Obwohl die nächste Berührung zwischen dem Gange und dem Surturbrande nicht wahrgenommen werden kann, so bemerkt man doch, daß der letztere in geringer Entfernung vom aufsteigenden Trappgestein in eine schön glänzende anthrazitische Kohle verwandelt ist, welche in einem nah gelegenen Bauerhofe zum Schmieden benutzt wird."

„Auch am südlichen Ufer des Vapnafjord zeigt sich der Surturbrand in submarinen Gebilden; in den ihn zunächst umgebenden Tuffen sind gestreifte Stengel von Calamiten mit deutlichen Knoten, welche die einzelnen Glieder von einander sondern, eingeschlossen. Die Ueberreste dieser Gewächse deuten darauf hin, daß da, wo sich jetzt eine steile felsige Küste erhebt, einstmals im Niveau des Meeres oder kaum über demselben Sümpfe und Moräste verbreitet gewesen und in späteren Zeiten durch vulkanische Ausbrüche bedeckt worden sind."

„Ohne Zweifel waren mehrere jener Gegenden, in denen sich die Vegetation des Surturbrands zu entwickeln anfing, zuerst über dem Meere gebildet und sind nachher von Tuffen, welche einen submarinen Charakter angenommen haben, bedeckt worden. Da sie heut zu Tage wieder über dem Meere liegen, so geht daraus genugsam hervor, daß der Boden an solchen Theilen Islands sehr erheblichen säkularen Schwankungen, Senkungen und Erhebungen unterworfen gewesen sei; eine Erscheinung, die auf einer ganz vulkanischen Insel um so weniger befremden kann, da sie sowohl in älteren, als auch vorzugsweise in tertiären Formationen anderer Länder zu wiederholten Malen beobachtet ist."

Professor Steenstrup aus Kopenhagen, der in den Jahren 1837 und 1838 Island bereist und viele fossile Pflanzen aus dem Surturbrande gesammelt hatte, sprach sich in Folge seiner Untersuchungen dahin aus, daß diese Braunkohlenlager Wälder seien, deren Bäume sich denjenigen des subtropischen Amerikas am meisten näherten. Herr Sartorius von Waltershausen, bei dem überhaupt die submarinen Ideen eine große Rolle spielen, meint, das sei möglich, die von ihm untersuchten Lager aber im Nord- und Ostlande gehörten submarinen Bildungen an. Da indessen Ahorne und Weinstöcke, Tulpenbäume und Tannen wohl schwerlich unter dem Meere wachsen können, so dürfte man vielmehr vermuthen, daß Herr Sartorius sich irrte in der Beurtheilung derjenigen Charaktere, welche seiner Meinung nach nur den submarinen Tuffen zukommen sollen.

Wie dem auch sei, so sind die sämmtlichen von Steenstrup und Dr. Winkler gesammelten Pflanzen dem großen Kenner der tertiären Flora, Herrn Oswald Heer in Zürich, vorgelegt worden, der die Resultate seiner Forschungen in den „Untersuchungen über das Klima und die Vegetation des Tertiärlandes" niedergelegt hat.

Er fand unter 87 Arten, die ihm in zahlreichen Handstücken vorlagen, 31 vollkommen bestimmbare, unter welchen freilich kleine auf Blättern wachsende Schwämme und eine Art von Schachtelhalm. Die Nadelhölzer sind am reichlichsten repräsentirt; es findet sich darunter eine Sequoia, deren Verwandte jetzt in Californien in der Nähe des Meeres vegetiren; drei Rothtannen, zwei Weißtannen und zwei Kiefern, die alle viele Aehnlichkeit mit Formen haben, die jetzt im nördlichen Amerika vorhanden sind. Die Monokotyledonen sind wenig zahlreich: eine Grasart, ein Riedgras und eine Najade sind alles, was bis jetzt gefunden worden; die zahlreichen Dikotyledonen dagegen, Bäume und Gebüsche, vertheilen sich in 13 Familien: 3 Birken, eine Erlenart, nur eine Weide, eine Haselnuß, eine Eiche, eine prächtige Ulme, eine Platane, eine Island eigenthümliche Art von Dombeyopsis, die dem lindenblätterigen Feigenbaume ähnlich sieht, ein prächtiger Ahorn mit großen Früchten und handförmigen Blättern, eine Weinstockart, ein Tulpenbaum, ein Nußbaum, ein Rhamnus und ein Rhus bilden diese Waldflora, in welcher man Stämme gefunden hat, die in einer Entfernung von 10 Fußen vom Wurzelhalse noch 1½ bis 2 Fuß Durchmesser haben, also höchst stattliche Bäume darstellen. Viele von diesen Pflanzen finden sich noch in anderen Gegenden, wo Braunkohlen aus der Tertiärzeit niedergelegt sind, z. B. in der Schweiz, in der Auvergne, in Schlesien. Der amerikanische Charakter aller dieser Pflanzen tritt außerordentlich deutlich hervor, wie überhaupt in der ganzen Tertiärschicht Europas, und selbst diejenigen Bäume, wie Birken, Eichen, Ahorne u. s. w., welche noch jetzt in der europäischen Flora Repräsentanten haben, sind in dem isländischen Surturbrande durch Arten vertreten, die sich den nordamerikanischen Arten derselben Gattungen am meisten nähern.

Ferner zeigt dieselbe Flora, daß hier nur Pflanzen vorkommen, die in einem gemäßigten Klima von etwa 9 Centigraden mittlerer Temperatur ganz wohl gedeihen konnten. Die immergrünen Pflanzen, die dem tropischen und subtropischen Klima angehören und sich in den gleichalterigen Braunkohlenschichten der Schweiz und anderer mitteleuropäischer Gegenden finden: die Zwergpalmen, Kampher- und Lorbeerbäume fehlen der isländischen Flora durchaus. Der Tulpenbaum, der Nußbaum, der Weinstock und die Sequoia, welche zu den südlichsten Typen der isländischen Tertiärflora gehören, kommen vortrefflich bei einer mittleren Jahrestemperatur von 9 Graden, die etwa derjenigen der Schweiz entspricht, fort. Man kann sich aber nicht wundern, wenn in solchem Klima große Waldbäume üppig wuchern, und auf der andern Seite zeigt gerade die Abwesenheit der subtropischen Formen in Island und die Anwesenheit derselben im mittleren Europa, wo sie jetzt nicht mehr fortkommen können, daß in der Tertiärzeit eine ähnliche Abnahme der Temperatur nach Norden bestand, wie sie noch jetzt vorhanden ist, wenngleich in der damaligen Zeit in ganz Europa die mittlere Jahrestemperatur etwa um 9 bis 10 Grad höher war, als jetzt.

Die im Surturbrand vorgefundenen Pflanzen genügen vollständig, um die geologische Epoche festzustellen, in welcher diese Wälder auf Island wuchsen. Es war dies der Fall in der mittleren Tertiärzeit, in der sogenannten miocenen Epoche; denn die Arten entsprechen ganz denjenigen, welche sich in den unteren Braunkohlen- und Molassenformationen der Schweiz bei Lausanne, sowie in denjenigen Deutschlands und der Wetterau, namentlich bei Salzhausen, Münzenberg und Fulda finden. Professor Heer bemerkt freilich, daß eine Lokalität, Hredavatn, vielleicht einer höheren Stufe, nämlich der oberen Süßwassermolasse von Oeningen angehören könnte; indessen dürfte die Zahl der dort gesammelten Arten noch nicht hinreichend genug sein, um einen Unterschied zu begründen. Da aber die Lokalität in bedeutender Höhe über dem Meere liegt, also höchst wahrscheinlich einem weit neueren Basaltstrome angehört, als die übrigen, die nur in geringer Höhe über dem Meere sich finden, so hätte diese Annahme noch einige Wahrscheinlichkeit für sich. Es steht wenigstens nichts der Annahme im Wege, daß die Basaltausbrüche, welche sämmtliche Surturbrandlager Islands unter ihren Aschen- und Schlackenmassen begruben, sich während der ganzen Zeit fortsetzten, während welcher das schweizerische Bassin zwischen Alpen und Jura sich mit den zu den verschiedenen Stockwerken der Molasse gehörigen Absätzen erfüllte. Sollten spätere Untersuchungen also einen solchen Altersunterschied zwischen den verschiedenen Surturbrandablagerungen in der That nachweisen, so würde dies nur die Annahme bestätigen, daß die verschiedenen Basaltausbrüche, welche die Grundlage Islands zusammensetzen, während eines außerordentlich langen Zeitraumes Statt fanden, in welchem eine Reihe von Schichten in der Schweiz sich absetzte, die eine Mächtigkeit von mehr als 6000 Fuß erreichen.

Alle Surturbrandschichten ruhen auf basaltischen Tuffen, auf basaltischen Lavaströmen; alle sind von eben solchen Tuffen, von eben solchen Schichten begraben und überströmt worden. Es kann also keinem Zweifel unterliegen: die Wälder Islands vegetirten während des Zwischenraumes, der an den einzelnen Lokalitäten zwischen den basaltischen Lavaüberschwemmungen statt hatte. Diese Zwischenräume mußten lange genug sein, um die Verwitterung der Tuffe und ihre Verwandlung in Dammerde zu gestatten, in welcher die Waldbäume wurzeln konnten. Die ganze Zeit dieser Ausbrüche und ihrer Zwischenräume fiel aber nothwendig in die mittlere Tertiärzeit.

Es geht aus diesen einfachen Thatsachen hervor, wie unstatthaft es einerseits sei, diese in Island weitverbreiteten Ablagerungen angeschwemmtem Holze zuzuschreiben oder andererseits auf diese Ansammlungen die mythischen Sagen und alten Chronikenberichte zu beziehen, welche von ausgebreiteten Wäldern in Island sprechen. Wenn man weiß, daß die Isländer heutzutage noch mit dem pompösen Namen „Wald“ ein miserables Birkengestrüpp bezeichnen, das auf dem Boden hinkriecht; wenn man andererseits weiß, daß die Namen „Eisland" und „Schneeland" der wüsten, unfruchtbaren Insel von den ersten, noch obenein norwegischen Entdeckern gegeben wurden, die doch gewiß schon an nordische Gegenden gewöhnt waren, so sieht man leicht ein, daß diese Entdecker auf der Insel nur die jetzige Gestrüppflora fanden, deren Stämme freilich Zeit hatten, älter und dicker zu werden, als jetzt, daß aber die durch unendliche Zeiträume getrennte Flora der Tertiärzeit auch für diese ersten Ansiedler längst verschwunden und ohne Nachkommen begraben war.

Kehren wir zu unserem Gegenstande zurück. Wir haben durch die Pflanzen des Surturbrandes nachgewiesen, daß die basaltische Grundlage Islands in der mittleren Tertiärzeit entstand und sich wahrscheinlich während der ganzen Dauer derselben allmählich ausbaute. Die später folgenden Zeiten lassen sich an der Hand der Erscheinungen ebenfalls, wenn auch mit größerer Schwierigkeit, enträthseln.

Man findet an vielen Stellen der Insel, deren Angabe Dr. Zirkel*) mit großer Genauigkeit gesammelt hat, theils einzelne Gänge, theils Kuppen oder Berge von *Gesteinen, welche vorzugsweise zu der Trachytfamilie* gehören, also ihrer Zusammensetzung nach saurere Silikate mit Ueberschuß von Kieselerde, häufig sogar mit ganz freiem Quarz und mit natronreichen Feldspathen, Sanidin oder Oligoklas, enthalten. Häufig zeigen diese Gesteine sogar ganz freien Quarz, der nicht, wie bei den Basalten, durch Zersetzung hervorgebracht, sondern in der ursprünglichen Mischung des Gesteines enthalten scheint. Ihre Farbe ist bei geringerer Menge des Augits und des Eisens meist weit heller, als diejenige der Basalte, das spezifische Gewicht geringer und das Gestein selbst häufig nicht nur in Säulen, sondern auch in dünne schieferige Platten gespalten. Die Zeolithe finden sich weit seltener in diesen Trachyten, die an einzelnen Stellen zu einem förmlichen, glasigen Pechstein zusammengeschmolzen sind.

Wir dürfen nicht unerwähnt lassen, daß ähnlich wie bei den Basalten sich eine gewisse Reihe von Felsarten in der Trachytfamilie unterscheiden läßt, die durch stets abnehmenden Kieselgehalt sich auszeichnet, und daß auf diese Weise auch Uebergänge zu der Basaltfamilie hergestellt werden. In der That gliedert Herr Zirkel die sämmtlichen hierher gehörigen vulkanischen Gesteine in einer Tabelle, die zwar theoretisch alle hier möglichen Hypothesen zu erschöpfen scheint, wo es aber doch im vorkommenden Falle schwierig sein dürfte, dieses oder jenes Gestein genau an dem ihm gebührenden Platze einzureihen:

*) In dem vortrefflichen Werke: Reise nach Island im Sommer 1860. Von William Preyer und Dr. Ferdinand Zirkel. Leipzig bei Brockhaus 1862.

I. Trachytfamilie mit sauren Alkalienfeldspathen:
  1. Quarzführender Trachyt, Rhyolith: Quarz und Sanidin.
  2. Trachyt: Sanidin oder Sanidin mit Oligoklas
  3. Andesit: Oligoklas.

Mittelglied: Trachydolerit: Oligoklas und Labrador.

II. Basaltfamilie mit basischen Kalkfeldspathen:
  1. Basalt: Labrador.
  2. Anorthitgestein.

Die Endpunkte der Zersetzungen, welche der Trachyt erleidet, lassen sich am geeignetsten in dem Quellengebiete des großen Geysirs studiren. Der Laugarfjall, an dessen Fuße das heiße Wasser aus der Tiefe hervorbricht, besteht aus einem gelblichgrauen Trachyt, der in unregelmäßige Stücke geklüftet ist, auf der Außenfläche sich mit einer braungrünen oxydirten Kruste überzieht und beständiges Material zu den Zersetzungsprodukten hergibt. Auf der einen Seite sättigt sich das heiße Wasser mit Kieselerde, die es später als Kieselsinter absetzt; auf der andern werden schwere, plastische Thone gebildet von feuerrother, gelber oder graublauer Farbe, je nach den Oxydationsstufen des darin enthaltenen Eisens und Mangans, während zugleich Schwefelmetalle, Eisenkies in Gestalt von Körnern sich mitten in dem Thone ablagert.

Meistens durchsetzen die Trachytgänge den Basalt, der von ihnen durchbrochen ist, nirgends aber dehnen sich die Trachytmassen wie die Basalte in breite, ursprünglich fast horizontale Decken aus, sondern bilden vielmehr, wenn sie mehr als Gänge zusammensetzen, stockförmige Massen, steile Klippen und ragende Pyramiden, unter denen die Baula von etwa 3000 Fuß Höhe als die gewaltigste erscheint. Es fehlt indessen auch nicht an Stellen, wo Basaltgesteine in Gangform Trachytflötze durchsetzen; doch sind diese Fälle nur Ausnahmen und die Durchschneidung des Basalts durch den Trachyt weit häufiger.

Stellen wir diese Thatsachen zusammen, so ergibt sich als Folgerung, daß die Trachytausbrüche gegen das Ende der Basaltzeit eintraten, daß die meisten derselben gewissermaßen als Fortsetzung der Basaltausbrüche dienten; daß aber keine scharf abgeschnittene Grenze zwischen der Basalt- und Trachytepoche sich nachweisen läßt, sondern daß im Gegentheile gegen das Ende der ersteren und den Anfang der letzteren Ausbrüche der einen und anderen Art mit einander abwechselten.

Da der Kalk in den Trachytgesteinen ursprünglich fast gänzlich fehlt und, wenn vorhanden, nur aus einiger Entfernung zugeführt scheint; da die Kieselerde im Ueberschusse darin vorkommt, so darf man wohl auf den Gedanken kommen, daß die Trachytgesteine mehr aus der unterirdischen Bearbeitung von Schiefern und krystallinischen Gesteinen hervorgegangen sind, während die Basalte vielleicht abgelagerten Kalken ihren Ursprung verdanken. Da aber auch, wie wir später sehen werden, unter den neueren Laven, deren Datum geschichtlich festgestellt ist, solche mit mehr saurer, also trachytischer, und mehr basischer, also basaltischer Zusammensetzung abwechseln, unbeschadet, daß sie aus einem und demselben Schlunde kommen, so ist es eben wahrscheinlich, daß der vulkanische Herd sich in der Tiefe zu verschiedenen Zeiten und Ausbrüchen verschiedene Gebiete erobert, aus deren Umarbeitung eben die verschiedenartige Zusammensetzung der Laven hervorging.

Während man früher glaubte, der Trachyt bilde wesentlich die breite Mittelzone der Insel, welche die Basaltmosaik zusammengeschweißt habe, so haben im Gegentheile die neueren Forschungen nachgewiesen, daß er nur eine sehr unbedeutende Rolle in dem Aufbau von Island gespielt hat, nur einzelne lokale Durchbrüche bildet und zwar durch Spalten, in deren Umgebung nirgends die durchbrochenen Basaltschichten gehoben sind. Mit Recht wird darauf aufmerksam gemacht, daß ganz in der Nähe der Baula die in vertikale Säulen gespaltenen horizontalen Basaltschichten durchaus in ihrer Lagerung in keiner Weise gestört sind — ein Beweis, daß die Basaltschichten nur rissen, nicht aber von dem sich durch die Spalte hervordrängenden Trachyt emporgehoben wurden.

Man hat darauf aufmerksam gemacht, daß viele der hauptsächlichsten Trachyteruptionen des westlichen Theiles der Insel genau in einer schnurgeraden Linie liegen, welche man durch die Berge Baula und Langarfjall am Geysir ziehen kann, und daß viele der außerhalb dieser Linie liegenden Gänge und Stöcke parallel mit der Richtung dieser Linie streichen, die von Südsüdost nach Nordnordwest geht und die Hauptrichtung der neueren Vulkane, wenigstens der Hekla-Umgebung, in einem rechten Winkel schneidet. Man darf also wohl annehmen, daß die hauptsächlichsten Trachytausbrüche durch ein Spaltensystem geschahen, welches die angedeutete Richtung besaß, obgleich einzelne Punkte im Norden der Insel, wo ebenfalls Trachyt vorkommt, sich wohl schwerlich mit dieser trachytischen Hauptrichtung vereinigen ließen. Wollte man freilich, wie dies einige französische Geologen gethan haben, für jeden Basaltrücken, für jedes Flußthal eine besondere Hebungsrichtung annehmen, so würde man eben so viele Hebungslinien in Island herausziffern können, als Striche in der Windrose oder Grade im Kreise des Horizontes sich finden.

Die Gebilde der neueren isländischen Vulkane, welche sich, wie schon bemerkt, in einem breiten Streifen durch die Mitte der Insel ziehen, und sowohl an der Südküste, wie an der Nordostküste das Meer erreichen, zeichnen sich hauptsächlich durch den ungemeinen Reichthum an Tuffen, sowie durch die ungeheure Größe der Lavaströme aus, welche in keinem Verhältnisse zu dem Volumen der Krater zu stehen scheinen, aus welchen sie entsprungen sind. In der That wissen uns alle geologischen Handbücher zu erzählen, daß die größten Lavaströme der Neuzeit, welche man überhaupt kennt, auf Island geflossen sind, und nicht minder überzeugt man sich auf den ersten Blick bei einer Reise in das Innere, daß auf der ganzen Zone zwischen Reykjavik, Husavik und Vapnafiord der Boden zwischen den Lavaströmen, sowie die langen Bergrücken und kegelförmigen Aufhäufungen aus Tuffen zusammengesetzt sind. Man darf daher wohl annehmen, daß in der räumlichen Ausdehnung auf der Oberfläche die Tuffe und Lavaströme einander das Gleichgewicht halten, daß aber, wenn man das Volumen abschätzen wollte, die Schale wohl zu Gunsten der Tuffe sich neigen würde, welche ganze Berge von mehreren tausend Fuß Höhe zusammensetzen, während die Lavaströme nur flach ausgebreitete Decken darstellen, zwischen deren Schichten noch obenein mächtige Tuffschichten als Zwischenlager sich finden. Sämmtliche Berichte über die in historischer Zeit geschehenen Ausbrüche bestätigen auch die ungeheuren Quantitäten von Asche, welche bei jedem Ausbruche nicht nur über die Insel, sondern auch über die benachbarten Länder verbreitet wurden.

Unter diesen Tuffen hat der sogenannte Palagonit, den Herr Sartorius aus Waltershausen zuerst in Sizilien auffand, um so mehr die Aufmerksamkeit auf sich gezogen, als seine Entstehung zu einer Art Kontroverse zwischen Sartorius und Bunsen Gelegenheit gab. Der berühmte Chemiker wies nach, daß Palagonit dargestellt werden könne, indem man geschlemmtes Basaltpulver in kochende Kalilauge einträgt, während Sartorius aus der Lagerung, dem Verhalten und den Einschlüssen des Palagonits den Schluß zog, daß der Palagonit ein unter Seewasser geschichteter Tuff und durch Einwirkung des Meerwassers auf feinzertheilte basaltische Asche entstanden sei. Die Wahrheit liegt gewiß mehr auf der Seite von Sartorius, als auf derjenigen von Bunsen; doch dürften weitere Untersuchungen herausstellen, daß dennoch die letztere nicht ganz von der Hand gewiesen werden darf.

Man findet den Palagonit in seiner größten Reinheit eine halbe Tagereise von Reykjavik im unteren Seljadal, wo ein Bach den Boden bis zu einer bedeutenden Tiefe eingeschnitten hat. Sartorius hat die Lagerung des in seiner Reinheit harzbraunen, kolophoniumähnlichen Gesteines so genau beschrieben, daß dieser Skizze nichts weiter hinzuzusetzen ist. Man kann dort Zentner des reinen Materials in wenigen Minuten sammeln und sich überzeugen, daß dasselbe jetzt schon wieder in atmosphärischer Zersetzung begriffen sein muß, indem es überall von Spalten durchsetzt ist, auf deren Innenflächen theils kohlensaurer Kalk, theils aber auch zeolithische Mineralien ausgewittert sind. Hat man sich einmal mit dem Typus des reinen Palagonits auf diesem Ausfluge befreundet, so erkennt man denselben auch überall in den Tuffbergen wieder, wo indessen meist seine Körner theils in Lavaschrot, theils in weitere Zersetzungsprodukte eingebettet sind, die ein thoniges Cäment bilden. Große Blöcke, ja selbst Gänge basaltischer Lava finden sich mitten zwischen den

Palagonittuffen und bewiesen, daß die Bildung dieser Laven und des Tuffes in der gleichen Periode stattfand.

Der Palagonit zersetzt sich äußerst leicht in der Kälte durch mäßig konzentrirte Salzsäure; der Thon wird durch dieses Reagens nicht angegriffen. Es hält also überall leicht, den Palagonit von diesem Thone, von den Lavabröckchen, von Feldspath, Augit und Sideromelan- oder Tachylitkörnern zu trennen, die sich fast immer mit ihm vergesellschaftet finden.

An vielen Stellen ist die thonige Zersetzung soweit vorgeschritten, daß der Palagonit nur die geringere Hälfte des Gesteines ausmacht, während die größere Hälfte aus einem graugelben Thone besteht. Dies ist der Fall bei all' jenen geschichteten Tuffen an dem Strande des Meeres, welche Versteinerungen enthalten, wie z. B. bei Fossvogr. Nach der Angabe von Sartorius enthält auch der versteinerungshaltige Palagonittuff von Militello am Aetna eine große Quantität von Thon, aus welchem man die Körner auslesen muß.

Der reine Palagonit von Seljadal enthält keine Spur von Versteinerungen. Sartorius berichtet freilich in einer Anmerkung: „Auf Professor Bunsens Veranlassung hat Herr Eckhard in den Palagoniten von Seljadalen mehrere Arten versteinerter Infusorien nachgewiesen und es steht zu erwarten, daß eine sorgfältige Untersuchung der isländischen Tuffe anderer Lokalitäten ähnliche Resultate geben werde."

Diese Angabe beruht auf einem Irrthume. Die Kieselpanzer von Navicellen und Bacillarien, die man in der That hie und da bei mikroskopischer Untersuchung gewahrt, finden sich nur in den Klüften und Spalten des Gesteines und sind durch die Sickerwasser aus der oberen Gras- und Moordecke in dieselben eingeführt worden. Ich habe mit größter Sorgfalt kleine kompakte Stückchen ausgelesen, die ich aus der Mitte unzerklüfteter Knollen entnahm und die bei mikroskopischer Untersuchung nicht eine Spur eines äußeren Anfluges von Kalk oder Zeolith zeigten; ich habe diese Stückchen gepulvert und vergebens das Pulver untersucht. Da die Kieselpanzer der mikroskopischen Organismen, um die es sich hier handelt, der Salzsäure vollkommen widerstehen, der Palagonit aber sich zersetzt, so habe ich sowohl dieses Pulver, als auch ganze Stückchen mit kalter, verdünnter Salzsäure behandelt und das Kieselskelett, welches zurückblieb, mikroskopisch untersucht. Ich habe keine Spur von Kieselpanzern darin gefunden. Zur Kontrole habe ich meinem Freunde, Professor Claparède, dessen Autorität in mikroskopischen Dingen Niemand abstreiten wird, Proben des ursprünglichen und des so behandelten Gesteines mit der Bitte um Untersuchung mitgetheilt. Auch hier sind die Nachforschungen fruchtlos geblieben. Nach Sartorius sollen vulkanische Tuffschichten, welche historischen Nachrichten zufolge über dem Meere und sogar im Bereiche unserer neuesten Geschichte entstanden sind, nirgend Palagonit enthalten. Die Krabla ist nach Sartorius kein Krater, sondern ein palagonitischer Tuffrücken, dem man mit Unrecht Ausbrüche, die im Anfange des vorigen Jahrhunderts stattfanden, zugeschrieben hätte. Seither wurde namentlich auch von Zirkel konstatirt, daß die Krabla dennoch diese Ausbrüche hervorgebracht hat und daß sie neben den Tuffmassen auch Lavaströme ausgespieen hat. Auch dieser Beweis ist also gänzlich verunglückt.

Es scheint uns, daß das Auswerfen palagonitischer Tuffe durch thätige Vulkane eben so wenig geläugnet werden könne, als die Bildung von Palagonit durch Zersetzung basaltischer Aschen in dem Meere. Diese Palagonitbildung ist indessen ohne Zweifel nur die Einleitung zu weiterer Zersetzung, die, wie bei allen basaltischen Gesteinen, mit der Bildung von Thon endet. Wenn es aber wahr ist, wie wir oben wahrscheinlich zu machen suchten, daß bei den vulkanischen Vorgängen überhaupt das überhitzte Meerwasser eine bedeutende Rolle spielt, so läßt sich auch leicht einsehen, daß dieselbe Zersetzung, welche im Meere selbst nur höchst langsam und allmählich eintritt, in dem vulkanischen Kessel unter dem Einflusse der Wärme und des Druckes mit großer Schnelligkeit sich vollendet und daß bei dieser Zersetzung die Gegenwart von Kalk, die ja überhaupt zur Bildung basaltischer Gesteine nothwendig ist, ebenfalls ihre Rolle in der Weise des Bunsen'schen Versuches spielt. Die Gegenwart von Palagonit bedingt demnach durchaus nicht, wie Sartorius annehmen will, mit Nothwendigkeit die frühere Lagerung unter dem Spiegel des Meeres und die Schichtung der versteinerungsführenden Palagonittuffe beweist gerade durch die theilweise Ueberführung derselben in Thon, daß sie sich großentheils auf sekundärer Lagerstätte befinden. Man findet bei Hoffwogr große basaltische Lavablöcke, welche über und über mit denselben Balanen bedeckt sind, die noch heutzutage an allen Gesteinen des Meeresgrundes sich ansiedeln, und in dem Frankfurter Museum ist ein solcher basaltischer Rollstein von der Größe eines Kopfes mit den darauf sitzenden Balanen in palagonitischen Thon eingebacken, von uns niedergelegt worden. Sieht man hier nicht den deutlichsten Beweis, daß dieser palagonitische Thon erst nach und nach von den benachbarten Palagonitrücken herabgeschwemmt und auf sekundärer Lagerstätte von den Meereswellen geschichtet wurde, daß er nicht als Palagonit, sondern als Thonschlamm die Balanen einhüllte?

Während des langen Winters, den die Isländer größtentheils in ihren Höhlen zubringen müssen, beschäftigen sie sich vorzugsweise mit der Geschichte ihres Landes. Die alten Chroniken und Sagen werden studirt und gewissenhaft bis auf die neueste Zeit fortgeführt, indem alle außerordentlichen Vorfälle notirt und so der Nachwelt erhalten werden. Seit der Kolonisirung Islands bis auf unsere Tage sind auf diese Weise die vulkanischen Ausbrüche, welche die Insel verheerten, mit lobenswerther Genauigkeit verzeichnet und die bedeutenderen derselben in ihren Einzelheiten be schrieben worden. Zirkel hat in seinem ausgezeichneten Reisewerke über Island eine chronologische Darstellung dieser Ausbrüche bis in die neueste Zeit gegeben und überall, großen Theils in den Ausdrücken der Chronisten selbst, die speziellen Vorgänge derselben erzählt. Es sind stets dieselben Bilder grauenhafter Verwüstung durch Aschenregen und Lavaströme, welche Hungersnoth und Seuchen bedingen, die wir auch von anderen vulkanischen Gegenden her kennen. Doch zeichnet noch ein Umstand diese Ausbrüche besonders aus. Dies sind ungeheure Wasserströme, welche sich namentlich bei den Ausbrüchen der südlichen Vulkane von der Höhe in die Tiefe ergießen und die Noth der Ueberschwemmung zu derjenigen des Feuers hinzufügen. Da alle höheren Vulkane bis zu ihrem Fuße mit mächtigen Eis- und Schneemassen überdeckt sind, die um so mächtiger werden, je längere Zwischenräume zwischen den einzelnen Ausbrüchen stattfinden, so kann es nicht Wunder nehmen, daß diese Wasserfluten, die häufig noch gewaltige Eisbrocken mit sich schwemmen, oft noch viel verderblicher werden, als die unmittelbaren Ausbrüche des Vulkanes selbst.

Kombinirt man die Zirkel'sche Tabelle in der Weise, daß man auf die geographische Lage der einzelnen Ausbrüche Rücksicht nimmt, so zeichnen sich mit großer Deutlichkeit innerhalb des modernen Vulkangürtels einzelne Gruppen ab, welche in gewisser Wahlverwandtschaft zu einander zu stehen und als die Kamine gemeinschaftlicher innerer Herde betrachtet werden zu können scheinen. Ich gebe hier eine solche Zusammenstellung, die, ohne weitere besondere Wichtigkeit darauf legen zu wollen, doch einen gewissen Einblick in die Wanderungen des unterirdischen Maulwurfs gewährt, der auf der Insel sein Spiel treibt. Ich habe diese Zusammenstellung so gemacht, daß ich hinter jedem Berge die Jahreszahl des ersten und letzten historisch konstatirten Ausbruches anmerkte, die Zwischenzahlen dagegen wegließ, da dieselben nur geringere Bedeutung haben können.

Man kann auf diese Weise folgende Gruppen unterscheiden.

1. Nordwestgruppe, welcher der Snaefjall als Mittelpunkt dient. Die ganze Halbinsel besteht offenbar aus altem Basalt und nur die ältesten Chroniken wissen von Ausbrüchen in der Nähe zu erzählen. Seit dem 13. Jahrhundert ist die vulkanische Thätigkeit dort gänzlich erloschen und nur auf kohlensaure Quellen beschränkt.

Eldborg bei Kolbeinsstadir	880.
Nes Hreppur	1219.

2. Südliche Heklagruppe, die im allgemeinen von Südwest nach Nordost gerichtet erscheint und seit der historischen Zeit ununterbrochen in ihren einzelnen Kratern fortlebt.

Katlagja	894 — 1860.
Hekla	1004 — 1845.

Myrdals (Solheimar) Jökul	1254 — 1262.
Godalands Jökul	1360.
Eyafjalla-Jökul	1612 — 1821.

3. Südwestliche Gruppe mit Kap Reykjanes als äußerstem Endpunkt. Die Spaltenrichtung scheint hier derjenigen in der vorigen Gruppe herrschenden parallel zu sein, so daß man beide vielleicht zusammenfassen könnte. Namentlich zeigt der gewaltige Lavastrom, der ununterbrochen von Thingvalla bis zu dem Kap sich erstreckt, diese nordöstliche Hauptrichtung.

Thurár Hraun	1000.
Reykjanes	1210 — 1783.
Eldberg bei Mosfell	1340.
Thingvalla Hraun	1587.
Grimsvötn (Hof- und Ball-Jökul)	1716.

4. Verlängert man die Spaltenrichtung des Hekla nach Nordosten, so trifft dieselbe auf die ungeheure Wüstenfläche des Odatha Hraun, die an Größe und Ausdehnung diejenige von Thingvalla wohl noch übertrifft. Am südlichen Rand dieser Wüstenei brachen zwischen dem 12. und 16. Jahrhundert einige Vulkane auf, die seither wieder sich beruhigt haben, die man aber wohl als Zentralgruppe bezeichnen kann.

Trölladyngja	1150 — 1510.
Herdubreid	1340 — 1510.

5. Als Südostgruppe mag man die gewaltigen Vulkane bezeichnen, welche an dem Rande jener Eiswüste liegen, die mit dem Namen des Klofa-Jökul bezeichnet wird. Eine bestimmte Spaltenrichtung läßt sich in derselben wohl schwerlich nachweisen. Bemerkenswerth aber sind zwei Perioden in der Thätigkeit dieser Gruppe, die durch eine vierthalbhundertjährige Ruhe zwischen dem 14. und 18. Jahrhundert unterbrochen wird.

Raudukambar	1311.
Breidamerkur	1362.
Knappur-Jökul	1332 — 1362.
	1720 — 1727.
Skeidarar-Jökul	1725 — 1727.
Sida-Jökul	1728 — 1763.
Skaptar-Jökul	1783.

6. Nordgruppe, die sich gewissermaßen als Zentralvulkan in der Umgegend des Mückensees (Myvatn) in der ersten Hälfte des 18. Jahrhunderts öffnet, eine ungemein energische Thätigkeit entwickelt, die mit derjenigen der Südostgruppe parallel geht, dann aber sich wieder gänzlich beschwichtigt.

Krafla	1724 — 30.
Hitahóll	1725.
Bjarnaflag	1725 — 28.
Leirhnúkr	1725 — 29.
Horsabrekr	1728.
Reykjahlíðar Setur	1728.
Hverfjall	1718 — 52.

Vergessen dürfen wir nicht, daß alle diese während historischer Zeit stattgehabten Ausbrüche ihrer Natur nach sehr verschiedene Laven geliefert haben, ohne daß in dem Wechsel derselben ein Gesetz erkannt werden könnte. Die meisten dieser Laven sind basaltischer Zusammensetzung, also von geringerem Kieselerdegehalte und vielleicht darf man annehmen, daß sie zum großen Theile der umgeschmolzenen basaltischen Grundlage der Insel selbst angehören. Andere Laven dagegen, die, mehr trachytischer Natur, sich durch einen bedeutenderen Kieselgehalt auszeichnen, dürften im Gegentheile aus größerer Tiefe, vielleicht aus krystallinischen Felsgebilden stammen. Hierüber können indeß nur Vermuthungen geäußert werden. Jedenfalls aber beweist der Umstand, daß derselbe Krater bald trachytische bald basaltische Laven ausspie, das Unstatthafte des Versuches, die eruptiven Formationen chronologisch nach ihrer Zusammensetzung ordnen zu wollen.

B. Jan Mayen.

Gewiß hat der Umstand seine Bedeutung, daß die Insel Jan Mayen in der Verlängerung der Nordostlinie liegt, welche uns durch die Spaltenrichtung des Hekla und der benachbarten Vulkane gegeben ist. Die Insel selbst hat durchaus das Ansehen eines langen Spaltes, dessen Lippen in dem schmalen Rücken, welcher den westlichen Schweif bildet, nur wenig über die Meeresfläche erhoben ist, während im Osten der Kegel des Beerenberges mit seinem weiten Krater den Punkt darstellt, wo die vulkanische Thätigkeit sich konzentrirte und während längerer Zeit andauernde Eruptionen hervorbrachte. Wir wissen, daß bei solchen vulkanischen Spaltenwürfen, in Folge deren die Seitenkegel an den Hauptvulkanen entstehen, diese Kegel sich an das Ende der Spalte stellen, welche den Berg zerreißt. Bei dem berühmten Ausbruche von 1669 sah man die Spalte von dem Krater des Aetna bis zu den Monti Rossi sich fortsetzen und erst an ihrem Ende den Eruptionskegel aufwerfen. So darf man also auch annehmen, daß die vulkanische Spalte, welche offenbar Jan Mayen darstellt, von Südwest, also von Island her gegen Nordost fortschreirend aufriß und dort in dem Beerenberge ihr Ende erreichte. Die Sondirungen in der Nähe der Insel sind noch zu wenig zahlreich, um irgend einen Einblick in die Gestaltung des Meeresgrundes zu gewähren, auf dem man weitere Schlüsse gründen könnte. Doch scheint der Umstand, daß im Norden und Nordosten unmittelbar große Tiefen in der Nähe der steil abgestürzten Ufer sich finden, einiges zur Bestätigung unserer Ansicht beizutragen.

Die mächtige Schnee- und Eisdecke, welche den Kegel des Beerenberges von allen Seiten einhüllt und in den Thalrissen in Form von Gletschern bis zu dem Meere hinabsteigt, mag den Beweis liefern, daß der Beerenberg seit langer Zeit, seit Jahrhunderten selbst, unthätig gewesen ist, während andererseits der Umstand, daß man den Esk-Krater im Mai 1818 noch rauchen sah, uns erzählt, daß die vulkanische Thätigkeit erst seit kurzem gänzlich erloschen sei. In der That haben wir von derselben auch nicht die geringste Spur entdeckt: nirgends zeigte sich Rauch, nirgends Gasentwicklung. Keine heiße Quelle sprühte ihre Strahlen hervor. Der Boden der Krater, in welche wir hineinblicken konnten, zeigte eine ebene Fläche, in welche die Sickerwasser die feineren Aschenbestandtheile zusammengeschwemmt hatten. So großartig also auch die Erscheinungen gewesen sein mögen, welche dort an dem Rande des Eismeeres in früheren Jahrhunderten sich abspielten, so vollständig sind sie jetzt erloschen und die Gletscher auf den einst in feurigem Flusse befindlichen, jetzt aber erstarrten Laven ganz so aufgelagert, wie wenn es fester Granit wäre. Es ist sogar wahrscheinlich, daß Jan Mayen seit der Zeit, wo Norweger das Westmeer durchsegelten, also seit mehr als tausend Jahren in relativer Ruhe sich befand, indem es sonst kaum denkbar wäre, daß Ausbrüche eines so gewaltigen Kegels den Seefahrern und ihren Chronisten unbemerkt geblieben wären.

Man könnte versuchen, eine Bestimmung der Zeit, in welcher der letzte Ausbruch im Beerenberge stattfand, aus der Dicke der Gletscher und der Zahl der Schmutzbänder abzuleiten, welche sich auf ihrer Oberfläche zeigen. Die Schneedecke kann ihren ersten Anfang nur vom Ende der letzten Eruption an datiren; wenn sie auch zwischen den einzelnen Eruptionen sich herstellte, so genügte doch jedes Aufflammen der vulkanischen Thätigkeit, um sie wieder gänzlich zu vernichten. Unsere Beschreibung hat schon gezeigt, daß die Gletscher Jan Mayens vollkommen denjenigen der Alpen gleichen, welche sich auf steilen Abhängen zeigen. Hier wie dort sehen wir die Moränen und Gufferlinien, die Schründe und die daraus hervorgehenden Nadeln und auf dem Südgletscher, der einen gleichmäßigen Abhang in seiner Länge darbot, beobachteten wir dieselben schmutzigen Linien in Form geschwungener Spitzbögen, welchen man auf den Gletschern der Alpen gewissermaßen die Bedeutung von Jahresringen vindizirt hat. In der That sammelt sich während der Sommerzeit auf der Oberfläche des Schnees der Hochregionen eine Menge von Sand und anderen Unreinlichkeiten an, welche durch den nächsten Schneefall im Winter begraben und nach und nach durch die Bewegung der Gletscher nach unten wieder in Form gekrümmter Linien zu Tage gebracht werden, so daß also eine jede solche Schmutzlinie dem Zeitraum eines Jahres entspricht. Da wir aber selbst den Gletscher nicht begehen konnten; da es uns unmöglich war, genau die Dicke einer Schicht zu bestimmen, wie sie während eines Winters auf Jan Mayen fällt, so hätte selbst die Zählung dieser ziemlich eng einander folgenden Jahresringe uns keine sichere Antwort auf unsere Frage gegeben. Da aber die Schneemassen, welche in der Höhe des Kraters angehäuft sind, wenigstens eine Dicke von 200 Fuß besitzen und man annehmen darf, daß in der Breite von Jan Mayen nur sehr wenig Schnee in einer Höhe von 7000 Fuß über dem Meere fällt; da man ferner überzeugt sein kann, daß auf den stark geneigten Abhängen des Kegels die Winde den größten Theil des stark gefegten Schnees herabfegen, so zeigte auch diese Dicke der Schneewände die sehr lange Zeit, die seit der letzten Eruption verflossen sein muß.

Die Fortschritte der Zersetzung, welche an den Laven von Jan Mayen beobachtet werden können, beweisen ebenfalls, daß die Ausbrüche schon seit Jahrhunderten ihr Ende erreicht haben. An den meisten Stellen ist die poröse Lava bis in ihr innerstes Mark zerfressen, das Eisen oxydirt und in rothen Rost verwandelt, der von weitem schon dem Nahenden entgegenleuchtet. Selbst die härteren Lavaströme sind von einem Zerstreuungskreise zersetzter Materialien umgeben, die sich als thoniges Land, schwarze Erde und rother Bolus darstellen. Trotz der Schneedecke, die den größten Theil des Jahres über die ganze Insel deckt, haben demnach die atmosphärischen Agentien hier schon eine bedeutende Wirkung zu üben Zeit gehabt.

Nichts desto weniger gehört Jan Mayen seiner ganzen Bildung nach in die Epoche, in welcher die neueren Vulkane Islands entstanden. Seine Laven sind basaltischer Natur und enthalten nur wenige Kieselerde, dagegen eine große Quantität von Olivin, der sich überall in Krystallen zerstreut zeigt. Aber nirgends bemerkt man eine Spur zeolithischer Bildung, wie sie in den älteren porösen Basalten überall wenigstens spurweise auftritt; nirgends sieht man die Höhlungen der Lava mit jenen krystallinischen Anflügen ausgefüllt oder bewachsen, welche ein Zeichen der länger dauernden Einwirkung der Sickerwässer auf die Gesteinsmasse sind. Es mögen also mehrere Jahrtausende verflossen sein, seitdem Jan Mayen sich bildete, obgleich es noch zu den modernen Vulkanen der jetzigen Epoche gehört.

Der Kegel des Beerenberges selbst hätte wohl ein aufmerksameres Studium verlangt, als wir ihm widmen konnten. Wir konnten uns seiner Basis so weit nähern, daß das Fernrohr uns jeden nur wünschbaren Aufschluß verschaffte, den man ohne Betasten der Gegenstände erhalten kann. Wie schon bemerkt, bestehen die senkrechten Abstürze, welche auf der Ostseite der Insel drohen, aus scheinbar horizontal übereinander gelagerten Lavaschichten, die zuweilen eine ziemliche Dicke haben und, wie uns die im Treibeise gesammelten Stücke belehrten, ganz aus denselben Arten von Lava bestehen, wie wir sie auch in der Turnbucht und am Berge Esk sammelten. Die Schichten sind von einander getrennt durch Lager von Asche, von Tuff, großen Theils zu brauner Erde zersetzt, in welchen die Sturmvögel ihre zahlreichen Nester angelegt haben. Hie und da sieht man einen die horizontalen Lavaschichten quer durchbrechenden Gang, welcher in senkrechter Richtung durch dieselbe aufsteigt und mauerartig über die verwitterte Fläche hervorragt. Offenbar sind diese durchbrechenden Gänge aus festerer, kompakter Lava gebildet, welche der Zer-

An der Ostküste von Jan Mayen.

a. Die scheinbar horizontalen Lavaschichten mit Zwischenlagern von Asche und Thon. b. Senkrechter Lavagang, der mauerartig hervortritt. c. Kleiner, oben in Kesseln gehaltener Gletscher. d. Endmoräne desselben. e. benachbarter Gletscher.

störung besseren Widerstand leistet, als die abgebrochenen Schichtenköpfe der theilweise porösen Lava, aus denen die Abstürze zusammengesetzt sind. Würden die Abstürze der Somma am Vesuv oder des Val del Bove am Aetna bis zu ihrem Fuße unter Wasser gesetzt, so dürften sie denselben Anblick im Kleinen bieten, wie die Ostküste Jan Mayens im Großen.

Betrachtet man mit unbefangenem Auge den Kegel des Beerenberges, verfolgt man, so gut es eben möglich ist, mit dem Fernrohr die Lavaschichten nach oben, sowie sie an den Rändern der Klippen sich zeigen, die aus dem Schnee heraustragen, so überzeugt man sich leicht, daß die übereinander gelagerten Lavaströme, welche den Kegel bilden, wirklich aus demselben geflossen sein müssen, und zwar unter derselben Neigung, unter welcher sie heute sich zeigen. Von einem Erhebungskrater kann hier keine Rede sein, wie denn überhaupt auch diese Theorie eines berühmten Geognosten, seit den überzeugenden Beweisen, welche Lyell dagegen gehäuft, in den Rumpelkasten des alten geologischen Eisens gehört. Die Basis des Beerenberges wird von Lavaströmen gebildet, welche, wie die Gestaltung des Berges zeigt, auf wenig geneigter Fläche sich ausbreiteten. Der Kegel hob sich nach und nach, indem die Auswurfsstoffe in der unmittelbaren Nähe des Kraters sich mehr ansammelten, als in größerer Entfernung und die zuweilen ergossenen frischen Lavaströme konsolidirten diese losen Massen, indem sie sich darüber hin ergossen und sie so vor der Einwirkung der Gewässer schützten. Gerade die senkrechten Abstürze auf drei Seiten der Basis des Beerenberges beweisen, daß hier nicht von der Hebung eines Untergrundes über die Meeresfläche die Rede sein kann. Die Lavaströme flossen nach allen Seiten hinab. Nach Südwesten zu fanden sie einen Halt in der Spalte, die durch frühere Lavaströme schon über die Meeresfläche erhoben war; nach den drei andern Seiten hin flossen sie allmählich abnehmend in das Meer, welches jetzt nach und nach sie unterwühlt und so die steilen Abstürze hervorgebracht hat, welche jetzt durch Sanddünen an dem Fuße einigermaßen gegen die fortschreitende Zerstörung gedeckt sind. Wäre der Kegel des Beerenberges durch zentrale Hebung entstanden, so würden die um einen idealen Mittelpunkt erhobenen Schichten allmählich ansteigend dem Meere sich entwinden, nicht aber diese tausend Fuß hohen Klippen bilden, welche, nach den Sondirungen im Norden der Insel zu schließen, noch um mehrere hundert Fuß senkrecht in die Tiefe abfallen.

Bemerkenswerth sind die häufigen Spalten, welche die Basis des Beerenberges senkrecht aufsteigend durchsetzen und mit kompakter Lava erfüllt sind, welche den Angriffen der Luft, wie des Meeres einen hartnäckigen Widerstand entgegensetzen. Die zackigen Felsen, welche hier einem Dampfschiffe, dort einem Segelschiffe, dort wieder einem Leuchtthurme ähnlich sehen und ringsum in der Nähe der Insel sich sehen lassen, sind gewiß nichts anderes als solche Spaltenausfüllungen, deren Fortsetzung von den Wogen zertrümmert wurde. Sie entsprechen fast überall klippigen Vorgebirgen, die offenbar ihre Fortsetzung sind und durch welche sie sich namentlich dem schweifartigen Anhange der Insel ansetzen. Als diese Hauptspalte der Insel aufbrach und ihre Ströme ergoß, bildeten sich jedenfalls auch Nebenspalten, die gewöhnlich senkrecht auf der Hauptspalte standen und deren Ausfüllung nach und nach bis auf einige Reste von dem Meere zerstört wurde.

Der Kegel des Beerenberges nebst seiner Unterlage ist, wie wir gesehen haben, zum größten Theil von geflossener Lava gebildet und die Auswürflinge: Sand, Asche und Rapilli bilden in seiner Masse nur einen untergeordneten Theil. Nicht so verhält es sich mit den anderen Kratern, die wir genauer untersuchen konnten, mit dem Krater Eck, den wir bestiegen, mit dem Krater Berna, in welchen wir von obenher tief hineinschauen konnten. Der Krater Eck hat einige Lavaströme geliefert; die zinnoberrothen Klippen auf der Nordostseite desselben, bei welchen wir Halt machten, sind der Anfang eines Lavastromes, der über seinen Rand hin in der Richtung der Trennabucht sich ergossen hat. Sonst aber ist die größte Masse dieses seitlichen Auswurfskegels aus losem Schlackengeröll gebildet, in die der Fuß tief einsinkt und die jetzt schon durch die Verwitterung auf die mannigfaltigste Weise angegriffen sind.

Der Vulkan Berna dagegen hat offenbar durchaus keinen Lavastrom geliefert, sondern nur Sand und Asche ausgeworfen, welche sich ringsumher zu einem niederen Walle, einer Pastete gleich, angehäuft haben. Ich gebe hier eine Zeichnung nach einer Skizze, die ich von der Klippe am Fuße des Eck entnahm, wo ich eine Zeitlang rastete. Ein gewaltiger Bach, der einem Gletscher auf der Südwestseite des Beerenberges entströmt und in der weiten Sandfläche der Jamesonbucht in viele

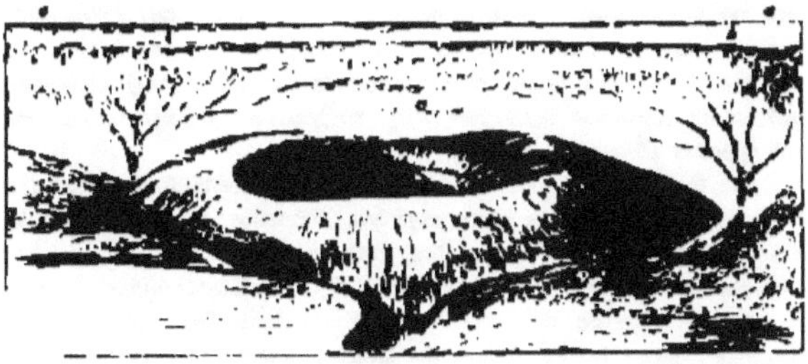

Krater Berna.

a. Das Meer. b. Die Strandhöhe. c und d. Die Bäche, welche zu beiden Seiten den Krater umströmen und sich im Sande verlieren. e. Die Krateröffnung. f. Die durch Graben blosgelegte Stelle mit den Schichtenlagen.

Aeste zertheilt zerrinnt, hat an der östlichen Seite des kleinen Kraters eine tiefe Schlucht ausgegraben und dort dessen Structur einigermaßen bloßgelegt. Man sieht, daß der zirkelrunde Krater, dessen Umwallung nirgends eingerissen ist, aus Schichtenlagen von Schlacke und Asche besteht, die unter dem Einflusse der Oxydation eine tief zinnoberrothe Färbung angenommen haben. Von dem Standpunkte, wo ich mich befand, konnte ich den Boden des kleinen Kraters nur zum Theile übersehen. Er war offenbar wie derjenige des Vulkans Eck, vollkommen eben und von herabgeschwemmter Asche bedeckt. Man stelle sich diesen kleinen Krater, der, wie gesagt, nur Auswurfsstoffe und keine Lava lieferte und dessen Rand gewiß nicht hundert Fuß über die Meeresfläche emporragt, in Gedanken mit Wasser oder mit Torfgrund gefüllt vor und man wird das vollständige Bild eines Maares aus der Eifel vor sich sehen.

Die Basis des kleinen Kegels ruht auf der weiten Sandfläche der Jamesonbucht, welche kaum einige Fuß über der Meeresfläche erhaben ist. Der ganze Krater besteht aus lockeren Auswurfsstoffen, er kann also nur auf dem trockenen Lande gebildet worden sein und nur auf demselben sich erhalten haben — ein Beweis, daß der Stand des Meeres in der Nähe der Insel sich seit der Existenz dieser Krater nicht verändert hat.

Die gewaltigen Sand- und Schuttmassen, welche überall die flacheren Dünen und Küstenstriche der Insel bilden, mußten um so mehr unsere Aufmerksamkeit in Anspruch nehmen, als wir ja die Möglichkeit, an der Insel zu landen, nur diesen Sandanhäufungen verdankten. Wir haben eine große Menge dieses Sandes gesammelt und so eine genauere Untersuchung ermöglicht, zu welcher mein Kollege Marignac, dem ich hierfür zu wesentlichem Danke verpflichtet bin, das Meiste beitrug. Der Sand, den wir sowohl in der Turmbucht als in der Holzbucht sammelten und der im allgemeinen dunkelgrauschwarz mit grünlichem Anfluge aussieht, besteht aus folgenden Elementen:

1) Grüngelbliche, sehr schwach gefärbte, durchscheinende Krystalle mit Glasglanz, die bei durchfallendem Lichte unter dem Mikroskope fast ganz farblos erscheinen. Sie sind unschmelzbar vor dem Löthrohr, zeigen einen einzigen, glatten, deutlichen Blätterdurchgang und finden sich häufig in wohl ausgebildeten Krystallen, in länglichen Prismen von 130 Grad. Sie zersetzen sich leicht durch kochende Salzsäure, indem sie eine gallertartige Kieselerde hinterlassen. An einigen Orten sind diese Krystalle in solcher Menge zusammengeschwemmt, daß die Oberfläche des Sandes einen deutlichen grüngelben Schimmer zeigt. Es ist Peridot und zwar jene Varietät dieses Minerals, die man als Olivin bezeichnet und häufig als einen charakteristischen Bestandtheil der basaltischen Laven angesehen hat. Hie und da, aber nur höchst selten finden sich Krystalle von derselben Form, aber von tombackgelber oder röthlicher Farbe mit einem dunkleren schwarzen Kern im Innern, die nicht häufig genug vorkamen, um sie genau untersuchen zu können, aber jene stark eisenhaltige Modifikation des Olivins darzustellen scheinen, welche man Hyalosiderit genannt hat.

2) Dunkel lauch- oder bouteillengrüne, leicht schmelzbare Krystallkörner mit Glasglanz, welche unter dem Mikroskope kaum etwas Licht durchscheinen lassen und vor dem Löthrohre leicht schmelzbar sind. Man findet nur Körner ohne deutliche

äußere Krystallform, die aber zwei deutliche, unter einem Winkel von 78 Grad zu einander geneigte Blätterdurchgänge zeigen. Namentlich in der rothen porösen Lava kommen größere Stücke dieses Minerals vor, an welchen sich die beiden Durchgangsflächen sehr leicht beobachten lassen: es ist Pyroxen.

Vielleicht stehen zu demselben sehr kleine, undurchsichtige, gelbrothe bis zinnoberrothe krystallinische Körner in Beziehung, die indeß nur höchst selten vorkommen und nicht näher untersucht werden konnten.

3) Dunkelschwarze, dichte Körner, welche sich mit dem Magnete ausziehen lassen — Magneteisen.

4) Bleigraue Körner von geschmolzener Lava, die hie und da die Größe einer Haselnuß erreichen.

Um einigermaßen annähernd die quantitative Zusammensetzung dieses Sandes zu bestimmen, zog ich zuerst mit dem Magnete alles Magneteisen sorgfältig aus demselben aus und behandelte denselben dann mit Salzsäure und Kalilauge, wodurch ich den Olivin, zum Theil aber auch die Lava zersetzte und die aus der Zersetzung hervorgegangene Kieselerde entfernte. Ich erhielt folgende prozentische Zusammensetzung:

21,6 Magneteisen,
36,5 Olivin und zersetzbarer Theil der Lava,
41,9 Unzersetzbarer Theil der Lava.

Die Laven, welche wir auf Jan Mayen sammelten, können füglich in zwei Reihen gebracht werden, indem die einen von dunklerer, selbst schwarzer Farbe bei dem großen Eisengehalte, den sie offenbar besitzen, sich leicht oxydiren und hierdurch braunrothe, ja selbst zinnoberrothe Färbung annehmen, während die anderen von etwas hellerer, grauer Farbe den atmosphärischen Agentien offenbar einen weit größeren Widerstand entgegensetzen. Beide Lavaarten kommen in sehr verschiedenen Zuständen der Porosität vor. Wir haben graue Laven gefunden, welche in Bruchstücken einem äußerst feinkörnigen, kompakten Gneiße auf das täuschendste ähnlich sehen, und andererseits haben wir Stücke, namentlich von schwarzer Lava vor uns, welche eine dem Bimssteine ähnliche Textur zeigen. Säulenförmige Absonderungen der festen Lavabänke haben wir nirgends beobachten können. Desto häufiger sind plattenförmige Absonderungen und diese z. B. an dem Lavastrome der Treibbucht so ausgezeichnet, daß man große Platten findet, welche ebenso, wie die Platten der Phonolithe in manchen Gegenden zur Deckung von plumpen Dächern verwendet werden können.

Die schwarze Lava zeichnet sich in allen ihren Varietäten durch die große Häufigkeit des pyroxenischen Grundbestandtheiles und die bedeutende Entwicklung seiner Krystalle aus. Ich habe ein Stück schwammiger schwarzer Lava vor mir, welches fast nur aus solchen Krystallen zusammengesetzt scheint, die durch eine spärlich geflossene Lavamasse verbunden sind, und es befindet sich unter diesen Krystallen ein zerbrochenes Exemplar, dessen die beiden Spaltflächen deutlich zeigenden Reste befunden, daß der Krystall selbst wenigstens 2 Centimeter Länge gehabt haben muß. In diesen schwarzen Laven ist zugleich der Olivinhaltige Bestandtheil mehr zurückgedrängt; doch finde ich kein einziges Stück, in welchem er gänzlich fehlte.

In den mehr kompakten grauen Laven ist der graue Grundbestandtheil äußerst feinkörnig krystallinisch, so daß die Masse gewissen Varietäten von Dolomit nicht unähnlich ist. Die helleren Olivin- und dunkleren Pyroxen-Krystalle sind so in der Masse eingeschlossen, daß beim Herausbrechen der Krystalle ihr vollkommener Eindruck zurückbleibt. In der Mitte der Blöcke sind die Krystalle größer, als auf der Oberfläche und in den verglasten Rinden, welche diese Oberflächen, sowie diejenigen der inneren Blasenräume überziehen, zeigen sich diese Krystalle von mikroskopischer Kleinheit. Sie sind also offenbar in der im feurigen Flusse befindlichen Lava selbst gebildet und aus der Masse heraus krystallisirt, nicht aber, wie eine neuere Theorie will, gewissermaßen als präexistirende Brocken inmitten eines erhitzten Schlammes ausgeworfen worden.

Sowohl in ganz kompakten, als in blasigen Handstücken dieser grauen Lava findet man mitten in der grauen Masse hellere, weiße, krystallinische Aussonderungen, die zuweilen eine strahlige oder sternförmige Anordnung erkennen lassen, nirgends aber so ausgebildet sind, daß deutlich die Form ihrer Krystalle zu erkennen gewesen wäre. An einzelnen Stellen zeigen sich indessen in der kompakten Lava, wie Marignac bemerkt, glasglänzende, ungefärbte, blätterige Krystalle, welche zwei deutliche Blätterdurchgänge zeigen, die einen Winkel von 86 Grad mit einander bilden, also den sogenannten schiefen Feldspathen, wie Labrador und Albit anzugehören scheinen. Auch die mehr weißen Krystalle, die aber immer einen deutlichen Glasglanz haben, scheinen dem Feldspath anzugehören und nicht einem zeolithischen Mineral, wie ich anfangs vermuthete. Die Krystalle verändern sich kaum vor dem Löthrohre und sind wenig schmelzbar, wie die Lavastücke selbst, deren größeren Theil sie auszumachen scheinen. Wären es Zeolithe, die sich immer durch einen bedeutenden Wassergehalt auszeichnen, so müßte die Lava bei der Erhitzung einen bedeutenden Verlust erleiden. So aber verliert sie nach Marignac nur zwei Tausendtheile ihres Gewichtes, die man wohl auf Rechnung hygroskopischen Wassers schreiben darf, welches in den Blasenräumen zurückgeblieben ist. Es ist daher wohl zu vermuthen, daß der größte Theil der grauen Lava aus einem schiefen Feldspathe besteht, aus Labrador, der ja überhaupt einen Grundbestandtheil aller basaltischen Laven ausmacht.

Alle Laven von Jan Mayen, selbst diejenigen von hellgrauer Farbe, enthalten Magneteisen, das man aus der gepulverten Lava mit dem Magnete anziehen kann. In manchen Stücken ist der Gehalt derselben so bedeutend, daß fast die ganze Masse des Pulvers an dem Magnete hängen bleibt. Untersucht man das Pulver mikroskopisch, so findet man mitten in dem glashellen Stückchen kleine runde Körnchen von schwarzem Magneteisen eingebettet, die nicht einmal durch die Pulverung sich gänzlich von ihrer feldspathigen Umhüllung trennen lassen. Ich bin deßhalb geneigt zu glauben, daß das Magneteisen nicht ein Produkt der beginnenden Zersetzung sei, sondern als solches aus der Lava ausgeschieden wurde.

Resumiren wir uns, so erscheint Jan Mayen als eine aus basaltischen Laven der neueren Epoche zusammengesetzte Insel, die aus einem Spalte entstand, an dessen nordöstlichem Ende durch wiederholte Auswürfe von Schlackenmassen und mächtigen Lavaströmen der Beerenberg sich aufthürmte. Die Nebenkrater sind großentheils aus Aschen- und Schlackenmassen aufgebaut und es gibt sogar welche, die nie Lavaströme, sondern nur solche lose Massen ausgeworfen haben.

www.ingramcontent.com/pod-product-compliance
Lightning Source LLC
Chambersburg PA
CBHW020604300426
44113CB00007B/499
* 9 7 8 3 7 4 1 1 3 0 1 3 7 *